Dimitri Wolkogonow

Lenin

Dimitri Wolkogonow

Lenin

Utopie und Terror

Aus dem Russischen übersetzt von
Markus Schweisthal
Christian Geisinger
Jana Neik
Christiane Sieg

ECON Verlag
Düsseldorf · Wien · New York · Moskau

Titel der russischen Originalausgabe: Lenin. Polititscheskij portrjet. Originalverlag: Nowosti, Moskau 1993
Übersetzt von: Markus Schweisthal, Christian Geisinger, Jana Neik, Christiane Sieg; Kollektiv Druck-Reif, München

Die Deutsche Bibliothek – CIP-Einheitsaufnahme

Wolkogonov, Dimitrij A.:
Lenin: Utopie und Terror / Dimitri Wolkogonow. Aus dem Russ. übers. von Markus Schweisthal ... – Düsseldorf; Wien; New York; Moskau: ECON Verl., 1994
Einheitssacht.: Lenin ⟨dt.⟩
ISBN 3-430-19828-3

Sonderausgabe 1996
 Redaktionelle Bearbeitung des russischen Originalmanuskripts: Galina Dursthoff. Fachredaktion: Gert Meyer. Lektorat: Boris Heczko; Kollektiv Druck-Reif, München. Gesetzt aus der Aldus, Berthold. Satz: Dörlemann-Satz, Lemförde. Druck und Bindearbeiten: Pustet, Regensburg. Printed in Germany.
ISBN 3-430-19828-3

Meiner treuen Freundin und
Ehefrau Galina Wolkogonowa,
die mich stets in meiner Arbeit
bestärkt hat.
Dimitri Wolkogonow

*»Wenn man jedoch heutzutage jemandem den Kopf streichelt, beißt er einem die Hand ab.
Wir müssen zuschlagen, erbarmungslos zuschlagen, obwohl wir Gewalt im Grunde ablehnen.«*
Wladimir Iljitsch Lenin

Inhalt

Statt einer Einleitung

Im Blickpunkt der Geschichte

»Lenin war ein Revolutionär vom Scheitel bis zur Sohle. Sein ganzes Leben war bestimmt von einer geschlossenen, totalitären Weltanschauung.«
Nikolaj Berdjajew

Die schwere, massive Stahltür öffnete sich langsam, und wir betraten ein kommunistisches Heiligtum. Der Raum im Keller des früheren Zentralarchivs der Kommunistischen Partei glich einem Atombunker. Hier wurde Jahrzehnte lang der theoretische, publizistische und briefliche Nachlaß jenes Mannes verwahrt, der die Geschichte des zwanzigsten Jahrhunderts nachhaltig beeinflußte. In diesen Regalen lagern 3724 Dokumente Lenins, die bislang in keine Ausgabe seiner Werke Eingang fanden. Auch weitere 3000 Schriftstücke, die Lenins Unterschrift tragen, verschwanden für viele Jahre im ideologischen Bunker der einst allmächtigen Partei.

Warum wurden all diese Zeugnisse des Revolutionsführers, den Millionen von Menschen wie einen Gott verehrten, so lange unter Verschluß gehalten?

Man befürchtete, daß Lenin durch deren Veröffentlichung seinen Heiligenschein verlieren könnte. Als Beispiel mag eine von ihm persönlich verfaßte Notiz dienen, die an E. M. Skljanski, den stellvertretenden Vorsitzenden des Revolutionären Kriegssowjets adressiert ist. Sie enthält Anweisungen für Bestrafungsmaßnahmen gegen Estland und Litauen wegen deren Unterstützung für die weißrussischen Truppen unter General Balachowitsch:

»1) Eine Protestnote ist unzureichend.
2) Den Protest hinauszögern, damit wir Estland und Litauen auf frischer Tat ertappen können.
3) Hierfür besondere Maßnahmen ergreifen (d. h. immer mehr Beweismaterial sammeln).
4) Militärische Strafaktionen gegen Estland und Litauen durchführen (d. h. ›auf den Spuren Balachowitschs‹ die Grenze an irgendeiner Stelle mindestens ein Werst überschreiten und dort 100–1000 Beamte und Reiche aufhängen ...).« (Archiv für neuere Geschichte)

Briefe wie der des greisen Rebellen Kropotkin vom Dezember 1920 wurden totgeschwiegen, weil sie politisch inopportun schienen. Die Bolschewiki hatten damals eine große Gruppe Sozialrevolutionäre als Geiseln genommen, die sie, laut »Prawda«, »erbarmungslos hinrichten« würden, falls es zu Attentaten auf die Sowjetführer käme. Kropotkin schrieb daraufhin an Lenin: »... Gibt es wirklich unter Ihren Genossen niemanden, der die anderen davon überzeugen könnte, daß derartige Maßnahmen einen Rückschritt in die finstersten Zeiten des Mittelalters und der Religionskriege bedeuten und derer unwürdig sind, die sich anschicken, die Gesellschaft der Zukunft zu errichten ...« (ebd.)
Lenin ließ diesen Brief im Archiv verschwinden, obwohl er wußte, daß Kropotkin recht hatte. Die Bolschewiki waren jetzt an der Macht, und ihr Führer war derartigen moralischen Appellen schon nicht mehr zugänglich. Unsere Ansichten über Lenin änderten sich jedoch nicht nur aufgrund einiger neuer Informationen, die dem Bild widersprechen, das man uns Jahrzehnte lang eingetrichtert hat. Wir begannen vor allem deshalb an seiner Unfehlbarkeit zu zweifeln, weil die »Sache«, die er begonnen hatte und die das Volk mit Millionen von Menschenleben, unermeßlichem Leid und Entbehrungen bezahlte, eine große historische Niederlage erlitten hat. Es ist bitter, darüber zu sprechen und zu schreiben.
Nach den Büchern über Stalin und Trotzki gilt meine Aufmerksamkeit nunmehr dem Führer des Oktoberumsturzes. Je häufiger wir Lenin Eigenschaften wie »groß«, »genial«, »überragend«, »einzigartig«, »weise«, »weitsichtig« oder »prophetisch« zuschrieben, desto

weiter entfernten wir uns von seiner historischen Gestalt. So wurden Millionen von Dogmatikern erzogen. Lenins Ideologie wurde für die Sowjetmenschen so unentbehrlich wie der Koran für die islamischen Fundamentalisten. Bis zum 1. Januar 1990 lag die Gesamtauflage seiner Werke in unserem Land bei über 653 Millionen in 125 Sprachen. Auf diesem einen Gebiet wenigstens konnte das kommunistische System einen Überschuß verzeichnen. Einige Arbeiten waren besonders erfolgreich. So wurde Lenins Rede über den nahenden Kommunismus (»Über die Aufgaben der Jugendverbände«) 660mal in einer Gesamtauflage von 50 Millionen und in 60 Sprachen herausgegeben! Daneben erschienen unzählige Sammelbände, die bei uns den Status von Schulfibeln erlangten: »Lenin über die Arbeiterdelegierten in den Sowjets«, »Lenin über die Beziehung zwischen den Nationalitäten«, »Lenin über die Partei«, »Lenin über die sowjetische Kriegswissenschaft«, »Lenin über die Kultur«, »Lenin über die Moral« ... Lenin und seine orthodoxen Ideologen erzogen uns zu einem Denken in Katechismen und Zitaten. Ich konnte mich persönlich davon überzeugen, daß ein Großteil der mir bekannten Parteiführer von Lenin nicht mehr als das von der Partei vorgeschriebene »Minimum« gelesen hatte. Parteidirektiven und Beschlüsse bestimmten, was »leninistisch« war. Sie ließen sich von einem Lenin leiten, den sie nicht einmal kannten.
Lange wurde uns suggeriert, der Leninismus befähige zu dem revolutionären Umsturz der alten Gesellschaft und dem Aufbau einer neuen, blühenden Zivilisation auf den Trümmern der vergangenen. Die Diktatur galt als probates Mittel zur Durchsetzung dieses Ziels. Doch genau darin besteht der elementare Fehler des Marxismus in seiner leninistischen Version, denn Marx selbst hatte wenig von der Diktatur als Staatsform gehalten. Lenin und später seine Nachfolger glaubten dagegen bis vor nicht allzu langer Zeit, daß im Namen des Glücks zukünftiger Generationen moralisch alles erlaubt sei: Export von Revolution und Bürgerkrieg, uneingeschränkte Gewaltanwendung und soziale Experimente an Millionen von Menschen. Faszination und Anziehungskraft des Leninismus beruhten über Jahrzehnte hinweg auf der Sehnsucht der Menschen nach einer vollkommeneren und gerechteren Welt. Die russischen Revolutionäre, allen voran Lenin, erhoben Anklage

gegen die ewigen Geißeln der Menschheit, gegen Ausbeutung, Unterdrückung und Ungleichheit. Als sie jedoch die Möglichkeit erhielten, diese Übel zu beseitigen, schufen sie statt dessen eine neue, nur mühsam kaschierte Art der Ausbeutung. An die Stelle von sozialer und nationaler Ungleichheit trat die Ungleichheit eines hierarchischen, bürokratischen Systems. Die Unfreiheit einer Klasse wurde ersetzt durch die totale Unfreiheit aller. Der Leninismus als russische Variante des Marxismus nahm in einem riesigen Land Gestalt an. Diese neue, sowjetische Religion beherrschte bald ganz Rußland.

Der gewaltige historische Fortschritt, den Lenin einst prophezeit hatte, endete mit einem historischen Rückschritt ungeahnten Ausmaßes. Die Warnung Plechanows, Sasulitschs und Dejtschs war berechtigt. In ihrem »Offenen Brief an die Arbeiter von Petrograd« vom 28. Oktober 1917 heißt es:

»Der Umsturz ist ein großes historisches Unglück. Er wird einen Bürgerkrieg heraufbeschwören, in dessen Verlauf alle Errungenschaften vom Februar 1917 zunichte gemacht werden«. (»Jedinstwo«, 28. Oktober 1917)

Übrigens glaubten selbst viele bolschewistische Führer noch am Vorabend des Umsturzes nicht an dessen Erfolg. Sie fürchteten den Radikalismus Lenins, der die Massen fanatisch zu einem bewaffneten Aufstand gegen die Provisorische Regierung trieb. Doch der Revolutionär konnte seinen Kurs schließlich durchsetzen.

Das Hauptziel des Leninismus, der gewaltsame Umsturz der alten und die Errichtung einer neuen Ordnung, galt nicht nur auf nationaler Ebene. Mit Hilfe der Komintern, die im März 1919 in Moskau gegründet wurde und faktisch die internationale Sektion der Kommunistischen Partei Rußlands bildete, versuchte Lenin, überall dort revolutionäre Prozesse in Gang zu setzen, wo dies nur irgend möglich schien. So schickte er beispielsweise im Juli 1920 ein chiffriertes Telegramm an Stalin:

»Die Lage in der Komintern ist glänzend. Sinowjew, Bucharin und ich glauben, daß man die Revolution in Italien jetzt unbedingt vorantreiben sollte. Ich persönlich meine, daß hierzu die Sowjetisierung Ungarns, vielleicht sogar Tschechiens und Rumäniens vonnöten ist.« (Archiv für neuere Geschichte)

Emissäre der Komintern wurden in aller Herren Länder entsandt. Das Volkskommissariat für Finanzen verteilte auf Weisung der von Lenin geführten Regierung Millionen von Goldrubeln für die »Erfordernisse der Weltrevolution« (ebd.), während im eigenen Land Hunderttausende an Hunger und Typhus zugrunde gingen. Die totale Revolution, so Lenin, forderte eben ihre Opfer.
Wer sich mit Lenin beschäftigt, muß sich auch mit dessen größter Schöpfung auseinandersetzen – der Kommunistischen Partei. Die klassische Sozialdemokratie widersprach Lenins Konzept einer strengen, konspirativen Organisation. Sein »Verdienst« bestand nicht nur in der Gründung einer straff organisierten Partei, sondern er vermochte es zudem, sie rasch in das Staatssystem zu integrieren. Schon die ersten Sitzungen des ZK und des Rats der Volkskommissare ließen keine Zweifel daran, daß die Parteiorganisation unter Lenins Führung in erster Linie strategische Fragen entschied, während die gleichfalls von Lenin geleitete Revolutionsregierung sich eher auf taktische Probleme beschränkte. Natürlich wurden für eine Partei dieses Typs nach dem Umsturz nicht nur die Menschewiki rasch zum Störfaktor. Die ehemaligen Verbündeten, die Sozialrevolutionäre, behinderten die Selbstherrschaft der Partei ebenso wie Verfassungsgebende Versammlung, Presse, Intelligenz und Kirche. Schon die leisesten Anzeichen für die Entstehung oder gar Existenz einer wie auch immer gearteten gesellschaftlichen oder politischen Organisation weckten das Mißtrauen der KP. Die Partei hatte bald nicht nur das Monopol auf die politische Macht, sondern auch auf das Denken und Handeln der gesamten Bevölkerung. Sie wurde zu einer leninistischen Ordensgemeinschaft, in deren Namen die »Führer« und ihre Kampfgefährten über Jahrzehnte hinweg das Volk regierten. Fast 70 Jahre lang befand sich das riesige Land in den Fängen von Partei und Staat, von Dogmatismus und Bürokratie.
Der rasche Zerfall der KPdSU nach dem August 1991 erklärt sich übrigens in erster Linie aus deren absoluter Unfähigkeit, mit ihrer

leninistischen Struktur in einer bürgerlichen Gesellschaft zu überleben. Die Partei Leninschen Typs war der ideale Stützpfeiler einer totalitären Macht. Ein demokratisches System hingegen, selbst ein so unvollkommenes wie das unsere, war ihr fremd.

Ich erinnere mich noch an meine Rede auf dem 28. Parteitag der KPdSU. Meine Hauptthese bestand darin, daß eine Rückkehr zu den alten, sozialdemokratischen Strukturen vermutlich die letzte und einzige Chance für das Überleben der Partei darstellte. »Wenn wir uns nicht von der kommunistischen Utopie lossagen«, erklärte ich, »dann werden wir schon bald das Schicksal der anderen osteuropäischen Parteien ›leninschen Typs‹ teilen«. Doch man ließ mich nicht ausreden. Die Delegierten begannen zu schreien, mit den Füßen zu trampeln und laut zu klatschen. Sie vertrieben mich praktisch vom Rednerpult. Viele von ihnen waren in ihrem aggressiven, leninistischen Denken festgefahren und zu keiner Weiterentwicklung mehr fähig.

Lenin, in dem sich ein kluger, pragmatischer Verstand mit Zielstrebigkeit und Willensstärke verband, war der bedeutendste Revolutionär des 20. Jahrhunderts. Sein politisches Wirken prägte unsere Geschichte in schicksalhafter Weise. Er war Gründer der ersten marxistischen Partei Rußlands, formierte die internationale kommunistische Bewegung und schuf den ersten sozialistischen Staat der Welt. Der sowjetische Leser ahnte nichts von dem eiskalten Kalkül des »großen Führers«, der auch vor Mord nicht zurückschreckte. Zu lange war das Bild Lenins in der Öffentlichkeit von der Partei diktiert worden.

Über das Privatleben Lenins ist wenig bekannt. Im Interesse der Partei wurden alle persönlichen Angelegenheiten der Führer vor dem Volk verheimlicht. Im Unterschied zu den einfachen Funktionären unterlag beispielsweise das Privatleben der Mitglieder des Politbüros strengster Geheimhaltung. Ihr Einkommen, die Anzahl der Bediensteten und Dienstwagen, Eigentumswohnungen und Datschen – all das wurde wie ein Staatsgeheimnis gehütet. Niemand durfte von den oft zweifelhaften Handlungen der kommunistischen Führer erfahren.

So blieb auch unklar, wie Lenin seine jahrelangen Auslandsaufenthalte finanzierte, aus welchen Quellen vor der Revolution das Geld

in die Parteiklasse floß, warum Lenin nie einer geregelten Arbeit nachging oder wie es ihm möglich war, mitten im Krieg über Deutschland nach Rußland zu gelangen.
Einige Unterlagen im Archiv werfen ein erhellendes Licht auf Lenins Beziehungen zu Deutschland. Im Februar 1921 erhält er von der sowjetischen Vertretung in Berlin eine chiffrierte Nachricht über den Ausgang der Verhandlungen mit Deutschland wegen des »Wiederaufbaus unserer Kriegsindustrie«. Die deutschen Firmen *Blohm und Voss, Albatroswerke* und *Krupp* erklärten sich bereit, Rußland U-Boote, Flugzeuge und Kanonen zu liefern, obwohl ihnen dies laut dem Versailler Vertrag strengstens untersagt war. Lenins Antwort lautete: »Ich bin einverstanden. Lenin«. (Archiv für neuere Geschichte)
Auch dieser Beschluß wurde mit einem Geheimvermerk versehen und nie veröffentlicht. Stalin sollte später bei seinen Geheimverträgen mit Deutschland nicht anders verfahren.
Die Floskel vom »genialen Lenin« ist uns bereits in Fleisch und Blut übergegangen. Ein kluger Verstand ist jedoch noch lange kein Garant für Genialität. Wirklich geniale Geister zeichnen sich vielmehr durch die Fähigkeit aus, zukünftige Entwicklungen vorausschauend erfassen zu können. Dagegen hat sich keine einzige Prognose Lenins je bewahrheitet, obwohl er sich gern mit derartigen Fragen beschäftigte. Es sei hier nur an seine Vorhersagen über die Unausweichlichkeit der Weltrevolution und der Errichtung der kommunistischen Gesellschaft erinnert.
Es gibt eine Vielzahl sowjetischer Leninbiographien, u. a. von Trotzki, Kamenew, P. Kerschenzew, W. I. Njewski, E. Jaroslawski, G. M. Krschischanowski, K. B. Radek, Sinowjew und B. M. Kedrow. Am interessantesten sind wohl die Skizzen Trotzkis (L. D. Trotzki, O Lenine, Moskau 1924). Kaum ein Jahr nach der Machtergreifung zitierte Sinowjew bereits aus einer ersten offiziellen Leninbiographie, die sich damals in Vorbereitung befand. Schon damals fielen Begriffe wie »Apostel des Kommunismus« und »Führer von Gottes Gnaden« (»Russkaja mysl«, Nr. 12, 1990). Diese Tradition wurde aufrechterhalten. Die offiziellen sowjetischen Biographien sind reich an Lobreden auf den »Übermenschen« Lenin. Eine Ausnahme bilden lediglich die Aufzeichnungen N. K. Krupskajas

und M. I. Uljanowas über dessen letzte Lebensjahre, die allerdings damals nicht veröffentlicht werden konnten. Natürlich betonten alle, die Lenin kannten und über ihn schrieben, seine ungeheure Bedeutung für die menschliche Zivilisation. Auf eine fatale Weise hatten sie auch recht. Das Land, in dem er sein schreckliches Experiment begonnen hatte, erlebte ein historisches Debakel. Die ganze Welt wandte sich mit Grauen ab von Rußland, das sich selbst von jeder Entwicklung zu einem zivilisierten Gemeinwesen abgeschnitten hatte.

Die fünf Ausgaben von Lenins Werken unterscheiden sich grundlegend voneinander. An der ersten hatte der »Meister« noch persönlich beratend mitgewirkt. Während das geschundene Land in Agonie lag, wetteiferten Lenin, Trotzki und Sinowjew förmlich um die Herausgabe ihrer Werke. Die Sowjetführer wollten Rußland möglichst noch zu Lebzeiten mit ihren vielbändigen, bolschewistischen Hirngespinsten beglücken. Der Fundus an Lenins Werken scheint unerschöpflich. Die erste Ausgabe umfaßte 20 Bände, die vierte bereits 35 und die fünfte, »vollständige«, 55 riesige Folianten! Und damit nicht genug. Vor dem August 1991 war bereits eine sechste Ausgabe mit nicht weniger als 70 Bänden in Vorbereitung. Lenin war wirklich unerschöpflich! Dabei bestehen ganze Bände lediglich aus Exzerpten, zusammenhanglosen Skizzen oder Regierungsbeschlüssen mit Lenins Unterschrift. Der Aufwand, den das kommunistische System um einen einzigen Autor betrieb, ist wohl in der gesamten Literaturgeschichte ohne Beispiel. Ganze Institute, Museen, Lehrstühle, Bibliotheken und Archive befaßten sich mit der Deutung jedes einzelnen Kommas und jeder beliebigen Randbemerkung in noch so unbedeutenden Büchern, ganz zu schweigen von irgendwelchen Anmerkungen oder Unterstreichungen in Telegrammen und Referaten. Über diese historisch einzigartige Vergötterung eines Menschen schreibt N. W. Walentinow: »Ganze Heerscharen von Apologeten ergehen sich in der Exegese jeder noch so unwichtigen Kleinigkeit, die auch nur einen entfernten Bezug zu Wladimir Iljitsch haben könnte. Noch seine allerbanalsten Handlungen, noch die beiläufigste Geste wird zu einem historischen Ereignis aufgebauscht. Es war nicht nur der genialste, sondern auch der tugendhafteste und talentierteste. Er hatte

immer recht und war unfehlbar«. (Walentinow, Malosnakomyj Lenin)
Lenin selbst war an diesem irrationalen Personenkult nicht ganz unschuldig. Noch zu Lebzeiten wurde ihm 1922 im Gouvernement Simbirsk ein Denkmal errichtet. Auch gegen ein Denkmal am Ort des Attentats vom August 1918 hatte er nichts einzuwenden. Schon im November 1918 stand er mehreren Bildhauern Modell und saß 1921 dem berühmten Maler Ju. P. Anjenkow für ein Porträt (»Nowy schurnal«, 1961, Nr. 65, S. 139). Lenin hielt es für richtig, die Zarendenkmäler durch Monumente für die Revolutionsführer zu ersetzen. Dabei stand für ihn nicht so sehr persönliche Eitelkeit im Vordergrund, als vielmehr der Gedanke, auf diese Weise den Rückhalt für die bolschewistische Idee festigen zu können. Er ahnte nicht, daß er damit einen nachgerade religiösen Kult um seine Person initiierte. Noch heute zieren Leninstatuetten die Wohnungen vieler russischer Bürger.
Als das fundierteste sowjetische Werk über Lenin gilt die vielbändige biographische Chronik »Wladimir Iljitsch Lenin«, doch auch sie ist reich an zensierten Passagen, Auslassungen, Entstellungen und einseitigen Interpretationen. Im Vergleich dazu sind ausländische Biographien in wissenschaftlicher Hinsicht zuverlässiger. Zwar können sie nicht auf Primärquellen vor allem aus der sowjetischen Periode im Leben Lenins zurückgreifen, sind aber dafür keinerlei ideologischen Zwängen unterworfen. Es seien hier nur einige Werke genannt, die besondere Aufmerksamkeit verdienen, wie etwa das Buch von S. Possony. Ungefähr zur gleichen Zeit erschien das Buch des Amerikaners Robert Payne, der in Lenin einen zweiten, allerdings wesentlich mächtigeren Netschajew sah. Zu den besten Werken über den Revolutionär zählt Louis Fischers »Das Leben Lenins«. 1988 erschien in London die Studie Ronald Clarks. Dora Sturman versucht, sich Lenin über seine letzten Aufzeichnungen zu nähern. Zu interessanten Ergebnissen kommen auch weitere nichtsowjetische Autoren wie A. Awtorchanow, D. Anin, N. Berdjajew, W. Burzew, A. Balabanowa, F. Dan, A. Iljin, A. Njekritsch, A. Potresow, A. Rabinowitsch, W. Tschernow und D. Shub.
Von großer Bedeutung für das Verständnis des Phänomens Lenin

ist das historisch-künstlerische Werk Alexander Solschenizyns. Es gewährt Einblick in die Denkweise jener Männer, die Rußland »aus den Angeln hoben«.
Die Bücher von Nikolaj Wladislawowitsch Wolski (Walentinow), der Lenin persönlich kannte, bestechen durch ihre detailgetreue, originelle Analyse. Als einem der wenigen gelingt es ihm, neben der politischen auch die menschliche Seite des Revolutionsführers angemessen zu beleuchten.
Neben einer Vielzahl charakterlicher Besonderheiten entdeckte er schon beim jungen Lenin einen unverbrüchlichen Glauben an seine historische Mission als Führer von Partei und Volk, der sich mit einem ausgeprägten Zynismus verband.
Krschischanowski beschäftigte sich besonders mit dem äußeren Erscheinungsbild des Revolutionärs. Lenin, so schreibt er, wirke einfach und bescheiden. »Mit seiner gedrungenen Gestalt und der Schirmmütze könnte man ihn für einen einfachen Fabrikarbeiter halten. Die angenehmen Gesichtszüge und der dunkle Teint verleihen ihm ein leicht asiatisches Aussehen. In entsprechender Kleidung würde er auch in einer Versammlung von Wolgabauern nicht auffallen.« Neben dieser offenen Propagierung von Lenins »Volksverbundenheit« bringt dessen Kampfgefährte aber dennoch einen wichtigen Aspekt zum Ausdruck. »Seine Augen«, fährt er fort, »sind dunkelbraun. Er hat einen außergewöhnlichen, durchdringenden Blick, aus dem eine starke innere Kraft spricht.« (Krschischanowski, Weliki Lenin, Moskau 1982, S. 16–17)
Mit dieser Besonderheit befaßt sich auch A. I. Kuprin in seiner literarischen Miniatur »Momentaufnahme«:

»Lenin ist von kleinem Wuchs, breitschultrig und hager. Sein Äußeres wirkt weder abstoßend oder feindselig, noch besonders tiefsinnig. Er hat breite Backenknochen, und seine Augen verlaufen leicht schlitzförmig nach oben ... Der Schädel ist zwar groß und breit, jedoch bei weitem nicht in dem Maße, wie es auf einigen Photographien scheint ... Das verbliebene Kopfhaar und der Bart lassen darauf schließen, daß er in seiner Jugend feuerrote Haare hatte. Seine Hände sind groß und unansehnlich ... Ich vertiefte mich in seine Augen ... Sie sind von Natur aus schmal, und Lenin hat, vielleicht aufgrund einer Kurzsichtigkeit, die Angewohnheit, sie zusammenzukneifen. Dadurch erhalten sie einen argwöhnischen Ausdruck, der durch seinen finsteren Blick noch verstärkt wird. Was mich jedoch besonders erstaunte, war die Farbe der Augen ... Letztes Jahr im Pariser Zoo blickte ich in die goldroten Augen eines Lemuren. Das war Lenins Augenfarbe! Der Lemure hatte allerdings große Pupillen, während die von Lenin kaum größer waren als die Einstichlöcher einer Nadel, aus denen blaue Funken schossen.« (»Obschtschee delo«, Paris, 21. 2. 1921)

Die russische Revolutionsschriftstellerin Ariadna Tyrkowa, die Lenin des öfteren zu Gesicht bekommen hatte, fällt ein kategorisches Urteil: »Lenin war ein böser Mensch. Er hatte die bösen Augen eines Wolfes.« (A. Tyrkowa-Williams, »Auf dem Weg in die Freiheit«, London 1953, S. 104)
All das sind Zeugnisse von Menschen, die Lenin persönlich gesehen haben. Mir blieb dagegen nur das Filmmaterial. Auf alten Fotos und in alten Wochenschauen sah ich einen unscheinbaren Mann mit außergewöhnlichen Augen, die einen starken Intellekt erahnen ließen. Dieser Intellekt nahm nicht selten böse, bisweilen sogar heimtückische Züge an. Bei aller revolutionären Radikalität war Lenin durchaus imperial gesinnt, was keinen Widerspruch darstellt. Sein erklärtes Ziel war schließlich die Erlangung absoluter, uneingeschränkter Macht. So besiegelte er die Niederlage des eigenen Vaterlandes im Ersten Weltkrieg, nur um seine Partei an die Macht zu bringen. Dafür nahm er sogar den Verlust ganzer Nationalitäten in Kauf, die früher zum Russischen Reich gehört hatten. Als jedoch dessen totaler Zerfall drohte, warf Lenin seinen revolutionären Internationalismus über Bord und stellte das Imperium unter der bolschewistischen Sowjetmacht wieder her. Seine Motive waren dabei nicht etwa Patriotismus oder Vaterlandsliebe, sondern einzig und allein der Wille zur Macht. Rußland und seine Bevölkerung brachte er keine besondere Wertschätzung entgegen. In einem Brief an Bersin zur Herausgabe von Propagandaliteratur beklagt Lenin den schleppenden Gang der Dinge. Er empfiehlt »Kollner und Schneier aus Zürich kommen zu lassen« und sie »fürstlich« für ihre Arbeit zu entlohnen. Und weiter: »Diese russi-

schen Idioten sollen gefälligst Zeitungsausschnitte schicken und nicht wahllos irgendwelche Ausgaben. Nennen Sie uns die Namen der Verantwortlichen, und wir werden sie uns vorknöpfen.« (Archiv für neuere Geschichte)
Natürlich verschwand auch dieser Brief im Geheimarchiv und ist in keiner sogenannten »Gesamtausgabe« zu finden. Eine derartige Einstellung zu den Russen findet sich häufig bei Lenin.
Dieses Buch wird viele sowjetische Leser schockieren. Man wird meine wissenschaftliche Integrität in Zweifel ziehen und versuchen, mich als Lügner zu entlarven. So haben wir es schließlich von Lenin und seinen Nachfolgern gelernt. Wir haben gelernt, intolerant zu sein gegenüber allem, was nicht mit den leninistischen Dogmen und Propagandaformeln vereinbar ist. Von Anfang an wurde uns eingeschärft, daß es ein Verbrechen darstellt, anderer Ansicht zu sein.
Auf antisowjetische Propaganda steht die Todesstrafe. So hat es Lenin verfügt, und so wurde es in den berühmten Artikel 58 der Verfassung der RSFSR aufgenommen, auf dessen Grundlage Jahrzehnte lang Millionen von Menschen ins Arbeitslager wanderten. All das hat sich tief in das Bewußtsein der sowjetischen Menschen eingegraben.
Mit der Tscheka, dem Straforgan der Diktatur, erhob Lenin die Amoralität zur Moral von Partei und Staat.
Es wurde häufig behauptet, Lenin habe mit Hilfe der Neuen Ökonomischen Politik den »wahren Sozialismus« aufbauen wollen. Bei aufmerksamem Studium der Dokumente stößt man allerdings bald auf die bekannten bolschewistischen Motive. Für Lenin war die NÖP ein kontrollierter Kapitalismus, dem man jederzeit wieder »den Garaus machen« konnte. Als damals die Wirtschaftskriminalität zunahm, reagierte er schnell: »... Wir brauchen eine Reihe von Schauprozessen mit abschreckenden Urteilen ... Die Neue Ökonomische Politik erfordert auch eine neue, grausame Art der Bestrafung.« (PSS, Bd. 54, S. 160)
Lenin hatte niemals einen Hehl daraus gemacht, daß die neue Gesellschaft nur mit Hilfe von Gewalt errichtet werden könne. Im März 1922 schrieb er an L. B. Kamenew: »Es wäre ein großer Fehler, zu glauben, daß die NÖP ein Ende des Terrors bedeutet.

Wir werden den Terror zu gegebener Zeit wieder aufnehmen. Auch den ökonomischen.« (ebd., Bd. 44, S. 128)
Das war nicht zuviel versprochen. In der folgenden Zeit beherrschte der Terror das ganze Land. Als wir nach Jahrzehnten zögernd darangingen, die Vergangenheit zu verurteilen, vermieden wir ängstlich eine klare Antwort auf die Frage, wer diesen Terror initiiert und als Mittel der Revolution geheiligt hatte.

Erstes Kapitel

Die frühen Jahre

»Lenin vereinigte in sich Charakterzüge von Tschernyschewski, Netschajew, Tkatschew, Scheljabow, den Moskauer Großfürsten, Peter dem Großen und russischen Staatsmännern despotischer Ausrichtung.«
Nikolaj Berdjajew

Ich schreibe keine Biographie (derer gibt es schon so viele), sondern ein politisches Porträt Lenins. Daher möchte ich zunächst auf die frühen Jahre seines Lebens eingehen, die ihn nachhaltig geprägt und zu dem revolutionären Führer gemacht haben, als der er in die Geschichte eingegangen ist.
Wir alle kennen die Bilder von dem kleinen Jungen und dem Gymnasiasten mit den klugen Augen. Von Lenin als jungem Mann haben wir dagegen kaum eine Vorstellung. Es scheint, als habe er diese Etappe seines Lebens übersprungen und sich sogleich vom Jugendlichen in einen reifen, erwachsenen Mann verwandelt. Dieser Eindruck wird von A. N. Potresow bestätigt, der den jungen Lenin sehr gut kannte. Der Vertreter der legalen Strömung des Marxismus in Rußland traf mit Lenin zusammen, als dieser 25 Jahre alt war. Er erinnert sich, daß Uljanow »eigentlich nur dem Geburtsdatum nach jung war. Er hatte die Augen eines Vierzigjährigen. Das Gesicht, die Glatze, der spärliche, rötliche Bart, der argwöhnische Blick und die heisere Stimme verstärkten diesen Eindruck noch ... Auch anderen, die ihn kannten, schien es, als sei Lenin nie wirklich jung gewesen. Nicht umsonst trug er im ›Petersburger Kampfbund‹, dieser Keimzelle der zukünftigen Partei, den Spitznamen ›der Alte‹. Wir meinten oft im Scherz, daß Lenin wohl

schon alt und glatzköpfig auf die Welt gekommen sein müsse.« (B. Nikolajewski, A. N. Potresow, Paris 1987, S. 294)
Vom Vater hat Lenin seine außergewöhnliche Intelligenz geerbt. Beide starben schon früh an Gehirnkrankheiten, der Vater im Alter von 54 Jahren an einem Blutgerinnsel, der Sohn 53jährig an Sklerose. Vermutlich hatte Lenins permanente geistige Überanstrengung in der Auseinandersetzung mit Andersdenkenden seinen Alterungsprozeß rapide beschleunigt und seinen frühen Tod begünstigt.

Genealogie der Familie Uljanow

Das kleine, stille Provinzstädtchen Simbirsk an der mittleren Wolga wurde zur Wiege des Vaters der russischen Revolution und Gründers des ersten sozialistischen Staates der Welt. 1648 durch den Bojaren Chitrowo als Vorposten gegen die Nomadeneinfälle am hohen Ufer des Flusses errichtet, lag Simbirsk um die Jahrhundertwende friedlich, wie im Dornröschenschlaf, in seiner grünen Idylle. Schon bald sollte es jedoch zum ideologischen Mekka des Bolschewismus werden. Aus Simbirsk wurde Uljanowsk. Man verwandelte das alte Städtchen in einen riesigen Gedenkaltar zu Ehren Lenins. Bedenkenlos wurden alte Kirchen, Kathedralen und Klöster abgerissen. Selbst die Kirche, in der Lenin getauft wurde, und das Gouvernementshaus, in dem einst Puschkin gewohnt hatte, blieben davon nicht verschont. Die Gedenkkathedrale für die Gefallenen im Vaterländischen Krieg von 1812 mußte einem Lenindenkmal weichen. Die Straßen wurden nach Marx, Engels, Liebknecht, Luxemburg, Plechanow und Bebel benannt. Im Schreckensjahr 1921, als im Wolgagebiet eine Hungersnot wütete, scheuten die Machthaber von Simbirsk weder Kosten noch Mühen, um Marx ein Denkmal zu errichten. Der Friedhof des Pokrowskiklosters wurde dem Erdboden gleichgemacht. An seine Stelle trat eine Grünanlage, auf der sich nun nur noch das Grab Ilja Nikolajewitsch Uljanows befand. Das Kreuz auf dem Grabstein von Lenins Vater hatte man aus ideologischen Gründen entfernt.
In der zwölfbändigen offiziellen biographischen Chronik heißt es über Lenins Geburt lapidar:

»10.(22.) April
Geburt von Wladimir Iljitsch Uljanow (Lenin).
Sein Vater Ilja Nikolajewitsch Uljanow war zunächst Inspektor,

später Direktor der Volksschulen im Gouvernement Simbirsk. Er entstammte der unteren Mittelschicht Astrachans. Sein Vater war leibeigener Bauer.
Lenins Mutter Maria Alexandrowna war die Tochter des Arztes A. D. Blank.
Die Uljanows bewohnten in Simbirsk (heute Uljanowsk) das Haus Nr. 17a in der Streljetzkajastraße (heute Uljanowstraße).« (»W. I. Lenin«, Biografitscheskaja chronika, Bd. 1, S. 1)

Besonders betont wird die bäuerliche Herkunft von Lenins Großvater väterlicherseits. Wie steht es aber mit der Großmutter väterlicherseits oder den beiden Großeltern mütterlicherseits?
Maria Alexandrowna, Lenins Mutter, war die vierte Tochter der Familie Blank. Alexander Dimitriewitsch (Srul Mojschewitsch) Blank, ihr Vater, ein getaufter Jude aus Schitomir, war von Beruf Arzt. Den Vatersnamen erhielt er von seinem Taufpaten, Dimitri Baranow, sein jüdischer Vorname wurde russifiziert. Laut dem bekannten Leninbiographen D. N. Shub war A. D. Blank der Sohn des jüdischen Kaufmanns Mojsche Itzekowitsch Blank aus Starokonstantinow im Wolynsker Gouvernement, der mit der Schwedin Anna Karlowna Ostedt verheiratet war. Wie aber konnte ein Jude Amtsarzt und Besitzer eines Guts in Kokuschkino werden? Aufgrund seiner Nachforschungen, unter anderem im Archiv des Heiligen Synods von Petrograd, kommt der Biograph zu dem Schluß, daß den Juden nach Annahme des orthodoxen Glaubens alle Karrieremöglichkeiten offenstanden: »Unter Nikolaus I., zu Lebzeiten A. D. Blanks, gab es getaufte Juden, die noch wesentlich höhere Posten als den eines Amtsarztes innehatten ... Viele getaufte Juden wurden geadelt und genossen die gleichen Privilegien wie christliche Adelige.« (»Nowy schurnal«, 1951, Nr. 63, S. 286–291)
A. D. Blank, Lenins Großvater, heiratete in Petersburg Anna Grigorjewna Großkopf, die aus einer vermögenden deutschen Familie stammte. Zahlreiche Europareisen, unter anderem nach Karlsbad, belegen, daß das Ehepaar Blank finanziell gut gestellt war. Alexander Dimitriewitsch war zunächst Bezirksarzt in Isretsch, Gouvernement Smolensk. Nach seiner Zeit als Amtsarzt arbeitete er eine Weile an einem Krankenhaus, um dann nach Perm und später nach

Slatoust umzusiedeln. Dort wird er medizinischer Inspektor am Krankenhaus der staatlichen Rüstungsbetriebe. 1847 quittiert er den Dienst, tritt als Staatsrat in den Ruhestand und wird in den Adelsstand erhoben. Von der Mitgift seiner Frau erwirbt er das Gut Kokuschkino im Gouvernement Kasan (ebd., 1961, Nr. 61, S. 219 bis 236).

Anna Grigorjewna, die schlecht russisch spricht, behält ihr evangelisch-lutherisches Bekenntnis. In Kokuschkino ziehen sie fünf Töchter groß: Anna, Ljubow, Sofia, Maria (Lenins Mutter) und Katharina.

Kokuschkino war kein kleines Gehöft, wie in den offiziellen Biographien behauptet wird, sondern ein stattliches Landgut, das bis 1861 von leibeigenen Bauern bewirtschaftet wurde. Nach dem frühen Tod Anna Grigorjewna Großkopfs übernahm ihre Schwester Katharina die Verantwortung für die Erziehung der Kinder. Die gebildete Frau unterrichtete Lenins Mutter in Klavierspiel, Gesang und in drei Fremdsprachen (Deutsch, Englisch und Französisch).

In der offiziellen Chronik wird besonders die plebejische Herkunft von Lenins Großvater väterlicherseits betont. Dieser war jedoch kein »leibeigener Bauer«, sondern wurde schon in jungen Jahren vom Grundzins befreit, um sich dann als Schneider in Astrachan niederzulassen. Nur der Urgroßvater Wasili Nikititsch Uljanow war wirklich Leibeigener. Lenins Großvater, Nikolaj Wasiljewitsch, hatte die Fünfzig schon überschritten, als er die um 20 Jahre jüngere Tochter eines getauften Kalmücken heiratete. Von dieser Frau, seiner Großmutter Anna Alexejewna Smirnowa, hat Lenin sein asiatisches Aussehen geerbt. Aus der späten Ehe gingen fünf Kinder hervor: die drei Söhne Alexander, Wasili und Ilja (Lenins Vater) sowie die beiden Töchter Maria und Theodosia. Ilja war das letzte Kind. Als er geboren wurde, war sein Vater bereits über 60 und seine Mutter 43 Jahre alt. Bald darauf starb Nikolaj Wasiljewitsch. Von nun an mußte der älteste Sohn für seine Mutter und die vier Geschwister sorgen. Der siebzehnjährige Wasili kümmerte sich aufopferungsvoll um die Familie. Mit seinem großen Fleiß brachte er es bis zum Verwalter der berühmten Astrachaner Firma *Gebrüder Saposchnikow*. Er schickte Ilja auf die Universität und bestritt bis zu seinem Abschluß dessen gesamten Lebensunterhalt.

Von großem Interesse ist auch der deutsch-schwedische Zweig der Familie. Laut dem Schweizer Historiker L. Haas stammten die Großkopfs aus Norddeutschland. Lenins Urgroßvater J. G. Großkopf war Vertreter der deutschen Handelsfirma *Schade*. Alle Vorfahren und Verwandten aus der deutschen Linie entstammten dem Großbürgertum. Unter ihnen befinden sich bekannte Persönlichkeiten, wie der Theologe J. Hefer, E. Curtius, der Erzieher Kaiser Friedrichs III., und W. Model, Generalfeldmarschall in Hitlers Wehrmacht.

Ganz ähnlich verhält es sich mit dem schwedischen Zweig. K. F. Estedt war ein reicher Juwelier aus Upsala und Hoflieferant von König Gustav IV. Adolf. Auch die meisten anderen Vorfahren aus dem schwedischen Zweig waren wohlhabende Handwerker.

Obwohl Lenin der Kultur und der Sprache nach Russe war, nahm sein Vaterland bei ihm keinen hohen Stellenwert ein. Er bekannte sich zwar offiziell als Russe, war aber im Grunde Internationalist und Kosmopolit. Revolution, politische Macht und Partei galten ihm mehr als sein Heimatland. In all seinen Handlungen ließ er sich eher von sozialpolitischen als von nationalen Motiven leiten.

Es wäre nicht nötig gewesen, auf die Frage nach Lenins Abstammung so detailliert einzugehen, hätte die Partei nicht auch hier wieder eine Lüge zu Hilfe genommen, um die – in Rußland durchaus übliche – Vermischung von Nationalitäten in der Genealogie des Revolutionärs zu kaschieren und ihn auf diese Weise ethnisch »reinzuwaschen«.

Das Leben der Familie Uljanow, die sich 1869 in Simbirsk niedergelassen hatte, unterschied sich in keiner Weise von dem der übrigen mittelständischen Bevölkerung. Wladimir Iljitsch hatte zwei Brüder und drei Schwestern: Anna (geb. 1864), Alexander (1866), Olga (1871), Dimitri (1874) und Maria (1878). Ein weiterer Bruder und eine Schwester waren schon bei der Geburt gestorben.

Maria Alexandrowna hatte zwar die Universität nicht beendet, war aber dank der guten Erziehung durch ihre Tante Katharina eine sehr gebildete Frau. Über die Erziehung Lenins und seiner Geschwister gibt es eine Vielzahl von Büchern, in denen häufig ein übertriebenes Bild von der intellektuellen Entwicklung des Revolutionärs gezeichnet wird. Glaubte man einigen Autoren, so wäre Lenin schon als Genie auf die Welt gekommen.

Wladimir Uljanow war in der Tat ein begabtes Kind, das in einem intellektuellen Umfeld ohne materielle Not aufwachsen konnte. Die Familie erwarb ein schönes Haus in Simbirsk, in dem die ältesten drei Kinder über ein eigenes Zimmer verfügten. Es gab sowohl eine Köchin als auch eine Amme, und für gelegentlich anfallende Arbeiten wurden Hilfskräfte eingestellt.
Ilja Nikolajewitsch war inzwischen Volksschuldirektor geworden. Seine hervorragenden Leistungen auf dem Gebiet der Volksbildung wurden auch von staatlicher Seite honoriert. Neben mehreren Auszeichnungen, darunter der Stanislaworden Erster Klasse, erhielt er den Titel eines Staatsrats, der dem eines Generals ebenbürtig war. Man erhob ihn in den Adelsstand, wodurch automatisch auch die Kinder, unter ihnen Wladimir Iljitsch, geadelt wurden.
Lenin war immer ein Musterschüler. Von »revolutionärem Freidenkertum«, wie viele Biographen schreiben, konnte zu diesem Zeitpunkt noch keine Rede sein.
Fjodor Michajlowitsch Kerenski, Gymnasialdirektor und Vater des zukünftigen Ministerpräsidenten der Provisorischen Regierung, äußerte sich des öfteren begeistert über die Begabung und den Fleiß des Gymnasiasten Uljanow.
Die häufigen Belobigungen durch Eltern und Lehrer begünstigten schon beim jungen Lenin die Herausbildung einer gewissen Arroganz und eines Überlegenheitsgefühls gegenüber seinen Altersgenossen. W. W. Wodowosow, ein Kommilitone Alexander Uljanows, erinnert sich an einen Besuch bei dessen Familie, nach dem er »auf keinen Fall mit Wladimir in näheren Kontakt treten wollte. Ihn verärgerte die unerträgliche polemische Grobheit Uljanows und seine grenzenlose Arroganz, der noch dadurch Vorschub geleistet wurde, daß man ihn (schon damals!) für ein Genie hielt und Außenstehende ihn als allgemeine Autorität anerkannten.« (»Nowy schurnal«, 1961, Nr. 61, S. 229)
Lenins weltanschauliche und politische Prägung lag allerdings noch vor ihm. Seine Entwicklung zum Revolutionär wurde maßgeblich durch das Schicksal seines älteren Bruders Alexander beeinflußt.

Alexander und Wladimir

In der offiziellen Leninforschung wurde lange behauptet, Lenins Vater habe einen revolutionären Einfluß auf seine Kinder ausgeübt.

Der Volksschuldirektor I. N. Uljanow war trotz seiner umfassenden Bildung ein tief religiöser, politisch eher konservativer Mensch. Die älteste Tochter Anna erinnert sich, daß der Vater »nie revolutionär gesinnt war und auch die Jugend vor einer derartigen Geisteshaltung bewahren wollte«. Er sei ein großer Verehrer Alexanders II. gewesen, dessen Politik er bedingungslos unterstützte. (»Nowy schurnal«, 1954, Nr. 39, S. 216)

Auch seine jüngere Tochter Maria Iljitschna bestätigt die staatsbürgerliche Loyalität des Vaters gegenüber der Selbstherrschaft. (M. I. Uljanowa, O. W. I. Lenine i semje Uljanowych, Moskau 1989, S. 219)

Ich meine, diese Aussagen spiegeln die Sachlage recht genau wider. Von größerer Wichtigkeit ist jedoch ein anderer Umstand. I. N. Uljanow war ein überzeugter Pädagoge und setzte alles daran, die Familie in einem demokratischen, humanistischen Geist zu erziehen. Im Hause Uljanow herrschten Güte, Harmonie und demokratische Umgangsformen. Damit war der Nährboden bereitet, auf dem das radikale Freidenkertum der beiden Brüder Alexander und Wladimir gedeihen konnte. Von einem direkten revolutionären Einfluß des Vaters auf die Kinder, etwa durch »Lieder Nekrasows«, die »er gelegentlich auf Spaziergängen halblaut vor sich hinsang«, konnte jedoch keine Rede sein. Dabei handelt es sich um Erfindungen der Leninforschung, um die These zu stützen, Lenin sei schon von klein auf Revolutionär gewesen.

Der Vater starb 1886, als Wladimir Uljanow noch keine 16 Jahre alt war. Unmittelbar darauf beantragte M. A. Uljanowa eine Rente für

sich und die Kinder sowie eine einmalige finanzielle Zuwendung vom Kurator der Kasaner Universität. Gemeinsam mit den Einkünften aus Kokuschkino bildete die Rente Ilja Nikolajewitschs von nun an die Existenzgrundlage der Familie. Zudem bestätigte das Simbirsker Kreisgericht noch im selben Jahr M. A. Uljanowa und ihre Kinder als Erben des Vermögens.
Die gute finanzielle Lage der Familie ermöglichte allen Kindern ein Studium. Nach der Hinrichtung seines Bruders wird der siebzehnjährige Lenin im April 1887 als Wehrpflichtiger registriert, bald darauf jedoch als ältester Sohn und Ernährer der verwaisten Familie vom Wehrdienst befreit. (Archiv für neuere Geschichte) Alsbald nimmt er sein Studium auf.
Hatte die liberale Atmosphäre im Elternhaus die Entwicklung radikaler, freidenkerischer Ideen beim jungen Lenin bereits begünstigt, so wurde das Schicksal des älteren Bruders nun zum Katalysator dieses Prozesses. Es wird gemeinhin behauptet, das tragische Ende Alexanders habe einen entscheidenden Wandel bei Lenins revolutionärer Theorie bewirkt. Eine solche Theorie existierte jedoch zu diesem Zeitpunkt noch gar nicht. Die Forschung stützt ihre These auf den berühmten, aber nicht zweifelsfrei belegten Ausspruch Lenins: »Nein, diesen Weg werden wir nicht beschreiten.« Dieser Satz wird in ideologischen Bezug zur Frage der Legitimität individuellen Terrors als Mittel der Revolution gesetzt. Vermutlich handelt es sich auch hierbei um eine Fälschung, denn es scheint mir äußerst unwahrscheinlich, daß Lenin ausgerechnet mit diesem Ausspruch auf die Nachricht vom Tod seines Bruders reagiert haben soll. Zudem ist völlig unklar, wer mit dem kollektiven »wir« gemeint ist, denn Lenin war damals weder Mitglied einer Geheimgesellschaft noch einer wie auch immer gearteten politischen Organisation.
Wladimirs älterer Bruder war ein begabter junger Mann, der das Gymnasium mit Auszeichnung beendet hatte. Noch während der Schulzeit beschäftigte er sich intensiv mit den Naturwissenschaften, insbesondere der Zoologie, und erlernte drei Fremdsprachen. Als er 1883 sein Studium an der Petersburger Universität aufnahm, gehörte er dort bald zu den besten Studenten.
Den universitären politischen Zirkeln stand er zunächst gleichgül-

tig bis skeptisch gegenüber, bis er die Studenten Lukaschewitsch, Goworuchin und Schewyrew kennenlernte, die ihn mit den Werken von Marx, Engels und Plechanow vertraut machten. Die drei Kommilitonen propagierten die Gewalt als hauptsächliches Mittel zur Veränderung der bestehenden Verhältnisse. Obwohl Alexander Uljanow durch sein Studium voll und ganz in Anspruch genommen war, wollte er sich der »Idee des Fortschritts und der Revolution« nicht verschließen.

Während des Studiums stand der ältere Bruder mit Wladimir nur in losem Briefkontakt. Auch wenn Alexander im Sommer nach Hause kam, bestand kein besonders enges Verhältnis zwischen den beiden. Wladimir schätzte zwar die Intelligenz des Bruders, doch seine Schwester Olga stand ihm näher.

Die ältere Schwester Anna erinnerte sich an ein Gespräch mit Alexander nach dem Tod des Vaters:

»›Wie gefällt dir unser Wolodja (Wladimir)?‹, fragte sie. ›Er ist sicher ein begabter Junge, aber wir vertragen uns nicht besonders.‹ ›Warum nicht?‹ wollte die Schwester wissen. ›Einfach so‹, antwortete Alexander, der sich nicht näher dazu äußern wollte.« (A.I. Uljanowa = Elisarowa, O.W.I. Lenine i semje Uljanowych, Moskau 1988, S. 78)

Diese Passage in den Memoiren A.I. Uljanowas muß der Redakteur wohl übersehen haben, widersprach sie doch dem offiziellen, geschönten Bild des Revolutionsführers. Dabei betrafen die Meinungsverschiedenheiten zwischen den beiden Brüdern wohl weniger politische Fragen, als vielmehr Lenins grobe Art der Argumentation.

Ausschlaggebend für den Eintritt Alexanders in die Gruppe der Verschwörer war wohl der Polizeieinsatz gegen eine Studentendemonstration zum Andenken Dobroljubows am 17. November 1886, bei dem einige seiner Bekannten verhaftet und in die Verbannung geschickt wurden. Neben Uljanow traten noch einige andere Studenten der Gruppe um Schewyrew bei: Andrejuschkin, Osipanow, Generalow, Kantscher, Gorkun, Lukaschewitsch und Goworuchin. Im Februar 1887 begann man, die Fahrtroute des Zaren vom Hof zur Isaak-Kathedrale auszukundschaften. Doch die Verschwörer waren zu unerfahren. Am 1. März wurde die gesamte Gruppe verhaftet, nachdem die Polizei einen Brief von Andrejuschkin abgefangen hatte. Die Familie Uljanow war entsetzt, doch man hoffte auf die Großmut des Zaren. Maria Alexandrowna eilte in die Hauptstadt, um bei Alexander III. ein Gnadengesuch einzureichen. Alle Bemühungen waren jedoch vergeblich, denn der Sohn weigerte sich, den Zaren persönlich um Gnade zu bitten. Hätte er öffentlich Reue gezeigt, wäre die Todesstrafe in Zwangsarbeit umgewandelt worden.

Der Prozeß dauerte vier Tage. Am 19. April wurden Uljanow, Andrejuschin, Generalow, Osipanow und Schewyrew zum Tode durch den Strang verurteilt.

Mochte auch ihr Versuch, der russischen Politik auf gewaltsame Weise eine andere Wendung zu geben, historisch naiv erscheinen, so repräsentierten diese Studenten doch mit ihrer Opferbereitschaft und Freiheitsliebe die besten Eigenschaften des russischen Volkes. Ähnlich wie bei der Bewegung der Narodniki fand in ihrem Handeln die große und unsterbliche »russische Idee« ihren diffusen Ausdruck.

Am Tag, an dem das Urteil vollstreckt wurde, hatte Wladimir Uljanow eine Mathematikprüfung abgelegt, die wie gewöhnlich mit »sehr gut« bewertet wurde. Die Familie hatte sich bis zuletzt verzweifelt an das Gerücht geklammert, daß die Strafe doch noch in Festungshaft umgewandelt würde.

Wladimir Uljanow war erschüttert über den Tod seines Bruders. An den jungen Terroristen hatten ihn nicht so sehr deren Ideen als vielmehr ihr Stoizismus und ihre Willensstärke fasziniert. Im Mittelpunkt seiner Überlegungen stand nicht die Frage Terror oder Massenbewegung. Darüber hatte der Gymnasiast noch keine eigenen Ansichten. In seinem Innern begann vielmehr jener Gedanke Gestalt anzunehmen, der später das Zentrum seiner Weltanschauung ausmachen würde: Ohne bedingungslose Radikalität und eiserne Willensstärke war die Revolution zum Scheitern verurteilt. Was die Frage des Terrors anbelangt, so begriff der zukünftige Revolutionsführer, daß es nicht darauf ankam, eigenhändig Bomben zu bauen, auf die Barrikaden zu gehen, konterrevolutionäre Aufstände niederzuschlagen oder im Bürgerkrieg an der Front zu kämpfen. Das konnten ebensogut die anderen für ihn erledigen. Er wollte ihr Führer sein. Führer einer riesigen, ihm bedingungslos ergebenen Masse.

Auf dem Weg zum Revolutionär

Winston Churchill beschrieb den Prozeß der Synthese der verschiedensten Einflüsse, die auf Lenin wirkten und ihn schließlich zu der revolutionären Persönlichkeit machten, als die wir ihn kennen. Über den jungen Uljanow heißt es bei ihm:

»Er hatte einen überragenden Verstand. Vor seinem geistigen Auge stand die ganze Welt mit all ihrem Leid, ihrer Dummheit, Falschheit und Ungerechtigkeit. Er war von einer universalen, allumfassenden Intelligenz, wie man sie selten unter den Menschen findet. Durch das Prisma des Todes seines älteren Bruders gebrochen, verwandelte sich das helle, weiße Licht seines Bewußtseins in den roten Strahl der Revolution.« (Winston Churchill, The World Crisis. The Aftermath, London 1927, S. 73)

In der Tat entwickelte sich Lenins revolutionäres Bewußtsein aus einem besonderen Zusammenspiel komplizierter Umstände. Dazu zählt gewiß das Vorgehen der Machthaber gegenüber Wladimir Iljitsch und seiner Familie.
Der junge Abiturient kam mit einem Empfehlungsschreiben F. M. Kerenskis an die Universität von Kasan. Um etwaigen Vorbehalten wegen des älteren Bruders vorzubeugen, heißt es darin: »In keinem einzigen Fall hat Uljanow je das Mißfallen von Direktorat oder Lehrerkollegium auf sich gezogen.« (Wladimir Iljitsch Lenin, Biografitscheskaja chronika, Bd. 1, S. 29)
Als Lenin im Dezember 1887 von der Universität verwiesen wird, versucht Kerenski, den Vorfall durch die Hinrichtung Alexanders zu erklären: »Diese schicksalhafte Katastrophe hat die unglückliche Familie erschüttert und einen schädlichen Einfluß auf den sensiblen jungen Mann ausgeübt.« (Lenin i Simbirsk, Uljanowsk 1968, S. 469)

Doch Kerenskis Intervention blieb ohne Erfolg. Lenin wurde, noch bevor er sein erstes Semester beendet hatte, wegen Teilnahme an einer studentischen Versammlung von der Universität verwiesen und nach Kokuschkino verbannt. Dabei war er nicht einmal Organisator dieses politisch harmlosen Meetings, das einen eher liberalen Charakter hatte. Ausschlaggebend war allein die Tatsache, daß Wladimir Uljanow der Bruder eines Staatsfeindes war.

Aufgrund dieser Verwandtschaft wurde Lenin von nun an jeglicher Zugang zu den staatlichen Lehranstalten verwehrt. Sein Name war mit einem Makel politischer Unzuverlässigkeit behaftet. Als auch mehrere demutsvolle Ersuchen um Wiederaufnahme an die Universität ohne Erfolg blieben, begann er, sich allmählich mit der staatsfeindlichen Einstellung seines Bruders zu identifizieren.

Auch die gute finanzielle Situation der Familie begünstigte die Entwicklung Uljanows zum Theoretiker der Revolution. Ohne den Zwang, für seinen Lebensunterhalt sorgen zu müssen, ließ sich Lenin zunächst auf Kokuschkino nieder und übersiedelte dann mit der Familie auf das Anwesen Alakajewka, unweit von Samara. Dort hat er die Muße, sich umfassend der wissenschaftlichen und revolutionären belletristischen Literatur zu widmen. Er macht Bekanntschaft mit den Werken Tschernyschewskis, Dobroljubows, Darwins, Ricardos, Nekrasows, Turgenjews, Saltykow-Schtschedrins und Uspjenskis. Hier beschäftigt er sich auch erstmals mit dem »Kapital« und anderen Werken von Karl Marx. In Samara, wo sich die Familie im Herbst 1889 niederließ, führte er gleichfalls ein sorgenfreies Leben. Die Polizei hat ein Auge auf den jungen Mann, doch Lenin bietet ihr keinen Anlaß zur Beunruhigung. Zwar schreibt er damals einige theoretische Arbeiten, lernt den illegalen sozialdemokratischen Kreis um Skljarenko kennen und trifft sich gelegentlich mit Marxisten. Dennoch wäre es verfehlt, die Zeit in Samara als »revolutionäre Periode« zu bezeichnen, denn Lenin war doch überwiegend von seinem Fernstudium an der Petersburger Universität in Anspruch genommen. Nachdem er sein Examen in Rechtswissenschaft abgelegt hat, wird er Assistent des Rechtsanwalts A. N. Chardin am Kreisgericht von Samara. Dort betätigt er sich mit mäßigem Erfolg als Strafverteidiger in

einigen kleineren Prozessen. In zwei Fällen, die ihn persönlich betrafen, konnte er jedoch die Angelegenheit für sich entscheiden. Einmal klagte er gegen benachbarte Bauern, die einen Flurschaden auf dem Anwesen der Uljanows verursacht hatten, das andere Mal später gegen einen französischen Vicomte, der ihn in Paris mit seinem Auto angefahren hatte.
Insgesamt bedeutete Lenin seine juristische Tätigkeit wenig. Sie kam ihm kleinlich vor gegenüber jenem großen historischen Prozeß, den er einst für sich entscheiden sollte.
Immerhin konnte Uljanow damals sein intellektuelles Spektrum um eine Fülle verschiedener Konzeptionen und Ansichten erweitern. N. W. Walentinow erinnert sich an ein Gespräch, das er Ende 1904 mit Lenin geführt hatte. Dieser sprach dabei vor allem über die Literatur: »Ich las wie ein Besessener vom frühen Morgen bis zum späten Abend. Mein Lieblingsautor war Tschernyschewski, von dem ich jede Zeile gelesen hatte, die im ›Sowremjennik‹ erschienen war ... Er war der einzige, der mich wirklich beeinflußte, bevor ich die Werke von Marx, Engels und Plechanow kennenlernte. Am meisten beeindruckte mich sein Roman ›Was tun?‹ Das große Verdienst Tschernyschewskis bestand darin, zu zeigen, daß jeder anständig denkende Mensch zum Revolutionär werden muß, und, was noch wichtiger ist, welche Wege und Ziele er dabei verfolgen soll und mit welchen Mitteln diese verwirklicht werden können ...« (»Nowy schurnal, 1951, Nr. 26, S. 198–199). Walentinow war der Ansicht, daß Lenins »Was tun?« eine Art Fortsetzung von Tschernyschewskis berühmtem Roman darstellte. Gewiß unterscheiden sich die beiden Werke äußerlich völlig voneinander: auf der einen Seite ein langweiliges belletristisches Traktat, auf der anderen eine praktische Anleitung zur Revolution. Dennoch haben sie ideologisch vieles gemeinsam, vor allem die These, daß die »neue Welt« nur durch den »neuen Menschen« geschaffen werden kann. Die fiktiven Romanhelden Tschernyschewskis, Rachmetow, Kirsanow, Lopuchow und Wera Pawlowna, werden bei Lenin zu wirklichen Menchen, den sogenannten »Berufsrevolutionären«, die sich für Rußland als bedrohliche, unheilbringende Gestalten erweisen sollten. Obwohl sie es nie für nötig gehalten hatten, einer geregelten Arbeit nachzugehen, maßten sie

sich an, als Außenstehende über soziale und politische Fragen zu urteilen oder gar über das Schicksal von Millionen anderer Menschen zu entscheiden.

Es wäre sicher übertrieben, in Tschernyschewski den »Verführer« Lenins zu sehen. (Übrigens hatte Lenin dem von ihm so verehrten Tschernyschewski im September 1888 einen Brief geschrieben, auf den er allerdings keine Antwort erhielt. Als er ein Jahr später von Tschernyschewskis Tod erfuhr, versah er eine Fotografie des Schriftstellers mit einem Kreuz und der Anschrift »Saratow, im Oktober 1889.«)

Fest steht aber auch, daß dieser Schriftsteller seine Spuren im Werk des Revolutionärs hinterlassen hat. Das gilt insbesondere für Lenins tiefe Abneigung gegen den Liberalismus, wie sie bereits in einer seiner ersten größeren Arbeiten zum Ausdruck kommt (»Wer sind die ›Volksfreunde‹ und wie kämpfen sie gegen die Sozialdemokraten?«). Unter Berufung auf die »genialen Voraussagen« Tschernyschewskis verurteilt er darin den »verabscheuungswürdigen« Kompromiß zwischen »Liberalen und Gutsbesitzern«, der den »offenen Klassenkampf« in Rußland nur behindere (PSS, Bd. 1, 291–292).

Lenin benutzte den Schriftsteller für seine »Russifizierung« des westlichen Marximus, der ihm zu viele liberale, demokratische Elemente und zuwenig »Klassenkampf« enthielt. Seine Methode bestand darin, von bestimmten russischen Autoren diejenigen Gedanken zu übernehmen, die sein Konzept eines radikalen, kompromißlosen Marxismus stützen konnten. Auf diese Weise verfuhr er nicht nur mit Tschernyschewski, sondern auch mit Tkatschew, Bakunin, Netschajew, Struwe, Uspjenski, Postnikow, Lawrow und Herzen.

Nadjeschda Krupskaja schreibt in Erinnerung an die ersten Wochen unter der Sowjetmacht: »Lenin hatte aufmerksam die Geschichte der Pariser Commune studiert. Ein Hauptfehler der Arbeiterregierung des ersten proletarischen Staates der Welt bestand für ihn darin, daß sie sich ihren erklärten Feinden gegenüber zu nachgiebig verhalten hatte. Wenn es um den Kampf gegen die Feinde ging, fürchtete Lenin daher immer am meisten seine eigene Nachgiebigkeit und die der Massen.« (Krupskaja, Wospominanija o Wladimire Iljitsche Lenine, Bd. 2, S. 261)

Dem aufmerksamen Leser mag es befremdlich erscheinen, daß auch Netschajew Lenin beeinflußt haben soll. Schließlich hatten doch schon Marx und Engels – und später Uljanow – selbst dessen Lehre entschieden verurteilt. Netschajew hatte jedoch nicht nur die terroristische Aktion propagiert, sondern auch eine Art russischen Blanquismus. Geheimverschwörung und erbarmungslose Vernichtung der verhaßten Regierungsvertreter – das waren die Methoden des Blanquismus, derer sich auch Lenin in den entscheidenen Augenblicken ohne Zaudern bediente. Plechanow sah sich noch 1906 zu folgender Erklärung veranlaßt: »Lenin war von Anfang an mehr Blanquist als Marxist. Seine blanquistischen Überzeugungen verbarg er unter dem Deckmantel des orthodoxen Marxismus.« (Plechanow, »Sowremjennaja schisn«, Moskau, Dezember 1906).

Nach dem Erscheinen von Dostojewskis Roman »Die Dämonen«, der die Ermordung des Studenten Iwanow durch Netschajews Geheimbund zur Grundlage hatte, waren selbst revolutionär gesinnte Kreise auf Distanz zu Netschajew gegangen. Dabei vergaßen sie vollkommen, so Lenin, »daß dieser ein besonderes organisatorisches und konspiratives Talent besaß. Außerdem hatte er die Fähigkeit, seine Gedanken in prägnante Formulierungen zu kleiden ... Auf die Frage, wer denn aus dem Hause Romanow vernichtet werden müsse, antwortete er einmal treffend: ›Natürlich die ganze Familie!‹ ... Das ist doch einfach genial ...« (»Tridsat dnjej«, 1934, S. 18).

Lenins Abkehr vom Liberalismus führte dazu, daß er noch Anfang des Jahrhunderts mit Vorliebe über die Notwendigkeit des Kampfes gegen »liberale Dummheiten« debattierte. Wladimir Wojtinski, der Lenin persönlich kannte, erinnert sich: »›Die Revolution ist eine schwierige Sache‹, meinte Uljanow. ›Dabei macht man sich natürlich die Hände schmutzig ... Die Partei ist kein Pensionat für höhere Töchter. Irgendein Verbrecher kann uns gerade deshalb nützlich sein, weil er ein Verbrecher ist.‹« (Wojtinski, Gody pobjed i poraschenij, 2. Buch, Berlin 1924, S. 227)

In Netschajews »Katechismus für den Revolutionär« finden sich die folgenden Zeilen: »Für ihn [den Revolutionär, D. W.] ist all das moralisch, was der Sache der Revolution dient. Unmoralisch und verbrecherisch hingegen ist alles, was ihr schadet.« Diese Worte wiederholte Lenin fast wörtlich in seiner Rede auf dem dritten Kongreß des Russischen Kommunistischen Jugendverbandes, in der es hieß, moralisch sei alles, was dem Sieg des Kommunismus diene. Lenins Amoralismus und ethischer Relativismus waren übrigens schon lange bekannt. In einem Gespräch, das er 1918 mit M. Spiridonowa führte, hatte er zynisch bekannt: »In der Politik herrscht Zweckmäßigkeit und nicht die Moral.«

Seine Waffe war ein Marxismus, den er von allen liberalen und demokratischen »Dummheiten« »befreit« hatte. Die stählerne Faust der Diktatur des Proletariats mußte ungehindert zuschlagen können. G. W. Plechanow, der Patriarch des russischen Marxismus, konstatierte kurz nach Auflösung der Verfassungsgebenden Versammlung in seinem letzten Artikel: »Die Taktik der Bolschewiki ist die Taktik Bakunins und in vielen Fällen sogar die Netschajews.« (Plechanow, God na rodine, Paris 1921, Bd. 2, S. 267)

Bereits vor der Jahrhundertwende war Wladimir Uljanow zu der Überzeugung gelangt, daß alles erlaubt war, wenn es nur zum Ziel führte.

Entdeckung des Marxismus

Was faszinierte Lenin am Marxismus? Warum fiel seine Wahl nach der Lektüre so vieler ökonomischer, philosophischer und soziologischer Werke ausgerechnet auf die marxistische Literatur? Meines Erachtens war der junge Uljanow auf der Suche nach einer universellen, allumfassenden Theorie, welche die Welt in all ihren Erscheinungsformen zu erklären vermochte. Da stieß er Ende 1888 auf Karl Marx' »Kapital«. Man kann sich vorstellen, welchen Eindruck dieses umfangreiche, fundierte Werk auf den wißbegierigen jungen Mann machte. Hier, so schien ihm, lag der Schlüssel zur Erfüllung des »ewigen« Wunsches der Menschen nach Gerechtigkeit, Freiheit und Gleichheit, nach der Beseitigung von Ausbeutung und Unterdrückung.

Es ist nun an der Zeit zu erläutern, wer Lenin an die marxistische Literatur herangeführt hat. Als Wladimir Uljanow von der Universität verwiesen wurde, machte er in Kasan die Bekanntschaft von Nikolaj Fedosejew, einem überaus gebildeten, jungen Marxisten mit kühnen Ansichten. Zehn Jahre später sollten sie gemeinsam in die sibirische Verbannung gehen. Lenins marxistische Studien basierten auf einer Lektüreliste, die Fedosejew seinem Traktat über die revolutionäre Bildung angehender Sozialdemokraten vorangestellt hatte.

Uljanows erste politische Arbeit mit dem Titel »Neuere Entwicklungen in der Landwirtschaft« gleicht eher einer ausführlichen Rezension von W. E. Postnikows Buch »Die Wirtschaft in Südrußland«. Die Zeitschrift »Russkaja mysl« (Russischer Gedanke) war nicht zum Druck dieser wenig originellen Adaption marxscher Thesen bereit. Lenin orientierte sich zwar auch künftig an Fedosejew, seine Lektüre ging jedoch bald weit über dessen Empfehlungen hinaus.

Nach seinen Werken zu urteilen, faszinierten Uljanow am Marxismus vor allem zwei Elemente: der Klassenkampf und die Diktatur des Proletariats. Dabei saß er dem gleichen historischen Irrtum auf, den schon viele revolutionäre Denker vor ihm begangen hatten. Alles schien denkbar einfach: Man brauchte nur die Reichen zu enteignen, deren Besitz »gerecht« zu verteilen, und schon waren alle Probleme gelöst.

Als Anhänger von Klassenkampf und Diktatur des Proletariats verwarf Lenin entschieden die romantischen Ideen der Narodniki. In einer seiner früheren Arbeiten (»Ein Erbe, von dem wir uns lossagen«) wirft er den Volkstümlern vor, sie würden die kapitalistische Entwicklung in Rußland ignorieren und die traditionelle bäuerliche Gemeindestruktur idealisieren (PSS, Bd. 2, S. 532–533). In seiner Kritik an N. K. Michajlowski, einem führenden Vertreter der liberalen Volkstümler, klingt bereits jener aggressive Ton heraus, der auch die späteren Polemiken prägt. Beschimpfungen wie »Blödsinn«, »dummes Geschwätz« und »völliger Unfug« ersetzen dabei nur allzu oft eine fundierte Argumentation. In keinem seiner zahlreichen apologetischen Werke über die »Notwendigkeit« der Diktatur des Proletariats geht Lenin auf die elementare Frage ein, ob denn eine solche Staatsform mit dem marxistischen Anspruch auf Gerechtigkeit und Freiheit überhaupt zu vereinbaren sei. Woher nahm eine gesellschaftliche Klasse das Recht, über die anderen zu herrschen? Und stand nicht die Diktatur des Proletariats im Widerspruch zu einem gleichberechtigten Bündnis zwischen Arbeitern und Bauern?

Marxismus war für Lenin gleichbedeutend mit Revolution. Sie war sein einziger Lebensinhalt, alles andere interessierte ihn nicht. Als sich das Ehepaar Uljanow Anfang des Jahrhunderts in London aufhält, machen die zahlreichen Museen wenig Eindruck auf Lenin. Eine Ausnahme bildete lediglich die Bibliothek im British Museum, wo schon Marx über seinem »Kapital« gesessen hatte. Krupskaja erinnert sich: »Das Museum der Antike langweilte Wladimir Iljitsch schon nach zehn Minuten, so daß wir die endlosen Räume mit ihren Ritterrüstungen und antiken Vasen bald verließen ... Nur das Museum der Revolution von 1848 in Paris fesselte ihn derart, daß er stundenlang darin verweilte und nur mit Mühe

zum Gehen zu bewegen war.« (Krupskaja, Wospominanija o Wladimire Iljitsche Lenine, Bd. 2, Moskau, 1989, S. 47)
Lenin entwickelte seine eigene revolutionäre Theorie, indem er den klassischen Marxismus mit Ideen so unterschiedlicher Autoren wie Plechanow, Michajlowski, Tkatschew, Bakunin und Struwe verband. Konzepte des Liberalismus und der Ökonomisten, die eine effektive Wirtschaft zum Wohle aller anstrebten, fanden jedoch ebensowenig Eingang in seine Lehre wie Theorien westlicher Demokraten, die für den Parlamentarismus eintraten. Seine Rezeption des Marxismus war die eines Ekletikers. Was mit den eigenen Vorstellungen nicht vereinbar war, fiel durch das Raster seiner selektiven Sichtweise. Selbst Trotzki warnte zu Beginn des Jahrhunderts davor, daß Lenins mangelnde Flexibilität in theoretischen Fragen schließlich zu einer »Diktatur über das Proletariat« führen könne (L.D. Trotzki, Naschi politischeskie sadatschi, Genf 1904).
Lenin reagierte bereits damals ausgesprochen feindselig auf alles, was nicht in das Prokrustesbett seiner Vorstellungen paßte. Über eine philosophische Arbeit Bogdanows, dem er damals relativ nahestand, schrieb er im Februar 1908 an Gorki: »Seine Skizzen über die Philosophie machten mich rasend. Mir ist jetzt noch klarer geworden, daß er sich völlig auf dem Holzweg befindet.« Ihn ärgerte die Tatsache, daß ein Bolschewik sich die dialektische Lehre über »irgendso einen stinkenden, französischen Positivisten« aneignete (Pisma Lenina Gorkomu Moskau 1936, S. 17–18).
Marx und Engels waren Theoretiker. Lenin verflachte ihre Lehre zu einem Katechismus des Klassenkampfes. Kuprin bemerkt dazu: »Marx ist für Lenin eine absolute Autorität. In all seinen Reden stützt er sich auf seinen Messias als das unerschütterliche Zentrum des Weltalls. Marx wäre jedoch sicher entsetzt gewesen über Lenins sektiererischen, asiatischen Bolschewismus und hätte seinen berühmten Satz wiederholt: ›Verzeihen Sie, meine Herren, ich bin kein Marxist.‹«

Nadjeschda Krupskaja

Über die »Herzensangelegenheiten« des jungen Uljanow ist so gut wie nichts bekannt. Ginge es nach den zahlreichen Biographien und Memoiren, dann hätten Lenin seine Bücher und revolutionäen Träumereien derart in Anspruch genommen, daß für ihn Gefühle und Erfahrungen, die gewöhnlich eine bedeutende Rolle im Leben junger Menschen spielen, völlig in den Hintergrund traten. Von einer gescheiterten Ehe oder stürmischen Liebesbeziehungen wird nichts berichtet, und doch gab es so etwas wie eine unglückliche Liebe.
Als Wladimir Uljanow 1894 nach Petersburg zurückkehrte, nahm er Beziehungen zu einigen Marxisten und sozialdemokratischen Zirkeln auf, die legal oder im Untergrund arbeiteten. Er konnte frei über seine Zeit verfügen, da er zu keiner regelmäßigen Arbeit gezwungen war, erhielt gelegentlich Besuch von seinen neuen Bekannten und nahm an diversen Versammlungen Petersburger Sozialisten teil. Im Februar desselben Jahres traf sich in der Wohnung des Ingenieurs Klasson eine Gruppe Petersburger Marxisten. Dort begegnet Lenin erstmals Nadjeschda Krupskaja in Begleitung ihrer Freundin A.A. Jakubowa. Er zeigt Interesse an den politisch engagierten Frauen und trifft sich in der Folgezeit häufiger mit ihnen. Am Newski Prospekt ist er regelmäßig zu Gast bei Nadjeschda und ihrer Mutter Jelisawjeta Wasiljewna. Krupskajas Vater war Soldat gewesen, hatte Tschernyschewski und Herzen gelesen und stand in Kontakt zur »Semlja i wolja«, einer Gruppe von Volkstümlern. Er wurde wegen politischer Unzuverlässigkeit vom Dienst suspendiert und vor Gericht gestellt. Einige Jahre später wurde er rehabilitiert, durfte aber nicht in den Staatsdienst eintreten. Nach dem Tod des Vaters zogen Mutter und Tochter nach Petersburg, wo sie von seiner Rente lebten, und Nadjeschda wurde Lehrerin an einer Sonntagsschule.

Wenn Lenin zu Besuch war, kochte die Mutter Tee und verfolgte schweigend die Gespräche ihrer Tochter mit dem jungen, bereits glatzköpfigen Gast. Man unterhielt sich über Plechanow und Potresow, über Wladimirs Arbeit an einem neuen Buch oder über die Notwendigkeit, mit der europäischen Sozialdemokratie Kontakt aufzunehmen. Wir wissen nicht, ob Nadjeschdas Mutter an ihrem zukünftigen Schwiegersohn Gefallen fand, aber aus einem Aufsatz A. N. Potresows geht hervor, daß sie ihm gegenüber stets ihre Eigenständigkeit bewahrte und aus ihrem Mißfallen gegenüber »Leuten, die keiner anständigen Arbeit nachgehen«, nie einen Hehl machte (A.N. Potresow, Otscherki, Paris 1927, S. 19).
Wladimir Uljanow setzte seine Besuche fort, wobei ihn jedoch zunächst aktuelle politische Fragen mehr interessierten als seine zukünftige Frau.
Seine private Aufmerksamkeit galt zu diesem Zeitpunkt eher Nadjeschdas Freundin Jakubowa, wie unter anderem Louis Fischer bezeugt, der 14 Jahre in Rußland gelebt hatte: »Lenin warb vergeblich um Krupskajas Freundin, die an der gleichen Schule unterrichtete und auch Marxistin war. Apollinaria Jakubowa lehnte seinen Antrag ab und heiratete Professor K.M. Tachterew, den Redakteur der revolutionären Zeitschrift ›Rabotschaja mysl‹ (Arbeitergedanke).« Uljanow und Jakubowa blieben danach noch einige Zeit in Briefkontakt, wobei er Apollinaria schon einmal an ihre »alte Freundschaft« erinnerte, und traf noch mehrfach persönlich mit ihr zusammen (Leninski sbornik, Bd. 13, Moskau/Leningrad, 1930, S. 39–111).
Eine Reihe von Anhaltspunkten spricht dafür, daß Lenin schon vor seiner Bekanntschaft mit I. Armand ein Verhältnis mit einer Französin hatte. G.A. Alexinski zeigte 1935 in Paris einem Mitarbeiter des Marx-Engels-Lenin-Instituts namens Tichomirow persönliche Briefe Lenins an eine französische Schriftstellerin, die diese nicht vor Krupskajas Tod freigeben wollte. Sie lebte von finanziellen Zuwendungen, die sie über Dserschinski und Menschinski erhielt (Archiv des Präsidenten). Offensichtlich hat Lenin, nachdem er an die Macht gekommen war, seine ehemalige Geliebte nicht vergessen. Die Briefe sind allerdings bis heute nicht wieder aufgetaucht.
Nach seiner Verbannung trat Lenin in Ostsibirien unter Aufsicht

der Polizei bald in Briefkontakt mit Krupskaja. Seine Mutter, die ihren Wladimir zeitlebens aufopferungsvoll geliebt hatte, überschwemmte die Behörden förmlich mit ihren Bittschriften. »Wegen seines schlechten Gesundheitszustands« bittet sie, auf eigene Kosten nach Sibirien reisen zu dürfen. Dann wieder versucht sie für ihren Sohn die Genehmigung für einen Petersburgaufenthalt zu erwirken. Einmal soll er »wegen ihrer Krankheit« nach Moskau kommen, ein anderes Mal soll sein Aufenthalt in Bjelokamennaja verlängert werden. Sie wendet sich an den Generalgouverneur von Ostsibirien mit der Bitte, »W. Uljanow wegen seines schlechten Gesundheitszustands Krasnojarsk oder eine andere südlich gelegene Stadt im Gouvernement Jenisejsk als Verbannungsort zuzuweisen«. Lenin selbst unterstützte die Gesuche seiner Mutter, indem er schriftlich darum bat, ihm »eine Stadt im Gouvernement Jenisejsk, möglichst im Kreis Krasnojarsk oder Minusinsk, als Verbannungsort« zuzuteilen (Lenin, PSS, Bd. 46, S. 450–455).
Das »zaristische Blutregime« entsprach all diesen Bitten ohne Vorbehalte. Nur das Gesuch der Mutter vom August 1897, den Sohn wegen seines schlechten Gesundheitszustands nach Krasnojarsk zu überführen, wurde abgelehnt. Als Lenin an die Macht kam, verfuhr er freilich ganz anders mit seinen Gegnern und sogar mit seinen ehemaligen sozialdemokratischen Kampfgefährten.
Wladimir Uljanow ging es nicht schlecht in der Verbannung. Die Zeit in Schuschenskoje war für ihn nicht mehr als ein erzwungener Ferienaufenthalt. Sein Wohlergehen wurde weder durch Zwangsarbeit noch durch sonstige Einschränkungen beeinträchtigt. Dennoch hielt er es für nötig, wegen seiner »angegriffenen Gesundheit« um einen anderen Verbannungsort zu ersuchen. Für Martow, der nach Turuchansk verbannt worden war, widersprach dieses Verhalten der Würde eines Revolutionärs. Auch viele andere Verurteilte verzichteten auf derartige Bittgesuche.
Sein »kränklicher Zustand« hinderte Lenin jedoch nicht an gelegentlichen Jagdausflügen und ausgedehnten Spaziergängen. Seiner Familie schrieb er aus der Verbannung: »Neben Jagdausflügen und Badeaufenthalten verbringe ich die meiste Zeit mit Spaziergängen.« (Pisma Wladimira Iljitscha Lenina k rodnym, Moskau 1985, S. 41)

»Mit Kost und Logis bin ich vollauf zufrieden«, »Mir geht es hier wohl kaum schlechter als Euch in Spitz [Ort in der Schweiz, D. W.]«, »Ich schlafe hier außergewöhnlich lang«, »Bedienstete findet man hier schwer und im Sommer fast gar nicht«; »Alle finden, daß ich im Sommer zugenommen habe und braun geworden bin«; »Ich führe wie immer ein ruhiges, friedliches Leben« (ebd., S. 44, 46, 50, 52, 55).

Die Verbannten durften Freunde besuchen, auf Versammlungen gehen, Bücher schreiben, Verwandte empfangen und sogar Familien gründen. Bald nach der Hochzeit seiner Freunde W. Starkow und A. M. Rosenberg, der Tochter Krschischanowskis, im Juli 1897 intensiviert Lenin den Briefwechsel mit der nach Ufa verbannten Nadjeschda Krupskaja.

Im Januar 1898 ersucht er beim Direktor der Gouvernementspolizei für diese um Erlaubnis, den Rest ihrer Verbannungszeit als seine Braut in Schuschenskoje verbringen zu dürfen. Krupskaja selbst erklärte in ihren Erinnerungen, sie habe sich als Lenins Braut ausgegeben, um mit ihm zusammenleben zu können (Wospominanija o Lenine, Moskau 1972, S. 26).

Ein Großteil der Briefe Uljanows an Krupskaja ist verlorengegangen, während umgekehrt die Briefe seiner Frau fast vollständig erhalten sind. Lenin hatte wohl schon damals seine grandiose Zukunft vorausgeahnt und alles verwahrt, was seinen Werdegang dokumentieren konnte.

Anfang 1898 erreichte Nadjeschda Konstantinowna Krupskaja in Begleitung ihrer Mutter nach langer Reise Schuschenskoje. Als diese Lenin erblickte, rief sie aus: »Oh, wie sind Sie dick geworden!« (Pisma W. I. Lenina materi, Moskau 1967, S. 36)

Seiner »lieben Mama« schrieb der Sohn: »Man hat N. K. eine tragikomische Bedingung gestellt: Wenn sie nicht sofort heiratet, muß sie zurück nach Ufa. Da ich keinesfalls die Absicht habe, dies zuzulassen, haben wir mit den Hochzeitsvorbereitungen bereits begonnen . . .« (ebd., S. 37).

Krupskajas Mutter bestand auf einer kirchlichen Trauung, und die beiden jungen Atheisten mußte sich ihrem Willen beugen. Wladimir Iljitsch lud G.M. Krschischanowski, W.W. Starkow und andere Freunde aus der Verbannung zur Hochzeit ein, die am 10. Juli 1898

stattfand. Trauzeugen waren Jermolajew und Schurawlew, zwei einfache Bauern aus Schuschenskoje. Glückwünsche kamen auch von Apollinaria Jakubowna aus Kasatschinskoje bei Krasnojarsk, die wie die Uljanows wegen ihrer Mitgliedschaft im »Kampfbund« verbannt worden war.
Die Ehe hatte einen eher pragmatischen Charakter. Nadjeschda Konstantinowna war eine überdurchschnittlich intelligente Frau und wurde von nun an die Assistentin ihres Mannes, in dem viele schon den zukünftigen Revolutionsführer sahen. Die Hochzeit wurde überschattet vom Selbstmord Fedosejews in Wercholensk. In seinem letzten Brief hatte er Lenin wissen lassen, er sterbe »nicht aus Verzweiflung, sondern im grenzenlosen Glauben an das Leben«. Wenig später folgte ihm seine Verlobte M.G. Hopfenhaus in den Tod.
Bald darauf bezieht die junge Familie Quartier bei der Bäuerin A.P. Petrowa. Lenin kommt bei der Arbeit an dem Buch »Die Entwicklung des Kapitalismus in Rußland« zügig voran. Zwischen Spaziergängen und Jagdausflügen »verschlingt« er Unmengen an ökonomischer, philosophischer und historischer Literatur, die ihm P.B. Axelrod, A.N. Potresow und seine Mutter schicken. In Schuschenskoje liest er auch erstmals Parvus' (Helphands) Buch »Der Weltmarkt und die Krise in der Landwirtschaft«. Lenin wußte damals noch nicht, daß dieser Mann einst für kurze Zeit eine bedeutende Rolle in seinem Leben spielen sollte.
Nadjeschda Konstantinowna hilft ihm bei der Auswahl des Materials und der Abschrift einzelner Buchauszüge. Uljanow liest ihr gelegentlich Kapitel aus seinen Manuskripten vor, die sie allerdings selten kritisch kommentiert.
Die Kinderlosigkeit der Ehe war kein Thema in der Öffentlichkeit, obwohl vor allem Krupskaja sehr darunter litt. Nur einmal, als das Ehepaar schon nicht mehr in Schuschenskoje weilte, klagte Lenin in einem Brief an die Mutter: »Nadja leidet an einer Frauenkrankheit. Der Doktor meint, sie müsse für zwei bis drei Wochen das Bett hüten. Ich habe ihr schon einen Teil der hundert Rubel geschickt, die ich von Wodowosowa erhalten habe, denn die Behandlung ist teuer ...« (Pisma W.I. Lenina materi, S. 57). Später litt Krupskaja im Ausland an der Basedowschen Krankheit und mußte operiert

werden. Damals schrieb Uljanow der Mutter: »Nadjeschda geht es sehr schlecht. Sie hatte starkes Fieber und halluzinierte, was mich sehr beunruhigte« (ebd., S. 119).

Auch Lenins Geschwister hatten insgesamt nur einen Nachkommen. Nadjeschda Konstantinowna spart das Thema Kinderlosigkeit in ihren Erinnerungen weitgehend aus. Nur gelegentlich, wenn sie über das familiäre Glück ihrer Bekannten schreibt, ist die Enttäuschung deutlich zu spüren.

Krupskaja verdankte ihre Berühmtheit in erster Linie der Tatsache, daß sie Lenins Frau war. Nur aus diesem Grunde wurde wohl auch ihre wissenschaftlich eher belanglose Sammlung pädagogischer Aufsätze in einer elfbändigen Ausgabe verlegt. Von historischer Bedeutung sind allerdings die Erinnerungen an Lenins letzte Lebensjahre. Zusammen mit den Memoiren M.I. Uljanowas geben sie Einblick in die Tragödie des Revolutionsführers und präsentieren eine Fülle bislang unbekannter Fakten, wenngleich die beiden längst nicht alles preisgeben durften, was sie wußten (Archiv für neuere Geschichte). Nach anfänglicher Distanz wurde die Beziehung zwischen dem Ehepaar Uljanow schließlich so eng, daß Krupskaja sich völlig mit ihrem Mann identifizierte und zu keiner Kritik mehr fähig war. So erinnert sie sich in ihrem Buch beispielsweise an gelegentliche Jagdausflüge, die Lenin mit Freunden unternahm: »Im Spätherbst, wenn der Jenisej mit Eis bedeckt war, fuhren sie des öfteren zur Hasenjagd auf eine Insel. Die Hasen hatten schon ihr Winterfell angenommen. Von der Insel gab es für sie kein Entrinnen, so daß sie aufgeregt im Kreis umher liefen. Unsere Jäger schossen manchmal eine ganze Bootsladung voll« (Wospominanija o Lenine, Moskau 1972, S. 33). Selbst diese maßlose Wilderei zählte Nadjeschda Konstantinowna noch zu den Tugenden ihres Mannes. Für sie war er eben ein »leidenschaftlicher Jäger«.

Als das Ehepaar vom Schicksal ins Ausland verschlagen wurde, paßte sich Kruspkaja bald dem müßigen Lebenswandel Uljanows an. Aus Genf schrieb Lenin seiner Mutter: ». . . Das Leben hier ist überaus angenehm. Ich gehe spazieren, schwimmen und fröne dem Müßiggang.« Aus Finnland berichtet er: »Wir verleben hier wundervolle Ferien, gehen spazieren, schwimmen und faulenzen.

Am besten gefällt mir die Faulenzerei ...« Aus Frankreich: »Wir fahren wahrscheinlich schon diesen Samstag zum Urlaub in die Bretagne ...« Und schließlich aus Polen: »Der Frühling steht bereits in voller Blüte. Schnee haben wir schon lange keinen mehr. Es ist hier für Krakauer Verhältnisse herrlich warm ... Schade, daß ihr in Wologda so schlechtes Wetter habt!« (Pisma materi, S. 91, 92, 102, 120)
Wie man sieht, lebten einige »Berufsrevolutionäre« gar nicht so schlecht.

Geheime Geldangelegenheiten

Nach dem Tod Ilja Nikolajewitsch Uljanows erhielt seine Witwe Maria Alexandrowna für sich und die Kinder eine Rente von monatlich hundert Rubel. Das reichte damals für die ganze Familie, wenn man bedenkt, daß der nach Schuschenskoje verbannte Lenin für seinen Lebensunterhalt monatlich acht Rubel vom Staat bekam, was problemlos für Kost und Logis reichte (»Proletarskaja revoljuzija« 1928, Nr. 11–12, S. 281–282). Die Erzählungen vom beschwerlichen, entbehrungsreichen Leben des Revolutionsführers entsprechen nicht der Wahrheit. Krupskaja selbst schrieb darüber: »Man behauptet, wir hätten ein Leben voller Entbehrungen geführt. Das ist nicht wahr. Es gab zwar einige Emigranten, die zwei Jahre lang kein Geld aus Rußland erhielten, keinerlei Einkommen hatten und wirklich Hunger litten. Aber bei uns war es nicht so. Wir lebten zwar nicht im Luxus, waren aber nie wirklich bedürftig.« (Isbrannye proiswedenija, Moskau 1988, S. 120)

Die zahlreichen Auslandsaufenthalte der Familienmitglieder wurden von dem Geld finanziert, das man noch zu Lebzeiten des Vaters auf die Seite gelegt hatte. Außerdem gab es noch das Anwesen in Kokuschkino, dessen Verkauf eine beträchtliche Geldsumme einbrachte.

Im Februar 1889 erwarb Maria Alexandrowna für 7000 Rubel das Gut Alakajewka im Gouvernement Samara, das eine Fläche von 85 Hektar umfaßte. Unter der Leitung Wladimir Iljitschs begann man dort mit Viehzucht und Getreideanbau. Doch Lenin hatte bald genug von der Landwirtschaft und führte fortan das müßige Leben eines »feinen Herrn«, der genug Zeit zur Verfügung hatte, sich auf sein Staatsexamen an der Petersburger Universität vorzubereiten, den Marxismus zu studieren und nebenbei erste theoretische Arbeiten zu verfassen. In seinem Artikel »Neuere Entwicklungen in der Landwirtschaft« kritisiert Lenin Auswüchse des Kapitalismus auf dem Land, wie die Zunahme des Großbauerntums und die Ausbeutung der Kleinbauern durch Wucherei und Pachtzins. Dabei hatten die Uljanows mittlerweile selbst ihren Grund und Boden an einen gewissen Kruschwitz verpachtet und dadurch ihr Familienvermögen erheblich vergrößern können. Die Bauern im Wolgagebiet gehörten damals zu den ärmsten im Land. Auch die Gegend von Alakajewka machte da keine Ausnahme. Die Nachbarn der Uljanows besaßen zusammen nicht einmal so viel Hektar Land wie die Familie Lenins. Das hinderte den angehenden Marxisten Wladimir Iljitsch jedoch nicht daran, die Bauern zu verklagen, die aus Not ihr Vieh auf seinem Besitz weiden ließen, und Kruschwitz an seine Zahlungsverpflichtungen zu erinnern.

Da Maria Alexandrowna es für profitabler hielt, alle zur Verfügung stehenden Mittel bei einer Bank anzulegen, wurde das Gut schließlich verkauft. Von den Zinsen konnte die ganze Familie sorgenfrei leben. Wladimir gab bald darauf seine Tätigkeit als Anwalt auf. Seine Geschwister nahmen ihr Studium auf und hatten es ebenfalls nicht nötig, einer geregelten Arbeit nachzugehen (N. Walentinow. Malosnakomy Lenin, S. 34). Lenin konnte es sich leisten, ganz Europa zu bereisen. Neben Bern, Zürich, London, Berlin und Paris besuchte er auch Capri, wo er mit Gorki zusammentraf. Seiner Schwester Anna schrieb er aus Nizza: »Ich bin auf Urlaub in Nizza und genieße die Sonne und das Meer. In einigen Tagen kehre ich nach Paris zurück« (Pisma k rodnym, S. 34). Er mußte weder in Nachtasylen noch auf irgendwelchen Dachböden übernachten. Nachdem er 1908 in Paris angekommen war, teilte er seiner Schwester mit: »Wir haben eine sehr schöne, teure Wohnung für 840 Francs gefunden. Hinzu kommen 60 Francs an Steuern und jährlich noch einmal das gleiche für die Concierge. Für Moskauer Verhältnisse ist das billig (4 Zimmer, Küche, Vorratskammer, Wasser und Gas), für hiesige eher teuer« (ebd., S. 95).

Diese materielle Sicherheit war sehr wichtig für die intellektuelle Entwicklung Lenins. Wäre er »Proletarier« gewesen, hätte er weder Zeit für seine literarischen Studien noch für die parteipolitische Arbeit gehabt. Zudem wurde das Ehepaar noch aus der Parteikasse unterstützt. Seiner Mutter schrieb Uljanow, er »beziehe weiterhin

das Gehalt, von dem ich Dir in Stockholm erzählt habe« (Briefe an die Mutter, S. 108). Übrigens war in Lenins umfangreicher Korrespondenz mit der Familie fast immer vom Geld die Rede. Meist handelte es sich dabei um Bestätigungen über den Empfang bestimmter Summen, die ihm zugeschickt worden waren:
»Das Geld habe ich schon lange erhalten«; »Liebe Mama, ich habe beide Geldsendungen erhalten«; »Ich habe ganz vergessen, Anna zu schreiben, daß ich die 340 Rubel erhalten habe«; »Was das Geld anbelangt – bitte schicke es mir sofort (am besten über Crédit Lyonnais). Ich brauche es dringend ...« (Pisma k dronym, S. 46, 66, 126, 133, 195)
Als Lenin bereits die Vierzig überschritten hatte, lebte er immer noch auf Kosten der Familie.
Nach Gründung der Sozialdemokratischen Arbeiterpartei Rußlands (SDAPR), vor allem aber nach deren Spaltung, galt die besondere Sorge der Bolschewiki ihrer Parteikasse. Sie war unerläßlich für die finanzielle Unterstützung der sogenannten »Berufsrevolutinäre«, die Vorbereitung von Parteitagen und die Propagandatätigkeit in Rußland. Es gab legale und illegale Geldquellen. Ein Teil kam von den örtlichen Parteikomitees. A.D. Nagolowski erinnert sich, daß er 1905 auf Geheiß der Kasaner Parteiorganisation nach Genf reiste, um Lenin 20000 Rubel zu übergeben und Instruktionen einzuholen (»Nowy schurnal«, 1967, Nr. 88, S. 170–172). Die Geldfrage wurde von den Bolschewiki auf sehr machiavellistische Weise gelöst. Nach der Russischen Revolution bekannte Lenin: »Ein alter Bolschewik erkärte einem Kosaken einmal sehr treffend das Wesen des Bolschewismus. Als der Kosak fragte: ›Stimmt es, daß ihr Bolschewiki stehlt?‹, antwortete der Alte: ›Ja, ganz recht, wir stehlen das Gestohlene ...‹« (PSS, Bd. 22, S. 253). Noch auf dem vierten Vereinigungskongreß kam es zwischen Bolschewiki und Menschewiki zu einem erbitterten Streit über die Frage, ob die Expropriation von Geldmitteln im Interesse der Revolution erlaubt sei. Die Bolschewiki befürworteten in ihrer Resolution bewaffnete Raubüberfälle. Obwohl sich die Menschewiki mit einem gegenteiligen Antrag durchsetzen konnten, wurden die Überfälle mit Billigung der bolschewistischen Parteizentrale fortgesetzt. Krupskaja, die von derartigen Geheimoperationen

wußte, bekannte offen: »Die Bolschewiki hielten den Raub von Staatsgeldern für zulässig und billigten diese Form der ›Enteignung‹« (Wospominanija, Bd. 2, S. 112).
Dschugaschwili (Stalin) und Ter-Petrosjan (Kamo) organisierten die Beutezüge. Krasin übernahm die Überführung der Gelder in die Parteikasse. Der größte Raubüberfall ereignete sich am 26. Juni 1907 auf dem Eriwaner Platz in Tiflis. Als zwei Geldtransporter, die auf dem Weg zur Bank waren, den Platz überqueren wollten, erschien plötzlich wie aus dem Nichts eine ganze Bande von »Expropriateuren«. Schüsse fielen und Bomben wurden geworfen. Es gab drei Tote und viele Verletzte. Die Geldsäcke mit 340 000 Rubeln verschwanden in einem Wagen, der am Straßenrand gewartet hatte. Nach 3 bis 4 Minuten war alles vorbei (»Nowy schurnal«, 1973, Nr. 110, S. 274–275). Da die Bolschewiki überwiegend große Scheine erbeutet hatten, konnten sie bis zur Revolution nur einen Teil des Geldes für ihre Zwecke verwenden. Laut Krupskaja wurden alle verhaftet, die versuchten, die Scheine zu wechseln. Am häufigsten passierte dies in der Schweiz, so daß »die schweizerische Bevölkerung in Angst und Schrecken lebte. Die russischen Expropriateure waren in aller Munde.« (Wospominanija, S. 113)
Der Raub von Tiflis war nicht der einzige, den der radikale Flügel der SDAPR durchführte. Auf dem Schiff »Nikolaj I.« im Hafen von Baku sowie bei Überfällen auf Poststellen und Bahnhofskassen wurden gewaltige Summen erbeutet. Offiziell dementierten die Bolschewiki die Beteiligung an diesen Vorfällen, doch über Dschugaschwili und Ter-Petrosjan floß die Beute auf geheimen Wegen in die Parteikasse (»Nowy schurnal«, Nr. 110, S. 270–273). Das Geld ging dann als »Gehalt« weiter an kommunistische Funktionäre wie Kamenew, Sinowjew, Bogdanow und Schanzer. Unter den bisher nicht veröffentlichten Dokumenten Lenins befinden sich auch eine Reihe von Finanzunterlagen, deren Herkunft noch eingehend überprüft werden muß. Offensichtlich handelt es sich dabei jedoch um Operationen mit Geldern der Bolschewiki, die Lenin zur Weiterleitung anvertraut worden waren. So existiert beispielsweise eine Bargeldabrechnung, deren Endsumme sich auf 44 850 Franc beläuft (Archiv für neuere Geschichte). Lenin konnte gut mit Geld umgehen und führte auch über seine privaten Ausgaben genaue-

stens Buch. Er hatte stets alle Rechnungen und Quittungen bei sich und nahm sie sogar mit, wenn er in ein anderes Land reiste.
Der Geldraub war ein verbrecherisches Kapitel in der Geschichte der Bolschewiki. Offiziell distanzierte sich Lenin davon, wie er es auch in anderen zweifelhaften Angelegenheiten zu tun pflegte. In solchen Fällen zog er es vor, hinter den Kulissen zu bleiben. Andererseits hat er sich in keinem seiner Artikel für den »Proletarier« oder andere revolutionäre Zeitschriften offen für ein Verbot derartiger illegaler Aktionen ausgesprochen. Im Gegenteil: ein halbes Jahr nach dem 4. Parteitag, auf dem die »Partisanenaktivitäten« verurteilt worden waren, schrieb Lenin: »Wenn Sozialdemokraten stolz und selbstzufrieden erklären: ›Wir sind weder Anarchisten noch Räuber, das ist nicht unser Niveau; wir lehnen den Partisanenkampf ab‹, dann frage ich mich: wissen diese Leute überhaupt, was sie da sagen?« (PSS, Bd. 10, S. 86) Schon früher hatte der Revolutionsführer deutlich gemacht, daß er den Einsatz von illegalen Kampfgruppen für unverzichtbar hielt. Dabei sollte allerdings die Zivilbevölkerung nicht gefährdet werden. Vorrangige Ziele waren vielmehr »Spione, aktive Reaktionäre und führende Politiker, ferner Polizei, Armee, Flotte und so weiter und so fort« (ebd., S. 45–47).
Die gängige Ansicht, es habe in der Gewaltfrage einen prinzipiellen Unterschied zwischen Bolschewiki und Sozialrevolutionären gegeben, muß revidiert werden. Die Bolschewiki haben den individuellen Terror nie grundsätzlich abgelehnt. Sie dachten nur globaler. Für sie war der Terrorismus nicht Hauptmittel im revolutionären Kampf, sondern nur eine von vielen Aktionsformen, die eingesetzt werden konnte, wenn die Situation dies erforderte.
Das durchschnittliche »Parteisalär« eines Führungsmitglieds der Bolschewiki in der Emigration betrug 350 Francs. Im Geheimarchiv befindet sich eine große Anzahl von Quittungen über Zahlungen zwischen 200 und 600 Francs an Sinawjew, Kamenew und andere leitende Funktionäre. Auch Lenin erhielt regelmäßig derartige Summen aus der Parteikasse. Viele der Quittungen tragen seine Unterschrift (Archiv für neuere Geschichte). Verantwortlich für die Geldausgabe war die »Wirtschaftskommission der Parteizentrale der Bolschewiki« (ebd.).

Spenden bildeten eine weitere Einnahmequelle der Partei. Die Sozialdemokraten, aber auch andere Parteien hatten nicht nur Sympathisanten unter den progressiven Intellektuellen, sondern auch in bestimmten Industriellenkreisen, die sich von ihnen Unterstützung bei der Beseitigung archaischer Relikte der Selbstherrschaft erhofften. Der Millionär Sawwa Morosow, Haupt einer bekannten russischen Kaufmannsfamilie, unterstützte das kulturelle Leben und fortschrittliche gesellschaftliche Strömungen in Rußland durch regelmäßige finanzielle Zuwendungen. Anfang des Jahrhunderts half er unter dem Einfluß Gorkis sogar den Sozialdemokraten bei organisatorischen Problemen, wie der Herausgabe ihrer Parteizeitung »Iskra« (Der Funke). Dieser Schritt erschien damals um so unbegreiflicher, da sich Morosow bis dahin nie von politischen oder gar revolutionären Motiven leiten ließ, sondern stets aus religiösen und humanistischen Beweggründen handelte. Er starb im Mai 1905 in Cannes und vermachte den Bolschewiki 100 000 Rubel. Sein Neffe Nikolaj Pawlowitsch Schmitt, Besitzer einer großen Möbelfabrik, unterstützte ebenfalls die Sozialdemokratie. Während des bewaffneten Aufstands in Moskau wurde er wegen Unterstützung der »Rebellen« verhaftet und beging 1907 unter rätselhaften Umständen Selbstmord. Diese Tat war vollkommen unverständlich, da der kaum Vierundzwanzigjährige auf Initiative seiner Familie bald aus dem Gefängnis entlassen werden sollte. Auch er hinterließ einen Teil seines Vermögens revolutionären Gruppierungen, darunter den Bolschewiki. Laut Gesetz waren Schmitts minderjähriger Bruder und seine beiden Schwestern die Erben des Vermögens. Zu dieser Zeit gingen jedoch im Hause des Unternehmers bereits zwei seiner Bekannten, die Bolschewiki Andrikanis und Taratuta, aus und ein. Es ist anzunehmen, daß die beiden den Auftrag hatten, die Erbschaft durch Heirat der Töchter in den Besitz der Partei zu bringen. Die Bolschewiki hatten leichtes Spiel mit den Mädchen, deren romantische Schwärmerei für »die Revolution« sie sich zunutze machten. Als die beiden Hochzeitspaare 1909 nach Paris reisten, weigerte sich Andrikanis jedoch, den Geldforderungen der Partei nachzukommen. Lenin selbst bemerkt dazu, daß »eine der beiden Schwestern, Katharina Schmitt (verheiratet mit Herrn Andrikanis) den Bolschewiki das Geld streitig machte. Der daraus entstanden Konflikt wurde durch einen Schiedsspruch beigelegt, der 1908 in Paris im Beisein von Mitgliedern der Partei der Sozialrevolutionäre gefällt worden war. Laut diesem Urteil mußte Schmitts Geld den Bolschewiki ausgehändigt werden« (Leninski sbornik, Bd. 18, S. 66). Schließlich übergab das Ehepaar Andrikanis im November 1909 Lenin persönlich eine Summe von mehr als 250 000 Francs. Bereits zuvor hatten die Bolschewiki aufgrund des Schiedspruchs von einigen anderen Parteien über eine halbe Million Francs erhalten (Archiv für neuere Geschichte). Laut Krupskaja bildete die Gesamtsumme der damaligen Einnahmen »eine dauerhafte materielle Basis« für die Partei (Wospominanija, Bd. 2, S. 121).

Die Menschewiki wollten im Falle einer Vereinigung mit den Bolschewiki auch die Parteikassen zusammenlegen.

Unklar war nur, wer das riesige Vermögen verwalten sollte. Nach langen, hitzigen Debatten einigte man sich schließlich darauf, die bekannten deutschen Sozialdemokraten Clara Zetkin, Karl Kautsky und Franz Mehring als Treuhänder einzusetzen. Nachdem sich jedoch eine Wiedervereinigung der Partei als illusorisch erwiesen hatte, wurden die endlosen Streitereien um das Vermögen unvermindert fortgesetzt. Die Verwalter des Geldes sahen sich nun in die schwierige Lage versetzt, unter beiderseitigem Druck über die Verteilung der Mittel zu entscheiden. Lenin forderte die Rückgabe des Geldes an die Parteikasse der Bolschewiki. Darauf antwortete ihm Kautsky:

»Genosse Uljanow,

Ihren Brief habe ich erhalten. Ich kann Ihnen jedoch erst antworten, wenn ich mit Frau Zetkin und Herrn Mehring zu einer Einigung gekommen bin. Wie Sie vielleicht wissen, ist dieser wegen seiner Krankheit von der Verwaltung des Geldes zurückgetreten. Daher können Frau Zetkin und ich im Falle von Meinungsverschiedenheiten keine Entscheidung treffen.

2. Oktober 1911 K. Kautsky

PS: Meine übrige Arbeit leidet sehr unter dem Zeit- und Kraftaufwand für diese verfahrene Angelegenheit. Daher sehe ich mich

nicht mehr in der Lage, diese Aufgaben auch weiterhin wahrzunehmen.
Mit Parteigruß K. Kautsky«
(Archiv für neuere Geschichte)

Clara Zetkin, die nun die alleinige Verfügungsgewalt besaß, beharrte überraschenderweise darauf, daß das Geld der gesamten Partei gehöre und an beide Seiten anteilsmäßig zurückzuerstatten sei. Daraufhin begann eine langwierige Auseinandersetzung, in deren Verlauf Rechtsanwälte bemüht und endlose Briefwechsel geführt wurden. Die Verwalterin des Geldes wurde dabei mit allerlei Bösartigkeiten bedacht. In seinem Brief an Schklowski äußerte sich Lenin nicht gerade höflich über Zetkins Weigerung, das Geld allein an die Bolschewiki zurückzugeben: »›Madame‹ hat in ihrer Antwort so viel zusammengelogen, daß sie sich mehr und mehr in Widersprüche verstrickte« (Archiv für neuere Geschichte). Lenin ging schließlich wegen dieser Angelegenheit vor Gericht. Wenn es um Geld ging, kannte der Führer der Bolschewiki kein Pardon. Doch Clara Zetkin konnte ihre Position behaupten, bis der Erste Weltkrieg dem Streit ein Ende bereitete. Dabei ging es überhaupt nur um einen Bruchteil des bolschewistischen Vermögens, dessen Großteil sich in der ständigen Verfügungsgewalt der Parteiführung befand.
Der berühmte Schriftsteller Maxim Gorki war ein weiterer bedeutender Förderer der Bolschewiki. Dennoch vertrat er in seinen Artikeln, die in dem Sammelband »Nesowremjennye mysli« (Unzeitgemäße Gedanken) und in seiner »Neuen Zeitung« (Nowaja gasjeta) erschienen, auch zu Fragen der Revolution stets seine eigene, unabhängige Meinung. Lenin führte mit Gorki einen umfangreichen Briefwechsel, in dem er freilich ständig über finanzielle Probleme klagte. So bat er Gorki um Unterstützung bei der Herausgabe bolschewistischer Propagandaliteratur, um »Hilfe bei der Werbung von Abonnenten«, um »ein wenig Geld für die ›Prawda‹«. Bei anderer Gelegenheit jammerte er: »Ich bin dringend auf einen Verdienst angewiesen und möchte Sie, falls es Ihnen nicht zu viele Umstände machte, darum bitten, die Veröffentlichung der Broschüre zu beschleunigen« (Pisma Lenina Gor-

komu, S. 63, 74, 76, 85, 96, 111). Obwohl Gorki diesen Bitten stets nachkam, äußerte er im November 1917 über Lenin: »Er ist kein allmächtiger Wundertäter, sondern nur ein kaltblütiger Taschenspieler, dem weder die Ehre noch das Leben des Proletariats etwas bedeuten« (»Nowaja schisn«, 7./20. November 1917).

In den 15 Jahren, die er im Ausland verbrachte, hat Lenin nie Not leiden müssen, obwohl er gewöhnlich dazu neigte, seine finanzielle Lage zu dramatisieren. In der sowjetischen Geschichtsschreibung findet man häufig Zitate aus einem Brief Lenins an Schljapnikow: »Ich kann nur sagen, daß ich dringend Geld brauche. Andernfalls bekomme ich erhebliche Schwierigkeiten ... Hier herrscht eine teuflische Inflation, und es gibt nichts, wovon ich leben könnte. Ich brauche unbedingt das Geld vom Herausgeber der ›Letopisi‹ (Maxim Gorki, D.W.), dem ich zwei meiner Broschüren geschickt habe (er soll sofort zahlen, wenn möglich noch mehr!) ... Wenn das nicht sofort veranlaßt wird, dann weiß ich wirklich nicht, wie lange ich noch durchhalten kann. Das ist mein bitterer Ernst, glauben Sie mir« (Sotschinenija, Bd. 24, S. 276).

Warum dieser dramatische Ton? Hatte ihn vielleicht der Tod seiner Mutter, die sich ein Leben lang aufopferungsvoll um ihn gekümmert hatte, derart erschüttert? Immerhin kontrollierte Lenin doch die Parteikasse, in der sich nach wie vor beachtliche Summen befanden. N.K. Krupskaja hatte noch vor dem Krieg ihre Tante beerbt, die in Nowotscherkassk gestorben war. Außerdem erhielt er immer noch gelegentlich Geld von seinen Schwestern Anna und Maria ... Von einer finanziellen Notlage konnte also keine Rede sein. Selbst als er 1917 mit Krupskaja nach Rußland zurückkehrte, waren seine Geldreserven noch nicht aufgebraucht.

Lenins Emigrationszeit war im Grunde eine ausgedehnte Erholungsreise. Man logierte in der Bretagne und in Nizza, genoß die Aussicht in Schweizer Bergdörfern und flanierte in Paris über die Boulevards. Das Ehepaar fuhr nach Montreux und ins Rhonedelta, unternahm Bootsfahrten und noch vieles mehr. Auch seiner Seele gönnte Lenin Erholung. Zahlreiche Kino- und Theateraufführungen, darunter die »Kameliendame« mit Sarah Bernhardt, vervollständigten das müßige und sorgenfreie Leben des zukünftigen

Revolutionsführers. Solch ein Lebenswandel war doch im Grunde ganz normal für Menschen »aus dem Erbadel«, denen sich Lenin ja selbst ausdrücklich zurechnete, wie einige seiner Unterschriften um die Jahrhundertwende belegen (Archiv für neuere Geschichte). Warum also hat die sowjetische Forschung aus diesem Lebensabschnitt so lange ein Geheimnis gemacht?

Zweites Kapitel

Großmeister der Bolschewiki

»Lenins Ziel, das er mit außergewöhnlicher Konsequenz verfolgte, war die Gründung einer starken Partei.«
Nikolaj Berdjajew

In seiner Arbeit »Was tun?«, die im Mai 1902 in Stuttgart veröffentlicht wurde, entwickelte Lenin seinen Plan für die Gründung einer großen, konspirativen Organisation. Er versuchte gar nicht erst, den geheimbündlerischen Charakter dieser Partei zu bestreiten. Es wäre ausgesprochen naiv, schrieb er, »sich vor dem Vorwurf zu fürchten, wir, die Sozialdemokraten, wollten eine Geheimorganisation gründen.« (PSS, Bd. 6, S. 136)

Neben einer »allrussischen Zeitung« hielt Lenin den Aufbau eines »Agentennetzes« für unerläßlich, das »unsere Erfolgschancen im Falle eines Aufstands erhöhen« sollte. Für den Fall, daß sich jemand an dem »schrecklichen Wort ›Agent‹« störte, schlug er den Begriff »Mitarbeiter« vor (ebd., S. 178).

Mit seiner »eisernen« Partei lieferte Lenin gleichzeitig das Vorbild für eine Art Staatsorden, in dem, neben den Kommissaren, »Agenten« und »Mitarbeiter« leitende Funktionen ausübten und der Revolutionsführer selbst die Position des »Großmeisters« einnahm. Uljanows Pläne sollten in Erfüllung gehen. Es gelang ihm, eine »eiserne«, »konspirative«, »zentralisierte« und streng »disziplinierte« Organisation zu schaffen. Nach der Machtergreifung begannen sich die Grenzen zwischen Partei und Staat rasch zu verwischen. Es war nur mehr schwer auszumachen, wo die Macht der Partei endete und das Polizeiregime der Tscheka begann. Lenins Partei herrschte im größten Land der Welt 70 Jahre lang über Millionen von Menschen.

Um ihr Hauptziel, die uneingeschränkte politische Macht, erreichen zu können, brauchte die Partei die Revolution. Diesem blutigen Fetisch huldigten die Bolschewiki, allen voran Lenin.

Theoretiker der Revolution

Als sich Lenin und Krupskaja am Morgen des 10. Januar 1905 wie gewöhnlich auf dem Weg in die Genfer Bibliothek befanden, erfuhren sie von den Lunatscharskis eine Neuigkeit, die sie in freudiges Entzücken versetzte: In Petersburg hatte die Revolution begonnen!

Zwei Tage später kam es im Genfer Zirkus zu einem Treffen der beiden verfeindeten Parteigruppen. Für die Bolschewiki sprach A. B. Lunatscharski. Aus der sicheren Emigration heraus begrüßten beide Fraktionen begeistert den Zusammenbruch der Selbstherrschaft. Da sich alle Sozialdemokraten in dieser Frage einig waren, konzentrierte man sich ganz auf die polemischen Spitzen in den Reden der Protagonisten. F. I. Dan, der für die Menschewiki sprach, konnte sich nicht enthalten, in äsopischer Sprache die »Spalter« innerhalb der Partei anzugreifen. Daraufhin gab Lenin ein Zeichen, indem er seine Hand hob, und die Bolschewikik verließen geschlossen die Versammlung. Die Freude über die Revolution wurde von der gegenseitigen Feindschaft überschattet.

Bisher hatte Lenin nur über die Vorbereitung der Revolution, über Parteiorganisation, Parteiprogramm und das autokratische System geschrieben. Nun galt es, die Revolution selbst in Angriff zu nehmen, deren Flamme so unerwartet aufgelodert war. Da war es freilich ärgerlich, daß der Priester Gapon näher am Ort des Geschehens weilte als die erklärten »Berufsrevolutionäre«. In Tausenden von Büchern, die in der UdSSR und im Ausland erschienen, wurden Lenins vermeintlich »geniale« Leistungen glorifiziert: Er entwickelte die Lehre von der Diktatur des Proletariats, schuf die Partei »neuen Typs« und bereicherte die marxistische Theorie auf den Gebieten der Politik, der Philosophie und der Soziologie. Ferner erarbeitete er ein neues Wirtschaftsprogramm für die Arbeiter und Bauern, bestimmte die Aufgaben der internationalen kommunistischen Bewegung und vervollkommnete die marxistische Strategie und Taktik ... Nach Meinung seiner Apologeten durchdrang der geniale Intellekt des »großen Führers« alle Bereiche der Gesellschaft.

Wir wollen uns im folgenden auf seine »Theorie der sozialistischen Revolution« beschränken. Lenin hatte diese Lehre nie systematisch formuliert, sondern in einer Vielzahl von Büchern, Artikeln und politischen Reden fragmentarisch dargelegt. Aus diesen Bruchstükken lassen sich folgende Kernprobleme erschließen: die Beziehung zwischen subjektiven und objektiven Faktoren in der sozialistischen Revolution, die Möglichkeit ihres Siegs in einem einzelnen Land, das Verhältnis zwischen Sozialismus und Demokratie, Formen des Übergangs zum Sozialismus und die Entwicklung der Weltrevolution.

Marx hatte bekanntlich die Möglichkeit einer proletarischen Revolution von entsprechend entwickelten kapitalistischen Produktionsverhältnissen abhängig gemacht. Lenin, der formal mit der marxschen Theorie über das evolutionäre Heranreifen einer revolutionären Situation übereinstimmte, versteifte sich auf seine These, daß nur das bewußte Handeln der Menschen einen Erfolg der Revolution garantiere. Die Möglichkeit, über einen kontinuierlichen Reformprozeß zur Verwirklichung sozialistischer Ziele zu gelangen, hatte in seinen Überlegungen von vornherein keinen Platz. Im Zentrum seiner Theorie stand nicht die Entfaltung ökonomischer Entwicklungsgesetze, sondern deren Regulierung durch eine verwaltende Macht. Im Januar 1917 schrieb Lenin, die Gesellschaft sei reif für den Übergang zum Sozialismus und die Verwaltung durch ein »politisches Zentrum« (PSS, Bd. 30, S. 347). Reformen waren für ihn nur »ein Nebenprodukt des revolutionären Klassenkampfes« (ebd., S. 346). In zahlreichen Arbeiten schrieb er dem bewußten Handeln von Partei und Massen die entscheidende Rolle zu. Offiziell erkannte der Theoretiker der Revolution das Primat des objektiven Faktors an. Unter dem Deckmantel der Dialektik verfolgte er jedoch in Wirklichkeit seine voluntaristischen Lösungen.

Im Grunde wußte Lenin, daß Plechanow und die Menschewiki

recht hatten, wenn sie behaupteten, die sozialistische Revolution sei in Rußland »noch nicht herangereift«. Er wollte jedoch die einmalige Chance zur Machtergreifung nicht ungenützt verstreichen lassen, denn in der Verfassungsgebenden Versammlung hätten die Bolschewiki sonst als extremer, linker Flügel nur einen verschwindend geringen Einfluß gehabt.

Also brach Uljanow mit dem klassischen Marxismus und gleichzeitig auch mit der europäischen Sozialdemokratie, die ein parlamentarisches System anstrebte.

Einen entscheidenden Einfluß auf die Ereignisse des Oktobers hatten Lenins Willensstärke und sein unbedingtes Vertrauen in die Richtigkeit des Aprilprogramms, das Plechanow als »abenteuerliche Fieberphantasie« bezeichnet hatte.

Ob wir wollen oder nicht, die leninistische Transformation der marxschen Lehre von der proletarischen Revolution hat die Geschichte des 20. Jahrhunderts entscheidend verändert und die Angst vor der Weltrevolution über den ganzen Globus getragen. Die gesamte übrige Welt setzte alles daran, eine so schicksalhafte und folgenschwere Entwicklung zu verhindern, wie sie sich in Rußland vollzogen hatte.

Die Überbetonung des subjektiven Faktors bildete die Grundlage für Lenins gewaltsamen Kurs einer revolutionären Problemlösung. Aus der richtigen Erkenntnis der Inkongruenz in der ökonomischen und politischen Entwickung des Kapitalismus kam er mitten im Ersten Weltkrieg zu der Schlußfolgerung, daß »ein Sieg des Sozialismus zunächst in wenigen oder sogar in einem einzelnen kapitalistischen Land möglich« sei (PSS, Bd. 26, S. 354). Lenin verwechselte dabei offensichtlich zwei völlig verschiedene Dinge, denn seine These traf zwar zu, sofern man sie auf die Machtergreifung einer Partei bezog, doch ein so komplexes System wie der Sozialismus war nicht mit einem einzigen, voluntaristischen Akt des Umsturzes zu erzwingen. Im Laufe des Kriegs präzisierte Lenin seine Theorie noch einmal. Nun hieß es: »Der Sozialismus kann nicht in allen Ländern gleichzeitig siegen« (PSS, Bd. 30, S. 133). Welches aber sollten diese »glücklichen« Länder sein, denen es beschieden war, in stolzer Einsamkeit die Schwelle zum gelobten Land zu überschreiten?

Auch darauf wußte Lenin eine Antwort. Auserwählt waren gerade die schwächsten imperialistischen Staaten. Daraus ergaben sich allerdings einige theoretische Ungereimtheiten. Entwickelte kapitalistische Staaten wie Deutschland, England und die USA hatten demnach geringere Chancen auf soziale und ökonomische Vervollkommung als Rußland. Dabei war doch in Westeuropa, wie Lenin selbst geschrieben hatte, die materielle Basis für den Sozialismus schon beinahe gegeben. Er versuchte noch, diese Widersprüche zu entkräften, indem er einräumte: »Ohne einen bestimmten Grad der kapitalistischen Entwicklung wäre auch in unserem Land keine Revolution möglich« (Leninski sbornik, 11, S. 397). Doch auch dadurch wurden seine Behauptungen nicht richtiger. Für Lenins eigentliches Ziel, die Machtergreifung seiner Partei, waren die Voraussetzungen allerdings in der Tat ausgesprochen günstig in einem Land, das durch Krieg und politische Instabilität erheblich geschwächt war. Mit Sozialismus freilich hatte das nichts zu tun, denn man darf die politische Macht nicht mit der sozialökonomischen Basis identifizieren. Normalerweise bringt diese Basis eine ihr adäquate Herrschaftsform hervor. Lenin wollte dieses Verhältnis umkehren, indem er durch einen gewaltsamen Umsturz die »Diktatur des Proletariats« errichtete. Wir stützten uns lange Zeit auf die »historische Erfahrung« der Entwicklungsländer als Beweis dafür, daß es möglich sei, vom Feudalismus unter Umgehung des Kapitalismus auf direktem Weg zum Sozialismus zu gelangen. Am Beispiel Äthiopiens und anderer Länder der »Dritten Welt« zeigte sich jedoch, daß es erheblich leichter war, den Sozialismus einfach zu »deklarieren« als wirkliche Veränderungen in der politisch-ökonomischen Struktur eines Landes zu erreichen.

Aufgrund des theoretischen Axioms vom »Sozialismus in einem Land« wurde der Reformismus als Häresie gebrandmarkt, jede Möglichkeit einer gesellschaftlichen Evolution verneint und die »Dikatur des Proletariats« in den Rang eines Dogmas erhoben. Von Anfang an hatten Kautsky, Rosa Luxemburg und Plechanow gewarnt, daß dieses Konzept auf direktem Wege zu einem totalitären Regime führen würde.

Im Schicksalsjahr 1917 schürte Lenin in seinen Artikeln hemmungslos die Wut und die soziale Unzufriedenheit der Massen. Als Lohn für die Unterstützung seiner Partei versprach er Frieden und Land. Die Partei bereitete als geheime Kampforganisation den Umsturz vor. Bereits nach der Februarrevolution, als sämtliche illegalen Parteimitglieder aus dem Untergrund aufgetaucht waren, hatte Lenin verkündet: »Wir werden unsere Parteistrukturen beibehalten und weiterhin die legale Arbeit mit der illegalen verbinden« (PSS, Bd. 49, S. 399).

In einer Gesellschaft, die von Lenin und seinen Gefolgsleuten mit Gewalt errichtet worden war, konnte wiederum nur die Gewalt zum herrschenden Prinzip werden. Ihr fielen alle moralischen und humanistischen Ideen zum Opfer.

Die Diktatur vernichtete im Dienste der Revolution Edelmut, Individualität und Schöpfertum. Der Partei als Führerin der Revolution wurden alle anderen gesellschaftlichen Kräfte untergeordnet. So durfte die Künstlerorganisation »Prolekult« ihren Kongreß nur unter der Bedingung durchführen, daß sie sich uneingeschränkt dem Willen der Bolschewiki beugte (Archiv für neuere Geschichte).

Von Amoralität und Inhumanität des »Sozialismus in einem Land« zeugte eine Sitzung des Politbüros vom November 1921. Einige Parteimitglieder, die noch auf eine Rückkehr der Machthaber zu humanitären Prinzipien hofften, hatten den Antrag gestellt, »eine Kommission zur Verbesserung der Lebensbedingungen zu schaffen und die Entscheidung des ZK über die Lebensmittelrationen für Kinder zu revidieren«.

Das Politibüro unter Lenin, Trotzki, Kamenew, Stalin, Molotow und Kalinin lehnten den Antrag einstimmig ab (Archiv für neuere Geschichte). Derartige Fragen hatten eben keine Priorität. Selbst als Millionen von Bürgern bei der Hungersnot im Wolgagebiet ums Leben kamen, verteilte das oberste Beschlußorgan der Partei großzügig den Staatsschatz unter revolutionären Bewegungen im Ausland. So bewilligte das Politbüro im Mai 1919 die Freigabe einer erheblichen Zahl von Preziosen »zum Zwecke der Beschleunigung des revolutionären Fortschritts«. Die Liste dieser Wertsachen liest sich wie die Inventarliste eines wohlhabenden Juweliers:

»Juwelen, die der Dritten Internationale übergeben wurden:

1 Brosche	5000 Rubel
12 Brillanten, 8,50 Karat	21000 Rubel
1 Brillantanhänger	3500 Rubel
1 Perlenknopf	4000 Rubel
1 Brillantknopf mit Saphir	2500 Rubel
1 Brillantring mit Rubin	2000 Rubel
1 Uhrkette mit Brillant und Saphir	4500 Rubel
1 Platinarmband mit Brillant	4500 Rubel
1 Brillant, 2,30 Karat	7500 Rubel
27 Brillanten, 13,30 Karat	32000 Rubel
1 Brillant, 3,30 Karat	19000 Rubel
14 Brillanten, 8,50 Karat	17000 Rubel
11 Brillanten, 16,40 Karat	56000 Rubel
2 Perlenohrringe	14000 Rubel
1 Anhänger mit Perlen und Brillanten	12000 Rubel
5 Brillanten, 5,08 Karat	22500 Rubel
1 Brillantring	21000 Rubel

. . .«

(Archiv für neuere Geschichte)

So geht es über viele Seiten weiter. Es wird genau aufgelistet, an welche Länder und an welche Parteien die Juwelen verteilt wurden. Man sieht also, dem Politibüro war für die Weltrevolution nichts zu teuer. Selbst Menschen opferte man bedenkenlos dem Halbgott »Weltrevolution«.

Wie ein roter Faden zieht sich ein Leitmotiv durch Lenins Theorie der sozialistischen Revolution, das da lautet: Macht, Macht und nochmals die Macht!

Die Leninforschung wurde nicht müde, den demokratischen Charakter dieser Lehre zu betonen, die angeblich auch die Möglichkeit einer friedlichen Entwicklung in sich barg. Vielleicht ist ja folgendes Schreiben, das mehr als 70 Jahre lang im Geheimarchiv der Partei verborgen war, Ausdruck einer Synthese von Demokratie und Diktatur?

»Nach Pensa Moskau, 11. August 1918

An die Genossen Kurajew, Bosch, Minkin und die anderen Kommunisten in Pensa.

Genossen! Der Kulakenaufstand in den fünf Amtsbezirken muß erbarmungslos niedergeschlagen werden. Das Interesse der Revolution erfordert dies [hier haben wir also das »Interesse« und den höchsten Sinn der Revolution! D.W.]. Wir befinden uns gegenwärtig in der ›letzten und entscheidenden Schlacht‹ mit den Kulaken. Man muß ein Exempel statuieren.

1) Unverzüglich mindestens 100 führende Kulaken, Reiche und Blutsauger aufhängen (unbedingt hängen, damit das Volk es auch sieht)
2) Ihre Namen öffentlich bekanntmachen
3) Ihr gesamtes Getreide konfiszieren
4) Gemäß dem gestrigen Telegramm Geiseln nehmen

Alles so organisieren, daß das Volk im Umkreis von Hunderten von Werst es sieht und herausschreit: Sie erdrosseln die Kulaken und Blutsauger!

Bestätigen Sie Empfang und Ausführung Lenin

PS: Finden Sie die geeigneten Leute«

Der letzte Satz ist besonders aufschlußreich, denn offenbar waren selbst viele Bolschewiki nicht fähig, diesen ungeheuerlichen Befehl auszuführen. Man brauchte »geeignete Leute« ...

Möglicherweise zwang Lenin ja die »eiserne« Logik der Revolution, die aus dem Ruder zu laufen drohte, zu derartigen Maßnahmen? Davon kann keine Rede sein. Bereits 1905 schickte er aus dem friedlichen Genf eine Reihe von Artikeln nach Petersburg, die Instruktionen für die Vorbereitung und Durchführung von Aufständen enthielten. Besonders charakteristisch ist ein Aufsatz mit dem Titel »Aufgaben der revolutionären Armee«, der sowohl »selbständige Kriegshandlungen« als auch die »Führung der Massen« zum Thema hat. Darin heißt es: »Die Verbände müssen sich mit allem bewaffnen, was ihnen nur irgend zur Verfügung steht (Pistolen, Revolver, Bomben, Messer, Schlagringe, Stöcke, kerosingetränkte Tücher zur Brandlegung, Seile, Spaten für den Bau von Barrikaden, Pyroxilinsprengkörper, Stacheldraht und Nägel [gegen die Kavallerie] usw.).« Weiter empfiehlt Lenin, Unbewaffnete anzuweisen, aus den oberen Etagen der Häuser »Steine zu werfen«, »kochendes Wasser hinabzuschütten«, Säure herzustellen, »um damit die Polizisten zu übergießen«, und die »Konfiszierung von Regierungsmitteln« durchzuführen. Man müsse ständig zur »Ermordung von Spionen, Polizisten, Gendarmen und Reaktionären« ermuntern. »Verbrecherisch« sei es, »Demokraten« zu vertrauen, die doch nur eine »liberale Quasselbude« errichten wollten (PSS, Bd. 2, S. 339–343). Für Lenin war die Revolution ein soziales Experiment. Wenn sie 1905 nicht gelang, würde es eben 1917 dazu kommen ...

Im November 1917 warnte Gorki in seinem Artikel »Den Arbeitern zur Beachtung«: »Das Leben in seiner ganzen Komplexität ist Lenin unbekannt. Er kennt das Volk nicht und hat nie unter ihm gelebt. Aus Büchern weiß er, wie man die Massen aufhetzt und an ihre niedrigen Instinkte appelliert. Die Arbeitermassen sind für ihn das, was für den Metaller das Erz ist. Kann man unter den gegebenen Umständen aus diesem Erz einen sozialistischen Staat gießen? Offensichtlich ist das nicht möglich. Andererseits: Warum sollte er es nicht versuchen? Was riskiert Lenin schon, wenn das Experiment mißlingt?« (Gorki, Nesowremennye mysli, S. 113)

Sein einziges Risiko bestand darin, ob es ihm im Falle eines Scheiterns abermals gelingen würde, ins Ausland zu entkommen.

Im Zentrum von Lenins Experiment stand die Machtergreifung seiner bolschewistischen Partei. Sein Versuch gelang auf erschütternde Weise.

Das Phänomen des Bolschewismus

Der Bolschewismus gewann als radikale Strömung der russischen Sozialdemokratie die Oberhand über die anderen revolutionären Parteien, weil es ihm im entscheidenden Augenblick gelang, die Interessen eines Großteils der Bevölkerung geschickt in seine Agitation zu integrieren.
Eine Trumpfkarte der Bolschewiki war der Erste Weltkrieg, dessen Ende die Massen herbeisehnten. Die Nachricht vom Ausbruch des Krieges hatte den russischen Emigranten zunächst einen Schock versetzt, bis sich schließlich eine Bewegung zur Verteidigung des Vaterlandes bildete, an deren Spitze Plechanow, Lewitzki, Sasulitsch, Maslow und andere bekannte Sozialdemokraten standen. Ganze Hundertschaften von patriotisch gesinnten Emigranten, unter ihnen an die tausend russische Sozialdemokraten, meldeten sich freiwillig für die Westarmeen (G. Aranson, Rossija nakanune rewoljuzii, New York 1962, S. 184).
Bald darauf formierte sich jedoch auch eine Gruppe von Internationalisten unter Ju. Martow, die den Ersten Weltkrieg generell als imperialistischen Krieg ablehnten. Martow forderte die Vereinigung aller progressiven Kräfte im Kampf gegen die militaristische Politik der imperialistischen Staaten, wobei er sowohl antibolschewistische als auch defätistische Strömungen ablehnte. »Es trifft nicht zu«, monierte er, »daß eine Niederlage automatisch zur Revolution und ein Sieg zum Triumph der Reaktion führt« (»Proletarskaja rewoljuzija«, Nr. 3/15, 1923, S. 281–291). Die orthodoxen Bolschewiki, die sich als echte »Berufsrevolutionäre« verstanden, vertraten von Anfang an eine andere Auffassung.
Als Lenin erfuhr, daß die deutschen Sozialdemokraten im Reichstag für die Kriegskredite gestimmt hatten, verkündete er unversehens: »Ab heute bin ich kein Sozialdemokrat mehr, sondern

Kommunist.« Nachdem er mit Hilfe von V. Adler in die Schweiz gelangt war, entwickelte er eine rege publizistische Tätigkeit, in deren Verlauf eine Vielzahl von Artikeln und Resolutionen entstand. Aus seiner Resolution »Aufgaben der revolutionären Sozialdemokratie im europäischen Krieg« stammt ein Satz, der von der sowjetischen Forschung Jahrzehnte lang als unumstößliches Dogma gehandelt wurde: »Für die Arbeiterklasse und alle übrigen Werktätigen der Völker Rußlands wäre eine Niederlage des zaristischen Regimes und seiner Truppen, die neben Polen und der Ukraine noch eine Reihe anderer Völker unterdrücken, das geringste Übel« (PSS, Bd. 26, S. 6). Doch Lenin ging noch weiter. Im November 1914 schrieb er im »Sozialdemokrat«: »Die Umwandlung des imperialistischen Kriegs in einen Bürgerkrieg ist die einzig richtige proletarische Losung« (ebd., S. 26). Er präzisierte diese These in seinem Brief an Schljapnikow vom 17. Oktober 1914:

»Eine sofortige Niederlage des Zarismus wäre gegenwärtig das geringste Übel, denn die Selbstherrschaft ist noch hundertmal schlimmer als das Kaiserreich ... Es geht allein darum, geduldig und systematisch auf eine Umwandlung des Krieges in einen Bürgerkrieg hinzuarbeiten. Im Moment ist allerdings noch nicht abzusehen, wann genau das gelingen wird ... Wir können den Bürgerkrieg zwar nicht einfach per Dekret ›erklären‹, sind aber verpflichtet, beständig in diese Richtung zu wirken.« (PSS, Bd. 49, S. 13–15)

Artikel ähnlichen Inhalts erschienen nun immer häufiger in der Emigrantenpresse. Zwar wetterte der Führer der Bolschewiki bei dieser Gelegenheit nebenbei auch gegen das »imperialistische Deutschland«, doch in Berlin begann man bereits, Lenin als potentiellen Verbündeten zu betrachten. Als ganz Rußland in der Agonie des Kriegs und die Staatsmacht in den letzten Zügen lag, nutzten die Bolschewiki ihre Chance, indem sie Frieden versprachen und so mit erstaunlicher Leichtigkeit an die Macht gelangten. Lenin war nun nicht mehr aufzuhalten. Man brauchte nur noch die »Reaktionäre« aus dem Weg zu räumen, und schon konnte das große Experiment beginnen. Sein Frieden erwies sich jedoch als

genauso kurzlebig wie die Landreform, die bald rückgängig gemacht wurde, wodurch die russischen Bauern in den Rang von Leibeigenen des 20. Jahrhunderts versetzt wurden. Am Ende hatten die Menschen in Rußland auch den letzten Rest an Freiheit eingebüßt, der ihnen aus der in dieser Hinsicht ohnehin nicht reich gesegneten Vergangenheit noch geblieben war. Unmittelbar nach der Machtergreifung formierte Lenin um sich eine Gruppe von Genossen, die die Revolution fortsetzen sollten und für die Verteidigung ihrer »Errungenschaften« zu allem bereit waren. Der Revolutionsführer erwies sich dabei als absoluter Pragmatiker, der jederzeit bereit war, im Interesse der Sache Prinzipien und Programme über Bord zu werfen.
1921 veröffentlichten die Sozialrevolutionäre aus dem Untergrund die Broschüre »Was die Bolschewiki dem Volk gegeben haben«, in der sie den neuen Machthabern vorwarfen, nicht ein einziges ihrer früheren Versprechen gehalten zu haben: »Statt Frieden zu schaffen, haben sie das Land in einen dreijährigen Bürgerkrieg geführt, in dessen Verlauf 13 Millionen Menschen an der Front, an Typhus und durch den Terror ums Leben kamen oder in die Emigration getrieben wurden. In Rußland grassiert die Hungersnot. Die Bauern säen nicht mehr, weil sie wissen, daß ihnen die Ernte wieder weggenommen wird. Die Industrie ist zerstört. Rußland ist von der übrigen Welt isoliert. Fast alle Staaten haben sich von uns abgewandt. Man hat eine Einparteiendiktatur errichtet. Die Tscheka ist zu einem Staat im Staate geworden. Die Verfassungsgebende Versammlung wurde aufgelöst. Die Staatsmacht führt einen Krieg gegen das eigene Volk« (»Nowy schurnal«, 1986, Nr. 164, S. 143–160).
Man kann gewiß nicht behaupten, die Gegner der Bolschewiki hätten mit ihren Thesen übertrieben. Lenin selbst legte Zeugnis ab vom brutalen Vorgehen der Bolschewiki, die einen erbarmungslosen Terror gegen Reste des Großbürgertums, Menschewiki, Sozialrevolutionäre und alle Andersdenkenden entfesselten:

»An den Genossen Krestinski.
Ich schlage vor, eine Geheimkommission für die Durchführung außergewöhnlicher Maßnahmen zu gründen (im Sinne Larins.

Larin hat recht). Sagen wir: Sie, Larin, Wladimirski (Dserschinski) und Rykow?
Der Terror muß schnell und geheim organisiert werden ...
Lenin«
(Archiv für neuere Geschichte)

Bei meiner Untersuchung des Phänomens Bolschewismus gelangte ich zu der scheinbar paradoxen Schlußfolgerung, daß die Macht der Bolschewiki (»Mehrheitler«) in Wirklichkeit auf der Diktatur einer Minderheit beruhte. Faktisch ersetzten sie die Losung »Alle Macht den Sowjets« durch die Parole »Alle Macht der bolschewistischen Partei« und errichteten damit die Diktatur einer absoluten Minderheit des Proletariats oder, genauer gesagt, eine Diktatur über das Proletariat. Das Politbüro gelangte als höchstes Parteiorgan in den Besitz einer Macht, über die nicht einmal der Zar verfügt hatte. Eine Reihe von Beschlüssen dieses sogenannten »Organs der Gesellschaft« dokumentieren die Willkürherrschaft der Partei unter Lenins Führung:

»– 26. April 1919: Falls es zu wiederholten Bombenanschlägen auf die friedliche Bevölkerung kommt, ist ein Teil der Geiseln zu erschießen« (Archiv für Zeitgeschichte).
»– 24. Juni 1919: Gegenüber Personen, die ihre Waffen nicht innerhalb einer festgesetzten Frist abliefern, sind strengste Maßnahmen bis hin zur Erschießung einzuleiten« (ebd.).
»– 4. Mai 1920: Ordschonikidse wird durch Lenin und Stalin zum ›Generalbevollmächtigten‹ für Georgien ernannt« (ebd.).
»– 6. Mai 1920: Die Teilnehmer des Zionistenkongresses sollen verhaftet und es soll kompromittierendes Material über sie in Umlauf gebracht werden« (ebd.).

Auf den zahlreichen Sitzungen des Politbüros wurde nur selten über innerparteiliche Angelegenheiten entschieden. Die Partei war zum führenden Staatsorgan geworden. Das Wesen des Bolschewismus lag in seinem absoluten Machtanspruch, der letztendlich auch seine historische Niederlage besiegeln sollte. Politisch gesehen, bestand er aus einer Synthese von sozialem Jakobiner-

tum, radikalem Marxismus und russischem Blanquismus. Er hatte versucht, das »Reich der Freiheit« auf der Grundlage von Knechtschaft zu errichten. Sein geistiger Vater hieß Wladimir Iljitsch Lenin, dessen Weltanschauung zur Ideologie der Bolschewiki wurde. Hauptelemente dieser Lehre waren revolutionärer Maximalismus, Antireformismus, Antiparlamentarismus, Gewaltanbetung und Machiavellismus in der Politik. Auf Menschen, die an die Möglichkeit eines großen Sprunges vom »Reich der Notwendigkeit« in das »Reich der Freiheit« glaubten, hatte diese ideologische Mixtur eine berauschende Wirkung.
Der Bolschewismus duldete auch in den eigenen Reihen keinerlei Widerspruch. Renegaten wie Angelika Balabanowa, die 1921 mit den Bolschewiki gebrochen hatte, unterlagen der erbarmungslosen Verfolgung durch die Straforgane der Partei, deren langer Arm bis in die Emigration reichte. »Fraktionen«, »Abweichler« und »Plattformen« wurden akribisch vom Parteikörper abgesondert, bis nur noch jener stalinistische Monolith übriggeblieben war, der jede Fähigkeit zur Veränderung eingebüßt hatte.
Bolschewismus war gleichbedeutend mit Unversöhnlichkeit und der Bereitschaft, Opponenten bis hin zur Liquidierung erbarmungslos zu verfolgen. All dies waren Eigenschaften, wie sie sich auch im Charakter des Revolutionsführers selbst fanden. Lenins Briefwechsel mit Revolutionären, Theoretikern und Schriftstellern zeugt von seiner permanenten Neigung zu polemischer Bloßstellung und Intoleranz. Im März 1908 schrieb er an Gorki:

»Lieber A. M.! In meinem philosophischen Eifer verfluche ich diese Zeitung: Einen Autor, der über Empiriokritizismus schreibt, beschimpfe ich im Gassenjargon, und über einen anderen verfalle ich in unflätiges Fluchen ...« (Pisma Lenina Gorkomu, S. 24)

Lenin und die Menschewiki

Im Geheimarchiv des NKWD wurde jahrzehntelang eine umfangreiche Akte mit Dossiers über die führenden Vertreter der Menschewiki verborgen. Unter diesen Dokumenten befindet sich ein Lagebericht des Agenten »Ajax« vom 1. Juli 1939 an den Leiter der 4. Abteilung des NKWD:

»Die Auslandsdelegation der Menschewiki [So nannte sich das Führungsorgan der Menschewiki im Ausland, D. W.]
Die Auslandsdelegation verliert langsam, aber stetig an Mitgliedern. Gegenwärtig sind es offiziell noch acht, wobei sich B. Nikolajewski praktisch nicht mehr aktiv an der Arbeit der Delegation beteiligt«

Über F. I. Dan heißt es:

»Fjodor Iljitsch Dan ist ihr Vorsitzender. Gemeinsam mit R. Abramowitsch vertritt er die Menschewiki in der II. Internationale und redigiert das ›Sozialistitscheski Wjestnik‹. Dan steht in engem Kontakt mit Blum, Miralski und Brok. Von der schwedischen sozialistischen Partei erhielten die Menschewiki Geld für die Herausgabe ihrer Zeitschrift. Dans Frau Lidija Ossipowna hält den Kontakt mit der weißen Emigration aufrecht. Dans Verhältnis zu Kerenski ist von gegenseitiger Ironie geprägt ...
Dan hat mehrere Verwandte in der UdSSR. Sein Bruder Gurwitsch lebt in Moskau, und ein Neffe arbeitet als Wissenschaftler in Leningrad. Sein anderer Neffe Lew Gurwitsch ist Menschewik. Ich weiß nicht, wo er gegenwärtig seinen Wohnsitz hat. Verwandte von Lidija Ossipowna: ihr Bruder Sergej Ossipowitsch Zederbaum, dessen Frau Konkordija Iwanowna Zederbaum, Wladimir Ossipo-

witsch Zederbaum sowie ihr Neffe Andrej Kranichfeld. Lidija Ossipowna schickte gelegentlich Päckchen an ihre Verwandten. Dan traf sich mit Katharina Pawlowna Peschkowa, als diese im Ausland weilte, und erhielt von ihr einen genauen Bericht über alle ihm persönlich bekannten Menschewiki.« (Archiv des NKWD)

Es existieren viele derartige Berichte über Menschewiki, die vormals der SDAPR angehörten, mit Lenin zunächst zusammengearbeitet hatten und später zu seinen politischen Gegnern zählten. Alle ehemaligen Weggefährten des Revolutionsführers wurden vom NKWD verfolgt. Sie gehörten ausnahmslos dem sozialdemokratischen Flügel der russischen Revolutionäre an, der sich 1903 von den Bolschewiki getrennt hatte. In der Folgezeit wurden mehrfach Versuche einer Wiedervereinigung der Partei unternommen. Doch die Menschewiki beharrten auf einem parlamentarisch-demokratischen System. Im Ziel, der Errichtung einer sozialistischen Gesellschaft, war man sich zwar einig, doch gab es unüberbrückbare Gegensätze in der Wahl der Mittel.
Im Jahr 1905 kreisten Lenins Gedanken ausschließlich um die Frage der strategischen und taktischen Vorbereitung eines Aufstands zum Zwecke der Machtergreifung. Nach dem Blutsonntag verfaßte er eine Reihe von Artikeln und Pamphleten: »Am Vorabend des Blutsonntags«, »Die Zahl der Toten und Verletzten«, »Schlachtplan für den Kampf um Petersburg«, » ›Väterchen Zar‹ und die Barrikaden«, »Tag des Blutes«, »Empörung über die Armee« (PSS, Bd. 9, S. 205–229). W. W. Filatow bot er an, eine Broschüre über die Taktik des Straßenkampfes zu verfassen. (Archiv für neuere Geschichte). Nachdem Lenin einen Brief des Priesters Gapon erhalten hat, erstellt er eine Liste von Parteien und Gruppierungen, die als Bündnispartner für einen Aufstand in Frage kämen. In einem im »Vperjod« veröffentlichten Artikel formuliert er als Ziel eines Aufstands innerhalb der bürgerlich-demokratischen Revolution die Errichtung einer Diktatur von Arbeitern und Bauern (Biochronika, Bd. 2, S. 31). Lenin ruft die Bündnispartner dazu auf, den Kampf gegen die Menschewiki zu verschärfen. Während diese sich aktiv an der Duma beteiligen wollten, forderte der Revolutionsführer den Boykott dieser Institution, da in seinen Augen alle

Parlamente ohnehin nur »bürgerliche Quasselbuden« waren. Martows Artikel »Das russische Proletariat und die Duma« in der »Rabotschaja gasjeta« trieb ihn zur Raserei, denn sein ehemaliger Mitstreiter und nunmehr erbitterter Gegner rief darin alle Sozialdemokraten zur Teilnahme an den Parlamentswahlen auf. Lenin antwortete mit dem gegen Martow gerichteten Artikel »Lakaien der monarchistischen Bourgeoisie oder Führer der revolutionären Arbeiter und Bauern?« (Leninski sbornik, Bd. 5, S. 345–358). Für ihn zählte nur die Revolution, mit deren Hilfe er Selbstherrschaft und Ausbeuter ein für allemal vernichten wollte. Er war unfähig, die gewaltigen Möglichkeiten einer legalen parlamentarischen Tätigkeit einzuschätzen. Seine Artikel und Reden aus dieser Zeit sind durchsetzt vom Haß gegen Liberale und Reformisten, deren gefährlichste Vertreter natürlich die Menschewiki waren. Das »Kaiserliche Manifest« von Nikolaj II. war für ihn nur ein taktisches Manöver von Zar und Bourgeoisie – dabei bedeutete es in Wirklichkeit eine große historische Chance für eine demokratische Entwicklung Rußlands. Den Gegnern der Selbstherrschaft galt es jedoch lediglich als Ausdruck der Schwäche des Zaren.
Lenin bemühte sich schließlich nach Rußland, um persönlich an der »Beerdigung« der Monarchie teilzunehmen, wovon die Überschriften seiner Artikel beredtes Zeugnis ablegen: »Der nahe Zusammenbruch«, »Die sterbende Autokratie und die neuen Organe der Volksmacht«, »Über das neue konstitutionelle Manifest von Nikolaj dem Letzten«. Eine Zeitlang rückten sogar die wachsenden Meinungsverschiedenheiten mit den Menschewiki in den Hintergrund. Dabei zweifelten diese, wie auch die Liberalen, an der Richtigkeit einer gewaltsamen Veränderung der bestehenden Verhältnisse. Martow, der Lenin mehr und mehr durchschaute, gab seiner Befürchtung Ausdruck, daß eine solche Lösung zu einem Sozialismus ohne demokratische Strukturen führen würde. Im September 1908 schrieb er verzweifelt an Axelrod: »Ich muß gestehen, daß ich inzwischen allein die bloße Mitgliedschaft in dieser Verbrecherbande für einen Fehler halte.« (»Nowy schurnal«, 1966, Nr. 83, S. 255)
Die Menschewiki waren mehr an einer Wiedervereinigung der Sozialdemokratie interessiert als die Bolschewiki, allerdings unter

der Bedingung, daß die ursprünglichen, demokratischen Strukturen gewahrt blieben. Lenin hielt eine Vereinigung aufgrund der unüberbrückbaren Gegensätze bereits zu diesem Zeitpunkt für unmöglich und handelte entsprechend, worauf ihm Plechanow vorwarf, er wolle die Partei systematisch »desorganisieren«. Seiner Ansicht nach stellte sich Lenin die Vereinigung beider Fraktionen folgendermaßen vor: »Seine Fraktion verleibt sich die andere ein und verschlingt damit die letzten Reste der russischen Sozialdemokratie«. Für Lenin, so Plechanow in seinem »Brief an den bewußten Teil der Arbeiterklasse«, »geht es nicht in erster Linie um das Verbindende zwischen seiner Fraktion und der anderen, die ja schließlich auch ihre Wurzeln in der Arbeiterbewegung hat, sondern um das Trennende ... Er ist ein unverbesserlicher Sektierer. Der Klassenstandpunkt ist ihm fremd und wird ihm auch bis zu seinem Tod fremd bleiben.« (Plechanow, Sotsch., Moskau 1927, Bd. 19, S. 534, 537)
Was die »Klassenfrage« anbelangt, war Lenin meines Erachtens unbestrittener Meister einer metaphysischen Deutung dieses Prinzips. In bezug auf das Sektierertum hatte Plechanow allerdings vollkommen recht. Lenins Beharren auf der illegalen Arbeit, seine feindselige Haltung gegenüber jedem, der einen vom ZK der Bolschewiki abweichenden Standpunkt vertrat, und schließlich sein Anspruch auf die absolute Wahrheit – all das sind typische Eigenschaften politischen Sektierertums. Lenin hat sich weder vor noch nach der Revolution damit abfinden können, daß es noch andere Parteien gab. Menschewiki, Sozialrevolutionäre, Kadetten [Konstitutionelle Demokraten, A.d.Ü.] – sie alle wurden ans Messer geliefert und verschwanden von der politischen Bühne Rußlands, als Lenin die Regie in seinem historischen Schauspiel übernahm.
Als das russische Drama sich immer mehr zuspitzte, als militärische Mißerfolge, Hunger und Zerfall das Land heimsuchten, da konzentrierten die Bolschewiki alle ihre Kräfte auf die Vorbereitung des bewaffneten Aufstands. Doch die Menschewiki hielten es mit der Losung »Frieden und Freiheit« und befürworteten die Einberufung der Verfassungsgebenden Versammlung, die eine demokratische Konstitution für das Land ausarbeiten sollte. Für

Lenin bedeutete dies einen Verrat an der Sache und eine Minderung der Erfolgschancen für einen bewaffneten, revolutionären Aufstand.

Bis Anfang 1920 konnten die Menschewiki sich noch als halblegale Opposition gegen die Bolschewiki behaupten. Danach begann man auf Befehl des Politbüros mit ihrer offenen Verfolgung und Verhaftung. Zunächst befürwortete das oberste Parteigremium ein »mildes« Vorgehen. Auf der Sitzung vom 22. Juni 1920 wurde beschlossen, jede politische Aktivität dieser »Helfershelfer der Bourgeoisie« zunächst durch Verbannung zu unterbinden: »Allen Volkskommissaren ist mitzuteilen, daß Menschewiki, die in den Kommissariaten tätig sind und eine politische Rolle spielen könnten, aus Moskau in die Provinzen zu versetzen sind. In jedem einzelnen Fall ist dabei Rücksprache mit der Tscheka und dem Organisationsbüro zu halten« (Archiv für neuere Geschichte). Parallel dazu begann man im ganzen Land mit der Verhaftung von Menschewiki. Lenin und das Politbüro wurden daraufhin mit Protesten und Gnadengesuchen überhäuft. Auf einer Sitzung des Politbüros am 14. Oktober wurde über einen Antrag Mtscheladses auf Freilassung einer Gruppe von Menschewiki entschieden. Lenin, Stalin, Kalinin, Molotow, Kamenew, Krestinski, Preobraschenski und Rykow stimmten dagegen. Im Protokoll heißt es lapidar: »Antrag abgelehnt« (ebd.). Die Arrestierten blieben in Haft.

Martow galt die besondere Aufmerksamkeit Lenins, der ihn bei jeder sich bietenden Gelegenheit scharf kritisierte. Im Juli 1919 war in seinem Artikel »Alles für den Kampf gegen Denikin« zu lesen: »Martow, Wolski und Konsorten stellen sich über die verfeindeten Seiten [im Bürgerkrieg, D. W.] und meinen, sie könnten eine ›dritte Position‹ einnehmen. Ein solcher Wunsch ist und bleibt jedoch die Illusion kleinbürgerlicher Demokraten, die auch 70 Jahre nach 1848 noch nicht das Einmaleins der Revolution gelernt haben und nicht begreifen wollen, daß es unter kapitalistischen Bedingungen nur zwei Möglichkeiten gibt: entweder die Diktatur der Bourgeoisie oder die Diktatur des Proletariats. Eine dritte Möglichkeit existiert nicht. Martow und Konsorten werden noch an dieser Illusion zugrunde gehen.« (PSS, Bd. 39, S. 60–61)

Als Kamenew Lenin von der Wahl Martows und Dans in den Moskauer Sowjet berichtete, befahl Wladimir Iljitsch: »Man muß die beiden aus dem Sowjet entfernen, indem man ihnen ›praktische‹ Aufgaben überträgt: Dan die Leitung des sanitären Bereichs und Martow die Kontrolle über die Kantinen« (ebd., Bd. 51, S. 150). Martows Buch »Aufzeichnungen eines Sozialdemokraten«, das er über Gorki erhalten hatte, unterwarf Lenin einer »legalen« Zensur: »Genosse Karachan! Genosse Kamenew bittet um Einsicht in die Broschüren Tschernows und Martows. Organisieren Sie das möglichst schnell und diskret. Ihr Lenin. PS: Schicken Sie mir die Sachen bald zurück« (Biochronika, Bd. 9, S. 61–62).
Martow war ständig von Verhaftung bedroht, doch Lenin konnte sich nicht zu dieser Maßnahme gegen seinen langjährigen Freund und Mitkämpfer entschließen. Daher reagierte er mit Erleichterung auf Martows Ausreiseantrag, der ihn etwaiger schwieriger Entscheidungen enthob, und verkündete: »Wir haben Martow mit Freuden gehen lassen« (PSS, Bd. 43, S. 241). Die Repressionen gegen die Menschewiki wurden allerdings unvermindert fortgesetzt. Im Februar 1921 verhaftete man Dan, mit dem Lenin nie eine engere Freundschaft verbunden hatte. Martows Kampfgefährte saß beinahe ein Jahr in der Petropawlowsker Festung, wo er bereits ein Vierteljahrhundert zuvor unter dem Zaren geschmachtet hatte. Man beschuldigte ihn, den Kronstadter Aufstand angezettelt zu haben. Darauf stand eigentlich die Todesstrafe, doch wurde er nur zur Verbannung verurteilt. Über den Fall Dan entschied das Politbüro höchstselbst. Er wurde in einen entlegenen nichtproletarischen Rayon geschickt, wo er ein Amt zu bekleiden hatte, das seinem Beruf entsprach (Archiv für neuere Geschichte). Daraufhin trat Dan in den Hungerstreik und forderte eine Genehmigung zur Ausreise. Damals hatten die Bolschewiki noch nicht jene »stalinsche Strenge« erreicht und waren noch eher zur Ausweisung ihrer Gegner bereit. Ab 1922 wurde – noch auf Lenins Initiative – von diesem Verfahren besonders reger Gebrauch gemacht.
Für innere oder äußere, eingebildete oder reale Bedrohungen wurden sogleich die Menschewiki mit ihrer »konterrevolutionären Tätigkeit« verantwortlich gemacht, um die Repressionen gegen sie noch verstärken zu können. So erklärte Trotzki am 28. November

1921 auf einer Politbürositzung, an der Lenin, Stalin, Krestinski, Bucharin, Rykow und Radek teilnahmen, er sei im Besitz von Informationen, daß in Moskau und Petrograd ein konterrevolutionärer Aufstand vorbereitet würde, an dessen Spitze die Menschewiki, die Sozialrevolutionäre und »verbliebene bürgerliche Elemente« stünden. Nach kurzer Beratung wurde Trotzki zum »Vorsitzenden des Moskauer Verteidigungsausschusses« ernannt. Weiter beschloß man, gefangene »Menschewiki nicht aus der Haft zu entlassen und das ZK anzuweisen, verstärkt Menschewiki und Sozialrevolutionäre zu verhaften« (Archiv für neuere Geschichte). Und so geschah es auch ...

Das Politbüro sollte sich noch des öfteren mit den Menschewiki befassen, wobei jedesmal eine härtere Gangart beschlossen wurde. Stalin, der bereits seinen Weg an die Parteispitze vorbereitete, referierte am 2. Februar 1922 vor dem bolschewistischen Führungsgremium über die Lage der inhaftierten Menschewiki. Man kam überein, »die GPU anzuweisen, die aktivsten und prominentesten Mitglieder der antisowjetischen Parteien in spezielle Gefangenenlager zu überführen. Alle übrigen Menschewiki, Sozialrevolutionäre und Anarchisten, die sich gegenwärtig im Gewahrsam der Tscheka befinden, sollen dort weiter in Haft verbleiben.« (Archiv für neuere Geschichte)

Die Menschewiki versuchten vergeblich, Kontakt mit der westlichen Sozialdemokratie aufzunehmen und diese um Hilfe zu ersuchen. Die Tscheka fing einen Brief an die Internationale Berner Konferenz ab und übergab ihn Lenin. Dieser studierte ihn aufmerksam, wobei er einzelne Zeilen unterstrich: »In Rußland sind die Gefängnisse überfüllt, die Arbeiterklasse wird liquidiert, und auch viele unserer Genossen wurden bereits erschossen ...« (ebd.). Auf Lenins Schreibtisch lag noch ein anderer Brief, den W. Wolkski, K. Surew, N. Schmeljew und andere Mitglieder des Zentralbüros der Menschewiki unterschrieben hatten. Sie forderten eine »ehrenhafte Legalisierung« ihrer Partei (ebd.). Lenin lehnte den Antrag seiner ehemaligen Parteigenossen ab und ließ ihn im Archiv verschwinden.

Die theoretischen Auseinandersetzungen über die Diktatur, die Bolschewiki und Menschewiki einst in den Cafés von Bern, Paris und London geführt hatten, waren für letztere grausame Realität geworden. Martow, Dan und Abramowitsch, die nach Berlin emigriert waren, blieb nichts anderes übrig, als zu versuchen, mit Hilfe ihrer Zeitschrift »Sozialistitscheski Wjestnik« an der Revolution zu retten, was noch zu retten war. Diese Bemühungen sollten sich jedoch als vergeblich erweisen ...

Von Gefängnis und Verbannung waren nicht nur Führungsmitglieder der Menschewiki betroffen, sondern auch ganz gewöhnliche Parteigenossen, vorwiegend Angehörige der Intelligenz. Der radikale Flügel der Revolution vernichtete systematisch den demokratischen. Das heißt jedoch nicht, daß die Menschewiki an dieser Entwicklung schuldlos waren. Sie erwiesen sich als unfähig, wirksam für demokratische Werte zu kämpfen, einflußreiche liberale Kräfte um sich zu sammeln und jene Ideen in die Tat umzusetzen, die sie Jahrzehnte lang gepredigt hatten. So erfüllte sich das traurige Schicksal der Menschewiki. Unter Lenin und den Bolschewiki ging die russische Sozialdemokratie sang- und klanglos zugrunde.

Plechanow – ein Paradoxon

Plechanow gelangte noch vor Lenin am 31. März 1917 nach Petrograd. Kaum ein Jahr später lief der erste Marxist Rußlands buchstäblich vor der Revolution davon, die er sein Leben lang gepredigt und sehnsüchtig erwartet hatte. Nach dem Oktoberumsturz wandte er sich gemeinsam mit W. I. Sasulitsch und L. G. Dejtsch in einem offenen Brief an die Petrograder Arbeiter, in dem die drei Männer erklärten, daß jene, welche die Macht an sich gerissen hätten, das russische Volk in ein »großes historisches Unglück« stürzen würden. Dieser Schritt, so prophezeiten die Nestoren des Menschewismus, »wird einen Bürgerkrieg heraufbeschwören, in dessen Verlauf alle Errungenschaften vom Februar 1917 zunichte gemacht werden« (»Jedinstwo«, 28. 10. 1917). Am Tag darauf stürmte ein Trupp Soldaten und Matrosen Plechanows Quartier. Einer von ihnen bedrohte ihn mit seinem Revolver und forderte: »Gib die Waffen freiwillig heraus. Wenn wir sie finden, erschießen wir dich auf der Stelle!« – »Das könntet ihr auch, wenn ihr keine Waffen fändet. Ich bin unbewaffnet«, antwortete der alte Sozialdemokrat gelassen.

Plechanow wußte, daß man ihm sein vernichtendes Urteil über die Revolution nie verzeihen würde. Glücklicherweise endete die Durchsuchung nicht mit einer Tragödie. Der alte Mann verbarg sich schließlich zunächst in Girsons Klinik und flüchtete später nach Finnland.

Lenins Verhältnis zu Plechanow reicht von anfänglicher Bewunderung (»überragender Theoretiker«) bis zu erbitterter Feindschaft (»brandmarkt den Chauvinisten Plechanow«). Zu Beginn des Jahrhunderts war der angehende Marxist Wladimir Iljitsch begeistert vom Nestor der russischen Sozialdemokratie. Vielleicht imponierte ihm dessen Methode, marxistische Gedanken von ihrer

Fixierung auf den Westen zu befreien, indem er sie speziell auf die russischen Verhältnisse anwandte. Vor allem Plechanows Buch »Zur Frage der Entwicklung der monistischen Geschichtsauffassung« faszinierte ihn. An Plechanows Arbeit über Tschernyschewski lobte Lenin die Wertschätzung des Proletariats und die Kritik an der Rückständigkeit der russischen Bauern. Die folgenden Worte des alten Marxisten über Tschernyschewski und die Liberalen sollten für immer in Uljanows Gedächtnis haften bleiben: »Tschernyschewski ließ keine Gelegenheit aus, sich in seinen Artikeln über die russischen Liberalen lustig zu machen und öffentlich zu erklären, weder er noch die übrigen Radikalen hätten mit ihnen irgend etwas gemein. Feigheit, Kurzsichtigkeit, Beschränktheit und Tatenlosigkeit waren für ihn die herausragenden Eigenschaften der Liberalen« (Plechanow, Sotsch., Bd. 5, S. 21, 83, 84). Das war freilich so recht nach dem Geschmack Lenins, der selbst für die Liberalen nur Verachtung übrig hatte.

Später kam es dann zwischen den beiden zunächst zu Auseinandersetzungen über Fragen der Parteiorganisation, bis es schließlich durch den Disput über das Verhältnis zwischen Freiheit und Revolution zum völligen Bruch kam.

Zahlreiche Werke Plechanows bildeten die theoretische Grundlage des Marxismus in Rußland: »Sozialismus und politischer Kampf« (1883), »Unsere Meinungsverschiedenheiten« (1885), »Zur Frage der Entwicklung der monistischen Geschichtsauffassung« (1895), »Zur Frage der Rolle der Persönlichkeit in der Geschichte« und andere mehr. Nur wenigen fiel auf, daß Plechanow bei all seiner »Orthodoxie« nie auf eine so radikale, grobe und polemische Art argumentierte, wie Lenin dies später zu tun pflegte. Er sah in den Liberalen keine »konterrevolutionären Elemente«, verneinte nicht den Parlamentarismus, akzeptierte nur bedingt die Idee einer »Hegemonie« des Proletariats und schrieb der Intelligenz eine bedeutende Rolle in den gesellschaftlichen Bewegungen zu. All dies wurde ihm später als Opportunismus, Chauvinismus und liberales Lakaientum ausgelegt. Für die Bolschewiki bestand Plechanows Hauptsünde darin, daß er »die Menschewiki an den Liberalismus heranführte« und die Frage des Klassenkampfes »opportunistisch« behandelte.

Lenin mochte den »späten« Plechanow nicht, und nach der Revolution haßte er ihn sogar. Meines Erachtens durchschaute der erfahrene Marxist den Revolutionsführer früher als alle anderen. In seinem Artikel »Komedija oschibok«, der 1910 in der Februarnummer des »Dnjewnik sozial-demokrata« erschien, brachte er die Sache auf den Punkt: »Er ist ein Parteigänger des Blanquismus und der Narodowolzen. Nur ein Mann wie Lenin konnte auf die Idee kommen, nach dem günstigsten Monat für einen bewaffneten Aufstand Ausschau zu halten.« Die Pläne Lenins – für ihn ausnahmslos auf das Ziel der Machtergreifung gerichtet – nannte er »Utopien« (Plechanow, Sotsch., Bd. 29, S. 54–55). Der Nestor des russischen Marxismus entlarvte als erster den gefährlichen Radikalismus Lenins als dessen obersten Selbstzweck.
Plechanow war davon überzeugt, daß es im Rußland zu Beginn des 20. Jahrhunderts »keine andere als eine bürgerliche Revolution« geben konnte (»Nowy schurnal«, 1948, Nr. 20, S. 272). Sein Paradoxon bestand mithin darin, daß er einerseits sein Leben lang Klassenkampf und Diktatur des Proletariats als Ziele der marxistischen Lehre propagiert und so die Revolution in Rußland theoretisch vorbereitet hatte. Als das Land sich jedoch anschickte, dieses Programm in die Tat umzusetzen, protestierte er dagegen mit seiner ganzen Autorität als Nestor des Marxismus. Im Grunde handelt es sich dabei aber nur um einen scheinbaren Widerspruch: Als orthodoxer Marxist richtete er seinen Protest nicht generell gegen die Revolution, sondern lediglich gegen Lenins »abenteuerliche« Variante, die das Überspringen einer ganzen historischen Etappe vorsah.
Plechanow setzte also auf eine bürgerliche, Lenin auf eine sozialistische Revolution. Oberflächlich betrachtet hatte Lenin recht behalten. Dabei ist allerdings zu bedenken, daß die Bolschewiki die bürgerliche Revolution gewaltsam beendeten, bevor sie erste Erfolge zeitigen konnte. Was wir gemeinhin als »sozialistische Revolution« bezeichneten, war in Wirklichkeit nur ein bolschewistischer Umsturz, der die Ausbeutung einer Klasse durch die totale staatliche Ausbeutung aller Menschen ersetzte. Eben davor hatte Plechanow gewarnt. Leider haben sich seine schlimmsten Befürchtungen am Ende bestätigt.

Plechanow, der eher ein herausragender Theoretiker war, erwies sich im Vergleich zu Lenin als der schwächere Politiker und Parteiorganisator. Als die politischen Repräsentanten der Februarrevolution mit ihrem Latein am Ende waren, versuchten sie, die Autorität des populären Denkers und ältesten russischen Sozialdemokraten für sich in die Waagschale zu werfen. So wurde Plechanow im August 1917 neben anderen prominenten Revolutionären zur Staatsberatung der Provisorischen Regierung unter Kerenski geladen. Doch auch die »Ikonen« der Revolution konnten den Ministerpräsidenten nicht mehr retten, der es nicht verstanden hatte, Frieden zu schaffen und das Problem der Landreform zu lösen. Die Bolschewiki wußten diese Schwäche für sich zu nutzen. Um den Preis des Separatfriedens von Brest-Litowsk gelangten sie an die Macht. Hätte sich die Provisorische Regierung damals zu einem Friedensvertrag entschließen können, wäre Plechanow heute vermutlich wesentlich bekannter als Lenin.
Plechanows letzte Artikel vor dem Oktober entwickelten ein völlig neuartiges Konzept des Sozialismus. Hatte er früher auf den Sitzungen der II. Internationale noch die Diktatur des Proletariats als Mittel im Klassenkampf verteidigt, so fand er nun den Mut, seine früheren Postulate zu revidieren, indem er sich offen zum Reformismus bekannte. Etwas Schlimmeres gab es damals für Lenin und die Bolschewiki nicht. »Plechanowianer« wurde eines der liebsten Schimpfwörter des Revolutionsführers.
Im März 1920 war I. Kiseljow, ein guter Bekannter Lenins, vom Kiewer Revolutionstribunal zum Tode verurteilt worden. Daraufhin bat der Deliquent den Führer der Bolschewiki persönlich um Hilfe. Dieser reagierte mit folgendem Schreiben:

»Genosse Krestinski!
Es geht um eine dringende Angelegenheit – das Todesurteil für Kiseljow. Ich traf im Zeitraum von 1910 bis 1914 regelmäßig in Zürich mit ihm zusammen. Er war damals Plechanowianer und wurde einer Reihe von Schandtaten beschuldigt (an Einzelheiten erinnere ich mich nicht). 1918 und 1919 traf ich Kiseljow gelegentlich hier in Moskau. Er arbeitete dort bei der ›Iswestija‹ und sagte mir, er sei jetzt Bolschewik. Genaueres weiß ich darüber nicht . . .«

In Wirklichkeit wollte Lenin mit der Sache nichts zu tun haben, weshalb er die Verantwortung auch an den »Hüter der revolutionären Gerechtigkeit« delegierte: »Dserschinski soll mit Krestinski reden und dann entscheiden.« Dserschinski antwortete: »Ich bin gegen jede Einmischung« (Leninski sbornik, Bd. 38, S. 292–293). Etwas anderes war auch nicht zu erwarten. Für Lenin war am Ende ausschlaggebend, daß Kiseljow einst »Plechanowianer« gewesen war. Plechanow selbst muß über die Entwicklung in Rußland entsetzt gewesen sein, war doch die These über die »Diktatur des Proletariats« damals auch auf seine Initiative hin in das Parteiprogramm der SDAPR aufgenommen worden. Hatte er nicht selbst wiederholt unterstrichen, »das Wohl der Revolution« sei »oberstes Gesetz«, und damit den Weg für eine erbarmungslose Gewaltherrschaft bereitet? Zudem vertrat er noch zu Anfang des Jahrhunderts die These, die Existenzberechtigung des Parlaments hinge davon ab, ob es die Revolution vorantreibe und den Interessen des Proletariats diene. Dabei hatte er ausdrücklich betont, daß man das Parlament, sollte es sich nach der Revolution als »ungeeignet« erweisen, »nicht nach zwei Jahren«, sondern bereits »nach zwei Wochen« auflösen müsse. Nichts anderes taten die Bolschewiki, als sie 1918 die Verfassungsgebende Versammlung liquidierten …

Nach Plechanows Tod beantragte Semaschko im Juli 1921 beim Politbüro, diesem ein Denkmal zu errichten. Das oberste Beschlußorgan der Partei hatte nichts dagegen einzuwenden und beschloß: »Der Antrag des Genossen Semaschko wegen der Errichtung eines Denkmals wird angenommen. Er soll sich diesbezüglich mit dem Petrograder Sowjet in Verbindung setzen …« (Archiv für neuere Geschichte). Als man jedoch im April 1922 über eine Veröffentlichung von Plechanows Werken beriet, bestand Lenin darauf, daß nur dessen frühere, »revolutionäre« Arbeiten gedruckt werden sollten (allerdings befand sich damals unter der Redaktion D. Rjasanows bereits eine Werkausgabe in Vorbereitung).

Bald darauf bat Plechanows Familie Lenin um finanzielle Unterstützung. Dieser hatte die große Bedeutung des alten Marxisten für seinen revolutionären Werdegang nicht vergessen und willigte ein. Aus dem Fonds des Rats der Volkskommissare wurde eine einmalige Zahlung in Höhe von 10 000 Francs bewilligt. Es blieb jedoch Lenins Geheimnis, warum die Familie des deutschen Sozialisten Karl Liebknecht gleichzeitig mit der wesentlich höheren Summe von 5000 Goldrubeln unterstützt wurde (ebd.). Vielleicht war ja Sophie Liebknecht hartnäckiger in ihren Forderungen? In ihrem Bittbrief hatte sie Lenin förmlich angefleht:

»Mein Vater war im Besitz von drei Häusern und Aktien in Rostow am Don, im Gesamtwert von drei Millionen Rubeln. Mein Erbteil belief sich auf 600 000 Rubel, doch die Häuser wurden verstaatlicht. Bewilligen Sie 120 000 Rubel für mich und die Kinder ...
Ich muß mich aus meiner finanziellen Abhängigkeit befreien ...
Meine Schulden erdrücken mich ... Ich flehe Sie an, diese Summe zu zahlen, denn nur sie kann die weitere Versorgung der Familie gewährleisten!
Befreien Sie mich doch aus meiner Abhängigkeit, damit ich wieder freier atmen kann ...

Hochachtungsvoll, Sophie Liebknecht«

(Archiv für neuere Geschichte)

Nachdem Lenin die 5000 Goldrubel bewilligt hatte, ließ er die entsprechenden Unterlagen im Archiv verschwinden. Sophie Liebknecht waren schon früher über Sinowjew einige Edelsteine aus den bolschewistischen Raubzügen im Wert von 6600 Gulden und 20 000 Reichsmark übermittelt worden. Offensichtlich war Lenin ein deutscher Sozialist mehr wert als sein ehemaliger russischer Lehrmeister ...
Anläßlich von Plechanows zehntem Todestag verfaßte der Emigrant A. N. Potresow einen Artikel, in dem es heißt:

»Plechanow sollte nur deshalb in seine Heimat zurückkehren, um mitansehen zu müssen, wie Rußland abermals an die Kette gelegt wurde. Mit dem Unterschied, daß diesmal die Ketten den Stempel des Proletariats trugen und die Verantwortlichen seine früheren Schüler waren. Eine schlimmere ägyptische Plage als dieser Schicksalsschlag, den Plechanow erlitten hat, läßt sich schwerlich denken ... Es erging ihm wie weiland König Lear, der von seinen eigenen Kindern verraten und verkauft wurde.« (»Dni«, 30. März 1928)

Martows Tragödie

Auf dem Zweiten Allrussischen Sowjetkongreß wurde in der Nacht vom 24. auf den 25. Oktober 1917 ein neues Kapitel in der Geschichte des großen russischen Volkes aufgeschlagen. Nachdem Dan die Sitzung eröffnet hatte, nahmen die Vertreter von Bolschewiki und Sozialrevolutionären ihre Plätze im Präsidium ein. Lediglich die vier Sitze der Menschewiki waren aus Protest gegen den gewaltsamen Kurs der Bolschewiki freigeblieben. Da ertönte aus dem Plenum die laute, vor Aufregung zitternde Stimme Martows, der zur Besonnenheit in diesem historischen Augenblick aufrief: Man solle auf einen bewaffneten Aufstand verzichten und statt dessen die Krise durch Verhandlungen und die Berufung einer Koalitionsregierung beilegen. Zunächst schien er damit die Mehrheit auf seiner Seite zu haben, doch dann sprach Trotzki und konnte den Kongreß von der radikalen Linie Lenins überzeugen. Nun verlor Martow die Nerven: »Wir gehen!«, schrie er abermals mit seiner von Erkältung und übermäßigem Tabakgenuß heiseren Stimme. Seine Anhänger verließen geschlossen den Saal. Damit war die historische Niederlage der Menschewiki besiegelt.
Schon zu Beginn des Jahrhunderts hatte es für Martow keinen Platz in dem von Lenin gegründeten Parteiorden gegeben. Wie ein russischer Don Quijote hegte er den romantischen Wunschtraum, daß ihm, allein aufgrund der besseren Argumente und des guten Beispiels, eine Assoziation von Freien und Gleichen auf seinem demokratischen Weg folgen würde. Lenin setzte dem sein Parteikonzept einer eisernen, streng zentralistisch organisierten Avantgarde des Proletariats entgegen.
Die Differenzen zwischen Martow und Lenin waren wohl eher moralischer denn politischer Natur. In diesem Zusammenhang ist es interessant, wie Martow selbst die moralische Entwicklung sei-

nes Kontrahenten einschätzte. Er befaßte sich mit dieser Frage in den »Sapiski sozial-demokrata«, die noch zu seinen Lebzeiten in Berlin erschienen:

»Bei unserem ersten Treffen wirkte W. I. Uljanow noch ganz anders als in seiner Spätphase. Seine unglaubliche Selbstsicherheit und der Glaube an seine historische Mission waren überhaupt noch nicht oder doch in viel geringerem Maße entwickelt ... Er war damals 25 oder 26 Jahre alt ... Bei Uljanow zeigte sich noch nicht jene Verachtung, jenes prinzipielle Mißtrauen gegenüber den Menschen, das ihn meines Erachtens erst zu dem typischen, uns wohlbekannten Revolutionsführer gemacht hat ... Ich bemerkte an ihm keinerlei Züge persönlicher Eitelkeit.« (Martow, Sapiski sozial-demokrata, 1922, S. 268)

Auf einem studentischen Abend in Petersburg »hielt Lenin eine Rede gegen die Narodniki, in deren Verlauf er, mit der ihm eigenen polemischen Grobheit, W. Woronzow scharf attackierte. Die Rede war ein voller Erfolg. Als Lenin jedoch hinterher von Bekannten erfuhr, daß sich Woronzow selbst unter den Zuhörern befand, verließ er betreten die Versammlung.« (Ebd., S. 269).
Im Laufe der Zeit entledigte sich der Revolutionär allerdings dieser Skrupel und ersetzte sie durch Härte und grausame Unerbittlichkeit.
In der Beziehung zwischen Martow und Lenin spiegelten sich zwei diametral entgegengesetzte Konzepte der Revolution: ein humanes, demokratisches auf der einen Seite stand einem gewaltsamen, totalitären auf der anderen gegenüber. Martows Politikverständnis unterlag dem Primat der Moral, während Lenin davon ausging, daß diese bei politischen Entscheidungen fehl am Platze sei. Für den Menschewik ging es bei den Auseinandersetzungen zwischen beiden Strömungen um mehr als nur einen Flügelkampf. Er erkannte, daß die Bolschewiki, einmal an die Macht gelangt, diese »um jeden Preis« verteidigen würden. In Übereinstimmung mit Plechanow, der in bezug auf Lenin von einer »bonapartistischen« Politik sprach, wandte Martow sich in einer Broschüre gegen die bolschewistische Parteistruktur mit

ihrem streng zentralistischen Netz aus Kontrollen und Direktiven, durch das ein permanenter »Belagerungszustand innerhalb der Partei« etabliert würde (Martow, Borba s »osadnym poloscheniem« w RSDRP, Genf 1904). Dieser »Belagerungszustand« existierte von Anfang an, woraus Lenin auch nie einen Hehl gemacht hatte. In seiner »Antwort an Rosa Luxemburg« vom September 1904 heißt es: »Kautsky täuscht sich, wenn er davon ausgeht, es gäbe unter dem russischen Polizeiregime einen großen Unterschied zwischen der Zugehörigkeit zu einer Parteiorganisation und der bloßen Arbeit unter der Kontrolle einer solchen Organisation.« (PSS, Bd. 9, S. 57)

Gegenüber A. A. Bogdanow und S. I. Gusew verdeutlichte er noch einmal schriftlich seine Position: »Wir müssen aus den Parteimitgliedern, die wirklich kämpfen wollen, eine eiserne Organisation schmieden und diese kleine, aber starke Partei den zaudernden, unorganisierten Elementen drohend gegenüberstellen . . .« Er fügte noch hinzu, daß er jene, »die absolut nicht fähig sind, zu kämpfen«, ohne zu zögern »an Martow abtreten« würde (ebd., S. 246).

Lenin hatte für die moralischen Bedenken der Menschewiki Martow, Plechanow und Axelrod nur Verachtung übrig. In seinen Polemiken, die bezeichnenderweise den Löwenanteil seiner Werke ausmachen, ließ er immer wieder beiläufig verächtliche Bemerkungen über Martow fallen, der ja bekannt sei »für sein moralisches Feingefühl« und sich über »Diebstahl«, »Spionage«, und andere »unmoralische Angelegenheiten« empöre (ebd., S. 287). Herabsetzungen, Beleidigungen und Verurteilungen bestimmten bis über Lenins Sieg im Oktober 1917 hinaus sein Verhältnis zu seinen Gegnern, mit denen ihn doch in jungen Jahren so vieles verbunden hatte. Doch Martow blieb unbeugsam. Er war zwar fähig und sogar geneigt, Kompromisse einzugehen, wollte aber keine Harmonie um jeden Preis. Zu früh schon war ihm bewußt geworden, daß der von Lenin angestrebte Sozialismus mit Gerechtigkeit und Moral, mithin den humanistischen Ursprüngen des sozialistischen Traums, nichts gemein hatte.

In einem Brief an seinen Freund N. S. Krist fällte Martow ein in seiner Weltsicht und seinem Scharfsinn bestechendes Urteil:

»Ich bin nicht nur zutiefst davon überzeugt, daß die Errichtung des Sozialismus in einem ökonomisch und kulturell derart rückständigen Land eine unsinnige Utopie darstellt, sondern auch nicht bereit, ein Verständnis vom Sozialismus wie es einem Araktschejew, oder vom Klassenkampf, wie es einem Pugatschow eigen war, zu akzeptieren. All dies entsprang dem Versuch, ein europäisches Ideal auf asiatische Verhältnisse zu übertragen ... Für mich bedeutete Sozialismus immer auch die Entfaltung der individuellen Persönlichkeit. Diese Vorstellung steht in direktem Gegensatz zu jener Unterdrückung der Individualität durch eine ›Herdenmentalität‹, wie wir sie gegenwärtig erleben ... Bei uns entsteht ein ›Kasernenhofsozialismus‹, der auf allseitiger Überwachung und dem Faustrecht beruht.« (»Nowy schurnal«, 1961, Nr. 63, S. 281)

Die Nachricht vom Ausbruch des Ersten Weltkriegs erreichte Martow in Paris. Er wurde nicht müde, in »Golos«, seiner kleinen, zentristischen Zeitung, zu wiederholen: »Es lebe der Frieden! Schluß mit dem Blutvergießen! Genug der unschuldigen Opfer! Es lebe der Frieden!« Als er im Mai 1917 nach Rußland zurückkehrte, blieb er seiner internationalistischen Position treu und verurteilte konsequent sowohl Defätismus und Forderungen nach einer Umwandlung des imperialistischen Krieges in einen Bürgerkrieg als auch den im gesamten politischen Spektrum aufflammenden Chauvinismus. I. G. Zereteli zitiert Martow in seinen Erinnerungen:

»Lenin geht es gar nicht um Krieg oder Frieden. Alles, was ihn interessiert, ist eine Revolution, mit deren Hilfe die Bolschewiki an die Macht gelangen können. Meine Frage lautet: Was würde Lenin tun, wenn es der demokratischen Regierung gelänge, einen Friedensvertrag zu schließen? Ich halte es für sehr wahrscheinlich, daß er in diesem Falle seine gesamte Agitation dahingehend umgestalten würde, den Massen zu suggerieren, schuld an den Übeln der Nachkriegszeit sei nur die Regierung, die zur Unzeit Frieden geschlossen habe, weil sie nicht den Mut aufgebracht hätte, bis zur völligen Zerschlagung des deutschen Militarismus weiterzukämpfen.« (Zereteli, Wospominanija o fewralskoj rewoljuzii, Paris 1964, Bd. 1, S. 242)

Als im Juni 1918 die rechten Sozialrevolutionäre und die Menschewiki aus dem WZIK (Allrussisches Zentrales Exekutivkomitee, A.d.Ü.) ausgeschlossen wurden, blieb Martow nichts anders übrig, als den Kampf gegen die Umwandlung der Revolution in eine Diktatur vom Schreibtisch aus fortzusetzen. E. Drabkina war Augenzeugin des Ausschlusses der Menschewiki aus dem revolutionären Regierungsorgan:

»Nachdem Sozialrevolutionäre und Menschewiki per Abstimmung unter der Leitung Swerdlows aus dem WZIK ausgeschlossen worden waren, wies man sie an, den Saal zu verlassen. Martow sprang auf und bemühte sich unter wüsten Beschimpfungen an die Adresse der ›Diktatoren‹, ›Bonapartisten‹ und ›Usurpatoren‹ vergeblich, in seinen Mantel zu schlüpfen. Lenin verfolgte die Szene bleich und stumm. Ein linker Sozialrevolutionär, der in der Nähe saß, deutete lachend mit dem Finger auf den hustenden und fluchenden Martow. Diesem war es schließlich gelungen, seinen Mantel überzuziehen. Im Hinausgehen richtete er das Wort an den lachenden Sozialrevolutionär: ›Sie amüsieren sich umsonst, junger Mann. Keine drei Monate mehr, und ihr seid die nächsten‹«. (»Nowy schurnal«, 1969, Nr. 94, S. 264–265)

Trotz alledem besteht kein Grund, diesen Führer der Menschewiki zu verherrlichen. Er blieb bis ans Ende seiner Tage orthodoxer Sozialist und Führer der »2 ½. Internationale«, glaubte an die historische Rechtmäßigkeit der Diktatur des Proletariats und an viele andere marxistische Dogmen. An Lenin kritisierte er nur dessen Anspruch auf Alleinherrschaft der bolschewistischen Partei sowie die Propagierung von Gewalt und Terror als Mittel der Politik. Das war immerhin nicht zu unterschätzen.
Martow war in dem naiven Glauben befangen, eine Revolution könne mit sauberen Händen und nach moralischen Prinzipien durchgeführt werden. Als nach Ausbruch des Bürgerkriegs eine grausame Welle roten und weißen Terrors das Land zu überfluten

begann, schrieb er in seiner Broschüre »Nieder mit der Todesstrafe«:

»Obwohl die Bolschewiki, nachdem sie an die Macht gekommen waren, die Abschaffung der Todesstrafe verkündet hatten, begannen sie, ihre Gefangenen im Bürgerkrieg nach Art der Wilden umzubringen. Dabei hatten sie den Feinden versprochen, ihr Leben zu schonen, falls sie sich ergeben würden . . . Die Todesstrafe war zwar offiziell abgeschafft, doch in jeder Stadt, in jedem Bezirk beschlossen außerordentliche Kommissionen und Revolutionskomitees die Erschießung Hunderter von Menschen . . . All das geschieht im Namen des Sozialismus, einer Lehre, die Freiheit und Brüderlichkeit auf ihre Fahnen geschrieben hat . . . Eine Partei, die Todesstrafen verhängt und Pogrome durchführt, ist auch eine Feindin der Arbeiterklasse.« (Martow, Doloj smertnuju kasn, Petrograd 1918, S. 7)

Martow vertrat moralische Standpunkte, Lenin Prinzipien des politischen Pragmatismus. Appelle an die Moral waren für den Revolutionsführer Erscheinungsformen des »bürgerlichen Liberalismus«. Auf derartige Anwürfe reagierte er mit Schreiben wie jenem an J. S. Unschlicht:

»Es ist mir nicht möglich, ins Politbüro zu kommen. Mein Gesundheitszustand hat sich verschlechtert. Ich glaube, meine Anwesenheit ist auch gar nicht erforderlich. Im Augenblick geht es ohnehin nur um technische Maßnahmen, die dazu führen sollen, daß unsere Gerichte die Repressionen gegen die Menschewiki verschärfen und beschleunigen . . .

Mit kommunistischem Gruß, Lenin« (PSS, Bd. 54, S. 149)

Terror, Repressionen und Gewalt waren für Lenin also nur rein »technische« Angelegenheiten. Martow stand bei den Bolschewiki mit seinen Bemühungen um eine Humanisierung der Politik auf verlorenem Posten.
Am 24. April 1923, ein halbes Jahr vor seinem 50. Geburtstag, starb der Führer der Menschewiki an Tuberkulose. Der Zusam-

menbruch all seiner Hoffnungen hatte seinen Tod noch beschleunigt. Die Sonne der Demokratie war untergegangen über Rußland. Martows persönliches Schicksal war symptomatisch für das gesamte sozialistische Experiment.
Martow, dieser Don Quijote der russischen Revolution, hatte von Anfang an im leninistischen Parteiorden keinen Platz gefunden.

Drittes Kapitel

Die Narbe des Oktober

Der europäische Krieg kam plötzlich wie ein Sommergewitter. Durch die Schüsse von Sarajevo waren die Dämme des Friedens gebrochen, und eine Flut lange aufgestauter nationaler Gegensätze brach über die Völker herein. Österreich stellte den Serben ein Ultimatum, das diese um keinen Preis akzeptieren konnten. Die Stärkeren hatten beschlossen, den Schwächeren eine Lektion zu erteilen.

Als Deutschland Rußland den Krieg erklärte, stand die ganze Nation wie ein Mann hinter dem Zaren. Das Volk wurde von einem starken Patriotismus zusammengeschweißt. Am Tag nach der Kriegserklärung rief der Zar in einem Allerhöchsten Manifest zur Einheit aller gesellschaftlichen Klassen und Strömungen auf:

»Mögen in dieser schicksalhaften Stunde alle inneren Streitigkeiten beigelegt werden, auf daß die Einheit des Volkes mit dem Zaren noch wachse und Rußland wie ein Mann den feigen Überfall des Feindes zurückschlage.« (Oldenburg, Zarstwowanie imperatora Nikolaja II., New York 1951, S. 519)

Nur Lenin und seine Bolschewiki verspürten keinerlei Bedürfnis, die Heimat zu verteidigen. Dagegen hatte sogar Trotzki in der Emigrantenzeitung »Nasche slowo« unterstrichen, daß jene, die eine Niederlage des zaristischen Rußland wünschten, damit gleichzeitig einen Sieg des reaktionären Deutschland befürworteten. Während alle Völker Rußlands angesichts der drohenden Gefahr ihre politischen und sozialen Differenzen zurückstellten, sahen Lenin und seine Anhänger in den Ereignissen eine phantastische Chance zur Erfüllung ihres Wunschtraums, der Machtergreifung. Je mehr der Patriotismus im Blut und Schmutz des Krieges versank, desto mehr wuchs auch Lenins Überzeugung, daß weder Nikolaj noch Wilhelm den imperialistischen Krieg ohne Revolution überstehen würden. Für ihn stellte sich die Situation von der fernen, friedlichen Schweiz aus anders dar als für den russischen Bauernsoldaten, der in einen Gasangriff geriet, oder den russischen Kriegsgefangenen in einem sächsischen Lager. Er konnte die Ereignisse aus der sicheren Beletage der politischen Emigration verfolgen.

Im Laufe des Krieges schrieb Lenin Hunderte von Briefen an einige wenige Bekannte, unter ihnen Schljapnikow, Kollontaj, Radek, Gorki, Pjatakow, Rawitsch, Sinowjew und Kamenew. Die meisten waren jedoch an I. F. Armand adressiert, mit der er eine ausgesprochen emotionale, intime Korrespondenz führte, in der es um mehr ging als nur um trockene Tagespolitik. Sein Briefwechsel mit Ganjetzki oder Belenski betraf dagegen überwiegend geschäftliche und politische Angelegenheiten.

Lenin beschäftigte sich in dieser Zeit mit Hegel, Aristoteles, Lassalle, Napoleon und Clausewitz, las Gedichte von Hugo und besuchte gelegentlich mit Krupskaja das städtische Theater. Die beiden bewohnten ein Zimmer im Ferienheim von Flims im Kanton Sankt Gallen. Hier entstand auch eines seiner Hauptwerke: »Der Imperialismus als höchstes Stadium des Kapitalismus«. Anfang Januar 1917 wurde Lenin in das »Züricher Volkshaus« eingeladen, um dort einen Vortrag über die erste russische Revolution zu halten. Das Publikum bestand aus einigen wenigen Studenten, die eine weitschweifige und ermüdende Rede zu hören bekamen. Die Hauptthese des Referenten bestand darin, daß der Bürgerkrieg 1905 zu zögerlich geführt worden war und so die Selbstherrschaft nicht ernsthaft gefährden konnte:

»Die Bauern setzten damals rund 2000 Landsitze in Brand und teilten die erbeuteten Lebensmittel unter sich auf ... Bedauerlicherweise war das nur $^{1}/_{15}$ des adeligen Gutsbesitzes, d. h., sie hatten genau $^{14}/_{15}$ zu wenig zerstört ... Die Bauern waren nicht konsequent genug in ihren Aktionen. Eben darin liegt einer der Hauptgründe für die Niederlage der Revolution.« (PSS, Bd. 30, S. 322)

Weiter gab der russische Emigrant seiner Überzeugung Ausdruck, die Revolution von 1905 sei nur ein Vorgeschmack auf die »künftige europäische Revolution« gewesen: »In den nächsten Jahren wird es in ganz Europa zu Volkserhebungen kommen« (ebd., S. 327). Allerdings bezogen sich seine Prognosen nicht auf Rußland, sondern auf Westeuropa, und er war zudem der Überzeugung, daß diese Ereignisse nicht allzu bald zu erwarten seien: »Möglicherweise werden wir, die Älteren, die entscheidenden Schlachten dieser Revolution nicht mehr erleben . . .« (ebd., S. 328).
Der russische »Prophet« ahnte nicht, daß nur noch zwei Monate bis zur »künftigen Revolution« vergehen sollten.

Der demokratische Februar

Obwohl man in Rußland mit der Revolution gerechnet hatte, kam sie dennoch für viele plötzlich und unerwartet.
Die Forscher gehen mit Recht davon aus, daß es zwei Hauptgründe für die Februarrevolution gab: der erfolglose Kriegsverlauf und die Schwäche der Machthaber. Was den Krieg anbelangt, so war die Lage trotz einiger strategischer Niederlagen nicht aussichtslos, denn Deutschland befand sich ebenfalls in einer schwierigen Situation. Die Frontlinie verlief weit entfernt von Petrograd und anderen wichtigen Zentren Rußlands. Der Durchbruch von Brusilow im Sommer 1916 hatte bei den Deutschen den Glauben an einen ehrenvollen Ausgang des Krieges zunichte gemacht. Weitsichtigen Politikern war klar, daß Deutschland den Krieg strategisch nicht gewinnen konnte, zumal die USA die Entente offen und direkt unterstützten. Doch die bolschewistische Agitation hatte eine demoralisierende Wirkung auf die kriegsmüde russische Armee. Die einsetzenden Verbrüderungen an der Front hatten einen einseitigen Charakter. Nicht selten warfen die Deutschen defätistische Agitationsschriften der Bolschewiki in die russischen Schützengräben. Es zeigte sich, daß Lenin und Konsorten mit ihrer Agitation eher den deutschen Kaiser unterstützten als die eigene Armee.
Der Vorsitzende der Staatlichen Duma erinnert sich, daß es »Anzeichen von Wehrkraftzersetzung bereits im zweiten Kriegsjahr gegeben hat ... Der Nachschub aus den Reservebataillonen war bereits um ein Viertel dezimiert, als er die Front erreichte ... Manchmal mußten ganze Militärzüge, die sich auf dem Weg an die Front befanden, auf halbem Weg ihren Marsch unterbrechen, weil nur noch die Offiziere und Fähnriche übriggeblieben waren« (Rodsjanko, Gosudarstwjennaja Duma i fewralskaja rewoljuzija

1917 g., Rostow am Don 1919, S. 31). Die Bolschewiki hatten mit ihrer Propaganda einen bedeutenden Anteil an der Niederlage der russischen Armee.
Rußland hatte zu diesem Zeitpunkt immer noch nicht alle materiellen und ideellen Ressourcen ausgeschöpft, um den Krieg fortzusetzen, der angesichts der Okkupation weiter Teile des Landes aus russischer Sicht immer mehr den Charakter eines gerechten Verteidigungskrieges annahm. Das zaristische Regime erwies sich jedoch in dieser kritischen Situation als führungsunfähig. Davon zeugt auch die Entscheidung des Zaren vom 6. August 1915, den Oberkommandierenden der russischen Streitkräfte, Fürst Nikolaj Nikolajewitsch, seines Amtes zu entheben und selbst dessen Platz einzunehmen. Seine Minister protestierten daraufhin und warnten, dieser Beschluß könne »schwerwiegende Folgen für ganz Rußland, für Sie selbst und für Ihre Dynastie haben« (A. N. Jachontow, Archiw russkoj rewoljuzii, Bd. 18, S. 98). Doch der Zar ließ sich nicht umstimmen. Durch seine Abreise ins Hauptquartier überließ er in der Hauptstadt das Feld den ihm feindlich gesinnten, verräterischen Gruppierungen aus seiner engsten Umgebung. Rußland war traditionsgemäß eine starke Regierung gewöhnt, die von einer konkreten Person verkörpert wurde. Die Regierungskrise führte daher zu einem baldigen Scheitern der »Politik des inneren Friedens«, die von der Duma verkündet worden war. Das entstandene Machtvakuum zersetzte noch die letzten Reste von staatlicher Autorität, sozialer Stabilität und nationaler Einheit. Nunmehr ging es nur noch um die Frage, wer diese Situation am besten für sich nutzen konnte. Im Volk wuchs immer mehr die Überzeugung, daß lediglich radikale Maßnahmen revolutionären Charakters den Weg aus der Krise weisen konnten. Dabei hatte man in der Umgebung des Zaren längst dessen unentschlossenes und zögerliches Verhalten als Ursache einer möglichen Revolution ausgemacht. Noch einen Monat vor der Abdankung Nikolajs II. klagte der Großfürst Alexander Michajlowitsch: »Wir erleben derzeit in Rußland das einmalige Schauspiel einer Revolution von oben ...« (Welikie knjasja Nikolaja II., Moskau 1925, S. 122)
Lenin waren im fernen Zürich die Feinheiten der russischen Entwicklung entgangen. Die Nachricht vom Sieg der Revolution in

Petrograd traf ihn völlig unvorbereitet. Sogleich zog er mit Mojsej Bronski, einem Sozialdemokraten aus Łòdż, durch die ganze Stadt, um Näheres in Erfahrung zu bringen. Doch alle wußten nur das eine: In Petrograd ist Revolution. Die Minister sind verhaftet. Menschenmassen überfluten die Straßen ... Lenin kehrte aufgeregt nach Hause zurück. Irgend etwas mußte er unternehmen! Wie fern und weltfremd schienen ihm jetzt seine Studien über die Zukunft der Schweizer Sozialdemokratie, denen er sich in letzter Zeit verstärkt gewidmet hatte! Unruhig lief der verhinderte Revolutionsführer in seiner Wohnung umher und rief Nadjeschda Konstantinowna zu: »Das ist eine Überraschung! Es ist einfach unglaublich! Wir müssen unbedingt nach Hause, aber wie! Nein, das kam wirklich völlig unerwartet! Unglaublich!«
Nachdem er sich ein wenig beruhigt hatte, setzte sich Lenin an seinen Schreibtisch, um Ines Armand die sensationelle Neuigkeit mitzuteilen:

»Wir sind heute hier in Zürich ganz aus dem Häuschen. In der ›Züricher Post‹ und in der ›Neuen Züricher Zeitung‹ wurde berichtet, daß in Petersburg nach dreitägigem Kampf die Revolution gesiegt hat. Ein zwölfköpfiges Gremium von Mitgliedern der Duma hat die Macht übernommen. Alle Minister wurden verhaftet. Wenn das alles keine Erfindung der Deutschen ist, dann ist es wirklich passiert!
Es war ja klar, daß Rußland an der Schwelle zur Revolution stand. Ich bin außer mir, daß ich nicht über Skandinavien reisen kann, und werde mir nie verzeihen, es nicht schon 1905 riskiert zu haben!« (Biochronika, Bd. 4, S. 1)

Nur wenige Wochen nachdem er in seinem Referat beklagt hatte, daß er die Revolution vielleicht nicht mehr erleben würde, verkündete Lenin nun mit dem Brustton der Überzeugung, er habe ja schon immer gewußt, daß Rußland »an der Schwelle zur Revolution« stünde!
Täglich kamen neue, aufsehenerregende Nachrichten aus Petrograd. Der Zar hatte abgedankt, sein Bruder Michail auf die Thronfolge verzichtet. Gebannt studierte Lenin die Zeitungen. Die

Zusammensetzung der Provisorischen Regierung unter Kerenski quittierte er mit einem sarkastischen Lächeln. »Endlich hat es die Bourgeoisie geschafft, ihre Hintern in die Ministersessel zu bekommen.«

Der Revolutionsführer in spe erkannte bald, daß die neue politische Lage eine gute Ausgangsposition für die Pläne der Bolschewiki bot: Neben der Regierung gab es noch ein anderes mächtiges Gremium, den Petrograder Sowjet der Arbeiter- und Soldatendeputierten unter der Leitung von N. S. Tschcheidse, A. F. Kerenski und M. I. Skobelew. Im Exekutivkomitee saßen zwar nur zwei Bolschewiki, A. G. Schljapnikow und P. A. Salutzki, doch Lenin sah in dieser Zweiteilung der Macht eine einmalige Chance für seine Partei. Der Sowjet war ihm Vorbild für die künftigen Organe einer revolutionären Diktatur des Proletariats. Über die Provisorische Regierung hingegen äußerte er ohne Umschweife:

»Eine Regierung der Oktobristen und Kadetten, der Gutschkows und Miljukows ... kann dem Volk weder Brot noch Frieden und Freiheit geben.« (PSS, Bd. 31, S. 20)

Indem die Bolschewiki von Anfang an die Provisorische Regierung, das legitime Organ einer demokratischen Umgestaltung Rußlands, attackierten, schlossen sie eine friedliche Alternative zur revolutionären Entwicklung grundsätzlich aus. Lenins Direktive an seine Parteigenossen, die nach Rußland zurückkehrten, war ebenso kurz wie unmißverständlich:

»Unsere Taktik: Keinerlei Unterstützung der neuen Regierung; Kerenski ist besonders verdächtig; in der Bewaffnung des Proletariats liegt die einzige Garantie; sofortige Wahlen zur Petrograder Duma; keinerlei Annäherungen an die anderen Parteien. Telegrafieren Sie das nach Petrograd.« (PSS, Bd. 31, S. 7)

Um die schwierige Lage der Bolschewiki zu verbessern, die in der Februarrevolution keine bedeutende Rolle gespielt hatten, forderte Lenin eine Änderung des historischen Szenarios. Von seinen diesbezüglichen Vorstellungen zeugte ein Vortrag mit dem Titel

»Über die Aufgaben der SDAPR in der Russischen Revolution«, den er am 14. (27.) März im Züricher Volkshaus hielt. Lenin, der kurz vor seiner Abreise nach Rußland stand, berichtete mit Genugtuung, daß dort »die Umwandlung des imperialistischen Kriegs in einen Bürgerkrieg bereits begonnen« habe (PSS, Bd. 31, S. 7). Die Februarrevolution war für ihn nur die erste Etappe der sozialen Umgestaltung: »Die Besonderheit der gegenwärtigen historischen Situation liegt im Übergang von der ersten revolutionären Etappe zur zweiten, vom Aufstand gegen den Zarismus zum Aufstand gegen die Bourgeoisie« (ebd., S. 75). Nicht zufällig beendete Lenin seinen Vortrag mit der Parole:

»Es lebe die Russische Revolution! Es lebe die Weltrevolution der Arbeiterklasse, die in Rußland begonnen hat!«

Dabei war ihm bereits klar, wie das Ende aussehen sollte. Schon vorher hatte er geschrieben: »Das soziale und politische Leben Rußland hat sich in ein einziges blutiges Chaos aufgelöst ...« (PSS, Bd. 31, S. 14)

Die Provisorische Regierung versuchte unterdessen, ihre Regierungsgeschäfte zu ordnen, wobei sie nicht ohne Grund davon ausging, daß die Aufrechterhaltung der russischen Bündnisverpflichtungen weniger Blutvergießen zur Folge haben würde als die bewußte Herbeiführung einer Niederlage der eigenen Armee, wie sie die Bolschewiki anstrebten. Das »blutige Chaos«, von dem Lenin gesprochen hatte, sollte erst noch durch seine eigene Partei hervorgerufen werden.

In der gesamten Weltgeschichte gibt es keinen überzeugenden Präzedenzfall dafür, daß eine politische Partei im Interesse ihrer ehrgeizigen Machtpläne so offen und konsequent die Niederlage des eigenen Vaterlandes betrieben hätte. Lenin und die Bolschewiki spekulierten dabei auf eine strategische Kettenreaktion: War die heimische Regierung erst einmal durch die militärische Niederlage zerfallen, konnten sie in dem desolaten Land um so leichter die Macht ergreifen. Der demokratische Februar wußte diesem heimtückischen Plan nichts entgegenzusetzen.

Während die Mehrheit der Politiker oder Parteien den Februar

begrüßte, weil er ein neues, demokratisches Kapitel in der russischen Geschichte aufgeschlagen hatte, wußte Lenin, daß seine Partei bei diesem Stand der Dinge bestenfalls eine unbedeutende Oppositionsrolle in der Verfassungsgebenden Versammlung einnehmen würde. Die ultrarevolutionären Bolschewiki würden als linksextremistische Sektierer, genau wie vergleichbare Gruppen in den westlichen Parlamenten, ein verachtetes Randgruppendasein fristen. Falls der Februar siegte, würden Lenins langjährige Rivalen, die Menschewiki, ihre historische Chance erhalten. Allein den Gedanken daran konnte der Revolutionär nicht ertragen.
All dies galt es zu verhindern. Seine Armee der »Berufsrevolutionäre« mußte auf den Plan treten. Bald würde er 47 Jahre alt sein, und eine solch einmalige Chance bot sich ihm gewiß kein zweites Mal ...

Parvus und Ganetzki – Die deutsche Frage

Alle Gedanken Lenins waren auf Rußland gerichtet. Die Erfüllung seines Lebenstraumes schien in greifbare Nähe gerückt. In seiner Heimat, die er nun schon so lange nicht mehr gesehen hatte, nahmen weltbewegende Ereignisse ihren Anfang: Die Revolution hatte begonnen! Noch wenige Wochen zuvor hätte er davon nicht einmal zu träumen gewagt. Eilig telegrafiert er Sinowjew und schlägt ihm vor, nach Zürich zu kommen. Gleichzeitig schreibt er an N. S. Ganetzki in Stockholm, seinen Vertrauten in Geldsachen und anderen geheimen Angelegenheiten:

»Ich muß unbedingt sofort nach Rußland. Mein Plan ist folgender: Finden Sie einen Schweden, der mir ähnlich sieht, nach Möglichkeit einen Taubstummen, da ich des Schwedischen nicht mächtig bin. Für alle Fälle lege ich eine Fotografie bei.«

(Ganetzki, O Lenine. Otrywki wospominanij, 1933, S. 59)

Damit war natürlich selbst Ganetzki überfordert, der die Suche nach dem »taubstummen Schweden« denn auch bald aufgab. Statt dessen begann man, für Lenin und einige bolschewistische Genossen eine möglichst ungefährliche Route nach Rußland zu erkunden. Der Revolutionsführer bat den Züricher Sozialisten R. Grimm, eine Reiseroute über Deutschland auszuarbeiten. Dessen Bemühungen blieben jedoch zunächst ohne Erfolg. Am schnellsten handelte Ganetzki, der sich schon früher durch besondere konspirative Fähigkeiten ausgezeichnet hatte. Bereits am 10. März, nur wenige Tage nach der Februarrevolution, erhält Lenin von ihm ein »Reisegeld« in Höhe von 500 Rubeln (Biochronika, Bd. 4, S. 16). Das Auslandsbüro des ZK der Bolschewiki war natürlich bestrebt, die Parteiführer möglichst rasch in das Zentrum des Geschehens zu bringen, hatte aber auch noch keinen konkreten Plan. Darauf klagte Lenin gegenüber Ines Armand: »Es scheint vollkommen ausgeschlossen, nach Ruß-

land zu gelangen!! England läßt uns nicht einreisen, und über Deutschland führt auch kein Weg.« (PSS, Bd. 49, S. 414)
Allerdings waren nicht nur die Bolschewiki daran interessiert, ihren Anführer in die Heimat zu bringen. Der deutsche Generalstab hatte Lenins Aktivitäten schon lange mit Interesse verfolgt und seiner Partei bereits über Strohmänner beachtliche Summen zukommen lassen. Neben dem Generalstab befürworteten auch Teile der deutschen Sozialdemokratie, insbesondere Helphand-Parvus, Herausgeber der Zeitschrift »Die Glocke«, dieses Vorhaben. In einem Gespräch mit dem Botschafter Brockdorff-Rantzau in Kopenhagen vertrat der deutsche Sozialdemokrat mit Nachdruck die Ansicht, daß ein Separatfrieden mit Rußland zum gegebenen Zeitpunkt gefährlich sei, da der Zar dann die Revolution unverzüglich niederschlagen würde, was einen deutschen Sieg gefährden könne. Damals ahnte Parvus noch nicht einmal, daß Lenin selbst schon am 19. Juli 1917 verkünden würde, er habe »einen Separatfrieden mit Deutschland schon immer auf das entschiedenste abgelehnt«. (PSS, Bd. 32, S. 414)
Parvus' Position war identisch mit der des deutschen Generalstabs. Erich Ludendorff, »das militärische Gehirn der Nation«, schrieb dazu: »Indem sie Lenin die Reise nach Rußland ermöglichte, nahm unsere Regierung eine besondere Verantwortung auf sich. Unter militärischen Gesichtspunkten war dieses Vorgehen absolut gerechtfertigt. Rußland mußte mit allen Mitteln zu Fall gebracht werden« (Ludendorff, Meine Kriegserinnerungen, 1919, S. 47).
Dieser Plan war ebenso zynisch wie bestechend, bot doch die bolschewistische Revolution Deutschland die unerhörte Chance, einen bereits verloren geglaubten Krieg noch zu gewinnen!
Ludendorff konnte später öffentlich verkünden, die sowjetische Regierung existiere nur »von unseren Gnaden«.
Übrigens hatte das Politbüro auf seiner Sitzung im Mai 1920 einstimmig beschlossen, nur jene Stellen aus Ludendorffs Erinnerungen für die Übersetzung freizugeben, »die sich auf die Brester Verhandlungen« bezogen (Archiv für neuere Geschichte). Obschon man sich nach der Machtergreifung nicht mehr sonderlich vor einer Entlarvung fürchten mußte, schien es doch opportun, dem Volk die ganze Wahrheit lieber vorzuenthalten ...

Der Historiker S. P. Melgunow, 1920 von den Bolschewiki zum Tode verurteilt und später ins Ausland geflüchtet, enthüllte in seinem Buch »Solotoj nemjetzki kljutsch bolschewikow«:

»Der ›goldene deutsche Schlüssel‹ zum ungewöhnlich schnellen Erfolg der leninistischen Propaganda war im Besitz von Parvus, der sowohl mit der sozialistischen Weltbewegung als auch dem deutschen Außenminister und den Vertretern des Generalstabs in Verbindung stand.«

Die »deutsche Frage« ist um so schwerer zu klären, als die Bolschewiki, ihrer konspirativen Struktur gemäß, Dokumente ihrer Geheimoperationen nach dem Oktoberumsturz entweder vernichteten oder in den Archiven verschwinden ließen.
Die beiden Hauptdarsteller jener deutschen Inszenierung hießen Alexander Lasarewitsch Helphand (Parvus, oder auch Alexander Moskowitsch) und Jakub Stanislawowitsch Fürstenberg (alias Ganetzki, Borell, Gendritschek, Frantitschek, Nikolaj, Marian Keller, Kuba ...). Diese beiden teuflisch begabten Männer wirkten 1917 wie unsichtbare Triebfedern, die das Barometer der Russischen Revolution nach oben schnellen ließen, indem sie Lenin und seinen Kampfgefährten die finanzielle Basis für ihre aufrührerische Tätigkeit bereitstellten. Parvus hatte wegen seiner Belesenheit, seines kühnen, klugen Verstandes und seiner Radikalität schon früh Lenins Interesse geweckt. Möglicherweise hatte der Revolutionsführer gerade ihn im Sinn, als er gegenüber Gorki erklärte: »Die klügsten Köpfe Rußlands sind und waren fast immer Juden oder zumindest Männer mit einem gewissen Anteil jüdischen Blutes.« (»Russki sowremennik«, 1924, Nr. 1, S. 241)
Kautsky machte Parvus mit der journalistischen Arbeit vertraut, die er schon bald hervorragend beherrschte. Er wurde Korrespondent des »Vorwärts«, schrieb für das »Berliner Tagblatt« und redigierte die »Molodaja Turzija«. Trotzki war ebenfalls sehr angetan von dem gebürtigen Russen, vor allem wegen dessen Theorie der »permanenten Revolution«. Im Gegensatz zu Lenin hatte er schon in der Revolution von 1905 gemeinsam mit Trotzki eine bedeutende Rolle gespielt. Beide waren damals in Petersburg verhaftet

und in verschiedene sibirische Städte verbannt worden, von wo ihnen später die Flucht ins Ausland gelang. Obschon Parvus ein talentierter Schriftsteller war, fiel sein publizistischer Nachlaß eher bescheiden aus, denn eine andere Leidenschaft hatte einen Großteil seiner Zeit in Anspruch genommen: der Handel. Als der Erste Weltkrieg begann und Parvus bereits ein reicher, in Regierungskreisen geachteter Mann war, ergriff eine fixe Idee von ihm Besitz: Er wollte Rußland schwächen, indem er dort die revolutionäre Bewegung unterstützte, und auf diese Weise Deutschland zum Sieg verhelfen (Staatliches Sonderarchiv). In dem Buch »Freibeuter der Revolution« wird unter Berufung auf deutsche Quellen von einem Gespräch berichtet, das Parvus mit von Wangenheim, dem deutschen Botschafter in Konstantinopel, im Januar 1915 geführt hatte:

»Die Interessen der deutschen Regierung sind vollkommen identisch mit denen der russischen Revolutionäre. Auch diese können ihr Ziel nur durch die totale Vernichtung des Zarismus erreichen. Auf der anderen Seite kann auch Deutschland nicht siegreich aus dem Krieg hervorgehen, wenn es nicht auf eine Revolution in Rußland hinarbeitet. Doch selbst falls diese erfolgreich verlaufen sollte, würde Rußland immer noch eine große Gefahr für Deutschland darstellen, wenn es nicht in eine Reihe selbständiger Staaten aufgeteilt wird.«

Betrachtet man das weitere Wirken dieses deutschen Sozialdemokraten, so ist davon auszugehen, daß sein »Plan« wirklich existierte und die deutsche Regierung sich tatsächlich dafür zu interessieren begann. Laut Ergebnissen der westlichen Forschung traf Lenin im Mai 1915 mit Parvus zusammen. So heißt es bei D. Schub: »Lenin hörte sich Parvus' Pläne aufmerksam an, gab ihm aber zunächst noch keine eindeutige Antwort. Allerdings schickte er, um mit ihm in Kontakt zu bleiben, Ganetzki (Fürstenberg) nach Kopenhagen, der in Parvus' Institut eintreten und ihn über dessen Tätigkeit informieren sollte« (»Nowy schurnal«, 1959, Nr. 57, S. 226–267). Weiterhin führt Schub aus, daß Lenin dieses Treffen wie ein Staatsgeheimnis hütete und sehr darauf bedacht war, daß niemand

davon erfuhr. In der biographischen Chronik des Instituts für Marxismus-Leninismus bleibt es ebenfalls unerwähnt.
A. F. Kerenski war überzeugt von der Verbindung Parvus–Lenin–Ganetzki, wie sein gleichnamiger Artikel in der »Nowaja Rossija« belegt:

»Die Provisorische Regierung hat eindeutig festgestellt, daß die ›Geldgeschäfte‹ Ganetzkis mit Parvus bei der Petersburger Sibirischen Bank fortgesetzt wurden, wo auf die Namen Sumenson (eine Verwandte Ganetzkis) und Koslowski eine immense Summe deponiert war, die unter Vermittlung von Ganetzki persönlich von Berlin über Stockholm überwiesen wurde ...« (Staatliches Sonderarchiv)

Kerenski hatte allen Grund für seine Behauptungen, fanden doch die ersten Nachforschungen über die Beziehungen zwischen den Deutschen und den Bolschewiki noch in seiner Regierungszeit statt.
Im Staatlichen Sonderarchiv finden sich vielfältige Hinweise darauf, daß 1916 in Berlin eine sogenannte »Spezialabteilung Stockholm« unter Leitung eines gewissen Trautmann gegründet wurde, mit dem Fürstenberg und Radek über Parvus in Verbindung standen. Parvus und Fürstenberg wohnten damals unweit voneinander in Kopenhagen.
Grebing, ein Diplomat der österreichisch-ungarischen Botschaft, erinnert sich, daß »Parvus und Fürstenberg tatsächlich mit deutscher Hilfe über Skandinavien reguläre, umfangreiche Exportgeschäfte mit Rußland betrieben. Man verfuhr dabei folgendermaßen: Parvus erhielt aus Deutschland bestimmte Waren, die Rußland dringend benötigte, wie chirurgische Instrumente, Medikamente, chemische Produkte, Kleidung oder sogar Verhütungsmittel, und Ganetzki schickte sie dann nach Rußland weiter. Sämtliche Einnahmen aus diesem Handel wurden nicht nach Deutschland zurücküberwiesen, sondern vom ersten Tag der Revolution an in erster Linie für die Finanzierung leninistischer Propaganda verwendet.« (»Nowy schurnal«, 1967, Nr. 87, S. 308)
Parallel dazu wurden die geheimen Zahlungen an die Revolutio-

näre auch noch ideologisch getarnt, indem die Bolschewiki Parvus gelegentlich als »Renegaten«, »Sozialrevanchisten« und »Revisionisten« beschimpften, um auf diese Weise den Eindruck zu erwekken, sie unterhielten keinerlei Verbindung zu ihm.

Aus Unterlagen im Staatlichen Sonderarchiv geht zudem hervor, daß Parvus seine abenteuerliche politische Tätigkeit aus den Gewinnen von Spekulationsgeschäften ungeheuren Ausmaßes finanzierte:

»Geschäfte mit Dänemark, der Türkei, Rumänien, Bulgarien und Rußland, bei denen er mit Lebensmitteln, Getreide, Kohlen und Medikamenten handelte, seine Beteiligung an der deutschen Propaganda ... sowie Spekulationen mit Frachtverträgen in Skandinavien brachten Parvus ein Kapitel von mehreren zehn Millionen ein, das er auf Züricher Banken deponierte.«

Lenin war zwar nicht persönlich an diesen Geschäften beteiligt, aber gut darüber informiert, da sie ohne sein Einverständnis nicht abgewickelt werden konnten. So wäre er auch im Hintergrund geblieben, falls man die Sache aufgedeckt hätte.

Es gibt eine Reihe von Dokumenten (die meisten wurden natürlich vernichtet), welche belegen, daß Waren und Geld über die Verbindungslinie Ganetzki–Sumenson–Koslowski nach Petrograd gelangten:

»Salzebaden, 389/4 18 4/5 16.25
Sumenson. Nadjeschdinskajastraße 36, Petrograd.
Nummer 127. Habe mehr als einen Monat nichts von Ihnen gehört. Brauche dringend Geld. Neue Telegrammadresse: Salzebaden, Fürstenberg« (Archiv der Russischen Föderation)

»Salzebaden, 439/7 21 7/5 10.
Rosenblit. Petrowkastraße 17. Moskau.
Telegraphieren Sie umgehend, wie viele Bleistifte Sie erhalten und wie viele Sie verkauft haben. Schicken Sie eine genaue Abrechnung. Telegrammadresse: Salzebaden, Fürstenberg« (ebd.)

Die Antwort ließ nicht lange auf sich warten:

»Petrograd, 374 201, 20, 10/II, 13.35
Fürstenberg. Stockholm, Salzebaden.
Nr. 86. Habe Ihr Telegramm Nr. 127 erhalten und verweise auf meine eigenen Nr. 84/85. Heute habe ich wieder 20 000 eingezahlt, macht zusammen 70 000. Sumenson« (ebd.)

In manchen Telegrammen ging es auch um politische Fragen, die in diesen Fällen nicht, wie sonst üblich, äsopisch verschlüsselt wurden:

»Nebenhafen, 105/11 30 11/5 15.6.
An Lenin. Führer der Sozialistischen Partei. Petrograd.
Die dänische radikale Zeitschrift ›Politiken‹ bittet Sie um Ihre Meinung über den kommenden internationalen Sozialistenkongreß in Stockholm und die russischen Bedingungen für einen Friedensvertrag.
Politiken« (Archiv der Russischen Föderation).

»Petrograd. 451840, 23/22, 4, 21.20
Fürstenberg. Estergasse 58, Kopenhagen.
Ich brauche eine Partie Damenstrümpfe, Größe 8–8 1/2, unbedingt mit Zertifikat. Bitte geben Sie die genaue Anzahl und den Höchstpreis an. Sumenson.« (ebd.)

Die verschiedenen Lieferungen gingen über Stockholm zum Verkauf nach Petrograd und in andere russische Städte. Sumenson überwies den Erlös auf die Bank, von wo aus Koslowski das Geld an die Bolschewiki weiterleitete:

»Petrograd, 2801 12 14,2 12.22
Regat. Fürstenberg. Kungsgatan 55, Stockholm.
Nummer 74. Habe an die Russisch-Asiatische Bank 50 000 überwiesen. Sumenson.« (ebd.)

Gelegentlich ließ Sumenson Ganetzki auch eine persönliche Information zukommen:

»Petrograd. 79901 15 17/5 13.45
Regat. Fürstenberg. Kungsgatan 55, Stockholm.
Nummer 81. Richten Sie Ihrem Bruder aus, sein Vermögen sei gut angelegt. Sumenson« (Archiv der Russischen Föderation).

Mitunter erhielt Ganetzki Telegramme von Lenin persönlich mit politischen Instruktionen:

»Petrograd. 48160 21 21/5 16.10
Fürstenberg. Salzebaden. Stockholm.
Mobilisieren Sie möglichst viele Linke für die bevorstehende Konferenz. Wir entsenden einen Sonderdelegierten. Ihre Telegramme habe ich erhalten. Danke, machen Sie weiter so.
Uljanow, Sinowjew« (ebd.)

Der Revolutionsführer ließ sich allerdings nicht dazu herab, die Geschäfte persönlich zu übernehmen.
Als Jewgenija Mawrikiewna Sumenson am 8. Juli 1917 von der Provisorischen Regierung wegen Spionage unter Arrest gestellt wurde, gestand sie, daß insgesamt »eine Summe von 2030044 Rubel« durch ihre und Fürstenbergs Hände gegangen war (Archiv der Russischen Föderation). Die erste Partie Medikamente im Wert von 288929 Rubel habe sie im Dezember 1915 von Fürstenberg aus Stockholm erhalten (ebd.).
Stand vielleicht Lenins Schweizer Treffen mit Parvus im Mai 1915 mit diesem Geschäft in Zusammenhang? Zeman, der sich mit dieser Problematik ausführlich auseinandersetzte, kam zu dem Ergebnis: »Im Juli 1915 bat das deutsche Außenministerium auf Initiative von Jagows den Staatssekretär für Finanzen um einen Betrag in Höhe von fünf Millionen Mark für die Unterstützung der revolutionären Propaganda in Rußland. Am 9. Juli wurde die Zahlung bewilligt« (Zeman, Germany and Revolution in Russia, S. 8 bis 14). Die meisten Historiker sind sich darüber einig, daß unmittelbar nach jenem denkwürdigen Treffen im Mai deutsche Gelder verstärkt in die Parteikasse der Bolschewiki flossen.
Kerenski vertrat laut Melgunow die Ansicht, daß »die weiteren Ereignisse des Jahres 1917, ja sogar die ganze russische Geschichte,

einen anderen Verlauf genommen hätten, wenn Tereschtschenko seine Ermittlungen zu Ende geführt und den juristisch einwandfreien Beweis erbracht hätte für dieses ungeheuerliche Verbrechen, an das eben deshalb niemand glauben wollte, weil es psychologisch so absolut unglaublich schien«. Es habe sich eindeutig um eine Verschwörung zwischen den Bolschewiki und den Deutschen gehandelt, »die weit über die Zahlung und den Empfang von Geldern hinausging und auf die Zerschlagung Rußlands durch eine Revolution hinzielte«. (Melgunow, Solotoj nemjetzki kljutsch bolschewikow, S. 128)
Die Bolschewiki hatten erwiesenermaßen wiederholt mit den Deutschen verhandelt. In einem von Lenins chiffrierten Telegramm heißt es:

»Genosse Krestinski!
Niemand hat die Deutschen ›um Hilfe gebeten‹. Wir sind lediglich darin übereingekommen, wann und wie sie, die Deutschen, ihren Plan eines Feldzuges gegen Murman und gegen Alexejew verwirklichen wollen. Unsere Interessen stimmen damit vollkommen überein. Wir wären doch Idioten, wenn wir das nicht ausnutzen würden . . .«

Ihr Lenin« (Archiv für neuere Geschichte)

Wie wir sehen, schloß Lenin Absprachen mit den Deutschen keineswegs aus. Wenn also die Bolschewiki im August 1918 den Angriff deutscher Truppen auf Alexejew für sich zu nutzen wußten, dann hätten sie ebenso gut schon am Vorabend der Revolution mit diesen »darin übereinkommen« können, gemeinsam den Zarismus zu »zerschlagen«. Dem zynischen Pragmatismus der Revolutionäre hätte eine solche Handlungsweise durchaus entsprochen. Nicht ohne Grund konnten die Bolschewiki nach der Februarrevolution damit beginnen, ganz Rußland mit einer wahren Flut von Zeitungen, Flugblättern und Proklamationen zu überschwemmen. Bereits im Juli 1917 gab die Partei 41 Zeitungen mit einer Tagesauflage von 320 000 Exemplaren heraus. 27 dieser Publikationen erschienen in russischer Sprache, die übrigen in Georgisch, Armenisch, Lettisch, Tatarisch und Polnisch. Allein die »Prawda« hatte

eine Auflage von 90 000 Exemplaren. Seit dem Februar war die Partei im Besitz einer eigenen Druckerei im Wert von 260 000 Rubel (»Nowy schurnal«, 1971, Nr. 102, S. 226). Für eine publizistische Tätigkeit dieser Größenordnung reichten die Mitgliedsbeiträge bei weitem nicht aus. Zudem bezogen die leitenden Parteifunktionäre in unregelmäßigen Abständen ihre Gehälter. Doch die Parteikasse war keineswegs leer! Just in dem Moment, als sich die einzigartige historische Chance zur Machtergreifung bot, konnte man – neben Spenden und Gewinnen aus den »Expropriationen« – über die immensen »finanziellen Zuwendungen« des »Wohltäters« Parvus verfügen!
B. Nikitin, der sich mit den »deutschen Geldern der Bolschewiki« eingehend befaßte, stellt fest, daß Lenin die Verwaltung der Finanzen immer auch als politisches Druckmittel nutzte:

»Lenin war für die Gehälter der Mitglieder des ZK im Ausland zuständig. Wenn jemand seiner politischen Linie nicht folgte, wurde ihm das Salär gestrichen ... Mittel, die Lenin als Verwalter der Parteikasse aus den ›Enteignungen‹ und Spenden erhielt, machten ihn zum unumschränkten Herrscher des Parteiapparats im Ausland und in Rußland.« (Nikitin, Rokowye gody, Paris 1937, S. 228)

Als Alexinski, Jermolenko, Burzew und andere in der Presse eine Debatte über die Verbindungen der Bolschewiki zu den Deutschen entfachten und sie »des Verrats und der Spionage« bezichtigten, reagierte Lenin in der »Prawda« mit dem Artikel »Wo ist die Macht und wo ist die Konterrevolution?« Darin bezeichnete er die Enthüllungen von G. A. Alexinski, einem ehemaligen Mitglied der II. Reichsduma, als »niederträchtige Verleumdungen« und führte zwei Hauptargumente zur Entlastung seiner Partei ins Feld. Zum einen habe man Ganetzki erst kürzlich ungehindert nach Rußland ein- und wieder ausreisen lassen, was sicher nicht geschehen wäre, wenn man einen begründeten Verdacht gegen ihn gehegt hätte. Dabei ließ der Revolutionsführer außer acht, daß Ganetzki eine Vielzahl falscher Pässe zur Verfügung standen. Er hätte daher ebensogut unter den Namen Borell, Keller oder Fürstenberg reisen können. Als Sondereinheiten der Provisorischen Regierung ihn übrigens später an der Grenze abfangen wollten, warteten sie vergeblich auf Lenins Vertrauten. Er war rechtzeitig gewarnt worden. Uljanows zweites Argument lautete:

»Weder Ganetzki noch Koslowski sind Mitglieder der Bolschewiki, vielmehr gehören beide der Sozialdemokratischen Partei Polens an ... Die Bolschewiki haben weder von Ganetzki noch von Koslowski Geld erhalten. Derartige Behauptungen sind dreiste, gemeine Lügen.« (PSS, Bd. 32, S. 415)

Am 26. Juli 1917, nachdem bereits von seiten der Provisorischen Regierung ein Haftbefehl gegen ihn ergangen war, unternahm Lenin in der »Rabotschaja gasjeta« einen weiteren Versuch zu seiner Verteidigung:

»Der Staatsanwalt beruft sich darauf, daß Parvus mit Ganetzki in Verbindung stand, und dieser wiederum mit Lenin! Das ist ein betrügerischer Fehlschluß. Alle Welt weiß zwar, daß Ganetzki mit Parvus in Geldgeschäfte verwickelt war, doch wir haben mit Ganetzki nicht das geringste zu tun.« (PSS, Bd. 34, S. 31)

Der »Nichtbolschewik« Ganetzki war jedoch auf dem 5. Parteitag der SDAPR zum Mitglied des ZK gewählt worden und gehörte dem Auslandsbüro des ZK an. Als er im Juli 1937 unter Stalin verhaftet wurde, gab er zu Protokoll: »Mitglied der Kommunistischen Partei (Bolschewiki) seit 1896« (gemeint war die SDAPR, denn die Umbenennung erfolgte erst später, D. W. – Archiv des NKWD). Nach der Februarrevolution führte Lenin nicht nur mit I. Armand, sondern auch mit Ganetzki eine rege Korrespondenz. Am 15. März 1917 teilte er ihm telegrafisch den Plan seiner Rückkehr nach Rußland mit. In den darauffolgenden Tagen erhielt Ganetzki fast täglich ein Telegramm oder einen Brief, unter anderem mit der Anweisung, »zwei- oder dreitausend Kronen für die Organisation der Reise nach Rußland zur Verfügung zu stellen« (Biochronika, Bd. 4, S. 31). Bald darauf informierte Lenin I. Armand über den Empfang des Geldes aus Stockholm (ebd., S. 35). Offensichtlich handelte es sich dabei nicht um die einzige Über-

weisung, denn in einem weiteren Brief an seine Freundin erklärte er, daß »wir mehr Geld zur Verfügung haben, als ich ursprünglich gedacht hatte« (PSS, Bd. 49, S. 424).
Hatte Lenin nicht behauptet, in keinerlei Verbindung zu Ganetzki und seinen Geldgeschäften gestanden zu haben? Nicht der Staatsanwalt, sondern er selbst war also der Betrüger!
Neben dem deutschen Generalstab und dem Außenministerium unterstützte auch Kaiser Wilhelm II. persönlich den Plan, Lenin die Rückkehr über Deutschland zu ermöglichen. In seinem Brief an den Reichskanzler von Bethmann Hollweg stellte der Monarch allerdings eine Bedingung: »Ich würde die Bitte der russischen Emigranten erfüllen, . . . wenn diese im Gegenzug für einen sofortigen Friedensschluß einträten.«
Dokumente der französischen Spionageabwehr belegen eine Begegnung Lenins mit Dallenbach, einem Vertreter der deutschen Botschaft, an der ferner noch A. Balabanowa, der Schweizer Sozialist Müller und der französische Journalist Henri Guilbeaux teilnahmen. Anlaß für dieses Rendezvous in der Berner Amtsgasse war Lenins bevorstehende Reise über Deutschland nach Rußland (Staatliches Sonderarchiv).
Lenin, der genau wußte, daß die deutschen Machthaber nicht weniger als die Bolschewiki an seiner Rückreise interessiert waren, stellte diesen über Fritz Platten noch einige Bedingungen, die seiner Partei den Anschein eines politischen und historischen Alibis vermitteln sollten. Um dieses Alibi zu stützen, wollte er in Stockholm auf ein Treffen mit Parvus verzichten, der für ihn nunmehr ohnehin wertlos geworden war, da er seine Schuldigkeit bereits getan hatte: Die notwendigen Schritte waren eingeleitet worden, und persönliche Kontakte waren nicht mehr erforderlich. Außerdem konnte der Revolutionsführer darauf verweisen, daß die Menschewiki – noch vor den Bolschewiki – auf demselben Weg nach Rußland gelangt waren. In seinem Artikel »Wie wir nach Rußland gelangten«, der am 5. (18.) April 1917 in der »Prawda« und der »Iswestija« veröffentlicht wurde, schrieb er, die Initiative für den Plan einer Rückreise über Deutschland sei von Martow ausgegangen (PSS, Bd. 31, S. 120). Nach Louis Fischer sah Lenin die Sache folgendermaßen: »Er wollte unbedingt nach Rußland, doch alle

anderen Wege waren ihm verschlossen. Was seine Feinde im eigenen Land und im Westen dazu sagen würden, kümmerte ihn nicht im mindesten, denn er wußte, daß ihm die Menschewiki nichts vorwerfen konnten, war doch ihr Führer Juli Martow auf demselben Weg nach Rußland gereist.« (L. Fischer, Lenin, London 1970, S. 168)

Am 27. März um 15 Uhr machten sich Lenin und seine Reisegefährten auf den Weg. Er selbst und Krupskaja, Sinowjew und seine Frau Lilina, Inessa Armand, Sokolnikow, Radek und noch weitere 25 Genossen teilten sich einen Sonderwagen, in dem ihnen ein vorzüglicher Koch zur Verfügung stand. Was sie besonders freute: ihnen allen war diplomatische Immunität zugesichert worden.

Alles weitere ist bekannt. Der Waggon mit den Revolutionären war für die Deutschen mehr wert als mehrere Infanterieeinheiten, weshalb sie aufmerksam darüber wachten, daß Lenin sein Reiseziel ohne Zwischenfälle erreichte. Über Gottmadingen, Stuttgart, Frankfurt am Main, Berlin, Stralsund und Saßnitz gelangten die Bolschewiki schließlich am 30. März auf einem schwedischen Dampfer nach Trolleborg, wo sie von Ganetzki in Empfang genommen wurden ... Lenin verbrachte 24 Stunden in Malmö und Stockholm, wo er mit den anderen über das weitere Vorgehen beriet. Nebenbei fand er noch Zeit, sich in einem Geschäft Hosen und ein Paar Schuhe zu besorgen. Ganetzki versorgte die Reisenden mit allem Nötigen und besorgte die Fahrkarten für die restliche Strecke.

In Stockholm zog Lenin die Aufmerksamkeit der Presse und der schwedischen Sozialdemokratie auf sich. Man arrangierte ein Mittagessen zu seinen Ehren im Hotel »Regina«, filmte ihn für die Wochenschauen und interviewte ihn für verschiedene Zeitungen. Schließlich wurde er von Karl Lindhagen, dem Bürgermeister von Stockholm, persönlich begrüßt. Lenin fühlte, daß er sein ganzes Leben nur für diesen einen Augenblick der Rückkehr in seine Heimat gelebt hatte. In seinen Gesprächen mit Emigranten und schwedischen Sozialdemokraten gab er sich bereits ganz als Haupt und Hirn der Russischen Revolution.

Auf dem Weg zur schwedisch-russischen Grenze brachte er in einem Telegramm an W. A. Karpinski in Genf seine Genugtuung

darüber zum Ausdruck, daß sich die Deutschen strikt an alle Abmachungen gehalten hatten. Der »Prawda« in Petrograd unterbreitete er den Vorschlag, eine Meldung über seine Ankunft in Rußland zu bringen, denn ihm war bereits klar, daß er nicht als gewöhnlicher Emigrant, sondern als künftiger Führer der Russischen Revolution in die Heimat zurückkehrte.
Bereits im Juli 1917 erließ die Provisorische Regierung einen Haftbefehl gegen Lenin. Im Zuge der damit verbundenen Ermittlungen wurden bald 21 Aktenordner mit Beweismaterial über die Kontakte der Bolschewiki zu den deutschen Machthabern zusammengetragen. Bald darauf stellte man das Verfahren jedoch ein, denn Kerenski sah nun die Hauptgefahr in den Gegnern von rechts, den Anhängern Kornilows. Angesichts der bedrohlichen Situation hoffte er dabei auch auf die Unterstützung der Bolschewiki.
Natürlich versuchten Lenin und seine Anhänger unmittelbar nach dem Oktoberumsturz, sämtliches Beweismaterial zu vernichten, konnten aber dennoch nicht verhindern, daß man sich, vor allem im Ausland, weiterhin mit der »deutschen Frage« befaßte.
Der berühmte deutsche Sozialdemokrat Eduard Bernstein warf vier Jahre nach den Ereignissen des Oktober im »Vorwärts« als einer der ersten die Frage nach den »deutschen Geldern« auf. In seinem Artikel hieß es:

»Aus absolut zuverlässigen Quellen habe ich erfahren, daß es sich dabei um eine unglaublich hohe Summe handelte, die 50 Millionen Goldmark noch überstieg. Für Lenin und seine Genossen konnte es daher keinen Zweifel darüber geben, woher das Geld stammte. Ein Resultat der finanziellen Transaktionen war ohne Frage der Frieden von Brest-Litowsk. General Hoffmann, der damals die Verhandlungen mit der bolschewistischen Delegation unter Trotzki leitete, hatte die Bolschewiki fest in der Hand und ließ sie das auch deutlich spüren.«

Eine Woche später, am 20. Januar 1921, veröffentlichte Bernstein einen weiteren Artikel im »Vorwärts«, in dem er die deutschen und russischen Kommunisten öffentlich dazu aufforderte, ihn zu ver-

klagen, falls sie der Ansicht sein sollten, er habe Lenin verleumdet. Doch die beiden Parteien schwiegen und gaben damit faktisch zu, daß sie nicht in der Lage waren, Bernsteins Anschuldigungen zu widerlegen. Der deutsche Sozialdemokrat führte den lückenlosen Beweis über sämtliche finanziellen Transaktionen seit 1915.
Ein Sammelband mit deutschen Dokumenten über die Beziehungen zwischen der Berliner Regierung und den Bolschewiki bestätigt ebenfalls meine Vermutungen:

»Erst nachdem die Bolschewiki von uns über geheime Kanäle regelmäßig mit Geld versorgt wurden, waren sie in der Lage, ihr Parteiorgan ›Prawda‹ herauszugeben, massiv Propaganda zu treiben und ihre anfangs geringe Bedeutung innerhalb der russischen Parteienlandschaft zu vergrößern ... Unser Ziel war es, über die neuen Machthaber zunächst einen Waffenstillstand und später einen Friedensvertrag herbeizuführen. Mit einem Separatfrieden hätten wir unser militärisches Ziel erreicht, einen Keil zwischen Rußland und seine Verbündeten zu treiben.« (Germany and the Russian Revolution, London 1958, S. 70)

Ich möchte an dieser Stelle noch ein weiteres Dokument aus diesem Band anführen. Mirbach, der deutsche Botschafter in Moskau, sandte am 3. Juni 1918 eine chiffrierte Depesche an das Außenministerium, in der es hieß:

»Wegen der großen Konkurrenz unter den Verbündeten brauchen wir 3 Millionen Mark monatlich.« Zwei Tage später schickte der deutsche Botschaftsrat Trautmann auf Anweisung Mirbachs ein weiteres Telegramm: »Der Fonds, welcher uns bisher für die Verteilung in Rußland zur Verfügung stand, ist vollkommen ausgeschöpft. Der Staatssekretär für Finanzen muß uns daher unbedingt neue Mittel bewilligen. In Anbetracht der oben genannten Umstände muß dieser neue Fonds mindestens 40 Millionen Mark umfassen.« (ebd., S. 133)

Wer immer diese Unterlagen prüft, wird ihre Echtheit nicht in Zweifel ziehen. Sie belegen, daß auf deutscher Seite folgende

Personen an der großangelegten Operation zur finanziellen Unterstützung der Revoulution und der Bolschewiki beteiligt waren: Kaiser Wilhelm II., General Ludendorff, Parvus, die Reichskanzler von Bethmann Hollweg und Graf von Hertling; der Staatssekretär im Außenministerium, Richard von Kühlmann; die deutschen Gesandten in Moskau, Graf von Mirbach und Baron von Romberg; der Staatssekretär für Finanzen, Graf Siegfried von Redern; sowie einige andere, weniger bedeutende Akteure.

Die bolschewistischen Hauptdarsteller in diesem Schauspiel hießen Ganetzki-Fürstenberg, Krasin, Joffe, Koslowski, Keskula, Radek und Rakowski.

Parvus und Ganetzki hatten sicherlich den größten Anteil an den Ereignissen dieses kurzen Abschnitts der russischen Geschichte. Mitte November 1917 wandte sich Parvus in Stockholm über Radek mit der Bitte an Lenin, ihm die Rückkehr nach Rußland zu gestatten, damit er dort der Sache der Revolution dienen könne. Er verfüge über Erfahrung, Verstand und, nicht zuletzt, über ein stattliches Vermögen. Sein Ruf habe zwar unter der Zusammenarbeit mit den Sozialpatrioten gelitten und Lenin selbst habe ihn einen »Chauvinisten« genannt, doch er habe bei seinem Wirken stets die Interessen der Revolution vor Augen gehabt. Indem er auf einen deutschen Sieg hinarbeitete, habe er zugleich auch den Triumph der Revolution vorbereitet. Parvus war sogar bereit, sich vor dem Schiedsgericht der Partei zu verantworten, und wartete ungeduldig auf Lenins Antwort, die ihm drei Wochen später, wiederum in Stockholm, von Radek übermittelt wurde: »Die Sache der Revolution duldet keine Befleckung durch schmutzige Geschäfte.«

Auch das Verhältnis der deutschen Regierung zu Parvus war nach der Revolution merklich abgekühlt. Man verweigerte ihm sogar die Kredite für seine neuen Handelsunternehmungen. Daraufhin drohte er, belastende Dokumente für eine Million Mark an die Presse zu verkaufen. Ich weiß nicht, ob ihm diese Erpressung geholfen hat oder ob man die Unstimmigkeiten auf andere Weise beilegte, jedenfalls kam es damals zu keinem Skandal (Staatliches Sonderarchiv).

In den folgenden Jahren führte der russisch-deutsche Sozialdemokrat ein stürmisches Leben mit Wein, Weib und riskanten Finanz-

spekulationen, das schließlich im Dezember 1924, 10 Monate nach Lenins Tod, durch eine Herzattacke jäh beendet wurde.
In dem Buch »Katastrofa i wtoroe roschdjenie« (»Die Katastrophe und die zweite Geburt«) schildert E. A. Gnedin, Parvus' Sohn, seine Bemühungen, die Erbschaft auf Weisung der sowjetischen Machthaber in den Besitz der UdSSR zu bringen. Allerdings hatten Bekannte seines Vaters, die in Geldfragen wesentlich erfahrener waren, das Vermögen bereits an sich gebracht. Gnedin blieben lediglich die Bibliothek und ein Teil der Papiere seines Vaters, die sogleich sorgfältig von der Tscheka überprüft wurden. Obwohl der Sohn die politische Einstellung seines Vaters öffentlich verurteilte, wurde er 1939 verhaftet und mußte 16 Jahre in Lagern und Gefängnissen verbringen.
Ganetzkis Schicksal war wesentlich tragischer. Im Gegensatz zu Parvus ereilte ihn der Tod nicht unter der heimischen Bettdecke, obwohl er anfangs von Lenin protegiert wurde und höhere Posten im Volkskommissariat für Finanzen, im Volkskommissariat für Handel und im Obersten Volkswirtschaftsrat bekleidete. Auch nach der Revolution wurde er vom Führer der Bolschewiki gelegentlich noch mit persönlichen Aufträgen betraut, wie im April 1920, als er ihn anwies:

»Genosse Ganetzki!
Seien Sie so gut und erledigen für Nadjeschda Konstantinowna einige Einkäufe nach der beiliegenden Liste. Falls Maria Iljinitschna Ihnen keine Devisen gegeben hat, vergessen Sie bitte nicht, Ihre Ausgaben zu notieren.
Viele Grüße, Lenin« (Archiv für neuere Geschichte)

Anfang Mai, als Ganetzki abermals ins Ausland reiste, bat ihn Lenin:

»Genosse Ganetzki!
Bitte schicken Sie mir Mehl (am besten Roggenmehl), Wurst, Konserven (aber keine Delikatessen), Fleisch und Fisch (teilen Sie mir bitte mit, wieviel dafür von den Schweizer Franken abgeht, die ich Ihnen zukommen ließ) . . . Viele Grüße, Lenin« (ebd.)

Der Revolutionsführer hätte bestimmt nicht jedem beliebigen Genossen derart delikate Aufträge erteilt, wie »Schnürsenkel für Nadjeschda Konstantinowna zu kaufen«. (ebd.)
Wenn Lenin mit Ganetzki zu tun hatte, ging es in den allermeisten Fällen um Geld ...
Einmal erinnerte ihn sein Vertrauter an das Geld des Sozialdemokraten Moor (83 513 Dänische Kronen) und fragte, was damit geschehen solle. Lenin wußte zunächst nichts damit anzufangen. Da half ihm Sinowjew: »Meines Erachtens wäre das Geld bei der Komintern am besten aufgehoben. Moor würde es ohnehin nur versaufen.« (Archiv für neuere Geschichte)
Vergebens versicherte der Parteiführer, er habe »das Geld vergessen«, denn dafür kannte er den gebürtigen Deutschen und Schweizer Sozialdemokraten Karl Moor viel zu gut. Als Mitglied des Kantonparlaments und der Regierung in Bern hatte er Lenin, Krupskaja und I. Armand seinerzeit einen Wohnsitz in der Schweiz vermittelt. Lenin wußte nicht, daß Moor ein von Berlin bezahlter Agent war (diese Tatsache wurde erst nach dem Zweiten Weltkrieg bekannt). Unter dem Decknamen »Bayer« informierte er die deutsche Botschaft regelmäßig über Aktivitäten und Pläne der Bolschewiki, die ihm gut bekannt waren, da er zu Lenin, Radek, Schklowski und Sinowjew persönliche Kontakte pflegte.
Im September 1917 ließ Moor dem ZK der Bolschewiki unter dem Vorwand einer unerwarteten Erbschaft eine große Summe Geldes zukommen. In Wirklichkeit stammte dieser Betrag vom deutschen Generalstab, der hoffte, Moor auf diese Weise in noch engeren Kontakt zur Führungsspitze der Revolutionäre bringen zu können. Zunächst verweigerte das ZK die Annahme dieses »Geschenks«, da man von dessen Berliner Herkunft Wind bekommen hatte. Nach dem Oktober floß das Geld jedoch unverzüglich in die Parteikasse. Moor, der nach dem Umsturz in Rußland geblieben war, konnte auch von dort seine Agententätigkeit ungehindert fortsetzen, so daß Berlin stets bestens über die Entwicklungen in der bolschewistischen Führungsspitze informiert war.
Doch nun zurück zu Ganetzki. Der englische Forscher M. Fortrell kam aufgrund seiner Studien über dessen Schicksal zu folgendem Ergebnis: »Wenn man Fürstenbergs früheres Leben eingehend

betrachtet, kann man sich schwer vorstellen, daß seine finanziellen Transaktionen einem anderen Ziel dienten als der Unterstützung der Revolution.« (Fischer, Lenin, S. 172)
Ganetzki betrieb seine Geschäfte im Parteiauftrag auf Weisung Lenins. Sowohl vor als auch nach der Revolution gingen Millionen von Rubeln und eine große Anzahl Preziosen durch seine Hände. Er war es auch, der nach dem Rigaer Frieden von 1921 die finanziellen Angelegenheiten mit Polen regelte und auf Befehl des Politbüros Gold, Brillanten und Geschmeide aus dem Zarenschatz im Ausland verkaufte. Nichtsdestoweniger fand man, als Ganetzki 1937 verhaftet wurde, bei mehreren Hausdurchsuchungen lediglich zwei Dollar. Von irgendwelchen Edelsteinen keine Spur (Archiv des NKWD). Allerdings gibt es Gerüchte, daß noch heute Schweizer Bankkonten auf seinen Namen existieren. Jedenfalls ist unbestritten, daß Ganetzki, wie Lenin selbst mehrfach bezeugte, ein überzeugter Bolschewik war, der seine Geschäfte in den Dienst der Revolution stellte.
Nach Lenins Tod verschwand auch sein Vertrauter aus dem Rampenlicht, hielt sich jedoch weiterhin in der mittleren Führungsebene der Partei. 1935 wurde er zum Direktor des Staatlichen Revolutionsmuseums ernannt. Das sollte sein letztes Amt sein. Am 18. Juli 1937 wird er als »deutscher und polnischer Spion« gemeinsam mit seiner Frau und seinem Sohn verhaftet. Bei der Wohnungsdurchsuchung fand man 78 Broschüren von Trotzki, Sinowjew, Kamenew, Radek, Bucharin und Schljapnikow – eigentlich Belege dafür, daß Ganetzki ein überzeugter Bolschewik war. Doch unter Stalin, der in den von ihm initiierten »Säuberungen« der Partei seine ehemaligen Kampfgefährten als »Spione und Verräter« verfolgte, wurden deren Propagandaschriften zu belastenden »Beweisstücken«. Ganetzki sei schon seit dem Ersten Weltkrieg ein »deutscher Spion« gewesen, erklärte der Ankläger. Dabei handelte es sich natürlich um eine Anspielung auf die alten »deutschen Angelegenheiten«, die allerdings niemand wieder ernsthaft aufrollen wollte (oder konnte). Der Angeklagte konnte sich nicht öffentlich auf seine damaligen Absprachen mit Lenin berufen, denn damit hätte er den vergötterten Revolutionsführer »auf das Schändlichste verleumdet« und wäre umgehend zum

Tode verurteilt worden. Statt dessen mußte er auf Stalins Gnade hoffen.
Was damals die Provisorische Regierung nicht beweisen konnte, wurde von den stalinistischen Tschekisten einfach konstatiert: Ein Mann, der in seinem Leben so viele Kontakte zu Ausländern gehabt hatte, mußte doch ein »Spion« sein. Außerdem bedeuteten Menschen, die zuviel wußten, immer eine Gefahr für das stalinistische System. Bevor man über das Schicksal solcher Leute entschied, wurde gewöhnlich Stalin persönlich befragt. So war es auch in diesem Fall. Der »große Führer« faßte sich kurz: »Liquidieren« . . .
Zur Ehre Ganetzkis sei hier angemerkt, daß er – obgleich gefoltert wie alle anderen Opfer der Schauprozesse – kein Geständnis ablegte. So standhaft waren damals nur wenige.
In einer nichtöffentlichen Verhandlung des Militärkollegiums des Obersten Gerichts der UdSSR wurde Ganetzki am 26. November 1937 als »Spion und Trotzkist« zum Tode verurteilt. Die Verhandlung hatte ganze 15 Minuten gedauert . . . Lenin hätte sich gewiß nicht träumen lassen, welche Erfolge Stalin einst im Kampf gegen den »Bürokratismus« erzielen würde. Ganetzki wurde noch am selben Tag erschossen.

Lenin und Kerenski

Kurz nach Lenins Ankunft in Petrograd äußerte Kerenski, der sich selbst gern als »Sozialist« bezeichnete, den Wunsch nach einem Treffen mit dem Führer der Bolschewiki. Kerenski verstand sich als ein Mann der politischen Mitte und des historischen Kompromisses. Deshalb suchte er den Kontakt zu Leuten, die unterschiedliche Pole im politischen Spektrum verkörperten. Obwohl er einerseits mit A. I. Gutschkow, M. W. Rodsjanko, I. W. Godnew, G. E. Lwow und P. N. Miljukow in Verbindung stand, unterhielt er andererseits nicht minder aktive Kontakte zu den Sozialisten I. G. Zereteli, W. M. Tschernow, F. I. Dan und N. S. Tschcheidse, auf deren Bekanntschaft er im Interesse seiner Bemühungen um eine Verständigung mit dem linken Flügel nicht verzichten konnte. Kerenski hegte den naiven Glauben, er könne Lenin helfen, »sich in bezug auf die Ereignisse zu orientieren« (Archiv der russischen Revolution). Obgleich Kerenski gegenüber dem Revolutionsführer wiederholt sein Interesse an einer Begegnung bekundete, zog dieser es vor, einer direkten Konfrontation aus dem Wege zu gehen. Lenin vernichtete seine Gegner mit Vorliebe aus der Entfernung. Kerenski war für ihn nur ein »Held des Augenblicks«, mit dem er keine Kompromisse schließen würde. Falls der rechte Flügel an die Macht kam, würden die Regierungsbeschlüsse von den Kornilows, Gutschkows und Alexejews unterzeichnet. Im Falle eines Sieges der Linken würden die Dekrete seine eigene Unterschrift tragen. Kerenski hatte jedoch in seinen Augen keine Zukunft, denn in Rußland hatte es noch nie eine starke zentristische Partei gegeben. Lenin schätzte seinen Gegner richtig ein: Dieser war weder auf der Seite der Bolschewiki, noch wollte er die weißen Generale unterstützen. Der Sozialrevolutionär und Sozialist Kerenski träumte von einem »dritten Weg«.

Der Ministerpräsident ahnte, daß es ohne ein starkes liberal-demokratisches Zentrum früher oder später zu einer blutigen Auseinandersetzung zwischen den beiden verfeindeten Lagern kommen mußte, von der bald auch ganz Rußland betroffen sein würde. »Er setzte alles daran, das riesige Staatsschiff in ein Fahrwasser zu bringen, von dem er sich die Rettung versprach«, schreibt Stankjewitsch, ein Anhänger Kerenskis, in seinen Erinnerungen (Stankjewitsch, Memoiren, Berlin 1920, S. 224). Kerenski hatte ihm damals anvertraut, daß er »mit Ungeduld die Einberufung der Verfassungsgebenden Versammlung erwarte, um diese zu eröffnen, alle seine Ämter niederzulegen und unverzüglich zurückzutreten« (ebd., S. 252). Kerenski, der schon bald begriff, daß er Lenin nicht als Verbündeten im Kampf für eine demokratische Entwicklung gewinnen würde, verhielt sich ihm gegenüber aber dennoch zurückhaltend und bisweilen sogar überaus großmütig. Bei allen grundlegenden Differenzen blieb er – ganz im Gegensatz zum Führer der Bolschewiki – immer ein fairer politischer Gegner. Selbst als die Provisorische Regierung auf Druck der empörten Öffentlichkeit Haftbefehl gegen Lenin und einige andere Personen erließ, die verdächtigt wurden, in Verbindung mit den Deutschen zu stehen, verwahrte sich Kerenski gegen alle Forderungen, mit den »Vaterlandsverrätern« kurzen Prozeß zu machen: »Diese Leute müssen sich vor dem Gesetz – und nur vor dem Gesetz – verantworten.«
Der Ministerpräsident war für die Grausamkeiten der Revolution nicht geschaffen. Bei Lenin lag die Sache freilich ganz anders.
Als das Revolutionstribunal im Mai 1918 gegen vier korrupte Gerichtsangestellte ein zu mildes Urteil gefällt hatte, protestierte Lenin beim Zentralkomitee:

»Es ist eine Schande für einen Kommunisten und Revolutionär, statt eines Todesurteils ein so unglaublich lächerliches Strafmaß zu verhängen. Derart veranlagte Genossen muß man öffentlich bloßstellen und aus der Partei ausschließen, denn sie gehören zu den Kerenskis und Martows und nicht in die Reihe der revolutionären Kommunisten ...« (Lenin, PSS, Bd. 36, S. 282)

Kerenskis Auftritt auf der politischen Bühne Rußlands währte nur ein halbes Jahr. Danach wurde er von den Bolschewiki, weißgardistischen Emigranten, Sozialisten und bürgerlichen Politikern für den Rest seines langen Lebens ins Exil geschickt. In der sowjetischen Historiographie erschien er als Randfigur der Geschichte, als Possenreißer und als Marionette der Bourgeoisie. Seine Akte beim NKWD lautete gar auf den Decknamen »Clown« (Archiv des NKWD). In der sogenannten Gesamtausgabe von Lenins Werken wird Kerenski mehr als zweihundertmal erwähnt. Vor allem dessen Geheimverträge boten dem Revolutionsführer immer wieder Anlaß zu scharfer Polemik: »(Kerenski) hielt sich für einen Sozialrevolutionär, täuschte den Sozialisten vor, den Revolutionär, doch in Wirklichkeit war er ein Imperialist, der Geheimverträge in seiner Tasche versteckte« (Lenin, PSS, Bd. 35, S. 294). Diese »in der Tasche versteckten Verträge« ließen Lenin keine Ruhe. Vor dem Moskauer Sowjet erklärte er: »Die Feinde, mit denen wir es bis heute zu tun haben ... sowohl Kerenski als auch die russische Bourgeoisie, sind schwachköpfig, konzeptlos und kulturlos. Zuerst haben sie Romanow die Stiefel geleckt, um dann mit Geheimverträgen in der Tasche davonzulaufen« (PSS, Bd. 36, S. 86). Im Gegensatz zu Kerenski, dessen geheime Verträge und Abkommen lediglich ein Staatsgeheimnis, aber nichts Verbrecherisches darstellten, waren Lenins Geheimnisse oft mit Blut behaftet. So zeigte sich der Revolutionsführer begeistert von einer Aktion an der Grenze zu Polen:

»Ein hervorragender Plan! Führen Sie ihn gemeinsam mit Dserschinski zu Ende.
Als ›Grüne‹ getarnt (die später als die Schuldigen dastehen) durchqueren wir 10 bis 20 Werst und hängen alle Kulaken, Popen und Gutsbesitzer. Als Prämie gibt es 100 000 Rubel für jeden Erhängten ...« (Archiv für neuere Geschichte)

Lenin bezeichnete Kerenski in seinen Arbeiten häufig als den Hauptschuldigen am Niedergang Rußlands. Der Zar und »die Kompromißler mit Kerenski an der Spitze« seien schuld daran, daß uns »als geistiges Erbe nur Demoralisierung und totale Zerrüttung geblieben ist« (PSS, Bd. 36, S. 365). Für die bolschewistische Fraktion erklärte er vor dem Sowjetkongreß:

»Durch die Politik Kerenskis, der Gutsbesitzer und der Kulaken unter der Losung ›Nach uns die Sintflut‹ wurde unser Land derart herabgewirtschaftet, daß man die Leute reden hört: ›Schlimmer kann es nicht mehr kommen‹.« (PSS, Bd. 36, S. 504)

Doch damit nicht genug: »Kerenski hetzte die Truppen zum Angriff und machte sich damit am Tod von Millionen von Menschen schuldig« (PSS, Bd. 37, S. 371). Viele der »revolutionären Reden« Lenins liefen auf die simple Behauptung hinaus, der Zar und Kerenski, im Verbund mit den Menschewiki und Sozialrevolutionären, seien die Hauptschuldigen an der nationalen Tragödie. Allein die Bolschewiki seien fähig, in die Rolle des Messias zu schlüpfen und Rußland zu retten.
Ich erwähnte bereits, daß Lenin vor grober Polemik nicht zurückschreckte. Kerenski (wie auch Kautsky, Bernstein, Plechanow, Nikolaj II., Miljukow und viele, viele andere) belegte der Führer der sozialistischen Revolution mit solch deftigen Beinamen wie »demokratischer Schwätzer« und »Wichtigtuer«.
Die siegreichen Massen belehrte er, es sei »bei weitem schwieriger, Unwissenheit und Schlamperei zu bekämpfen, als den Idioten Romanow oder den Dummkopf Kerenski zu stürzen« (ebd., Bd. 36, S. 215). Es sei beileibe nicht schwer, ein Held zu sein, wenn es sich um einen Aufstand »gegen den ungeheuren Idioten Romanow oder den wichtigtuerischen Dummkopf Kerenski« handle (ebd., S. 362). Lenin zweifelte nicht im mindesten an der Zulässigkeit einer solch schmählichen Rhetorik. In bezug auf seine politischen Gegner folgte er einer Regel, die er bereits im Jahre 1911 in Paris folgendermaßen formulierte: »Solche Leute muß man in die Enge treiben, und, falls sie sich nicht unterwerfen, in den Schmutz ziehen« (Leninski sbornik, Bd. XVIII, S. 33). Diese Äußerung war programmatisch für Lenins Art, eine fundierte Argumentation durch Schimpftiraden zu ersetzen.
Kerenski stand zwischen den Fronten. Auf der einen Seite drohte die Diktatur der Generale, auf der anderen lauerten die bolschewi-

stischen Jakobiner. Beide Seiten setzten auf den Terror als Mittel zur Durchsetzung ihrer »staatlichen« bzw. »revolutionären« Ordnung. Einige Monate gelang Kerenski die Gratwanderung zwischen den Fronten, bis die Bolschewiki ausgerechnet von Kornilow Schützenhilfe erhielten. Dieser hatte in Petrograd eigenmächtig den Kriegszustand ausgerufen und die militärische und politische Macht an sich gerissen. Das Dritte Reiterkorps und drei weitere Divisionen befanden sich bereits im Anmarsch auf Petrograd. Da erwachte Kerenski aus seiner Lethargie und telegraphierte an das Hauptquartier: »Ich befehle, alle Einheiten, die auf Petrograd marschieren, aufzuhalten und in ihre alten Stellungen zurückzuziehen.« Nachdem Kornilow diese Anordnung erhalten hatte, befahl er seinerseits: »Diesen Befehl nicht ausführen, die Truppen in Richtung Petrograd in Bewegung setzen.«

Kerenski konnte durch seine Telegramme die Truppen nicht aufhalten. Da handelten die Bolschewiki: Das ZK und andere sozialistische Organisationen wandten sich mit einem gemeinsamen Appell an die Bevölkerung, in dem sie die Soldaten und Arbeiter aufriefen, Kornilow eine Abfuhr zu erteilen.

Der Aufstand des Generals verlief ähnlich dem Putsch im August 1991. Kerenski verlor damals ebenso rasch an politischem Einfluß wie mehr als sieben Jahrzehnte später Gorbatschow.

Endloses politisches Taktieren mag in bestimmten Situationen erforderlich sein, ist aber in der Politik keine dauerhafte Lösung. Kehren wir zu den dramatischen Ereignissen der Vergangenheit zurück. Bereits 1919 schrieb Kerenski über Kornilow: »Diese Verschwörung machte den Bolschewiken den Weg frei« (Mercure de France, 15. Mai 1919). Kerenskis Vorstellungen vom Sozialismus lassen sich in ihrer Strukturlosigkeit und Verschwommenheit gewiß nicht an den heutigen Maßstäben messen, doch in einem Punkt hatte er schon damals recht: Die Freiheit ging ihm stets über alles andere – sowohl im Dezember 1905 und im Juni 1906, als er wegen »Besitz und Verbreitung von handschriftlichem Material strafbaren Inhalts« verhaftet wurde, wie Jahre später, als er in seiner ersten Amtshandlung als Justizminister eine Amnestie für politische Gefangene erließ, bis kurz vor seinem Tod, als er seine letzte Arbeit »Rußland und der Wendepunkt der Geschichte« verfaßte.

Juli 1917 – Generalprobe für die Revolution

Jede Revolution streut ihren Samen, der oft genug nicht die erwarteten Früchte bringt. Doch die russische Revolution barg auch ein zweifelhaftes Verdienst: Durch ihr abschreckendes Beispiel wurde sie zum Menetekel für die Weltöffentlichkeit.

Lenin, der nach seiner Ankunft im April 1917 den Kurs auf die sozialistische Revolution proklamiert hatte, blieb diesem Ziel bis zuletzt treu. Anfangs fand er damit selbst in der Führung der bolschewistischen Partei nur wenige Anhänger. Während der Vertiefung der Krise und dem zunehmenden Zerfall des Landes unter der Herrschaft der Übergangsregierung wuchs jedoch die Zahl derer, die sich den Bolschewiki zuwandten, hatten diese doch sehr einfache Lösungen für die schwierigsten Probleme parat.

In dem Leitartikel der »Finansowaja gaseta« vom 17. Mai 1917 hieß es: »Für die politische Revolution war es ausreichend, den Zaren zur Abdankung zu zwingen und Dutzende seiner Minister zu verhaften. So etwas ist schnell an einem Tag getan. Für eine soziale Revolution hingegen ist es notwendig, Millionen von Menschen ihre Eigentumsrechte abzuerkennen und alle Gegner des Sozialismus zu verhaften.« Damit hatte das Blatt die weiteren Ereignisse hellsichtig vorweggenommen. Lenin verfaßte bald darauf eine Antwort auf diesen Artikel, die in der »Prawda« erschien und den Titel trug: »Wie schüchtern die Kapitalisten das Volk ein?«

Für einen Sieg der sozialen Revolution, so Lenin, müsse man lediglich »die Mächtigsten der ein- bis zweitausend Millionäre enteignen, die Geschäftsleute von Hochfinanz und Industrie. Das würde vollkommen ausreichen, um den Widerstand des Kapitals zu brechen. Dabei wäre es sogar nicht einmal nötig, selbst den Reichsten all ihre Eigentumsrechte abzusprechen. Das Recht auf

ein eigenes bescheidenes Einkommen sei auch ihnen zugebilligt.«
Den Widerstand einiger hundert Millionäre zu brechen, nur darin bestehe die Aufgabe. (Lenin, PSS, Bd. 32, S. 121 f.)
Lenin wußte, daß die rückständigen und ungebildeten Massen der Arbeiter, Bauern und Soldaten gerade diese »Umverteilungs-Logik« verstehen und annehmen würden.
Während Lenin gegenüber den »revolutionären Massen« Rezepte propagierte, wie der Übergangsregierung, vertreten durch die »Geschäftsleute von Bank und Industrie«, die Unterstützung entzogen werden konnte, wurde er nicht müde, die Führung der Sowjets für ihren mangelnden revolutionären Geist an den Pranger zu stellen. »Die alleinige Verantwortung für diese Krise, für die herannahende Katastrophe liegt bei den Volkstümlern und Menschewiki. Denn gerade sie nehmen gegenwärtig eine führende Position in den Sowjets ein« (PSS, Bd. 33, S. 129). Die »Prawda«, deren Redaktion er nun selbst übernommen hatte, infiltrierte mit ihren einfachen »Wahrheiten«, Patentrezepten und leicht faßlichen Analysen von Tag zu Tag mehr das verwirrte Bewußtsein der Gesellschaft.
Kaum hatte der Sozialrevolutionär S. Maslow in der Presse die eigenmächtige Inbesitznahme von Land verurteilt, als Lenin auch schon für die Bauern Partei ergriff: »Private Besitztümer sind sofort an die ansässigen Bauern abzutreten ...« Die Bolschewiki würden »den Bauern das Land ohne Abfindung, ohne jegliche Entschädigung überlassen« (ebd., S. 132). Diese einfache Losung, die sich tief ins Bewußtsein der Soldaten und Bauern einprägte, ließ sie rasch zu Anhängern der Bolschewiki werden. Auf dem 1. Allrussischen Kongreß der Bauerndeputierten im Mai 1917 fanden diese Gedanken Lenins Eingang in seinen Resolutionsentwurf zur Lage der Landwirtschaft, in dem er ein geradezu idyllisches Bild von der Zukunft zeichnete: »In unserem Rußland wird es freie Arbeit auf freiem Boden geben.« (ebd., S. 182)
Lenins Friedensappelle stießen auf ein breites Echo unter der kriegsmüden Bevölkerung. Auf dem 1. Allrussischen Sowjetkongreß der Arbeiter- und Soldatendeputierten vom 9. (22.) Juni 1917 brachte Lenin die Rede auf den Krieg und schlug eine einfache, leicht faßliche Lösung vor:

»Wie stellen wir uns einen Ausweg aus diesem Krieg vor? Die Antwort auf diese Frage lautet: Allein eine Revolution bietet diesen Ausweg ... Wenn man behauptet, wir würden einen Separatfrieden anstreben, dann ist das gelogen. Wir meinen: Es darf keinen Separatfrieden geben ...« (PSS, Bd. 32, S. 286 f.)

Unmittelbar nach der Machtergreifung durch die Bolschewiki vollzog sich jedoch eine jähe Kehrtwendung in ihrer Politik. In bezug auf Frieden, Grund und Boden, Freiheit, Verfassungsgebende Versammlung und Pressefreiheit wurden die Versprechen relativiert oder zurückgenommen. Die Bodenreform wurde faktisch entwertet, da die Bauern einer rigorosen Abgabepflicht für Getreide unterlagen. Während die Bolschewiki und insbesondere Lenin es liebten, ihre Feinde der Demagogie zu bezichtigen, erwiesen sie sich selbst als wahre Meister auf diesem Gebiet, wobei sie versuchten, sich bei den Massen einzuschmeicheln und deren geringes politisches Bewußtsein für sich zu nutzen.

Besonders das Freiheitsversprechen wurde nicht eingelöst. Schon bald nach der Machtergreifung errichteten die Führer des neuen Staates eine terroristische Diktatur, die sie mit Verweisen auf die »Ausnahmesituation«, den »Bürgerkrieg« und die »konterrevolutionäre Bedrohung« zu rechtfertigen suchten.

Nachdem im Juli 1917 die Provisorische Regierung, beunruhigt von Informationen über einen Umsturzversuch der Bolschewiki, ein dreitägiges Demonstrationsverbot verhängt hatte, wandte sich Lenin sogleich mit einigen Protestartikeln an die Öffentlichkeit. Er betonte, »die Durchführung solcher Demonstrationen sei in jedem Land mit verfassungsmäßiger Ordnung ein unanfechtbares Recht aller Bürger« (PSS, Bd. 32, S. 321). Bereits nach einigen Monaten hatte Lenin jedoch scheinbar vergessen, was die »Rechte der Bürger« ausmachte. Demonstrationen waren nun kein Thema mehr. Politische Versammlungen und kollektive Aktionen durften nur noch mit Genehmigung der GPU stattfinden.

Im Juni 1922 befaßte sich das Politbüro auf Initiative Lenins mit den »antisowjetischen Gruppierungen« innerhalb der Intelligenz. Der hierzu gefaßte Beschluß, der in erster Linie auf Unschlicht, Kurski und Kamenew zurückging, glich den Richtlinien der mittelalterlichen Inquisition. Unter anderem wurde angeordnet, eine »Aussonderung bei den Studenten« vorzunehmen, mit dem Ziel einer »strengen Aufnahmebeschränkung für Studenten nichtproletarischer Herkunft und politisch unzuverlässige Elemente«. Zudem sollte »eine sorgfältige Überprüfung aller Presseorgane« durchgeführt werden. Man verfügte weiterhin, »daß weder Kongresse noch sonstige Versammlungen diverser Spezialisten (Ärzte, Agronome, Ingenieure, Rechtsanwälte usw.) durchgeführt werden dürfen, die nicht durch den NKWD genehmigt worden sind. Örtliche Kongresse oder Versammlungen dieser Personengruppen werden durch die Exekutivkomitees der Gouvernements kontrolliert. Gewerkschaftliche Vereinigungen dieser speziellen Berufsgruppen werden gesondert behandelt und aufmerksam beobachtet.« (Archiv für neuere Geschichte)

Derartige Beschlüsse brachten sehr anschaulich die strategische Linie der Partei beim Aufbau der »neuen Gesellschaft« zum Ausdruck. In den acht Monaten nach den unblutigen Ereignissen des Februar destabilisierten die Bolschewiki beharrlich die Gesellschaft, untergruben die Autorität der Machthaber, zersetzten die Armee und brachten die demokratischen Parteien durch großspurige Losungen in Mißkredit, die mit ihrer späteren politischen Praxis nichts gemein hatten.

Die Übergangsregierung versuchte, sich durch eine großangelegte militärische Offensive aus der innenpolitischen Krise zu befreien. Kerenski bereiste vom frühen Morgen bis zum Einbruch der Dunkelheit die Regimenter, Divisionen und Korps. Überall versuchte er die Massen zu überzeugen, redete sich heiser. Seiner Ansicht nach »hing das Schicksal der Revolution von diesem Angriff ab«. Die Armee war jedoch nicht mehr in der Lage, solche umfassende operative und strategische Aufgaben zu bewältigen. Vor dem Angriff wurden in den Regimentern unter dem Einfluß der Bolschewiki Versammlungen abgehalten. Man stellte den Kommandeuren verschiedene Bedingungen und Ultimaten. Von Zeit zu Zeit wurden Resolutionen angenommen: »Wir erobern die Stellungen der Österreicher. Dafür wird der Hälfte des Regiments ein zweiwöchiger Heimaturlaub bewilligt.«

Trotz dieser desolaten Lage gelang zunächst ein taktischer Teil-

erfolg. Die Österreicher und Ungarn wichen zurück, ohne nennenswerten Widerstand zu leisten. Die Erfolgsmeldung löste in Petrograd einen Freudentaumel aus, doch man hatte nicht lange Grund zu triumphieren. Der Vormarsch war nicht gesichert. Die Regimentskomitees forderten die Beurlaubung und die Ablösung der Kommandeure. Neue Ultimaten wurden gestellt. Der deutsche Generalstab organisierte einen machtvollen Gegenangriff, indem er einige Korps an die Südwestfront warf. Der Durchbruch über Polen führte zu einem überstürzten Rückzug der demoralisierten russischen Streitkräfte. Die Agitatoren der Bolschewiki sahen sich aufs neue in ihrer Behauptung bestätigt, daß sich der Hauptfeind nicht hinter dem Stacheldraht der deutschen Schützengräben, sondern im Winterpalais befand. Die Armee war nun endgültig zerfallen, Tausende von Deserteuren verschwanden im Hinterland. So schrieb Kerenski nach der gescheiterten Junioffensive: »Wutentbrannte Massen bewaffneter Männer ergriffen die Flucht von der Front ins tiefe Hinterland und fegten auf ihrem Weg die gesamte Staatlichkeit und Kultur hinweg« (Kerenski, Isdaleka, Sbornik statjej [1920–1921], Paris 1922, S. 72). In einem Buch von Rodsjanko wird das ganze Ausmaß der Fahnenflucht deutlich. »Schon im Jahre 1916 hatten anderthalb Millionen unerlaubt die Front verlassen, und mehr als 2 Millionen befanden sich bereits in Gefangenschaft. Mitunter kamen die Einheiten, die zur Front unterwegs waren, nicht an ihrem Bestimmungsort an, da die gesamte Verstärkung davongelaufen war, ausgenommen Offiziere und Fähnriche. Die bolschewistischen Agitatoren hatten ganze Arbeit geleistet.« (Rodsjanko, Gosudarstwennaja Duma i Fewralskaja revoljuzija, 1919, S. 31)
Nach dem Mißerfolg der Junioffensive schlug das politische Pendel erneut stark nach links aus. Die Vorschläge der Bolschewiki schienen der einzige Ausweg aus Krise, Krieg und Zerrüttung. Lenin spürte, daß er sich dem Höhepunkt seiner politischen Laufbahn näherte, und arbeitete mit wachsendem Eifer. Fast täglich erschienen seine Artikel in der »Prawda«. Er führte Gespräche mit Mitgliedern der Militärorganisation beim ZK der SDAPR und mit Vertretern der Arbeiter- und Soldatendeputierten in Kronstadt, trat auf Versammlungen auf, empfing Mitglieder des ZK, erteilte

Ratschläge und gab Anweisungen. Die Hauptarbeit zur Vorbereitung der Machtübernahme leistete er jedoch auf publizistischem Gebiet. Seine Materialien waren in der Regel schlecht redigierte, von Wiederholungen und Weitschweifigkeiten strotzende, propagandistische Fließbandproduktionen. Die Artikel »Der 18. Juni«, »Die Revolution, die Offensive und unsere Partei«, »Die verworrene Revolution«, »Das Wunder der revolutionären Energie«, »Der Klassenumschwung« und die Mehrzahl der anderen verfolgten ein und dasselbe Ziel: die Vorbereitung der Partei auf die Machtübernahme.

Auf dem 1. Allrussischen Sowjetkongreß der Arbeiter- und Bauerndeputierten am 4. Juni 1917 erklärte Lenin:

»Es wurde behauptet, daß es in Rußland keine politische Partei gibt, die ihre Bereitschaft zur Übernahme der Macht im Ganzen zum Ausdruck bringt. Ich sage: Es gibt sie! Unsere Partei wird sich dieser Aufgabe stellen: Wir sind zu jeder Zeit bereit, die ganze Macht in unsere Hände zu nehmen.« (Lenin, PSS, Bd. 32, S. 267)

Nach diesen Worten war im Saal spärlicher Beifall und lautes Gelächter zu vernehmen, da sich unter den 1090 Delegierten, die am Kongreß teilnahmen, lediglich 105 Bolschewiki befanden. Es schien unwahrscheinlich, daß diese Partei in weniger als fünf Monaten an der Spitze der Regierung stehen sollte.

Die Karten lagen offen auf dem Tisch: Die Bolschewiki waren zur Machtübernahme bereit, mehr noch – »zu jeder Zeit bereit«. Da ohnehin niemand die Absicht hatte, ihnen die Macht wie ein Beglaubigungsschreiben in die Hände zu legen, konnte die bolschewistische Führung ihre Pläne unverhohlen darlegen. Für eine Machtübernahme war es allerdings erforderlich, den bis dahin geringen Einfluß in den Betrieben und Fabriken sowie bei den Truppen und auf den Kriegsschiffen zu stärken.

Jeden Tag fiel Lenin, kaum daß er sich seiner Kleidung entledigt hatte, spät nachts vor Müdigkeit ins Bett und versank in einen kurzen, unruhigen Schlaf, denn er war an ein arbeitsames Leben nicht gewöhnt. Wenn er erwachte, verspürte er dumpfe Kopfschmerzen, doch seine Hand griff erneut zum Stift. Schließlich mußte er einen

neuen Artikel schreiben, den Leitartikel der »Prawda« vorbereiten und außerdem noch die morgendliche Post durchsehen, um festzulegen, wem heute noch eine scharfe Absage zu erteilen sei: Zereteli, Tschernow, Plechanow oder den Ministern der Provisorischen Regierung im Bündnis mit ihren »ausländischen Befehlshabern«?
Da Lenin immer sehr auf seine Gesundheit bedacht war (schon im Dezember 1917, zwei Monate nach der Machtübernahme, gönnte er sich einen kleinen Urlaub), entschloß er sich auf Anraten seiner Freunde, für zwei Wochen den revolutionären Rummel hinter sich zu lassen und aufs Land zu fahren, um aus der Ferne die Entwicklung der Ereginisse zu beobachten und zu lenken. Gemeinsam mit Maria Iljinitschna und in Begleitung zweier vertrauenswürdiger Mitarbeiter reiste er am 29. Juni in das Dorf Nejwola, nahe dem Bahnhof Mustamjaki. Unterwegs besuchte man Demjan Bedny und W. D. Bontsch-Brujewitsch.
Die Gerüchte, die über das Scheitern der Offensive an der deutschen Front durchsickerten, riefen am Anfang Bitterkeit hervor, dazu kam Entrüstung über die fehlende Kompetenz der Machthaber. Lenin und seine Anhänger spürten sofort den jähen Stimmungsumschwung in jenem konturlosen Gebilde, das sie »die Massen« nannten. Der Revolutionsführer beschloß, die Ereignisse voranzutreiben. In der »Prawda« griff er vehement die Provisorische Regierung an, indem er ihr vorwarf, sie habe »Tausende von Menschen in ein blutiges Gemetzel getrieben«. Immer öfter verbreiteten die Bolschewiki nun auf Versammlungen Losungen wie »Nieder mit der Provisorischen Regierung!« oder »Nieder mit den menschewistischen Kompromißlern!«. Ihr Einfluß wuchs von Tag zu Tag.
Das ZK der SDAPR(b) umriß erneut die beiden Hauptaufgaben: Eine gewaltige Massenaktion war erforderlich, um die Provisorische Regierung zum Rücktritt zu zwingen, wodurch die ganze Macht auf die Räte übergehen würde, und man mußte den Kampf um die bolschewistische Vorherrschaft in den Räten führen. Diese Pläne wurde von seiten der Fabrikarbeiter und vieler Truppeneinheiten unterstützt – von Soldaten, die persönlich daran interessiert waren, nicht an die Front geschickt zu werden. »Die Macht in der Hauptstadt zu übernehmen«, war wesentlich verlockender als schmutzige Schützengräben, Läuse und Trauer.

In der Nacht vom 3. zum 4. Juli reiste M. A. Saweljew, ein Mitarbeiter der »Prawda«-Redaktion, im Auftrag des ZK der SDAPR(b) zu Lenin nach Nejwola. Der Revolutionsführer, der bereits seit dem frühen Morgen auf den Beinen war, empfing den Eilboten gleich im Flur und machte sich sofort auf den Weg nach Petrograd. Nach seiner Ankunft in der Hauptstadt stellte sich Uljanow an die Spitze der 10 000 Menschen, die sich zur Demonstration gesammelt hatten. In sämtlichen sowjetischen Schulbüchern und Monographien heißt es zu diesen Ereignissen, die Hauptaufgabe Lenins habe darin bestanden, die Demonstration in eine friedliche Willenskundgebung der Arbeiter Petrograds umzuwandeln. Doch die Autoren schienen vergessen zu haben, daß Lenin noch am 14. (24.) Juni öffentlich erklärt hatte, daß »friedliche Manifestationen der Vergangenheit angehören« (Lenin, PSS, Bd. 32, S. 331). Unterdessen strömten immer mehr Arbeiter aus den Werken und Fabriken, Seeleute aus Kronstadt und Soldaten aus den Kasernen der Petrograder Garnison in das Stadtzentrum. Lenin begab sich auf den von ihm zur Tribüne ausersehenen Balkon der Villa der Kschesinskaja und gab die berühmte Parole aus: »Alle Macht den Räten«.

In den Gesammelten Werken des Revolutionsführers findet sich zwar eine Vielzahl von Notizen, Gesprächen, Resolutionen und Referaten, doch seine damalige Rede sucht man dort vergeblich, obwohl er mit einem Manuskript in der Hand aufgetreten war. Diese Tatsache hatte folgenden Grund: Nachdem die Demonstration, an der auch viele Bewaffnete teilgenommen hatten, gewaltsam aufgelöst worden war, lasteten die Machthaber die Sache den Bolschewiki und insbesondere Lenin an, den sie der Aufwiegelung zu einem bewaffneten Aufstand beschuldigten. Die bolschewistische Presse betonte später den friedlichen Charakter dieser Rede. N. N. Suchanow erinnert sich, daß die Bolschewiki keinen exakten Plan hatten, als sich ihnen plötzlich die Chance zum Umsturz bot. Die bolschewistische Führung war sich unschlüssig. »Lenin hielt von seinem Balkon aus eine überaus zweideutige Rede«, schreibt Suchanow. »Er schien von den Massen, die vor ihm standen, keine konkreten Handlungen zu fordern. Er rief seine Zuhörer nicht einmal dazu auf, die Straßenmanifestation fortzusetzen, obwohl diese

Zuhörerschaft gerade ihre Kampfbereitschaft mit einem Marsch von Kronstadt nach Petrograd unter Beweis gestellt hatte. Lenin agitierte lediglich verstärkt gegen die Provisorische Regierung, gegen den ›sozial-verräterischen Sowjet‹ und rief zur ›Verteidigung der Revolution und zur Unterstützung der Bolschewiki auf‹.« (Rewoljuzija 1917 goda, 1971, S. 312)

In Petrograd, so Suchanow, herrschte das Chaos. Viele Soldaten waren bewaffnet. Hier und da überfiel man Weingeschäfte, anderenorts begannen regelrechte Plünderungen. In einigen Teilen der Stadt wurde mitunter den halben Tag geschossen, so auf dem Suworow-Prospekt, auf der Wassili-Insel, auf dem Kamennoostrowski-, dem Newskiprospekt sowie in der Nähe der Sadowaja- und Litejnystraße.

Lenin beobachtete vom Taurischen Palast aus aufmerksam den Verlauf der Dinge. Eilboten berichteten von chaotischen Zusammenstößen in den verschiedenen Bezirken, von unorganisierten Widerstandsaktionen, von der Formierung regierungstreuer Streitkräfte an den strategisch wichtigen Punkten der Stadt. Immer öfter sprach man von Überfällen, Hausdurchsuchungen und Gemetzeln. Lenin begriff, daß dieser unorganisierte Widerstand nicht einmal eine schwache Regierung stürzen konnte. Nachdem die Bolschewiki mehr als anderthalb Millionen Menschen mobilisiert hatten, operierten sie ohne genauen Plan, ohne klare Führung. Lenin zog es daher vor, die Massenaktionen abzubrechen und sich mit geringen politischen Verlusten zurückzuziehen, denn er mußte nicht nur seine Handlungsfähigkeit bewahren, sondern auch seinen Ruf als Revolutionär.

Der Juli wurde zum Indikator eines labilen Gleichgewichts der Kräfte mit geringen Vorteilen für die Provisorische Regierung.

Am 10. Juli verfaßte Lenin seine Thesen zur »Politischen Stimmung«, die jedoch erst Anfang August veröffentlicht wurden. Der Führer der Bolschewiki legte seine Karten offen auf den Tisch: ». . . man muß alle Kräfte sammeln, organisieren und geduldig für einen bewaffneten Aufstand vorbereiten . . .« Damit wurde deutlich, daß die Bolschewiki nun endgültig mit den »Kompromißlern« brechen würden: »Die Führer der Sowjets und die Parteien der Sozialrevolutionäre und Menschewiki, mit Zereteli und Tscher-

now an der Spitze, haben endgültig die revolutionäre Sache verraten ...« (Lenin, PSS, Bd. 34, S. 2–5)
Unterdessen überstürzten sich die Ereignisse: Die »Prawda« wurde verboten, die Provisorische Regierung zog die Truppen von der Front zurück, man begann, aktive Teilnehmer am Juliaufruhr zu inhaftieren. Die gesamte Presse war voll von »Beweisen«, »Dokumenten« und Erklärungen zur »Spionagetätigkeit« Lenins und der Bolschewiki. Die Rückschläge an der Front, so hieß es, machten deutlich, daß die Spione im Taurischen Palast säßen! Lenin beschloß, schnell in den Untergrund abzutauchen. Er wußte, daß man ihn jeden Moment verhaften konnte. Doch die Regierung war sich in diesem Punkt noch uneins: Der Haftbefehl gegen Lenin und die übrigen bolschewistischen Führer wurde erst am 7. (20.) Juli erlassen.
An diesem Tag verließ Lenin gemeinsam mit J. M. Swerdlow heimlich die Wohnung der Elisarows und zog zu M. L. Sulimowa. Dort hielt er sich nicht einmal 24 Stunden auf, sondern siedelte am nächsten Tag zusammen mit N. K. Krupskaja in die Wohnung von W. N. Kajurow auf die Wyborger Seite über. Die komplizierten Umzugsaktionen waren damit jedoch noch nicht beendet. Die nächste Station war das Wächterhäuschen des russischen *Renault*-Werkes: darauf folgte die Flucht zu dem Bolschewiken N. G. Poletajew in die Matninski-Straße. Schließlich hielt Lenin sich für zwei bis drei Tage bei dem alten Revolutionär S. J. Allilujew auf. Hier, bei Allilujew, erfuhr Lenin, daß man ihn suchte, um ihn als Staatsfeind zu verhaften. Zu Anfang erklärte er: »Falls das ZIK [Zentrales Exekutivkomitee] mein Erscheinen vor Gericht befürwortet, liefere ich mich freiwillig in die Hände der Machthaber.«
Kurz nach seiner Ankunft in der Wohnung Allilujews beriet sich Lenin mit W. P. Nogin, G. K. Ordschonikidse, E. D. Stasowa, J. W. Stalin, J. M. Swerdlow und einigen anderen Bolschewiki.
Die Diskussion über sein Erscheinen vor Gericht war jedoch reine Formsache, da der Führer der Bolschewiki ja bereits vor der Entscheidung der Provisorischen Regierung beschlossen hatte, unterzutauchen.
Wie alle russischen Revolutionäre liebte auch Lenin die konspirative Tätigkeit. Er bediente sich einer Vielzahl unterschiedlicher

Pseudonyme und Decknamen wie »Peterburschez«, »Starik«, »Iljin«, »Frei«, »Petrow«, »Meyer«, »Jordanow«, »Richter«, »Karpow«, »Tulin«, um nur einige zu nennen.
Vermutlich ist der Hang zu Verschwörungen, zum Geheimen, eines der Merkmale autoritärer, antidemokratischer Mentalität.
Möglicherweise wäre eine Gerichtsverhandlung gegen den Revolutionsführer ungünstig verlaufen, denn die Regierung neigte aufgrund ihrer Schwäche zu Fehlern. Eine gerichtliche Verurteilung wegen des »Juliaufstandes« fürchtete Lenin jedoch weit weniger als die Anschuldigungen wegen »Spionage«, die von Pankratow in der Zeitung »Das lebendige Wort« gegen ihn erhoben wurden. Es ist anzunehmen, daß der Revolutionsführer zu diesem Zeitpunkt nicht genau wußte, wie weit die Provisorische Regierung über die finanziellen Transaktionen zwischen den Deutschen und den Bolschewiki informiert war. Einen Vorwurf konnte Lenin allerdings nicht widerlegen: Die Strategie der Bolschewiki, den imperialistischen Krieg in einen Bürgerkrieg umzuwandeln, zielte auf eine Schädigung Rußlands. Die meisten Auftritte, Artikel und Proklamationen der Bolschewiki zeugten von dieser zynischen politischen Einstellung.
Lenin rief zwar die Öffentlichkeit zum Aufstand auf, konnte aber nicht persönlich an den Aktionen teilnehmen. Wie auch andere Sozialdemokraten durfte er an der Spitze der Demonstranten, an der Front und auf den Schiffen der Flotte nicht gesehen werden. Die publizistische Arbeit war die Stärke des Bolschewikenführers. Noch während seiner Flucht von Wohnung zu Wohnung schrieb er innerhalb von drei Tagen die Artikel »Zur Widerlegung dunkler Gerüchte« und »Zur Frage des Auftretens bolschewistischer Führer vor Gericht«.
In den Jahren 1917 und 1918 hatte Lenin für den Fall einer Niederlage immer eine Notlösung parat. Er würde untertauchen und sich danach ins Ausland absetzen. Es kümmerte ihn nicht sonderlich, daß im Verlaufe der Unruhen, die er in Gang gebracht hatte, Tausende, wenn nicht sogar Millionen von Menschen ihr Leben verlieren würden. Trotzki erinnert sich, daß er am 4. oder 5. Juli mit Lenin im Taurischen Palast zusammengetroffen war. »Die Offensive wurde zurückgeschlagen.« (Trotzki machte keinen Hehl dar-

aus, daß es sich hierbei um eine bolschewistische »Offensive« handelte. D. W.)
›Jetzt werden sie uns erschießen‹, meinte Lenin. ›Die Gelegenheit wäre ausgesprochen günstig.‹
Sein Hauptgedanke war, das Signal zum Rückzug zu geben und wenn nötig, in den Untergrund abzutauchen ...« (L. D. Trotzki, O Lenine, Moskau 1924, S. 58–59)
Später, während des III. Kongresses der Kommunistischen Internationale, bekannte Wladimir Iljitsch: »Im Juli haben wir eine Menge Dummheiten gemacht.«
Lenin war beileibe kein Gott. Wie ein ganz gewöhnlicher Mensch ließ er sich von Hoffnungen leiten und beging Irrtümer, war fähig zu leiden und Angst zu empfinden. Doch er vermochte die Angst unter Kontrolle zu halten: sie half ihm, Gefahren auszuweichen. Lenin ging kein Risiko ein und agierte äußerst vorsichtig. Als er nach Rußland fahren mußte, vermied er es, über England zu reisen, da er die deutschen U-Boote fürchtete. Als Denikin bedrohlich nahe an Moskau heranrückte, wollte Lenin zunächst an die Front flüchten, doch angesichts der Gefahren dieses Schrittes verwarf er diesen Gedanken wieder. Er überlegte, ob er vor dem Gericht der Provisorischen Regierung erscheinen sollte. Schließlich hatte sich Trotzki selbst in die Hände der Machthaber begeben, um das Gericht als Tribüne für seine Propaganda zu nutzen. Doch nein, seine persönliche Sicherheit ging ihm über alles. Seit dem Beginn der Revolution befand Lenin sich ständig unter Schutz von Leibwächtern.
Die Ereignisse des Juli kamen einer spontanen Probe aufs Exempel für die Machtübernahme gleich.

Der Oktober – Eine »Verschwörung der Gleichen«?

Lenin ließ sich von der Französischen Revolution inspirieren. »Das Beispiel der Jakobiner ist äußerst lehrreich«, schrieb er in seinem Artikel »Die Feindes des Volkes«. »Es ist auch heute noch aktuell und muß lediglich auf die revolutionäre Klasse des 20. Jahrhunderts übertragen werden, auf die Arbeiter und Halbproletarier. Für diese Klasse sind im 20. Jahrhundert nicht mehr die Monarchen die Feinde des Volkes, sondern die Gutsbesitzer und Kapitalisten.« (Lenin, PSS, Bd. 32, S. 306)

Lenin berief sich zwar nicht ausdrücklich auf François Noël (»Gracchus«) Babeuf, doch hatten viele Maßnahmen des Führers der Bolschewiki nach dem Juli 1917 auffallende Ähnlichkeiten mit der »Verschwörung der Gleichen«. Professor W. W. Swjatlowski schrieb in seinem Vorwort zu dem Buch »Gracchus Babeuf und die Verschwörung der Gleichen« von F. Buonarrotti, daß neben Babeuf, Blanqui und Marx auch W. I. Uljanow im Verbund mit den linken Marxisten zu den entschiedenen Verfechtern des revolutionären Terrors zählte. (Buonarrotti, Grakch Babjow i sagowor rawnych, Petrograd-Moskwa, 1923, S. 5–6)

Babeufs »Manifest der Gleichen« und sein »Aufstandsplan« besaßen denselben ideologischen Tenor wie die Manifeste und Proklamationen der Russischen Revolution. So heißt es im »Aufstandsplan«: »Jeglicher Widerstand wird unterdrückt. Wer aufbegehrt, wird vernichtet ... Das gesamte Eigentum der Emigranten, Verschwörer und Volksfeinde wird unverzüglich an die Verteidiger des Vaterlandes und die Mittellosen verteilt. Die Armen der gesamten Republik werden sogleich in die Wohnsitze der Verschwörer einquartiert, und deren Hausrat wird unter ihnen aufgeteilt.« (Buonarrotti, ebd., S. 100)

Was für bekannte Motive! Schon vor dem Oktober hatte man also

mit Hilfe des Bösen versucht, Gutes zu bewirken, den Menschen Freiheit und Gerechtigkeit zuteil werden zu lassen.
Die russischen Interpreten des Marxismus entfernten sich in ihren Maßnahmen nicht weit von Babeuf, wie der folgende Auszug aus einem Dekret Lenins beweist: »In jedem wohlhabenden Haushalt sollen jeweils eine warme Decke und ein warmes Kleidungsstück beschlagnahmt werden (dazu zählen: Jacken, Filzstiefel, Fausthandschuhe, warme Unterwäsche, warme Socken und Schals).« (Archiv der Russischen Föderation)
Zuerst handelte es sich nur um warme Kleidungsstücke, bis nach und nach der gesamte Besitz enteignet wurde und man schließlich den »Bourgeois« selbst zur Erfüllung seiner Arbeitspflichten zu einer Eisenbahnstation schickte, um die Wege schneefrei zu halten, um Schützengräben auszuheben, um Holz zu sägen ... Schon 1917 begann man, den »Bourgeois« aus seinem Wohnsitz zu verjagen, und entzog ihm die Lebensmittelmarken. Diese Praktik wurde einige Jahre lang fortgesetzt, bis das Politbüro des ZK unter Mitwirkung Lenins am 20. April 1921 eine geeignetere Maßnahme zur »Verbesserung der Lebensumstände der Arbeiter« gefunden hatte: »Bürgerliche Elemente« wurden nun einfach ausgewiesen. (Archiv für neuere Geschichte)
Die Mehrzahl aller Bücher über den Oktoberumsturz besitzt apologetischen Charakter. Ich habe nicht die Absicht, die unzähligen Ereignisse, die diesen Wendepunkt der Geschichte markieren, chronologisch wiederzugeben. Mein Anliegen ist bescheidener: Ich konzentriere mich allein auf die Person Lenins am Vorabend des Oktobers und in den Tagen des Umsturzes.
In der Nacht vom 9. zum 10. Juli, unmittelbar nach dem Beschluß der Provisorischen Regierung, Lenin zu verhaften, gelangte dieser in Begleitung von S. J. Allilujew, W. I. Sof und J. W. Stalin über eine eigens ausgekundschaftete Route zum Primorski-Bahnhof. Danach fuhr er in Begleitung von N. A. Emeljanow zur Station Rasliw, wo er sich auf einem Scheunenboden versteckt hielt, um dann, als finnischer Schnitter getarnt, gemeinsam mit G. E. Sinowjew eine Laubhütte in der Nähe des Sees zu beziehen.
Während seines Aufenthaltes in Rasliw besuchten ihn A. W. Schotman, E. Rachja, W. I. Sof, G. K. Ordschonikidse und J. W. Stalin. In

periodischen Abständen reiste die Arbeiterin A. I. Tokarewa aus Petrograd mit einem Koffer voll Wäsche, Lebensmitteln und Zeitungen zu den Illegalen. Nachdem Lenin die neuesten Nachrichten überflogen hatte, setzte er sich gewöhnlich sogleich an seinen Schreibtisch, um seinen Gegnern zu antworten oder den Parteigenossen »Instruktionen« zu erteilen. So entstanden die Artikel »Zu den Losungen«, »Antwort«, »Der Beginn des Bonapartismus«, »Lehrstunden der Revolution« und »Sie sehen den Wald vor lauter Bäumen nicht«. In der verbleibenden Zeit, vor allem nach der Übersiedlung nach Helsingfors, widmete er sich seiner Schrift »Staat und Revolution«, der er eine große Bedeutung zumaß.
In diesem nur 120 Seiten starken Pamphlet entfaltete der Revolutionsführer die Grundzüge der leninistischen Theorie. Über Jahrzehnte hinweg galt diese Arbeit als Meisterwerk des Marxismus. Allein in der UdSSR erschien das Werk mit einer Auflage von mehr als 7 Millionen Exemplaren in den 46 Sprachen der Völker des Landes, und die kommunistischen »Bruderparteien« machten es im Ausland ebenfalls zum Bestseller.
Das gesamte Buch besteht aus weitschweifigen Kommentaren zu ausgedehnten Zitaten von Marx und Engels und verherrlicht den Klassenkampf, die Diktatur des Proletariats und den Antiparlamentarismus. Der Autor erbringt den »Beweis« für die Überlegenheit der Diktatur des Proletariats als höchster Form der Demokratie sowie für die Notwendigkeit der gewaltsamen Revolution und der Zerschlagung des alten Staatsapparates. Der Revolution folgt nach Lenin ein allmähliches Verschwinden der Klassen und das Absterben des Staates. Der Revolutionsführer ignorierte bei seinen Betrachtungen vollkommen die ursprünglich humanistischen Ziele der deutschen Sozialisten. Für ihn war die Demokratie eine »Einrichtung zur gewaltsamen, systematischen Unterordnung einer Klasse unter die andere, zur Unterdrückung eines Teils der Bevölkerung durch den anderen« (Lenin, PSS, Bd. 33, S. 83). Der Autor weist nachdrücklich darauf hin, daß »man erst dann von Freiheit sprechen kann, wenn der Staat verschwunden ist«. Das gesamte Buch ist voll von schwerwiegenden Behauptungen wie dieser: »Je demokratischer ein ›Staat‹ wird, der von bewaffneten Arbeitern getragen wird und schon keinen Staat im eigentlichen

Sinne des Wortes mehr darstellt, um so mehr beginnt jeder Staat abzusterben.« (ebd., S. 89)

Nur zwei Monate bevor er selbst in fieberhaftem Tempo seinen eigenen Staat durch schrankenlose Gewalt, Zwangsmaßnahmen und Repressionen zu festigen begann, philosophierte Lenin enthusiastisch über ein »Absterben« des Staates. Der Revolutionsführer formulierte zwar eine Reihe von fraglos richtigen Thesen über die Entstehung des Staates, seine Funktionen in den verschiedenen Phasen seiner Existenz bis hin zur Gegenwart, kam aber zu Schlußfolgerungen, die in ihrer Abstraktheit und Konstruiertheit jeglichen Realitätsbezug vermissen ließen. Gleichzeitig äußerte sich Lenin abfällig über seine realen und potentiellen Gegenspieler, wobei er sich wie üblich keineswegs um eine intelligente Ausdrucksweise bemühte. Er erhob sich zum Sprachrohr der »Massen«, in deren Namen er pauschalisierende Urteile abgab: »Das Proletariat der fortschrittlichen parlamentarischen Länder empfindet Abscheu gegenüber solchen ›Sozialisten‹ wie Scheidemann, David, ... Henderson, Vandervelde, Stauning, Branting, Bissolati und Konsorten« (Lenin, PSS, Bd. 33, S. 45). Ich glaube, daß die unterdrückten »Massen« von der Existenz dieser Personen nicht die geringste Ahnung hatten. Mit Hilfe derartiger Bücher wurden ganze Generationen von »Erbauern des Kommunismus« erzogen. Einige theoretische Überlegungen des Revolutionsführers lassen schaudern. Seiner Ansicht nach konnte man nur unter Androhung von Gewalt den Menschen die »Grundregeln des menschlichen Zusammenlebens« einimpfen. Ich erlaube mir, einen etwas ausführlicheren Auszug aus Lenins Überlegungen zur »höchsten Phase« des Kommunismus anzuführen:

»Die allgemeine Selbstverwaltung wird auch die gesellschaftliche Produktion erfassen. Die Menschen werden selbständig die Erfassung und die Kontrolle der Nichtstuer, Junker, Gauner und ähnlicher ›Verteidiger der kapitalistischen Traditionen‹ durchführen. Eine Abweichung von dieser allgemeinen Erfassung und Kontrolle durch das Volk wird dann unvergleichlich schwerer. In den seltenen Fällen, wo es dennoch dazu kommt, werden die betreffenden Personen sehr bald von den Arbeitern, die ja praktisch denkende

Menschen sind und keine sentimentalen Intellektuellen, drakonisch bestraft, so daß die Einsicht in die Notwendigkeit einiger elementarer Regeln schnell zu einer Selbstverständlichkeit im menschlichen Zusammenleben wird. Es gibt dann kein Entrinnen mehr.« (Lenin, PSS, Bd. 33, S. 102)

Das war nicht zuviel versprochen. Es gab »kein Entrinnen mehr« vor der allumfassenden ideologischen Infiltration durch Werke wie »Staat und Revolution«, welcher das Volk jahrzehntelang ausgesetzt wurde.

Es gab auch »kein Entrinnen mehr« vor allgemeiner Polizeikontrolle, Beschattung, dem »Einfluß der Partei« und den Fängen der Bürokratie.

Ende September übersiedelte Lenin von Helsingfors nach Wyborg. Von dort aus war es leichter, die Verbindungen mit dem ZK und den Parteiorganisationen Petrograds aufrechtzuerhalten. Der Revolutionsführer entwickelte eine hektische Betriebsamkeit und verfaßte ununterbrochen Artikel, Notizen und Briefe, die Programmen oder Direktiven gleichkamen. In seinem Brief an das ZK der SDAPR(b) mit dem Titel »Marxismus und Aufstand« verlieh Lenin seiner festen Überzeugung Ausdruck, daß ein Aufstand der Bolschewiki zum Sieg führen müsse. Er forderte die sofortige Berufung eines Organisationskomitees für den Aufstand, die Verhaftung von Generalstab und Regierung, die Mobilisierung der Arbeiter und die Besetzung des Telegraphen. Dabei rückte er auch von seinem revolutionären Pathos nicht ab: »Wir entreißen den Kapitalisten all ihr Brot und all ihre Stiefel. Wir lassen ihnen nur die Brotrinde und ziehen ihnen Bastschuhe an ...« In bezug auf den Krieg war er ebenfalls voller Zuversicht: »Mit neunundneunzigprozentiger Sicherheit werden uns die Deutschen zumindest einen Waffenstillstand gewähren. Ein Waffenstillstand im jetzigen Augenblick bedeutet einen Sieg auf der ganzen Linie.« (Lenin, PSS, Bd. 34, S. 245, 247)

Nicht einmal drei Monate zuvor hatte Lenin noch beteuert, daß er einen Separatfrieden kategorisch ablehnte.

Nach den Briefen und Artikeln dieser Zeit zu urteilen, war Lenin ausgesprochen nervös und machte sich Gedanken über die Unent-

schlossenheit seiner Partner. In dieser Beziehung ist der umfassende Artikel »Die Krise ist akut« von Bedeutung, den Lenin Ende September in Wyborg verfaßt hatte.
»Die Massenverhaftungen der Parteiführer im freien Italien und besonders der Beginn von bewaffneten Aufständen in Deutschland sind zweifellos Vorboten des großen Umschwungs und deuten darauf hin, daß wir uns am Vorabend einer Revolution im Weltmaßstab befinden.« (Lenin, PSS, Bd. 34, S. 272 ff.) Diese These hatte jedoch nicht den geringsten Bezug zur Realität.
Was Rußland betraf, war Lenin davon überzeugt, daß die Krise »akut« sei. »Die Zukunft der russischen Revolution steht auf dem Spiel ... Die Zukunft der internationalen, sozialistischen Arbeiterrevolution steht auf dem Spiel. Die Krise ist akut ...« (ebd., S. 280) Der Vergleich mit einem Glücksspiel lag nahe, denn Rußland war für die bolschewistischen Führer in der Tat ein riesiger Spieltisch, und sie schickten sich an, die Führer der übrigen politischen Kräfte zu verdrängen, um allein über das Schicksal des russischen Volkes zu entscheiden. Villeicht hätten sie das russische Volk einmal selbst zu seinen Vorstellungen über die Zukunft befragen sollen. Immerhin hatten die Sowjets doch Wahlen zur Verfassungsgebenden Versammlung beschlossen, einem Gremium, das für den demokratischen Aufbau in dem riesigen Lande hervorragend geeignet war! Doch Lenin fällte ein kategorisches Urteil:

»Es wäre idiotisch, den Sowjetkongreß abzuwarten, denn dieser Kongreß wird nichts bringen, er kann gar nichts bringen ... Besiegt zuerst einmal Kerenski, dann könnt ihr den Kongreß einberufen.«

Was war zu tun? Lenin hatte einen exakten Plan: »Der Erfolg des Aufstandes ist nun durch die Bolschewiki gesichert: wir können (wenn wir die Entscheidung des Rätekongresses nicht erst abwarten) einen Überraschungsangriff von drei Punkten aus beginnen, von Petrograd, Moskau und der baltischen Flotte ... Ich bin mir zu 99 Prozent sicher, daß wir siegen werden, und zwar mit geringeren Opfern als im Juli, denn die Streitkräfte werden nicht gegen eine Regierung des Friedens vorgehen.« Falls sein Plan abgelehnt würde, drohte er im Stil eines Erpressers mit seinem Rückzug aus dem ZK.

Anfang Oktober forderte Lenin eine Statistik über die Mitgliederzahlen der bolschewistischen Partei. E. Rachja schickte ihm ein Paket mit den nötigen Angaben:

Februar 1917	23 000 Parteimitglieder
April 1917	100 000 Parteimitglieder
August 1917	240 000 Parteimitglieder
Anfang Oktober 1917	350 000 Parteimitglieder

Der Revolutionsführer war begeistert: Die Partei, zu Beginn der Februarrevolution noch ein kleines Häufchen, war in einem halben Jahr um mehr als das Zehnfache angewachsen! Ganze Stadtteile und Werke wechselten auf die Seite der Bolschewiki. Die Schwäche der Machthaber war Wasser auf die Mühlen der Revolutionäre.

In seinen Aufzeichnungen beschrieb N. I. Suchanow recht überzeugend die Tatenlosigkeit der Machthaber, die bereits dem Untergang geweiht waren: »Es gab von seiten der Zentralregierung keinerlei Orientierung und keine organisierte Arbeit, von den örtlichen Machtorganen ganz zu schweigen. Der Zerfall des Regierungsapparats schritt unaufhaltsam voran. Das Land aber lebte. Es forderte eine starke Regierung und eine funktionierende Staatsmaschinerie ... Die Verhandlungen über Grund und Boden gerieten zu dieser Zeit ins Stocken, und die Unruhen in den untersten Volksschichten erreichten ihren Höhepunkt. In Petersburg überschritten wir die unsichtbare Grenze, hinter der der Hunger mit all seinen Folgeerscheinungen lauerte ... In den nächsten Tagen setzte sich die gesamte Armee von der Front ab ... Die Situation entlang der Eisenbahnstrecken wurde bedrohlich. Alle möglichen Presseorgane prophezeiten mit unterschiedlichem Tenor und verschiedenen Tendenzen und Schlußfolgerungen, aber mit derselben Deutlichkeit und demselben Nachdruck den bevorstehenden wirtschaftlichen Zusammenbruch.« (Suchanow, Sapiski o rewoljuzii, Bd. 6, S. 73–75)

Es scheint, als habe Suchanow mit seinen Berichten die Symptome jenes »Grundgesetzes der Revolution« beschrieben, das von Lenin in seinem Werk »Der linke Radikalismus als Kinderkrankheit des

Kommunismus« so formuliert wurde: Die unteren Schichten können nicht nach alter Manier weiterleben, und die oberen sind nicht mehr in der Lage, nach dem Muster der Vergangenheit zu regieren.

Im ZK verlas man die emotionsgeladenen Briefe Lenins, mit denen man durchaus übereinstimmte, die aber kaum praktische Konsequenzen zeitigten. So wurde auf der Sitzung des ZK vom 15. September 1917 lediglich beschlossen, in der Folgezeit die Frage der Parteitaktik zu erörtern. Lenins Briefe gelangten nicht über das ZK hinaus. Die Mitglieder dieses Gremiums waren schockiert über den Radikalismus ihres Führers. Mehr noch, sie beschlossen, alle Briefe Lenins, die den Aufstand betrafen, mit Ausnahme eines einzigen zu vernichten. Das ZK hatte noch die Hoffnung, seine Ziele mit Hilfe der Demokratischen Beratung und des Vorparlaments auch ohne Gewalt durchsetzen zu können. Der freiwillige Gewaltverzicht machte Lenin jedoch wütend. In dem Artikel »Über die Helden der Fälschung und über die Fehler der Bolschewiki«, den Lenin Anfang Oktober verfaßte, bemerkte er sarkastisch, daß die Teilnahme an der Demokratischen Beratung »eine Schwächung der Revolution bedeutet, da man auf diese Weise seine Zeit mit Spielereien vergeudet«. (Lenin, PSS, Bd. 34, S. 253) Lenin gelang es nur langsam, das Zentralkomitee von seiner radikalen Position zu überzeugen. Der Areopag der Partei reagierte ausweichend, indem er sich zu dem Ultimatum und der Rücktrittsdrohung in Schweigen hüllte. Einige Artikel des Revolutionsführers wurden in der Redaktion sogar gekürzt und redigiert, wobei man allzu extreme Passagen einfach strich.

Lenin spürte, daß sein eigentlicher Platz in Petrograd unter den Mitgliedern des ZK war, die tatsächlich in der Partei und den anderen Massenorganisationen die Fäden in den Händen hielten. Als er dann das Einverständnis des ZK für seine Rückkehr nach Petrograd erhalten hatte, trachtete er danach, jedes Risiko zu vermeiden. Gemeinsam mit seinem Gefährten E. Rachja erarbeitete er eine genaue Route für seine Rückreise in die Hauptstadt, wobei sie jede Kleinigkeit und alle möglichen Zwischenfälle, die das Unternehmen hätten vereiteln können, berücksichtigten.

Nachdem er verschiedene Varianten verworfen hatte, gelangte

Lenin in einem Vorortzug nach Petrograd und fand auf der Wyborger Seite in der Wohnung von M. W. Fofanowa Unterschlupf. Die Bemühungen, seinen Aufenthaltsort geheimzuhalten, gestalteten sich noch rigoroser als in Rasliw, Helsingfors oder Wyborg. Am Vorabend der entscheidenden Ereignisse wollte Lenin nichts dem Zufall überlassen.

Ab dem 7. Oktober übernahm der Revolutionsführer persönlich die organisatorischen Aufgaben der Partei und leitete die Vorbereitungen für den Aufstand. (Archiv für neuere Geschichte)

In Anbetracht der Situation betonte Lenin, daß ein Aufstand, wenn er erfolgreich verlaufen sollte, sich nicht auf eine Verschwörung oder die Partei stützen dürfe, sondern von der fortschrittlichen Klasse getragen werden müsse. (Lenin, PSS, Bd. 34, S. 242)

Wann immer es ihm möglich war, distanzierte sich Lenin öffentlich vom Blanquismus. Dennoch blieb sein Unterfangen eine großangelegte Verschwörung, die noch wesentlich effektiver geplant war, als Babeuf dies je vermocht hätte: Die Instruktionen an die Leitungen der aufständischen Truppen, die Aufteilung der Kräfte, die Besetzung der Telegraphenstationen und des Generalstabs, die Verhaftung der Regierung, die Neutralisierung der »wilden Division« – das alles waren elementare marxistische und blanquistische Maßnahmen für die konspirative Organisation eines Aufstandes. (ebd., S. 247)

Nach seiner Ankunft in Petrograd forderte Lenin den Auszug der Bolschewiki aus dem Vorparlament, »um den Massen die Illusionen zu nehmen«. Er wollte sich von niemandem seinen größten Trumpf, einen Friedensvertrag, aus der Hand nehmen lassen, zumal er wußte, daß dem Volk der Frieden als Allheilmittel gegen Armut und Not erschien.

Man wollte nicht wahrhaben, daß Deutschland ebenfalls unmittelbar vor einer Niederlage stand und der Frieden möglicherweise schneller hätte erreicht werden können, wenn sich die Verbündeten um ein gemeinsames Vorgehen ihrer Kräfte bemüht hätten. Lenin verstärkte den Druck auf die Partei, bis das Petrograder Komitee der SDAPR in einer geschlossenen Sitzung am 5. Oktober seinen Vorschlag billigte. (Otscherki istorii Leningradskoj organisazii KPSS, Bd. 1, 1962, S. 568 f.)

Am 7. Oktober faßte auch das Moskauer Komitee der SDAPR den Beschluß, Lenins Kurs auf einen Aufstand zu unterstützen. (Podgotowka i pobjeda Oktjabrskoj rewoljuzii w Moskwe. Dokumenty i materialy. Moskwa 1957, S. 343)
Am 8. Oktober 1917 verfaßte Lenin den Artikel »Ratschläge eines Unbefugten«, der aus taktischen Gründen erst am 7. November 1920 veröffentlicht wurde. Darin gab er eine neue strategische Losung aus: »Die Machtübernahme durch die Räte bedeutet nichts anderes als einen bewaffneten Aufstand.« Wiederum ist die Rede davon, daß man unbedingt strategisch wichtige Punkte wie Fernmeldeämter, Telegraphenstationen, Bahnhöfe und Brücken besetzen müsse: »Als Preis für die Besetzung der strategisch wichtigen Punkte werden beliebige Verluste in Kauf genommen.« Nach der Besetzung der Junkerschulen, der Telegraphenstationen, Fernmeldeämter und anderer Institutionen sollte man seiner Meinung nach die Losung verbreiten: »Lieber in der Revolution sterben als dem Feind den Sieg zu überlassen.« (Lenin, PSS, Bd. 34, S. 383 f.)
Auf Drängen Lenins fand kurz nach seiner Ankunft in Petrograd am 10. Oktober eine außerordentliche Sitzung des ZK der SDAPR statt, auf der die Frage des bewaffneten Aufstandes erörtert wurde. Von den 21 Mitgliedern des ZK waren nur 12 anwesend: Lenin, Sinowjew, Kamenew, Trotzki, Stalin, Swerdlow, Uritzki, Dserschinski, Kollontaj, Bubnow, Sokolnikow und Lomow (Oppokow). Swerdlow führte den Vorsitz. Die Tagesordnung gab jedoch keinerlei Aufschluß über das eigentliche Thema: »1. Die rumänische Front. 2. Die Litauer. 3. Die Minsker und die Nordfront. 4. Die gegenwärtige Lage. 5. Der Gebietskongreß. 6. Der Truppenabzug.« Es galt als ungeschriebenes Gesetz der politischen Verschwörung, die Hauptfrage unter dem Deckmantel der Auseinandersetzung mit der »gegenwärtigen Lage« zu behandeln.
In seinem Bericht über die gegenwärtige Lage unterstrich Lenin, daß »die Sache politisch völlig ausgereift« sei und nunmehr die Frage der militärtechnischen Vorbereitung anstünde. Lenin rechnete als erfahrener Verschwörer nicht damit, daß die Mehrheit der Bevölkerung die Bolschewiki unterstützen würde, und betonte: »Bis zur Verfassungsgebenden Versammlung zu warten, die offensichtlich nicht auf unserer Seite steht, wäre sinnlos, denn

das würde unsere Aufgabe nur erschweren.« (Lenin, PSS, Bd. 34, S. 392)
Lenin verurteilte die Ansicht einiger Delegierter, welche die technische Vorbereitung des Aufstandes als »politische Sünde« ablehnten. Er verhehlte nicht den volksfeindlichen Charakter der Verschwörung: Die Verfassungsgebende Versammlung »steht offensichtlich nicht auf unserer Seite«. Obwohl Lenin wußte, daß die Verfassungsgebende Versammlung, die den Willen von Millionen von Menschen vertrat, nicht mit den Bolschewiki zusammenarbeiten würde, strebte er dennoch die Machtergreifung an.
Wider Erwarten erklärten sich die Mitglieder des ZK mit Lenins Vorschlägen zur Vorbereitung und baldigen Durchführung des Aufstandes einverstanden. Die Resolution wurde mit 10 Ja- und 2 Neinstimmen angenommen. Lediglich Sinowjew und Kamenew stimmten gegen das Vorhaben, da ihres Erachtens die Bolschewiki über zuwenig Rückhalt in der Provinz verfügten. Mit Hilfe der Verfassungsgebenden Versammlung sei mehr zu erreichen.
Zwei der Abwesenden, Rykow und Nogin, hätten vermutlich ebenfalls mit »Nein« gestimmt. Nach der Versammlung erklärte Kamenew öffentlich: »Die Meinung der Partei wurde nicht eingeholt. Derartige Fragen können nicht von 10 Mitgliedern entschieden werden.« (Lenin, PSS, Bd. 34, S. 424)
Sinowjew und Kamenew ahnten damals noch nicht, daß ihnen Stalin zwei Jahrzehnte später wegen ihrer »Oktobersünde« den Prozeß machen sollte.
Die Resolution des ZK der SDAPR vom 10. Oktober bestand im wesentlichen aus 2 Absätzen. Der erste faßte stilistisch plump und weitschweifig die revolutionären Ereignisse zusammen: »Der Aufstand der Flotte in Deutschland«; »Die Entwicklung der Weltrevolution«; »Die Drohung der imperialistischen Welt, die Revolution in Rußland zu ersticken«; »Die Entscheidung der russischen Bourgeoisie und Kerenskis, die Stadt Petrograd den Deutschen zu überlassen«; »Die Erlangung der Mehrheit der proletarischen Partei in den Räten« ... – »all das setzt zwingend den bewaffneten Aufstand auf die Tagesordnung.« (Lenin, PSS, Bd. 34, S. 393)
Lenin hatte Erfolg: Sein Kurs der radikalsten Lösung der Krise wurde durch die Parteiführung gebilligt.

Im Anschluß daran wurde ein Politbüro zur Leitung der politischen Vorbereitung des Aufstandes gegründet, dem Lenin, Sinowjew, Kamenew, Trotzki, Stalin, Sokolnikow und Bubnow angehörten. Als oberstes Machtorgan etablierte sich dieses Gremium jedoch erst nach dem VIII. Parteitag im Mai 1919. Im Oktober 1917 stellte es dagegen nur eine Gruppe von Männern dar, die zu Lenins engsten Freunden zählten und als Autoritäten auf höchster Ebene galten.

Bald nach der Sitzung des ZK erkannte Lenin, daß trotz der Annahme seiner Resolution in verschiedenen Parteikomitees weiterhin Bedenken gegen seine Pläne bestanden. Man wollte die »Frage« bis zum Sowjetkongreß und zur Verfassungsgebenden Versammlung vertagen. Aufgebracht forderte Lenin sogleich eine weitere Sitzung des ZK, die auch tatsächlich am 16. Oktober in einem Haus der Bolotnaja-Straße auf der Wyborger Seite stattfand. Die ganze Nacht hindurch wurde heftig diskutiert. Im ZK kristallisierten sich 3 Gruppen heraus: Die Gegner der bewaffneten Machtübernahme (Sinowjew und Kamenew); Lenin, der leidenschaftlich den Beginn des Aufstandes noch vor dem Kongreß forderte; eine Gruppe von Mitgliedern des ZK, die die Ansicht vertrat, daß man vom Kongreß ein »Mandat« für den Aufstand erhalten müsse (Trotzki, L. D., O Lenine, S. 70). Doch Lenin konnte sich abermals mit einer Resolution durchsetzen, laut der der Beginn des Aufstandes, der »günstigste Moment«, vom ZK bestimmt werden sollte.

In den erhalten gebliebenen Aufzeichnungen Lenins finden sich einige fragmentarische Notizen aus der damaligen Sitzung: »Wir trauen uns einen Sieg nicht zu – das ist der Haupttenor aller Reden«. »Sinowjew: Die Massen sind zweifellos müde«. »An die Stelle der Sowjetmacht ist das ZK der SDAPR getreten«. »Nogin: Man sollte mit politischen, nicht mit militärischen Mitteln nach einem Ausweg suchen« (Archiv für neuere Geschichte). Lenin sah sich veranlaßt, dreimal das Wort zu ergreifen. Seinen Aufzeichnungen nach zu urteilen, hatte er es nicht leicht, seine Linie des bewaffneten Aufstandes durchzusetzen.

Noch vor der Sitzung des ZK hatte der Petrograder Sowjet ein Militär-Revolutionäres Komitee gegründet, das sich später mit

dem vom ZK geschaffenen Militär-Revolutionären Zentrum vereinigte (Archiv für neuere Geschichte). Dieses Komitee, an dessen Spitze der Sozialrevolutionär P. E. Lasimir stand, verfolgte ursprünglich das Ziel, die Bevölkerung für die Verteidigung Petrograds zu mobilisieren, doch die Bolschewiki verstanden es geschickt, dieses legale Organ zur Vorbereitung ihres Aufstandes zu nutzen.
In den letzten zehn Tagen vor der Revolution überließ Lenin anderen die organisatorische Arbeit. Nach dem 16. Oktober traf er sich mit W. A. Antonow-Owsejenko, W. I. Newski und N. I. Podwojski, den Leitern der militärischen Organisation, ließ sich über den Verlauf der Vorbereitungen für den Aufstand informieren und forderte die raschere Erledigung der aufgetragenen Arbeit. In der verbleibenden Zeit bombardierte er das ZK mit Briefen. So schrieb er nach der Sitzung des ZK vom 16. Oktober einen 20seitigen »Brief an die Genossen«, in dem er wieder und wieder seine alten Argumente vortrug und auf einen bewaffneten Aufstand drängte. In Lenins Unterschlupf entstanden der »Brief an die Mitglieder der bolschewistischen Partei« und ein »Brief an das Zentralkomitee der SDAPR(b)«, in denen er Sinowjew und Kamenew vernichtend kritisierte. Dabei schreckte er auch vor Bezichtigungen wie »Gaunerei«, »schmutzige Lüge«, »maßlose Niederträchtigkeit« und »Schamlosigkeit« nicht zurück und forderte den Ausschluß der beiden aus der Partei.
Der Anlaß für diese Äußerungen war ein Artikel Kamenews in der Zeitung »Nowaja schisn«, in dem er seine ablehnende Haltung gegenüber der Taktik der Bolschewiki bekundete. Lenin wertete diese öffentliche Stellungnahme als Verrat, da Kamenew damit eines der elementaren Prinzipien der revolutionären Verschwörung verletzt hatte, nach dem alle Vorhaben und vor allem der Zeitplan des Aufstandes strengster Geheimhaltung unterlagen. Dabei kamen die Äußerungen Kamenews durchaus nicht überraschend, denn Lenin selbst hatte noch am 16. auf der Plenumssitzung des ZK erklärt, daß »man, da die Zeit reif für den Aufstand ist, nicht mehr über Verschwörungen reden« müsse. (Lenin, PSS, Bd. 34, S. 396)
Trotzki meinte auf der Sitzung des Petrograder Sowjets zur Frage

des Militär-Revolutionären Komitees: »Man hat uns vorgeworfen, daß wir einen Stab für die Machtübernahme vorbereiten. Daraus haben wir nie ein Geheimnis gemacht« (Trotzki, Sotsch., Bd. III, S. 15). Die Äußerungen der bolschewistischen Führer vor großem Publikum hatten jedoch einen ganz anderen Inhalt. Am 21. Oktober sprach Trotzki vor den in Petrograd stationierten Kosaken und verkündete: »Man hat euch gesagt, daß der Sowjet für den 22. Oktober einen Aufstand plant, eine Schlacht gegen euch, Schießereien in den Straßen, Gemetzel. Jene, die euch das gesagt haben, sind Taugenichts und Provokateure.« (ebd., S. 39)
In dem Kapitel »Der Umsturz« aus seinem Buch »Über Lenin« bemerkte Trotzki treffend: »Wie schon in den Julitagen, als er fest damit gerechnet hatte, daß ›sie‹ uns erschießen, versetzte er sich auch jetzt in die Lage des Feindes und kam zu dem Schluß, daß es vom Standpunkt der Bourgeoisie aus das einzig Richtige sei, uns überraschend festzunehmen, die Revolution zu destabilisieren und sie im weiteren Verlauf Stück für Stück zu zerschlagen. Genau wie damals im Juli überschätzte Lenin erneut den Scharfsinn und die Entschlossenheit des Feindes und wahrscheinlich auch dessen materielle Möglichkeiten.« (Trotzki, O Lenine, Moskau 1924, S. 71)
Offenbar veranlaßte gerade diese »Überschätzung« des Gegners die Partei zum Handeln. Lenins Schlußfolgerung war: Wenn wir die Macht nicht an uns reißen, werden sie uns »erschießen«. In seinem letzten Brief an das ZK vor dem Umsturz forderte er erneut: »Die Regierung taumelt. Man muß sie endgültig zerschlagen, koste es, was es wolle! Jede Verzögerung würde unseren sicheren Tod bedeuten.« (Lenin, PSS, Bd. 34, S. 436)
Von diesem Zeitpunkt an bildete die »Zerschlagung« des Gegners für lange Zeit die Hauptaufgabe der Bolschewiki. So vernichteten sie die Monarchisten, die Bourgeoisie, die Gutsbesitzer, die weißen Offiziere, die Kosaken, die »reaktionäre« Intelligenz, die Menschewiki, die Sozialrevolutionäre und die Kulaken ...
N. N. Suchanow, Augenzeuge der Ereignisse des Oktober, berichtete, daß »kein Widerstand geleistet wurde. Ab zwei Uhr nachts besetzten nur wenige Soldaten nach und nach die Bahnhöfe, Brükken, Elektrostationen, die Telegraphenämter und die Telephonzentrale. Einige Junker ergaben sich widerstandslos. Im Grunde

handelte es sich bei diesen bewaffneten Operationen eher um eine Art Wachablösung in den politisch wichtigen Zentren . . . Die Stadt war wie ausgestorben. Die Menschen schliefen den Schlaf der Gerechten und hatten nicht die leiseste Ahnung, was in der Stille dieser kalten Herbstnacht vor sich ging.« (Suchanow, Sapiski o rewoljuzii. Kniga sedmaja. Berlin/Petersburg/Moskau 1923, S. 160)
Am Morgen verließ Kerenski fluchtartig die Stadt, um an die Front zu eilen. Die Übergangsregierung war offensichtlich nicht mehr in der Lage, ernsthafte Maßnahmen zur Verhinderung des Umsturzes zu ergreifen. Die Macht in Petrograd glitt ihnen aus den Händen. Nur das weibliche »Todesbataillon«, einige Junker und 40 georgische Kavalleristen mit einem verkrüppelten Hauptmann an der Spitze verteidigten noch den letzten Zufluchtsort der russischen Demokratie, das Winterpalais.
Als Trotzki dem Führer der Bolschewiki von seiner »Kriegslist beim Beginn der Kämpfe« berichtete, jubelte Lenin:
»Das ist gut! Das ist sehr gut!«
»Lenin liebte Kriegslisten über alles«, erinnert sich Trotzki, »den Feind zu täuschen, ihn als Dummkopf hinzustellen, gab es denn etwas Schöneres?
Für das Ziel der Machtergreifung war jedes Mittel recht«. (Trotzki, O Lenine, Moskau 1924, S. 74 f.)
Unter dem Vorsitz Trotzkis fand am Mittag eine Dringlichkeitssitzung des Petrograder Sowjets statt. Suchanow berichtet, daß der große Saal voller Menschen war und es überall von Bewaffneten wimmelte. Nachdem Trotzki die Versammlung eröffnet hatte, erklärte er:
»Im Namen des Militär-Revolutionären Komitees gebe ich hiermit bekannt, daß es keine Provisorische Regierung mehr gibt. Einzelne Minister sind bereits verhaftet worden. Die übrigen werden in den nächsten Tagen und Stunden hinter Gitter gebracht.«
Trotzkis Rede wurde mit tosendem Beifall und lautstarkem Geschrei quittiert. Am Ende erklärte er, daß sich »in unserer Mitte Wladimir Iljitsch Lenin befindet, der sich aufgrund der bislang herrschenden Bedingungen nicht in der Öffentlichkeit zeigen konnte. – Es lebe der Genosse Lenin, der zu uns zurückgekehrt ist!«
Spät abends, um 22.40 Uhr, wurde im Smolny der 2. Allrussische

Sowjetkongreß eröffnet. Aufgrund des Umsturzes und der Veränderungen im Land stellten die Bolschewiki mit 60 Prozent bereits die Mehrheit der Delegierten. Das Präsidium setzte sich nun aus Bolschewiki und Sozialrevolutionären zusammen. Martow rief dazu auf, die neue Regierung ohne Waffengewalt zu bilden. Der Sozialrevolutionär Mstislawski und der Bolschewik Lunatscharski unterstützten diesen Vorschlag. Für einen Moment schien ein historischer Kompromiß zwischen den gegnerischen Fraktionen in greifbare Nähe gerückt. Es schien jedoch nur so ...

Die Menschewiki und Rechten Sozialrevolutionäre drängten auf ein demokratisches Vorgehen. Man verlas eine gemeinsame Erklärung, in der eine Verurteilung des bewaffneten Aufstandes der Bolschewiki und baldige Verhandlungen mit der Provisorischen Regierung gefordert wurden. Im Saal erhob sich tumultartiges Getöse, worauf der demokratische Flügel der russischen Sozialdemokratie sich zu einem Fehler hinreißen ließ: er verließ den Kongreß. Damit hatten die Menschewiki die politische Bühne den Bolschewiki und linken Sozialrevolutionären überlassen. Suchanow klagte später voll Bitterkeit: »Wir gingen, ohne zu wissen wohin und weshalb, nachdem wir mit dem Sowjet gebrochen und uns mit den konterrevolutionären Elementen zusammengetan hatten. Wir haben uns selbst in den Augen der Massen diskreditiert und untergruben so die Zukunft unserer Organisation. Mehr noch: Wir gingen, nachdem wir den Bolschewiki freie Hand gelassen und sie zu Herren der Lage gemacht hatten. Wir überließen ihnen die gesamte Arena der Revolution.« (Suchanow, Sapiski o rewoljuzii, Bd. 7, S. 219 f.)

Unterdessen erfolgte ein neuer Angriff auf das Winterpalais. Aus der Peter-und-Pauls-Festung wurden 30 bis 35 Geschosse abgefeuert, lediglich 2 von ihnen schlugen ein ... Es wurde niemand verletzt (K. Rjabinski, Rewoluzija 1917 g. Bd. 5. Oktjabr, Moskau/ Leningrad, S. 189).

Man begann mit der Entwaffnung der Junker. Die alten Machthaber erwiesen sich als handlungsunfähig. Sogar der operettenhafte Beschluß und die inszenierte Belagerung lähmten den Willen der Verteidiger des Winterpalais. Letzten Endes wurde der Palast nicht von einer bolschewistischen Truppe gestürmt, sondern von einem bunt zusammengewürfelten Haufen, der sogleich mit der Plünderung der Zarenresidenz begann (»Nowy schurnal«, 1947, Nr. 17, S. 307).

Auf der ersten Sitzung des Sowjetkongresses war Lenin zunächst nicht anwesend, da er sich in einem der leeren Zimmer des Smolny gemeinsam mit Trotzki von den Strapazen der Ereignisse erholte. Trotzki erinnert sich, daß Lenin sich mit einem müden Lächeln an ihn wandte: »Das ist ein steiler Aufstieg aus dem Keller an die Macht. Mir dreht sich der Kopf ...« (Trotzki, O Lenine, Moskau 1924, S. 77)

Um 2 Uhr nachts befand sich das Winterpalais in den Händen der Aufständischen und die Regierung in der Gewalt von W. A. Antonow-Owsejenko. Lunatscharski verlas einen Aufruf »An die Arbeiter, Soldaten und Bauern!«, in dem er bekanntgab, daß die Räte nunmehr die Macht übernommen hatten. Die menschewistischen Internationalisten unternahmen einen letzten Versuch, in der Machtfrage doch noch zu einem Kompromiß zu gelangen. Aber der Saal war bereits berauscht vom Erfolg. Mit der Billigung des »Aufrufs« wurde die Machtübernahme durch die Räte bestätigt und damit zum politischen Faktum.

Als Lenin auf der zweiten Abendsitzung des Kongresses erschien, wurde er von den Delegierten begeistert empfangen. Nun war er die Verkörperung der Macht. Seine Berichte auf dem Kongreß bildeten die Grundlage für die Annahme der beiden berühmten Dekrete über Grund und Boden und den Frieden. Als neue Regierung wurde ein »Rat der Volkskommissare« mit Lenin an der Spitze gebildet.

Nachdem Lenin noch Anfang 1917 für die nähere Zukunft nicht mit einer sozialistischen Revolution gerechnet hatte, war er nun, ein paar Monate später, bereits der Chef der ersten sozialistischen Regierung! Sein Lebenstraum war endlich in Erfüllung gegangen. Nun konnte er darangehen, seine theoretischen Pläne zu verwirklichen. In Rußland begann ein gigantisches, in seiner Ungeheuerlichkeit einzigartiges Experiment.

Noch 24 Stunden zuvor waren Lenin im Smolny Zweifel gekommen. Als Trotzki dem Führer der Bolschewiki berichtete, daß die bewaffneten Kräfte in Petrograd den Befehlen des Militär-Revolutionären Komitees folgten, »war Lenin begeistert und brachte dies durch Ausrufe, Lachen und freudiges Händereiben zum Ausdruck. Danach wurde er schweigsam und sagte nachdenklich: ›Meinetwegen auch auf diese Weise, Hauptsache, wir kommen an die Macht.‹ «

»Da verstand ich«, schreibt Trotzki weiter, »daß er sich erst jetzt endgültig damit abgefunden hatte, daß wir nicht über eine konspirative Verschwörung an die Macht gelangen würden.« (Trotzki, O Lenine, Moskau 1924, S. 75)

Nach zwei bis drei Jahren begannen die Teilnehmer der historischen Ereignisse, jeder auf seine Weise, die Vergangenheit gedanklich zu verarbeiten. Viktor Tschernow, einer der namhaften Sozialrevolutionäre, kam dabei zu folgendem Ergebnis: ». . . Es gab keine Oktoberrevolution, sondern einen Umsturz, der den Wandel von der Lenin-Ugatschow-Ära zur Lenin-Araktschejew-Ära markierte. Gleichzeitig bedeutete er den Übergang zu einer Konterrevolution im roten Gewande.« (Archiv für neuere Geschichte)

Die Kommissare und die Verfassungsgebende Versammlung

Die russische Revolution orientierte sich in jeder Beziehung an ihrem großen französischen Vorbild. So gab es in Rußland bald auch »Kommissare«, die als »Bevollmächtigte der Revolution« in Erscheinung traten und gemeinsam mit den »Mitarbeitern der Tscheka« die Sowjetmacht verkörperten. Die erste sowjetische Regierung nannte sich »Rat der Volkskommissare«.

In einem Beschluß des 2. Allrussischen Sowjetkongresses der Arbeiter- und Soldatendeputierten vom 26. Oktober wurde der Rat der Volkskommissare als Regierungsorgan bestätigt. Am Morgen desselben Tages hatte Lenin drei linken Sozialrevolutionären einen Posten in der Regierung angeboten. Nach eingehender Beratung lehnte die Fraktion der Sozialrevolutionäre das Angebot ab, da ihnen ihr Beitrag zum Umsturz mehr wert schien als nur drei Regierungssitze.

Zu jenem Zeitpunkt gehörten dem Rat der Volkskommissare folgende Personen an:

Vorsitzender des Rates – Wladimir Uljanow (Lenin);
Volkskommissare:
Innere Angelegenheiten – A. I. Rykow;
Landwirtschaft – W. P. Miljutin;
Kriegs- und Flottenangelegenheiten – ein Komitee, das sich aus drei Personen zusammensetzte: W. A. Owsejenko (Antonow), N. W. Krylenko und P. E. Dybenko;
Industrie und Handel – W. P. Nogin;
Volksbildung – A. W. Lunatscharski;
Finanzen – I. I. Skworzow (Stepanow);
Auswärtiges – L. D. Bronstein (Trotzki);
Justiz – G. I. Oppokow (Lomow);

Ernährung – I. A. Teodorowitsch;
Fernmeldewesen – N. P. Awilow (Glebow);
Nationalitätenfragen – I. W. Dschugaschwili (Stalin);
Der Posten des Volkskommissars für das Eisenbahnwesen blieb vorläufig unbesetzt. (Lenin, PSS, Bd. 35, S. 28 f.)

Bereits ein halbes Jahr später waren nur noch drei Mitglieder der ersten Regierung im Amt: Lenin, Lunatscharski und Stalin. Die meisten anderen wurden später von Stalin, dem »Schüler Lenins« vernichtet.

Lenin gefiel sich in der Rolle des Vorsitzenden. Die Sitzungen des Rates der Volkskommissare (Sownarkom) dauerten 5 bis 6 Stunden. Dabei achtete Lenin streng auf die Einhaltung des Zeitplans. Sobald ein Referent sich nicht an die vorgeschriebene Zeit hielt, wurde er von Lenin unterbrochen. Mit der ihm eigenen Mimik ließ er seinen Blick häufig durch den Versammlungssaal schweifen, als suche er jemanden. Während der Sitzungen ließ der Revolutionsführer dem einen oder anderen Teilnehmer Notizen zukommen; er verlangte Auskunft, präzisierte Sachverhalte, erteilte Ratschläge und unterbreitete Lösungsvorschläge ...

Die Menschen, die für ihn arbeiteten, bemerkten bald, daß sich hinter seinem freundlichen Lächeln unnachgiebige Strenge verbarg. Alle seine Untergebenen wußten: Lenin liebte kühle Temperaturen im Gebäude; wenn es sehr warm war, bekam er nicht genug Luft. Er haßte weiche Sessel. Er zog den Schriftverkehr Telephongesprächen vor. Bei seiner langwierigen Überarbeitung von Dokumenten achtete er mehr auf den politischen Inhalt als auf den literarischen Stil. Deshalb besaßen seine Resolutionen und Beschlüsse nicht selten einen »schwerfälligen« Stil. Er arbeitete viel, doch sobald er sich unwohl oder müde fühlte, warf er alles hin und erholte sich. Allein in seinen letzten sechs Lebensjahren unternahm er unzählige Urlaubsreisen.

Lenins permanente Überanstrengung hatte einen raschen körperlichen Verfall zur Folge.

Bereits Ende Oktober kam es zur ersten Regierungskrise. Die Vorsitzenden des Allrussischen Exekutivkomitees der Eisenbahnergewerkschaft (»Wikschel«), die unter dem Einfluß der Menschewiki und Sozialrevolutionäre agierten, forderten die Bildung einer »gleichberechtigten sozialistischen Regierung« aus Vertretern aller sozialistischen Parteien. Die »Wikschelisten« nannten diese mögliche Regierung »Volksrat«. Die Forderung von Wikschel wurde durch die vier bolschewistischen Volkskommissare Miljutin, Nogin, Rykow und Teodorowitsch sowie einige andere Mitglieder des ZK der Bolschewiki unterstützt. Als Bedingung für ihren Eintritt in den Rat der Volkskommissare forderten die Menschewiki und Sozialrevolutionäre zudem, daß die »Organisatoren der bewaffneten Verschwörung«, Lenin und Trotzki, aus diesem Gremium abberufen werden sollten.

Lenin war verärgert darüber, daß die bolschewistische Fraktion des ZIK die Schaffung einer Koalitionsregierung befürwortete. Kamenew, der die Verhandlungen mit Wikschel leitete, zeigte sich schließlich bereit, den Gewerkschaftern Zugeständnisse zu machen. Daraufhin berief Lenin für den 1. (14.) November eine Sitzung des ZK der SDAPR ein, auf der Kamenew über den Verlauf der Verhandlungen und die Bedingungen von Menschewiki und Sozialrevolutionären berichtete. Am Ende schlug er eine Kompromißlösung vor und sprach sich für die Fortsetzung der Verhandlungen mit Wikschel aus. Dabei wurde er unter anderem durch Sinowjew, Rykow, Miljutin, Larin und Rjasanow unterstützt. Doch Lenin blieb unnachgiebig: »Die Politik Kamenews muß ab sofort unterbunden werden. Wir dürfen nicht mit der Wikschel verhandeln ... Die Wikschel steht auf der Seite der Kaledins und Kornilows ...« (Lenin, PSS, Bd. 35, S. 43)

Für Lenin war die berechtigte Forderung nach einer Koalitionsregierung gleichbedeutend mit Konterrevolution. Diejenigen, die nicht seiner Ansicht waren, bezichtigte er, im Bunde mit Kaledin und Kornilow zu stehen. Das war eine für Lenin typische Methode. Trotz des Druckes, den er auf seine Genossen ausübte, gelang es ihm am 1. November nicht, die widerspenstigen Bolschewiki umzustimmen. Um sein Ziel zu erreichen, benötigte der Revolutionsführer noch eine ganze Reihe von Sitzungen, Verhandlungen und Ultimaten an die Minderheit im ZK, die Wikschel unterstützte. Aus Protest gegen die undemokratische Art der Regierungsbildung verließen Kamenew, Sinowjew, Rykow, Miljutin und Nogin

schließlich das ZK. Miljutin, Nogin und Teodorowitsch traten außerdem von ihren Ämtern als Volkskommissare zurück.
Daraufhin verfaßte Lenin ein Ultimatum an die Aufsässigen, in dem er sie als Kompromißler und Unruhestifter brandmarkte. Neben dem Revolutionsführer unterzeichneten es A. S. Bubnow, F. E. Dserschinski, A. A. Joffe, M. K. Muranow, J. M. Swerdlow, G. J. Sokolnikow, I. W. Stalin, L. D. Trotzki und M. S. Uritzki. Laut Lenin war das Schicksal der Partei und der Revolution »von der Einhaltung des Ultimatums abhängig« (ebd., S. 48). Auf einer Regierungssitzung wandte er sich »gegen jegliche Vereinbarungen mit Wikschel« (ebd., S. 50). Lenin wollte sein Machtmonopol nicht aus den Händen geben.
Der Vorsitzende des Sownarkom sah in der Auseinandersetzung mit Wikschel lediglich einen Kampf um Regierungsposten. Für ihn war klar, daß die Menschewiki und Sozialrevolutionäre den Bolschewiki nicht das politische Machtmonopol überlassen wollten. Die »Krise im ZK und in der Regierung bewies, daß das wahre Ziel Lenins nicht die Sowjetmacht als solche war, sondern eine Sowjetmacht als Diktatur der bolschewistischen Partei« (»Nowy schurnal«, 1971, Nr. 103, S. 220). Lenin wollte eine rein bolschewistische Regierung. Durch persönliche Gespräche mit den »Kompromißlern« (Sinowjew, Miljutin, Nogin und anderen) konnte er diese Genossen schließlich von ihrer ursprünglichen Meinung über die Zusammensetzung der Sowjetregierung abbringen.
Anfangs ging Lenin ganz in seiner umfangreichen Regierungsarbeit auf. Seit der Regierungsbildung am 27. Juli 1918 versäumte er lediglich 7 der 173 Versammlungen des Rats der Volkskommissare (Welikaja Oktjabrskaja sozialistitscheskaja rewoljuzija. Enziklopedija, Moskau 1987, S. 481). Wie aus den Sitzungsprotokollen hervorgeht, hatte der Rat der Volkskommissare ein gewaltiges Arbeitspensum zu erfüllen.
Die Bolschewiki wollten die sozialistische Gesellschaft aufbauen, indem sie das riesige Land zentral verwalteten, bis in die kleinsten Bezirke hinein kontrollierten und die gesamte gesellschaftliche Entwicklung reglementierten. Allein im November und Dezember 1917 berieten die Kommissare über beinahe 500 Fragen des staatlichen, gesellschaftlichen und wirtschaftlichen Lebens. Zu Beginn

bestanden die Hauptaufgaben in der Konfiszierung, Aufteilung und Bewilligung von Mitteln sowie in der Revolutionsgerichtsbarkeit und dem Kampf gegen Sabotage. Den Bolschewiki gelang es nach der Zerschlagung des Widerstandes der Sozialrevolutionäre und deren demokratisch gesinnten Kampfgenossen, am 4. (17.) November 1917 einen Beschluß des WZIK zu erwirken, der dem Rat der Volkskommissare nicht nur die exekutive, sondern auch die legislative Gewalt zusprach (Dekrety sowjetskoj wlasti, Bd. 1, 1957, S. 44 f.). Das ZK der SDAPR(b) sollte bald darauf in den Besitz eines ungeheuren Machtmonopols gelangen: Es würde nunmehr nicht nur das WZIK, sondern auch den Rat der Volkskommissare kontrollieren.

Ein Dekret des Sownarkom folgte auf das andere, doch keines war genau durchdacht. Einzig und allein die »revolutionäre Zweckmäßigkeit« bildete die Grundlage ihrer Ausarbeitung und Annahme. Laut Gesetz war es nunmehr möglich, jede beliebige Bagatelle, die den Anschein einer »bourgeoisen Tätigkeit« hatte, zu verurteilen. So wurde das Präsidium des WZIK bald mit einer Flut von Gnadengesuchen überhäuft, wie allein die Protokolle vom Mai 1920 belegen:

»5. Bittgesuch des Kalugaer Gouvernementsversorgungskomitees zur Aufhebung des Erlasses des Volkskommissars für Versorgung über den Verweis für den Genossen Archip ...
13. Bittgesuch zur Begnadigung der vom Kostromer Revolutionstribunal wegen Kartenspiels verurteilten W. Lbowski, N. Seredinski, D. Istomin, G. Beljajew, I. Postnikow, W. Usikow, D. Nagorski, P. Bytschkow, A. Waldenburg, W. Konopatow (4 Jahre Lagerhaft) sowie P. Wachomejew und W. Kwasnikow (10 Jahre) ...
14. Bittgesuch des Genossen F. Iljin betreffs der Erlaubnis, in der von ihm belegten Wohnung im zweiten Haus der Sowjets bleiben zu dürfen, und seiner Befreiung von der Miete ...« (Archiv der Russischen Föderation)

Lenin selbst erließ auf einem speziellen Vordruck mit dem Stempel »Vorsitzender des Rates der Volkskommissare« eine Vielzahl unterschiedlicher Anordnungen:

»Sdorowjetz, Gouvernement Orel. An Burow, Perejaslawzew; eine Kopie an den Gouvernementssowjet von Orel.
Es ist notwendig, die erbarmungslose Unterdrückung des Aufstandes der Kulaken und Sozialrevolutionäre mit der Konfiszierung des gesamten Getreides der Kulaken und dessen kostenloser Verteilung unter die Armen zu verbinden. Informieren Sie mich telegraphisch über die Ausführung.

Der Vorsitzende des Sownarkom Lenin«

(Archiv der Russischen Föderation)

Das Regierungsoberhaupt hatte niemals in der Industrie, in der Landwirtschaft oder in den Staatsorganen gearbeitet und verfügte daher nur über oberflächliche Kenntnisse der verschiedenen staatlichen Aufgabenbereiche (Wirtschaft, Verkehr, Kriegsangelegenheiten, Diplomatie usw.). Viele seiner Anordnungen waren verwirrend und schwer verständlich. So erschien in der »Prawda« ein Auszug aus seiner Rede auf einer Versammlung von Vertretern der Petrograder Garnison:

»Unsere Aufgabe, die wir keine Minute aus den Augen verlieren dürfen, besteht in der allgemeinen Bewaffnung des Volkes und der Abschaffung des stehenden Heeres. Durch die Einbeziehung der arbeitenden Bevölkerung wird die Arbeit erheblich erleichtert. Es empfiehlt sich, tägliche Versammlungen durchzuführen, wie einige Genossen vorgeschlagen haben ... Jede Abteilung sollte sich gemeinsam mit den Organisationen der Arbeiter darum kümmern, daß alle notwendigen Vorbereitungen für diesen euren Krieg getroffen werden, ohne auf Anweisungen von oben zu warten. Diese Aufgabe muß bereits von der heutigen Nacht an selbständig in Angriff genommen werden.« (Lenin, PSS, Bd. 35, S. 40)

Der Artikel war überaus schwer verständlich und bisweilen sogar rätselhaft. Lenins Selbstüberschätzung und sein Mangel an Erfahrung kamen darin deutlich zum Ausdruck. Von der völligen Konzeptlosigkeit des Revolutionsführers zeugt auch ein persönlicher Brief Joffes an Trotzki:

»Krasin wurde zum Volkskommissar für das Verkehrswesen ernannt, ein Posten, für den er – ungeachtet seiner sonstigen Verdienste – überhaupt nicht geeignet war. Am Tag darauf, kurz vor meiner Abreise, hatte mich Wladimir Iljitsch zu sich bestellt. Schließlich fragte er mich, um wieviel Uhr ich denn losfahren müsse. Ich antwortete, daß ich nicht genau wisse, wann der Zug fährt.
›Dann rufen Sie den Volkskommissar für das Verkehrswesen an‹, sagte Wladimir Iljitsch zu mir.
Seiner Ansicht nach mußte Krasin über alles Bescheid wissen, sogar über den Zugfahrplan, und das trotz der Tatsache, daß er erst gestern eingesetzt wurde und nicht die geringste Ahnung vom Verkehrswesen hat.« (Archiv der Sowjetarmee)

Weiter schrieb Joffe über die Auswahl und die Ernennung der Volkskommissare:

»Die Finanzen übertrug man Krestinski, obwohl er kein Finanzexperte ist. Tschitscherin, dessen diplomatische Fähigkeiten äußerst zweifelhaft sind, ist für die Außenpolitik zuständig. In einem wohlorganisierten Staat ist es jedoch notwendig, daß die entsprechenden Posten ausschließlich mit kompetenten Leuten besetzt werden, wie unter dem zaristischen Regime, wo ein Mann Finanzminister wurde, der sich durch seine lange Dienstzeit in der Finanzbehörde Hämorrhoiden zugezogen hatte. Der Minister für auswärtige Angelegenheiten war ein Mensch, der die Schwellen aller ausländischen Höfe überschritten hatte, zunächst als Attaché, dann als Gesandter und zuletzt als Botschafter ... Doch bei uns holt man irgendwelche Bauern direkt vom Hakenpflug weg. Irgendein Lutowinow wird zum Mitglied des Kollegiums des Volkskommissariats für Arbeiter- und Bauerninspektion ernannt, obwohl er weder etwas von der Inspektion versteht noch sich dafür interessiert ...« (Archiv der Sowjetarmee)

Die Regierung ließ sich vor allem von »Klassen«-Prinzipien und der Übereinstimmung ihrer Beschlüsse mit den marxistischen Dogmen leiten. Der Vorsitzende kümmerte sich um die politisch

brisantesten Fragen persönlich. So legte er auf der Sitzung des Sownarkom am 28. November 1917 ein Dekret »Über die Verhaftung der prominentesten Mitglieder der Partei der Volksfeinde (die Kadetten, D. W.) und ihre Überstellung an das Revolutionstribunal« zur Abstimmung vor.
Die Debatten im Rat der Volkskommissare zeichneten sich meist durch Kürze und Bündigkeit aus. Lenin trieb zur Eile an, unterbrach lange Redebeiträge und rügte die zu spät Gekommenen. Auf seine Initiative wurde ein Beschluß »Über Maßnahmen gegen den unregelmäßigen Besuch von Versammlungen und Sitzungen« gefaßt, der sich an alle Organe der Sowjetmacht richtete. In diesem Dokument heißt es:

»Eine Verspätung von mehr als 10 Minuten ohne triftigen Grund hat beim ersten Mal eine Aussprache zur Folge, beim zweiten Mal eine Lohnkürzung von einem Tagesgehalt und beim dritten Mal einen öffentlichen Verweis ... Wer sich um mehr als 15 Minuten verspätet, wird öffentlich gerügt oder mit Zusatzarbeit an Feiertagen bestraft.« (Archiv der Russischen Föderation)

Für die Mitglieder des Rat der Volkskommissare wurden auf Lenins Anweisung hin besondere Sanktionen ausgearbeitet. Man veranschlagte folgende Strafen für zu spät Gekommene: bis zu einer halben Stunde – 5 Rubel; bis zu einer Stunde – 10 Rubel. Von der Bestrafung waren nur jene Volkskommissare ausgenommen, die ihre Verspätung im voraus eingehend begründet hatten. (Archiv der russischen Föderation)
Mit diesen Maßnahmen wollte der Revolutionsführer einen zügigen Ablauf der oft endlosen Sitzungen gewährleisten. Zudem fuhr er bisweilen miteinander flüsternden Genossen scharf über den Mund, gab boshafte Äußerungen von sich und brachte »giftige Bemerkungen« zu Papier.
Lenins Sekretäre hatten sehr unter seiner Strenge zu leiden. Als der Vorsitzende des Sownarkom seine Sekretärin Fotijewa eines Tages nicht auf ihrem Platz vorfand, hinterließ er ihr eine wütende Notiz: »*Fotijewa.* Ich erteile Ihnen einen Verweis. Sie sollen nicht schlafen, sondern es gefälligst so einrichten, daß man Sie leicht

findet und Sie mir *immer* zu Diensten stehen. 21. II. Lenin« (Archiv der Russischen Föderation).

Allein am 19. November 1917 befaßte sich die Sowjetregierung unter anderem mit folgenden Fragen:

Verhandelte Sachverhalte	Beschlüsse
1. Dekret über die standesamtliche Trauung	Zur Begutachtung an das Volkskommissariat für Justiz weiterleiten
2. Dekret über die Scheidung	Zur Begutachtung an das Volkskommissariat für Justiz weiterleiten
3. Bericht Stalins über den Handel mit Finnland und über die finnischen Devisen	Pjatakow mit der Frage zur Klärung des Devisenproblems beauftragen. Wegen eines Kredits der Finanzkanzlei die Entscheidung des Kleinen Rates des Sownarkom abwarten
8. Vorschlag Stalins, die Wahlen zur Verfassungsgebenden Versammlung zu verschieben	Die Prüfung dieses Vorschlags bis zum 20. November verschieben
9. Bericht Stalins über die Ukraine und die Rada	Stalin mit der Einberufung einer Sonderkommission für den 20. November beauftragen
11. Forderung einer Sondervergütung in Höhe von 500 000 Rubeln durch die Arbeiter des Bergbaubezirks Sentejewsk	Der zwischenbehördlichen Kommission zur Begutachtung übergeben
13. Anfrage Stalins wegen der Kredite an die Kommissariate	Falls sich herausstellt, daß die Angestellten am 1. Januar 1918 ihr Gehalt bekommen haben, ist dieses Geld zurückzuerstatten. Die Verantwortli-

	chen gegebenenfalls inhaftieren und dem Revolutionstribunal übergeben
15. Vorschlag Uljanows, den Genossen Essen zum zeitweiligen Stellvertreter des Volkskommissars für Staatskontrolle zu ernennen	Genosse T. Essen wird zum Stellvertreter des Volkskommissars für Staatskontrolle ernannt
18. Antrag des außerordentlichen Bauernkongresses auf Bewilligung von 200 000 Rubeln für anfallende Kosten	200 000 Rubel aushändigen, die restlichen 250 000 dem Fonds des Vorparlaments entnehmen
21. Bericht Glebows über eine Gehaltserhöhung für Angestellte des Post- und Fernmeldewesens (Bewilligung von 500 000 Rubeln)	Den Angestellten des Post- und Fernmeldewesens der Stadt Petrograd 50 000 Rubel für den Monat November zukommen lassen
25. Vortrag Trotzkis über die Arbeit des Kriegsministeriums	(Geheimbeschluß über die Säuberung des Ministeriums; »Entlassung« des Kommandostabs der lettischen Regimenter ...)
26. Anfrage von Petrowski wegen Verhaftungen im Innenministerium	Verhaften, wenn Petrowski es als notwendig erachtet
27. »Säuberung« der Ministerien	Alle Volkskommissare werden verpflichtet, täglich einen schriftlichen Bericht über die »Säuberung« ihrer Ministerien abzuliefern.

Der Vorsitzende des Rates der Volkskommissare

W. Uljanow (Lenin)

(Archiv der Russischen Föderation)

Dieser Protokollauszug gibt Einblick in die Arbeit der Revolutionsregierung. Der alte Staatsapparat war zerschlagen, der neue arbeitete primitiv, uneffektiv und ausgesprochen bürokratisch. Während Lenin das Volk wiederholt zur Selbstverwaltung aufrief, beschnitt er dessen Handlungsfreiheit durch ständig neue Reglementierungen. Bereits am zweiten Tag nach dem Umsturz hatte er den Grundstein für einen Polizeistaat gelegt: Am 26. Oktober verfaßte er den »Entwurf einer Verordnung über die Arbeiterkontrolle«, in dem als wichtigstes Element der staatlichen Ordnung die ständige Kontrolle aller Bereiche des gesellschaftlichen Lebens proklamiert wurde:

»Wer sich der Nachlässigkeit im Umgang mit Lebensmitteln oder der Verheimlichung von Lebensmittelvorräten schuldig macht, wird mit der Konfiszierung seines gesamten Eigentums und bis zu 5 Jahren Haft bestraft.« (Lenin, PSS, Bd. 35, S. 30 f.)

Bereits im Dezember 1917 wurden zahlreiche Verlage politisch andersdenkender Gruppierungen kurzerhand geschlossen. Doch damit nicht genug. Mit seiner »Verordnung über eine Kriegszensur durch die Tscheka« wurde diesem Organ »die Kontrolle über Presse, Kinematographie ... und das Post- und Fernmeldewesen übertragen« (Archiv für neuere Geschichte).

Lenin nahm sich das Recht heraus, die Beschlüsse des Rat der Volkskommissare eigenmächtig zu korrigieren. So verfaßte er die folgenden Zusätze zu dem vom Sownarkom erlassenen Dekret »Das sozialistische Vaterland ist in Gefahr!«:

»2. Alle Angehörigen der reichen Klasse oder einer der ihr zugehörigen Gruppen ... werden verpflichtet, unverzüglich ein Arbeitsbuch anzuschaffen, in dem ihre Beiträge zur militärischen oder administrativen Arbeit vermerkt werden ... Diese Arbeitsbücher für Wohlhabende sind für 50 Rubel erhältlich ...
3. ... Wer kein Arbeitsbuch besitzt oder vorsätzlich falsche Angaben darin macht, wird nach dem Kriegsrecht bestraft.
All jene, die im Besitz von Waffen sind, erhalten einen neuen

Waffenschein a) von ihrem Hauskomitee; b) von der Behörde ... Der Besitz von Waffen ohne diese Waffenscheine ist verboten; auf Zuwiderhandlung gegen diese Vorschrift steht Erschießung.
Die gleiche Strafe steht auf das Verstecken von Lebensmittelvorräten ...« (Lenin, PSS, Bd. 35, S. 359 f.)

So also erfüllten die neuen Machthaber ihr Versprechen, »eine freie Gesellschaft« ohne Unterdrückung, Polizeiaufsicht, Terror und Spitzeldienste zu schaffen! Trotz aller Verlogenheit und Demagogie aber plagte Lenin kein schlechtes Gewissen. Mit der Tscheka schuf sich die Regierung ihr eigenes Straforgan. Weitsichtige Menschen erkannten schon bald, welche schreckliche Gefahr von den neuen Machthabern ausging. Gorki erklärte kategorisch: »Lenin, Trotzki und ihre Anhänger haben sich mit dem verfaulten Gift der Macht infiziert, wie ihre verächtliche Einstellung zur Freiheit, zur Persönlichkeit und all den anderen Werten beweist, für deren Sieg die Demokratie einst kämpfte.« Der »Sturmvogel der Revolution« urteilte hart und kompromißlos: »... Lenin ist kein Wundertäter, sondern ein kaltblütiger Taschenspieler, dem weder die Ehre noch das Leben des Proletariats etwas bedeuten. Die Arbeiter sollten nicht zulassen, daß Hochstapler und Verrückte im Namen des Proletariats schmachvolle, sinnlose und blutige Verbrechen begehen, für die man nicht Lenin, sondern das Proletariat selbst zur Rechenschaft ziehen wird.« (»Nowaja Schisn«, 7. [20.] November 1917, Nr. 174)

Nicht nur Angehörige der Intelligenz, sondern auch einfache Menschen spürten das nahende Unheil. In den Archiven sind einige Briefe erhalten geblieben, die 1917 und in den Folgejahren an Lenin gesandt worden waren.

Em. Pawlow beispielsweise machte in seinem Schreiben die Kommissare, die »Männer in den Ledermänteln«, für alle Probleme verantwortlich. Diese Menschen »beweihräuchern Sie und wollen Sie auf einen Sockel heben, von dem aus Sie nicht mehr sehen können, was im Lande vor sich geht, während Sie für das Volk in unerreichbare Ferne rücken«. (Archiv für neuere Geschichte)

N. Woronzow klagt: »All Deine Reformen führten im wesentlichen zu folgendem: Allgemeine Zwangsarbeit ... Beseitigung der Reisefreiheit ... und allgegenwärtige Kontrolle der Bürger

durch die Tscheka.« Der Verfasser des Briefes hielt es für möglich, daß man schließlich »Deinen Leichnam durch Moskau schleift wie den Leichnam eines Usurpators«. (Archiv für neuere Geschichte)
Vermutlich bekam das Oberhaupt der russischen Regierung diese Briefe niemals zu Gesicht, doch es ist offensichtlich, daß schon zu Beginn der sowjetischen Epoche viele Menschen durch die Perspektive, die Lenin dem russischen Volk bot, in Angst und Schrekken versetzt wurden.
Bisweilen griff der Revolutionsführer zu populistischen Maßnahmen, um das Ansehen der neuen Regierung zu erhöhen. In einem Dekret, das auf seine Initiative erlassen wurde, legte man das Monatsgehalt eines Volkskommissars auf 500 Rubel – plus 100 Rubel für jedes nichtarbeitende Familienmitglied – fest (Archiv der Russischen Föderation).
Lenin wußte jedoch genau, daß es sich dabei nur um die Spitze des Eisberges handelte, denn die Kommissare kamen in den Genuß besonderer Vorrechte. So bezogen sie die Datschen ehemaliger »Großbürger« und hielten sich Leibärzte. Bereits 1918 wurden für sie Spezialzüge eingesetzt, mit denen sie zu Kuren und Erholungsreisen ins Ausland fahren konnten. Die Parteispitze konnte alle möglichen Privilegien für sich in Anspruch nehmen, da sie keinerlei demokratischer Kontrolle unterlag.
Lenin selbst gönnte sich bisweilen trotz der anfallenden Arbeit einige Tage Erholung im Grünen; so etwa im Dezember 1917, als er nur zwei Monate nach dem Oktoberumsturz einen fünftägigen Urlaub nahm. (Archiv der Russischen Föderation)
Der Rat der Volkskommissare erließ ein Dekret nach dem anderen. Obwohl man öffentlich verkündet hatte, daß die reguläre Armee durch die bewaffnete Volksmacht ersetzt werden sollte, schien ein stehendes Heer doch bald unerläßlich. Im November unterzeichnete Lenin eine Reihe von Dekreten über die Armee. In dem Dekret »Über die Gleichstellung aller Armeeangehörigen« schaffte der Sownarkom alle Dienstgrade, Titel, Orden und Organisationen der Offiziere mit der Begründung ab, daß die Armee der russischen Republik nur aus freien und gleichgestellten Bürgern bestehe, »welche den ehrenvollen Titel ›Soldat der revolutionären Armee‹ tragen« (Archiv der Russischen Föderation). In an-

deren Dekreten wurde darauf hingewiesen, daß die Armee dem Rat der Volkskommissare als dem Organ des Volkswillens untergeordnet sei. »Die gesamte Macht in den Einheiten und Verbänden liegt bei den Soldatenkomitees. Der Komandostab sowie alle Amtspersonen der Armee werden gewählt.« (Archiv der Russischen Föderation)

Mit derartigen Anordnungen zerstörte Lenin noch die letzten Überreste einer militärischen Organisation. Er hatte keinerlei Vorstellung von den Besonderheiten eines militärischen Systems und dessen hierarchischem Aufbau. Auf den Schiffen und in den Regimentern herrschten bald Anarchie und revolutionäre Zügellosigkeit. Nach einigen Beschwerden über die schlechte Versorgung des Militärs folgte postwendend ein Dekret »Über die Verbesserung der Verpflegung der Soldaten«. Das Problem sollte auf »revolutionäre Weise« gelöst werden, nämlich durch »die Konfiszierung der benötigten Mittel bei den Wohlhabenden«: Der Rat der Volkskommissare erinnerte nachdrücklich daran, daß nur die »revolutionäre Selbsttätigkeit und die revolutionäre Initiative ... eine Lösung dieses drängenden Problems ermöglichen«. (Archiv der Russischen Föderation)

Dies galt nach dem 30. November auch für die Requirierung von Gold. Trotzki und Bontsch-Brujewitsch brachten den Vorschlag ein, daß »diejenigen, die Gold für die ›Beschlagnahmung‹ ausfindig machen und darüber Bescheid geben, eine Beteiligung in Höhe von einem Prozent des Marktwerts erhalten.« (Archiv der Russischen Föderation)

Mit seinen staatlichen Dekreten ermutigte Lenin die Klassenwillkür, demoralisierte die Menschen, provozierte organisierten Widerstand und entfachte auf diese Weise den Bürgerkrieg, der sich bald zu einem Flächenbrand ausweiten sollte. Dabei wurde er von den Linken Sozialrevolutionären tatkräftig unterstützt. Der Revolutionsführer revanchierte sich daraufhin mit dem Angebot, seine Mitstreiter an der Regierung zu beteiligen.

Am 9. Dezember wurde diese Frage auf einer Sitzung des Sownarkom erörtert. Als Hauptbedingung verlangte Lenin von den Linken Sozialrevolutionären, die »allgemeine politische Linie des ›Sownarkom‹« – also de facto den Kurs des bolschewistischen ZK –

zu unterstützten. Nach langer nächtlicher Beratung erzielte man schließlich eine Einigung. Folgende Linke Sozialrevolutionäre wurden als Volkskommissare in die Regierung aufgenommen: A. L. Kollegajew (Landwirtschaft), I. S. Steinberg (Justiz), P. P. Proschjan (Post- und Fernmeldewesen), W. E. Trutowski (lokale Selbstverwaltung) und W. A. Karelin (Staatseigentum). Zum Volkskommissar »ohne Geschäftsbereich«, doch mit vollem Stimmrecht, wurde W. A. Algasow ernannt (Archiv der Russischen Föderation).
Sie alle erwartete eine düstere Zukunft. Wenn sie nicht schon – wie Proschjan oder Steinberg – während des Bürgerkriegs an Typhus oder anderen bösartigen Krankheiten gestorben waren, teilten sie in den dreißiger Jahren das tragische Schicksal von Sinowjew und Kamenew.
Eine langfristigere Zusammenarbeit von Bolschewiki und Linken Sozialrevolutionären war kaum vorstellbar, und doch barg sie die einmalige Möglichkeit für einen sozialistischen Pluralismus. Wenn auch die Menschewiki in die Regierung aufgenommen worden wären, hätte man die bolschewistischen Jakobiner vielleicht noch aufhalten können.
Als Lenin im Januar 1918 auf dem III. Sowjetkongreß auftrat, äußerte er in bezug auf seine Bündnispartner: »Auf Grundlage unserer zweimonatigen Zusammenarbeit kann ich mit Zufriedenheit feststellen, daß ein Großteil der Fragen von uns einstimmig entschieden wurde.« (Lenin, PSS, Bd. 35, S. 264)
Bereits kurze Zeit später kam es jedoch zu ersten Unstimmigkeiten, als I. S. Steinberg, der Volkskommissar für Justiz, für sein Ressort das Recht auf vollständige Kontrolle über die Tscheka und die Untersuchungskommission des Revolutionstribunals forderte. Das konnten die Bolschewiki nicht zulassen.
Das Volkskommissariat der lokalen Selbstverwaltung, welches der Linken Sozialrevolutionär W. E. Trutowski leitete, wollte das System kleinerer Landbehörden (»Semstwos«) erhalten, die Bolschewiki sahen in ihnen jedoch die Bollwerke des alten Regimes ... Der Sownarkom beschäftigte sich im Laufe der kurzen Zusammenarbeit der beiden Parteien mehr als zehnmal mit derartigen Konfliktsituationen. Im nachhinein betrachtet, gewährleistete diese Koalition jedoch eine gewisse gegenseitige Kon-

trolle und bewies, daß es im Prinzip in der Zukunft möglich gewesen wäre, die Fesseln der totalitären Herrschaft und des Machtmonopols zu sprengen.
Die Linken Sozialrevolutionäre hatten tatsächlich vor, sich mit den Bolschewiki zu vereinigen. Doch Lenin belächelte dieses Ansinnen.
»Warten wir erst mal ab«, entschied der Führer der Bolschewiki (Harvard University. Houghton Library. BMS Russ. 13, T-3815, p.1).
Bis Lenin dann wegen der Ermordung des deutschen Gesandten Mirbach mit der Partei der Linken Sozialrevolutionäre abrechnete, bestand eine recht gute Zusammenarbeit. Beispielsweise gehörten sieben Linke Sozialrevolutionäre dem 20köpfigen Kollegium der Tscheka an, darunter Alexandrowitsch und Sachs, die beide als Stellvertreter Dserschinskis fungierten. Im April 1918 wurde mit Hilfe der Linken Sozialrevolutionäre gegen die Anarchie gekämpft. Sie unterstützten die Bolschewiki bei der Agitation auf dem Land und befürworteten das Dekret des Sownarkom vom 13. Mai 1918 »Über die Lebensmittel«, mit dem die Bolschewiki die Bauern ihres Getreides beraubten.
Die Bolschewiki waren jedoch nicht gewillt, ihre Macht mit irgend jemandem zu teilen. Dies hatte zur Folge, daß die Partei der Linken Sozialrevolutionäre am 6. und 7. Juli 1918 völlig zerschlagen wurde, nachdem sie bereits zuvor von den Bolschewiki der Verschwörung gegen den Friedensvertrag von Brest-Litowsk bezichtigt worden waren.
Als die Linken Sozialrevolutionäre am 15. Mai 1918 aus Protest den Rat der Volkskommissare verließen, atmeten die Bolschewiki erleichtert auf. Lenin hatte erneut sein Ziel erreicht: die Alleinherrschaft.
Noch beunruhigte ihn allerdings das Damoklesschwert der Verfassungsgebenden Versammlung, die eigentlich über die Zukunft des russischen Staates entscheiden sollte. In den bevorstehenden Wahlen rechnete sich Lenin bei den Bauern schlechte Chancen aus. Seine Befürchtungen waren nicht unbegründet.
Die Wahlergebnisse waren entmutigend für die Bolschewiki. Sie erhielten nur 175 Sitze in der Versammlung, während die Sozialrevolutionäre 370, die Linken Sozialrevolutionäre 40, die Men-

schewiki 15, die Volkssozialisten 2, die Kadetten 17, die Unabhängigen 1 und die Nationalitätengruppen 86 errangen.
Trotzki erinnert sich:
»In den ersten Tagen des Umsturzes, wenn nicht sogar schon in den ersten Stunden, beschäftigte Lenin die Frage der Verfassungsgebenden Versammlung:
›Man muß die Wahlen hinauszögern ... Wir müssen unbedingt neue Wahllisten erstellen, denn so, wie sie sind, kann man sie niemandem zeigen: die Mehrzahl sind zusammengewürfelte Intelligenzler, wir brauchen jedoch Arbeiter und Bauern. Man muß die Kornilows und die Kadetten außerhalb des Gesetzes stellen.‹
›Im Moment wäre eine Verschiebung ungünstig, denn man würde dies als Liquidierung der Verfassungsgebenden Versammlung auffassen, um so mehr als wir selbst die Provisorische Regierung der Verzögerung bezichtigt haben.‹
›Das sind alles Bagatellen! Warum ist eine Verschiebung ungünstig? Ist es etwa günstiger, wenn die Verfassungsgebende Versammlung aus Kadetten, Menschewiki und Sozialrevolutionären besteht?‹
In der Frage der Verfassungsgebenden Versammlung stand Lenin lange Zeit isoliert da. Unzufrieden meinte er:
›Das ist ein Fehler, ein offensichtlicher Fehler, der uns teuer zu stehen kommen kann! Hoffentlich wird uns dieser Fehler nicht den Kopf kosten‹« (Trotzki, O Lenine, S. 91–92).
Lenin wog das Für und Wider einer Zerschlagung der Verfassungsgebenden Versammlung ab, hielt diesen Schritt letzten Endes aber für notwendig. Doch er war sich völlig im unklaren darüber, wie die Linken Sozialrevolutionäre darauf reagieren würden. Nachdem man diese Frage im kleinen Kreis erörtert hatte, stimmten die Linken Sozialrevolutionäre schließlich der Auflösung der Verfassungsgebenden Versammlung zu. Doch genügte dies Lenin nicht, er forderte zusätzlich militärische Maßnahmen:
»Wir haben die Macht schon einmal erobert und sind nun gezwungen, militärische Maßnahmen zu ergreifen, um sie aufs neue zu erringen« (ebd., S. 93).
Die »militärischen Maßnahmen« bestanden im einzelnen darin, daß Lenin die Versetzung eines der zuverlässigsten lettischen Re-

gimenter nach Petrograd anordnete. Für den Fall des Widerstandes der Verfassungsgebenden Versammlung drohte man mit Waffengewalt.
Die nächste Sitzung der Wahlkommission der Verfassungsgebenden Versammlung fand am 23. November im Taurischen Palast statt. Gegen Mittag erschien der Kommandant des Palastes, Fähnrich Prigorowski, mit dem Befehl, sämtliche Mitglieder des Ausschusses zu verhaften. Ungeachtet ihrer Proteste wurden die Professoren und Advokaten, Ärzte und Politiker am Vorabend der Wahlen für vier Tage ohne Lebensmittel in ein leeres Zimmer gesperrt. Zehn Tage zuvor hatte sich die Kommission mit folgendem Bulletin an die Öffentlichkeit gewandt:

»Der Oktoberumsturz hat in einer Reihe von Wahlkreisen die Durchführung der Wahlen unmöglich gemacht ... Die Provisorische Regierung hält es nicht für möglich, die Eröffnung der Verfassungsgebenden Versammlung zu verschieben. Sie wird daher am 28. November um 14 Uhr im Taurischen Palast stattfinden.« (Iswestija Wserossiskoj po djelam o wyborach w Utschreditelnoje sobranije kommissii, S. 2)

Die Verhaftung der Kommission löste in Petrograd eine Welle des Protestes aus. Am 20. November veranstalteten die Kadetten und Rechten Sozialrevolutionäre eine Protestkundgebung vor dem Taurischen Palast. Sie versuchten den Palast zu stürmen und die Sitzung der Verfassungsgebenden Versammlung »zu eröffnen«. Den Bolschewiki gelang es dank der Unterstützung von Matrosen und Arbeitern, die Demonstranten zu vertreiben. Am Abend desselben Tages wertete der Sownarkom unter dem Vorsitz Lenins die Ereignisse in Petrograd aus. Trotzki bezeichnete den Aufstand der Rechten Sozialrevolutionäre und Menschewiki als Versuch einer bewaffneten Erhebung in Petrograd. Nach seiner Ansicht stellten die Kadetten ein ständiges Potential konterrevolutionärer Bestrebungen dar.
Lenin beantragte daraufhin die »Verhaftung der prominentesten Mitglieder der Partei der Volksfeinde und ihre Überstellung an das Revolutionstribunal« (Archiv der Russischen Föderation). Diese

Aktion war die Fortsetzung einer großangelegten Kampagne der Bolschewiki gegen die Verfassungsgebende Versammlung. Auf dem schnellsten Wege verabschiedete das WZIK ein Dekret »Über das Recht der Wähler, Deputierte abzuberufen, die nicht das Vertrauen des Volkes besitzen« (Archiv der Russischen Föderation). Obwohl die Verfassungsgebende Versammlung ihre Arbeit noch gar nicht aufgenommen hatte, wußten die Bolschewiki bereits sehr genau, wer »das Vertrauen des Volkes nicht besaß«, und entfesselten regelrechte Kampagnen gegen die entsprechenden Delegierten.

Mitte Dezember entwarf Lenin 19 Thesen über die Verfassungsgebende Versammlung, die eine jähe Abkehr der Bolschewiki von ihren ursprünglichen Losungen darstellten. Seine Hauptthese war, daß die Räte nicht nur eine »höhere Form der Demokratie« als die Verfassungsgebende Versammlung verkörperten, sondern daß sie überhaupt die einzig mögliche demokratische Form eines Parlaments darstellten. Derart unbegründete Behauptungen bildeten fortan die theoretische Grundlage für die bolschewistische Politik. In den Thesen erklärte Lenin weitschweifig, die Wahllisten seien »veraltet« und die Bevölkerung habe noch keine Gelegenheit gehabt, die Errungenschaften der bolschewistischen Politik in Hinblick auf die Fragen des Friedens und der Übereignung von Grund und Boden entsprechend schätzen zu lernen (Lenin, PSS, Bd. 35, S. 162 ff).

Wenn die Bolschewiki wirklich der Ansicht waren, die alten Wahllisten würden dem neuen Kräfteverhältnis der Klassen nicht gerecht, dann hätten sie ohne weiteres einen demokratischen Weg zur Lösung des Problems wählen können. Nach Meinung Wischnjaks hätte Lenin damals nur »die Verfassungsgebende Versammlung auflösen müssen, die im November nach den Wahllisten des Oktober gewählt worden war, und neue Wahlen ausschreiben und durchführen müssen« (Nowy schurnal, 1958, Nr. 52, S. 227). Lenin tat dies nicht; die Bolschewiki hatten im November verloren und würden mit Sicherheit auch in den folgenden Wahlen verlieren. Der Führer der Bolschewiki entschloß sich statt dessen, den »menschewistischen Kadettenflügel« der Versammlung zu schwächen, indem er die unbequemen Abgeordneten schrittweise abbe-

rief. Später wollte er dann der auf diese Weise dezimierten Versammlung die bolschewistischen Dekrete zur Beschlußfassung vorlegen. Falls diese Taktik nicht zum Erfolg führte, dann mußte man der Verfassungsgebenden Versammlung eben »den Garaus machen«.
Gegenüber Trotzki äußerte der Revolutionsführer:

»Natürlich war es sehr unvorsichtig von uns, daß wir die Einberufung nicht verschoben haben – das war sehr, sehr riskant. Doch letzten Endes ist alles noch einmal gutgegangen. Die Auseinanderjagung der Verfassungsgebenden Versammlung durch die Sowjetmacht bedeutet die vollständige und offene Liquidierung der formalen Demokratie im Namen der revolutionären Diktatur.« (Trotzki, O Lenine, S. 94)

Um die äußere Form zu wahren, beschloß man, die Verfassungsgebende Versammlung dennoch einzuberufen. »Der Rat der Volkskommissare setzt als Termin der Eröffnung der Verfassungsgebenden Versammlung den 5. Januar fest. Das Quorum liegt bei 400 Abgeordneten« (Archiv der Russischen Föderation). Sogar die Mittel dazu wurden bereitgestellt. Die Bolschewiki wußten, daß man mit diesen Ausgaben nur für kurze Zeit rechnen mußte.
Im Dezember initiierten die Bolschewiki einen Propagandafeldzug gegen die Verfassungsgebende Versammlung. Auf einer der Sitzungen des Sownarkom brachte Trotzki den Vorschlag ein, die »bürgerliche Presse« wegen ihrer »niederträchtigen Verleumdungen der Sowjetmacht« verstärkt zu verfolgen. Man beauftragte Petrowski mit der Schaffung eines Sonderkomitees im Innenministerium, das sich speziell mit dieser Frage befassen sollte (Archiv der Russischen Föderation). Damit war der Grundstein gelegt für die Zensur durch Partei und NKWD, die später mit »Glawlit« eine Art »ideologischen Schlagbaum auf dem Wege zur Wahrheit« errichteten.
Schließlich wurde die Verfassungsgebende Versammlung eröffnet, mit der sich für große Teile der russischen Bevölkerung die letzte Hoffnung auf einen demokratischen Wandel verband. Das Volk bekundete seine Solidarität durch eine Großdemonstration. Die Bolschewiki hatten Vorsorge getroffen. Bewaffnete Kräfte

hinderten die Demonstranten daran, zum Taurischen Palast zu marschieren. Daraufhin kam es zu blutigen Zusammenstößen, in deren Verlauf einige Menschen den Tod fanden.
Im Saal befanden sich 410 der insgesamt 715 Abgeordneten. Die Versammlung wurde von S. P. Schewzow, einem der ältesten Abgeordneten, eröffnet. Doch bereits seiner kurzen Rede wurde keine Aufmerksamkeit geschenkt. Vom Augenblick der Eröffnung an stimmten die Bolschewiki und die Linken Sozialrevolutionäre eine regelrechte Katzenmusik an; sie klopften auf die Tische, trampelten mit den Füßen, pfiffen und stießen Buhrufe aus (ähnlich wie bei den Kongressen unserer Volksdeputierten!). »... Anfangs hörte Lenin noch zu, später rekelte er sich teilnahmslos in seinem Sessel, drückte sich auf den Stufen des Podiums herum und war bald darauf verschwunden« (Archiv der Russischen Föderation). Bei der Wahl des Vorsitzenden der Versammlung erhielt Tschernow zwar die Mehrzahl aller Stimmen, doch man hinderte ihn daran, die Leitung der Versammlung zu übernehmen. Laut M. W. Wischnjak erklärte Bucharin in seiner Rede, die Diktatur »lege das Fundament für das Zusammenleben der Menschen in den nächsten tausend Jahren«.
Swerdlow forderte im Namen der Bolschewiki die Anerkennung und Billigung der Dekrete der Sowjetmacht. Die sozialrevolutionäre Mehrheit wies dieses Ansinnen zurück. Daraufhin verließen die Bolschewiki, entsprechend dem von Lenin ausgearbeiteten Szenario, den Versammlungssaal. Bald darauf folgten ihnen die Linken Sozialrevolutionäre. »Die Matrosen und Rotarmisten im Saal waren nun nicht mehr zu halten«, erinnert sich Wischnjak, der zum Sekretär der Versammlung gewählt worden war. »Sie sprangen über die Barrieren der Logen, entsicherten ihre Gewehre und sausten wie der Wirbelwind auf die Empore. Von der bolschewistischen Fraktion verließen nur die namhaften Vertreter den Taurischen Palast ... Das Publikum auf den Rängen geriet in Panik. Die Abgeordneten saßen regungslos auf ihren Plätzen und schwiegen. Wir sind von der Welt abgeschnitten, wie der Taurische Palast von Petrograd abgeschnitten ist und Petrograd von Rußland ...« (Anin, D., Rewoljuzija 1917 goda glasami jejo rukowoditjeljej, Rom 1971, S. 456–470)

Um 5 Uhr morgens forderte der bekannte Matrose A. G. Schelesnjakow im Namen der Bolschewiki die Abgeordneten auf, den Saal zu verlassen. Erst 70 Jahre später sollten frei gewählte Abgeordnete wieder einen derartigen Versammlungsraum betreten ...
Nachdem Lenin den Sitzungssaal verlassen hatte, entwarf er Thesen zu einem Dekret über das Schicksal der Verfassungsgebenden Versammlung, in denen er die »Schuld« an der Auflösung des Organs den Rechten Sozialisten und Menschewiken in die Schuhe schob, da diese »den Konflikt zwischen der Verfassungsgebenden Versammlung und der Sowjetmacht« herbeigeführt hätten. (Archiv der Russischen Föderation)
In der Nacht vom 6. zum 7. Januar betonte Lenin auf einer Sitzung des WZIK, daß die sozialistische Revolution »notwendig von einem Bürgerkrieg begleitet werden« müsse. In dem Artikel »Menschen aus dem Jenseits« polemisierte er kurz darauf gegen die pathetischen Reden Tschernows und Zeretelis, die beide der Ansicht waren, ein Bürgerkrieg müsse unter allen Umständen vermieden werden. Für den Revolutionsführer stellte sich die Sache jedoch ganz anders dar: »Entweder ein Sieg im Bürgerkrieg – oder der Untergang der Revolution« (ebd., S. 229 f.).
Im Herbst 1918 erfuhr Lenin von Karl Kautskys Broschüre »Die Diktatur des Proletariats«, in welcher der Nestor der europäischen Sozialdemokratie sich ironisch gegen die These wandte, die Räte verkörperten eine höhere Form der Demokratie als die Verfassungsgebende Versammlung: »Es ist doch interessant, daß sie (die Bolschewiki – D. W.) erst zu diesem Schluß gekommen sind, nachdem sie sich in der Verfassungsgebenden Versammlung in der Minderheit befanden. Bis dahin hatte niemand die Einberufung dieses Organs stürmischer gefordert als Lenin.«
An den Fronten des Bürgerkriegs war ein aufreibender Kampf im Gange, der leicht mit einer Niederlage der Sowjetmacht hätte enden können. Das Land wurde von grausamem Hunger, Banditentum und Terror heimgesucht. Obwohl Lenins verletzte Schulter schmerzte und er einen Großteil der Regierungsarbeit anderen überließ, verfaßte er sein Buch »Die proletarische Revolution und der Renegat Kautsky«. Ich denke, daß diese fast einhundert Seiten starke Arbeit sehr anschaulich den »gelehrten« Stil Lenins charak-

terisiert: pragmatisch, engstirnig und stilistisch außerordentlich primitiv, so daß es schwerfällt zu glauben, daß ein intelligenter Mensch all das geschrieben hat. So bezeichnet er K. Kautsky unzählige Male als »Judas«, »Renegat«, »Schurke«, »blinder Grünschnabel«, »Taugenichts«, »Handlanger der Schurken und einer Bande von Blutsaugern« und »Spießbürger«.
Dennoch muß man sich wundern, daß wir, mit unseren von marxistischem Dogmatismus überfrachteten Hirnen, die Unbeholfenheit dieses oberflächlichen und skandalösen Pamphlets nicht erkannt haben! Lenin übertraf sich selbst in seinen Schimpftiraden, indem er Kautsky beschuldigte, »verachtenswerte Methoden« anzuwenden und »niederträchtige Lügen« aus »der Müllgrube der Renegaten« zu verbreiten.
Um Lenins wahres Gesicht zu erkennen, war es nicht unbedingt erforderlich, auf die Veröffentlichung von »Lenins Geheimdokumenten« zu warten. Allein die bekannten, allen zugänglichen Werke hätten uns schon längst die Augen öffnen müssen, wäre unser Verstand nicht durch die jahrelange Propaganda benebelt worden ...

Viertes Kapitel

Die Opferpriester des Terrors

Bürgerkriege gehören grundsätzlich zu den irrationalsten Elementen der Revolution.
Nikolaj Berdjajew

Lenin gelangte denkbar einfach an die Macht. Ohne Barrikaden, blutige Kämpfe und Interventionen ging die höchste Gewalt im Staat in die Hände derjenigen über, die versprachen, die Menschen auf schnellstem Wege glücklich zu machen, ihnen Frieden, Land und Freiheit zu schenken. Die kanonischen marxistischen Lehrsätze verhießen einen einfachen Neubeginn. Laut ihnen mußte man nun das Privateigentum abschaffen, den bürgerlichen Staat zerstören, die Armee auflösen und statt dessen das Volk bewaffnen, die Arbeiter (es durften auch »Köchinnen« sein) zur Herrschaft befähigen, alle Geheimverträge veröffentlichen, eine strenge soziale Kontrolle in der Gesellschaft einführen und die Diktatur der Mehrheit errichten. Lenin schien in seinen Abhandlungen, etwa in »Staat und Revolution«, alles vorherzusehen. Nun galt es nur noch, nach den bereits vorhandenen Plänen das sozialistische Gebäude zu errichten. Doch das Leben war bedeutend vielfältiger als die von Lenin entworfenen Schemata. So nahte das Schreckgespenst des Hungers, viele Fabrikarbeiter erhoben sich, die Bauern hielten das Getreide zurück, die Armee zerfiel, und zahllose Banden trieben in Rußland ihr Unwesen. Das Land versank in Finsternis und Chaos.

Lenin erkannte bald, daß nur die »eiserne Hand« der Diktatur seine Revolution retten konnte. Auf der Sitzung des WZIK vom 14. (27.) Dezember 1917 unterstrich er, daß man »ohne die Diktatur des Proletariats und ohne eine Umformung der alten Welt mit eiserner Hand« nicht siegen könne (Lenin, PSS, Bd. 35, S. 172). Diese Hand sollte in der Tat einiges »umformen«. Man führte die Arbeitspflicht ein, belegte die Bourgeoisie mit zahllosen Steuern und »säuberte« die Behörden. Die Relikte der alten Welt mußten alle möglichen Nachweise über »der Gesellschaft dienliche Arbeiten« erbringen. Menschen bürgerlicher Herkunft mußten Zwangseinquartierungen in ihren Wohnungen über sich ergehen lassen und waren beständig von immer neuen Strafen bedroht. Die Kasernenordnung griff allmählich auf die zahlreichen Kommissariate, Ämter, Räte und proletarischen Organe über.

Trotzki erinnert sich, daß Steinberg, der Volkskommissar für Justiz, gegen die Anwendung von Gewalt und Repressionen als Mittel zur Lösung sozialer Probleme protestierte und Lenin, der Vorsitzende des Sownarkom, daraufhin ausrief: »Glauben Sie denn wirklich, daß wir ohne grausamen Terror als Sieger aus der Revolution hervorgehen können?«

Zu diesem Zeitpunkt hämmerte Lenin seinen Zuhörern bei jeder Gelegenheit die Notwendigkeit des Terrors ein ... Derartige Tiraden konnte man Dutzende Male am Tag hören, und sie richteten sich durchweg gegen jene, die des Pazifismus verdächtigt wurden.

»Was ist denn das für eine ›große Revolution‹, wenn wir nicht einmal fähig sind, die weißgardistischen Saboteure zu erschießen? Sie sehen doch, was das bürgerliche Gesindel bei uns in den Zeitungen schreibt! Wo ist denn hier die Diktatur des Proletariats? Alles nur leeres Geschwätz und Wirrwarr ...« (Trotzki, O Lenine, S. 104–105)

Wir wissen, wie unnachgiebig Lenin sein konnte. Zur Genüge bekannt ist sein Festhalten an der Idee des bewaffneten Aufstands. Und wenn auch viele seinen Weg zur sozialistischen Revolution als »unsinnig« bezeichneten, so erreichte er doch stets sein Ziel. Ständig unterstrich er die Notwendigkeit, die Diktatur zu verschärfen, um die »Revolution zu retten«. Seine Auffassung, daß der rücksichtslose Terror mit »eiserner Hand« durchzuführen sei, erhob er rasch zur praktischen Linie der Bolschewiki.

Die zunehmende Ausweglosigkeit der Lage und vor allem der

Hunger im Land trieben Lenin häufig zu den grausamsten Maßnahmen. Er behauptete kategorisch, daß man mit Hilfe des Terrors den Hunger bezwingen könne. Man müsse das Brot von den Reichen nehmen und Spekulanten erschießen. Als er sich im Petrograder Rat über mögliche Maßnahmen zur Bekämpfung des Hungers äußerte, betonte er besonders, wie wichtig es sei, »die Massen zur Eigeninitiative zu bewegen«. Diese »Eigeninitiative« manifestierte sich in ausgedehnten Durchsuchungen und Beschlagnahmungen auf der Jagd nach Brot. »Solange wir nicht mit Terror gegen Spekulanten vorgehen, also keine standrechtlichen Erschießungen durchführen, wird nichts dabei herauskommen.« Lenin drängte die Menschen zur Selbstjustiz: »Mit Räubern muß man ebenso verfahren und sie auf der Stelle erschießen ... Der vermögende Teil der Bevölkerung soll drei Tage ohne Brot eingesperrt werden, weil er Vorräte gehortet hat« (Lenin, PSS, Bd. 35, S. 311).

Die notstandsähnliche Situation, die Klassenwillkür und die vollständige Mißachtung der Menschenrechte veranlaßten die »Bourgeoisie« zum Widerstand, zu Protest und Sabotage. Auf bolschewistischer Seite wurde die Anwendung von Gewalt zur Norm, zu einer Facette des täglichen Lebens.

War das alles nur Zufall, oder war es historisch unvermeidbar? Ich glaube, daß man in diesem Zusammenhang drei Momente unterscheiden kann.

Erstens. Lenin verlor angesichts dieser Lawine von Problemen völlig den Überblick. Man darf nicht vergessen, daß er vor kurzem noch ein einfacher Emigrant aus den Reihen der Intelligenz gewesen war, der, im eigentlichen Sinne des Wortes, nie gearbeitet hatte, abgesehen von der Tätigkeit in seiner eigenen Partei über keinerlei Führungserfahrung verfügte und abgeschottet von der schrecklichen Realtiät des russischen Alltags lebte. Selbst mit der überragenden Kraft seines Verstandes war es für ihn schwierig, alles zu steuern (am Anfang kümmerte er sich persönlich um die Listen zur Verteilung von Wohnraum an altgediente Kommunisten und um Hilfen für die Vororte Moskaus. Zudem kontrollierte er die Kantine der Volkskommissare, absolvierte zahllose Propagandaauftritte usw.). Der alte Staatsapparat war zwar zusammen-

gebrochen, doch er wurde durch keinen neuen ersetzt. Die Schalthebel der Macht lagen in den Händen unbeugsamer, doch völlig unerfahrener Menschen.
Obwohl Lenin das Gewaltmonopol an sich gerissen hatte, verweigerten ihm viele Bauern, Angehörige der Intelligenz und Spezialisten ihre Unterstützung. Aus einigen seiner Verordnungen und Telegrammen spricht Verwirrung, teilweise sogar Panik. Ein Telegramm an Antonow-Owsejenko und Dserschinski in Charkow lautet zum Beispiel: »Um Gottes willen, ergreift die energischsten und revolutionärsten Maßnahmen zur Lieferung von Brot, Brot und nochmals Brot!!! Sonst muß Petrograd verrecken. Setzt Sonderzüge und Truppen ein. Brot sammeln und speichern! Begleitschutz für die Züge! Erwarte tägliche Information. Um Gottes willen!« (Lenin, PSS, Bd. 50, S. 30). Daß Lenin sich damals sogar auf Gott besann, ist lediglich als Aufschrei der Verzweiflung zu verstehen, der bezeugt, daß die Führung buchstäblich zu allem bereit war.
Zweitens. Unter den russischen Jakobinern existierte eine völlig andere Skala moralischer Werte. In ihren Augen galten Erbarmungslosigkeit, Klassenhaß und unverhohlener Machiavellismus als höchste revolutionäre Tugenden. Um seine Ziele zu erreichen, griff Lenin sogar auf das schreckliche Instrument der Geiselnahme zurück. So schlug er vor, »in jedem Getreidebezirk 25 bis 30 Reiche als Geiseln zu nehmen, die mit ihrem Leben für das Sammeln und Speichern aller Überschüsse bürgen sollen« (Ebd., S. 144). Diese und andere Forderungen zeugen von dem völligen moralischen Niedergang.
Drittens. Der Revolutionsführer wollte einfach Schrecken verbreiten, durch den Terror die Menschen einschüchtern und die Angst als seine Waffe einsetzen. Auf diese Art hoffte er, den Widerstandswillen von Millionen von Menschen brechen zu können. Das wichtigste Argument zur Rechtfertigung des bolschewistischen Terrors war die ständige Bekräftigung Lenins, er handle im Interesse des Proletariats. Im Artikel »Plechanow über den Terror« erläuterte Uljanow in naiver Weise den angeblichen Unterschied zwischen dem Terror der Bourgeoisie und dem Terror der Bolschewiki: erstere »setzten den Terror gegen Arbeiter, Soldaten und

Bauern ein, wobei sie im Interesse eines Häufchens von Gutsbesitzern und Bankiers handelten. Die Sowjetmacht dagegen ergreift Maßnahmen gegen Grundbesitzer, Marodeure und deren Handlanger und tut dies im Interesse der Arbeiter, Soldaten und Bauern.« (Lenin, PSS, Bd. 35, S. 186)

Es ist unschwer zu erkennen, daß diese Argumentationslinie sowohl in rechtlicher als auch moralischer Hinsicht völlig haltlos war; man konnte *jedes beliebige* Verbrechen rechtfertigen, wenn man es als im »Interesse des Proletariats« erforderlich darstellte. Die Führer der Revolution wurden zu Opferpriestern des Terrors. Der rote Terror rief schon bald den weißen auf den Plan. Doch bei diesem kam die Initiative – als Reaktion auf bolschewistische Exzesse – im wesentlichen von unten.

Während Hunger, innere Zerrüttung und Klassenterror zunahmen, sah sich Rußland einer neuen Herausforderung gegenüber: der drohenden deutschen Invasion. Nur durch einen demütigenden Vertrag mit Deutschland konnte sie abgewendet werden.

Die Anatomie des Friedens von Brest-Litowsk

Bereits am 20. November (3. Dezember), kaum einen Monat nach der Machteroberung, nahmen die Bolschewiki in separaten Gesprächen Kontakt mit Deutschland auf, und am 9. Dezember (22.) begannen die Friedensverhandlungen. Die Unterstützung, die Deutschland den Bolschewiki hatte zukommen lassen, zahlte sich nun für das Kaiserreich aus. Anfang Januar bekundete die deutsche Delegation ihre Bereitschaft, einen Friedensvertrag zu unterzeichnen, falls Rußland riesige Gebiete (mehr als 150 000 km^2) abtreten würde. Lenin ordnete an, die Bedingungen anzunehmen und den Frieden zu unterzeichnen. Genau zu diesem Zeitpunkt nahmen dramatische Ereignisse ihren Lauf. Die Partei spaltete sich in zwei Fraktionen. Es kam zu Auseinandersetzungen zwischen den Anhängern Lenins und den sogenannten »Linken Kommunisten«, die nicht zu Unrecht den Abschluß dieses Raubfriedens für einen Verrat an der Revolution hielten.

Der entscheidende Zusammenstoß wegen des umstrittenen Friedensvertrages ereignete sich auf dem VII. Parteitag, der kurzfristig anberaumt worden war. Ich glaube, daß Lenin noch auf keiner Sitzung mit so harter Kritik konfrontiert worden war. Er und Bucharin legten ihren Standpunkt dar. Es erscheint höchst aufschlußreich, daß weder Lenins noch Bucharins Anhänger an den gigantischen Gebietsverlusten Anstoß nahmen. (Letztendlich war man gezwungen, ungefähr eine Million km^2 abzutreten. Das war mehr als die Gesamtfläche Deutschlands!) Für Uljanow ging es in erster Linie um die Macht – das heißt, um Erhaltung der »revolutionären Errungenschaften«, wie der bolschewistische Führer es nannte. Er war bereit, Petrograd und sogar Moskau zu opfern, sofern er nur an der Macht blieb. »Ich will dem offensichtlichen Sieger Gebiete abtreten, um Zeit zu gewinnen. Darin und nur

darin liegt der springende Punkt ... Die Unterzeichnung eines Vertrags bei einer Niederlage ist ein Mittel, Kräfte zu sammeln.« Wenn man, wie Bucharin dies fordere, einen revolutionären Krieg führen würde, so sei das »der sicherste Weg, uns jetzt zu stürzen«. Sedmoj sjesd RKP Moskau/Petrograd, 1923, S. 126, 129, 131).
Die »Linken Kommunisten« sahen die Dinge anders: Indem sie den Friedensschluß zurückwiesen und zum revolutionären Krieg aufriefen, hofften sie, die revolutionäre Stimmung in Europa ausnutzen und einen Flächenbrand auslösen zu können. »Entweder wird die russische Revolution durch die internationale Revolution gerettet, oder sie wird durch das internationale Kapital zerschlagen werden.« Bucharin forderte, »den Friedensvertrag, der rein gar nichts bringt, zu annullieren und sofort die Vorbereitungen für die richtigen Schritte zu treffen«, das heißt, mit dem revolutionären Krieg zu beginnen. (Ebd., S. 33, 50)
Schließlich stimmte auf dem Parteitag die Mehrheit für die Position Lenins und den von ihm eingebrachten Resolutionsentwurf. Dabei spielte die Autorität Lenins und Trotzkis eine bedeutsame Rolle.
Der Führer der Bolschewiki versuchte, sämtliche Entscheidungen des Parteitags geheimzuhalten. Alle Unterlagen sollten unter Verschluß bleiben. Die Delegierten mußten sich sogar dazu verpflichten, über Einzelheiten der Beratung Stillschweigen zu bewahren. Es sollte lediglich bekanntgegeben werden, daß der Parteitag für den Friedensvertrag gestimmt hatte. Lenin war sich bewußt, daß seine Ansichten in den Augen des einfachen Mannes, gelinde gesagt, unpatriotisch erscheinen mußten. Die Menschen hatten nicht vergessen, daß er noch am Vorabend des Oktoberumsturzes als »deutscher Spion« gebrandmarkt worden war.
Auf Initiative Uljanows entschied man, die Hauptstadt von Petrograd nach Moskau zu verlegen. Dies kam einer Flucht vor der drohenden deutschen Okkupation gleich. In dem von Sinowjew eingebrachten Antrag, der durch den Rätekongreß beschlossen wurde, hieß es: »Während der Krise, die die russische Revolution gerade durchlebt, hat sich die Situation Petrograds als Hauptstadt erheblich verändert« (Sinowjew, Sotsch., Bd. 7, Teil 1, S. 544.). Freilich milderte Sinowjew die Entscheidung ab, indem er erklärte, daß der Umzug der Regierung nach Moskau zeitlich begrenzt sei,

weil »das Berliner Proletariat uns helfen wird, sie in das rote Petrograd zurückzuverlegen. Aber wir können natürlich nicht sagen, wann das geschehen wird. Es kann auch passieren, daß wir gezwungen sind, die Hauptstadt an die Wolga oder in den Ural zu verlegen. Dies wird von der Entwicklung der internationalen Revolution abhängen.« (Ebd., S. 537)
Weder Proteste der Linken noch der einfachen Arbeiter aus Petrograd konnten verhindern, daß die Regierung am 10. und 11. März 1918 nach Moskau übersiedelte. Eigentlich war das für Deutschland ein Zeichen, daß Rußland die Hauptstadt nicht verteidigen würde. Bereits am 14. März fand in Moskau die Eröffnung des Außerordentlichen Rätekongresses statt. Diese Versammlung mußte sich zur ersten Teilung Rußlands äußern. Die zweite Teilung sollte fast 73 Jahre später folgen.
Lenin reiste unter starker Bewachung in einem Spezialzug nach Moskau; die übrigen Regierungsmitglieder befanden sich in einem anderen Zug. In der ersten Zeit wohnten Krupskaja und Lenin in einem Zweizimmerappartement des Hotels »National« mit der Nummer 107/9. Arthur Ransome, ein englischer Journalist, beobachtete den Führer der revolutionären Regierung, wie er, umgeben von abgenutzten Koffern, Bündeln mit Bettwäsche und Büchern, in der Hotelhalle saß. (Archiv für neuere Geschichte)
Nach einigen Tagen bezog Lenin seine Amtswohnung im Kreml. Neben drei großen Räumen enthielt sie ein Zimmer für Bedienstete und eine Küche. Das Arbeitszimmer befand sich im selben Gebäude wie die Wohnung.
Unmittelbar nach seiner Ankunft beschloß der Revolutionsführer, sich vor dem Proletariat der Hauptstadt zu zeigen. Sein erster öffentlicher Auftritt fand am 12. März vor dem Moskauer Sowjet statt. Lenins Referat wirkte konfus, ließ eine klare Linie vermissen. Er sprach vom »Idioten Romanow« und dem »Aufschneider Kerenski«, er erklärte, daß »der Krieg die Revolution gezeugt hat«. Mit allen möglichen Mitteln versuchte er, die Schuld auf »die Versöhnler und Kerenski« abzuwälzen, die »die Armee zerstört haben«. Auf die üblichen Beschuldigungen folgten düstere Prophezeiungen: »Der Krieg wird unausweichlich kommen, obwohl bei uns alles zerstört ist.«

Die nunmehr verstummte Zuhörerschaft begriff nicht, worauf der Führer der bolschewistischen Regierung hinauswollte. Schließlich kam Lenin zum wesentlichen Punkt: »Wir haben keine Armee, und ein Land, das seine Armee eingebüßt hat, muß einen beispiellos schmachvollen Frieden akzeptieren« (Lenin, PSS, Bd. 36, S. 84–87). Offenbar war es Lenin entfallen, daß er selbst nur vier Monate zuvor im Brustton der Überzeugung gesagt hatte: »Unsere Aufgabe, die wir keinen Augenblick außer acht lassen dürfen, ist die allgemeine Bewaffnung des Volkes und die Auflösung des stehenden Heeres« (Lenin, PSS, Bd. 35, S. 40). Und sämtliche Erklärungen der Bolschewiki zur Demobilisierung der Armee, die Versammlungen der Demobilisierten, die Aufhebung des Wahlrechts für Armeeangehörige ... All das blieb in seiner Rede unerwähnt.

Lenin mußte spüren, wie der Boden unter seinen Füßen zu schwanken begann. Er wußte genau, daß man nur schwer Argumente finden konnte, um den Zerfall des großen Rußlands zu rechtfertigen. So mußte er schon sämtliche Beweisgründe, die ihm in den Sinn kamen, sowie seine ganze Beredsamkeit und Autorität aufbieten, um Herr der Lage zu bleiben. In seiner langen, fast eineinhalb Stunden dauernden Ansprache zeigte sich der Revolutionsführer ausgesprochen redselig. An wen und was er nicht alles erinnerte! Wieder wurde dem armen »Dummkopf« Kerenski, aber auch Tschernow, Zereteli und einer neuen Zielscheibe seiner Kritik, dem ukrainischen Politiker Winnitschenko, gründlich der Kopf gewaschen. Selbst den »Plünderer Napoleon«, den »Räuber Alexander I.«, die »räuberische englische Monarchie«, den »Frieden von Tilsit« und die »Pariser Commune« ließ der Redner nicht unerwähnt. Aus dem Saal ertönte bisweilen der Zwischenruf »Lüge!«, aber das störte Lenin nicht. Als er bemerkte, daß es auch jetzt noch Zeitungen gebe, die »die Seiten ihrer Ausgaben mit konterrevolutionärem Geschreibsel füllen«, rief jemand im Saal: »Die Redaktionen sind alle geschlossen worden ...« Lenins schroffe Erwiderung auf diese Bemerkung, die von Teilen des Publikums mit Applaus bedacht wurde, lautete: »Leider noch nicht alle, aber wir werden sie alle schließen.« (Lenin, PSS, Bd. 36, S. 100)

Mit dem Hinweis, daß man bald auf die Hilfe Liebknechts rechnen

könne, forderte Lenin dazu auf, den »harten und schmachvollen Friedensvertrag« zu ratifizieren. Wir »werden warten, bis das internationale sozialistische Proletariat uns zu Hilfe eilt, und dann die zweite sozialistische Revolution beginnen, die bereits im Weltmaßstab stattfinden wird« (ebd., S. 111).
Der Applaus war zwar nicht »überwältigend«, aber Lenin erhielt doch ausreichend Rückhalt für die Ratifizierung des Vertrags. In namentlicher Abstimmung unterstützte ihn der Kongreß nur »bedingt« mit 724 Jastimmen gegen 276 Neinstimmen. (Lenin, Biografitscheskaja chronika, Bd. 5, S. 319)
Während der Sitzung trat die Bolschewikin S. I. Gopner aus Jekaterinoslaw auf Lenin zu und fragte voll Kummer, was sie den Arbeitern ihrer Stadt sagen solle, die ja aufgrund des Vertrages den Deutschen zugesprochen würde und wie das denn möglich sein könne. Da spielte Lenin erneut seinen höchsten Trumpf aus:

»In Deutschland kommt die Revolution unausweichlich. Sie, genau diese Revolution, wird den Friedensvertrag von Brest vernichten.« (Archiv für neuere Geschichte).

Fast eine Million km^2 mußte Rußland abtreten. Das Land wurde gezwungen, Armee und Flotte zu demobilisieren, wobei auch die Einheiten nicht verschont blieben, die im Rahmen der Roten Armee neu formiert worden waren. Gewaltige Kontributionen mußten geleistet werden. Was Deutschland nun erhielt, überstieg alles, wovon der Kaiser und seine Minister während des Krieges zu träumen gewagt hatten. Die deutschen Streitkräfte drangen in zentrale Gebiete ein, bewegten sich in Richtung Sewastopol und rückten bis nach Petrograd und Pskow vor. Aus verschiedenen Orten gingen alarmierende Telegramme ein. Doch es sollte noch schlimmer kommen: Unter Berufung auf die Ratifizierung des Friedensvertrages »beruhigte« Lenin die verwirrten Menschen mit einem Dekret, das Kriegshandlungen gegen die Deutschen für unzulässig erklärte.
Die Menschewiki, an den Rand der Legalität gedrängt, konnten nur noch bissig und zugleich sorgenvoll feststellen: »Die Sowjetmacht ist gezwungen, sich ihr Existenzrecht durch die Erfüllung

von Befehlen und Wünschen des deutschen Imperialismus zu erkaufen. Nach dem wilhelminischen Joch wird der Rus nun auch noch der Stempel der Sowjetmacht aufgedrückt. Und bald werden wir nicht mehr wissen, was für ein Regime wir haben: ein sowjetisches oder ein Mirbachsches?« (»Nowaja sarja«, 1918, Nr. 2, S. 3/4)

Vorerst versuchte das Volkskommissariat für auswärtige Angelegenheiten fieberhaft, die Deutschen mit diplomatischen Noten vom Vormarsch über die vertraglich festgelegten Linien abzuhalten. Tschitscherin richtete ein Telegramm an das Außenministerium in Berlin und ersuchte darum, daß die deutsche Armee nicht über die ukrainische Grenze vordringen möge. »Wir wiederholen unsere Bitte an die deutsche Regierung, sich genauer darüber zu äußern, wo sich ihrer Ansicht nach die Grenze der Ukrainischen Republik befindet« (Archiv des Präsidenten). Das große Rußland bat darum, daß man seine Grenzen festlegt.

Lenin drängte auf den Austausch von Botschaftern. In Moskau traf Graf Wilhelm von Mirbach ein (der nicht ahnte, daß er nur noch drei Monate in der russischen Hauptstadt zu leben hatte), und nach Berlin wurde Adolf Abramowitsch Joffe entsandt, ein Mitglied des WZIK, Kandidat des ZK der RKP (b) und enger Freund L. D. Trotzkis.

Nach seiner Ankunft in Berlin schickte Joffe eine Depesche nach Moskau. Bislang, so teilte er seiner Regierung mit, habe er die Deutschen noch nicht bewegen können, ihren Vorstoß in Richtung Kaukasus zu stoppen. Die Deutschen forderten, »die Schiffe nach Sewastopol zurückzurufen«, andernfalls werde man den Vormarsch fortsetzen. »Ich empfehle«, telegrafierte der sowjetische Gesandte, »das Ultimatum anzunehmen und die Flotte von Noworossijsk nach Sewastopol zurückzuverlegen.« (Archiv des Präsidenten)

Moskau, das seine »revolutionäre Entschlußkraft« eingebüßt hatte, appellierte erneut an Deutschland, die Abmachungen nicht zu verletzen. Allerdings gab man auch diesmal wieder klein bei: In einer geheimen Direktive an den Kommandierenden der Schwarzmeerflotte und den Flottenhauptkommissar heißt es: »Der Rat der Volkskommissare befiehlt Ihnen im Einvernehmen mit dem Obersten Kriegsrat, nach Erhalt dieses Schreibens alle Schiffe der Schwarzmeerflotte und alle Handelsschiffe, die sich in Noworossijsk befinden, zu zerstören. Lenin.« (Lenin, Woennaja perepiska [1917–1920], Moskau 1956, S. 36)

Als sich Lenin von seiner Verstörung und dem lähmenden Schrekken erholt hatte, erkannte er, daß Deutschland Rußland einen schmachvollen Frieden aufgezwungen hatte, der einer Kapitulation gleichkam – und dies, obwohl es selbst am Rande einer unvermeidbaren militärischen Katastrophe stand. Was in den westlichen Hauptstädten längst alle wußten, begriff man schließlich auch in Moskau.

Joffe berichtete, daß es wachsende innenpolitische Schwierigkeiten in Deutschland gebe und daß es in der Armee gäre. Man habe in Berlin die unbestreitbare Tatsache erkannt, daß Deutschland strategisch die Westmächte nicht besiegen könne. Und die Bolschewiki sparten nicht an Mitteln, um die revolutionäre Propaganda in Deutschland zu schüren. Genauso wie die Deutschen mit Hilfe der Bolschewiki Rußland in den Jahren 1916 und 1917 destabilisiert hatten, verfuhren jetzt ihre heimlichen Verbündeten. Bereits auf dem V. Sowjetkongreß am 5. Juli waren im Referat Lenins, den die Sozialrevolutionäre durch Lärm und Geschrei am Reden zu hindern suchten, neue Töne zu hören. Die pathologische Angst vor dem Untergang der Sowjetrepublik schien bald wie weggeblasen. Der Revolutionsführer erlaubte sich, nun ganz anders von Deutschland und weiteren »imperialistischen Raubtieren« zu sprechen, wobei er sie freilich nicht beim Namen nannte. »Dieses verblutende Tier hat viele Stücke aus unserem lebenden Organismus herausgerissen ... aber sterben werden sie und nicht wir, weil ihr Widerstand rasch schwinden wird und sie bald am Abgrund stehen werden.« (Lenin, PSS, Bd. 36, S. 497)

Nicht von den Deutschen ging die größte Bedrohung für das Herrschaftssystem der Bolschewiki aus, sondern von der Unzufriedenheit im Lande. Der Hunger zog seine Schlinge um den Hals der Städte, die die Bolschewiki unterstützten. Widerstand breitete sich aus. Nach der Euphorie des Oktobersieges kam die Einsicht, daß man mit Losungen, Aufrufen und Dekreten allein die unzähligen schweren Probleme nicht lösen konnte. G. Solomon, der Lenin

persönlich gekannt hat, gibt in einem Buch die Gedanken eines bekannten sowjetischen Diplomaten in Berlin wieder: »Wir sind verdammt und müssen doch bis zuletzt durchhalten ... Unser Experiment wird mit dem Zusammenbruch enden, und uns erwartet eine harte Strafe. Wir haben uns diese Suppe eingebrockt und müssen sie daher auch auslöffeln.« (G. Solomon, Sredi krasnych woschdej, Bd. 1, Paris 1930, S. 85)
Im Sommer 1918 vollzog sich eine interessante politische Metamorphose; während die Bolschewiki die Schwächung Deutschlands bemerkten, kam man in Berlin angesichts der Situation Rußlands zu dem Schluß, daß die roten Machthaber am Ende waren. Man erkannte, unter welchem Druck sie agierten, wie sie sich unter der Last der gewaltigen Probleme krümmten. Graf Mirbach, der Lenin am 16. Mai im Kreml besuchte, äußerte zunächst die Ansicht, daß dieser »fest auf seinen Stern vertraut« und über »einen unverwüstlichen Optimismus« verfüge (Lenin, Biografitscheskaja chronika, Bd. 5, S. 459). Doch bereits einen Monat später berichtete Mirbach dem Reichskanzler Hertling: angesichts der »wachsenden Instabilität« der bolschewistischen Regierung müsse man sich »auf eine Umgruppierung der Kräfte einstellen«. Mirbach vermutete, daß Monarchisten und Kadetten »vielleicht die Basis einer zukünftigen neuen Ordnung bilden werden«, und schlug vor, man solle »unter Beachtung aller notwendigen Vorsichtsmaßnahmen im stillen damit beginnen, diesen Kreisen die von ihnen gewünschten Geldmittel zur Verfügung zu stellen ... Das bolschewistische System befindet sich in Agonie« (»Nowyj schurnal«, 1986, Nr. 162, S. 241, 243).
Ende Juni wurde der deutsche Diplomat noch deutlicher: »Nach mehr als zweimonatiger, aufmerksamer Beobachtung kann ich heute dem Bolschewismus keine günstige Diagnose stellen. Wir befinden uns zweifellos am Bett eines Schwerkranken; und obwohl eine zeitweilige Besserung möglich scheint, ist er letztendlich doch verloren« (ebd., S. 243). Mirbach hätte wahrscheinlich über Deutschland Ähnliches sagen können.
Wie man sieht, komplizierte sich die Situation im Sommer 1918, als die unlängst noch heimlich Verbündeten eine Schwächung beim jeweiligen Gegenüber wahrnahmen und dementsprechend

ihre Taktik zu ändern begannen. Lenin schickte sich an, im wesentlichen auf die Linie einzuschwenken, die bereits Trotzki in Brest-Litowsk vertreten hatte: »Weder Frieden noch Krieg«. Der Revolutionsführer war bereit, den Brester Friedensvertrag zu jedem beliebigen Zeitpunkt zu brechen, wartete jedoch noch ab. Selbst als die Linken Sozialrevolutionäre ihm einen Anlaß lieferten, diesen schmachvollen Fetzen Papier zu zerreißen, indem sie am 6. Juli 1918 Wilhelm von Mirbach töteten, ergriff er die Gelegenheit nicht.

Zwei Stunden nach dem Attentat begab Lenin sich in Begleitung Swerdlows in die deutsche Botschaft an der Deneschni-Gasse, wo sie ihr Beileid und ihre Empörung über das Vorgefallene äußerten. Man telegrafierte A. A. Joffe: »Suchen Sie den deutschen Außenminister auf, und bringen Sie gegenüber der deutschen Regierung unsere Entrüstung zum Ausdruck ... Die Mörder werden einem Außerordentlichen Revolutionstribunal übergeben« (Lenin, PSS, Bd. 50, S. 113). Lenin tat alles, um seine Friedensliebe zu demonstrieren.

Als jedoch eine Woche später Tschitscherin den Revolutionsführer, der gerade zur Erholung in Kuntzewo weilte, davon in Kenntnis setzte, daß Berlin den Rat der Volkskommissare darum ersuchte, ein Bataillon deutscher Soldaten zum Schutz der Botschaft nach Moskau entsenden zu dürfen, wandte sich Lenin mit Entschiedenheit dagegen. Ohne eine Sitzung des Rates der Volkskommissare einzuberufen, wies Lenin Tschitscherin an, die deutsche Note abzulehnen.

Auf der Sitzung des WZIK vom 15. Juli hätte Lenin beinahe den Brester Vertrag platzen lassen. Wenn man die Präsenz des deutschen Bataillons zulasse, erklärte der Vorsitzende des Rates der Volkskommissare, dann bedeute dies »den Anfang einer Okkupation Rußlands durch fremde Truppen« (Warum eigentlich der Anfang? Deutschland hielt bereits riesige Gebiete des russischen Territoriums besetzt!) Lenin erklärte entschieden, daß »es Grenzen gibt«, und falls diese überschritten würden, werde man wie »ein Mann mit der Waffe in der Hand zur Verteidigung unseres Landes« bereit sein (Lenin, PSS, Bd. 36, S. 525). Er redete nun genauso wie vier Monate zuvor seine Opponenten, die »Linken Kommunisten« und die Linken Sozialrevolutionäre.

Die veränderte Einstellung Lenins gegenüber seiner Schöpfung, dem Brester Frieden, spiegelte sich auch in einer Direktive wider, die eine Kürzung der vertraglich festgelegten Geldzahlungen und Materialleistungen an Deutschland vorsah. Auf Antrag des Revolutionsführers wurde genau jener Ja. S. Ganetzki (wenn es um Geldgeschäfte ging, war dieser Mensch nicht weit) zu Verhandlungen über die finanziellen Fragen nach Berlin geschickt.
Trotz der Weigerung der Sowjetregierung das deutsche Ultimatum bezüglich des Schutzbataillons zu erfüllen, kam es zu keiner gravierenden Verstimmung in Berlin. Die Botschaft zog lediglich nach Reval um. Lenin war nun endgültig davon überzeugt, daß er es nicht mehr mit dem früheren Deutschland zu tun hatte. Die sowjetische Regierung begann unauffällig, aber entschlossen, ihren Kurs gegenüber Berlin zu ändern. Davon zeugt auch der bekannte »Brief an die amerikanischen Arbeiter«, der kurz vor dem Anschlag auf Lenin am 20. August 1918 entstand. Nach dem Inhalt dieses Dokumentes zu urteilen, war der deutsche Imperialismus für den Revolutionsführer nur noch zweitrangig; die größte Gefahr für Rußland verkörperten nun die »Raubtiere des anglofranzösischen und amerikanischen Imperialismus«. Der Revolutionsführer erklärte, daß im Falle einer Offensive »der Haie des anglofranzösischen und amerikanischen Imperialismus gegen Rußland ... ich keine Sekunde zögern werde, nochmals genau dasselbe Abkommen mit den Raubtieren des deutschen Imperialismus zu schließen« (Lenin, PSS, Bd. 37, S. 56). Daran war man ja schon gewöhnt ... Im Grunde genommen war Lenin bereit, Deutschland gegenüber den Staaten der Entente beizustehen. Tatsächlich stärkten die Kontributionszahlungen, die Getreide- und Metallieferungen an Deutschland die Widerstandskraft des Kaiserreichs im Kampf gegen die Westmächte. Im Gegenzug versprach Berlin, die Weiße Bewegung nicht zu unterstützen.
Uljanow verfaßte während eines Erholungsaufenthaltes in Gorki einen Brief an das ZK, über den Ja. M. Swerdlow äußerte: Lenin schreibt, daß »in Deutschland eine politische Krise ausgebrochen ist und die Regierung keinen Rückhalt bei den Massen findet. Die Angelegenheit wird durch die Machtübernahme des Proletariats zu einem Ende kommen. Die Taktik der Bolschewiki hat sich somit

als richtig erwiesen. Wir werden den Brester Friedensvertrag nicht *jetzt* [kursiv vom Verfasser, D. W.] zerreißen, doch wir stellen uns bereits die Frage, welche Hilfe wir den deutschen Arbeitern in ihrem schweren Kampf gegen den eigenen und den englischen Imperialismus zukommen lassen können.« (Ja. M. Swerdlow, Isbr. proisw., Bd. 3, Moskau 1960, S. 28–29) Lenin trat zwar dafür ein, die Fackel der Revolution in Deutschland zu entzünden, zögerte aber vorläufig noch, den Brester Frieden aufzukündigen. Er fürchtete nun vor allem ein Eingreifen Englands, Frankreichs und Amerikas – zu Unrecht, da die liberale Entente im Hinblick auf die inneren Probleme Rußlands eine überaus passive Haltung einnahm.

Die Auswirkungen der bolschewistischen Propaganda in Deutschland und Österreich-Ungarn waren deutlich zu spüren. »Kriegs- und regierungsfeindliche Literatur«, schrieb Ju. Felschtinski, »die in deutscher Sprache in der RSFSR gedruckt wurde, verschickte man über die Botschaft Sowjetrußlands in alle Teile Deutschlands und an die Front. Seine Schuld gegenüber Deutschland, das die Vorbereitung der Revolution in Rußland mit Millionenbeträgen unterstützt hatte, beglich Lenin nun mit gleicher Münze, indem er seinerseits die kommunistische Revolution in Deutschland finanzierte« (»Nowy schurnal«, 1986, Nr. 162, S. 259). Mit dem Geld wurden unter anderem Waffen und Proviant für die deutschen Arbeiter gekauft. Wie A. A. Joffe berichtete, gründete die Botschaft Sowjetrußlands über Strohmänner einen 10-Millionen-Fonds zur Unterstützung deutscher Kommunisten.

In offiziellen Noten an Moskau protestierte Berlin gegen eine Einmischung der Bolschewiki in die inneren Angelegenheiten Deutschlands. Schließlich verwies das Reich die sowjetischen Diplomaten des Landes und rief sein Botschaftspersonal zurück. Doch es war bereits zu spät. Am 9. November 1918, ein Jahr nach der bolschewistischen Revolution, wurde Kaiser Wilhelm gestürzt, und zwei Tage später unterzeichneten die Sozialdemokraten Ebert und Scheidemann den Waffenstillstand. Wie nicht anders zu erwarten, hatte Deutschland den Krieg gegen die Entente verloren. Die Bolschewiki brauchten nur noch die Verträge des Brester Friedens, die am 3. März 1918 unterzeichnet worden waren, für null und nichtig zu erklären (was dann auch durch Ja. M. Swerdlow geschah). Die Entente bewahrte Rußland vor den erniedrigenden Konditionen eines Friedens, der zwischen Lenin und dem Kaiser ausgehandelt worden war. So glücklich endete das äußerst riskante Spiel, auf das sich Lenin mit Deutschland eingelassen hatte. Die erste Teilung Rußlands währte daher nicht lange: Sie dauerte insgesamt nur neun Monate.

Die »weißen Ornate«

So nannte die bedeutende russische Schriftstellerin Sinaida Hippius die heiligen Gewänder, die zum Symbol für die Treue gegenüber der »weißen Idee« wurden. In ihrem »Petersburger Tagebuch« schrieb sie:
»Die ganze Petersburger Bevölkerung wurde ›registriert‹ ... Fast die gesamte verbliebene Intelligenz degradierte man zu bolschewistischen Bürokraten. Die Besoldung reichte gerade aus, um langsam, aber sicher zu verhungern. Die neuen Beamten, die Hunger und Peitsche zum Dienst trieben, änderten sich nicht; die Bemühungen, sie mehrheitlich zum Bolschewismus zu bekehren, blieben vergeblich. Nur einzelne streckten die Waffen und liefen über. Sie bemühen sich nun eifrig, machen sich lieb Kind bei den Kommissaren und reden pathetisch vom ›Volkszorn‹. Es gibt auch noch solche, die sich angepaßt haben. Hier handelt es sich einfach um den spießbürgerlichen Menschentyp, der sich abmüht und dabei immer nur ans Essen denkt. Aber zur Verteidigung der russischen Intelligenz muß man sagen, daß ein riesiger Teil, sozusagen die erdrückende Mehrheit der Menschen ›sich gebeugt hat‹. Sie tragen unter großen Leiden und mit zusammengebissenen Zähnen das gußeiserne Kreuz des Lebens. Zu ihnen gehören fast *alle* Offiziere der Roten Armee, die dieses Amt schon innerhalb der russischen Streitkräfte bekleidet hatten. Wenn man nämlich die Offiziere mobilisiert (und solche Mobilisierungen wurden fast monatlich angeordnet), dann sperrt man sie sofort ein; und nicht nur die Offiziere selbst, sondern auch ihre Frauen, ihre Kinder, ihre Mütter und Väter, Schwestern und Brüder, ja sogar Großonkel und Großtanten. Man läßt Offiziere und Verwandte im Gefängnis unbedingt zusammen, damit klar wird, worum es geht. Und wenn man sieht, daß der Offizier zu den ›passiven Helden‹ gehört,

werden alle entlassen – der Offizier in die Armee und die Verwandten unter die ständige Aufsicht der Behörden. Der Kummer ist groß, wenn vom Armeekommissar eine Anzeige gegen den ›militärischen Spezialisten‹ ins Haus flattert ... Dann fahren Onkel und Tanten, ganz zu schweigen von Frau und Kindern, irgendwohin zur Zwangsarbeit, oder man sperrt sie in eine ehemalige Kasematte ein.« (D. S. Mereschkowski, S. N. Hippius, D. W. Filosofow, V. A. Slobin, Zarstwo Antichrista, München 1921, S. 55–56.)

Lenins Losung von der Umwandlung des imperialistischen Krieges in einen Bürgerkrieg bewahrheitete sich in ungeheuerlichster Weise. Alle »Ehemaligen«, denen man ihre frühere Position geraubt hatte, waren einfach dazu verdammt, Widerstand zu leisten. Es bedurfte keines Propheten, um die blutige Entwicklung dieses Krieges vorherzusehen. Jedes der Lager sah das Recht auf seiner Seite.

Schon im September 1916 hatte Lenin in seinem Schlüsselwerk »Das Kriegsprogramm der proletarischen Revolution« unmißverständlich erklärt: »Auch Bürgerkriege sind Kriege. Wer den Klassenkampf anerkennt, der wird nicht umhin können, dasselbe mit Bürgerkriegen zu tun, die eine natürliche, unter bestimmten Umständen unvermeidliche Fortsetzung, Entwicklung und Verschärfung des Klassenkampfes sind« (Lenin, PSS, Bd. 30, S. 133). Diese »natürliche« Fortführung des Klassenkampfes begann an jenem denkwürdigen Tag des Oktoberumsturzes, nahm aber ab dem Sommer 1918 schreckliche, zerstörerische und in höchstem Maße unmenschliche Formen an. Auf dem Höhepunkt des russischen Vandalismus versuchte Lenin, dem internationalen Kapital die Schuld zuzuschieben. Am 2. Dezember 1919 erklärte er: »Im Grunde genommen ist es der Weltimperialismus, der den Bürgerkrieg bei uns verursacht hat und an seiner Fortdauer schuld ist.« (Lenin, PSS, Bd. 39, S. 343.). Die imperialistischen Staaten haben tatsächlich nicht wenig getan, um die Konterrevolution zu unterstützen, aber ihre Handlungen waren unkoordiniert und spontan. Es wäre daher verfehlt, sie zum Hauptschuldigen am furchtbaren innerrussischen Konflikt zu erklären.

Lenin rief nicht nur in seinen theoretischen Äußerungen zur

Gewalt gegen Millionen von Menschen auf. Als Oberhaupt der Regierung gab er tagtäglich Empfehlungen und direkte Anweisungen heraus, wie dabei vorzugehen sei. In einem seiner Hauptwerke der Revolutionsperiode mit dem Titel »Wie soll man den Wettbewerb organisieren«, das freilich erst später gedruckt, aber von den Bolschewiki in der Praxis täglich angewandt wurde, heißt es unmißverständlich, daß sich Kommunen und Zellen in der Stadt und auf dem Land »dem einen allgemeinen Ziel widmen müssen: der Säuberung russischer Erde von allen schädlichen Insekten, spitzbübischen Flöhen, reichen Wanzen und so weiter. An einem Ort verhaftet man zehn Reiche, ein Dutzend Flöhe und ein halbes Dutzend Arbeiter, die sich vor der Arbeit drücken ... An einem anderen bringt man sie dazu, die Sortiermaschinen zu reinigen. An einem dritten versieht man diese schädlichen Menschen während der Verbüßung ihrer Strafe mit gelben Ausweisen, damit das ganze Volk bis zu ihrer Besserung ein waches Auge auf sie hat. An einem vierten Platz erschießt man standrechtlich einen von jenen zehn, die sich des Schmarotzertums schuldig gemacht haben. An einem fünften ...« (Lenin, PSS, Bd. 35, S. 204).

Die soziale Methodologie der »Säuberung« wurde stetig vervollkommnet. Ein Schreiben Lenins an seinen Nachfolger legt davon beredtes Zeugnis ab:

»Genosse Stalin!

Im Hinblick auf die Verbannung von Menschewiki, Volkssozialisten, Kadetten und anderen möchte ich noch einige Fragen stellen. Es geht darum, daß diese Operation, obwohl schon vor meinem Urlaub begonnen, bis heute nicht abgeschlossen ist.

Wurde denn nicht entschieden, alle Volkssozialisten – Poschechonow, Mjakotin, Gorifeld, Petrischtschew und andere – ›auszumerzen‹?

Meiner Meinung nach müssen alle ausgewiesen werden. Am schädlichsten sind die Sozialrevolutionäre, weil sie durchtriebener als die anderen sind. Dazu gehören auch A. N. Potresow, Isgojew und alle Mitarbeiter des ›Ekonomist‹ (Oserow und viele andere); ebenso die Menschewiki Rosanow (Arzt, ein Schlitzohr), Wigdortschik (Migulo oder in der Art) oder Ljubow Nikolajewna Ratschenko und ihre jüngere Tochter (man sagt, sie gehören zu den schlimmsten Feinden des Bolschewismus); N. A. Roschkow (man muß ihn verbannen, er ist unverbesserlich); S. L. Frank (der Autor der ›Methodologie‹). Die Kommission zur Überwachung Manzews, Messings und anderer soll Personenlisten vorlegen. Man müßte einige *Hundert* ähnliche Herrschaften erbarmungslos des Landes verweisen. *Wir werden Rußland auf lange Zeit säubern* ... Das alles muß möglichst bald geschehen; bis zum Ende des Prozesses gegen die Sozialrevolutionäre, auf keinen Fall später. Einige Hundert müssen auch ohne Begründung verhaftet werden; hinaus mit Ihnen, meine Herren!« (Archiv für neuere Geschichte).

Von Lenin stammte nicht nur die Idee zur »Säuberung Rußlands«. Er gab auch konkrete Anweisungen, und überwachte die Durchführung der Zwangsmaßnahmen.

»Genosse Unschlicht!
Veranlassen Sie bitte, mir alle beiliegenden Blätter mit Vermerken darüber zurückzuschicken, wer ausgewiesen wurde, wer einsitzt, wer von der Ausweisung verschont blieb und warum dies geschah. Halten Sie bitte Ihre Anmerkungen möglichst knapp.
Ihr Lenin« (Archiv für neuere Geschichte).

Die »Säuberung Rußlands« führte schließlich zu einem der blutigsten Bürgerkriege in der Geschichte der Menschheit. Bereits Ende 1917 begannen die Generäle Aleksejew und Kornilow, eine Freiwilligenarmee aufzustellen. Die Bolschewiki versuchten, den Klassenwiderstand schon im Keim zu ersticken. Eine ihrer ersten Armeen, die unter dem Kommando von Siwers stand, kam am Don zum Einsatz. Dort erschossen die Roten reihenweise »weiße Offiziere«, die mit der Konterrevolution sympathisierten. Doch die Weißen zahlten es ihren Gegnern mit gleicher Münze heim: Kämpfer der Roten Armee und besonders Kommissare, die ihnen in die Hände gefallen waren, konnten nicht mit Nachsicht rechnen. Lenin hatte auf den richtigen Mann gesetzt, als er Trotzki mit dem Aufbau der Roten Armee beauftragte. Bronstein organisierte zudem überaus effektiv die Arbeit des am 2. September 1918 ge-

gründeten Revolutionären Kriegsrates der Republik (Wolkogonow, D., Trotzki. Das Janusgesicht der Revolution, Düsseldorf 1992).
In Lenins Nachlaß befindet sich ein umfangreicher Briefwechsel mit Trotzki aus der Zeit des Bürgerkriegs. In der Sowjetunion wurden jedoch nur Dokumente veröffentlicht, die kritische, negative Aussagen des Revolutionsführers gegenüber dem Vorsitzenden des Revolutionären Kriegsrates enthielten. Daher fiel auch das folgende Dankestelegramm vom Herbst 1918 der Zensur zum Opfer:

»An Trotzki in Swijaschsk,
ich danke Ihnen, die Genesung geht vorzüglich voran. Ich bin davon überzeugt, daß die Unterwerfung der Tschechen und Weißgardisten von Kasan und der kulakischen Blutsauger, die sie unterstützten, mit vorbildlicher Erbarmungslosigkeit vonstatten gehen wird. Mit herzlichen Grüßen, Lenin.«
(Archiv für neuere Geschichte)

Es scheint, als habe Lenin während des Bürgerkrieges im Schatten Trotzkis gestanden. Während der Führer der Roten Armee an der Front wirkte, beschränkte sich Lenin auf Anweisungen allgemeinpolitischen Charakters, auf Empfehlungen und Forderungen, die oft äußerst enervierend wirken mußten.
In einem Telegramm des Revolutionären Kriegsrats an Gusew, Laschewitsch und Jurenew vom Mai 1919 heißt es: »Wenn wir den Ural bis zum Winter nicht erobert haben, halte ich den Untergang der Revolution für unausweichlich . . .«
In einem anderen Telegramm an Sinowjew, Laschewitsch und Stasowa forderte Lenin, noch mehr Kommunisten an die Front zu schicken: »Andernfalls werden wir untergehen, da die Situation mit den Tschechoslowaken sehr ernst ist.«
Eine weitere Nachricht hatte folgenden Wortlaut: »Kiew, an Rakowski für Joffe. Ohne einen schnellen Sieg im Donbecken ist der Untergang der gesamten Revolution unvermeidbar.« (Lenin, Wojennaja perepiska, Moskau 1956, S. 39, 133, 137)
Lenin verspürte niemals den Wunsch, an die Front zu fahren, an

jenen Ort, wo sich das Schicksal der Revolution entschied. Zumindest hat er diese Frage weder im ZK noch im Rat der Volkskommissare aufgeworfen. Es genügte ihm, daß Trotzki, Stalin, Podwojski, Rykow, Serebrjakow, Smilga, Aralow, Antonow-Owsejenko und andere seiner Kampfgefährten die zahllosen Fronten bereisten. Der Revolutionsführer mischte sich selten in operative strategische Fragen ein. Seine Aufmerksamkeit galt hauptsächlich den politischen und sozialen Problemen.
Der Bürgerkrieg wurde nicht nur an der Front geführt, sondern auch in zahlreichen Enklaven, wo bald hier, bald dort Bauernaufstände aufflammten. Manchmal kamen diese »Unruhen« in Gebieten zum Ausbruch, die von Interventionstruppen bedroht waren. In diesen Fällen handelte Lenin besonders entschlossen. Er mobilisierte die örtlichen Parteiorgane, um die Aufstände niederzuschlagen, entsandte die notwendige Verstärkung und erließ Verordnungen zur Schaffung von Spezialeinheiten, die gegen Aufständische, Spekulanten und Saboteure vorzugehen hatten. Er forderte, drohte und drängte:

»Pensa. Exekutivkomitee des Gouvernements. 29. August 1918. Ich bin entrüstet, daß es von euch noch keine konkrete Stellungnahme gibt, welche wirksamen Maßnahmen ihr ergriffen habt, um den Kulakenaufstand in den fünf Amtsbezirken niederzuschlagen und das Getreide zu konfiszieren. Eure Untätigkeit ist sträflich.« (Leninski sbornik, XVIII, S. 209)

»Saratow. An Pajkes. 22. August ... Vorläufig empfehle ich, unsere Befehlshaber zu ernennen und die Verschwörer und Überläufer zu erschießen, und zwar ohne zu fragen oder den Amtsschimmel zu bemühen.« (Ebd., S. 189)

»An Schljapnikow, 12. Dezember 1918 ... Mobilisiert alle Kräfte, um die astrachanischen Spekulanten und korrupten Individuen zu fangen und zu erschießen. Diesem Gesindel muß ein Denkzettel verpaßt werden, an den sich alle noch jahrelang erinnern werden.« (Leninski sbornik, XXXIV, S. 65)

»Der Revolutionäre Kriegsrat der Südfront. An Sokolnikow. Es ist der Gipfel der Nachlässigkeit, daß sich die Niederschlagung des Kosakenaufstands so in die Länge zieht. Erstatten Sie ausführlich Bericht . . .« Und: »Um jeden Preis muß das Mittel der Exekution forciert Anwendung finden . . . Wenn Sie absolut davon überzeugt sind, nicht genug Kräfte für eine grausame und erbarmungslose Abrechnung zu haben, telegraphieren Sie mir unverzüglich und detailliert.« (Ebd., S. 122)

Die Anweisungen und Verfügungen des Revolutionsführers aus dem Kreml nahmen kein Ende: »die Niederschlagung beschleunigen«, »mit erbarmungsloser Entschlossenheit vorgehen«, »standrechtliche Erschießungen vornehmen«. Die politischen, propagandistischen und administrativen Weisungen waren überaus knapp gehalten und verfolgten immer den gleichen Zweck: Das Ziel sollte um jeden Preis erreicht werden, die Opfer spielten keine Rolle, und der Klassenstandpunkt mußte mit unnachgiebiger Härte zum Ausdruck gebracht werden.

»Swijaschsk. September 1918. An Trotzki. Ich bin erstaunt und beunruhigt über die Verzögerung der Operation gegen Kasan . . . Meiner Meinung nach darf man die Städte nicht verschonen und weiter zögern, sondern muß sie erbarmungslos vernichten.« (Lenin, Is epochi graschdanskoj wojny, Moskau 1934, S. 44)

An eine unbekannte Person ging folgendes Telegramm: »3. Juni 1918. Ich habe ihm bereits eine Nachricht zukommen lassen. Übermitteln Sie Ter bitte nochmals, daß er alle Vorbereitungen trifft, um Baku im Falle einer Invasion vollständig niederzubrennen, und daß er dies in der Stadt öffentlich bekanntgibt.« (Archiv für neuere Geschichte)

»Swijaschsk. 30. August 1918. An Trotzki. Wenn unsere Kräfte überlegen sind und die Soldaten trotzdem geschlagen werden, dann müssen besondere Maßnahmen gegen die höheren Kommandokader ergriffen werden. Sollte man sie nicht darauf hinweisen, daß wir uns ab jetzt an das Vorbild der Französischen Revolution halten werden? Das bedeutet, man wird ebenso wie Wazetis auch den Befehlshaber der Armee und die höheren Kommandeure vor Gericht stellen und sogar erschießen lassen, falls die Gefechte sich in die Länge ziehen und nicht erfolgreich verlaufen.« (Archiv für neuere Geschichte)

»Simbirsk. An den Revolutionären Kriegsrat der Ostfront ... Sie müssen sich mit allen Kräften auf die Mobilmachung, mitunter eines gesamten Frontstreifens, und auf die Requirierung von Gewehren bei der Bevölkerung konzentrieren. Die Unterschlagung von Gewehren soll mit Erschießung geahndet werden.« (Leninski sbornik, XXIV, S. 12)

In den Jahren des Bürgerkrieges war »erschießen« eines der von Lenin am häufigsten verwendeten Wörter. Die unterschiedlichsten Vergehen ließ er mit der Hinrichtung bestrafen. Dazu gehörten die »Teilnahme an einer Verschwörung«, der »Widerstand bei der Verhaftung«, die »Unterschlagung von Waffen«, und »Ungehorsam, Rückständigkeit und Schlamperei«. Sogar »ungerechtfertigte Denunziationen sollten mit dem Tod durch Erschießen bestraft werden«. Freilich erläutert Lenin nicht, ob es notwendig sei, »gerechtfertigte« Denunziationen zu ermutigen. Der Führer der Bolschewiki hat in den Jahren des Bürgerkrieges mit seinen Anordnungen ein enormes Potential an Grausamkeit heraufbeschworen, obwohl er selbst es vorzog, sich fast die ganze Zeit im Kreml oder in einem bequemen Haus außerhalb der Stadt aufzuhalten, wo nichts vom ganzen Schrecken des Brudermordes zu spüren war.
Charakteristisch ist, daß Lenin seine grausamen Anordnungen bevorzugt in Form von chiffrierten Telegrammen, vertraulichen Mitteilungen, anonymen Verfügungen oder Anordnungen im Namen des Sownarkom übermittelte. Er war sehr um seinen Ruf besorgt und wollte nicht in den Geruch eines Scharfrichters kommen. Lenin war ein energischer, fordernder, unerbittlicher und grausamer Mensch, für den es nur zwei Farben gab – die rote und die weiße.
Den Bolschewiki gelang es, die Verteidigung ihrer »Errungen-

schaften« zu organisieren und trotz massenhafter Desertionen eine drei Millionen starke Armee zu schaffen. Der systematische Terror, der Druck, die Mobilmachungen, die Geiselnahmen, das tiefgreifende System von Strafmaßnahmen – all das in Verbindung mit einer für Rußland beispiellosen Massenpropaganda *zwang* den einfachen Bauer und Arbeiter, die Sowjetmacht zu unterstützen. Er tat dies in der Hoffnung, daß die großzügigen Versprechungen der Kommissare wenigstens zum Teil verwirklicht werden würden. Trotzki berichtete, er habe Lenin davon überzeugt, daß man ohne Zwang die Menschen nicht zum Kämpfen bringen könne.
»Um diese verhängnisvolle Instabilität zu beseitigen, brauchen wir starke Sperrabteilungen von Kommunisten und bewaffneten Arbeitertrupps«, sagte Trotzki zu Lenin vor der Abfahrt in den Osten. »Man muß sie *zwingen* zu kämpfen. Wenn wir warten, bis der Muschik etwas wittert, wird es wahrscheinlich zu spät sein.«
»Natürlich, das ist schon richtig«, antwortete Lenin, »nur befürchte ich, daß auch die Sperrabteilungen die erforderliche Härte nicht an den Tag legen werden. Der russische Mensch ist gutmütig. Er ist nicht geeignet für die resoluten Maßnahmen des revolutionären Terrors ...« (Trotzki, O Lenine, S. 121)
Mit Billigung Uljanows wurden in der Roten Armee Sperrtruppen geschaffen und eingesetzt. Trotzki ordnete in einer Direktive an den Revolutionären Kriegsrat der 14. Armee vom 12. August 1919 an:

»Unsere besondere Aufmerksamkeit muß der Aushebung von Sperrabteilungen gelten: bevor man sich in der Lage sieht, eine Faust gegen den Feind ballen zu können, muß man wenigstens über ein Fäustchen gegen die Zügellosigkeit und den Egoismus der eigenen Truppen verfügen.« (Archiv der Sowjetarmee)

Die unheilvolle blutrote Farbe des Bürgerkrieges, in dem beide Seiten sich an Grausamkeit übertrafen, besaß auch antisemitische Schattierungen. Die Schwarzhunderter behaupteten in ihrer Propaganda, daß die bolschewistische Revolution eine jüdische und das Amt des Kommissars jüdischen Ursprungs sei. Bei den ungebildeten Volksmassen fielen derartige Erklärungen auf fruchtbaren

Boden. Lenin hielt es nicht für notwendig, dieses Problem entschieden in Angriff zu nehmen. Alle Dokumente, in denen er über Pogrome informiert wurde (und die ich einsehen konnte, D. W.), versah er mit dem knappen Vermerk »ins Archiv«.
Der Bevollmächtigte der Allrussischen Tscheka, Silist, berichtete im November 1920 von Pogromen der ersten Kavallerie:

»Eine neue Welle von Pogromen ist über den Rayon gerollt. Die genaue Anzahl der Toten läßt sich nicht feststellen ... Teile der 1. Kavallerie (und die 6. Division) haben auf ihrem Rückzug die jüdische Bevölkerung ausgeraubt und ermordet. In Rogatschow (mehr als 30 Tote), Baranowitschi (14 Opfer), Romanow (nicht feststellbar) und Tschudnow (14 Opfer) erreichten die Pogrome gegen Juden in der Ukraine neue Ausmaße. Alle genannten Orte wurden völlig geplündert. Auch der Rayon Berditschewa wurde verwüstet ... Gorschki und Tschernjachow wurden vollkommen geplündert.« (Archiv für neuere Geschichte)

Was folgte, waren nicht etwa Weisungen Lenins, die Schuldigen zu finden und vor Gericht zu stellen, sondern nur, wie gewöhnlich, die lakonische Anweisung »ins Archiv«.

Im Juli 1921 teilte A. Tschemerinski Lenin mit: »Die verbrecherischen Pogrome in den Gouvernements von Minsk und Gomel beginnen sich mit katastrophaler Geschwindigkeit auch auf die Ukraine auszuweiten.

Besonders schwere Pogrome gab es in Kapatkewitschi am 10. Juni (175 Opfer), in Kowtschizy am 16. Juni (84 Opfer), in Koslowitschi (46 Opfer), in Ljuban (84 Opfer), in Krojtitschi, Puchowitschi und auf dem Dampfer bei Rodul (72 Opfer). Dieses Banditentum wird weder von den freiwilligen Exekutivkomitees und Kriegskommissariaten noch von den Sondereinheiten bekämpft.« (Archiv für neuere Geschichte)

Der Bürgerkrieg trug dazu bei, daß eine strenge Beschränkung jener Rechte und Freiheiten, die nach dem Oktoberumsturz feierlich proklamiert worden waren, zum charakteristischsten Element des sowjetischen Lebens wurde. In seiner Rede vor dem Plenum des Zentralrats der Gewerkschaften im April 1919 zerstreute Lenin auch die letzten Illusionen, die sich einige Gewerkschaftsmitglieder noch erhalten hatten. Der Redner zitierte Artikel 23 der Konstitution der RSFSR, in dem es hieß: »Da in der RSFSR die Interessen der gesamten Arbeiterklasse an erster Stelle stehen, entzieht sie einzelnen Personen und einzelnen Gruppen die Rechte, wenn diese von ihnen zum Schaden der sozialistischen Revolution mißbraucht werden.« Lenin erklärte, daß die Bolschewiki auch in Zukunft »einige 10 oder 100 der Aufrührer, mögen sie nun schuldig oder unschuldig sein, ins Gefängnis werfen werden, wenn sie den Interessen der Revolution zuwiderhandeln.« (Lenin, PSS, Bd. 38, S. 293). Der Bürgerkrieg lieferte den Vorwand, in vollem Umfang eine Diktatur der Partei zu errichten, die offiziell als »Diktatur des Proletariats« bezeichnet wurde.

Die weiße Sache unterlag vor allem deswegen, weil sie von Militärs und nicht von Politikern vertreten wurde. Koltschak, Denikin, Judenitsch und andere »Retter« konnten nicht verstehen, daß als einigender Gedanke nur der Plan zur zukünftigen Entwicklung Rußlands dienen konnte, der im Februar 1917 geboren worden war und in den Hoffnungen auf die Verfassungsgebende Versammlung gipfelte. Die Generäle, die die Reinheit der »weißen Ornate« verkörperten, gelangten nicht über ein militärstrategisches Verständnis der Situation in Rußland hinaus. Lenin dagegen war mit allen Wassern gewaschen: Flexibel in seiner Taktik, änderte er im Notfall beliebig seine Losungen, schreckte auch vor Demagogie nicht zurück und benutzte die Gewalt als oberstes Mittel im Kampf. So konnte er schließlich den Sieg davontragen.

Die Sünde des Zarenmordes

Am 18. Juli 1918 fand eine ordentliche Sitzung des Rates der Volkskommissare unter dem Vorsitz von W. I. Lenin statt. Unter den Anwesenden – es waren insgesamt 33 – befanden sich folgende Personen: Gukowski, Bontsch-Brujewitsch, Petrowski, Semaschko, Winokurow, Solowjow, Trotzki, Altvatter, Stutschka, Rykow, Nogin, Skljanski, Tschitscherin, Karachan und andere. Lenin kündigte eine außerordentliche Erklärung an und erteilte Ja. M. Swerdlow, dem Vorsitzenden des ZIK, das Wort. Der dünne Mann, mit Kneifer und dem damals modischen Spitzbärtchen, verlas einen Auszug aus dem Sitzungsprotokoll des WZIK vom selben Tag. Es ging um die Exekution von Nikolaj Romanow in Jekaterinburg.
Swerdlow erklärte, wobei er ständig den Kneifer zurechtrückte, daß auf Beschluß des Jekaterinburger Gebietssowjets Nikolaj Romanow in der Nacht vom 16. auf den 17. Juli exekutiert und seine Familie an einen sicheren Ort gebracht worden sei. Die Anordnung sei erfolgt, nachdem die Tscheka eine großangelegte weißgardistische Verschwörung enthüllt habe, die das Ziel verfolgte, den ehemaligen Zaren und seine Familie zu entführen.
Der Vorsitzende des WZIK hob den Kopf und blickte aufmerksam in den Saal. Es gab keinerlei Anzeichen von Erregung, alle blieben gelassen; Tschitscherin schrieb, Skljanski flüsterte Karachan irgend etwas ins Ohr . . . Das Ereignis wurde von allen so aufgenommen, als gehöre es zur gewöhnlichen revolutionären Routine.
Swerdlow fuhr fort: ». . . Das WZIK, vertreten durch sein Präsidium, schätzt die Entscheidung des Gebietssowjets als richtig ein.« Das Präsidium beauftragte Swerdlow, Sosnowski und Awanesow, entsprechende Pressemitteilungen zu verfassen . . .
Lenin sah einen Augenblick von einer Notiz an Tschitscherin auf und schnarrte: »Gibt es Fragen an den Genossen Swerdlow?«

Fragen hatte jedoch niemand, da für alle das Schicksal des Zaren schon längst besiegelt war. Der Rat der Volkskommissare hatte am 29. Januar entschieden, Nikolaj Romanow nach Petrograd zu überführen, um ihn dem Gericht zu übergeben (Lenin, Biografitscheskaja chronika, Bd. 5, S. 242). Anfang Mai erklärte Swerdlow auf einer Sitzung des Rates der Volkskommissare, daß die Romanows nicht nach Petrograd, sondern nach Jekaterinburg überführt worden seien. Am 19. Mai erörterte man das Schicksal von Nikolaj Romanow auf einer Sitzung des ZK der RKP(b). Das Parteigremium bekräftigte die Notwendigkeit, den Zaren dem Gericht zu übergeben.
Doch all das gehörte bereits der Vergangenheit an. Nunmehr vernahm man geschäftsmäßig die Nachricht vom bitteren Los des letzten russischen Zaren. »Und die Familie hat man abtransportiert?« fragte jemand gedämpft, erhielt jedoch keine Antwort.
»Wie lautet unsere Entscheidung?« erklang von neuem Lenins Stimme.
Wie nicht anders zu erwarten war, billigte das WZIK sogleich einstimmig das Vorgehen der Bolschewiki von Jekaterinburg.
»Gutheißen, unterstützen, einwilligen«, tönte es aus dem Plenum.
Im Protokoll hieß es:

»Es wurde zur Kenntnis genommen:
Die außerordentliche Erklärung des Vorsitzenden des ZIK, Genossen Swerdlow, über die Exekution des ehemaligen Zaren Nikolaj II. Das Urteil, das vom Rat der Deputierten Jekaterinburgs gefällt wurde, wird vom Präsidium des ZIK bestätigt.
Es wurde der Beschluß gefaßt, dies zur Kenntnis zu bringen.«
(Archiv für neuere Geschichte)

Unmittelbar nach dieser Entscheidung ging Lenin zur Beratung über einen Dekretentwurf über, der das Volkskommissariat für das Gesundheitswesen betraf. Eile war geboten, da auf der Tagesordnung noch mehr als zwanzig weitere Punkte standen. (Lenin, Biografitscheskaja chronika, Bd. 5, S. 668–669)
Das Plenum fuhr fort, in der gleichen Manier die restlichen Fragen zu behandeln. So wurde über ein Volkskommissariat für das Ge-

sundheitswesen, über die Reorganisation des Roten Kreuzes und über die Aufstellung einer staatlichen Statistik diskutiert, als sei nichts vorgefallen. Wie schnell hatte man sich doch an die Gewalt gewöhnt.

Lenin wußte nicht nur, daß die ganze Zarenfamilie liquidiert worden war, er erörterte diese Frage sogar mehrmals mit Swerdlow und Trotzki. Ihnen allen war klar, daß der russische Imperator hingerichtet werden mußte. Die Bolschewiki durften die Revolution nicht aufs Spiel setzen, und durch Romanow erhielten die Royalisten immer noch zuviel Auftrieb ... Aber man überlegte lange und ging alle Möglichkeiten durch, bevor man sich zur Exekution entschloß. Vor Gericht sollte dem Zaren die Rechnung, eine lange Liste seiner »Verbrechen«, präsentiert werden. Selbst wenn man einräumt, daß die Revolutionäre das Recht hatten, Zar Nikolaj Alexandrowitsch und die Zarin Alexandra Fjodorowna auf irgendeine Art und Weise gerichtlich zu belangen, was konnten sie denn dem Kind Alexej, dem Thronfolger, und seinen vier jüngeren Schwestern Olga, Tatjana, Maria und Anastasia »zur Last legen«? Auch für ein bolschewistisches Gericht gab es keinen Grund, sie zu verurteilen!

Dabei war Brutalität gegenüber Kindern und Halbwüchsigen in jener Zeit keine Seltenheit. Im November 1920 meldete Dserschinski nach Moskau: »Heute kamen aus Grosny 403 Personen in Orel an. Es handelt sich um Kosaken beiderlei Geschlechts im Alter von 14 bis 17 Jahren, die über keinerlei Ausweispapiere verfügen und wegen des Aufstandes in Konzentrationslagern inhaftiert werden sollen.« (Archiv für neuere Geschichte) Lenin quittierte die Nachricht mit seinem hartherzigen »ins Archiv«. Es handelte sich ja nur um unbekannte Kosakenkinder, die man weder in London noch in Paris persönlich kannte. Im Falle der Romanows suchten die Bolschewiki ihre verbrecherische Aktion unter dem Vorwand der »revolutionären Lage« und »besonderer Umstände« zu rechtfertigen: Wie konnte man denn Gericht halten, wenn man sich gegen Kosaken, Offiziere und Tschechen behaupten mußte? Lenin war von der Notwendigkeit einer Hinrichtung nicht allein deshalb überzeugt, weil man bei der Französischen Revolution auf dieselbe Weise vorgegangen war. Diese Handlung entsprach auch der Einstellung der russischen Sozialdemokraten. »Auf dem zweiten Parteitag im Jahre 1903, als noch vereinzelt Forderungen laut wurden, die Abschaffung der Todesstrafe in das Programm aufzunehmen, provozierte dies »nur spöttische Ausrufe: ›Und was ist mit Nikolaj II.?‹ Selbst die Menschewiki wagten 1903 nicht, den Vorschlag zu unterstützen, die Todesstrafe für den Zaren abzuschaffen.« (Lenin, PSS, Bd. 39, S. 183)

Am 21. April 1917 nahm das Zentralkomitee der RSDAP (b) bald nach der Rückkehr Lenins aus der Schweiz eine Resolution an, die von ihm selbst stammte und in der es schwarz auf weiß hieß: »Wir halten Wilhelm II. ebenso für einen gekrönten, der Todesstrafe würdigen Räuber wie Nikolaj II.« (Lenin, PSS, Bd. 31, S. 310)

In den Arbeiten, Vorträgen, Artikeln, Reden und Aufrufen, die Lenin von Mitte 1916 bis Mitte 1919 geschrieben hat, erwähnt er den Zaren mehr als hundertmal! Unter diesen Aussagen findet sich allerdings keine einzige ernstzunehmende Analyse der Person des russischen Staatsoberhauptes. Die am häufigsten verwendeten Epitheta Lenins in bezug auf den Zaren lauten »Nikolaj der Blutige« und »der gekrönte Räuber« (ebd., S. 41, 68, 158, 263, 294, 310, 329, 395 usw. Und das allein in einem Band!). Lenins Vorwürfe an die Adresse des Zaren liefen stets auf dieselben Behauptungen hinaus: »Der gekrönte Räuber« hatte »Geheimverträge geschlossen« und »einen räuberischen Krieg vom Zaum gebrochen« (Lenin, PSS, Bd. 34, S. 35, 56, 59, 66, 285 usw.). Uljanow genoß es sehr, den gestürzten Monarchen verbal mit Füßen zu treten: »der geistesgestörte Nikolaj«, »der schwachsinnige Nikolaj Romanow«, »der Idiot Romanow«, »der Unhold und Idiot Romanow« (Lenin, PSS, Bd. 32, S. 97, 186; Bd. 36, S. 85, 215, 269, 362). Der Revolutionsführer glaubte noch bis zum Umsturz, daß »die Provisorische Regierung, die auf Druck der linken Parteien Nikolaj II. inhaftieren mußte, den Zaren mit viel zu großen Privilegien« ausstattete. (Lenin, PSS, Bd. 32, S. 268)

Womit beschäftigte sich eigentlich Lenin am 16. Juli, dem Vorabend der Exekution der Zarenfamilie, und womit befaßte er sich am folgenden Tage, dem 17. Juli, als die Schandtat bereits vollbracht war?

Am frühen Morgen erledigte er Routinearbeiten für den Rat der Volkskommissare: er erteilte I. I. Wazetis und K. Ch. Danischewski Mandate für die Entsendung an die Ostfront. Der eine sollte als Kommandant, der andere als Mitglied des Kriegsrates fungieren. Er prüfte das Protokoll der vorausgegangenen Sitzung des Rates der Volkskommissare, unterschrieb es, sandte Tschitscherin die »deutschen Dokumente« zu und sprach mit einer Arbeiterdelegation aus dem Putilow-Werk.

Ein interessantes Detail gab es dennoch: man informierte ihn über eine Anfrage, die eine Kopenhagener Zeitung an den Vorsitzenden des Rates der Volkskommissare richtete. Lenin sollte zu den grassierenden Gerüchten über die Exekution des früheren Zaren Nikolaj II. Stellung nehmen (Archiv für neuere Geschichte). Nachdem er das Blatt mit der Anfrage eine Zeitlang hin und her gewendet hatte, antwortete der Revolutionsführer schließlich, er äußere sich nicht zu Gerüchten. Das alles sei nur ein Ränkespiel der bürgerlichen Propaganda.

Abends leitete der Führer der Bolschewiki eine lange Sitzung des Rates der Volkskommissare (just in dem Moment, als die Vorbereitungen für das Blutgericht in Jekaterinburg zum Abschluß kamen). Dutzende von Fragen gingen ihm durch den Kopf, während er die Redner zurechtwies, spitze Bemerkungen einwarf und kurze Resolutionsbeschlüsse forderte. Überdies fand er noch Zeit, N. P. Gorbunow, den Sekretär des Rates der Volkskommissare, in einer Notiz zu rügen, daß »Gespräche während der Sitzung unzulässig« seien (Lenin, Biografitscheskaja chronika, Bd. 5, S. 641).

Nach der Sitzung, in tiefer Nacht, unterzeichnete Lenin den Beschluß des Rates der Volkskommissare, eine außerordentliche Kommission zum Kampf gegen die Konterrevolution an der Ostfront einzusetzen (Archiv für neuere Geschichte). Zur gleichen Zeit erteilte in Jekaterinburg Ja. M. Jurowski, ein Mann mit niedriger Stirn und Arbeiterbart, der ein schmutziges russisches Hemd trug, seinem Todeskommando die entsprechenden Anweisungen. Bereits zuvor hatte man Lenin und Swerdlow die Meldung zukommen lassen, daß »die Weißgardisten zum Angriff auf das Haus von Ipatjew bereit sind, wo sich Romanow mit seiner Familie und den Begleitpersonen unter Bewachung befindet«. Ein Beschluß des

Rates der Volkskommissare sei nun um so wichtiger, da sich der Zar ja im Gebiet der Ostfront aufhielt.
Am darauffolgenden Tag erhielt der Vorsitzende des Rates der Volkskommissare einen Brief aus Jekaterinburg, auf dessen Umschlag er vermerkte: »Erhalten. Lenin« (Archiv für neuere Geschichte). Der Brief behandelte die Situation in der Stadt, in der der Imperator festgehalten wurde. Doch Lenin wußte bereits über alles Bescheid. Swerdlow hatte ihm schon vorher mitgeteilt, daß aus Moskau das vereinbarte Signal gegeben worden sei, welches mit der Weisung verknüpft war, »die Akte zu schließen«. Auf dieses Kommando hin veranlaßte der Gebietssowjet des Urals alle notwendigen Maßnahmen, die in Einklang mit dem zuvor getroffenen Beschluß zur »Liquidierung der Romanows« standen.
Im Exil notierte Trotzki am 9. April 1935 ein Gespräch in sein Tagebuch, das er nach dem Fall Jekaterinburgs mit Swerdlow geführt hatte. Damals fragte Trotzki ihn beiläufig:

»›Und wo ist der Zar?‹
›Natürlich erschossen‹, antwortete dieser.
›Und seine Familie?‹
›Auch erschossen.‹
›Alle?‹ fragte ich höchst überrascht.
›Alle‹, antwortete Swerdlow. ›Na und?‹
Er wartete auf meine Reaktion, doch ich erwiderte nichts.
›Und wer hat das entschieden?‹ fragte ich nach einer Weile.
›Wir haben es hier entschieden.‹ Lenin glaubte, daß wir sie als Leitfiguren für die Weißen nicht am Leben lassen dürften, besonders nicht unter den damaligen schwierigen Bedingungen.«
(Trotzki, Dnewniki i pisma, New York 1986, S. 101)

Der 17. Juli 1918, an dem im Morgengrauen die gesamte Familie Romanow bestialisch erschossen wurde, war für Lenin ein Tag wie jeder andere: er leitete Sitzungen, diktierte Telegramme, schrieb Mitteilungen, empfing Volkskommissare, unterschrieb Dekrete, las Meldungen und Berichte. Am selben Tag referierte M. N. Pokrowski, der Stellvertreter des Volkskommissars für Bildung, über die Notwendigkeit, in Moskau 50 Denkmäler herausragender Revolutionäre und »fortschrittlicher« Persönlichkeiten aus

Kunst und Literatur zu errichten. Kaum an die Macht gelangt, organisierten die Bolschewiki nachgerade antihistorische Pogrome, wobei sie Dutzende Denkmäler von »Persönlichkeiten der Ausbeuterklassen« niederrissen. Vergebens bemühten sie sich, die Vergangenheit auszulöschen, indem sie eilig die leeren Sockel mit »proletarischen Helden« versahen.

Die Tragödie von Jekaterinburg nahm ihren Lauf. In Rußland und auf der ganzen Welt ließ man über den Rundfunk verbreiten, daß »ein gewisser Nikolaj Romanow« erschossen worden sei. Man habe eine »großangelegte Verschwörung« aufgedeckt, »welche die Flucht des ehemaligen Zaren zum Ziel hatte. Unter den Bedingungen des Bürgerkriegs hätte dies zu einer zusätzlichen Gefahr für die proletarische Revolution führen können. Die Familie Romanow wurde an einen sicheren Ort gebracht.« (Archiv für neuere Geschichte)

Ende 1921 erschien in Jekaterinburg im Sammelband »Die Arbeiterrevolution im Ural«, der in einer Auflage von ca. 10 000 Exemplaren herausgeben wurde, der Artikel »Die letzten Tage des letzten Zaren« von P. M. Bykow. (Der Sammelband wurde schon bald wieder aus dem Verkehr gezogen und als »klassenfeindlich« vernichtet.) Darin war zu lesen, daß »die Frage der Erschießung Nikolaj Romanows und all seiner Angehörigen in den ersten Julitagen entschieden wurde. Das Präsidium des Rates der Volkskommissare übernahm die Organisation und bestimmte den Tag der Hinrichtung.« (Rabotschaja revoljuzija na Urale, Jekaterinburg 1921, S. 3–29)

P. M. Bykow verfolgte in seinem Artikel Spuren, die von der Zensur der GPU noch nicht verwischt worden waren. Er stellte wahrheitsgemäß fest, daß nicht nur der Zar, sondern auch »alle seine Angehörigen« erschossen worden seien. Doch wer konnte nun dem Präsidium befohlen haben, »die Hinrichtung zu organisieren«? Da sich laut den vorliegenden Daten der Sowjet im Juli nicht versammelt hatte, mußte der Befehl aus Moskau gekommen sein.

G. P. Nikulin erinnerte sich nach langer Zeit an die damaligen Ereignisse, als man ihn fragte:

»Wußten Lenin, Swerdlow und andere aus der Führungsspitze bereits im voraus von der Hinrichtung der Zarenfamilie?«

»Da Goloschtschokin (der Kriegskommissar des Uralgebietes) zweimal zu Gesprächen über das Schicksal der Romanows nach Moskau fuhr, muß man davon ausgehen, daß gerade diese Frage behandelt wurde.« (Archiv für neuere Geschichte)
Selbst wenn die Hinrichtung als Entscheidung des Jekaterinburger Sowjets »formuliert« wurde, ist kaum anzunehmen, daß diese Aktion ohne Genehmigung durch das ZK der Bolschewiki und Lenin persönlich durchgeführt worden wäre. Dafür legten die Bolschewiki viel zu großen Wert auf die Parteihierarchie. Was den Revolutionsführer von der Abrechnung mit dem Zaren abhalten konnte, war einzig der Wunsch, den Selbstherrscher öffentlich vor ein »proletarisches Gericht« zu stellen. Doch die Front rückte bedrohlich näher an Jekaterinburg heran, und die bolschewistische Macht geriet bedenklich ins Schwanken. Daher verzichtete man schließlich auch auf das »Feigenblatt« eines öffentlichen Prozesses. Daß Lenin von der Ermordung der Zarenfamilie wußte und sie billigte, soll durch ein weiteres maßgebliches Zeugnis belegt werden.
A. A. Joffe, einer der bedeutendsten sowjetischen Diplomaten, hinterließ der Nachwelt seine unvollendeten Memoiren. Im Kapitel »Lenin und unsere Außenpolitik« findet sich folgender Absatz:

»Als die Todesstrafe am ehemaligen Zaren und seiner Familie vollstreckt wurde, befand ich mich in Berlin. Offiziell wurde mir lediglich von der Hinrichtung Nikolajs II. berichtet; ich erfuhr nichts über das Schicksal seiner Frau und der Kinder und dachte daher, daß sie noch am Leben seien. Abgesandte von Wilhelm II., vom Herzog von Hessen-Darmstadt, dem Bruder der ehemaligen Zarin, und von anderen Fürsten suchten mich auf, um etwas über das Schicksal von Alexandra Fedorowna (der Prinzessin Alice von Hessen) zu erfahren. Ich konnte ihnen nur berichten, was ich selbst wußte oder vermutete. Schließlich aber begann ich an der Richtigkeit meiner Informationen zu zweifeln, weil mir verschiedene Gerüchte zu Ohren kamen. Alle meine Anfragen in Moskau blieben jedoch ergebnislos. Als schließlich der inzwischen verstorbene Dserschinski seine Reise in die Schweiz in Berlin (inkognito) unterbrach, suchte ich ihn auf und erfuhr so die ganze Wahrheit. Er ließ mich zudem wissen, daß Wladimir Iljitsch kategorisch jedem verboten hatte, mich vom wahren Verlauf der Ereignisse in Kenntnis zu setzen.«

»Wenn Joffe nur ja nichts davon erfährt«, sagte Wladimir Iljitsch laut Dserschinski, »dann wird es ihm dort in Berlin leichter fallen zu lügen« (Archiv des Präsidenten). Zu »Lügen« mußten die Bolschewiki von nun an ebenso häufig greifen wie zur Gewalt.
Sie maßen der Vernichtung der Zarendynastie eine immense Bedeutung zu. Fast zur gleichen Zeit wurden die Fürstin Jelisawjeta Fjodorowna, Großfürst Sergej Michajlowitsch, Fürst Iwan Konstantinowitsch, Fürst Konstantin Konstantinowitsch, Fürst Igor Konstantinowitsch und Graf Wladimir Palej (der Sohn des Großfürsten Pawel Alexandrowitsch) in Alapajewsk ermordet. In Perm wurde der Bruder des Imperators, Großfürst Michail Alexandrowitsch, bestialisch getötet. Noch am letzten Tag des Jahres 1917 überbrachte man Lenin die Bitte des ehemaligen Großfürsten Michail Romanow (zu dessen Gunsten Nikolaj abgedankt hatte, der aber die Krone abgelehnt hatte), den Familiennamen seiner Frau annehmen und sich damit »Bürger Barsow« nennen zu dürfen. Diese Maßnahme hätte den Bruder des Zaren retten können, wenn auch nur für einen bestimmten Zeitraum. Michail hoffte, daß ihm innerhalb dieser Frist die Ausreise gelingen würde. Lenin wußte, daß sich Michail gegenüber der Februarrevolution loyal verhalten hatte, sogar ein rotes Band im Knopfloch trug und sich gegenüber den Bolschewiki nichts zuschulden kommen ließ. Trotzdem legte der Revolutionsführer das Blatt zur Seite und sagte kalt: »Mit dieser Frage werden wir uns nicht beschäftigen ...« (Lenin, Biografitscheskaja chronika, Bd. 5, S. 165–166). Diese Entscheidung kam einem Todesurteil gleich.
Michail Alexandrowitsch Romanow wurde bald inhaftiert und nach Perm überführt. In der Nacht vom 11. auf den 12. Juni führte eine Gruppe von Bolschewiki Michail und seinen persönlichen Sekretär, den Engländer Johnson, aus der Stadt hinaus und erschossen sie – ganz ohne Gerichtsurteil, denn es handelte sich um eine blutige Abrechnung.
Einige Jahre später, als das Gewissen der Sowjetmenschen bereits gänzlich verkommen war, stritten A. W. Markow und I. G. Nowo-

selow, die an der Ermordung beteiligt gewesen waren, sogar in einem Prozeß darum, wem der »historische Ruhm« für diese »Heldentat« gebührte. In einem Brief an das ZK der WKP (b) beschrieb Nowoselow detailliert, wie die Mörder brutal mit dem wehrlosen Romanow und seinem Sekretär abgerechnet und deren persönliche Sachen an sich genommen hatten.

Die Bolschewiki wollten nicht nur die Möglichkeit ausschließen, daß überlebende Aristokraten abermals die Monarchie in Rußland errichteten, sondern das russische Volk zudem an den Gedanken gewöhnen, daß es einen Thermidor, eine Restauration der Vergangenheit, nicht geben werde.

Mit einem einzigen gewaltigen Schlag kappten die Sieger der Oktoberrevolution die direkte Linie der Romanow-Dynastie, die mehr als dreihundert Jahre zuvor im Kloster Ipatjew im Gouvernement Kostroma begann und – Ironie des Schicksals – im Ipatjew-Haus der Stadt Jekaterinburg ihr Ende fand.

Ähnlich wie im Falle der »deutschen Gelder« hinterließen die bolschewistischen Führer keine direkten Beweise für ihre schändlichen Greueltaten an der Zarenfamilie. Es existiert jedoch eine große Anzahl indirekter Zeugnisse, von denen ich einige in diesem Buch angeführt habe.

Die Tatsache, daß die Todesstrafe bewilligt und ihre Ausführung bereits am darauffolgenden Tag dem WZIK bestätigt wurde, weist darauf hin, daß eine Koordination zwischen den Handlungen in Moskau und Jekaterinburg existierte und daß die verbrecherische Tat von langer Hand geplant worden war. Als auf der Plenumssitzung des ZK der RKP (b) am 19. Mai 1918 das Problem »Nikolaj Romanow« (Punkt 5 auf der Tagesordnung) erörtert wurde, schlug Swerdlow vor, »bezüglich Nikolaj *vorläufig* [Hervorhebung vom Verfasser, D. W.] noch nichts zu entscheiden« (Archiv des Präsidenten), da die bolschewistische Spitze uneins darüber war, ob man über den Zaren Gericht halten (was sollte dann mit den Kindern geschehen?) oder ihn ohne Urteil hinrichten sollte (wie konnte man in diesem Fall das Ansehen der Regierung aufrechterhalten?).

Die Mitglieder des ZK kamen schließlich darin überein, daß eine Lösung gefunden werden mußte, die eine Liquidierung der direkten Dynastielinie der Romanows zuließ, ohne daß sich die Tat negativ auf das Ansehen der Sowjetmacht auswirkte. Im Juli fand man diese Lösung: »eine örtliche revolutionäre Initiative« der Jekaterinburger Bolschewiki. Moskau brauchte (nachdem es das Signal gegeben hatte) nur noch auf die Vollzugsmeldung zu warten. Derartige Zeugnisse sprechen vor allem von der taktischen Vorsicht Lenins, der über eine enorme konspirative Schulung verfügte und alle möglichen Varianten der geplanten Operationen in seine Überlegungen miteinbezog. Der Revolutionsführer gab viele seiner Anweisungen nur mündlich, häufig ohne Zeugen. So verfuhr er beispielsweise bei finanziellen Fragen, Ernennungen, geheimen Angelegenheiten der Komintern, Operationen der Tscheka und vielem mehr.

In geheimen Partei- und Kremlarchiven verwahrte man jahrzehntelang die Erinnerungen der Zarenmörder. Die Mitwirkung an der Hinrichtung der Romanows galt lange Zeit als hohes revolutionäres Verdienst, das mit staatlicher Anerkennung und Auszeichnung belohnt wurde.

Ein Mitglied der Mörderbande, G. Nikulin, entrüstete sich noch in den vierziger Jahren darüber, daß P. Jermakow unerhörterweise den Hauptverdienst an der Exekution für sich beanspruchte. Und Jermakow schrieb zur Empörung anderer »Schützen«, die ihre eigene Rolle in den Vordergrund stellten, in seinen Memoiren: »Ich erfüllte in Ehren meine Pflicht gegenüber Volk und Vaterland, indem ich an der Erschießung teilnahm.« Er behauptete, persönlich den Zaren, die Zarin, den Thronfolger Alexej und eine der Zarentöchter erschossen zu haben.

In den Erinnerungen Ja. M. Jurowskis, die bereits 1922 verfaßt wurden, aber jahrzehntelang in den geheimen Archiven unter Verschluß blieben, heißt es, daß »*einstweilen* [Hervorhebung vom Verfasser, D. W.] keine definitive Entscheidung [zum Schicksal des Zaren] aus dem Zentrum gekommen ist«. Er habe, als neu ernannter Kommandant des »Hauses zur besonderen Verwendung«, dort Ordnung geschaffen, indem er die Zügel straffer anzog. So »nahm sich die Zarin einmal die Freiheit, ans Fenster zu gehen. Da drohte ihr die Wache sofort, sie mit dem Bajonett zu erstechen« (Archiv des Präsidenten).

Jurowski schreibt, daß »am 16. Juli 1918 um ca. 14 Uhr Genosse ›Philipp‹ [dies war der Parteideckname von Goloschtschokin, dem Kriegskommissar des Uralgebietes] zu mir ins Haus kam und einen Beschluß des Exekutivkomitees überbrachte, laut dem Nikolaj hingerichtet werden sollte ... In der Nacht käme ein Genosse, der das Losungswort ›Schornsteinfeger‹ nennen werde. Diesem solle man die Leichen aushändigen, die er beerdigen und damit die Angelegenheit abschließen werde.« Die Erzählung Jurowskis zeugt von Detailtreue und Pflichtbewußtsein. Er selbst fühlt sich als revolutionärer Held:

»Nachdem ich die Wache im Haus gerufen hatte, die für die Erschießung Nikolajs und seiner Familie vorgesehen war, verteilte ich die Rollen und wies jeden an, wen er zu erschießen habe. Ich übergab ihnen Revolver des Typs ›Nagan‹. Als dies geschehen war, baten die Letten, ich möge sie von der Verpflichtung, die Mädchen zu erschießen, befreien, weil sie dazu nicht in der Lage seien. Da hielt ich es für das beste, diese Genossen völlig von der Teilnahme an der Erschießung zu entbinden. Ich schätzte sie als Menschen ein, die im entscheidenden Moment nicht fähig sind, ihrer revolutionären Pflicht nachzukommen ... Um halb zwei klopfte es. Der ›Schornsteinfeger‹ kam. Ich ging in den Wohnraum, weckte Doktor Botkin und sagte ihm, daß sich alle schnell anziehen müßten, weil in der Stadt Unruhe herrsche und ich gezwungen sei, sie an einen sichereren Ort zu bringen. Um zwei Uhr nachts führte ich die Gruppe in einen der unteren Räume. Ich hieß sie in bestimmter Reihenfolge Platz zu nehmen. Ich allein war es, der die Familie nach unten führte. Nikolaj trug Alexej auf den Armen. Die übrigen folgten in den Kellerraum, der eine mit einem Kissen in der Hand, der andere mit sonstigen Dingen ... Alexandra Fjodorowna setzte sich. Alexej auch. Ich befahl allen aufzustehen. Sie erhoben sich, wobei sie die ganze Wand und eine der Seitenwände einnahmen. Das Zimmer war klein. Ich erklärte, daß das Exekutivkomitee der Räte der Arbeiter-, Bauern- und Soldatendeputierten des Urals verfügt habe, sie zu erschießen. Nikolaj drehte sich um und fragte nach. Ich wiederholte das Gesagte und befahl: ›Feuer!‹
Ich schoß als erster und tötete Nikolaj auf der Stelle. Eine Salve um

die andere wurde abgefeuert ... Lange Zeit konnte ich dieser Schießerei nicht Einhalt gebieten, die schon einen chaotischen Charakter angenommen hatte. Doch als mir dies endlich gelungen war, stellte ich fest, daß noch einige am Leben waren. Zum Beispiel lag Doktor Botkin auf seinen rechten Ellbogen gestützt da, als wolle er sich einfach nur ausruhen. Mit einem Revolverschuß brachte ich ihn zur Strecke. Alexej, Tatjana, Anastasia und Olga waren auch noch am Leben, ebenso wie Demidow. Genosse Jermakow wollte die Sache mit dem Bajonett erledigen. Doch das gelang nicht. Der Grund dafür stellte sich später heraus: Die Zarentöchter trugen ein Mieder aus Brillanten, das sie wie ein Brustpanzer schützte. Ich war gezwungen [beachten Sie: »gezwungen«!, D. W.], alle der Reihe nach zu erschießen. Zu meinem größten Bedauern richtete sich die Aufmerksamkeit der Rotarmisten auf die Sachen der Delinquenten, die sie sich anzueignen entschlossen.« (Archiv des Präsidenten)

G. P. Nikulin, der Stellvertreter Jurowskis, ergänzt diese Informationen in seiner Erzählung noch:

»Vor der Erschießung hat Jurowski folgenden Satz geäußert: ›Eure Freunde greifen Jekaterinburg an, und deswegen seid ihr zum Tode verurteilt.‹ Verstehen Sie, Sie haben überhaupt nicht kapiert, worum es geht, denn Nikolaj hat nur mit ›Aha!‹ geantwortet. Und da kamen schon die Salven – die erste, zweite, dritte ... Einige waren noch nicht ganz tot. Nun, dann mußte man ihnen eben den Rest geben ... Anastasia und diese ... hielten schützend ein Kissen vor sich – man mußte ihnen also zuerst das Kissen wegreißen und sie dann erledigen. Ja ... Und der Junge war auf der Stelle ... Nun, natürlich wälzte er sich noch lange hin und her, aber auf jeden Fall war der Junge erledigt ... Ich zum Beispiel glaube, daß wir uns human verhalten haben ... Ich glaube, daß ich mich glücklich schätzen könnte, wenn ich in Gefangenschaft der Weißen geriete und man mit mir genauso verfahren würde ... Ich denke nicht, daß der Ural allein, verstehen Sie, die Verantwortung auf sich genommen hat, die Erschießung ohne Zustimmung oder wenigstens ohne stillschweigendes Einverständnis von Lenin, Swerdlow oder irgendeinem anderen Führungsmitglied vorzunehmen.« (Archiv für neuere Geschichte)

I. I. Radsichowski, ein weiterer Teilnehmer an der Exekution, berichtet:

»Ich erinnere mich noch an alle Einzelheiten. Das Feuer war unkontrolliert. Michail Alexandrowitsch Medwedew hat sich Nikolaj als Zielscheibe ausgesucht und seine ganze Munition auf ihn verschossen.
... Nun, das Urteil wurde vollstreckt, das war in unseren Augen ein gewöhnlicher Vorgang ... Danach natürlich beginnst du dir die historische Bedeutung klarzumachen ... [Beachten Sie: »ein gewöhnlicher Vorgang«. Man hatte sich schnell an Mord und Erschießungen gewöhnt. Sie wurden zur Norm des neuen Lebens. Dieselben Personen hatten bereits kurz vor der Abrechnung mit der Zarenfamilie ohne Gerichtsverhandlung Fürst Dolgorukow, General Tatischtschew, Gräfin Hendrikowa, Schneider und die Begleiter der Romanows erschossen, D. W.]
... Allgemein gesehen war die ganze Sache schlecht organisiert. Zum Beispiel mußte Alexej elf Kugeln einstecken, bis er schließlich starb. Ganz schön zähes Bürschchen ...
Später wurde eine Kundgebung abgehalten. Das Spießbürgertum versammelte sich ... Als Goloschtschokin sein Referat hielt, sagte er plötzlich: ›alle, von Nikolaj bis zu dem Burschen‹, was er natürlich nicht hätte verraten dürfen. Aber das Publikum hatte offensichtlich nicht begriffen ... In den Fabriken wurde die Nachricht euphorisch aufgenommen. In Teilen der Roten Armee löste sie einen wahren Sturm der Begeisterung aus.« (Archiv für neuere Geschichte)

Es gibt eine Reihe von Belegen dafür, daß sich Lenin mit Jurowski getroffen hat. Darüber berichtet insbesondere G. P. Nikitin, der stellvertretende Kommandant des Ipatjew-Hauses.

»Können Sie sich daran erinnern, ob Jurowski persönlich mit Swerdlow und Lenin zusammengetroffen ist?«

»Mit Lenin ist er zusammengetroffen ...«
»Nach diesem Ereignis?«
»Nach diesem Ereignis.«
»Und er hat ihm etwas gegeben ...«
»Ja, irgend etwas, er hat ihm, glaube ich, irgendeinen Zettel geschrieben ...« (Archiv für neuere Geschichte)

Gleich einem Verbrecher, den es häufig an den Tatort zurückzieht, interessierte sich der Hauptinitiator für alle Einzelheiten. Lenin war bereits mit einigen Teilnehmern der Uraltragödie zusammengetroffen, bevor diese ihren Lauf nahm. So begegnete er 1917 F. I. Goloschtschokin auf dem 7. außerordentlichen Parteitag der RKP (b) (Istoritscheski archiv, Moskau 1957, Nr. 5, S. 198). A. W. Markow, der ebenfalls an der Ermordung des Zaren beteiligt war, berichtete, er habe selbst im Kreml mit Lenin gesprochen. »1918 hatte ich auf einer Dienstreise geschäftlich mit dem Genossen Ja. M. Swerdlow in Moskau zu tun. Dieser führte mich zu W. I. Lenin, der mich über die Hinrichtung von Michail Romanow befragte. Ich sagte ihm, daß alles sauber erledigt worden sei, und er erwiderte: ›Gut so, das habt ihr richtig gemacht.‹« (Literaturnaja Rossija, Nr. 38, 21. 09. 90, S. 19)
Natürlich wurde auch dieses Treffen – wie so vieles andere – in der »Biographischen Chronik« nicht erwähnt.
Die Sowjetmacht, die den Zaren und seine Familie vernichtete, zensierte alles, was mit der Tragödie von Jekaterinburg in Zusammenhang stand. Weder die WKP (b) noch später die KPdSU konnten zulassen, daß die »Romanow-Sache« in den Mittelpunkt des historischen Interesses gerückt wurde. Wie die beiden folgenden Dokumente aus dem »besonderen Aktenordner« des Politbüros belegen, wachten die Oberpriester des Systems gewissenhaft darüber, daß die damaligen Ereignisse nicht in den Blickpunkt des öffentlichen Interesses rückten:

»26. Juli 1975
Nr. 2004-A ZK KPdSU
Betreff: Abriß der Ipatjew-Villa
Antisowjetische Kreise im Westen initiieren von Zeit zu Zeit pro-

pagandistische Kampagnen verschiedener Art um die Zarenfamilie Romanow. In Verbindung damit wird nicht selten die Villa des Kaufmanns Ipatjew in Swerdlowsk erwähnt.
Das Ipatjew-Haus steht noch immer im Zentrum der Stadt. Inzwischen wurde ein Bildungszentrum der kommunalen Kulturverwaltung darin untergebracht ... In letzter Zeit besuchen immer mehr ausländische Spezialisten Swerdlowsk. In Zukunft könnte sich der Kreis der Ausländer beträchtig vergrößern. Es besteht die Gefahr, daß das Ipatjew-Haus zunehmend in den Mittelpunkt des Interesses rückt.
In diesem Zusammenhang erscheint es zweckmäßig, das Swerdlowsker Gebietskomitee der KPdSU anzuweisen, die Frage des Abrisses der Villa im Rahmen der planmäßigen Stadtsanierung zu lösen ...
Wir bitten um Prüfung.
Der Vorsitzende des Komitees für Staatssicherheit Andropow«

Die Entscheidung ließ nicht lange auf sich warten.

»Geheim.
Beschluß des ZK der KPdSU.
Betreff: Abriß der Ipatjew-Villa in Swerdlowsk.
1. Der Vorschlag des Komitees für Staatssicherheit beim Ministerrat der UdSSR, der in der Mitteilung Nr. 2004-A vom 26. Juli 1975 unterbreitet wurde, wird angenommen.
2. Das Swerdlowsker Gebietskomitee der KPdSU wird beauftragt, die Frage des Abrisses der Ipatjew-Villa im Rahmen der planmäßigen Stadtsanierung zu lösen.
Der Sekretär des ZK«. (Archiv des Präsidenten, »Besonderer Aktenordner« [Protokolle des Politbüros und des Sekretariats des ZK der KPdSU]).

Das waren die Methoden der Bolschewiki. Was immer den Weg in eine »strahlende kommunistische Zukunft« verbauen konnte, mußte umgehend liquidiert, zerstört, ausgemerzt werden. Nur wenige begriffen damals – und selbst Lenin hat es nicht erkannt –, daß die Bolschewiki mit ihrem Kurs der Unterdrückung und Gewalt geradewegs auf eine historische Niederlage zusteuerten. Erst Jahrzehnte später sollte sich ihnen dies in aller Deutlichkeit offenbaren.

Die Bolschewiki machten Nikolaj Romanow zum ewigen Märtyrer und Heiligen. Kerenski war damals weitsichtiger: »Die Provisorische Regierung ist keinen Schrittbreit vor den haßerfüllten und demagogischen Forderungen von links zurückgewichen, weil wir verhindern wollten, daß der Zar zum Märtyrer gemacht wird. Auf diese Weise konnten wir das republikanische Rußland am wirksamsten vor der Wiedergeburt der Monarchenlegende schützen ... Wenn sich Nikolaj zur Zeit des Oktoberumsturzes in Zarskoje Selo aufgehalten hätte, dann wäre er nicht weniger grausam, aber schon ein Jahr früher zu Tode gekommen« (Kerenski, Isdaleka, S. 189)

Die barbarische Tradition des Zarenmordes wurde von den Bolschewiki fortgeführt.

Hat Fanny Kaplan wirklich geschossen?

Im August 1918 hatte Lenin eine Vielzahl öffentlicher Auftritte. Auf einer Kundgebung des Warschauer Revolutionsregiments teilte er den Rotarmisten vor deren Abberufung an die Front mit, ihnen sei die große Ehre zuteil geworden, »die heiligen Ideen der Revolution zu verteidigen«. Am folgenden Tag hielt er im ehemaligen Restaurant *Skalkin* vor Kommunisten des Butyrski-Rayons eine Rede. Kaum vierundzwanzig Stunden später fuhr der Revolutionsführer erneut zu einer Kundgebung von Rotarmisten, diesmal in den Klub auf dem Chodynski-Feld. Schließlich referierte er am 2. August noch vor der abendlichen Sitzung des Rates der Volkskommissare auf dem Arbeitertreffen des Michelson-Werkes. (Archiv für neuere Geschichte)

Lenins Ankunft in dem Betrieb, der früher Michelson gehörte, verlief ohne Zwischenfälle. Nach seiner Rede war nur verhaltener Beifall von einzelnen Gruppen der dicht gedrängt stehenden Arbeiter mit den ausgezehrten Gesichtern zu vernehmen. Mit raschen, energischen Schritten eilte der Revolutionsführer zum Automobil, wo sein Chauffeur S. K. Gil ihn bereits erwartete ...

Einen Monat später, am 30. August, fand im Michelson-Werk erneut eine Kundgebung unter der Losung »Zwei Mächte« statt. Lenin wurde ein herzlicher Empfang bereitet. Alle Hoffnungen der Arbeiter richteten sich auf den Revolutionsführer. Aus den Gesichtern der Zuhörer sprach die bange Frage: »Wird es denn bald besser gehen?«

Doch der Redner erging sich wieder nur in Allgemeinplätzen und warnte die Arbeiter vor der Demokratie: »Wo die ›Demokraten‹ herrschen, dort herrscht auch der nackte Raub. Wir kennen die wahre Natur der sogenannten Demokraten!«

Lenin bekräftigte, daß »dank der Beseitigung des privaten Grundbesitzes nun die Vereinigung von Stadt- und Landproletariat zügig voranschreitet«. Der Redner appellierte an sein Publikum: »Wir müssen all unsere Streitkräfte an die tschechoslowakische Front werfen, um die ganze Bande zu zerquetschen ... Für uns gibt es nur eine Alternative: Sieg oder Tod!« (Lenin, PSS, Bd. 37, S. 83–85) Nach seiner Rede eilte Lenin zum Ausgang. Was sich danach ereignete, schildert Baturin, der Adjutant des Militärkommissars der 5. Moskauer sowjetischen Infanteriedivision, in seinem Bericht an die Allrussische Außerordentliche Kommission zum Kampf gegen die Konterrevolution:

»Als Genosse Lenin die Halle der Michelson-Fabrik verließ, in der eine Kundgebung zum Thema ›Die Diktatur der Bourgeoisie und die Diktatur des Proletariats‹ stattfand, befand ich mich 15 bis 20 Schritt von ihm entfernt. Auf der Treppe am Ausgang stauten sich die Menschenmassen, so daß ich nur mit Mühe hinaus auf die Straße gelangte.
Als ich mich dem Automobil näherte, das für den Genossen Lenin bereitstand, vernahm ich drei harte, trockene Laute, die ich nicht für Revolverschüsse, sondern für die Fehlzündungen eines Motors hielt. Unmittelbar danach erblickte ich eine Menschenmenge, die bis dahin ruhig um das Automobil gestanden hatte, sich nun aber in verschiedenen Richtungen zu zerstreuen begann. Ich erkannte hinter dem Automobil den Genossen Lenin, der regungslos mit dem Gesicht nach unten auf dem Boden lag. Mir wurde klar, daß auf das Leben des Genossen Lenin ein Anschlag verübt worden war. Den Menschen, der auf den Genossen Lenin geschossen hatte, sah ich nicht. Geistesgegenwärtig rief ich: ›Haltet die Mörder des Genossen Lenin!‹ und lief sodann auf die Serpuchowka-Straße, wo die durch die Schüsse und das allgemeine Wirrwarr aufgeschreckten Menschen einzeln und in Gruppen in unterschiedlicher Richtung auseinanderliefen. Als ich den sogenannten ›Zeiger‹ auf der Serpuchowka-Straße erreichte, entdeckte ich hinter mir an einem Baum eine Frau mit Aktenkoffer und Regenschirm, die durch ihr sonderbares Aussehen meine Aufmerksamkeit erregte. Sie machte einen gehetzten, verschüchterten Eindruck, als ob sie sich auf der Flucht befände. Auf meine Frage:

›Was machen Sie hier?‹ bekam ich zur Antwort:
›Was geht Sie das an?‹
Nachdem ich ihre Taschen durchsucht und Aktenkoffer und Regenschirm an mich genommen hatte, forderte ich sie auf, mir zu folgen. An ihrem Gesichtsausdruck glaubte ich zu erkennen, daß sie den Anschlag auf den Genossen Lenin verübt hatte, und fragte sie daher geradeheraus:
›Warum haben Sie auf den Genossen Lenin geschossen?‹ Sie erwiderte abermals:
›Was geht Sie das an?‹ Diese Gegenfrage überzeugte mich endgültig von ihrer Schuld ...
Da ich fürchtete, sie könne uns von Gleichgesinnten und Sympathisanten entrissen oder von der Menge gelyncht werden, befahl ich den in der Menge befindlichen bewaffneten Milizionären und Rotarmisten, uns zu begleiten ... Beim Verhör im Militärkommissariat des Samoskworetzki-Rayons gab die Festgenommene ihren Namen mit ›Kaplan‹ zu Protokoll und legte ein Geständnis ab« (Archiv des KGB).

Fanny Kaplan wurde von den Kettenhunden der bolschewistischen Inquisition, den Tschekisten Kurski, Skrypnik und Peters verhört. Auf die Frage nach ihrem Namen antwortete sie, daß sie Fanny Jefimowna, geborene Rojtman, heiße. Sie sei im Gouvernement Wolynien geboren, stamme aus einer Familie jüdischer Lehrer und habe vier Schwestern und drei Brüder. 1911 seien ihre Verwandten nach Amerika ausgewandert. Als Anarchistin habe sie 1906 ein Bombenattentat verübt. Dabei sei sie verwundet worden. Ein Standgericht habe sie zu unbefristeter oder, wie man es auch nannte, zu »ewiger« Zwangsarbeit verurteilt. Sie habe zunächst im Malzew-Zuchthaus eingesessen, später im berüchtigten Akatu. Im Gefängnis habe sie mit dem Anarchismus gebrochen und sei Sympathisantin der Sozialrevolutionäre geworden. Nach der Februarrevolution sei sie befreit worden. In Akatu habe sie zusammen mit Spiridonowa eingesessen. (Archiv des KGB)
Tatsächlich war auch die legendäre Maria Alexandrowna Spiridonowa, Parteiführerin der Linken Sozialrevolutionäre während der Revolution von 1917, in Akatu inhaftiert. Schon als Jugendliche

hatte sie sich der sozialrevolutionären Bewegung angeschlossen, die den Terror als Mittel zur Durchsetzung ihrer Ziele propagierte. Das Schicksal dieser Frau war in höchstem Grade tragisch. Nachdem sie bereits unter dem Zaren elf Jahre Zwangsarbeit verbüßt hatte, verbrachte Spiridonowa fast den gesamten Rest ihres Lebens in sowjetischen Gefängnissen und in der Verbannung.
Fanny Kaplan stammte aus derselben fanatischen, revolutionären Generation. Nachdem sie als Achtzehnjährige im Zuchthaus mit Narodowolzen, Sozialrevolutionären und anderen Rebellen gegen die Selbstherrschaft und Unterdrückung in Berührung gekommen war, blieb sie für den Rest ihres jungen Lebens begeisterte Anhängerin der Revolution. Für Menschen wie Kaplan bedeuteten das Schafott, der Galgen und die »Wand« die Krönung ihres heldenhaften, revolutionären Lebens.

»... Der gestürzte Lenin wurde vom Boden gehoben und in das Automobil gesetzt. Gil holte das letzte aus dem Wagen heraus und jagte über das Kopfsteinpflaster zum Kreml. An seiner Wohnung angelangt, lehnte der verwundete Revolutionsführer jede fremde Hilfe ab, entledigte sich seines Mantels und seiner Jacke und schleppte sich in die dritte Etage. Der bleiche Lenin begrüßte die erschrockene Maria Iljinitschna mit einem gezwungenen Lächeln: ›Ich bin leicht verwundet, nur am Arm ...‹
Da kam auch schon der Arzt A. N. Winokurow und leistete dem Verwundeten erste Hilfe.« (Archiv für neuere Geschichte)

Im vorderen Zimmer klingelte unaufhörlich das Telefon. Der Arzt W. N. Rosanow erinnert sich an die Situation: »Es war kein großes Zimmer ... Das übliche Bild, das man immer sieht, wenn unerwartet ein Krankheitsfall eintritt: verwirrte und aufgeregte Verwandte und Bekannte umlagern den Kranken, etwas weiter entfernt stehen leise flüsternd ebenso aufgewühlte Menschen, die aber offensichtlich dem Kranken nicht so nahe stehen. Auf der einen Seite hatten sich neben dem Bett die Ärzte des Verwundeten gruppiert: W. M. Minz, B. S. Weisbrod, W. A. Obuch, N. A. Semaschko ...« (Polititscheskaja literatura [Hsg], Wospominanija o Wladimire Iljitsche Lenine, Moskau, 1990, S. 309). Hinzu kamen noch andere

herbeigerufene Ärzte wie W. M. Bontsch-Brujewitsch, A. N. Winokurow, M. I. Baranow, denen später weitere Spezialisten folgten. Beinahe ein Dutzend Ärzte kümmerte sich um Lenin, wobei sie zunächst die Reihenfolge und Art der ersten Hilfe und die darauffolgende Behandlung bestimmten. Die Doktoren beschlossen, regelmäßig offizielle Bulletins über Uljanows Gesundheitszustand zu veröffentlichen.
Das Büro des Rates der Volkskommissare veröffentlichte schließlich folgende Verlautbarung:

»Am 30. August 1918 wurden um 23 Uhr zwei Schußverletzungen festgestellt: eine Kugel drang unter dem linken Schulterblatt ein, stieß in den Brustraum vor, verletzte den oberen Lungenlappen, verursachte einen Bluterguß am Brustfell und blieb in der rechten Seite des Halses, über dem rechten Schlüsselbein stecken. Die andere Kugel drang in die linke Schulter ein, zersplitterte den Knochen und blieb unter der Haut des linken Schulterraumes stecken. Innere Blutgerinnsel konnten festgestellt werden. Der Puls liegt bei 104. Der Kranke war und ist bei vollem Bewußtsein. Zur Behandlung wurden die besten Spezialisten und Chirurgen herangezogen.« (Archiv für neuere Geschichte)

Zur gleichen Zeit, als das medizinische Corps eintraf, bereiteten Swerdlow und seine Mitarbeiter als Reaktion auf den Anschlag sicherheitshalber einen Dringlichkeitsappell des WZIK vor, der an alle sowjetischen Arbeiter, Bauern, Deputierten der Roten Armee, an alle Armeen, an alle, alle, alle . . . gerichtet war (Dekrety Sowjetskoj wlasti, Moskau, 1964, Bd. 3, S. 266). Doch Lenin schwebte nicht in Lebensgefahr. Der behandelnde Arzt W. A. Obuch erklärte im Moskauer Sowjet, daß sich der Herzschlag des Kranken normalisiert habe und er sich nicht in akuter Lebensgefahr befinde. Das Glück war auf der Seite des Führers der Bolschewiki. Wie W. N. Rosanow schrieb, verdankte er sein Leben dem »eigentümlichen und glücklichen Lauf der Kugel, die, nachdem sie den Hals von links nach rechts durchbohrt hatte, unmittelbar vor der Wirbelsäule, zwischen dieser und der Kehle, steckte und keine großen Halsgefäße verletzt hatte. Wäre die Kugel nur um einen

Millimeter in der einen oder anderen Richtung abgewichen, so hätte dies für Wladimir Iljitsch unweigerlich den Tod bedeutet.« (Wospominanie o Wladimire Iljitsche Lenine, Bd. 5, S. 310)

Dem ZK der Partei, dem Rat der Volkskommissare und dem WZIK wurde scheinbar erst jetzt richtig bewußt, was Lenin für sie bedeutete. In einer Rede auf der Sitzung des WZIK am 2. September 1918 erklärte Trotzki: »... Lenin ist wie geschaffen für unsere Epoche, in der Blut und Eisen regieren. Jeder Dummkopf ist in der Lage, Lenin mit einer Kugel den Schädel zu zertrümmern, aber diesen Schädel wiederherzustellen ist selbst für die Natur eine schwierige Aufgabe.« (Trotzki, O Lenine, Moskau 1924, S. 152, 157–158)
Die Sorge um den Menschen, der zum unangefochtenen Führer der Bolschewiki geworden war, fand in zahllosen Lobeshymnen ihren Ausdruck. Als trüge Lenin die dornige Krone des Märtyrers auf seinem Haupt, erschien in der Presse eine wahre Flut von Genesungswünschen, Artikeln und Aufrufen, die die Parteikomitees mit dem Ausdruck tiefster Ergebenheit und Dankbarkeit angeregt hatten. Vielleicht waren dies die ersten Vorzeichen eines Personenkults, ohne den keine totalitäre Gesellschaft auskommen kann. Der Gerechtigkeit halber muß man sagen, daß Lenin zu klug war, um sich im Personenkult zu sonnen. Angelika Balabanowa, ehemalige Sekretärin der Komintern, die in ihren Schriften hart mit Lenin ins Gericht geht, erinnert sich: »Die gewaltige Popularität und die schrankenlose Autorität, über die Lenin verfügte, verärgerten ihn. Er wies alle Versuche nachdrücklich zurück, ihn zu einer Art Gottheit zu stilisieren. Schließlich wagte niemand mehr, ihm in seiner Gegenwart zu schmeicheln oder nach dem Mund zu reden« (Balabanowa, A., Impression of Lenin, University of Michigan Press 1984, S. 1–2). Als die öffentlichen Lobeshymnen immer bedenklichere Ausmaße annahmen, rief der Revolutionsführer W. D. Bontsch-Brujewitsch zu sich und verlangte, er möge die Zeitungen und Zeitschriften von seinem Wunsch in Kenntnis setzen, die Kampagne der Lobpreisungen zu stoppen (Archiv für neuere Geschichte).
Was geschah weiter mit Fanny Kaplan?

Man überführte sie in den Kreml und verfrachtete sie in einen Kellerraum unter der Wohnung Swerdlows. Es folgten einige kurze Verhöre durch A. Djakonow, den Vorsitzenden des Moskauer Revolutionärstribunals, Kurski, den Volkskommissar für Justiz und die Tschekisten Peters und Skrypnik. Die bolschewistische Justiz interessierte vor allem, welche Organisation hinter Fanny Jefimowna Kaplan stand, wer sie zu der terroristischen Tat veranlaßt hatte und wo sich ihre Komplizen aufhielten.
Einige Verhöre gingen in typisch bolschewistischer Foltermanier – mitten in der Nacht – vonstatten. Die häßliche, flachbrüstige Frau saß auf einem Stuhl im Kellerraum. Sie hatte große Ohren, eine gebogene Nase, einen grotesk langen, dünnen Hals und rote Haare. In ihrem funkelnden Blick war keine Spur von tödlicher Beklemmung oder Angst zu erkennen. Die Augen der gebeugten Frau hielten den Blicken der Tschekisten stand, die in Ledermänteln und mit Mauserpistolen bewaffnet am Tisch saßen. In Akatu hatte sie als Zuchthäusler gelernt, den Blick der Scharfrichter auszuhalten und sich nicht einschüchtern zu lassen.
Mit leiser Stimme, ohne Aufregung, doch felsenfest von der Richtigkeit ihrer Tat überzeugt, antwortete die Terroristin:
»Ich gehöre keiner Partei an . . .«
»Warum haben Sie auf den Genossen Lenin geschossen?«
»Ich halte ihn für einen Verräter. Je länger er lebt, desto mehr wird die Idee des Sozialismus entstellt. Und das auf Dutzende von Jahren.«
»Wer hat Sie beauftragt, das Verbrechen zu begehen?«
»Ich habe den Anschlag aus eigenem Antrieb ausgeführt«, antwortete sie nach kurzem Schweigen.
Peters und Kurski suchten in erster Linie nach Hinweisen auf Verbindungen Kaplans zur Organisation der Sozialrevolutionäre und deren terroristischen Kampfgruppen. Man fragte sie, ob sie mit bestimmten Personen bekannt sei:
»Kennen Sie Bitzenko?« (Bitzenko, eine ehemalige politische Strafgefangene, die ebenfalls das Nertschinsker Zwangslager durchlaufen hatte, war eine bedeutende Politikerin der sozialrevolutionären Partei und Delegationsmitglied bei den Brester Friedensverhandlungen.)

»Ja, wir waren zusammen im Zwangslager inhaftiert. Ich habe Bitzenko niemals gefragt, wie man an Lenin herankommt. Im Kreml war ich nur einmal. Sensinow kannte ich nicht. Genausowenig war mir Berkenheim bekannt. Bitzenko habe ich zum letztenmal vor ungefähr einem Monat gesehen.«
»Wir erlebten Sie die Oktoberrevolution?«
»Die Oktoberrevolution überraschte mich in Charkow, im Krankenhaus. Ich war mit dieser Revolution unzufrieden, stand ihr ablehnend gegenüber. Ich setzte mich damals für die Verfassungsgebende Versammlung ein und stehe heute noch dazu. Was meine Orientierung innerhalb der sozialrevolutionären Partei angeht, so kann ich mich am ehesten mit Tschernow identifizieren.«
»Warum haben Sie denn nun auf Lenin geschossen? Wer hat Sie zu dieser Tat veranlaßt?«
»Der Entschluß, auf ihn zu schießen, reifte in mir schon seit langem heran. Ich habe auf Lenin geschossen. Ich hatte mich zu diesem Schritt bereits im Februar entschieden. Der Gedanke kam mir in Simferopol, und ab jenem Zeitpunkt habe ich begonnen, mich auf diesen Schritt vorzubereiten ...« (Archiv des KGB)
Diese Auszüge stammen alle aus dem Verhörprotokoll. Wie man sieht, versuchte Kaplan nicht, sich zu rechtfertigen, von sich abzulenken oder mildernde Umstände geltend zu machen. Doch ihre Behauptung »Ich habe auf Lenin geschossen« gemahnt zur Vorsicht. Dieser Sachverhalt ist äußerst zweifelhaft, denn keiner der Zeugen konnte zu Protokoll geben, er habe Kaplan schießen sehen. Selbst der Chauffeur Gil, der Lenin am Auto erwartete und daher unmittelbar daneben stand, konnte die Schützin nicht identifizieren:

»Als Lenin nur noch drei Schritte vom Auto entfernt war, bemerkte ich, wie aus einer Menschengruppe eine ausgestreckte Frauenhand mit einem Browning erschien. Drei Schüsse wurden abgegeben, bevor ich in die Richtung stürzte, aus der gefeuert wurde. Die Schützin warf mir den Revolver vor die Füße und verbarg sich in der Menge. Solange ich da war, hob niemand den Revolver auf. Ich korrigiere mich: Ich habe die Frauenhand mit dem Browning erst nach dem ersten Schuß gesehen.« (Archiv des Verteidigungsministeriums)

Die im Kriegskommissariat des Samoskoworezki-Rayons verhörten 18 Zeugen berichteten im wesentlichen dasselbe. Daß es Kaplan selbst war, die auf Lenin geschossen hatte, konnte niemand mit Sicherheit bestätigen, obwohl eine große Menschenmenge am Tatort war.

Fanny Jefimowna verfügte über ein sehr schlechtes Sehvermögen. Daher ist zu bezweifeln, daß man sie in die Gruppe der Kämpfer aufgenommen hatte. Die inhaftierte D. Tarasowa, eine ehemalige Zwangsarbeiterin, die mit Kaplan in Akatu einsaß, erklärte, daß die angebliche Attentäterin fast völlig blind gewesen sei. Sie »verlor chronisch ihr Sehvermögen«, das dann mit Müh und Not wiederhergestellt wurde (Archiv des Verteidigungsministeriums). Daß Kaplan nicht einmal versucht hatte, sich zu verstecken, und schon bei der ersten Frage zugab, sie habe auf Lenin geschossen, muß ebenso zur Vorsicht mahnen wie ihre Behauptung, ihr Tod sei eingeplant gewesen. Der Kasaner Forscher Professor A. L. Litwinow behauptet, daß Protopopow, ein ehemaliger Assistent Popows bei der Tscheka, auf Lenin geschossen habe. Laut den von Litwinow zusammengetragenen Daten verhaftete man nicht nur Kaplan, sondern auch Protopopow, der noch am selben Tag, dem 30. August, oder am darauffolgenden Tag erschossen wurde. Kaplan wußte nichts davon und spielte ihre tragische Rolle bis zum bitteren Ende. Es ist nicht auszuschließen, daß die »Schüsse der Fanny Kaplan« zu den gezielten Täuschungsmanövern der Bolschewiki zählen.

Einige andere Umstände erscheinen in diesem Zusammenhang ebenso rätselhaft. Der Bolschewik A. W. Kusnezow übergab den vom Attentäter zurückgelassenen Browning, den er nach eigenen Angaben aufhob, erst drei Tage später der Tscheka. Zudem fand man in der Tasche Kaplans noch einen weiteren Browning ... Aus welcher der beiden Waffen nun wirklich geschossen wurde, blieb bei der Untersuchung jedoch unberücksichtigt. Erst drei Tage nach dem Attentat hatte Jakob Michajlowitsch Jurowski (der Zarenmörder von Jekaterinburg war inzwischen nach Moskau beordert worden) auf Peters' Geheiß den Tatort untersucht, wo er vier Browning-Patronenhülsen vorfand (Archiv des Verteidigungsministeriums). Doch außer einem Zeugen behaupten alle, es seien nur drei Schüsse abgegeben worden ...

Bei dem Anschlag gab es noch eine weitere Verwundete: M. G. Popowa. Laut ihrer eigenen Aussage war sie damals auf Lenin zugetreten und hatte sich bei ihm beklagt:

»›Man hat uns erlaubt, Mehl zu kaufen, aber die Sperrtruppen nehmen es uns weg . . .‹
›Nach einer neuen Verordnung darf nichts mehr konfisziert werden. Ihr müßt darum kämpfen.‹
Da wurde ein Schuß abgegeben, und ich fiel zu Boden« (Archiv des Verteidigungsministeriums).

Aber das ist noch nicht alles. Die vom deutschen Professor Borchardt am 22. April 1922 aus dem Hals entfernte, beim rechten Schlüsselbein gelegene Kugel stammte, wie sich vor kurzem herausstellte, nicht aus dem Browning 150459, den Kusnezow am 2. September der Tscheka übergab. Schließlich wurde bei einer Überprüfung am 26. Juni 1963 festgestellt, daß in der Geheimakte über das Attentat die Blätter 11, 84, 87, 90 und 94 fehlen.
Die Sowjetmacht war an einer sorgfältigen Untersuchung der Vorfälle nicht interessiert, sondern begnügte sich mit einigen kurzen Verhören. Fanny Kaplan wurde nicht einmal der Prozeß gemacht. Die Bolschewiki hatten anderes im Sinn: Das Attentat lieferte ihnen den Vorwand für die Entfesselung eines großangelegten Staatsterrors. Endlich konnten sie mit ihren ehemaligen Verbündeten, den Linken Sozialrevolutionären, aufräumen. Der Terror war die einzige Chance für die Kommunisten, sich an der Regierung zu behaupten und das Machtmonopol endgültig an sich zu reißen.
Lenin mischte sich nicht in die bolschewistische »Rechtsprechung« ein, obwohl er bei vollem Bewußtsein war. Freilich hielt sich jahrzehntelang das schöne Gerücht, der Revolutionsführer habe gefordert, Kaplan das Leben zu schenken. So glaubte man, sie bald auf Solowki, bald auf Kolyma, bald 1932 oder sogar noch 1938 gesehen zu haben.
Lange Zeit konnte man in den bolschewistischen Lagern verschiedene unglückliche Frauen mit dem Namen Kaplan finden, die die Legende nährten, der »gute Lenin« habe das Leben der selbstlosen Sozialrevolutionärin gerettet.

Doch das waren alles nur Legenden. Menschen mit dem Familiennamen Kaplan hatten unter Stalin lediglich geringe Überlebenschancen.
Drei Tage nach dem Anschlag (außer ihrem Geständnis gab es keinen stichhaltigen Beweis dafür, daß sie selbst geschossen hatte) wurde Fanny Jefimowna Kaplan, die unglückliche Terroristin, die im Grunde genommen außer Zwangslagern nichts in ihrem leidvollen Leben gesehen hatte, ohne Untersuchung und ohne Gerichtsverhandlung erschossen.
Angelika Balabanowa berichtete, daß Lenin, als er mit ihr nach dem Anschlag in Gorki zusammengetroffen war, trocken bemerkt hatte: »Das Zentralkomitee entscheidet darüber, was mit dieser Kaplan geschehen soll ...« (Balabanowa, Lenin. Psychologische Beobachtungen und Betrachtungen, Hannover 1959, S. 1–2). Als ob er nicht genau gewußt hätte, daß die Terroristin bereits erschossen worden war.
Es ist kaum vorstellbar, daß Lenins Mitstreiter ihn nicht vom Schicksal Kaplans unterrichtet hatten, um so mehr als er bereits ab dem 6. September seine Arbeit wiederaufnahm, die Post durchsah und Anordnungen erteilte. Doch das wichtigste ist, daß der verwundete Revolutionsführer mit dem Kremlkommandanten P. D. Malkow zusammentraf, den die Tscheka mit der Vollstreckung der Hinrichtung beauftragt hatte (Archiv für neuere Geschichte). Nach offiziellen Quellen diskutierte Lenin damals mit Malkow die Möglichkeit, den Rat der Volkskommissare aus dem Saal der Gerichtsbehörde in den großen Kremlpalast zu verlegen. Natürlich wurde der Rat der Volkskommissare nirgendwohin verlegt, man kann jedoch mit hoher Wahrscheinlichkeit davon ausgehen, daß Wladimir Iljitsch die Frage beschäftigt hat, wie Kaplan sich in den letzten Minuten vor ihrer Hinrichtung verhalten hatte, wie ein Mensch aus dem Leben schied, der (angeblich) einen Anschlag auf sein Leben verübt hatte.
Der Fall Kaplan ist ein weiterer Beleg für den kalten Pragmatismus Lenins, der schließlich in eine zynische Amoralität überging. Dieser Charakterzug zeichnete nicht nur den Revolutionsführer aus: Bei Staatsmännern ist die Verbindung von Politik und Moral eine sehr seltene, wenn nicht sogar einzigartige Erscheinung. Daß Le-

nin nicht zu dieser auserlesenen Gruppe zählte, bestätigt seine Rede auf dem dritten Komsomolkongreß: »Wir glauben nicht an eine ewige Moral und entlarven alle Märchen über die Moral als Betrug« (Lenin, PSS, Bd. 41, S. 298–318).

Das erste Attentat auf den Revolutionsführer war bereits am 1. (14.) Januar verübt worden: Damals wurde sein Dienstwagen beschossen. Der Vorsitzende des Rates der Volkskommissare hatte gerade die Michajlow-Manege verlassen, wo er vor einer Einheit sprach, die unmittelbar darauf an die Front geschickt werden sollte. Er war soeben im Begriff, mit M. I. Uljanowa und Fritz Platten in Richtung Smolny aufzubrechen. »Sie waren noch keine hundert Meter gefahren, da hagelte es hinten an der Wagenkarosserie Kugeln wie Erbsen.« Platten ergriff Lenins Kopf und drückte ihn nach unten. Im Smolny angekommen, untersuchte man das Auto. Es stellte sich heraus, daß die Karosserie an vielen Stellen von Kugeln durchlöchert war und einige Schüsse die Frontscheibe durchschlagen hatten. Plattens Hand blutete. Eine Kugel hatte ihn gestreift, als er Lenins Kopf zu schützen versuchte (Prawda, Nr. 11 [2942] vom 14. Januar 1925). Ganz offensichtlich wußten die Attentäter vom Auftritt des Führers der Bolschewiki und hatten einen Hinterhalt gelegt. Doch auch damals war das Glück auf seiner Seite gewesen.

Ein Jahr später geriet Lenin, wieder im Auto, in eine heikle Lage, wobei diesmal gewöhnliche Stadtkriminelle am Werk waren. Am Abend des 19. Januar 1919 fuhren Wladimir Iljitsch, sein Leibwächter Tschabanow und seine Schwester nach Sokolniki, wo sich Nadeschda Krupskaja auf Anraten der Ärzte in einer Forstschule aufhielt. Nicht weit von einer Eisenbahnbrücke entfernt hielten drei bewaffnete Männer das Auto an. Lenin und seine Begleiter nahmen an, es handle sich lediglich um eine Paßkontrolle. »Aber wie groß war unsere Verwunderung«, erinnerte sich später Maria Iljinitschna, »als die Männer uns plötzlich alle aus dem Automobil steigen ließen und sich mit dem Passierschein, den Wladimir Iljitsch ihnen zeigte, nicht zufriedengaben, sondern seine Taschen zu durchsuchen begannen, wobei sie ihm den Revolverlauf an die Schläfe setzten. Schließlich entrissen sie ihm seinen Browning und den Passierschein ...

›Was machen Sie denn da. Das ist Genosse Lenin! Wer sind Sie überhaupt? Zeigen Sie sofort Ihre Vollmachten.‹
›Verbrecher brauchen keine Vollmachten.‹
Die Banditen sprangen ins Auto, richteten die Revolver auf uns und verschwanden mit Vollgas in Richtung Sokolniki.« (Uljanowa, M. I., O W. I. Lenine i semje Uljanowych. Wospominanija. Otscherki. Pisma, 2 isid., Moskau 1989, S. 113–117)
Es sah Lenin ähnlich, daß er dieses »Geschäft« mit den Banditen (Auto, Waffen, Pässe und Geld gegen die Freiheit) für geglückt hielt. Wann immer er später auf dieses Ereignis zu sprechen kam, betrachtete er es als Präzedenzfall für einen gelungenen Kompromiß. »Stellen Sie sich vor«, schrieb er in »Der ›linke Radikalismus‹ als Kinderkrankheit des Kommunismus«, »Ihr Auto wird von bewaffneten Banditen angehalten. Sie würden ihnen Ihr Geld, den Paß, den Revolver und das Auto geben. Dafür werden sie von der ›angenehmen‹ Gesellschaft der Banditen befreit . . . Unser Kompromiß mit den Räubern des deutschen Imperialismus war ähnlicher Natur.« (Lenin, PSS, Bd. 41, S. 19)
Nach dem Überfall wurde ganz Moskau auf den Kopf gestellt. Die Tscheka verstärkte ihre Strafaktionen. Man verhängte gewissermaßen den Ausnahmezustand über die Hauptstadt. Nach einigen Wochen berichtete der Leiter für Verbrechensfahndung, K. G. Rosental:

»An Lenin,
Bericht des Leiters der Zentralverwaltung für Verbrechensfahndung.
Im Rahmen der Untersuchung des Raubüberfalls auf der Sokolniki-Chaussee sowie im allgemeinen Interesse der Verbrechensbekämpfung wurde von mir angeordnet, eine Durchsuchung aller privaten, möblierten Zimmer und Privatwohnungen durchzuführen, in denen verbrecherische Elemente der Stadt Moskau Zuflucht gefunden haben könnten. Alle Personen, die der Teilnahme an dem Überfall verdächtig waren, wurden unverzüglich inhaftiert.
. . . Es gelang uns, an die 200 Menschen festzunehmen, unter denen sich 65 registrierte Verbrecher befanden . . . An dem Anschlag

auf Sie waren die Banditen Jaschka Koschelkow, Sajaz-Schofjor und Lenka-Saposchnik beteiligt. Die Wohnung der Verbrecher wurde gefunden (der Hausherr hat sich bei der Verhaftung das Leben genommen).« (Archiv für neuere Geschichte)

Die Maßnahmen zum Schutze Lenins wurden auf Initiative Stalins beträchtlich verstärkt (Archiv des Präsidenten). Die verschärfte Suche nach Feinden und Terroristen hatte jedoch auch negative Auswirkungen. Sie schuf eine Atmosphäre von Mißtrauen und Argwohn; überall witterte man Spione. Wachsamkeit lautete von nun an die Parole unter den Revolutionären aller Ebenen und Ränge:

»Moskau. An den Vorsitzenden des Rates der Volkskommissare Lenin.
Genosse Lenin, hiermit eröffne ich Ihnen, daß eine konspirative Verschwörung gegen die Sowjetmacht im Gange ist. Feinde von Ihnen, die mir persönlich bekannt sind, wollen Sie und den Genossen Trotzki ermorden. Ich teile Ihnen dies auf dringliche Bitte des Rotarmisten Jakowenko, 12. Eisenbahnerregiment von Krasnokutsk, mit.
Der Militärkommissar des Gouvernements Saratow, Sokolow.
28. April 1919.« (Archiv der Sowjetarmee)

Menschen wie Jakowenko gab es bald überall in einem Land, wo die Denunziation und Entlarvung von »Feinden« als sozialistische Heldentaten gefeiert wurden ...
Natürlich drohte Lenin auch weiterhin Gefahr, doch nach dem Anschlag von 1918 begann man, ihn besser zu schützen. Zudem verließ der Führer der Bolschewiki selten den Kreml, fuhr nie an die Front und bereiste weder die Gouvernements noch die neugeschaffenen Republiken. Er zog es vor, hinter den Kremlmauern zu regieren. 1922 vereitelte eine Krankheit Lenins Plan, mit Tschitscherin zur Internationalen Konferenz von Genua zu reisen. Hinzu kam eine Fehlinformation der Tscheka. Unschlicht berichtete:

»Ich habe Informationen beigelegt, die aus zuverlässiger Quelle stammen und aus denen hervorgeht, daß ein Anschlag auf die Genossen Lenin und Tschitscherin von polnischer Seite vorbereitet wird.
Die Polen planen ein Attentat auf Lenin und Tschitscherin, falls diese zur Konferenz nach Genua reisen. Sie sind daran interessiert, daß der Anschlag nicht auf ihrem eigenen Territorium verübt wird.« (Archiv des Präsidenten)

In der Folgezeit wurden wiederholt Maßnahmen ergriffen, welche die Sicherheit Uljanows erhöhen sollten. So ließ das Organisationsbüro des ZK dem Kommandanten des Kreml ein Verzeichnis von Ergänzungsmaßnahmen zum Schutz von Lenin zukommen:

»Sehr geehrter Genosse Malkow!
Das Organisationsbüro hat beschlossen:
1. Bei Ausfahrten des Genossen Lenin aus dem Kreml sind zwei Begleitfahrzeuge und fünf Leibwächter erforderlich. Der Chauffeur muß der Partei treu ergeben sein. Neben ihm soll ein bewaffneter Begleitsoldat sitzen.
2. Der Schutz der Wohnung und des Arbeitszimmers erfolgt durch kommunistische Wachsoldaten (mindestens ein Jahr Parteizugehörigkeit). Den Wachsoldaten steht eine Alarmanlage zur Verfügung. Es handelt sich dabei um einen am Boden befindlichen Knopf, der im Falle eines Angriffs zu betätigen ist.
3. Der Zugang zu Wladimir Iljitschs Wohnung wird nur mit einem Sonderausweis genehmigt, der vom Genossen Lenin persönlich ausgestellt wurde.
4. Die Kanzlei wird nach unten verlegt.
5. Das Arbeitszimmer kommt neben die Wohnung Lenins (woran das Konferenzzimmer anschließt).
6. Unter den Mitarbeitern des Rates der Volkskommissare ist eine gründliche Säuberung durchzuführen.

Der Sekretär des ZK.«

(Archiv des Präsidenten)

Die Anschläge auf Lenin, besonders jener, mit dem der Name Fanny Jefimowna Kaplan verbunden war, hatten zwei tiefgreifende historische Folgen für die sowjetische Geschichte.
Zum einen bedeutete das Attentat den Beginn eines gigantischen Personenkults. Der Anschlag auf Lenin erzeugte eine widerliche Form von »Solidarität« mit dem Revolutionsführer, die mit einer grenzenlosen Lobpreisung seiner Verdienste, seines Verstandes und seines Willens einherging. Die ewige Treue des russischen Volkes gegenüber dem »guten Zaren« verlagerte sich rasch auf die Gestalt Wladimir Iljitsch Lenins.
Die zweite Folge war die Erhebung der Gewalt in den Rang eines Mittels der Politik. Bereits vor Annahme des Dekrets über den Massenterror durch das WZIK begannen die Massenerschießungen. Bald nach dem Attentat auf Lenin wurden der frühere Justizminister Schtscheglowitow, der ehemalige Innenminister Chwostow, der Ex-Direktor des Polizeidepartments, Beljetzki, der frühere Minister Protopopow, der Priester Wostorgow und noch ein Dutzend weitere prominente Persönlichkeiten im Petrowski-Park öffentlich erschossen. Nach der Exekution wurden die Ermordeten durch das Hinrichtungskommando ausgeplündert (Archiv der russischen Revolution, Bd. VII, Berlin 1922, S. 273). Es war paradox: das Attentat auf Lenin rettete schließlich die Bolschewiki, stärkte das Regime der »Diktatur des Proletariats« und verlieh dem Staatsapparat neue Kraft. L. D. Trotzki, das »Lieblingskind der Revolution«, formulierte diesen Umstand mit brillanter Eloquenz:

»In diesen tragischen Tagen [nach dem Anschlag, D. W.] erlebte die Revolution einen entscheidenden Aufschwung. Ihre ›Güte‹ rückte dabei in den Hintergrund, und das eiserne Schwert der Partei erhielt seinen letzten Schliff. Die Entschlossenheit wuchs, und, wo es sein mußte, auch die Erbarmungslosigkeit ... Irgend etwas setzte sich in Bewegung, wurde fester, und es ist bemerkenswert, daß dieses Mal die Revolution nicht durch eine neue Atempause, sondern umgekehrt durch eine neue Gefahr gerettet wurde.« (Trotzki, O Lenine, S. 121, 122)

Die Guillotine des Terrors

Der Anschlag auf Lenin diente als Vorwand für eine Politik des Massenterrors. Trotzki erinnert sich, daß der Linke Sozialrevolutionär Steinberg, als man die von ihm verfaßte Beschlußvorlage »Vaterland in Gefahr« erörterte, entschlossen Einspruch gegen die These erhob, wer dem Feind helfe, müsse an Ort und Stelle liquidiert werden.
»Ganz im Gegenteil«, erwiderte Lenin, »genau das ist echtes revolutionäres Pathós (wobei er ironisch den Wortakzent verschob). Glauben Sie denn wirklich, daß wir ohne grausamen Terror als Sieger aus der Revolution hervorgehen werden?«
Wenn in seinem Beisein von Revolution und Diktatur gesprochen wurde, ließ Uljanow keine Gelegenheit aus, um zu betonen:
»Ja, wo haben wir denn eine Diktatur? Zeigen Sie sie mir doch! Bei uns herrscht nur Wirrwarr, aber keine Diktatur.«
»Das Wort ›Wirrwarr‹«, schreibt Trotzki, »liebte er sehr.«
»Was ist denn das für eine große Revolution, wenn wir nicht einmal fähig sind, die weißgardistischen Saboteure zu erschießen ... Alles nur leeres Geschwätz und Wirrwarr ...« (Trotzki, O Lenine, S. 104, 105)
Übrigens kann man ähnliches nicht nur bei Trotzki, sondern auch bei Lenin selbst nachlesen. In seiner Broschüre »Die nächsten Aufgaben der Sowjetmacht« schreibt Lenin mit Bedauern:
»... unsere Staatsmacht ist viel zu sanft und ähnelt eher einer Schüssel Brei als einem Stück Eisen.« (Lenin, PSS, Bd. 36, S. 196)
Wladimir Iljitsch und seine Mitstreiter gingen davon aus, man könne nur mit Hilfe des Terrors die Soldaten der neuen Armee zum Kampf zwingen, die Konterrevolution niederwerfen und die Getreideversorgung sicherstellen. Auf Initiative Swerdlows und Dserschinskis wurde auf der Sitzung des Rates der Volkskommis-

sare vom 5. September (eine Woche nach dem Attentat!) die Frage des Massenterrors zur Diskussion gestellt. Nach Dserschinskis Vortrag faßte der Rat seinen Beschluß »Über den roten Terror«, der bald traurige Berühmtheit erlangen sollte. Lenin war mit ihm zufrieden, denn er hielt ihn für geeignet, den bestehenden »Wirrwarr« zu beseitigen:

»Nachdem der Rat der Volkskommissare ein Referat des Vorsitzenden der Allrussischen Außerordentlichen Kommission (Tscheka) zum Kampf gegen die Konterrevolution, die Spekulation und den Amtsmißbrauch gehört hat, beschließt er folgendes: In der gegebenen Situation ist es unbedingt erforderlich, das Hinterland durch den Terror zu sichern. Zur Intensivierung der Tätigkeit und zur Sicherstellung eines planmäßigen Vorgehens der Allrussischen Außerordentlichen Kommission zum Kampf gegen die Konterrevolution, die Spekulation und den Amtsmißbrauch ist es unumgänglich, möglichst viele Parteigenossen in diese Kommission zu entsenden. Zum Schutz der Sowjetrepublik vor Klassenfeinden werden diese in Konzentrationslagern isoliert. Personen, die an weißgardistischen Organisationen, Verschwörungen und Rebellionen beteiligt sind, werden erschossen. Ferner ist es notwendig, die Namen aller Delinquenten und den Grund ihrer Exekution zu veröffentlichen.« (Archiv der Russischen Föderation)

Bereits vor Annahme des Dekrets über den roten Terror hatte Lenin noch andere Varianten vorgeschlagen. Auf seine Initiative hin kam es 1918 verstärkt zu Geiselnahmen. Einen Monat vor Verabschiedung des Dekrets empfahl Lenin Zjurupa: »Das Dekret soll vorsehen, in jedem Getreidebezirk 25–30 Reiche als Geiseln zu nehmen, die mit ihrem Leben für das Sammeln und Speichern aller Überschüsse bürgen sollen«.

Zjurupa, den die Empfehlung so strenger Maßnahmen betroffen machte, versuchte die Geiselfrage zu »umgehen«, worauf Lenin rasch reagierte (die Sache kam auf einer Sitzung des Rates der Volkskommissare zur Sprache): »Zjurupa. Bezüglich der Geiseln haben Sie nicht geantwortet . . .«

Alexander Dimitri Zjurupa, der Volkskommissar für staatliche

Versorgung, versuchte dieser Frage auszuweichen, weil er Geiselnahmen grundsätzlich ablehnte und zudem die Organisierung derartiger Maßnahmen für nahezu unmöglich hielt ...
Doch Lenin beharrte entschieden darauf. In einer weiteren Mitteilung an Zjurupa konkretisierte er seinen Gedanken: »Ich schlage vor, Geiseln nicht einfach wahllos zu nehmen, sondern sie nach Amtsbezirken namentlich zu bestimmen. Das Ziel dieser Inhaftierung ist: Gerade die Reichen, die ja auch für Kontributionen einstehen, sollen mit ihrem Leben für die unverzügliche Sammlung und Speicherung von Getreideüberschüssen bürgen ...« (Leninski sbornik, XVIII, S. 145–146)
Lenins besonderer Haß galt den wohlhabenden Bauern, den sogenannten Kulaken:

»Liwny. An das Exekutivkomitee. Kopie an den Kriegskommissar Semaschko und die Organisation der Kommunisten. 20. August 1918, Moskau.
Ich begrüße die energische Unterwerfung der Kulaken und Weißgardisten in Ihrem Kreis. Man muß das Eisen schmieden, solange es heiß ist. Wir dürfen keine Zeit verlieren. Man muß die Armen im Kreis organisieren, das ganze Getreide und den gesamten Besitz der aufständischen Kulaken konfiszieren und die Aufwiegler unter den Großbauern aufhängen. Wichtig ist, die Armen unter Führung zuverlässiger Leute aus unseren Reihen zu mobilisieren und zu bewaffnen. Darüber hinaus sind Reiche als Geiseln zu nehmen ...
Der Vorsitzende des Rates der Volkskommissare Lenin.« (Leninski sbornik, Bd. XVIII, S. 186–187)

Lenin war nicht nur der geistige Urheber des bolschewistischen Terrors, sondern erhob ihn als Politiker zudem in den Rang einer Staatsdoktrin. Als Moisej Markowitsch Wolodarski, der Kommissar für Presse, Propaganda und Agitation, ermordet wurde, erwartete Lenin von den Petrograder Bolschewiki ein entschlossenes Vorgehen. Diese aber reagierten zögerlich und unentschieden. Der Revolutionsführer verfaßte daraufhin einen geharnischten Brief:

»Genosse Sinowjew! Erst heute haben wir im ZK davon gehört, daß die Arbeiter in Petrograd die Ermordung Wolodarskis mit Massenterror beantworten wollen und daß Sie (nicht Sie persönlich, sondern die Petrograder Genossen) zögern.
Ich protestiere entschieden!
Wir kompromittieren uns: Wir drohen sogar in Resolutionen des Deputiertenrates mit Massenterror, aber wenn es zur Sache geht, bremsen wir die völlig berechtigte revolutionäre Initiative der Massen.
Das darf nicht sein! Die Terroristen werden uns für Waschlappen halten. Wir befinden uns mitten im Krieg. Man muß mit der vollen Härte des Terrors gegen die Konterrevolution vorgehen. Gerade in Petrograd wäre ein Exempel für uns von entscheidender Bedeutung. Gruß, Lenin.« (Lenin, PSS, Bd. 50, S. 106)

Auf Anordnung Uljanows entwickelte die Tscheka regelmäßig Maßnahmen zum Kampf gegen die Konterrevolution. Im Juni 1921 berichtete der stellvertretende Vorsitzende der Tscheka, Unschlicht, dem Revolutionsführer über die Aktivitäten der Straforgane (ich zitiere nur einige Auszüge):

»– in erster Linie schlägt die Tscheka vor, die Zerschlagung des Parteiapparates der Sozialrevolutionäre und Menschewiki fortzusetzen, indem sie sowohl einzelne Untergrundaktivisten als auch die Leiter der Organisationen verhaftet. Ferner müssen Massenoperationen gegen die oben genannten Parteien auch auf staatlicher Ebene durchgeführt werden ...
– Die Tscheka entwickelt ein Agentennetz für die Arbeit in den Auslandsorganisationen der oben genannten Parteien.
– Zusammenkünfte von Parteilosen, Arbeitern und Bauern werden mit höchster Wachsamkeit beobachtet ...
– In einem Zeitraum von zwei Wochen wird ein Plan zur Entwaffnung der bäuerlichen Bevölkerung in allen Gouvernements ausgearbeitet.
– Alle ehemaligen Grundbesitzer, Großpächter, Polizisten, Offiziere ... werden erfaßt und registriert.
– Im Staats- und Wirtschaftsapparat wird eine gründliche Säuberung durchgeführt ...

– Besonders sorgfältig werden die Gouvernements Samara, Saratow und Tambow sowie das Gebiet der Wolgadeutschen gesäubert ...« (Archiv für neuere Geschichte)

Es gibt zahlreiche wissenschaftliche Arbeiten des Revolutionsführers zu dem Thema »Terror und Diktatur«. Hier sollen jedoch einige Anmerkungen zu dieser Frage genügen. Im November 1920 veröffentlichte die Zeitschrift »Kommunistische Internationale« Lenins Artikel »Zur Geschichte der Diktatur«. Eröffnet wird er, wie üblich, durch einen apologetischen Satz über diese Staatsform: »Wer nicht begriffen hat, daß die Diktatur jedweder revolutionären Klassen für deren Sieg von entscheidender Bedeutung ist, der hat nichts von der Revolutionsgeschichte verstanden ...« (Lenin, PSS, Bd. 41, S. 369) Im folgenden beschreibt Lenin eine Reihe von Situationen, die geeignet sind, den Revolutionsterror zu entschuldigen und zu rechtfertigen. Schließlich bringt er den Begriff der Diktatur auf einen einfachen Nenner: »Diktatur bedeutet – nehmen Sie dies ein für allemal zur Kenntnis – grenzenlose Macht, die auf der Gewalt und nicht auf dem Gesetz basiert« (ebd., S. 376). Bezeichnend dabei ist, daß sich die Macht, wie beim Banditentum, nicht auf das Gesetz stützt. Lenin gefiel es, mit der Idee zu jonglieren, die Diktatur sei die Macht der Gewalt und nicht des Gesetzes. Diese »Logik des Beils«, um mit den Worten Gorkis zu sprechen, zieht sich wie ein roter Faden durch den gesamten Artikel. Es ist erschreckend, wie sich Lenin an seiner fürchterlichen wissenschaftlichen Entdeckung ergötzte: »Die grenzenlose, keinem Gesetz untergeordnete, absolute Macht – das ist die wahre Diktatur« (ebd., S. 380). Uljanow gefiel sein theoretischer Fund, der zugleich alles erklärte und rechtfertigte, so sehr, daß er ihm seine eigene Definition gab: »Vom wissenschaftlichen Standpunkt aus bedeutet Diktatur nichts anderes als die durch nichts eingedämmte, weder durch Gesetze noch durch allgemeingültige Regeln beschränkte, unmittelbar auf der Gewalt basierende Macht.« Nach Lenin »übt das revolutionäre Volk« direkt »die Gerichtsbarkeit aus, gebraucht die Macht und schafft ein neues, revolutionäres Recht« (ebd., S. 383). Die Ausübung von Zwang im Namen der Diktatur des Proletariats war demnach »revolutionäres Recht«.

In diesem Zusammenhang ist es interessant, daß Lenin vor der Revolution niemals, von seltenen Ausnahmen abgesehen, Henkermethoden propagierte, obwohl er zu ungewöhnlichen Schlußfolgerungen durchaus fähig war (wie beispielsweise dem Gedanken, den imperialistischen Krieg in einen Bürgerkrieg umzuwandeln). Nachdem er jedoch das Ruder des russischen, bolschewistischen Staatsschiffes in die Hand genommen hatte, wandelte Lenin sich unmerklich vom Sozialdemokraten zum Jakobiner.

Der Führer der Bolschewiki gab sich der Illusion hin, mit Hilfe der Justizorgane könnte die Herausbildung eines riesigen und schwerfälligen bürokratischen Apparats verhindert werden. Der »Amtsschimmel« erregte den besonderen Unmut des Revolutionsführers. Er wies Kurski, den Volkskommissar für Justiz, an, die Auswüchse der Bürokratie zum Politikum zu machen: »Im Herbst und Winter 1921/22 müssen in Moskau 4 bis 6 Bürokratiedelikte vor Gericht gebracht werden. Dabei muß man die krassesten Fälle auswählen und jedes Urteil in ein politisches Licht rücken.« (Lenin, PSS, Bd. 54, S. 1)

Nachdem Lenin sich mit den Auswüchsen der Bürokratie beim Komitee für Erfindungen bekannt gemacht hatte (wie er schreibt, »gibt es in diesen Ämtern eine erhebliche Anzahl unfähiger Wissenschaftler, Faulenzer und anderes Gesindel«), wandte er sich erneut an Kurski: »Vor dem Revolutionstribunal muß ein politischer Prozeß in Gang gebracht werden, der diesen ›wissenschaftlichen‹ Sumpf gehörig austrocknet« (ebd., S. 221).

Über solchen sporadischen Eingriffen in die Tätigkeit der Strafорgane verlor der Revolutionsführer jedoch nicht sein Hauptziel aus den Augen, das in der Schaffung einer Rechtsgrundlage für den repressiven Staatsapparat bestand.

1922 begann das Volkskommissariat für Justiz mit der Ausarbeitung eines Strafgesetzbuches für die RSFSR. Lenin traf sich in dieser Angelegenheit wiederholt mit Kurski und verfaßte sogar einige Artikel für das neue Gesetzbuch. In einem Schreiben an den Volkskommissar für Justiz forderte er ohne Umschweife: »Genosse Kurski! Meiner Meinung nach muß man den Einsatz von Erschießungen (als Ersatz für die Verbannung ins Ausland) verstärken . . .« (Lenin, PSS, Bd. 54, S. 189)

Zwei Tage später sandte der Jurist Lenin Kurski erneut eine Botschaft, die einem politischen Befehl gleichkam:

»Das Gericht darf den Terror nicht abschaffen; dies zu versprechen, wäre eine Täuschung bzw. Selbstbetrug. Er muß vielmehr prinzipiell gesetzlich verankert werden, und zwar ohne Heuchelei oder Schönfärberei. Bei der Ausformulierung muß die Möglichkeit zu einer breiten Auslegung gewahrt bleiben, da im konkreten Fall nur das revolutionäre Rechtsbewußtsein und das revolutionäre Gewissen die letzte Entscheidung treffen können« (ebd., Bd. 54, S. 190.

Doch Lenin gab sich nicht mit diesen allgemeinen, prinzipiellen Weisungen zufrieden, sondern formulierte eigenhändig einen entsprechenden Artikel:

»Propaganda beziehungsweise Agitation für oder Mitgliedschaft beziehungsweise Mitarbeit bei Organisationen, die für jenen Teil der internationalen Bourgeoisie unterstützend tätig ist, der die Gleichberechtigung des kommunistischen Eigentumssystems nicht anerkennt und dessen gewaltsamen Sturz anstrebt, sei es durch Intervention, Blockade, Spionage, finanziellen Druck oder ähnliche Mittel, werden mit der Höchststrafe geahndet. Im Falle mildernder Umstände kann diese durch Freiheitsentzug oder Ausweisung ersetzt werden« (ebd., Bd. 45, S. 189–190).

Derartige Sätze kann nur die Feder eines Juristen zu Papier bringen! Lenins Entwurf sollte nicht in Vergessenheit geraten. Im Strafgesetzbuch der RSFSR wurde er, wenn auch mit zahlreichen Modifikationen, im Abschnitt »Konterrevolutionäre Verbrechen« berücksichtigt. Für den »Umsturzversuch«, für »Maßnahmen zur Unterstützung der internationalen Bourgeoisie«, für Spionage, feindliche Propaganda und Agitation sah Artikel 58 den Tod durch Erschießen und andere Strafmaßnahmen vor (Volkskommissariat für Justiz der UdSSR [Hsg.], Strafgesetzbuch der RSFSR, Moskau 1938, S. 26–32). Zahllose politische Gefangene des Gulag, »Terroristen«, »Spione«, »feindliche Agitatoren« und

»Verbündete der Bourgeoisie« verdankten also ihr Urteil und das Strafmaß einem Artikel, der auf die persönliche Initiative Lenins zurückging. Dieser Umstand wurde übrigens nie verheimlicht. Im 1970 erschienenen Band 45 von Lenins gesammelten Werken wird in den redaktionellen Vorbemerkungen folgendes »besondere Verdienst« konstatiert: »Die Vorschläge Lenins wurden bei späteren Bearbeitungen des Abschnittes ›Konterrevolutionäre Verbrechen‹ im Strafgesetzbuch berücksichtigt.« (Lenin, PSS, Bd. 45, S. 549)
Lenin kam eine spezielle Rolle bei der Schaffung der »Straforgane« zu, die im sowjetischen Leben eine Sonderstellung einnahmen. Auf diesem Gebiet entwickelte er nicht den Marxismus weiter, sondern leistete Pionierarbeit. Denn Marx und Engels hatten nie irgendwelche »Weisungen« erteilt, wie die »Straforgane« der proletarischen Diktatur beschaffen sein sollten.
Die im Dezember 1917 gegründete Tscheka erhielt schon bald auf Antrag Lenins das Recht zur außergerichtlichen Bestrafung. Dieses allmächtige Organ hatte die Vollmacht, Verhaftungen vorzunehmen, Untersuchungen durchzuführen, Urteile auszusprechen und diese auch zu vollstrecken. Zehntausende von Menschen wurden in den Folterkammern der Tscheka ohne Gerichtsverhandlung erschossen. Doch damit nicht genug. Auf der Politbürositzung vom 14. Mai 1921 wurde unter Lenins Vorsitz die Resolution »zur Erweiterung der Rechte der Tscheka in bezug auf die Verhängung des höchsten Strafmaßes« verabschiedet (Archiv für neuere Geschichte).
Im Juni 1918 (drei Monate vor Annahme des Dekrets »Über den roten Terror«) faßte die Parteikonferenz der Tschekisten folgende Beschlüsse:

»... 2. Prominente und aktive Führer der Monarchisten-Kadetten, der rechten Sozialrevolutionäre und Menschewiki sind aus dem öffentlichen Leben zu entfernen.
3. Generäle und Offiziere sollen registriert und überwacht werden. Die Rote Armee und der Kommandostab ... werden unter Beobachtung gestllt.
4. Bekannte und eindeutig überführte Konterrevolutionäre, Spe-

kulanten, Räuber und korrupte Individuen werden hingerichtet« (Archiv für neuere Geschichte).

Häufig nahmen Entscheidungen des Politbüros wie etwa der Beschluß »über die Rädelsführer der Basmatschen« Gerichtsurteile vorweg: »Das mittelasiatische Büro wird angewiesen, die Rädelsführer der Basmatschen auf jeden Fall in Haft zu behalten und zur Verhängung der Höchststrafe unverzüglich dem Revolutionstribunal zu überstellen.« (Archiv für neuere Geschichte)
Lenin kontrollierte die Tscheka persönlich. So wachte er zum Beispiel über Ernennungen und befaßte sich sogar mit operativ-technischen Fragen: ». . . Beobachtung und Überwachung müssen vervollkommnet werden (besondere Trennwände, Holzverschläge oder Umkleidekabinen, Blitzdurchsuchungen; Systeme zur doppelten und dreifachen Sofortüberprüfung nach allen Regeln ermittlungstechnischer Kunst usw.)« (Lenin, PSS, Bd. 52, S. 222–223). Bei der Lektüre dieser Zeilen könnte man meinen, sie stammten von einem professionellen Detektiv. Der Revolutionsführer kümmerte sich jedoch nicht nur um allgemeine Richtlinien für eine wirkungsvollere Arbeit der Tscheka, sondern gab auch persönlich Anweisungen für Durchsuchungen und Verhaftungen: »Genosse Dserschinski! . . . Halten Sie es nicht für sinnvoll, die Verhaftungen im Rayonkomitee nachts vorzunehmen?« (Leninski sbornik, Bd. XXXVII, S. 114)
Lenin witterte überall Verrat und Spionage und lebte in ständiger Angst vor ausländischen Verschwörungen gegen das Regime. Selbst als angesichts der Hungersnot ausländische Hilfsorganisationen Abgesandte nach Rußland schickten, war der Revolutionsführer auf der Hut:

»Genosse Molotow! *Geheim*
Aufgrund des Abkommens mit dem Amerikaner Hoover steht uns ein Massenansturm von Amerikanern bevor, um deren Überwachung wir uns kümmern müssen. Ich schlage dem Politbüro vor, eine Kommission zu gründen, die sich über die Tscheka und andere Straforgane mit der Verstärkung der Überwachungsmaßnahmen für Ausländer befaßt. Zusammensetzung der Kommission: Molotow, Umschicht, Tschitscherin.

Diese dürfen nur mit ausdrücklichem Einverständnis Molotows durch absolut zuverlässige Parteimitglieder ersetzt werden.«
(Archiv für neuere Geschichte) Lenin

Lenin war der Mann, der der Tscheka einen Freibrief ausstellte. Nach der Revolution übte zunächst das Politbüro die Kontrolle über die Straforgane aus. Später dann war sie dem ersten Mann in Staat und Partei vorbehalten. Kam es zum Konflikt zwischen Tscheka und anderen Staatsorganen, stellte sich Uljanow unmißverständlich auf die Seite der Tschekisten.
So protestierte M. Koslowski, der verantwortliche Funktionär des Volkskommissariats für Justiz, in einem Brief gegen die willkürlichen Erschießungen der Tscheka:

»Wladimir Iljitsch,
Vor einigen Tagen teilte ich Stalin mit, daß ich zu seiner Verfügung stehe. Doch Stalin zögert. Ich habe acht Akten beigelegt, auf die sich mein Protest gegen die Tscheka stützt ...
Ich schlage vor, die Frage der Erschießung aller ehemaligen Polizisten, vom Landpolizisten bis zum Reviervorsteher ..., nochmals zu überprüfen. Weiterhin beschloß die Tscheka, Krylowa wegen Mitgliedschaft in der weißgardistischen Gruppe um Saposchnikow zu erschießen. Für diesen Vorwurf gibt es keine Beweise, außer daß Krylowa die Frau Saposchnikows ist ... Häufig wird entschieden, jemanden ohne Untersuchung und Begründung zu erschießen (so etwa Kasjanow, Schustrow, Schmakow und andere. Schmakow zum Beispiel wurde nur deswegen hingerichtet, weil er ›Monarchist‹ war ...)«

Lenin wandte sich daraufhin an Stalin: »Genosse Stalin! Bitte prüfen Sie dies und schicken Sie es mir umgehend zurück ... Dserschinski hat mir gesagt, daß das Kollegium der Tscheka dagegen Protest einlegt. Lenin« (Archiv für neuere Geschichte). Und wenn Dserschinski protestierte, konnte er sich immer auf die Unterstützung Lenins verlassen, denn die Tscheka war schließlich das »Schwert der Revolution«.
Sehr bald entwickelte sich die Tscheka zur wichtigsten Macht im

Staate, die nicht nur unter den »Volksmassen«, sondern auch unter den orthodoxen Bolschewiki Angst und Schrecken verbreitete. Laut Nikolaj Wasiljewitsch Krylenko verwandelte sich die Tscheka bald in ein Volkskommissariat, das »schrecklich in der Erbarmungslosigkeit seiner Repressionen und in seiner konspirativen Struktur für einen Außenstehenden völlig undurchschaubar« gewesen sei (Krylenko, N. W., Sudoustrojstwo RSFSR. Moskau 1923, S. 97).

Obwohl sich Dserschinski der wachsenden Feindseligkeit gegenüber der Tscheka bewußt war, brachte er mit dem Einverständnis Lenins im ZK der RKP einen Antrag ein, laut dem der Tscheka die Genehmigung erteilt werden sollte, in den Gouvernements die Todesstrafe auch ohne ausdrückliche Bestätigung durch Moskau zu verhängen. Darüber hinaus schlug er vor, das höchste Strafmaß auch in Fällen von »Amtsmißbrauch an der Wirtschaftsfront« verstärkt einzusetzen (Archiv für neuere Geschichte). Lenin war natürlich einverstanden.

Als der Versuch unternommen wurde, die repressive Tätigkeit der Tscheka der Kontrolle des Volkskommissariats für Justiz zu unterstellen, protestierte Dserschinski:

»Wenn die Tscheka unter die Aufsicht des Volkskommissariats für Justiz gestellt wird, bedeutet das für uns nicht nur einen enormen Prestigeverlust, sondern vermindert auch unsere Autorität im Kampf gegen das Verbrechen und bestätigt zudem das ganze weißgardistische Geschwätz über unsere ›Willkür‹ ... Es handelt sich hier nicht um einen Akt der Kontrolle, sondern um einen Akt der Diskreditierung der Tscheka und ihrer Organe ... Die Tscheka steht unter der Kontrolle der Partei« (Archiv für neuere Geschichte). Zumindest im letzten Punkt irrte sich Dserschinski, denn bereits damals war die Tscheka nicht mehr der Partei, sondern lediglich deren Führer rechenschaftspflichtig.

Doch neben der Tscheka, die sich allmählich zum Staat im Staate entwickelte und nach eigenem Gutdünken über Leben und Tod entscheiden konnte, blieben auch die Tribunale nicht untätig (so bezeichnete man in Analogie zur großen Französischen Revolution die neuen Gerichte). Sergej Kobjanow, ein Verteidiger im

Revolutionstribunal, erinnert sich, daß dessen »Urteile weder durch Kassation noch durch Appellation angefochten werden konnten. Das Urteil wurde von niemandem bestätigt und mußte innerhalb von 24 Stunden vollstreckt werden.« (Archiv der russischen Revolution, Bd. VII, Berlin 1922, S. 246)
Natürlich konnten sich die Tribunale in ihrer »Effektivität« nicht mit der Tscheka messen, doch nichtsdestoweniger waren diese Gerichte für den Tod Tausender von Menschen verantwortlich, die häufig nur aufgrund ihrer Zugehörigkeit zu einer »Ausbeuterklasse« verurteilt wurden. Ich verfüge zwar über keine landesweite Statistik, möchte aber einige aufschlußreiche Zahlen anführen.
1921, als der Bürgerkrieg sich dem Ende näherte und die Kampfhandlungen bereits stark nachließen, »arbeiteten« die Tribunale weiter ohne Unterlaß. Obwohl in diesem Jahr um ein Vielfaches weniger Armeeangehörige erschossen wurden als beispielsweise 1918 oder 1919, nahm der revolutionäre Terror immer noch gigantische Ausmaße an. So informierten N. Sorokin, der Vertreter des Kriegskollegiums des Obersten Tribunals des WZIK, und M. Strogowitsch, der Leiter der statistischen Abteilung des WZIK, Trotzki darüber, wie viele Armeeangehörige 1921 erschossen wurden: Im Januar waren es 360 Männer, im Februar 375, im März 794, im April 740, im Mai 419, im Juni 365, im Juli 393, im August 295, im September 176, im Oktober 122, im November 11 und im Dezember 187. Insgesamt wurden 1921 4337 Soldaten und Kommandeure exekutiert (Archiv der Sowjetarmee). All dies geschah zu einem Zeitpunkt, als die »Roten« den Sieg bereits davongetragen hatten.
Bisweilen erteilte Lenin selbst Weisungen, wie der eine oder andere Prozeß vonstatten gehen sollte. So wurde auf der Politbürositzung vom 27. August 1921 (an ihr nahm ein ausgewählter Kreis teil: außer Lenin waren Trotzki, Kamenew, Sinowjew, Molotow und Stalin anwesend) unter anderem die Frage erörtert, ob Baron Ungern dem Gericht übergeben werden sollte. Lenin beantragte, »gemeinsam Anklage zu erheben und, falls die Beweislage dies zuläßt, woran kein Zweifel bestehen dürfte, eine öffentliche Gerichtsverhandlung abzuhalten, die so rasch wie möglich zur

Urteilsverkündung kommen muß. Danach soll er umgehend erschossen werden.« (Archiv für neuere Geschichte)
Lenin trat in diesen wenigen Sätzen zugleich als Untersuchungsrichter, Staatsanwalt und Richter auf. Ein Verteidiger war ohnehin nicht erforderlich.
Es wurden jedoch nicht nur Bürgerliche, Arbeiter, Bauern und Rotarmisten erschossen. Die Tscheka machte auch vor den eigenen Reihen nicht halt, wenn geeignete Verdachtsmomente vorhanden waren.
Laut der Erklärung einer Gruppe von Tschekisten an der Turkestaner Front häuften sich Exekutionen von Mitgliedern der Spezialeinheiten der Tscheka.

»Man erschießt die Mitarbeiter für die verschiedensten Verbrechen, und keiner der Kommunisten, die sich in diesen proletarischen Straforganen befinden, ist davor gefeit, schon morgen aus irgendeinem beliebigen Grund hingerichtet zu werden ... Sobald ein Kommunist für das Straforgan arbeitet, hört er auf, Mensch zu sein und verwandelt sich in einen Automaten ... Er darf weder seine Ansichten äußern noch über seine Nöte klagen, weil darauf die Todesstrafe steht.«

Durch ihre Arbeit und die ständige Angst vor Bestrafung entwickelten sich unter den Mitarbeitern unsittliche Verhaltensweisen wie Überheblichkeit, übertriebener Ehrgeiz, Grausamkeit und gefühlloser Egoismus. Nach und nach begannen sie eine »eigene Kaste« zu bilden (Archiv für neuere Geschichte).
Der uns bereits bekannte Ja. S. Ganetzki schlug Lenin vor, die Einheit von Tscheka und Partei noch weiter auszubauen. Es sei wichtig, schreibt Ganetzki, »eine möglichst enge Verbindung zwischen Parteiorganisationen und Außerordentlichen Kommissionen herzustellen ... Man muß alle Parteimitglieder, die verantwortungsvolle Posten bekleiden, verpflichten, den Außerordentlichen Kommissionen sämtliche Informationen mitzuteilen, die ihnen auf privatem wie offiziellem Wege zukommen und für den Kampf gegen die Konterrevolution interessant sein könnten ...« (Lenin i Tscheka, Moskau 1975, S. 281). Lenin antwortete: »Genosse Ga-

netzki! Haben Sie darüber schon mit Dserschinski gesprochen? Rufen Sie mich an. Ihr Lenin.« Mit seinem Vorschlag hatte Ganetzki bei Lenin, den er gut kannte, zweifellos ins Schwarze getroffen. Denn schließlich hatte der Revolutionsführer selbst den Satz geprägt: »Ein guter Kommunist ist zugleich auch ein guter Tschekist« (ebd., S. 363).

Trotz der äußerst schwierigen Wirtschaftslage der Republik verweigerte Lenin der Tscheka niemals finanzielle Mittel. Als Vorsitzender des Rates für Arbeit und Verteidigung unterzeichnete er im November 1921 einen Beschluß, laut dem der Tscheka eine Sonderzulage von 792 000 Goldrubeln zur »besonderen Verwendung« bewilligt wurden (Archiv für neuere Geschichte).

Die Bolschewiki hatten bereits 1918 damit begonnen, Konzentrationslager einzurichten. Freilich waren sie nicht mit den Dimensionen des Stalinschen Gulag vergleichbar, und schließlich war es auch noch einfacher, sich seiner Feinde durch Erschießungen zu entledigen. Aber als sich abzeichnete, daß die Bolschewiki aus dem Bürgerkrieg als Sieger hervorgehen würden, gingen die Massenexekutionen rasch zurück. Konterrevolutionäre, Terroristen und Saboteure, die den Krieg überlebt hatten, wurden nun in die Baracken der Konzentrationslager verbracht. Man nahm diese Aufgabe mit Elan in Angriff. So wurde auf der Politbürositzung vom 20. April 1921 unter dem Vorsitz Lenins der Beschluß gefaßt, ein solches Lager mit einer Kapazität von 10 000 bis 20 000 Menschen im Rayon Uchta zu errichten (Archiv für neuere Geschichte). Bereits eine Woche später unterbreitete Dserschinski dem höchsten Parteigremium seinen Plan, »die verbrecherischen Kronstädter Matrosen in der Strafkolonie von Uchta anzusiedeln«. (Archiv für neuere Geschichte) Dann wieder schlug die Tscheka vor, ein neues Lager bei Cholmogory zu errichten (Archiv für neuere Geschichte). So ging es endlos weiter. Diese Lager sollten nicht die letzten bleiben. Schon bald war das ganze Land mit einer Unmenge von Lagern übersät, die sieben Jahrzehnte lang von Millionen Menschen bevölkert wurden.

Bereits im Bürgerkrieg konnten erste Erfahrungen mit der Deportation von Menschen gemacht werden. Besonders viele Frauen und Kinder wurden nach der grausamen Abrechnung mit den

Donkosaken deportiert. Tausende dieser Unglücklichen starben, noch bevor sie das Lager erreicht hatten. Trotzki nahm Stalins zukünftige, sibirische »Marschrouten« bereits im August 1920 vorweg, als er in Moskau erklärte: »Ich schlage vor, im Kubangebiet im Namen der Regierung bekanntzugeben, daß die der Unterstützung Wrangels überführten Familien nach Transbaikalien verbannt werden. Sie sollen in jenes Gebiet ausgewiesen werden, das sich in den Händen der Japaner ... und anderer befindet. Ich bitte, mir mitzuteilen, ob es dagegen Einwände gibt.« (Archiv der Sowjetarmee)
Widerspruch erhob sich zwar keiner, doch die praktische Umsetzung des Vorschlags war problematisch, da man dieses Gebiet nur auf sehr unzureichenden Verkehrswegen erreichen konnte ...
In den ehemaligen Parteiarchiven des KGB-NKWD lagern die Briefe von Unglücklichen aus zahllosen Lagern. Obwohl ein Großteil dieser Dokumente von den Gefängniswärtern an Ort und Stelle vernichtet wurde, sind nicht wenige erhalten geblieben. Besonders viele existieren aus jenem Zeitraum, als die Kollektivierung begann und »Lenins Genossenschaftsplan« in die Tat umgesetzt wurde. Ich führe im folgenden einige dieser Briefe an, die, wie ich glaube, geeignet sind, uns einen Eindruck von dieser weit zurückliegenden und grausamen Zeit zu vermitteln.

»Gesuch
der Umsiedler im Bezirk Nord-Dwinsk, im Rayon Kotlas, von der Masse des Volks im Lager Makaricha.
Wir bitten Sie, unsere Angelegenheiten zu prüfen. Warum, um Himmels willen, quält und verhöhnt man uns hier? Dafür, daß wir viel Getreide gesät und dem Staat Nutzen gebracht haben, aber jetzt unbrauchbar geworden sind?
Wenn wir unnütz sind, dann bitten wir Sie darum, uns ins Ausland zu schicken, denn hier steht uns der Hungertod bevor, und jeden Tag setzt man uns mit der Drohung, uns zu erschießen, den Revolver auf die Brust. Eine Frau erstach man mit dem Bajonett, zwei Mann wurden erschossen, und 1600 hat man in eineinhalb Monaten in der Erde begraben.
Die Massen bitten Sie, eine Kommission einzusetzen, um mit

eigenen Augen zu sehen, wie wir dahinvegetieren. Ein guter Bauer hält sein Vieh besser, als wir leben müssen. Bei uns kommt von unten das Wasser, und von oben rieselt einem der Sand in die Augen. Wir entkleiden uns nicht und ziehen nie die Schuhe aus. Das Brot reicht nicht, man gibt uns nur 300 Gramm, und heißes Wasser ist auch nicht vorhanden. Wenn das noch einen Monat so weitergeht, werden nicht mehr viele von uns übrig sein.
... Bedenken Sie doch, was passiert ist: Alle hat man umgesiedelt und verbannt. Keiner ist dabei reich geworden, nur Rußland hat man in den Niedergang geführt.
... Unsere Adresse: Stadt Kotlas, Bezirk Nord-Dwinsk, Lager für Umsiedler. Makaricha, Baracke 45. Im Jahre 1930.
I. W. Krylenko.« (Archiv der Russischen Föderation)

Der Pflug der russischen Revolution hatte, wie Lenin es formulierte, »Rußland umgegraben«.
Vergeblich warteten I. W. Krylenko und Millionen anderer Unglücklicher auf eine Verbesserung ihrer Lebensbedingungen. Sie gehörten nämlich, so Lenin, allesamt zum »Kleinbürgertum«, dem »Hauptfeind« der Revolution. Wenn man sie schon nicht vernichtete, mußte man sie wenigstens umerziehen, ganz gleich, zu welchem Preis. Dieser Prozeß war Bestandteil der praktischen Umsetzung einer Idee, die der Revolutionsführer Sozialismus nannte (Lenin, PSS, Bd. 36, S. 255, 257). Für ihn heiligte der Zweck die Mittel. So schrieb er: »Mögen die Schoßhunde der bürgerlichen Gesellschaft, von Bjelorussow bis Martow, nur winseln und kläffen wegen jedes Spans, der beim Abholzen eines großen, alten Waldes anfällt.« (Lenin, PSS, Bd. 36, S. 193)
Die Bolschewiki vermochten nicht, das Paradies auf Erden zu schaffen. Im Gegenteil: das Projekt der »neuen Gesellschaft« geriet unter Lenins Führung rasch zur Höllenfahrt.

Fünftes Kapitel
Lenins personelles Umfeld

»Für Lenin und all seine Gefolgsleute war das grundlegende Problem die Macht.«
Nikolai Berdjajew

Lenin war stets von vielen Menschen umgeben. Aufgrund seiner intellektuellen Fähigkeiten hob er sich bereits zu Beginn des Jahrhunderts deutlich von den übrigen russischen Sozialdemokraten ab. Entweder man fühlte sich zu ihm hingezogen, oder man stritt aufs heftigste mit ihm, bis hin zum Zerwürfnis, doch ihn zu ignorieren war unmöglich: Lenin war ein Mann mit Charisma, der die Menschen allein durch seine Gegenwart beeinflussen konnte. Enge Freunde hatte er jedoch nicht.

Es war, als hielte er die Menschen durch seine intellektuelle »Größe« auf Abstand. In frühen Phasen seines Lebens verband Lenin allerdings eine sehr enge Freundschaft mit J. O. Martow, H. E. Fedosejew und mit A. A. Wanejew. Später, am Vorabend der Revolution, unterhielt er herzliche, freundschaftliche Beziehungen zu G. E. Sinowjew und L. B. Kamenew.

Mitunter bekundete Lenin deutlich seine Sympathie gegenüber Swerdlow, Dserschinski, Podwojski, Lunatscharski und anderen führenden Parteigenossen. Wenn er sich, wie es häufig geschah, nach dem Gesundheitszustand und dem Wohlbefinden der ihn umgebenden Genossen erkundigte und sich Sorgen machte, ob sie auch genug gegessen und sich ausgeruht hätten, so war es Lenins Überzeugung nach einfach seine innerparteiliche Pflicht. Der Führer der Bolschewiki konnte scherzen und lachen, er konnte sich sogar familiär geben, doch er überschritt niemals die unsichtbare Grenze zum persönlichen Vertrauensverhältnis. Vielleicht bildete lediglich die Beziehung zu I. Armand eine Ausnahme; ansonsten aber galt sein ganzes Sinnen und Trachten einer Idee, deren fanatischer Verfechter und Diener er war. Solche Menschen können zwar Gleichgesinnte, Kampfgenossen, Mitverschworene und Glaubensbrüder haben, in den seltensten Fällen jedoch persönliche Freunde.

Mich interessieren vor allem die Menschen aus Lenins Umfeld, die einen spürbaren Einfluß auf die Entstehung und Entwicklung des Systems ausgeübt haben, das nach dem Oktober 1917 entstanden ist.

Folgende Personen gehörten am 25. März 1919 dem ständig amtierenden Politbüro des ZK an: W. I. Lenin, L. B. Kamenew, N. N. Krestinski, J. W. Stalin, L. D. Trotzki. N. I. Bucharin, G. E. Sinowjew und M. I. Kalinin hatten den Status von Kandidaten. Mit Ausnahme von Nikolaj Nikolajewitsch Krestinski, der sich im Politbüro nur bis 1921 halten konnte, und Michail Iwanowitsch Kalinin – einer Person, die offenkundig nur zur Dekoration diente – waren diese Leute, die in den ersten Jahren der Sowjetmacht das engere Umfeld Lenins darstellten, die wichtigsten Gehilfen des »Hauptarchitekten« des Systems.

Wenn ich von Lenins Umfeld spreche, möchte ich mich auf den Rahmen des Politbüros beschränken, obwohl sich der Revolutionsführer zur Klärung verschiedener Fragen auch häufig mit J. M. Swerdlow, F. E. Dserschinski, D. K. Ordschonikidse, N. I. Podwojski, M. S. Uritzki, M. M. Wolodarski, E. D. Stasowa, A. W. Lunatscharski, A. M. Kollontaj, E. A. Rachja, M. W. Frunse, N. W. Krylenko, D. I. Kurski, A. D. Zjurupa, W. D. Bontsch-Brujewitsch und anderen Revolutionären traf. Sie bildeten sozusagen die zweite Schicht des unmittelbaren Umfeldes, indem sie den Willen des Führers ausführten und seine Bestrebungen zu interpretieren und zu propagieren wußten. Eben dieses Umfeld ermöglichte es Lenin, die Linie des bewaffneten Aufstands sowie den Kriegskommunismus und den Roten Terror zu verwirklichen, alle nur denkbaren Ressourcen zur Führung des Bürgerkrieges zu mobilisieren, den Übergang zur Neuen Ökonomischen Politik zu vollziehen und die Weltrevolution zu initiieren. Die Personen aus Lenins engerem Umfeld – dem Politbüro – wie auch jene aus der »zweiten

Schicht« konnten zwar ihre Individualität und Eigenart bewahren, waren aber dennoch Werkzeuge von Lenins Willen, seinen Erleuchtungen und bitteren Irrtümern. Durch sie wurde der bolschewistische Kurs aufrechterhalten.

Lenins engere Mitarbeiter gehorchten ihm bedingungslos (Unschlüssigkeit und eigenmächtiges Handeln stellten Ausnahmen dar); sie unterstützten den Führer, befehdeten sich jedoch untereinander und kämpften um den Einfluß an der Spitze der Machtpyramide. Wenn man sich mit den Personen befaßt, die dem Führer der russischen Revolution nahestanden, wird man wie in einem Spiegel auch einige seiner Wesenszüge wahrnehmen, die, wenn man sich lediglich auf die Betrachtung des Führers beschränkt, nur schwer zu erkennen sind.

»Der fähigste Mann ... im ZK«

Mit diesen Worten wurde Trotzki am 24. Dezember 1922 von Lenin charakterisiert. Indem er Trotzki (wie auch Stalin) als »hervorragenden Führer des jetzigen ZK« bezeichnete (Lenin, PSS, Bd. 45, S. 345), würdigte Lenin die lange, widersprüchliche, komplizierte und ambivalente Geschichte seiner Beziehung zu diesem Genossen in ganz besonderem Maße. Kurz vor seinem Rückzug aus dem politischen Leben hielt es Lenin für nötig, die geistige Bedeutung des zweiten Mannes der russischen Revolution in einem Brief besonders hervorzuheben, wobei er sich allerdings nicht enthalten konnte, auch auf die Schwächen dieses Revolutionärs hinzuweisen: Eitelkeit und Überbetonung der »administrativen Seite der Dinge«. Dieser »umfassenden« Beurteilung Trotzkis gingen lange Jahre gemeinschaftlicher Arbeit, erbitterter Kämpfe, aufmerksamer gegenseitiger Beobachtung und erneuter Zusammenarbeit voraus.

Trotzkis Verhältnis zu Lenin durchlief mehrere Stadien. Man kann sogar sagen, daß es an der Schwelle zum neuen Jahrhundert besonders Lenin war, der dem jungen Revolutionär in schwierigen Situationen zur Seite stand.

Im Oktober 1902 klopfte Trotzki an einem frühen Morgen an die Tür von Lenins Wohnung in London. Die Adresse hatte ihm Pawel Axelrod in Zürich gegeben, wohin Trotzki nach seiner Flucht aus der sibirischen Verbannung gelangt war. In dieser Wohnung traf Trotzki zum erstenmal mit Lenin und Krupskaja zusammen. Genötigt, auf dem Bett des künftigen Führers der zukünftigen Revolution Platz zu nehmen, bat Trotzki zunächst einmal um Geld: unten stand nämlich noch die Droschke, die bezahlt werden mußte.

Lenin führte Trotzki in den Kreis der in Rußland und Europa gleichermaßen bekannten Sozialdemokraten ein: Er stellte ihn

Plechanow, Potresow, Dan, Sasulitsch und Martow vor und machte ihn mit der Zeitung »Iskra« bekannt. Er wollte Trotzki zu einem seiner jungen Helfer machen und ihn weiter protegieren. Bald schon spürte er jedoch die Widerspenstigkeit, den Eigensinn und die stark ausgeprägte Eigenliebe des jungen Revolutionärs. Auf den Parteitagen der in Bolschewiki und Menschewiki aufgespaltenen SDAPR gingen Lenin und Trotzki lange Zeit getrennte Wege. Trotzki hielt Martow, Axelrod, Dan und Sasulitsch für wesentlich interessantere Persönlichkeiten als Lenin.

Nach der ersten russischen Revolution waren die beiden politisch wie ideologisch unversöhnliche Gegner. Lenin stellte Trotzki wegen seines Versuchs, eine zentristische Position einzunehmen, an den Pranger, obwohl er ihn im Grunde seines Herzens wahrscheinlich um seinen brillanten aphoristischen Stil beneidete. Er ließ keine Gelegenheit aus, um Trotzki mit Schimpfworten zu belegen. So verpaßte er ihm in Anspielung auf seine jüdische Herkunft den beleidigenden Spottnamen: »Iuduschka«. In einem seiner Briefe an Inessa Armand äußerte Lenin verärgert: »Also dieser Trotzki! Immer das gleiche mit ihm, er sucht Ausflüchte, mogelt, gibt sich als Linker, hilft aber den Rechten, wo es nur geht . . .« (Lenin, PSS, Bd. 49, S. 390)

Trotzki stand ihm jedoch in nichts nach. Zwischen der Revolution von 1905 und dem Oktoberumsturz machte er Lenin in seinen Artikeln lächerlich, indem er seine Fähigkeiten als Theoretiker und seine Führungsqualitäten in Frage stellte. Damals sah es so aus, als würden sie für immer Feinde bleiben. Im März 1913 klagte Trotzki in seinem Brief an Nikolaj Semjonowitsch Tschcheidse über die »elenden Intrigen, die Meister Lenin, dieser professionelle Ausbeuter jeglicher Rückständigkeit in der russischen Arbeiterbewegung, systematisch bei all seinen Aktivitäten schmiedet . . . Das gesamte Gebäude des Leninismus ist zum gegenwärtigen Zeitpunkt auf Lügen und Fälschungen aufgebaut und birgt bereits den giftigen Keim der Verwesung in sich . . .« (Archiv für neuere Geschichte)

Lenin hielt Trotzki bis zum Februar 1917 für einen prowestlichen Sozialdemokraten – was in den Augen des Führers der Bolschewiki eine schreckliche Sünde darstellte. Noch im Juli 1916 bezeichnete er ihn als »Heuchler«, als »Kautskyaner« und »Eklektiker«.

Als Lenin nach Rußland kam, stellte er seine Polemik gegen Trotzki ein und nannte ihn bereits einen »offenkundigen Internationalisten und Kriegsgegner« (Lenin, PSS, Bd. 31, S. 204). Lenin spürte, daß die Revolution ihn und Trotzki gegen ihren Willen einander wieder näher bringen würde.
Zu guter Letzt, nachdem die zentristische Organisation der sogenannten »Meschrayonzy« auf dem 6. Parteitag der SDAPR in die Reihen der Bolschewiki aufgenommen wurden, fand Lenin in seinem Herzen einen würdigen Platz für Trotzki. Durch die 4000 Sozialisten erfuhr Lenin eine deutliche Stärkung. Unter ihnen befanden sich so einflußreiche Persönlichkeiten wie W. Wolodarski, A. A. Joffe, A. W. Lunatscharski, D. S. Manuilski, M. S. Uritzki und K. K. Jurenew. Auch L. D. Trotzki gehörte zu den »Meschrayonzy«. Trotzki, der noch vor nicht allzu langer Zeit von Lenin als »Kautskyaner« tituliert worden war, schrieb im Sommer 1920, an Karl Kautskys Adresse gerichtet:

»Die Revolution fordert von der revolutionären Klasse, daß sie ihre Ziele mit allen Mitteln, die ihr zur Verfügung stehen, zu erreichen versucht. Das bedeutet gegebenenfalls einen bewaffneten Aufstand oder – wenn es die Situation erfordert – Terrorismus ... Der Terror kann ein äußerst wirksames Mittel gegen die reaktionäre Klasse sein, die nicht bereit sein wird, freiwillig das Feld zu räumen. Die Abschreckung ist ein machtvolles Mittel sowohl der Außen-, als auch der Innenpolitik. Der Krieg basiert ebenso wie die Revolution auf Abschreckung. Ein siegreicher Krieg vernichtet in der Regel nur einen geringfügigen Teil der besiegten Armee, wirkt aber gleichzeitig abschreckend auf die übrigen und bricht ihren Willen.« (Trotzki, Werke, Bd. XII, S. 59)

In dem zitierten Auszug aus Trotzkis Werk »Terrorismus und Kommunismus« ist Lenins Argumentationslinie deutlich herauszulesen. Lenin und Trotzki stimmten in ihrem revolutionären Jakobinismus überein und hielten auch radikale Maßnahmen zur Erlangung einer sozialen Umwälzung für zulässig. Lenin war beeindruckt von dem organisatorischen Talent Trotzkis und von seiner Fähigkeit, auf jedem beliebigen Gebiet und in jedem beliebigen Tätigkeitsbereich, den man ihm zuwies, eine Wende zum Besseren zu erzielen. Da Lenin dazu neigte, ausschließlich vom »Parteistab«, also vom Zentrum aus zu agieren, war ihm Trotzki von Nutzen, da dieser seine eigenen Schwächen kompensieren half: seine Unfähigkeit und seinen Widerwillen, persönlich an der Front oder an einem anderen kritischen Ort anwesend zu sein und eine entscheidende Wende herbeizuführen. Trotzki ergänzte Lenin auf der organisatorisch-praktischen Ebene.

Lenin kam es sehr gelegen, daß Trotzki sich praktisch sofort damit einverstanden erklärte, im Hintergrund zu bleiben, und keinen Anspruch auf die Position des Vorsitzenden erhob, obwohl er dem anerkannten Führer der Bolschewiki eine Zeitlang an Beliebtheit nicht nachstand.

In Trotzkis Entwürfen für sein Buch über Lenin findet man viele winzige Details, die das Porträt des Revolutionsführers abrunden. So schreibt Trotzki beispielsweise: »Ich erinnere mich an Lenins argwöhnischen Blick, mit dem er jeden, aber auch jeden, der in einer Versammlung sprach, förmlich abtastete und taxierte; es war ein besonderer Blick – ein Blick voller Voreingenommenheiten ...« (Archiv für neuere Geschichte)

Trotzki berichtete, daß sich »Lenin während der Sitzungen bei einem Rednerwechsel der Methode des Zettelschreibens bediente, um Erkundigungen einzuziehen oder um jemandes Meinung zu erfahren und auf diese Weise Zeit zu sparen. Manchmal waren die Fragen auf diesen Zetteln wie Pistolenschüsse, die dicht am Ohr vorbeizischten ... Die Kunst bei diesen Notizen bestand darin, das Wesen eines Problems zu erfassen« (Archiv für neuere Geschichte). Trotzki gibt allerdings zu bedenken, daß diese »Kommunikationsmethode« einen extrem hohen Aufwand an persönlicher Energie erforderte. »Nicht selten geschah es, daß der Vorsitzende des Rates der Volkskommissare seine Briefe selbst schrieb, die Umschläge selbst beschriftete und sie selbst mit Briefmarken versah!« (Archiv für neuere Geschichte) Trotzki wertete das »Briefmarkenkleben und Briefebeschriften« als ungeheuer positive Eigenschaft. übersah dabei jedoch, daß diese Tatsache nicht gerade von verwaltungstechnischer Professionalität zeugt.

Trotzki beschränkt sich bei der Charakterisierung Lenins nicht nur auf einzelne Details, sondern schwingt sich gelegentlich auch zu allgemeinen Stellungnahmen auf. So schrieb er in seinem Artikel »Das Nationale an Lenin«, der im April 1920 (anläßlich Uljanows 50. Geburtstag) in der »Prawda« veröffentlicht wurde:

»Der Stil von Marx ist reich und herrlich, eine wunderbare Verbindung von Kraft und Weichheit, Zorn und Ironie, Strenge und Feinheit und trägt in sich die literarischen und ästhetischen Richtungen der gesamten vorangegangenen sozial-politischen deutschen Literatur seit der Reformation.
Lenins literarischer und rednerischer Stil ist fürchterlich einfach, utilitaristisch und asketisch wie auch sonst seine ganze Art. In dieser kraftvollen Askese ist jedoch nichts Moralisierendes enthalten. Da steckt kein Prinzip und kein durchdachtes System dahinter. Sie ist lediglich der äußere Ausdruck für die innere Konzentration der Kräfte auf die Bereitschaft zu handeln. Es ist eine haushälterische, bäuerliche Geschäftigkeit, nur in grandiosem Maßstab.« (Archiv für neuere Geschichte)

Der Vergleich mit Marx ist nicht ganz korrekt, denn Marx war niemals Regierungschef, und Lenin hat niemals etwas Vergleichbares wie »Das Kapital« geschrieben. Doch der Verfasser des Artikels hatte insofern recht, als er die äußere Einfachheit Lenins hervorhob, hinter der sich neben einem mächtigen Verstand Schläue und sehr oft auch Verschlagenheit verbargen. Trotzki hat recht, wenn er Lenin als einen Mann der Tat bezeichnet. In diesem Punkt konnte Trotzki nicht mit dem Revolutionsführer Schritt halten. In den kritischen Momenten des Umsturzes, des deutschen Angriffs oder des Bürgerkriegs war seine Energie zwar unerschöpflich, er hielt unzählige Reden, und der berühmte Frontzug fuhr unermüdlich durch ganz Rußland. Sobald jedoch der Brand der russischen Vendée am Erlöschen war, verwandelte sich Trotzki wieder in den begabten, originellen Publizisten.
Trotzki war kein Freund der alltäglichen Kleinarbeit. Bereits Ende 1920 »welkte« er dahin: Es zog ihn nicht auf die Parteitribüne, sondern zum Schreibtisch, nicht auf die endlosen Sitzungen des Politbüros, sondern auf die Jagd und nicht in die neugegründeten

Kommunen, sondern in die Sanatorien der Partei. Während er sich an seinem Ruhm als Gründer der Roten Armee berauschte, die »Lehren des Oktober« schrieb und an seinen vielbändigen Gesammelten Werken arbeitete, bemächtigte Stalin sich des Apparats, beziehungsweise der Macht. Als Lenin sich aus dem politischen Geschehen zurückzog und bald darauf starb, wurden Leichtfertigkeit und Ruhmsucht Trotzki im entscheidenden Moment zum Verhängnis. Er wurde nicht der »erste« Mann im Staat, und die Notwendigkeit eines »zweiten« Führers entfiel ganz.
Als einmal während einer Sitzung des Politbüros die Rede darauf kam, daß Trotzki 1919 ohne zu zögern die Entscheidung gefällt hatte, Kommandeure und Kommissare an der Front erschießen zu lassen, falls diese die Kontrolle über eine Truppe oder einen Truppenverband verlieren würden, ergriff Lenin für Trotzki Partei. Die Richtung, die die Debatte im Politbüro nahm, lief auf eine Verurteilung Trotzkis hinaus. Trotzki erinnerte an einen Fall von Erschießungen im Jahre 1918 und erklärte zornig: »Wenn es damals, bei Swijaschsk, nicht meine drakonischen Maßnahmen gegeben hätte, so säßen wir heute nicht hier im Politbüro!«
»Absolut richtig!« – rief Lenin aus und schrieb rasch etwas auf einen Vordruck des Vorsitzenden des Rates der Volkskommissare. Anschließend reichte er Trotzki das Dokument. Darauf stand geschrieben:

»Genossen!
Ich kenne den strengen Charakter der Anweisungen des Genossen Trotzki, und ich bin so überzeugt, so absolut überzeugt von der Richtigkeit, Zweckmäßigkeit und Notwendigkeit der von Trotzki gegebenen Anordnung zum Nutzen der Sache, daß ich diese Anweisung voll und ganz unterstütze.

W. Uljanow-Lenin.«

»Ich werde Ihnen so viele Blankobögen dieser Art geben wie nötig« – fügte Lenin noch hinzu. (Trotzki, Moja Shisn, Bd. II, S. 204, 205)
Nach dem Umsturz im Oktober waren die Beziehungen zwischen Lenin und Trotzki im großen und ganzen entspannt, es entwickelte

sich sogar eine gewisse Nähe zwischen ihnen. Lenin erkannte zweifellos, daß Trotzki den anderen Mitgliedern des Parteiareopags intellektuell überlegen war. Nach Lenins Erkrankung kam es jedoch immer seltener zu persönlichen Begegnungen zwischen den beiden. Trotzki besuchte den kranken Lenin seltener als etwa Stalin oder Bucharin. Da Trotzki des öfteren mit den Ärzten zusammentraf, die Lenin behandelten, war ihm wahrscheinlich früher als manch anderem klar, daß der Vorsitzende des Rates der Volkskommissare nie mehr aktiv am politischen Leben teilnehmen würde. Trotzki kannte den Weg nach Gorki nicht so gut wie die anderen. Es ist eine Notiz Lenins erhalten geblieben, in der er Trotzki den Weg zu seinem Landhaus beschreibt: »Ungefähr 20–30 Werst auf der Serpuchowski-Chaussee. Unter der Eisenbahnbrücke durch, dann nach der ersten Kurve nach links auf die nächste Straße (auch parallel zur Chaussee, aber es ist eine kleine, enge Straße) bis zu dem Dorf Gorki fahren (das frühere Anwesen von Reinbot). Insgesamt ungefähr 40 Werst von Moskau entfernt.« Trotzki notierte mit rotem Stift auf die Wegbeschreibung: »Nachprüfen« (Archiv für neuere Geschichte).
Obwohl Trotzki ein entspanntes, gutes Verhältnis zu Lenin hatte, spürte er manchmal, daß seine Vergangenheit alles andere als vergessen war und zu jedem beliebigen Zeitpunkt als schlagendes Argument gegen ihn verwandt werden konnte. Nicht zufällig hielt Lenin es in seinem »Vermächtnis« für notwendig, Trotzkis früheren »Nichtbolschewismus« zu erwähnen, selbst wenn er dies nicht als Anschuldigung formulierte. Sie standen sich politisch nahe, doch konnte man ihr Verhältnis nicht als freundschaftlich bezeichnen ... Natalja Sedowa pflegte keinen persönlichen Umgang mit Krupskaja. Kamenew, Sinowjew, Bucharin und Stalin waren dagegen häufig zu Gast in Lenins Wohnung. Trotzki legte also sogar in bezug auf Lenin eine demonstrativ zur Schau getragene Unabhängigkeit an den Tag.
Den Versuchen des schwerkranken Lenin, durch Briefe die Verbindung mit der Partei aufrechtzuerhalten, stand Trotzki äußerst skeptisch gegenüber. Als Lenin sich am 5. März 1923 mit der Bitte an Trotzki wandte, »die Sache der Georgier im ZK der Partei zu verteidigen«, da er nicht mit der Unparteilichkeit Stalins und

Dserschinskis rechnen könne (Lenin, PSS, Bd. 54, S. 329), lehnte Trotzki dies unter dem Vorwand ab, er sei gesundheitlich nicht auf der Höhe. Vielleicht wollte er den Konflikt mit Stalin nicht verschärfen? Oder stufte er die politischen Ziele des kranken Führers schon als Launen ein? Jedenfalls schlug Trotzki Lenin die letzte Bitte seines Lebens ab.

Trotzki hatte sich innerlich bereits darauf eingestellt, daß er die Nachfolge Lenins als Parteiführer übernehmen würde, doch in diesem Punkt hatte er sich gewaltig verrechnet. Da er die anderen Mitglieder des Politbüros seine intellektuelle Überlegenheit deutlich spüren ließ, brachten ihm seine Parteigenossen eine dauerhafte, unterschwellige persönliche Feindseligkeit entgegen.

Man kann sagen, daß Lenin unbewußt immer ein gewisses Mißtrauen gegenüber Trotzki hegte. Dies belegen auch einige bisher noch unbekannte Fakten.

In einigen persönlichen Notizen Lenins an Kamenew, Sinowjew und Stalin wies der Parteiführer auf die Notwendigkeit hin, Trotzki unter »Druck« zu setzen, damit er seine Haltung änderte.

Am 14. März 1921 schlug Lenin Kamenew vor, auf dem Parteitag das Wort zu ergreifen und darauf hinzuweisen, »daß die Linie Trotzkis völlig falsch ist, was sich in der Praxis noch erweisen wird«. (Archiv für neuere Geschichte) Und während einer Sitzung des Politbüros instruierte Lenin Kamenew: »Kümmern Sie sich nicht um Kalinin, überlassen Sie ihn mir. Nehmen Sie sich allein Trotzki vor« (Archiv für neuere Geschichte).

Als Trotzki, der bis zur Grenze der Belastbarkeit mit Aufträgen und Verpflichtungen überhäuft war, erfuhr, daß das Politbüro ihn auch noch mit der Überprüfung von »Gochran« beauftragen wollte, lehnte er mit der Begründung ab, er sei völlig ausgelastet, und verfaßte eine entsprechende Erklärung an das Politbüro. Lenin reagierte wie folgt: »Trotzkis Brief ist unklar. Falls er eine Absage darstellen soll, bedarf es einer Zustimmung des Politbüros. Ich bin dafür, Trotzkis Absage abzulehnen« (Archiv für neuere Geschichte). Wieder setzte sich Lenin nicht persönlich mit Trotzki auseinander, sondern zog es vor, andere Mitglieder der Parteiführung heranzuziehen, die den widerspenstigen Trotzki »zur Vernunft bringen« sollten.

Möglicherweise war Stalin der Initiator vieler Debatten zu Trotzkis Haltung. Doch auch die übrigen Mitglieder des Politbüros fürchteten wohl den übermäßigen Einfluß des Vorsitzenden des Revolutionären Kriegsrates und unterstützten den Generalsekretär in seinen Angriffen. Es ist anzunehmen, daß in dieser Frage auch radikale Vorschläge unterbreitet worden sind, bis hin zu der Forderung, Trotzki seiner Ämter zu entheben. Insbesondere darüber gibt ein Schreiben Lenins an Kamenew Aufschluß:

»Ich denke, es dürfte möglich sein, Übertreibungen zu vermeiden. Sie schreiben, daß ›das ZK bereit ist, die große Kanone über Bord zu werfen‹. Ist das etwa keine maßlose Übertreibung? Trotzki über Bord werfen – denn das ist doch damit gemeint, und anders kann man es gar nicht auslegen – das ist mehr als nur eine Grobheit. Wenn Sie mich nicht für hoffnungslos verblödet halten, wie können Sie dann an so etwas denken???? ...« (Archiv für neuere Geschichte)

Lenin war wahrscheinlich der Ansicht, daß die Opposition gegen Trotzki die zulässige Grenze überschritten hatte, und verteidigte daher einen der – nach seiner Einschätzung – »herausragendsten Führer« der Partei.
Es gibt auch noch eine Reihe anderer Zeugnisse, die die Schlußfolgerung zulassen, daß die Beziehungen innerhalb des obersten Parteiareopags nicht sonderlich harmonisch waren. Kraft seines Einflusses und seiner Autorität regelte Lenin diese Beziehungen, indem er keine Spaltungen, offenen Konflikte oder direkten Angriffe unter den Mitgliedern des Politbüros zuließ. Doch bleibt es eine Tatsache, daß Lenin sich Trotzki gegenüber nicht immer offen und ehrlich verhielt. Trotzkis früherer »Nichtbolschewismus« war Lenin im Gedächtnis geblieben. Dennoch begriff er, daß dieser für ihn der nützlichste Mann im Politbüro war.
Lenin äußerte des öfteren seine aufrichtige Bewunderung angesichts der militärischen Entschlossenheit Trotzkis. Die meisten seiner Anordnungen zu Einsätzen an der Front schickte Trotzki als Kopie an Lenin und Swerdlow. Auf vielen dieser Dokumente finden sich Anmerkungen Lenins, in denen der Vorsitzende des

Sownarkom sein Einverständnis mit dem grausamen Vorgehen in den Schlachten des Bürgerkriegs bekundet.
Mitunter wirken die Telegramme Trotzkis wie kategorische Forderungen, die Lenin, der die Gefährlichkeit der Situation erfaßte, so schnell und so vollständig wie möglich zu erfüllen suchte. So hießt es in einem Telegramm an Lenin vom 28. Dezember 1918:

»Wir machen den Verteidigungsrat darauf aufmerksam, daß eine viel zu große Zahl an unersetzbaren Mitarbeitern ihrer Tätigkeit wieder enthoben wird ... Die Probleme mit der Eisenbahn lassen sich hauptsächlich auf das Fehlen qualifizierter Arbeitskräfte zurückführen, die durch verängstigte und verwirrte Leute ersetzt werden, welche nicht in der Lage sind, allein zurechtzukommen. Ich mache den Verteidigungsrat außerdem auf die kritische Lage bei der Kraftstoffversorgung aufmerksam ...« (Archiv der Sowjetarmee).

Das Telegramm ähnelte eher der Instruktion eines hohen Vorgesetzten an ein untergeordnetes Organ. Doch Lenin nahm keinen Anstoß daran. Er wußte, daß die Entscheidung über Sieg oder Niederlage an den Fronten des Bürgerkriegs in Trotzkis Händen lag.
Manchmal widersprach Trotzki Lenin in seinen Schreiben von der Front:

»An den Vorsitzenden des Verteidigungsrates Lenin.
Ich beziehe mich auf das Schreiben Nr. 341. Im Moment geht es nicht um die Stimmung unter den ukrainischen Kommunisten, sondern um die Versorgung der ukrainischen Armee, wie ich seinerzeit in meinem Telegramm aus der Ukraine dargelegt habe. Weder Agitation noch Repressionen können die barfüßige, zerlumpte, verlauste und hungernde Armee wieder kampffähig machen.« (Archiv der Sowjetarmee)

Trotzki agierte sehr selbstbewußt, wie es gewöhnlich nur bei Menschen der Fall ist, die ihren Wert kennen. Während der Revolution und der ihr folgenden Katastrophe des Bürgerkriegs war Trotzki ganz in seinem Element. Aus diesem Grunde war er für Lenin unersetzlich. Und noch eine weitere Eigenschaft dürfte Lenin an seinem Mitstreiter geschätzt haben: Trotzki hatte keine Angst davor, die historische Verantwortung für Schritte und Handlungen zu übernehmen, die weitreichende Folgen haben konnten. Es genügt, sich daran zu erinnern, daß Trotzki am letzten Tag der Verhandlungen in Brest-Litowsk den Rahmen von Lenins Instruktionen überschritt und die seines Erachtens einzig richtige Entscheidung traf, mit der er sowohl Berlin als auch Petrograd fürs erste in die Enge trieb:

»Petrograd. An den Vorsitzenden des Rates der Volkskommissare Lenin.
Die Verhandlungen sind beendet. Heute hat unsere Delegation nach der endgültigen Klärung der Unannehmlichkeiten bezüglich der deutsch-österreichischen Bedingungen erklärt, daß sie aus dem imperialistischen Krieg austritt, ihre Armee demobilisiert und es ablehnt, einen Vertrag über Gebietsabtretungen zu unterzeichnen. Erteilen Sie gemäß der abgegebenen Erklärung unverzüglich den Befehl, den Krieg mit Deutschland, Österreich-Ungarn, der Türkei und Bulgarien zu beenden und an allen Fronten zu demobilisieren.
Der Volkskommissar Trotzki« (Archiv des Präsidenten).

Lenin imponierte die unerschütterliche Zuversicht, mit der Trotzki einer weltweiten proletarischen Revolution entgegensah. Er teilte diese Überzeugung, wenngleich er nach zwei Jahren Bürgerkrieg bei der Bewertung ihrer Perspektiven zurückhaltender geworden war. Doch Lenin und Trotzki waren sich einig: Falls es nicht gelingen sollte, den revolutionären Weltbrand »spontan« zu entfachen, würden sie es schrittweise, umsichtig und auf sicherem Wege in Angriff nehmen. Dieses »schrittweise« Vorgehen zeigte sich darin, daß weltweit der RKP verwandte kommunistische Parteien gegründet, die illegale Diversionstätigkeit in den kapitalistischen Ländern in die Wege geleitet sowie Arbeiterproteste und nationale Befreiungsaufstände gefördert wurden. Vom Sturm auf das Bollwerk des Kapitalismus ging man zu dessen Belagerung über.

Ich werde im folgenden einen Auszug aus Trotzkis Tagebüchern zitieren, der viel über den Charakter dieses Revolutionärs aussagt:

»Als ich zum erstenmal an die Front fahren wollte, zu einem Zeitpunkt, als Simbirsk schon gefallen war und Kasan dasselbe Schicksal bevorstand, war Lenin trüber Stimmung: ›Der russische Mensch ist gutmütig‹, ›der russische Mensch ist eine Schlafmütze, eine Nulpe‹, ›bei uns herrscht Wirrwarr und keine Diktatur ...‹ Ich sagte zu ihm: ›Die Truppeneinheiten müssen als Basis starke, revolutionäre Kerne erhalten, die die eiserne Disziplin von innen herstellen; es müssen zuverlässige Sperrabteilungen geschaffen werden, die parallel zu dem inneren revolutionären Kern der Einheiten von außen in Aktion treten und nicht haltmachen vor der Erschießung von Deserteuren; es muß für eine kompetente Truppenführung gesorgt werden; dem militärischen Spezialisten muß ein Kommissar mit Pistole vor die Nase gesetzt werden, und es müssen Revolutionstribunale gebildet sowie Tapferkeitsorden für persönliche Bewährung im Kampf verliehen werden.‹
Lenins Antwort lautete in etwa folgendermaßen: ›Das ist alles richtig, absolut richtig, doch die Zeit ist zu knapp; selbst wenn man die Sache unverzüglich in Angriff nehmen würde (was absolut notwendig wäre), so würde uns die eigene Partei Knüppel in den Weg legen: Sie werden jammern, alle Telephone heiß laufen lassen, sich krampfhaft an das Bestehende festklammern, eben hinderlich sein. Natürlich würden diese Maßnahmen die Revolution stählen, aber die Zeit ist trotzdem zu knapp ...‹ Als Lenin im Laufe unserer Gespräche zu der Überzeugung gelangte, daß ich an den Erfolg des Unternehmens glaubte, unterstützte er mein Reisevorhaben voll und ganz, war ganz geschäftig und besorgt und rief mindestens zehnmal am Tag an, um sich zu erkundigen, wie ich mit den Reisevorbereitungen vorankäme und ob ich nicht statt dem Zug ein Flugzeug nehmen wolle ...«

Als Trotzki nach den ersten Erfolgen bei Kasan zurückkehrte und in Gorki von den ersten Siegen an der Front berichtete, sog Lenin alle Informationen über die Lage an der Front begierig in sich ein und seufzte zufrieden, beinahe glücklich: »Das Spiel ist gewonnen,

denn wenn man es einmal geschafft hat, Ordnung in die Armee zu bringen, dann wird es uns überall gelingen. Und eine Revolution, in der Ordnung herrscht, wird unbesiegbar sein.« (Trotzki, Dnewniki, New York 1986, S. 102–103)
Der grenzenlose Glaube an die revolutionäre Gewalt ließ diese beiden äußerst unterschiedlichen Menschen aus pragmatischen Erwägungen zu Verbündeten werden. Der Mann mit den »hervorragendsten Eigenschaften« stand in der bolschewistischen Hierarchie an zweiter Stelle. Dennoch blieb er stets ein Einzelgänger.

Der Mann mit der »unumschränkten Macht«

So charakterisierte Lenin Stalin in seinem »Brief an den Parteitag« vom 24. Dezember 1922. In dem Triumvirat Lenin–Trotzki–Stalin war der letztgenannte zunächst der unbedeutendste und unbekannteste. Nicht zufällig bezeichnete Trotzki ihn als »herausragenden Durchschnittsmenschen«. Das Schicksal wollte es so, daß dieser unansehnliche, pockennarbige und kleinwüchsige Mensch nach Lenin die unheilvollste Rolle in der Geschichte des 20. Jahrhunderts spielte. In dem bolschewistischen Experiment hatte jeder der drei genannten Führer eine besondere historische Rolle: Lenin – die des Anstifters; Trotzki – die des Aufwieglers; und Stalin – die des Vollstreckers. Stalin realisierte Lenins Idee der Diktatur des Proletariats auf erschütternde Weise.
Bei der Erforschung von Lenins Nachlaß zeigt sich, daß ihre Beziehungen weder ungetrübt noch solidarisch waren. Dies wurde besonders deutlich, als der Parteiführer erkrankte. Viele seiner Wünsche wurden einfach ignoriert, und in einigen Fällen wurden Entscheidungen getroffen, die ganz und gar nicht in seinem Sinne waren. Lenin diktierte Kamenew ein Schreiben über die Prinzipien des Aufbaus eines föderativen Staates mit der Bitte, es den Mitgliedern des Politbüros vorzulegen.
Stalin las das Schreiben und gab darauf die wenig ehrerbietige Antwort:

»Der Genosse Lenin erhebt meiner Meinung nach voreilig die Forderung, die Volkskommissariate in föderale Volkskommissariate umzuwandeln ... Allzu große Hast in dieser Frage wird nur Wasser auf die Mühlen der Unabhängigkeitsbestrebungen sein ... Laut Paragraph 5 ist Lenins Änderungsvorschlag überflüssig ...« (Archiv des Präsidenten).

Auf diese Weise äußerte Stalin sich zu fast allen Punkten und lehnte Lenins Vorschläge ab. Zwar brachte der Generalsekretär dem Revolutionsführer bis zu seinem Ableben äußerlich Ehrerbietung entgegen, doch im Geiste hatte er offensichtlich schon wesentlich früher als Trotzki sein »Kreuz« über Lenin geschlagen. Seine Beziehung zu dem kranken Revolutionsführer nutzte Stalin beinahe ausschließlich zur Festigung seiner eigenen Position. Jedesmal wenn er aus Gorki zurückkam – Stalin hielt sich dort öfter auf als die übrigen –, überbrachte er auf den Sitzungen des Politbüros, die in der Regel von Kamenew geleitet wurden, »Grüße von Iljitsch«, berichtete von dessen Instruktionen und Aufträgen. So gelang es ihm, fast unmerklich, nach und nach den Eindruck zu erwecken, als sei er ein besonderer Vertrauter Lenins. Einige von Lenin verfaßte (oder diktierte) Notizen, die ausdrückliche Aufträge an ihn, Stalin, enthielten, legte dieser den Mitgliedern des Politbüros vor. So machte der Generalsekretär die Mitglieder des höchsten Parteigremiums im Mai 1922 mit folgendem Schreiben des Revolutionsführers bekannt:

»Genosse Stalin! ... Ist es nicht an der Zeit, ein bis zwei mustergültige Sanatorien zu gründen, die nicht weiter als 600 Werst von Moskau entfernt liegen sollten? Dafür muß allerdings auf Gold zurückgegriffen werden. Wir geben ja auch Gold für die unvermeidlichen Reisen nach Deutschland aus und werden dies noch lange tun. Als mustergültig dürfen aber nur solche Sanatorien anerkannt werden, in denen sowohl die Ärzte als auch das Verwaltungspersonal korrekt und sorgfältig arbeiten – anders als dies sonst bei unseren sowjetischen Schlafmützen und Faulpelzen der Fall ist. Lenin«
19/V

Lenin richtet also sein Augenmerk in besonderem Maße auf die Bedürfnisse der Parteispitze, was im Sowjetstaat bald gang und gäbe wurde, und beschimpfte nebenbei seine eigenen Landsleute. Doch damit ist der Brief an Stalin noch nicht zu Ende, denn Lenin war noch etwas eingefallen, und zwar etwas »Geheimes«:

»P. S. Geheim. In Subalowo, wo man für Kamenew und Dserschinski Datschen errichtet hat und wo man im Herbst daneben eine für mich bauen wird, müssen bis zum Herbst die Reparaturen an der Vorortbahn abgeschlossen sein und die Schienenkraftwagen regelmäßig verkehren. Dann erst wird eine schnelle, konspirative und billige Verbindung über das ganze Jahr hinweg möglich sein. Überprüfen Sie alles und schreiben Sie mir. Dem in der Nähe gelegenen Sowchos muß ebenfalls auf die Beine geholfen werden.« (Archiv des Präsidenten)

Ohne von der Möglichkeit Gebrauch zu machen, nach den Sitzungen ein persönliches Gespräch mit Lenin zu führen, schickte Stalin dem Revolutionsführer oft handschriftliche Notizen zu den unterschiedlichsten Anlässen:

»Genosse Lenin!
Wann kann ich mit Ihnen über meine Arbeit im Zentrum sprechen (ich benötige 20 Minuten)? Stalin«

Wegen eines solch unbedeutenden Beweggrundes kommt es zu einem regelrechten Briefwechsel. Lenin antwortete:

»1) Entweder heute (kaum, da ich müde bin)
2) morgen, falls Sitzung ist, oder kommen Sie zu mir?
3) oder am Samstag?«

Stalin legte bedingungslose Loyalität und Ergebenheit an den Tag:

»Es ist mir ganz gleich, wann; wie es Ihnen am besten paßt, ich richte mich da ganz nach Ihnen (ich kann aber auch zu Ihnen kommen, wenn Ihnen das lieber ist und Sie mir sagen, wann)« (Leninski sbornik, Bd. XXXV, S. 175–176).

Lenin schätzte diese Beflissenheit Stalins, verließ sich immer mehr auf ihn und betraute ihn mit so mancher persönlichen Angelegenheit.
So erhielt Lenin im April 1922 aus Deutschland einen Brief von

G. L. Schklowski, einem alten Bolschewiken, der während des Krieges im Ausland in vielen Fragen Lenins Vertrauter gewesen war. Schklowski bat um einen gutdotierten Posten. Lenin beauftragte Stalin, die Sache in die Hand zu nehmen: »Schklowski ist ein alter Genosse ... und liegt mir in den Ohren; es sei zu befürchten, daß man ihn ›beseitigen‹ wolle usw. (Er hat Familie, Kinder; es wird nicht leicht für ihn sein, sich im kalten, hungernden Rußland einzuleben ...).« Lenin bat Stalin, zu klären, »was jener genau wolle«, und beendete seinen Brief in schulmeisterlichem Ton: »... man darf die Menschen nicht geringschätzen, man muß sich ihnen gegenüber aufmerksamer verhalten. Mit kommunistischen Grüßen Lenin« (Archiv des Präsidenten)

Stalin schrieb daraufhin an Schklowski: »Ihr Brief, der an den Genossen Lenin adressiert war, wurde mir mit der Bitte übergeben, mich schriftlich bei Ihnen zu erkundigen, wo und in welchem Tätigkeitsbereich Sie gerne arbeiten würden. Sie können sicher sein, daß die Partei Ihren Wünschen entgegenkommen wird ...« (Archiv des Präsidenten)

Schklowskis »Wünsche« erwiesen sich als äußerst pragmatisch und konkret. Er erklärte, am liebsten sei es ihm, wenn die Familie im Ausland bleiben und sein derzeitiges Gehalt beziehen könne. Er selbst sei bereit, in Rußland »reine Parteiarbeit« zu leisten oder in einer der folgenden Einrichtungen zu arbeiten: Volkskommissariat für Landwirtschaft, Volkskommissariat für auswärtige Angelegenheiten oder Komintern. Aber die »angenehmste Variante« sei es für ihn, »als bevollmächtigter Vertreter in die Schweiz zu reisen.« Stalin setzte Lenin davon in Kenntnis, daß Schklowski darum bäte, »ihn in der Schweiz unterzubringen ... Wir haben in der Schweiz keine Handelsvertretung, es gibt nur das Rote Kreuz, aber ich weiß nicht, ob Schklowski für das Rote Kreuz arbeiten will (oder ob ihm das als Nichtmediziner nicht ungelegen wäre). Das müßte man feststellen ...« (Archiv des Präsidenten)

Mit der Zeit wurden derartige Erscheinungen in der Parteispitze zur Norm. Lenin schrieb recht häufig solche »Brieflein« mit der Bitte, den Menschen, die ihm irgendwann einmal einen Gefallen getan hatten, »Hilfe«, »Unterstützung« und »Beistand« zu leisten. In der Folgezeit wurde es zur gängigen Praxis, daß der Parteiführer nach Lust und Laune bestimmten Personen verantwortungsvolle Posten im Staat und in der Partei zuschob. Stalin, der auf Weisung Lenins einem Menschen, der dem Revolutionsführer seinerzeit einmal nützlich gewesen war, ein warmes Plätzchen in der Schweiz besorgt hatte, sah in diesem Vorgehen eine Art von »Gerechtigkeit«.

Lenin lehrte Stalin Erbarmungslosigkeit, Unnachgiebigkeit, List, Zielstrebigkeit und die Fähigkeit, »mit den Parteikadern zusammenzuarbeiten«. Stalin erwies sich als äußerst gelehriger Schüler. Früher als alle anderen begriff er, daß ihm der tote, aber heiliggesprochene Führer äußerst nützlich sein würde. Bereits im Jahre 1920, an Lenins 50. Geburtstag, schrieb Stalin, daß mit »dem Beginn der revolutionären Epoche, in der von den Führern praktische, revolutionäre Losungen gefordert werden, die Theoretiker abtreten müssen, um neuen Menschen Platz zu machen« (Stalin, Sotsch., Bd. 4, S. 314).

Laut Stalin konnten sich nur die Personen »im Amt des Führers der proletarischen Revolution und der proletarischen Partei behaupten«, die »theoretische Stärke mit praktischer, organisatorischer Erfahrung« vereinigten (ebenda, S. 314).

Der Umgang mit Lenin ließ den »wundervollen Georgier« selbstsicher, entschlossen und unnachgiebig werden. Als ob Stalin hätte vergessen können, daß Lenin ihm und Kamenew einmal im Februar 1922 ein Schreiben zur Frage des Parteihaushalts schickte, das nur so von groben Beschimpfungen strotzte. Im Anschluß an den Vorschlag, die Finanzfachleute sorgfältiger auszusuchen, fuhr Lenin fort: »Hohlköpfe als Experten findet man überall: unsere Aufgabe ist es, in erster Linie vernünftige Leute auszuwählen.« Der Revolutionsführer verlangte, »das Gesindel, das sich vor der Rechenschaftslegung drückt, zu disziplinieren ... Bringen Sie diesen Scheißkerlen bei, Verantwortung zu übernehmen und vollständige, genaue Zahlen abzuliefern ...« (Archiv des Präsidenten)

Obwohl Stalin bereits auf der Tammerforser Konferenz der SDAPR im Dezember 1905 mit Lenin zusammengetroffen war, gab es zwischen den beiden bis zur Revolution keinerlei Kontakte. Noch im Jahre 1915 kannte Lenin nicht einmal den Familiennamen des zukünftigen »hervorragenden« Führers. Im November desselben

Jahres ersuchte er Karpinski: »Eine große Bitte: Bringen Sie über Stepko oder Michi [Decknamen N. D. Kiknadses und M. G. Zchakajas – D. W.] den Familiennamen von »Koba« in Erfahrung (Josif Dsch. . .?? Wir haben ihn vergessen). Es ist sehr wichtig!!« (Lenin, PSS, Bd. 49, S. 101, 161). Doch vom 3. April 1917 an, dem Tag, als Stalin gemeinsam mit anderen Bolschewiki Lenin am Bahnhof Bjeloostrow begrüßte, stand der spätere Generalsekretär dem Revolutionsführer bis zu seinem Tode sehr nahe – und zwar vor allem in der Zeit nach dem Oktoberumsturz.

Während des Oktoberumsturzes war Stalin irgendwie »verschwunden«. Weder Dokumente noch chronologische Abrisse und Memoiren (nicht zu verwechseln mit den zahlreichen Fälschungen der Stalinzeit) können über die Rolle von »Koba« in jenen dramatischen Tagen Aufschluß geben. Erst am 26. Oktober »tauchte Stalin wieder auf«: als er auf Lenins Vorschlag in der Sowjetregierung das Amt des Volkskommissars für Nationalitätenfragen erhielt. Während der Verhandlungen von Brest-Litwosk schwankte Stalin und versuchte, wie es noch so oft in Zukunft geschehen sollte, eine zentristische Haltung einzunehmen. So setzte er sich am 23. Februar 1918, als das Ultimatum Deutschlands auf der Sitzung des ZK der SDAPR erörtert wurde, für einen »Mittelweg« ein, indem er vorschlug, die Verhandlungen fortzusetzen, wobei »man den Frieden ja nicht zu unterzeichnen« brauche. Lenins Erwiderung darauf ist allgemein bekannt:

»Stalin hat unrecht, wenn er sagt, daß man nicht unterzeichnen sollte . . . Wenn Sie nicht unterschreiben, dann unterzeichnen Sie damit das Todesurteil der Sowjetmacht, das binnen drei Wochen vollstreckt wäre . . .« (Lenin, PSS, Bd. 35, S. 369).

Stalin erkannte, daß er einen Fehler gemacht hatte, und achtete von da ab tunlichst darauf, daß er sich stets im Einklang mit dem Standpunkt des Vorsitzenden des Rates der Volkskommissare befand.

Da der Generalsekretär in den Jahren des Bürgerkriegs Lenins Aufträge dienstbeflissen erfüllte, wurde er nach dem 8. Parteitag auf Vorschlag des Revolutionsführers sowohl in das Politbüro

als auch in das Organisationsbüro des Zentralkomitees aufgenommen.
Lenin war Stalin gegenüber ganz offensichtlich wohlwollend eingestellt: er kümmerte sich persönlich darum, daß ihm eine Wohnung im Kreml zur Verfügung gestellt wurde, und überprüfte, ob der Volkskommissar auch den »kremlspezifischen« Verpflegungssatz erhielt. Am 15. Oktober 1920 stellte er ihm als einem der der ersten (nach Trotzki) folgende Bescheinigung aus:

»Hiermit bestätige ich, daß der Genosse Stalin, Mitglied des Zentralkomitees der RKP, Mitglied des Rates für Arbeit und Verteidigung und Mitglied des Revolutionären Kriegsrates der Republik, das Recht hat, den Sonderzug zu benutzen.

Der Vorsitzende des Rates für Arbeit und Verteidigung
W. Uljanow (Lenin)«
(Archiv des Präsidenten)

Außer dem Posten des Volkskommissars für Nationalitätenfragen bekleidete Stalin noch das Amt des Volkskommissars für Staatskontrolle. Am 3. April 1922 wurde er zum ersten Generalsekretär des ZK gewählt. Obwohl Kamenew ihn auf der Plenarsitzung des ZK für dieses Amt vorschlug, gibt es keinen Zweifel daran, daß diese Kandidatur von Anfang an mit Lenin »abgesprochen« war. Allerdings war Stalin nur nominell »doppelter« Volkskommissar. Da er durch die Frontangelegenheiten und die Aufträge Lenins völlig ausgelastet war, blieb ihm keine Zeit, sich auf diesen Posten zu bewähren. In einem Brief an A. A. Joffe wies Lenin darauf hin, daß »das Schicksal es ihm [das heißt Stalin. – D. W.] nunmehr seit dreieinhalb Jahren nicht erlaubte, seine Funktion als Volkskommissar für die Arbeiter- und Bauerninspektion, bzw. als Volkskommissar für Nationalitätenfragen wahrzunehmen. Das ist eine Tatsache« (Lenin, PSS, Bd. 52, S. 100).
In seiner Funktion als Generalsekretär war Stalin verpflichtet, mit Lenin noch engeren Kontakt zu halten. Er hielt sich oft bei Lenin auf, lieferte ihm Informationen über die Lage der Parteiführung, holte sich bei ihm Rat und bestimmte, wer von den Kommissaren und Funktionären bei Lenin vorsprechen durfte.

Daher dürfte M. I. Uljanowa, die am 26. Juli 1926 ein Schreiben an das Präsidium des Vereinigten Plenums des ZK und der Zentralen Kontrollkommission der RKP(b) richtete, durchaus recht gehabt haben, wenn sie in ihrem Schreiben behauptete, daß »W. I. Lenin Stalin sehr schätzte ... Wladimir Iljitsch pflegte Stalin zu sich zu rufen und ihm die vertraulichsten Aufträge zu geben; Aufträge, mit denen man sich nur an einen Menschen wendet, auf den man sich besonders verläßt, den man als aufrichtigen Revolutionär und teuren Genossen kennt ... Überhaupt rief Lenin während der gesamten Zeit seiner Krankheit, solange ihm noch die Möglichkeit blieb, mit seinen Genossen zu verkehren, am häufigsten Stalin zu sich, und in den allerschwersten Phasen der Krankheit durfte keiner von den Mitgliedern des ZK zu ihm, außer Stalin.«
Natürlich wurden diese Zeilen zur Unterstützung Stalins in der Zeit des grausamen parteiinternen Machtkampfes geschrieben, doch sie entbehrten nicht einer gewissen Glaubwürdigkeit.
Zehn Jahre nach Lenins Tod, als Stalin zum absoluten Diktator im Land geworden war, wies jede seiner Maßnahmen Merkmale von Lenins Stil auf. Werfen wir einen Blick auf die Beschlüsse Stalins. Ihrer gibt es viele, und alle könnten sie ihrem Grundtenor nach von Lenin stammen. Sie unterscheiden sich allerdings von diesen durch ihre Einfalt:

Verfasser des Dokuments	*Beschlüsse des Genossen Stalin*
»Von Frinowski über Chomutinnikow, den Vorsitzenden des kalmückischen ZIK.«	»An den Genossen Frinowski. Falls Chomutinnikow kein Kandidat für den Obersten Sowjet ist, lohnt es sich nicht, ihn jetzt zu verhaften (mit ihm kann nach den Wahlen abgerechnet werden). Falls er Kandidat ist, soll er in zwei Wochen verhaftet werden.« 6. 12. 37

»Eine Notiz von Jeschow. Zum Protokoll des Verhörs von Landa.«	»An die Genossen Smirnow (PUR), Igodenko. Schenken Sie den Aussagen Landas besondere Aufmerksamkeit. Offensichtlich sind alle bezeichneten Personen (mit Ausnahme von Meretzkow) Schurken.« 17. 12. 37
»Jeschow und Berija über die Änderung der Grundsatzregelung bezüglich der Repressionsmaßnahmen gegenüber den Ehefrauen von Volksfeinden.«	»Die Genossen Jeschow und Berija haben recht.« 11. 10. 38
»Anoschin aus Engels an Berija. Über die Mißlichkeiten der Leitung des NKWD in der Republik der Deutschen im Wolgagebiet (Volkskommissar Ressin).«	»An den Genossen Berija. Anweisung Stalins, Ressin zu verhaften. Poskrebyschew.« 15. 11. 38
»Von Ponomarenko an Molotow und Berija. Über Mängel in der Arbeit der Organe des NKWD von Belorußland.«	»An Molotow und Berija persönlich. Die belorussischen Organe sind vom Schmutz zu säubern; derartigen Schmutz gibt es auch in allen übrigen Republiken und Gebieten zur Genüge.« 18. 12. 38
»Notiz Berijas über die Spionagegruppe Rochlins.«	»An den Genossen Berija. Rochlin ist ein mir längst bekannter Schurke. Ich habe erst vor einem Jahr mit Bagirow über die Notwendigkeit gesprochen, Rochlin aus dem Verkehr zu ziehen. Seltsam, daß Rochlin mit solcher Verspätung verhaftet wird.« (Archiv des Präsidenten)

Das politische Vorgehen Lenins und seiner Nachfolger gründete sich auf unbegrenzte Gewalt. Stalins politische Handschrift trug deutlich Lenins Züge: Selbstvertrauen, die Gewißheit, von gottgleicher Fehlerlosigkeit zu sein, der absolute Glaube an das »Allheilmittel« der Diktatur des Proletariats, die Geringschätzung den Menschen gegenüber, die Bereitschaft, mit »Massen« zu operieren, Umsicht, Hinterlist und Unerbittlichkeit.
In einem Brief vom 22. Oktober 1919 schärfte Lenin Trotzki, dem Vorsitzenden des Revolutionären Kriegsrates, ein, daß »es für uns verteufelt wichtig ist, Judenitsch aus dem Weg zu räumen«. Er erteilte Ratschläge, wie man ihn am schnellsten »beseitigen« könnte. Einer fiel bei der Redaktion von Lenins gesammelten Werken unter den Tisch. Er lautete folgendermaßen: »... es müssen noch 20000 Petersburger Arbeiter und 10000 Bourgeois mobilisiert werden; hinter ihnen sind Maschinengewehre aufzustellen, und einige Hundert sind zu erschießen, um somit einen echten Druck der Massen auf Judenitsch auszuüben ...«
Im Herbst 1941 erstatteten Schukow und Schdanow Stalin aus Leningrad darüber Bericht, daß die Deutschen bei ihrem Angriff auf die russischen Truppen Frauen, Kinder und alte Menschen vor sich hertrieben und dadurch die Verteidiger in eine Zwickmühle brachten. Die Frauen und Kinder schrien: »Nicht schießen! Wir sind Landsleute! Wir sind Landsleute ...«
Stalin reagierte unverzüglich: »Man hat mir berichtet«, diktierte der Oberste Befehlshaber, »daß die deutschen Schufte auf ihrem Marsch auf Leningrad alte Menschen, Frauen und Kinder vor ihren Truppen hertreiben ... Mein Rat dazu: Nur nicht sentimental werden, sondern dem Feind und seinen freiwilligen oder unfreiwilligen Helfershelfern eins auf die Schnauze geben ... Schlagt mit aller Macht auf die Deutschen und ihre Abgesandten ein, wer sie auch sein mögen, vernichtet die Feinde, ganz egal, ob es willentliche oder unwillentliche Feinde sind ...«
Lenin war der geistige Vater Stalins, doch in ihren äußerlichen Gewohnheiten waren diese beiden Menschen grundverschieden. Lenin sträubte sich dagegen, daß man Porträts von ihm verbreitete. Für Stalin war dies dagegen ein absolutes Muß. Lenin hatte eine Schwäche für Wörterbücher und blätterte gewöhnlich vor dem

Einschlafen darin herum. Stalin dagegen legte, wenn er zu Bett ging, einen Stoß an Lehrbüchern, Monographien und Drehbüchern neben sich auf das Nachttischchen, um sie durchzusehen und über ihr weiteres Schicksal zu verfügen.

Lenin war sehr zurückhaltend, was Alkohol anbetraf (ein gutes Bier verschmähte er allerdings nicht). Stalin dagegen trank sowohl Wodka als auch Kognak oder georgischen Wein, und gegen Ende seines Lebens galt seine Vorliebe ausschließlich dem Wein.

Beide Parteiführer hatten keine Freunde. Vielleicht ist dies eine Gesetzmäßigkeit. Wer kann denn schon der Freund eines Führers oder Diktators sein?

Beide liebten die Geheimniskrämerei. Lenin fügte fast jedem Schreiben die Bemerkung: »geheim« oder »streng geheim« hinzu. Stalin machte aus seiner gesamten Tätigkeit im NKWD und im Politbüro ein Geheimnis.

Beide liebten es, sich zu erholen. Lenin tat dies allerdings vornehmlich, jedoch nicht ausschließlich aus gesundheitlichen Gründen. So beantragte er knapp zwei Monate nach dem Oktoberumsturz beim Rat der Volkskommissare drei bis fünf Tage Urlaub. Übrigens übernahm in dieser Zeit auf Lenins Vorschlag Stalin die Regierungsgeschäfte (Archiv der Russischen Föderation).

Nur wenigen ist bekannt, daß Stalin sich schon in den dreißiger Jahren für 2 bis 3 Monate in den Sanatorien von Sotschi, Gagry, Muchalatka und anderen südlichen Orten erholte. Dort befaßte er sich mit den Regierungsgeschäften, wenn er gerade einmal nicht in die Betrachtung des türkisfarbenen Meeres versunken war, einen Spaziergang in den Alleen herrlicher Parks unternahm oder sich auf den schneeweißen Terrassen alter Schlösser philosophischen Gedanken hingab. In den Jahren 1949 bis 1952 erholte sich Stalin für jeweils viereinhalb Monate im Süden, wobei er vom August bis zu seinem Geburtstag am 21. Dezember an den schönsten Orten weilte (Archiv des Präsidenten).

Im Dezember 1922 verschlechterte sich Lenins Gesundheitszustand merklich. Das Plenum des ZK faßte einen Sonderbeschluß, durch den Stalin verpflichtet wurde, für den Tagesablauf, insbesondere für die Bettruhe des kranken Lenin Sorge zu tragen und

den Ärzten dabei zu helfen, »für den Kranken so angenehme Bedingungen wie nur möglich zu schaffen«.
Obwohl vom 20. Dezember an ein Schlaganfall auf den nächsten folgte, bat Lenin um die Erlaubnis, Briefe und Anordnungen diktieren zu dürfen. In eben diesen Tagen entstanden der »Brief an den Parteitag«; »Zur Übertragung von gesetzgeberischen Befugnissen an die Staatliche Plankommission Gosplan«; »Zur Frage der Nationalitäten« oder über die »Autonomisierung« und andere von Lenins letzten Arbeiten.
Am 4. Januar 1923 diktierte Lenin seinen berühmten »Zusatz zu dem Brief vom 24. Dezember 1922«, der sich in erster Linie auf den Generalsekretär bezog. »Stalin ist grob«, hieß es darin, »und dieser Fehler, der unter uns Kommunisten durchaus erträglich ist, kann in der Funktion des Generalsekretärs nicht geduldet werden. Deshalb schlage ich den Genossen vor, die Versetzung Stalins auf einen anderen Posten in Erwägung zu ziehen und ihn durch einen anderen Mann zu ersetzen, der sich von dem Genossen Stalin nur dadurch unterscheidet, daß er toleranter, loyaler, höflicher ist und sich den Genossen gegenüber aufmerksamer, weniger launenhaft verhält . . .« (Lenin, PSS, Bd. 45, S. 346).
Als Stalin erfuhr, daß Lenin mit Erlaubnis der Ärzte weiterhin Briefe diktierte, rief er Lenins Frau an und beschimpfte sie in übelster Manier. Nachdem Nadjeschda Konstantinowna den zornigen Wortschwall des Generalsekretärs unter Tränen über sich hatte ergehen lassen, schrieb sie sofort einen Brief an Kamenew: »Lew Borisowitsch, wegen eines ganz kurzen Briefes, den mir Wladimir Iljitsch mit Erlaubnis der Ärzte diktiert hat, hat sich Stalin mir gegenüber gestern einen Ausfall gröbster Art geleistet . . .« (Lenin, PSS, Bd. 54, S. 674–675). Krupskaja hielt sich zurück und erzählte ihrem Mann nichts von dem Vorfall. Erst Anfang März, als man den Eindruck hatte, daß es mit Lenins Gesundheit wieder bergauf gehen würde, berichtete sie von Stalins Auftritt ihr gegenüber. Lenin war außer sich und diktierte sofort einen Brief, der der letzte in seinem Leben sein sollte:

»Streng geheim/persönlich
An den Genossen Stalin
Kopien an die Genossen Kamenew und Sinowjew
Verehrter Genosse Stalin,
Sie haben die Grobheit besessen, meine Frau ans Telefon zu rufen und sie zu beschimpfen. Obwohl sie sich Ihnen gegenüber dahingehend geäußert hat, das Gesagte auf sich beruhen zu lassen, hat sie nichtsdestoweniger Sinowjew und Kamenew von dem Vorfall in Kenntnis gesetzt. Ich habe nicht die Absicht, so leicht zu vergessen, was man mir angetan hat, und ich brauche wohl nicht erst zu betonen, daß ich das, was meiner Frau angetan wurde, genauso bewerte, als ob es mir selbst angetan worden wäre. Darum bitte ich Sie, abzuwägen, ob Sie einverstanden sind, das Gesagte zurückzunehmen, oder ob Sie es vorziehen, die Beziehungen zwischen uns als beendet zu betrachten.
5. März 1923 Hochachtungsvoll: Lenin«
(Archiv des Präsidenten)

Stalin antwortete auf einem offiziellen Formblatt mit dem Aufdruck: »Sekretär des Zentralkomitees I. W. Stalin«:

»Genosse Lenin!
Vor fünf Wochen hatte ich ein Gespräch mit der Genossin Nadjeschda Konstantinowna, die ich nicht nur als Ihre Frau betrachte, sondern auch als eine alte Parteigenossin, und sagte ihr am Telefon etwa folgendes: ›Die Ärzte haben verboten, politische Information an Iljitsch weiterzugeben, da Bettruhe ihrer Meinung nach das beste Heilmittel überhaupt darstellte. Sie jedoch, Nadjeschda Konstantinowna, stören, wie sich zeigt, diese Ruhe. Man darf nicht mit Iljitschs Leben spielen.‹
Ich kann nichts Grobes oder Unzulässiges in diesen Worten finden, nichts, was gegen Sie gerichtet ist, denn ich habe kein anderes Ziel vor Augen gehabt, als Ihre baldestmögliche Genesung. Ja, ich habe es sogar für meine Pflicht gehalten, darauf zu achten, daß Ihre Bettruhe eingehalten wird. Meine klärende Aussprache mit Nadjeschda Konstantinowna hat gezeigt, daß es außer unbegründeten Verdächtigungen nichts gegeben hat und auch nichts gegeben haben kann.

Wenn Sie im übrigen der Meinung sind, daß ich zur Erhaltung unserer ›Beziehungen‹ das ›Gesagte zurücknehmen‹ soll, so kann ich dies zwar tun, wenngleich ich nicht imstande bin zu begreifen, worum es hier geht, worin meine angebliche ›Schuld‹ bestehen soll und was man eigentlich von mir will.

7. III. 23

J. Stalin«

(Archiv des Präsidenten)

Bei diesem Brief handelte es sich offenkundig um eine unhöfliche, sogar provokative Erwiderung.

Es ist bekannt, daß schon bald nach Lenins Tod auf Stalins Initiative das Marx-Engels-Institut in Marx-Engels-Lenin-Institut umbenannt wurde. Der Generalsekretär zeigte mehr Weitblick als die übrigen. Durch einen Sonderbeschluß des ZK waren alle Dokumente, Materialien und sogar persönliche Briefe an das neue Zentrum zum »Studium von Lenins Nachlaß« abzugeben. Zuerst wurde das Leninarchiv gegründet, in dem sich ursprünglich insgesamt 4500 Dokumente befanden, wie Tichomirnow Stalin Anfang 1933 zu berichten wußte. Zu Beginn der dreißiger Jahre waren es dann bereits 26000. Auf Anweisung des Generalsekretärs wurden dort auch Dokumente Lenins deponiert, die sich im Besitz von Bucharin, Sinowjew, Kamenew und anderen bekannten Bolschewiki befunden hatten (Archiv des Präsidenten). Ganetzki, Adoratzki und Tichomirnow reisten nach Wien, Warschau, Krakau, Zürich, Brüssel und Paris auf der Suche nach weiterem Material. In den Archiven des Politbüros finden sich zahlreiche Dokumente folgender Art:

»... Betrifft die Polenreise des Genossen Ganetzki. Dem Genossen Ganetzki ist eine Reise nach Polen für den Zeitraum von 2 Wochen in Sachen Leninarchiv zu bewilligen« (Archiv des Präsidenten).

»Geheim

An den Sekretär des ZK der WKP(b), den Genossen J. W. Stalin. Ich habe erfahren, daß sich in dem Archiv der kürzlich verstorbenen Ljubow Isakowna Axelrod zwei Briefe von Lenin und sehr viele Briefe von Plechanow befinden. Es erscheint mir ratsam, das

Marx-Engels-Lenin-Institut zu beauftragen, diese Briefe von den Erben gegen eine gewisse Abfindung zu erwerben: Man könnte ihnen die Wohnung von Axelrod überlassen oder eine bestimmte Summe auszahlen.

Der Stellvertreter des Volkskommissars
8. März 1946 für auswärtige Angelegenheiten A. Losowski«
(Archiv des Präsidenten)

Nur wenige haben den verborgenen, geheimen Sinn der langjährigen Suche nach Dokumenten Lenins erfaßt – vor allem auch deshalb nicht, weil viele von ihnen sofort nach ihrer Entdeckung an geheimen Aufbewahrungsorten verschwanden. Stalin brachte den gesamten brieflichen Nachlaß Lenins unter seine Kontrolle. Das ganze Geheimnis von Stalins Unbesiegbarkeit und seiner teuflischen Macht bestand in seinem »Monopol auf Lenin«: dem Monopol auf die Auslegung und »Verteidigung« des Leninschen Erbes. Eben darin lag eine der Hauptursachen dafür, daß das von Lenin begründete totalitäre System so zählebig und so schwer zu reformieren war. Stalin hat nicht nur Lenins Körper einbalsamiert, sondern auch seine Ideen.

Das bolschewistische Tandem

Im Saal war es stickig. Im August des Jahres 1936 war die Luft zum Schneiden dick. Alle Fenster waren geschlossen. Der Vorsitzende des Militärkollegiums des Obersten Gerichts der UdSSR, Militärjurist W. W. Ulrich, der von Zeit zu Zeit den Kopf hob und mit seinen Fischaugen in den Saal blickte, verkündete mit lauter Stimme den Wortlaut des Urteils:

»... werden für schuldig befunden

1. Sinowjew, G. E.
2. Kamenew, L. B. ...«

Danach wurden noch vierzehn weitere Namen genannt.

Die Angeklagten erstarrten förmlich auf der Anklagebank. Jeder Name fiel wie ein Peitschenhieb. Die Stellvertreter Ulrichs, der Militärjurist I. O. Matuljewitsch und der Divisionsmilitärjurist I. T. Nikitschenko saßen aufgeplustert an ihren Tischen, förmlich wie Aasgeier, die gerade ihre Beute verdauten. Ulrich wischte sich die Stirn mit einem Tuch ab und fuhr fort, seine Worte in die schwüle, hallende Stille hineinzuschleudern:

»... werden für schuldig befunden:

a) das vereinigte trotzkistisch-sinowjewistische terroristische Zentrum zum Zwecke der Ermordung der führenden Persönlichkeiten des Sowjetstaats und der WKP(b) organisiert zu haben;

b) am 1. Dezember 1934 über die Leningrader terroristische Untergrundorganisation ... den Meuchelmord an dem Genossen S. M. Kirow vorbereitet und durchgeführt zu haben;

c) eine Reihe terroristischer Gruppen gebildet zu haben, die den Mord an Stalin, Woroschilow, Schdanow, Kaganowitsch, Ordscho-

nikidse, Kosior und Postyschew planten, d. h. Verbrechen, die unter die Artikel 58-8 und 58-11 des Strafgesetzbuches der RSFSR fallen ...
Auf Grund des Dargelegten ... erklärt das Militärkollegium des Obersten Gerichts der UdSSR folgende Personen für verurteilt:

1. Sinowjew, Grigorij Jewsejewitsch
2. Kamenew, Lew Borisowitsch ...«

Es folgten vierzehn weitere Namen.

»... alle werden zur Höchststrafe verurteilt, zum Tod durch Erschießen. Ihr persönlicher Besitz wird eingezogen ...« (Archiv des Verteidigungsministeriums).

Man führte die Verurteilten aus dem Saal. Kamenew stützte Sinowjew, der abgerissene Sätze vor sich hinmurmelte: »Er hat es versprochen, er hat es versprochen ... Stalin hat es doch versprochen ... man muß Stalin benachrichtigen ... er hat es versprochen ...« Jewdokimow, Bakajew, Ter-Baganjan, Smirnow, Reingold und noch andere, die für die gleiche Sache verurteilt wurden, verließen mit hängenden Köpfen und eingefallenen Gesichtern unter Bewachung den Saal.
In der Zelle zerbrach Sinowjew sogleich seinen Bleistift, da er einfach keine zusammenhängenden Sätze aufs Papier bringen konnte.
Mit dem staatseigenen Kugelschreiber, der auf dem Nachttisch lag, schrieb Kamenew, der schon an nichts mehr glaubte, in dem Wissen, daß er nur noch wenige Stunden zu leben hatte:

»An das Präsidium des ZIK der Union.
Zutiefst bereue ich die schweren Verbrechen, mit denen ich mich an der Sache der proletarischen Revolution vergangen habe, und bitte, mir das Leben zu lassen, sofern das Präsidium darin keinen Widerspruch zu der Zukunft der Sache des Sozialismus sowie der Sache Lenins und Stalins sieht.
24. VIII. 36 L. Kamenew«
(Archiv der Russischen Föderation)

Kamenew schrieb an das Gremium, dessen Vorsitzender er einmal gewesen war ... Sinowjew und Kamenew war noch ein letzter Funken Hoffnung geblieben: Stalin hatte tatsächlich versprochen, ihr Leben zu schonen, falls sie ein vollständiges »Geständnis« ablegten und ihre Taten bereuten.
Sie ahnten nicht, daß in demselben Aktenordner, in dem sich das Urteil in Sachen »vereinigtes trotzkistisch-sinowjewistisches terroristisches Zentrum« befand, auch schon ein »Beschluß des Präsidiums des ZIK der UdSSR« bereitlag, jedes »Gnadengesuch zurückzuweisen«. Ulrich brauchte nur noch das Datum darunterzusetzen: den 24. August 1936. In demselben Raum, in dem auch die Gerichtsverhandlungen stattfanden, unterschrieb der Vorsitzende des Militärkollegiums noch ein weiteres Dokument:

»An den Kommandanten des Militärkollegiums des Obersten Gerichts der UdSSR, Hauptmann I. G. Ignatjew.
Ich schlage vor, das Urteil des Militärkollegiums des Obersten Gerichts der UdSSR gegen die zur Höchststrafe – dem Tod durch Erschießen – verurteilten Personen unverzüglich zu vollstrecken:

1. Sinowjew, Grigorij Jewsejewitsch
2. Kamenew, Lew Borisowitsch ...

Über die Vollstreckung ist Meldung zu machen.
Der Vorsitzende des Militärkollegiums des Obersten Gerichts der UdSSR, Militärjurist W. Ulrich« (Archiv des Verteidigungsministeriums).

Der letzte Satz erschien befremdlich: Warum sollte die Vollstrekkung gemeldet werden? Die Verurteilten wurden doch bereits am 25. August, um 2.00 Uhr (insgesamt nur wenige Stunden nach der Verlesung des Urteils, mitten in der Nacht) in Anwesenheit W. W. Ulrichs und anderer Amtspersonen erschossen.
Auf diese Weise ging der Lebensweg zweier unzertrennlicher bolschewistischer Genossen zu Ende, die Lenin in persönlicher Hinsicht näher standen als jeder andere. Wobei man sagen muß, daß Lenin ihnen die »Niedertracht«, daß sie seinem Plan des bewaffneten Aufstands im Oktober 1917 die Unterstützung verweigert hatten, nie vergessen konnte.

Genau diese Episode wurde von Lenin auch in seinem »Brief an den Parteitag« erwähnt: »Ich muß nur immer wieder daran erinnern, daß die Oktoberepisode Sinowjews und Kamenews natürlich kein Zufall war, daß sie jedoch den beiden genausowenig zum Vorwurf gemacht werden kann, wie seinerzeit Trotzki sein Nichtbolschewismus« (Lenin, PSS, Bd. 45, S. 345).
Das Schicksal des »bolschewistischen Tandems« war traurig. Nach dem Tod des Revolutionsführers wurden Sinowjew und Kamenew von Stalin nur noch für eine gewisse Zeit benötigt, bis er mit Trotzki abgerechnet hatte. Danach kämpften sie ein ganzes Jahrzehnt lang verzweifelt darum, wieder an die Spitze der Macht zu gelangen. Nicht einmal in ihren schlimmsten Träumen wäre es ihnen eingefallen, daß der »Asiat«, wie sie Stalin unter vier Augen nannten, mit ihnen spielen würde wie eine satte Katze mit einer halbtoten Maus, die sie mit ihren Klauen erst fast zerdrückte, um dann den todbringenden Griff wieder zu lockern.
Sinowjew und Kamenew wurden beide 1883 geboren und waren dadurch beinahe wie gleichaltrige Geschwister. Sinowjew (Radomyslski) stammte aus einer Familie, die eine Molkerei in der Nähe von Jelisawetgrad in der Ukraine betrieb. Kamenew (Rosenfeld) war gebürtiger Moskauer und stammte aus der Familie eines Facharbeiters. Beide kamen sehr früh zum Marxismus und sind als »Berufsrevolutionäre« praktisch nie einer geregelten Arbeit nachgegangen. Beide (vor allem Sinowjew) galten als »Theoretiker« des Marxismus. In seinem Artikel »Über den Bolschewismus« bemerkte Lenin: »Die wichtigsten bolschewistischen Schriftsteller sind: G. Sinowjew, W. Iljin [W. Iljin war eines der meistbenutzten Pseudonyme Lenins, D. W.], J. Kamenew [d. i. L. B. Kamenew], P. Orlowski [d. i. W. W. Worowski] u. a.«
Sinowjew übertraf Kamenew noch an literarischer »Feuergeschwindigkeit«, vor allem nach der Revolution. Wäre er nicht in Ungnade gefallen, so hätten seine – mehr als zwanzig Bände umfassenden – gesammelten Werke bestimmt noch den Umfang von Trotzkis gesammelten Werken erreicht. Wenn L. D. Trotzki zweifellos schriftstellerisches Talent besaß, so war G. E. Sinowjew der literarische Bürokrat des Marxismus. Von den Werken Sinowjews ist kaum etwas übriggeblieben (Stalins Ochranka hat fast alle

vernichtet), doch die erhaltenen Exemplare seiner Bücher, Broschüren und Artikel zeugen von einem dilettantischen, aber temperamentvollen Stil.
Sinowjew sprach in den Jahren von 1918 bis 1925 viele Male vor dem Sowjet sowie in einzelnen Betrieben, vor der Komintern, vor dem ZK und auf verschiedenen Konferenzen. Sämtliche schriftlichen Zeugnisse wurden von seinen Adlaten sorgfältig zusammengetragen und zur Veröffentlichung vorbereitet. So sind in einem Spezialfonds seine an das Politbüro gerichteten Aufzeichnungen in zwei Bänden erhalten. Sinowjew verfaßte (unterstützt durch seine mit Federkiel bewaffneten Knappen) folgende in farblosem Stil geschriebene apologetischen Werke (besser gesagt die vorbereitenden Materialien zu diesen Werken): »W. Uljanow (Lenin)« in zwei Bänden, »Aus der Geschichte des Bolschewismus« in zwei Bänden, »Das Jahr der Revolution. Februar 1917–1918« und eine Reihe weiterer Bücher. In Sinowjews Arbeiten über die Partei ist eine rasche Verbürokratisierung der Partei als Hauptmerkmal des Systems zu erkennen. Gehilfen, Instrukteure und Sachbearbeiter bereiteten für die Parteibonzen jahrelang Reden, Vorträge und Bücher vor, die nach ihrer Veröffentlichung kein Mensch mehr las. Der Unterschied zur Gegenwart bestand allein darin, daß zu Lenins Zeiten Männer wie Sinowjew auch selbst viel an den Texten arbeiteten: Sie korrigierten, redigierten und kürzten die Reden und Referate. In der Folgezeit, unter Chruschtschow, Breschnew, Tschernenko und Gorbatschow, »vertonten« die Parteiführer nur noch die ihnen vorgelegten Texte oder setzten unter die Sammlung ihrer Reden lediglich ihre Unterschrift. Die intellektuelle Prostitution wurde zur Norm.
Kamenew war meiner Ansicht nach eine wesentlich einnehmendere Gestalt als Sinowjew. Wenn man sich aufmerksam in seine Biographie einliest, ersteht vor unseren Augen das Bild eines äußerst couragierten Menschen. So sah er sich genötigt, gegen Lenin aufzutreten (mit seiner Notiz in der Zeitschrift »Nowaja schisn« zu den Unstimmigkeiten über die Linie des bewaffneten Aufstandes), und versuchte auch gegen Stalin zu rebellieren. Auf dem 14. Parteitag im Dezember 1925, am Geburtstag des Generalsekretärs, stieg Kamenew auf die Rednertribüne und äußerte folgende kluge Worte:

»Wir sind dagegen, einen Führerkult zu schaffen; wir sind überhaupt dagegen, ›Führer‹ zu schaffen; wir sind dagegen, daß das Sekretariat, das praktisch sowohl für die Politik, als auch für die Organisation zuständig ist, über dem politischen Organ steht. Wir sind dafür, daß unsere Leitungsstruktur so organisiert sein sollte, daß das Politbüro auch wirklich mit allen Machtbefugnissen ausgestattet ist und ihm alle Politiker unserer Partei angehören; und daß ihm das Sekretariat, das seine Anordnungen praktisch in die Tat umsetzt, untergeordnet ist... Ich für meine Person glaube, daß unser Generalsekretär nicht für die Rolle des Zentrums, um das sich der alte, bolschewistische Stab sammelt, geeignet ist.... Eben weil ich dies dem Genossen Stalin mehrmals persönlich gesagt habe und weil ich dies auch wiederholt gegenüber der Gruppe der leninistischen Genossen geäußert habe, möchte ich es auf dem Parteitag noch einmal wiederholen: Ich bin zu der Überzeugung gelangt, daß der Genosse Stalin die Rolle des Zentrums, um das sich der bolschewistische Stab sammelt, nicht erfüllen kann...« (XIV. sjesd WKP[b]. M.-L. 1926, S. 274–275)

Jahrzehnte später kann man sagen, daß Kamenews Versuch, die gewaltsame, kriegerische Machtergreifung der Bolschewiki im Jahre 1917 zu verhindern, von großem Weitblick zeugte. Seine Rede auf dem 14. Parteitag war eine weise Warnung, die allerdings von niemandem beachtet wurde.
Was die moralischen, politischen und schriftstellerischen Qualitäten betraf, war Kamenew Sinowjew überlegen. Im Gegensatz zu Sinowjew, der aktiv an der Umsetzung der Ideen des bolschewistischen Terrors beteiligt war, machte sich Kamenew dabei nicht die Hände schmutzig. Betrachtet man die beiden jedoch als Gespann auf einem Tandem, so war zweifellos Sinowjew die dominierende Persönlichkeit. In der Emigration stand Sinowjew Lenin besonders nahe. Seine Frau, Slata Ionowna Lilina, war eine Zeitlang auch mit Nadjeschda Konstantinowna befreundet. In den Memoiren Krupskajas werden die Sinowjews relativ häufig erwähnt: »Sinowjew und Lilina sind aus Rußland gekommen. Sie haben jetzt einen Sohn und waren damit beschäftigt, sich als Familie neu einzurichten.« (Krupskaja, Wospominanija, Moskau 1972, S. 166)

Grigori Jewsejewitsch Sinowjew zeichnete sich dadurch aus, daß er Lenins Anordnungen eilfertig ausführte und ihm seine Beobachtungen über die Entwicklungen in den verschiedenen im Ausland gegründeten sozialdemokratischen Gruppen vertraulich mitteilte. Vermutlich mochte Lenin Sinowjew vor allem wegen seiner Ergebenheit. Allerdings hegte er nach dem Oktober 1917 seine Vorbehalte gegen Sinowjew, die er auch in seinem »Brief an den Parteitag« zum Ausdruck brachte. Wie G. M. Dejtsch scharfsinnig feststellt, beginnen die Briefe Lenins an Sinowjew aus der Zeit vor der Revolution in der Regel mit der Anrede: »Lieber Freund!« oder »Lieber Grigori!« ... während die nach dem Oktober 1917 verfaßten Briefe und Telegramme einen offizielleren Charakter besitzen: »Genosse Sinowjew!«, »An den Genossen Sinowjew« usw. (G. M. Dejtsch, »Lenins Skizzen zu den Porträts von Freunden und Gegnern«, Leningrad 1990, S. 125)
Nach allem, was über ihn bekannt ist, war Sinowjew eine ziemlich rätselhafte Gestalt. Von diesem dicklichen, schlaffen und kurzatmigen Menschen war eigentlich nur zu Lenins Lebzeiten die Rede. Nach dem Tod des Revolutionsführers geriet auch Sinowjew bald in Vergessenheit; nicht umsonst wurde er von den Menschewki als »Schildknappe« Lenins bezeichnet. Dieser äußerlich phlegmatische Mensch wirkte jedoch wie ausgewechselt, wenn er ans Rednerpult trat. Der starke, schöne, sonore Klang seiner Stimme schwebte beherrschend über dem Saal, über den Menschenmassen, und es schien so, als sei er wie geschaffen, große Reden auf großen Plätzen zu halten. Sinowjews Rednergabe kam auch zum Tragen, wenn er seine Referate auf deutsch vor dem Kongreß der Komintern oder in Deutschland hielt.
Ungeachtet der Farblosigkeit seiner Bücher sind in den Arbeiten Sinowjews mitunter recht interessante Beobachtungen enthalten. Die »Erinnerungen an Leben und Werk W. I. Lenins« wurden zu einem Zeitpunkt geschrieben, als Sinowjew den Zenit seiner politischen Karriere schon längst überschritten hatte und Stalin rasch an Einfluß gewann. Im Hinblick darauf sind die Aufzeichnungen Sinowjews über Lenins Tod von großem Interesse. »Marx starb erst dann endgültig«, schrieb Sinowjew, »als sein Nachfolger Engels starb. Doch bei Lenin war das anders. Nach ihm gab es keinen

Engels, und doch ist er alles andere als tot ... Dennoch fügte sich bei ihm nicht alles so glücklich wie bei Marx.« Und später heißt es: »Der ›Fehler‹ des Vermächtnisses lag darin, daß Lenin keine genauen Vorstellungen davon hatte, wie es einmal ohne ihn sein würde.« (»Iswestija ZK KPSS«, 1989, Nr. 7, S. 172, 175)
Meiner Ansicht nach dürften es sich Sinowjew, Kamenew, Trotzki, Bucharin und einige andere nie verziehen haben, daß sie einem ausgemachten Schurken erlaubten, das Steuer des gigantischen Parteischiffs zu übernehmen; einem Mann, der ein »Monopol auf Lenin« für sich in Anspruch nahm und sich rasch zum absoluten Diktator entwickelte. 1917 und auch später behandelte Sinowjew Stalin von oben herab – als »Vertreter einer nationalen Minderheit«. Auf die schulmeisterlichen, gönnerhaften Bemerkungen Sinowjews reagierte der Generalsekretär nur selten. Als in der »Parteispitze« erörtert wurde, welchen bolschewistischen Politiker man für den Vorsitz der neugegründeten Internationale vorschlagen sollte, ließ Sinowjew eine Bemerkung fallen, durch die sich Stalin schmerzlich getroffen fühlen mußte: »Wir brauchen einen Menschen mit europäischer Kultur und guten Sprachkenntnissen ...« Wie wir wissen, wurde Sinowjew selbst zum ersten Vorsitzenden der Komintern gewählt. Er setzte sich leidenschaftlich dafür ein, die Revolution von Rußland in andere Länder, vor allem nach Deutschland zu exportieren. Lenin unterstützte diese abenteuerliche Strategie. Im Januar 1920 stellte der Führer der Bolschewiki folgende Forderung:

»Die Befreiung der Krim muß vorangetrieben werden, damit wir die Hände frei haben, denn durch den Bürgerkrieg könnten wir gezwungen sein, uns nach Westen zu wenden, um den dortigen Kommunisten zu helfen.« (Archiv des Verteidigungsministeriums)

Während in Moskau der zweite Kongreß der Kommunistischen Internationale abgehalten wurde, begann der berühmte »Marsch auf Warschau«. Die Initiative dazu ging von Lenin aus. Sinowjew ordnete an, auf der Bühne des Bolschoi-Theaters, wo die »Weltpartei der sozialistischen Revolution« tagte, eine riesige politische

Weltkarte aufzuhängen. Jeden Morgen verfolgten die Delegierten mit klopfendem Herzen, wie sich die roten Fähnchen, die die Marschroute der »Roten« verdeutlichten, auf Warschau zubewegten. Sinowjew versicherte aufgeregt, daß der nächste, also der dritte Kongreß der Komintern bereits in Berlin stattfinden würde; danach würde man in Paris oder London tagen. Seine Worte gingen in tosendem Beifallssturm unter ...

In Sinowjews Memoiren gibt es eine Reihe von interessanten Details. So erinnert er sich, daß unter den Bolschewiki folgender scharfsinniger Witz von Plechanow kursierte: »Lenin ist in der Hinsicht ein erstklassiger Philosoph, als er in Philosophie ein Erstkläßler ist ...« Lenin liebte es, die Leute zu erschrecken: »›Wenn wir einen Fehler machen‹, drohte er, dann ›fliegen‹ wir.«

Doch die wenigen originellen Passagen gehen in Sinowjews phrasenreichem Wortschwall völlig unter. In vielen seiner Artikel pries er Lenin als Menschen mit einer »genialen Intuition«, als »Genie der Weltrevolution« und als »Genie des Leninismus« (Archiv für neuere Geschichte). Und er liebte es, sich selbst als »strenggläubigen«, echten Bolschewiken darzustellen.

Nach 1926, als Sinowjew aus dem Politbüro ausgeschlossen wurde, schwankte er ständig zwischen der Auflehnung gegen Stalin und demütigen Reuebekundungen. Im Jahre 1930 wurde Sinowjew, der keinerlei höhere Bildung besaß, zum Direktor der Kasaner Universität ernannt und im Dezember 1931 zum stellvertretenden Vorsitzenden des Staatlichen Wissenschaftsrates.

Kamenew verbrachte weniger Zeit mit Lenin als Sinowjew, er hatte sich nicht mit dem Revolutionsführer in einer Hütte versteckt und war auch nicht in einem verplombten Waggon nach Rußland gereist. Es gibt jedoch allen Grund zu der Annahme, daß Lenin sich Lew Borisowitsch enger verbunden fühlte. Das lag nicht nur daran, daß Kamenew stellvertretender Vorsitzender des Rates der Volkskommissare und stellvertretender Vorsitzender des Rates für Arbeit und Verteidigung war und daher Lenin allein durch die gemeinsame Auseinandersetzung mit der »Sache« schon besser kennengelernt haben dürfte. Kamenew war zudem ein aufrichtigerer Mensch als Sinowjew, was der von Natur aus zynische Lenin bemerken mußte. Ähnlich wie bei Pjatakow, Lunatscharski und

Rykow war ihm keinerlei Härte oder gar Grausamkeit eigen. Kamenew hatte den Mut, gegen Willkür zu protestieren, und war durchaus fähig, Mitleid zu zeigen. So wurden P. A. Kropotkina, der Witwe des großen Anarchismustheoretikers, der 1921 in Rußland starb, erhebliche Schwierigkeiten bei der Ausreise aus Rußland bereitet. Lenin gab schließlich ihrer Bitte nach, doch geschah dies nicht zuletzt auf Kamenews Betreiben hin.
In den Jahren 1921/22 traf sich Lenin sehr häufig mit Kamenew zu ausgedehnten Gesprächen (Lenin, Biochronika, Bd. 12, S. 407, 478, 479, 486, 492 u. a.). Ich denke, daß Kamenew als einer der engsten Vertrauten Lenins durch seine maßvolle, ruhige Art unmerklich Einfluß auf den Revolutionsführer nehmen konnte. Lunatscharski schrieb in einem Essay über Kamenew, daß »dieser als ein verhältnismäßig weicher Mensch galt, da er von unwahrscheinlicher Herzensgüte war. An sich ist das eher eine lobenswerte Eigenschaft. Doch vielleicht stimmt es auch, daß Kamenew im Vergleich zu Lenin, Trotzki oder Swerdlow allzu intellektuell war, den verschiedensten Einflüssen unterlag und dadurch ins Schwanken geriet.« (Lunatscharski, A., Radek, K., Trotzki, L., Siluety, S. 300)
Lenin imponierte die sanfte Ruhe Kamenews sowie dessen große Bereitwilligkeit, seine Aufträge auszuführen.
Trotz der heftigen Konflikte, die der Machtergreifung im Oktober 1917 vorausgingen, unterstützte der Revolutionsführer den Vorschlag, Kamenew zum Vorsitzenden des Allrussischen Zentralen Exekutivkomitees (WZIK) zu ernennen. Kamenew übernahm als persönlicher Stellvertreter Lenins mehrmals sehr spezielle und ziemlich heikle Aufträge in den verschiedensten Angelegenheiten. So reiste er im Januar 1918 im Zusammenhang mit der bevorstehenden Unterzeichnung des Brester Friedens nach England und Frankreich. Der Abgesandte wurde allerdings aus England ausgewiesen und mußte unverrichteterdinge über Finnland zurückkehren.
Lenin war es gewohnt, Kamenew nicht nur Staats- und Parteiaufträge, sondern auch ganz alltägliche Aufgaben zu übertragen. So bat er ihn anläßlich eines Besuchs von Gorki: »Am 12. oder 13. kommt Gorki. Könnten Sie veranlassen, für ihn Brennholz zu

besorgen?« (Lenin, PSS, Bd. 51, S. 10). – »Genosse Kamenew! Offensichtlich wird Ihre Anordnung wegen des Brennholzes für den Genossen Gorki nicht befolgt. Ich sehe mich gezwungen, die Ankömmlinge mit Versprechungen abzuspeisen. Der Genosse Gilbeau beschwert sich, daß bei ihm in der Wohnung die Temperatur nur 0 Grad Celsius beträgt. Der Schuldige muß vor Gericht gestellt werden.« (Lenin, Biochronika, Bd. 11, S. 692–693)

Am bedeutsamsten für den Revolutionsführer dürfte jedoch Kamenews Rolle als Herausgeber der Werke Lenins gewesen sein. Bereits 1907 versuchte er in Absprache mit Lenin ein dreibändiges Werk unter dem Titel: »Zwölf Jahre« herauszugeben. Kamenew hatte schon einen Vertrag mit dem sozialdemokratischen Verlag »Serno« abgeschlossen, doch aus einer Reihe von Gründen kam das Projekt nicht zustande. Der Hauptgrund bestand darin, daß sich der erste Band nach seinem Erscheinen nicht verkaufte.

1920 begann man mit der Veröffentlichung einer 20bändigen Ausgabe von Lenins gesammelten Werken. Die letzten Bände erschienen erst nach dem Tode des Autors im Jahre 1926. Die Herausgabe wurde von L. B. Kamenew geleitet, der sich mit dem noch lebenden Klassiker über den Fortgang der Arbeit beriet.

Nach Kamenews Ausschluß aus dem Politbüro im Jahre 1926 betraute Stalin ihn mit Aufgaben in verschiedensten Arbeitsbereichen, in denen er für den »Aufbau des Sozialismus« wirken sollte. Er war Volkskommissar für den Handel, bevollmächtigter Vertreter in Japan und Italien sowie Direktor des Lenininstituts. 1934 wurde er zum Direktor des Instituts für Literatur ernannt. Es schien, als ob er endlich eine Tätigkeit gefunden hätte, in der er sich seinen Fähigkeiten entsprechend betätigen konnte. Einige Anzeichen weisen darauf hin, daß Kamenew beabsichtigte, seine Erinnerungen an Lenin niederzuschreiben, da er mehr als jeder andere mit dem literarischen Nachlaß des Führers vertraut war.

Kamenew war der erste, der mit Lenins persönlichem Archiv in Berührung kam, auf dessen Grundlage später auch das Lenininstitut entstand. Bei der Publikation der Dokumente dieses Archivs wurden von ihm bereits viele Briefe, Aufzeichnungen und Anordnungen Lenins, die nicht »leninistisch« erschienen, »ausgesiebt«. Kamenew selbst hinterließ keine »Werke«, obwohl sein literari-

scher Nachlaß etwa fünf Bände füllen würde. Große Aufmerksamkeit verdienen meiner Meinung nach seine Reden, die dem Andenken Lenins gewidmet waren, die Vorworte zu Lenins Werken, seine Gedanken über Martow, jene Materialien, die eine regelrechte Chronik der innerparteilichen Unstimmigkeiten darstellen, sowie sein Briefwechsel mit Stalin (Archiv des Präsidenten).
Kamenews politische Artikel haben einen eher dürftigen Charakter. Um vieles besser sind seine Betrachtungen zur Literatur. Er verfaßte ein Buch über Tschernyschewski, mehrere Artikel über Goethe, Vorworte zu Turgenjews Romanen sowie Besprechungen zu den Büchern »Repin«, »Andrej Scheljabow«, »Lomonossow« und vielen anderen Werken (Archiv für neuere Geschichte).
Sinowjew und Kamenew ereilte ein trauriges Schicksal. Bei den heftigen innerparteilichen Kämpfen nach Lenins Tod spielten sie politisch eine mehr als bescheidene Rolle. Anfangs halfen die »siamesischen Zwillinge« dem Generalsekretär noch dabei, Trotzki zu beseitigen, doch dann fielen sie selbst Stalins Grausamkeit zum Opfer. Der Untergang von Lenins »Waffenträgern« läßt sich nicht allein durch die Unterschiede in der politischen Linie oder durch den innerparteilichen Kampf gegen die »Abweichungen« und Plattformen erklären. Lenin schuf ein System, an dessen Spitze nur Platz für einen Führer war. Doch auf diesen Posten gab es mehrere Anwärter.
Stalin konnte nicht vergessen, daß Sinowjew, Kamenew und andere »Oktoberführer« Lenin in vieler Hinsicht näher standen als er selbst. So sah der Generalsekretär in diesen Genossen potentielle Rivalen, wodurch ihr Los auf schicksalhafte Weise vorherbestimmt war. Lächerliche Märchen von Verschwörungen und geheimen »Zentren« waren nur der äußere Deckmantel jenes Prozesses, durch den Stalin sein »Monopol auf Lenin« endgültig durchsetzte.

»Der Liebling der ganzen Partei«

In Vorahnung seines bevorstehenden Todes gab Lenin eine äußerst seltsame Einschätzung über Bucharin ab, den er allem Anschein nach sehr zu schätzen schien:

»Was die jungen Mitglieder des ZK betrifft, so möchte ich ein paar Worte zu Bucharin und Pjatakow sagen. Meiner Meinung nach sind die beiden die herausragendsten Kräfte (unter den jüngsten Kräften), und in bezug auf sie muß man sich folgendes vor Augen halten: Bucharin ist nicht nur einer der wertvollsten und bedeutendsten Theoretiker der Partei, sondern er gilt auch zu Recht als der Liebling der ganzen Partei. Seine theoretischen Anschauungen können jedoch nur schwerlich ganz den marxistischen Anschauungen zugeordnet werden, denn in ihnen liegt etwas Scholastisches (er hat niemals studiert, und von daher hat er, denke ich, die Dialektik auch nie ganz verstanden).« (Lenin, PSS, Bd. 45, S. 345)

Dies erscheint als eine der paradoxesten Schlußfolgerungen Lenins: Einerseits nannte er Bucharin den »wertvollsten und bedeutendsten Theoretiker der Partei«, der andererseits »niemals studiert« hat und wahrscheinlich »die Dialektik auch nie ganz verstanden« hat? Seiner hohen Meinung von Bucharin als einer der »hervorragendsten Kräfte der Partei« auf der einen Seite steht die Aussage gegenüber, man könne »seine Anschauungen nur schwerlich ganz den marxistischen Anschauungen zuordnen ...« Da wurde das »Scholastische« an Bucharin bemängelt, während gleichzeitig behauptet wurde, daß er »zu Recht als Liebling der ganzen Partei« galt.
Ich meine, daß das angeführte Zitat nicht so sehr Zeugnis über die »Anschauungen« Bucharins ablegt, als vielmehr über die Lenins.

Wenn man all das, was Lenin über die politische »Dialektik« sagte, zusammenfaßt, dann wäre die Dialektik so etwas wie die Umwandlung der Diktatur einer Klasse in die Diktatur einer Partei und schließlich in die eines Führers. Bucharin war viel weicher als alle übrigen Führer, und das war ein Mangel, der es ihm unmöglich machen mußte, »die Dialektik ganz zu verstehen«. Für diese Weichheit war in Lenins grausamer Philosophie kein Platz. Die Lebendigkeit von Bucharins Denken, die Energie, mit der er als Publizist zu Werke ging, und die Ergebenheit gegenüber den Idealen des Kommunismus wie gegenüber Lenin selbst waren für den Revolutionsführer Grund genug, Bucharin als »Liebling der Partei« zu bezeichnen. Ich denke, daß die einfachen Mitglieder der RKP diese Einschätzung nicht nur nicht teilten, sondern daß viele unter ihnen nicht einmal von der Existenz Bucharins wußten.

Lenin war von führenden Parteifunktionären umgeben, die über keine abgeschlossene Ausbildung verfügten, wie etwa Trotzki, Stalin, Kamenew, Sinowjew und eben Bucharin. Die Erfahrung als »Berufsrevolutionär« galt Lenin mehr als alle Lehrgänge an der Universität.

»Der wertvollste und bedeutendste Theoretiker der Partei« war zu Anfang ein unverhohlener Anhänger des linken Flügels der Partei, der all seine Hoffnungen auf die Weltrevolution und das »Allheilmittel« der Diktatur des Proletariats setzte. Nach einigen Jahren schon hatte sich Bucharin zum führenden Kopf des rechten Flügels der Partei gewandelt, der für ein schrittweises Vorgehen und für Kompromißbereitschaft eintrat. Diese Entwicklung von einem Pol des bolschewistischen Spektrums zum anderen erstreckte sich über ein Jahrzehnt.

Über die theoretischen Anschauungen des »Lieblings der Partei« gibt ein verhältnismäßig unbekanntes Büchlein Aufschluß, das 1924 unter dem Titel »Über die Weltrevolution, unser Land, die Kultur und anderes mehr« in Leningrad erschien. Diese Arbeit enthält die Antworten, die Bucharin 1924, als sein ideologischer Standpunkt sich gerade in der Mitte zwischen linken und rechten bolschewistischen Anschauungen befand, dem Akademiemitglied I. Pawlow gab.

Das Akademiemitglied Pawlow, ein Mann, der wie fast alle echten

Wissenschaftler über geistige Kühnheit verfügte, hatte in seiner Antrittsvorlesung erklärt, daß der Marxismus und der Kommunismus keine absoluten, objektiven Wahrheiten darstellten. Er zog die Chancen für eine Weltrevolution in Zweifel und konnte nichts Positives an einer Revolution erkennen, die seiner Ansicht nach zum Verfall der Kultur führte. Zudem wandte er sich gegen den Bürgerkrieg als Mittel zur Durchsetzung politischer Ziele. Bucharin machte es sich zur Aufgabe, all diese Thesen vehement zu widerlegen, und bezeichnete die Ansichten des Akademiemitglieds als »Sackgassen«.

Zunächst ging er auf Pawlows These über die Weltrevolution ein: »Es ist vollkommen offensichtlich, daß die Weltrevolution eine Tatsache ist. Doch daß sie sich lediglich in einer bestimmten Entwicklungsphase befindet, in der das Proletariat anstelle von sechs Sechsteln erst ein Sechstel der Erde erobert hat, ist gleichfalls eine Tatsache ...«

Für Bucharin stand fest: »Die bolschewistische Revolution hat das Land vor der Zerstörung und der Umwandlung in eine Kolonie bewahrt ... Allein das Ausscheiden aus dem Krieg und die Weigerung, dem Schuldendienst nachzukommen, sind zwei Faktoren, die das Leben des Landes entscheidend bestimmt haben.« Diese räuberische Logik machte Bucharin nicht im mindesten verlegen.

»Ist der Bürgerkrieg etwa nicht schrecklich?« fragte Pawlow. Doch auch in diesem Punkt hatte Bucharin eine ganz klare Vorstellung: »Wenn wir die Macht des Kapitals nicht zerstören, bedeutet das unseren Untergang. Das ist es, was jedem denkenden Menschen eingebleut werden müßte. Um der Rettung der Menschheit willen müssen wir die Opfer bringen, die unsere Revolution fordert ...«

Der Verfasser dieses Pamphlets ahnte damals noch nicht, daß Sowjetrußland diese Opfer bringen würde. Es waren ungeheuerliche Opfer: Allein in den Jahren 1929 bis 1953 sollten 21,5 Millionen Menschen Repressionen ausgesetzt werden, unter ihnen Bucharin selbst ... Und das alles um »der Rettung der Menschheit willen«? In diesem Punkt vertrat Bucharin ganz offenkundig Lenins Argumentation über den Nutzen revolutionärer Gewalt.

Die Revolution führt die Kultur ins Nichts? Bei dieser vierten und

letzten Sackgasse empörten Bucharin ganz besonders die Beispiele, die Pawlow anführte: »Zur Zeit hat man für alles mögliche Geld, zum Beispiel für Japan oder für die Weltrevolution, doch unser akademisches Forschungslabor erhält nur 3 Goldrubel im Monat . . .«
Bucharin belehrte das Akademiemitglied in schulmeisterlichem Ton: »Wenn der positive Ausgang des Kampfes eine unabdingbare Voraussetzung für alles übrige ist, dann haben wir keine Wahl: Wir müssen alles opfern.« Hier erkennt man deutlich Lenins Prämisse, die lautete: »Um der Machterhaltung willen muß man alles opfern.« Dem Akademiemitglied war es ein Dorn im Auge, daß der Zugang zur Universität nunmehr von der Klassenzugehörigkeit abhing. Doch Bucharin hatte auch darauf eine Antwort parat: »Andernfalls gleiten wir zu den Bestrebungen der liberalen Bourgeoisie ab, und das bedeutet nichts anderes als Dekadenz« (Bucharin, N. I., »Über die Weltrevolution, unser Land, die Kultur und anderes mehr«, Leningrad 1924, S. 28, 32, 39, 43, 49, 52 u. a.).
Die Antworten, die Bucharin dem Akademiemitglied Pawlow gab, kann man als Quintessenz seiner Ansichten als Theoretiker auffassen, für die er sich im Jahre 1918 einsetzte und von denen er sich auch 1929 nicht lossagte. Das tragische Schicksal des »Lieblings der Partei« sowie seine Herzlichkeit und Gewissenhaftigkeit bewirkten häufig eine Aufwertung seiner theoretischen Ansichten. In meinen früheren Arbeiten habe ich, was Bucharin betrifft, den gleichen Fehler begangen. Doch von der persönlichen Ausstrahlung Bucharins kann man nicht auf seine theoretischen Ansichten schließen. Sie führten in ebensolche »Sackgassen« wie die Ansichten Lenins und aller übrigen Parteiführer, die seiner Lehre anhingen.
Als Bucharin verhaftet wurde, lehnte er es zunächst ab, die »erforderlichen« Geständnisse abzulegen, doch schließlich zwang man ihn im Juni 1937 zu folgender Aussage:

»An den Volkskommissar für Innere Angelegenheiten N. I. Jeschow

Erklärung

Nach langem Zögern bin ich zu dem Schluß gekommen, daß es unabdingbar ist, meine ganze Schuld vor der Partei, der Arbeiter-

klasse und dem Land einzugestehen und ein für allemal mit meiner konterrevolutionären Vergangenheit zu brechen.
Ich gestehe, daß ich bis vor kurzem Mitglied einer Organisation der Rechten war, daß ich zusammen mit Rykow und Tomski zum Zentrum der Organisation gehörte, daß sich diese Organisation den gewaltsamen Sturz der Sowjetmacht zum Ziel setzte und daß sie dem Block der trotzkistisch-sinowjewistischen Organisation angehörte. Ein detailliertes Geständnis folgt.

Der inhaftierte N. Bucharin«

(Archiv des Verteidigungsministeriums)

Die »Persönlichen Geständnisse N. Bucharins« sind ein erschütterndes Dokument. Der »wertvollste und bedeutendste Theoretiker der Partei« war unter dem Druck des Hauptmanns der Staatssicherheit, Kogan, bereit, alles, was von ihm verlangt wurde, zu gestehen. Da die Tschekisten nicht in der Lage waren, die wesentlichen Punkte der theoretischen »Irrtümer« Bucharins auszumachen, befahlen sie ihm, selbst niederzuschreiben, worin seine »Fehler« bestanden.
Die viele Seiten umfassenden Geständnisse Bucharins besitzen die Form eines philosophischen Traktats mit Untertiteln: »1. Meine allgemeinen theoretischen, antileninistischen Ansichten; 2. Die Theorie des Staates und die Theorie der Diktatur; 3. Die Theorie des Klassenkampfes unter den Bedingungen der proletarischen Diktatur; 4. Die Theorie des organisierten Kapitalismus« ... Erst am Ende des »Traktats«, das im Gefängnis des NKWD entstand, kam Bucharin auf politische Angelegenheiten zu sprechen: auf seinen »Kampf« gegen die Partei und die Entstehung seiner »Schule« mit ihren konterrevolutionären Zielen.
In der Geschichte der Repressionen der sowjetischen Staatsorgane war es wohl einmalig, daß ein Angeklagter das ihn belastende Material selbst verfaßte, indem er in den eigenen theoretischen Ansichten nach Fehlern suchte.
Ich denke, daß die Reaktion auf den Brester Frieden das ehrlichste und aufrichtigste Kapitel im Leben des »Lieblings der Partei« bildete. Wahrscheinlich zuckten Bucharin und seine Anhänger, die »Linken Kommunisten«, vor Schreck zusammen, als Lenin damals

mit seiner schnarrenden, das Zäpfchen-R rollenden Stimme mehrmals wiederholte, daß Hoffmann zwar nicht in der Lage sei, Petrograd oder Moskau sofort einzunehmen, daß »es aber durchaus morgen soweit sein könnte ... Vor uns zeichnet sich eine Epoche schwerster Niederlagen ab ... Wir müssen bereit sein, unter den Bedingungen der Illegalität und der offenen Versklavung durch die Deutschen unsere Arbeit beharrlich fortzusetzen.« (VII. sjesd RKP[b], Moskau/Petrograd 1923, S. 31, 32)
Auf der Gefängnispritsche des bolschewistischen Gefängnisses erinnerte sich Bucharin daran, wie er auf dem 7. Parteitag voller Heftigkeit die Worte herausgeschrien hatte, die damals seinen Verstand und sein Herz bedrängten:

»Zu solch einem Preis darf eine zweitägige Atempause, die überdies nichts bringen würde, nicht erkauft werden. Das ist der Grund, Genossen, warum wir sagen, daß eine Perspektive, wie sie der Genosse Lenin vorschlägt, für uns unannehmbar ist.« (ebenda, S. 42)

Wie weit das alles schon zurücklag ... Doch damals hatte er seine ehrliche Ansicht geäußert, was er auch Stalin am 15. April 1937 aus dem Gefängnis wissen ließ: »Ich habe aufrichtig geglaubt, daß Brest den allergrößten Schaden bedeuten würde. Ich habe aufrichtig geglaubt, daß Deine Politik in den Jahren 28/29 extrem gefährlich sei. Von der allgemeinen Linie bin ich zu einzelnen Personen übergegangen und nicht umgekehrt. Doch was war schlecht an mir, was war schädlich für mich? Antidialektisches Denken, Schematismus, Abstraktheit, Buchgelehrsamkeit« (Archiv des Präsidenten).
Lenin hatte ihm immer wieder suggeriert, daß er mit der Dialektik auf Kriegsfuß stünde. Nun gestand Bucharin sein »antidialektisches Denken« offen gegenüber den Gefängniswärtern, gegenüber Stalin und im Verhör gegenüber Jeschow ein. Dies tat er offenbar nicht nur, weil seine Persönlichkeit gebrochen war, sondern auch weil er den naiven Glauben hegte, man würde Gnade walten lassen, wenn er nichtbegangene Sünden eingestand.
Lenin mochte Bucharin, obwohl er ihm erheblich seltener schrieb

als den anderen Kampfgenossen. Der Revolutionsführer liebte es, sich mit Bucharin zu unterhalten, wobei er ihm gegenüber oft einfach nur väterliche Sorge an den Tag legte.
Die Bolschewiki, die allmählich erkannten, daß sie ihre Stellung in Moskau erfolgreich behauptet hatten und daß sie an der Macht bleiben würden, begannen, immer mehr Wert auf ihre Gesundheit zu legen. Bereits in den zwanziger Jahren fuhren die Parteiführer regelmäßig zur Kur nach Deutschland, wo sie spezielle Ärzte konsultierten und teure Medikamente orderten. In der Regel nahmen sie gleich zwei bis drei Monate Urlaub. Vor allem Trotzki, Bucharin, Sinowjew und Joffe liebten Erholungsaufenthalte von dieser Dauer.
Im März 1922 unternahm Bucharin gemeinsam mit seiner Frau eine Urlaubsreise nach Deutschland. Lenin beauftragte die Botschaftsangehörigen, sich um Genesung und Erholung des Parteiführers zu kümmern und Moskau davon Bericht zu erstatten. In diesem Zusammenhang ist Lenins Brief nach Berlin vom 26. April 1922 von größtem Interesse:

»Streng geheim

Genosse Krestinski. Eine Kopie an Stalin

Vielen Dank für die Medikamente, die Sie mir geschickt haben. Ich würde gerne mit Ihnen über Bucharin reden. Smilga hat mir erzählt, daß er sich unmöglich benimmt. Er kuriert sich gar nicht aus, wie er sollte. Die Gerüchte über ein geplantes Attentat auf ihn haben ihn völlig aus der Fassung gebracht.
Ein Anschlag liegt durchaus im Bereich des Möglichen, und der Attentäter dürfte große Erfolgschancen haben. Deswegen schlage ich folgendes vor:
Bucharin hierher bringen. In einem Monat (oder eineinhalb) schicken wir ihn zurück zu seiner Frau.
Bis dahin muß folgendes erledigt sein:
1. Seine Frau muß in ein anderes Sanatorium überwiesen werden, wo es weniger Weiße und mehr kommunistische deutsche Arbeiter gibt. Aller Wahrscheinlichkeit nach läßt sich in Sachsen ein solcher Ort ausfindig machen.
2. Gleichzeitig müssen zwei bis drei kommunistische deutsche Arbeiter instruiert werden – es dürfen aber keine Plaudertaschen

sein –, die ohne Bucharins Wissen in die Nähe des Sanatoriums zur Bewachung geschickt werden. Das ist leichter gesagt als getan, denn alle sind Schwätzer, Plappermäuler und Aufschneider, aber es muß getan werden.
3. Bucharins Frau soll mit ihrem Mädchennamen angesprochen werden. Das ist unserem Gesetz nach ihr gutes Recht.
Ich bitte darum, daß all das vernünftig und effektiv ausgeführt wird. Gruß. Ihr Lenin«
(Archiv für neuere Geschichte)

Lenin hatte die ganze Operation mit der »Verlängerung« nur vorgeschlagen, damit Bucharin und seine Frau sich in dem deutschen Sanatorium gut erholen konnten. Die Macht, so unerläßlich sie auch sein mag, verdirbt letztendlich die Menschen.
Bucharin war eine Art »Parteiaristokrat«. Er arbeitete sehr an sich, eignete sich ein umfangreiches Wissen an und kannte die theoretischen Grundlagen des Marxismus. Es kann Nikolaj Iwanowitsch einfach nicht entgangen sein, daß er all den Woroschilows, Molotows und Kaganowitschs in seiner intellektuellen Entwicklung weit voraus war.
Der »frühe« Bucharin war, wie Lenin, orthodoxer Marxist. In seiner 1919 geschriebenen »Theorie der proletarischen Diktatur« argumentierte er genau so unversöhnlich wie der Revolutionsführer. Die Vertreter der II. Internationale waren für ihn »lose Schwätzer und lebende Leichname«. Kautsky war ein »Stiefellecker der Generalität« und der Völkerbund eine »unsinnige Einrichtung«. Die Diktatur galt ihm als einzig mögliche Staatsform nach dem Sieg des Proletariats: »Das Proletariat verweigert der Bourgeoisie nicht nur jegliche Freiheiten, sondern ergreift gegen sie härteste Repressionsmaßnahmen. Es verbietet ihre Presse und ihre Vereinigungen und geht mit Gewalt gegen ihre Sabotageakte vor.« (Bucharin, Isbrannye proiswedenija, Moskau 1988, S. 1–17)
Wie Lenin erhob Bucharin den Klassenkampf und das Machtmonopol einer Partei zum obersten Prinzip, verurteilte die bürgerliche Demokratie und trat für eine streng zentralistische Planwirtschaft ein.
Der »späte« Bucharin verlor dagegen Ende der zwanziger Jahre

seine führende Position in der Parteihierarchie, weil er seine sozialökonomischen Theorien mit liberalen Elementen verband. In seinem Vortrag »Lenins politisches Vermächtnis« vom 21. Januar 1929 kam diese »Abweichung« vom »klassischen« Leninismus deutlich zum Ausdruck. Die Industrialisierung des Landes, meinte Bucharin, dürfte nicht auf Kosten einer »übertriebenen Belastung der Bauernschaft mit Steuern und Abgaben« durchgeführt werden. Man müsse »den Bauern eine Perspektive bieten, die ihren unmittelbaren materiellen Interessen« entspräche und ihrem »persönlichen Vorteil« Rechnung trüge (ebd., S. 428–429).

Bis zu seinem Tod konnte Bucharin sich nicht mehr von dem Vorwurf reinwaschen, er würde die »Kulaken« verteidigen, das Interesse am »Privateigentum« schüren und die »persönliche Bereicherung« propagieren.

Nokolaj Iwanowitsch war weder »Häretiker« noch »Opportunist«, sondern erkannte lediglich die Unzulänglichkeit eines Marxismus, der die Privatinitiative als Motor des ökonomischen Fortschritts einfach ausblendete. Er bemühte sich um eine behutsame Korrektur der traditionellen, festgefahrenen Ansichten und wollte so Einfluß auf den konkreten politischen Kurs der Partei nehmen. Schon bald wurde er den »Abweichlern« zugeordnet und mußte daher, gemäß den Gesetzen der bolschewistischen Logik, »vom theoretischen über den politischen zum terroristischen Kampf« übergehen. Nach dem Motto »Angriff ist die beste Verteidigung« rechtfertigte er nicht nur sich selbst und seine Ansichten, sondern ging gleichzeitig zum Angriff auf Trotzki über. Den Anlaß dazu bot ihm dessen Erklärung über die »Gefahr von rechts« vom Juli 1928, die er als »unerhört verleumderisch und hysterisch« bezeichnete (ebd., S. 400). Bucharin versuchte, seinen Hals auf Kosten Trotzkis zu retten, der bereits kurz vor der Zwangsausweisung stand.

Trotzki selbst war nachsichtiger mit Bucharin, wenngleich er ihn des öfteren mit beißendem Spott überzog: »Bucharins Kampf gegen die Opposition«, schrieb er im Herbst 1927, »erinnert fatal an die Schüsse eines zu Tode erschrockenen Soldaten, der blind mit dem Gewehr über seinem Kopf herumfuchtelt und eine Unzahl von Kugeln verschießt, von denen kaum eine ins Ziel trifft. Dieses

Geballere könnte höchstens irgendeinen Unbeteiligten erschrekken, der sich nicht darüber im klaren ist, daß es sich bei dem Schützen um den zu Tode erschrockenen Bucharin handelt.« (Trotzki, Portrety rewoljuzionerow, 1988, S. 141)
Später, in der Verbannung, gelang Trotzki eine recht originelle Beschreibung des Verhältnisses zwischen Bucharin und Lenin:

»Bucharins Charakter hat etwas Kindliches, das ihn in Lenins Augen zum Liebling der Partei machte. Nicht selten polemisierte er gegen Lenin, worauf dieser zwar streng, doch durchaus wohlwollend reagierte. Die polemische Härte zerstörte nie das freundschaftliche Verhältnis zwischen den beiden.
Ich erinnere mich an eine Episode, die sich auf einer Sitzung des Politbüros zugetragen hatte. Als England in seinem Kurs gegenüber der Sowjetunion eine Wendung um 180 Grad vollzog, seine interventionistische Politik aufgab und einen Handelsvertrag vorschlug, waren alle von der Ernsthaftigkeit dieses Vorschlags überzeugt . . . Da erhob sich plötzlich die Stimme Bucharins: ›So ist das also! Die Ereignisse stehen kopf!‹ Er blickte mich herausfordernd an. ›Machen Sie nur‹, bedeutete ich ihm. Bucharin lief von seinem Platz zum Lederdiwan hinüber und vollführte dort einen Kopfstand. Nachdem er ein bis zwei Minuten in dieser Stellung verharrte, nahm er wieder seine normale Haltung ein. Wir lachten, und Lenin ging wieder zur Tagesordnung über. Das war Bucharins Art, in der Theorie, wie in der Praxis. Bei all seiner außergewöhnlichen Begabung stellte er die Dinge häufig auf den Kopf.« (ebd., S. 142–143)

Nach der Zerschlagung der »rechten« Opposition durch Stalin durfte sich Bucharin noch eine Weile als vollwertiges Mitglied der Partei fühlen, doch der Niedergang schritt unaufhaltsam voran. Der ehemalige »Liebling der Partei« erwies sich als sensibler, labiler Charakter. Die ganzen dreißiger Jahre über, bis zu seiner Verhaftung (und selbst noch danach), bemühte er sich, Stalins Gunst um jeden Preis zurückzugewinnen, wobei er auch vor Selbsterniedrigung nicht zurückschreckte. Einmal verfaßte er sogar ein Poem auf den »gelieben Führer«.

»Koba«, wie Bucharin Stalin bis zuletzt freundschaftlich nannte, ließ ihn eine Zeitlang hoffen. Die Briefe, die Nikolaj Iwanowitsch damals an den Generalsekretär schrieb, füllen ganze Bände. Stalin lockerte zeitweilig Bucharins Daumenschrauben, um sie dann wieder um so fester anzuziehen, worauf der »Liebling der Partei« einen weiteren, langen Brief verfaßte, in dem er seine Freundschaft und Ergebenheit zum Ausdruck brachte:

»Lieber Koba! Ich war tief betrübt, als Du mich wegen Ehrenburg zurechtgewiesen hast. Unter anderem hast Du mir vorgeworfen, ich hielte mich selten in der Redaktion auf. Dabei bin ich täglich dort und habe sogar einige Nächte durchgearbeitet ... Die letzten beiden Tage war ich allerdings wirklich nicht in Moskau, denn ich mußte innerhalb von drei Tagen eine Broschüre über Kalinin schreiben ... Als Beweis schicke ich Dir die Broschüre, die ich soeben fertiggestellt habe. Offenbar erhältst Du Informationen von einigen meiner Freunde, die damit ein bestimmtes Interesse verfolgen.
Bitte sei mir nicht böse, daß ich Dir offen und ehrlich schreibe. Wenn Du der Meinung bist, daß ich mich Dir gegenüber zu vertraulich verhalte, dann laß es mich bitte wissen. Dein Bucharin«
(Archiv des Präsidenten)

Bucharin wollte offensichtlich an die alten Zeiten anknüpfen, als die beiden Mitstreiter Lenins noch per Du waren, einander lediglich argumentativ bekämpften und von stalinistischen Intrigen und Verfolgungen noch nichts zu spüren war.
Eineinhalb Monate nach seiner Verhaftung wandte sich Nikolaj Iwanowitsch erneut an Stalin. In einigen Passagen des 22 Seiten langen Briefes ging er auf sein Verhältnis zu Lenin und seine damaligen Ideale ein:

»14. April 1937, in der Nacht zum 15.
An Josif Wissarionowitsch Stalin. Persönlich.

Dieser Brief ist so persönlich, daß ich darum bitte, ihn ungeöffnet an J. W. Stalin weiterzuleiten.

... Auf dem Plenum fühlte ich mich wie ein Mensch, der unschuldig an den Pranger gestellt wurde ... In meiner Verzweiflung schwor ich bei Lenins Todesstunde. Du weißt doch, wie grenzenlos ich ihn von ganzem Herzen und von ganzer Seele liebte. Ich beschwor seine Erinnerung. Doch sie erklärten, ich würde nur mit seinem Namen spekulieren und hätte gelogen, als ich behauptete, ich sei in seiner Todesstunde bei ihm gewesen. Man führte sogar ein »Beweisstück« an (einen Artikel Sinowjews). Die Wahrheit ist, daß ich nach Iljitschs Tod nach Moskau fuhr und dann mit allen anderen wieder nach Gorki zurückkehrte. So steht es auch in dem Artikel ... Ich leugne nicht, daß ich der Parteiführung und Dir näher sein wollte. Ich sehnte mich nach den Parteiführern und einem verantwortlichen Aufgabenfeld. Ist das etwa eine Sünde oder ein Verbrechen? Dich selbst achtete und liebte ich ... Ich träumte davon, daß Du mir vertrautest ... Das alles ist nun vorbei, da ich mich wie ein Wurm auf meiner Gefängnispritsche winde ... Ich möchte Dir offen und ehrlich von meinem Privatleben erzählen, worüber man ja normalerweise nicht spricht.«

Bucharin berichtete von seinen Frauen, N. M. Esfir, A. W. Trawina und Njusa Larina. Bevor er Larina kennengelernt habe, sei sein Leben »freudlos und voller Leiden« verlaufen. Der Häftling gab die Hoffnung nicht auf, Stalin doch noch von seiner Loyalität überzeugen zu können:

»... Es gab eine Zeit, da haben wir bei Dir zu Hause gemeinsam auf dem Diwan gesessen – und Du meinst, ich hätte mich damals zum Kampf gegen Dich gerüstet? Unsinn.
Was das Jahr 1928 anbelangt, so verhielt sich die Sache folgendermaßen: Ich glaubte ehrlich, daß Du damals nicht so vorgingst, wie es Lenin getan hätte, und stützte mich dabei auf eine Menge Zitate aus Iljitschs Werken. Heute muß ich zugeben, daß ich Iljitschs Vermächtnis zu wörtlich und schematisch verstand ... 1928 war nämlich eine besondere Situation entstanden, die Lenin so nicht voraussehen konnte ... Ich aber habe mich wie ein Schuljunge an den Wortlaut gehalten und dabei den eigentlichen Sinn aus den Augen verloren ... 1928/29 sah ich in Deiner Linie den Inbegriff einer antileninistischen Taktik. Das war zwar dumm von mir, doch genau so verhielt es sich ...«

Indem Bucharin einräumte, daß Lenin keine Empfehlungen für die Zukunft geben konnte, rechtfertigte er zugleich das Vorgehen Stalins, der die leninistische Theorie »schöpferisch weiterentwikkelte«. Nikolaj Iwanowitsch kapitulierte auf der ganzen Linie und machte dabei selbst vor Lenin nicht halt.
Nachdem er seine »Fehler« eingestanden hatte, kam er auf sein Verhältnis zu Stalin zurück:

»Immer, wenn ich mit Dir zusammensein konnte, war mir ausgesprochen wohl ums Herz ... Es machte sogar Freude, Dich einfach nur zu berühren. Ich entwickelte Dir gegenüber dasselbe Gefühl, das ich damals für Iljitsch empfand – ein Gefühl verwandtschaftlicher Vertrautheit, unermeßlicher Liebe und unbegrenzten Vertrauens, wie man es einem Menschen gegenüber empfindet, dem man alles sagen, schreiben und anvertrauen kann ...«

Weiter berichtete Bucharin von seinem Traktat, das er gerade beendet habe und Stalin widmen wolle, da er sich nunmehr als sein »Schüler« fühle. Abermals bekräftigte er: »Ich lasse mich mit keinen Mitteln zu einer solch schändlichen Verleumdung meiner selbst zwingen ...«
Der Brief schließt mit den Worten:

»... Die Zellen sind düster, und rund um die Uhr brennt elektrisches Licht. Ich wische den Boden und säubere die Latrine – man kennt das ja. Doch es zerreißt mir das Herz, daß sich all dies gerade in einem sowjetischen Gefängnis abspielt. Mein Leid und meine Trauer darüber sind grenzenlos ...
Bleib gesund und glücklich N. Bucharin«
(Archiv des Präsidenten)

Stalin reichte Bucharins Brief an sämtliche Mitglieder des Politbüros weiter, die ein einhelliges Urteil fällten:
»Habe den Brief gelesen. Meines Erachtens ist er ein Betrüger. W. Molotow«. »Immer das gleiche, betrügerische Lied: ›Ich bin nicht ich, und das Pferd gehört mir nicht‹. L. Kaganowitsch«. »Zur Kenntnis genommen. M. Kalinin«. »Ganz eindeutig ein heuchleri-

scher Brief. W. Tschubar«. »Habe den Brief gelesen. K. Woroschilow«. »Bucharin spielt weiter seine Provinzposse. Er ist ein betrügerischer Pharisäer. A. Mikojan«. »Eine typisch bucharinsche Lüge. A. Andrejew«.

So besiegelten Stalins Mitarbeiter, die sich »Lenins Schüler« nannten, das Schicksal des »Lieblings der Partei«.

Kaum einer der Anhänger Lenins hatte den Revolutionsführer in seinen letzten Lebensmonaten zu Gesicht bekommen. Er lehnte jedes Treffen ab, da er die Sprache verloren hatte und somit zu einem Dialog nicht in der Lage war. Nadjeschda Konstantinowna erinnert sich in den von der Partei unter Verschluß gehaltenen Passagen ihrer Memoiren:

»Auf die Frage, ob er nicht Bucharin sehen wolle, der früher häufiger als alle anderen bei uns war, oder einen von den Genossen, mit denen er eng zusammenarbeitete, schüttelte er nur den Kopf, denn er wußte, daß dies seine Kräfte übersteigen würde.« (Archiv des Präsidenten)

Doch an jenem schicksalhaften Tag war Bucharin tatsächlich bei Lenin. Als die Ärzte das Zimmer des todkranken Revolutionsführers verließen, hatte dieser nur noch wenige Stunden zu leben. Da erlaubte man auch Nikolaj Iwanowitsch, ihn noch ein letztes Mal zu sehen. Er hatte also in seinem Brief an das Politbüro nicht gelogen.

Das Schicksal Bucharins ist eines der traurigsten Beispiele für die Zerstörung einer Persönlichkeit durch die Mechanismen jenes entsetzlichen Systems, das er selbst einst aktiv mitaufgebaut hatte. Mit der Verurteilung Bucharins hatte das leninistische System sich zugleich selbst das Urteil gesprochen.

Der »Liebling der Partei« hatte sich schon lange vor seinem tragischen Ende mit der Problematik einer schrankenlosen Gewaltanwendung durch Partei und Staat befaßt. In einem Brief an den »eisernen Felix« (Dserschinski) heißt es dazu:

»Lieber Felix Edmundowitsch,

auf der letzten Versammlung der Führung war ich leider nicht anwesend, doch ich habe gehört, Sie hätten dort u. a. behauptet,

ich sei ›gegen die GPU‹ ... Um alle Zweifel auszuräumen, lieber Felix Edmundowitsch, möchte ich Ihnen noch einmal erläutern, was ich wirklich darüber denke.
Ich meine, wir müssen möglichst bald zu einem liberalen Führungsstil der Sowjetmacht übergehen, das bedeutet, weniger Repressionen, größere Rechtssicherheit, größere Besonnenheit und mehr Selbstverwaltung (unter Aufsicht der Partei, versteht sich). In meinem Artikel im ›Bolschewik‹, den Sie selbst begrüßt haben, habe ich diesen Kurs theoretisch begründet. Aus diesem Grunde wende ich mich zuweilen gegen Vorschläge, die auf eine Erweiterung der Befugnisse der GPU abzielen. Verstehen Sie doch, lieber Felix Edmundowitsch (Sie wissen doch, wie sehr ich Sie schätze), daß Sie nicht den geringsten Grund haben, an meiner Loyalität gegenüber Ihnen und der GPU zu zweifeln. Es handelt sich vielmehr um eine prinzipielle Frage ...

Ihr N. Bucharin«

(Archiv für neuere Geschichte)

Man muß Bucharin gebührenden Respekt dafür zollen, daß er der Erhebung von Gewalt in den Rang eines probaten Mittels der Staatspolitik derartig mutig entgegentrat. Übrigens erwiderte Dserschinski die »freundschaftlichen Gefühle« Bucharins in keiner Weise und maß dem Brief auf seine Art »prinzipielle« Bedeutung zu, indem er sich an seinen Stellvertreter Wjatscheslaw Rudolfowitsch Menschinski wandte:

»An den Genossen Menschinski. Persönlich (keine Kopie). Anbei der Brief Bucharins, den Sie mir bitte nach der Lektüre umgehend zurückschicken. Derartigen Stimmungen innerhalb der Führung des ZK müssen wir mit großer Wachsamkeit begegnen. Es wäre ein großer politischer Fehler, wenn die Partei in der prinzipiellen Frage der GPU nachgeben und, theoretisch wie praktisch, auf einen liberalen Kurs einschwenken würde. Damit würde man kleinbürgerlichen Strömungen nachgeben, welche die NÖP propagieren und den Bolschewismus ablehnen. Dies würde den Sieg des Trotzkismus bedeuten ...

24/12 1924 F. Dserschinski« (ebd.)

In diesen Zusammenhang paßt noch eine weitere Episode aus dem Leben Bucharins. Anfang 1921 kam es im Gouvernement Tambow zu einem großen Bauernaufstand. Lenin beauftragte Bucharin, die Lage einzuschätzen und auf der Sitzung des Politbüros vom 2. Februar 1921 über die notwendigen Maßnahmen zur Eindämmung der Unruhen zu referieren. Nikolaj Iwanowitsch schlug vor, im Gouvernement die Verteilung von Lebensmitteln zu organisieren, um so die Lage der Bauern zu erleichtern. Lenin, Stalin, Preobraschenski, Rudsutak und Kamenew stimmten diesem Vorschlag zu, doch Lenin forderte zusätzlich den Einsatz von Truppen. (Archiv für neuere Geschichte)
Bucharins »milde« Maßnahmen erwiesen sich als unzureichend, der Aufstand breitete sich weiter aus. Auf der nächsten Sitzung des Politbüros am 27. April war der »Liebling der Partei« nicht zugegen. In seiner Abwesenheit beschloß man, »Tuchatschewski zum Oberkommandierenden der Truppen im Kreis Tambow zu ernennen«. Für die Liquidierung der Banden Antonows gab man ihm einen Monat Zeit und absolut freie Hand. (Ebd.) Der Aufstand wurde blutig und grausam niedergeschlagen.
Bucharin plädierte im Zweifelsfall stets für ökonomisch-politische Maßnahmen und gegen Repressionen. N. W. Walentinow nannte ihn einen Ideologen des »rechten Kommunismus«. Vor allem in den Jahren 1924/25 übte seine Linie großen Einfluß unter den Bolschewiki aus. Auf dem 14. Parteitag verdeutlichte Nikolaj Iwanowitsch abermals seinen Ansatz:

»Es wird uns gelingen, den Sozialismus selbst auf einer so schlechten materiellen Basis wie der unseren aufzubauen. Dabei werden wir uns zwar nur im Schneckentempo vorwärtsbewegen, doch nichtsdestoweniger die sozialistische Gesellschaft errichten.« (XIV. sjesd WKP[b], Moskau/Leningrad 1926, S. 84–85)

Bucharin ging davon aus, daß die NÖP den Lebensstandard der Bauern anheben und so den kontinuierlichen Übergang vom Bürgerkrieg zu Frieden und Wohlstand gewährleisten würde.
Für kurze Zeit konnte sich Bucharins Konzept der Neuen Ökonomischen Politik durchsetzen. Doch schon bald kehrte das Politbüro

zu seinem alten Kurs zurück. Der Klassenkampf auf dem Land wurde grausamer als je zuvor geführt; die »Kulaken« wurden systematisch vernichtet. Stalin übernahm nun, nachdem er Trotzki ausgeschaltet hatte, dessen Konzept einer radikalen Industrialisierung und Kollektivierung. Bucharins Widerstand gegen Stalins Linie erschöpfte sich weitgehend in Lippenbekenntnissen, bis er sogar bereit war, diesen verderblichen Kurs mitzutragen. Doch der Generalsekretär wollte kein Risiko eingehen: 1929 wurde der »Liebling der Partei« aus dem Politbüro ausgeschlossen.
Lenin hatte Bucharin also damals durchaus richtig eingeschätzt:

»Er ist ein guter Wirtschaftsexperte, auf diesem Gebiet haben wir ihn ja auch immer unterstützt. In der praktischen Politik verhielt er sich allerdings stets ausgesprochen wankelmütig.« (PSS, Bd. 49, S. 194)

Nikolaj Iwanowitsch war ein labiler Mensch, der auch gar nicht den Anschein von Stärke erwecken wollte. Bei aller außergewöhnlichen Intelligenz litt er unter extremer Willensschwäche.

Das »leninsche Politbüro«

Das Politbüro war für die Sowjetmenschen über Jahrzehnte hinweg eine rätselhafte, geheimnisvolle, allmächtige und häufig auch unheilbringende Institution.

»Das Politbüro hat beschlossen«; »In das Politbüro wurde berufen«; »N. – ein entfernter Verwandter des Politbüromitglieds X«; »Im Politbüro soll über die Frage Y diskutiert werden«; »Die Datscha eines Politbüromitglieds« – diese und ähnliche Sätze hatten für die Sowjetmenschen eine tiefgreifende, beinahe mystische Bedeutung. Jedesmal, wenn das Plenum des ZK einberufen wurde, wartete man voller Spannung auf Verlautbarungen des Politbüros. Ein besonderes Interesse galt der Entscheidung darüber, welcher der »Kandidaten« in den Rang eines vollwertigen »Mitglieds« erhoben würde . . . Als ob diese Beschlüsse das Leben der einfachen Leute in irgendeiner Weise verändert hätten!

Wenn eine der großen schwarzen Limousinen unterwegs war, die im Volksmund »Mitgliederkutschen« genannt wurden und wie Panzerwagen gesichert waren, sperrte die Polizei weiträumig den Verkehr ab und eskortierte feierlich diese »heilige Prozession«. Die Datschen der Mitglieder des höchsten Beschlußorgans der Partei glichen mit ihren Wachtposten, dem Dienstpersonal, den Bassins und schattigen Alleen Fürstenresidenzen aus vergangenen Jahrhunderten. Um die Versorgung der Parteiprominenz mit Waren und Geld rankten sich Legenden im einfachen Volk. Dabei hatte alles so prosaisch begonnen . . .

Das Politbüro wurde am 10. (23.) Oktober 1917 zum Zwecke der Vorbereitung und Koordinierung des Umsturzes aus der Taufe gehoben. Auf jener Sitzung des ZK berichtete zunächst Swerdlow »Über den Stand der Dinge in ganz Rußland«. Das Hauptreferat hielt Lenin, dessen Resolution über einen bewaffneten Aufstand

danach zur Abstimmung gebracht wurde. Im Protokoll heißt es: »Die Resolution wurde mit 10 Ja- und 2 Neinstimmen angenommen.« (Kamenew und Sinowjew hatten mit Nein gestimmt).
Im Anschluß daran beschloß man die Gründung eines »Politischen Büros«, bestehend aus 7 Mitgliedern: Lenin, Sinowjew, Kamenew, Trotzki, Sokolow, Stalin und Bubnow.
Die berühmte Gründungssitzung des Politbüros fand in der Karpowkastraße 32/1 in Petrograd statt. Selbstverständlich wurde an diesem »historischen Ort« bald ein Museum samt Gedenktafel errichtet. Lenin hatte dort nach erzwungener dreimonatiger Abwesenheit seinen ersten Auftritt (damals hatte die Provisorische Regierung Haftbefehl gegen ihn erlassen).
Zu Anfang kam dem Politbüro als politischer Institution noch keine große Bedeutung zu. Vielleicht wäre es sogar vollkommen in Vergessenheit geraten, wenn Lenin nicht zu der Einsicht gekommen wäre, das ZK sei zu groß und somit als Führungsorgan ungeeignet. Nach einer Diskussion in vertraulichem Kreise kam man zu dem Ergebnis, daß es einen »harten Kern« des ZK geben müsse, das ständig in Bereitschaft sein sollte, um wichtige politische Entscheidungen zu fällen.
Auf dem 8. Parteitag referierte Sinowjew über organisatorische Fragen. Er schlug vor, die Zahl der Mitglieder des ZK auf 19 zu erhöhen, was seiner Ansicht nach eine Aufteilung dieses Organs in ein Politbüro, ein Organisationsbüro, ein Sekretariat und ein Reisebüro ermöglichen würde. Sein Vorschlag wurde angenommen.
Auf dem Plenum des ZK vom 25. März 1919 wurde schließlich beschlossen:

»Das Politbüro besteht aus den Genossen Lenin, Trotzki, Stalin, Krestinski und Kamenew. Zu Kandidaten werden Sinowjew, Bucharin und Kalinin ernannt.
Das Organisationsbüro besteht aus den Genossen Krestinski, Stalin, Beloborodow, Serebrjakow und Stasowa. Kandidat ist Genosse Muranow, der gleichzeitig mit den Genossen Newski und Maximowski für das Agitations- und Reisebüro verantwortlich ist. Die Genossin Stasowa wurde zum Sekretär des ZK gewählt.«
(Archiv des Präsidenten)

So wurden die Parteiorgane der Bolschewiki gegründet, unter denen das Politbüro die bedeutendste Rolle in der Geschichte des Sowjetstaats spielen sollte. Es wurde zum Inbegriff einer dunklen und geheimnisvollen Macht, »der Weisheit und des Willens« der Partei.

Die Arbeitsweise des Politbüros wurde zwar durch eine Satzung geregelt, doch seine Kompetenzen wurden nie genau festgelegt. Man ging von Anfang an ganz selbstverständlich davon aus, daß dieses Organ über unbegrenzte Vollmachten verfügte. Auf Vorschlag Krestinskis fanden die Sitzungen regelmäßig jeden Donnerstag statt, womit eine lange »leninistische Tradition« begründet wurde.

Bald nach der Gründung des Politbüros zeigte sich, daß das höchste Parteiorgan über eine Unzahl von sozialen, ökonomischen und politischen Fragen zu entscheiden hatte. Ein halbes Dutzend Männer, die über keinerlei Erfahrungen in der Leitung eines Staates verfügten, schickten sich an, über das Schicksal eines Millionenvolkes zu entscheiden.

Für das Politbüro existierte von Anfang an keine Trennung zwischen Partei und Staat. Es wurde gleichzeitig zum höchsten Regierungsorgan, in dem innerparteiliche Fragen nur einen geringen Stellenwert hatten.

Das Politbüro tagte regelmäßig – selbst dann, wenn nur drei Mitglieder anwesend waren, wie am 28. Mai 1919, als sich lediglich Lenin, Kamenew und Krestinski versammelten. Dennoch wurde mit Hilfe von Pjatakow und Bubnow über die »Generalmobilmachung in der Ukraine« entschieden und die Haftentlassung des Linken Sozialrevolutionärs Sternberg abgelehnt. Außerdem behandelte man noch 10 weitere Tagesordnungspunkte. Das Politbüro arbeitete wie eine Maschine, die über Menschewiki, Sozialrevolutionäre oder ganz einfache Leute ebenso entschied wie über Frontverläufe und die Aufteilung ganzer Republiken.

Einige Themen, wie die Arbeit der Tscheka, der rote Terror und die Repressionen gegen die »Feinde der Revolution« hatten freilich auf den Sitzungen absolute Priorität. Am 14. Mai 1921 beschlossen Lenin, Stalin, Sinowjew, Kamenew, Molotow und Kalinin, »eine Gesetzesvorlage für den Rat der Volkskommissare auszuarbeiten,

nach deren Maßgabe die Tscheka bei der Festsetzung des Strafmaßes für den Diebstahl von Volkseigentum aus den staatlichen Betrieben und Fabriken einen größeren Spielraum erhalten« sollte (Archiv für neuere Geschichte). Mitunter wurden solche Fragen auch auf regionaler Ebene entschieden. So beschlossen Kamenew, Molotow und Stalin am 2. Februar 1922: »Die Tscheka des Gouvernements Samara erhält das Recht, ohne Zustimmung der Allrussischen Tscheka ein höheres Strafmaß zu verhängen.« (Ebd.) Natürlich »vereinfachte« dieses Vorgehen die Angelegenheit, da sich die »revolutionäre Repression« auf diese Weise noch »unbürokratischer« entfalten konnte. Einen Monat später beschloß das Politbüro zudem die »Zulässigkeit außergerichtlicher Urteile durch die GPU«. Man ermächtigte die Geheimpolizei, »Ausländer in Lagern zu isolieren«. Mit Verhafteten, die sich im Besitz einer Waffe befanden, durfte sie »kurzen Prozeß machen« (ebd.).
Nicht selten standen 20 bis 30 Punkte auf der Tagesordnung des Politbüros. Das eingleisige Denken in den Kategorien des Klassenkampfes ließ nur selten Meinungsverschiedenheiten aufkommen, so daß die meisten Beschlüsse einstimmig getroffen wurden. Selbst über Personalfragen entschied das oberste Beschlußorgan. Wer stellvertretender Minister, Regimentskommandeur oder Direktor eines Großbetriebs wurde, bestimmte das Politbüro, denn die Bolschewiki hatten rasch erkannt, daß die Kaderfrage für die Durchsetzung einer einheitlichen Parteilinie von großer Bedeutung war. Zum Hauptkriterium für die Auswahl der Führungskader wurde daher die ideologische Zuverlässigkeit. Ob der Betreffende etwas von seinem Aufgabengebiet verstand, hatte nicht die geringste Bedeutung, sofern er nur der »Sache der Partei« treu ergeben war. Dieses Prinzip wurde bald zur Norm für das gesamte sowjetische Leben.
Bereits kurz nach Lenins Tod wurden auf Beschluß des Politbüros die »Nomenklatura I« und die »Nomenklatura II« eingeführt. Sämtliche Kandidaten für die Ämter der »Nomenklatura I« wurden vom ZK geprüft und schließlich durch das Politbüro bestätigt. Unter diese Bestimmung fielen neben den ersten Sekretären des ZK, der Gebietskomitees und der Volkskommisariate die Kommandierenden der Streitkräfte sowie Abgesandte in den großen nichtkommunistischen Staaten. (Archiv für neuere Geschichte)

Lenin hielt nur selten Referate auf den Sitzungen des Politbüros, sondern konzentrierte sich vor allem auf seine Tätigkeit im Rat der Volkskommissare. Allerdings stellte er nie die Priorität dieses obersten Beschlußorgans vor allen anderen Institutionen der bolschewistischen Macht in Frage. Im Politbüro schenkte er den Beiträgen der Referenten keine große Beachtung, sondern verteilte stattdessen seine Notizzettel an Trotzki, Stalin, Bucharin, Sinowjew, Tschitscherin und andere anwesende Genossen. Nur wenn ein Redner von der Parteilinie abwich, wurde er hellhörig und griff sofort in das Geschehen ein. So rügte er einmal Lunatscharski wegen der Propagierung »demokratischer Freiheiten«, weil der Volkskommissar für Kultur leichtsinnigerweise die »Reiseerlaubnis für Schaljapin« befürwortet hatte. Damals einigte man sich schließlich auf einen Kompromiß:

»Schaljapin wird die Reiseerlaubnis nur unter der Bedingung erteilt, daß die Tscheka für seine Rückkehr garantiert. Falls diese dagegen Einwände erhebt, ist die Frage neu zu prüfen.« (Archiv für neuere Geschichte)

Obwohl die Tscheka in der Tat Bedenken anmeldete, beschloß das Politbüro drei Wochen später, am 31. Mai 1921, den berühmten Sänger aus dem bolschewistischen Gefängnis zu entlassen.

Wenn Lenin gerade im Rat der Volkskommissare beschäftigt war oder aus gesundheitlichen Gründen an Sitzungen des Parteiorgans nicht teilnehmen konnte, wandte er sich bisweilen schriftlich mit Beschwerden an das Politbüro, die ihm von verschiedener Seite zugetragen wurden. So hatte ihn einmal eine Klage über Amtsmißbrauch in der Abteilung für das Wohnungswesen beim Moskauer Sowjet erreicht (so weit läßt sich also die Korruption zurückverfolgen!). Vom Rat der Volkskommissare wurde daraufhin eine Untersuchungskommission unter der Leitung von A. Diwilski eingesetzt, welche die Vorwürfe im Verlauf ihrer Ermittlungen bestätigte. Das Büro des Moskauer Parteikomitees verteidigte zunächst die Beschuldigten, bis Lenin – von Diwilski darüber informiert – einen wütenden Brief an seine Genossen im Politbüro verfaßte:

»An den Genossen Molotow zur Kenntnisnahme durch die übrigen Mitglieder des Politbüros.
Das Moskauer Komitee (darunter Genosse Zelinski) verhält sich zum wiederholten Mal zu nachsichtig gegenüber kommunistischen Verbrechern, die man eigentlich aufhängen müßte.
Man beruft sich dabei auf ein Versehen, doch derartige ›Versehen‹ sind ausgesprochen gefährlich. Ich schlage daher vor:
1. den Vorschlag des Genossen Diwilski anzunehmen
2. dem Moskauer Komitee einen strengen Verweis für seine Nachsicht mit den Kommunisten zu erteilen ...«
(PSS, Bd. 45, S. 53)

Lenin kämpfte gegen einige äußerliche Auswüchse des Bürokratismus, ohne sich darüber im klaren zu sein, daß die Wurzel allen Übels in dem von ihm begründeten System selbst lag. Seine Anstrengungen führten lediglich dazu, daß man künftig bei derartigen Straftaten raffinierter vorging.
Das Politbüro beschäftigte sich natürlich auch intensiv mit der Komintern und anderen internationalen Angelegenheiten. Auf diesem Gebiet war buchstäblich jedes Mitglied dieses Organs ein »Spezialist«. Auf der Sitzung vom 1. September 1920 debattierte man über den Vorschlag eines gewissen Kopp aus Berlin, Sowjetrußland solle sich in seinem eigenen Interesse in angemessener Form für den Mord an dem deutschen Botschafter Mirbach entschuldigen. Lenin wandte sich gegen diesen Vorschlag und ließ den Genossen Kopp wissen, er könne darüber »nur lachen«.
Wie üblich mußten auch auf dieser Sitzung insgesamt nicht weniger als 20 Tagesordnungspunkte behandelt werden. Man entschied unter anderem über die Zusammensetzung der neuen Delegation für die Friedensverhandlungen mit Polen, über den Vorschlag des Historikers Pokrowski, eine Kommission für die Erforschung der Oktoberrevolution zu gründen, über Lenins Dringlichkeitsantrag, die Geheimmitteilungen besser zu chiffrieren, und schließlich über die Bitte Leschawas, 200 Pud Gold ins Ausland verkaufen zu dürfen (Archiv für neuere Geschichte).
Das Politbüro wollte nicht nur seine guten Beziehungen zum deutschen Proletariat aufrechterhalten, sondern – eingedenk ihrer

Rolle bei der Russischen Revolution – auch zur deutschen Regierung. Daher genehmigte man auf Anfrage Berlins die Durchführung von Schulungskursen für deutsche Kommandeure in Sowjetrußland (Deutschland wollte auf diese Weise die Bestimmungen des Versailler Vertrags umgehen). Lenin, Trotzki, Kamenew, Krestinski, Radek und Kalinin faßten einstimmig folgenden Beschluß: »Deutsche Kommandeursschulungen dürfen außerhalb von Moskau durchgeführt werden. Die genauen Standorte sind mit den Genossen Trotzki und Dserschinski abzusprechen.« (ebd.)
Die Protokollbände des »leninschen« Politbüros veranschaulichen auf eindringliche Weise, wie die Partei die Staatsmacht an sich riß, sich das Monopol auf die Gesetzgebung sicherte und auf administrativem Wege das gesamte Leben bis in seine kleinsten Verästelungen bestimmte.
Das Politbüro scheute auch nicht davor zurück, in unbedeutenden, zweitrangigen Angelegenheiten Entscheidungen zu treffen, was wiederum nicht etwa ein Zeichen für eine Erneuerung der Gesellschaft und des Systems war, sondern – im Gegenteil – für die prinzipielle Unzulänglichkeit der neuen Führung. Was war das nur für ein Staat, in dem das Staatsoberhaupt mit seinen Kampfgefährten darüber beriet, ob man Deborin, Axelrod und Basarow die Lehrbefugnis für marxistische Philosophie erteilen sollte? (Archiv für neuere Geschichte)
Mit dem gleichen staatspolitischen Ernst erörterte das Politbüro Krasins Vorschlag, »die Briefe und Tagebücher der ehemaligen Zarin Alexandra Fjodorowna ins Ausland zu geben« (ebd.), oder beriet über »die Ausarbeitung einer Etikette für die sowjetische Diplomatie, einschließlich des Frühstücks sowie des Mittag- und Abendessens« (ebd.).
Die wichtigsten Entscheidungen des Politbüros unterlagen strengster Geheimhaltung. Wer wußte schon, wie die Beschlüsse über Katyn, die in- und ausländischen Terrororgane, die Berlinkrise, das Karibikabenteuer oder den Einmarsch in Ungarn, der Tschechoslowakei oder Afghanistan zustande kamen? Oder wußte etwa jemand, daß damals auch ein Einmarsch in Polen vorbereitet wurde?
Bereits unter Lenin entwickelte sich das Politbüro zu einer »Regierung über der Regierung«. In der Folgezeit trat diese Tendenz noch

deutlicher zutage. So lautete ein Sonderbeschluß des Politbüros vom 8. Februar 1947:

»Fragen des Ministeriums für auswärtige Angelegenheiten, des Ministeriums für den Außenhandel, des Ministeriums für Staatssicherheit, ... Valutafragen sowie die wichtigsten Fragen des Ministeriums für die bewaffneten Streitkräfte werden im Politbüro des ZK der WKP(b) behandelt.« (Protokoll des Politbüros vom 8. Februar 1947, Nr. P56/137)

Unter den Generalsekretären L. I. Breschnew (Beschluß des Politbüros vom 27. April 1976, P5/11), Ju. W. Andropow (Beschluß des Politbüros vom 18. November 1982, P85/2), K. U. Tschernenko und (noch während der Prestrojka) M. S. Gorbatschow wurde der Aufgabenbereich der Mitglieder des Politbüros als »vorherige Sichtung, Vorbereitung und Kontrolle« eines staatspolitischen Fragenkatalogs definiert. Das oberste Parteigremium hatte sich schon bald in ein Kontrollorgan für das Regierungskabinett verwandelt. Dennoch hatte es in den verschiedenen Entwicklungsstadien des Sowjetstaates unterschiedliche Funktionen inne.
Als mit Stalins Machtübernahme die Position des ersten Mannes im Staat erheblich gestärkt wurde, entwickelte sich das Politbüro zum willigen Erfüllungsgehilfen des Diktators. Unter Lenin war die Diktatur des Proletariats in die Diktatur der Partei umgewandelt worden. Stalin setzte diese Entwicklung fort: Aus der Diktatur der Partei wurde eine Diktatur des Parteiführers. Damit hatte der Diktator Lenins Schöpfung, dem totalitären Staat, die Krone aufgesetzt. Das Politbüro diente ihm nur noch dazu, den Schein einer kollektiven Führung aufrechtzuerhalten, und wurde zur Kurie der bolschewistischen Inquisition. Auf der Sitzung vom 3. Dezember 1934 verfaßte man folgende Beschlußvorlage für das Präsidium des ZIK der UdSSR:

»1. Die Staatsanwaltschaft wird angewiesen, die Verhandlung von Anklagen wegen Vorbereitung oder Durchführung terroristischer Akte zu beschleunigen.
2. Die Gerichte werden angewiesen, den Vollzug von Todesurtei-

len nicht aufgrund von Gnadengesuchen der Verbrecher aufzuschieben, da das Präsidium des ZIK der UdSSR sich nicht in der Lage sieht, derartige Gnadengesuche zu prüfen . . .« (Protokoll des Politbüros vom 3. 12. 1934, Nr. P17/89)

Das Politbüro legte dem Präsidium des Zentralen Exekutivkomitees des Landes eine Resolution vor, die man dort nur noch verabschieden mußte. Ein solches Verfahren war bereits zur Regel geworden. Das oberste Parteigremium bestimmte, welche Beschlüsse die Regierungsorgane zu fassen hatten.

Die oben zitierte Resolution trägt unverkennbar Lenins Handschrift: »Verschwörer und Deserteure müssen ohne Federlesens erschossen werden. Dabei dürfen wir keinen idiotischen Papierkrieg zulassen . . .« (Leninski sbornik, Bd. 18, S. 189) Der Unterschied bestand lediglich darin, daß Lenin derartige Maßnahmen auf den Bürgerkrieg beschränkte, während Stalin sie auch in Friedenszeiten anwandte.

Bei meinen Recherchen zu diesem Buch konnte ich feststellen, daß Stalin sich in seinen Entscheidungen stets an Lenins Beispiel orientierte. Nachdem die Sowjetarmee im Zweiten Weltkrieg durch seine Schuld einige katastrophale Niederlagen hatte hinnehmen müssen, beauftragte der Diktator Berija, sich mit dem bulgarischen Botschafter Stamenow, einem Agenten des NKWD, in Verbindung zu setzen. Dieser sollte Kontakt mit Berlin aufnehmen, um Hitlerdeutschland »die Ukraine, Weißrußland, die baltischen Staaten, die Karelische Landenge, Bessarabien und die Bukowina als Gegenleistung für die Einstellung der Kampfhandlungen« anzubieten. Um den Preis der Versklavung von zig Millionen Menschen wollte Stalin von Hitler den Frieden erbitten. Der Agent P. A. Sudoplatow sollte die Verhandlungen mit dem bulgarischen Botschafter führen (Archiv des Präsidenten).

War schon der Brester Frieden von 1918 ein bolschewistisches Verbrechen gewesen, so lastete nun der Vorschlag eines weiteren derartigen »Abkommens« auf dem Gewissen des »leninschen Politbüros«.

Stalin entwickelte in nächtlich berauschter Runde des öfteren Gedanken und Pläne, die er seinen hochrangigen Trinkgenossen

sogleich offenbarte. Diese stimmten in allem mit ihm überein und redeten ihm stets nach dem Mund. Danach blieb es Malenkow vorbehalten, die jüngste »weise Entscheidung« des Diktators für den nächsten Tag als »Beschluß des Politbüros« aufzusetzen.
Auf das Konto des »leninschen Politbüros« unter Stalins Leitung ging eine Vielzahl von Verbrechen, von denen sich eines durch seine besonders zynische Grausamkeit von den übrigen abhob. Dabei handelt es sich um einen Beschluß vom 5. März 1940:

»I. Der NKWD der UdSSR wird angewiesen,
1) die Sache der 14700 ehemaligen polnischen Offiziere, Beamten, Gutsbesitzer, politischen Spione, Gendarme und Gefängniswärter, die sich in Kriegsgefangenschaft befinden, sowie
2) die Sache der 11000 Mitglieder verschiedener konterrevolutionärer Spionage- und Diversionsorganisationen, die sich in der Westukraine und in Belorußland im Gefängnis befinden, auf besonderer Grundlage zu verhandeln und die Höchststrafe – Tod durch Erschießen – zu verhängen.
II. Die Sache ist ohne persönliche Vorladung der betreffenden Personen und ohne Anklageerhebung abzuwickeln ...«
(Protokoll des Politbüros vom 5. März 1940, Nr. P13/144)

Dieser Beweis für die Schandtat von Katyn wurde – wie so vieles andere – jahrzehntelang vor den Augen der Weltöffentlichkeit verborgen gehalten.
In den Archiven des Politbüros findet man eine Vielzahl von Dokumenten, die eine genaue Vorstellung von diesem bolschewistischen Machtorgan vermitteln. Die meisten Sitzungsprotokolle legen Zeugnis ab von seinem Dogmatismus, Obskurantismus und Pharisäertum. Das gilt insbesonders für die Jahre 1920 bis 1950. Bekanntlich kam es nach der Entlarvung Stalins auf dem 20. Parteitag der KPdSU in der höchsten Parteispitze zu einem Kampf zwischen den Verfechtern des klassischen Stalinismus und den Vertretern einer »Liberalisierung« des Systems, der schließlich mit der Verurteilung der sogenannten »parteifeindlichen Gruppe« um Malenkow, Molotow, Kaganowitsch, Bulganin, Perwuchin und Schepilow endete.

Die Plenumssitzung, auf der Molotow im Juni 1957 von seinen Mitgenossen verurteilt wurde, erstreckte sich über mehrere Tage. Das 344 Seiten starke geheime Sitzungsprotokoll dokumentiert sehr eindrucksvoll die kommunistische Moral im allgemeinen und die der Mitglieder des ZK im besonderen.
G. K. Schukow, der Kaganowitsch und Molotow beschuldigte, an den Repressionen der Jahre 1937/38 beteiligt gewesen zu sein, verlas ein Dokument, laut dem diese beiden gemeinsam mit Stalin die Erschießung von 38 679 Leitungspersonen, Kulturschaffenden und Militärs angeordnet hatten. Das Militärkollegium erhielt damals von ihnen Listen, auf denen die Todesurteile bereits im voraus vermerkt waren. Laut Schukow hatten Stalin und Molotow allein an einem einzigen Tag, dem 12. November 1938, 3167 Erschießungen befohlen. (Archiv des Präsidenten)
Dudorow, ein Mitglied des ZK, berichtete, daß man eine ganze Reihe von Parteisekretären zu Malenkow in das Zentralkomitee bestellt hatte, um sie, nachdem sie sein Arbeitszimmer verlassen hatten, auf der Stelle zu verhaften. So erging es Kusnezow, dem Sekretär des ZK, Rodionow, dem Vorsitzenden des Ministerrats der RFSFR, Rykow, dem Sekretär des Leningrader Parteikomitees, Krinitzki, dem Sekretär des Saratower Parteikomitees, und vielen anderen führenden Genossen. Der »Generalstab der Partei« beschränkte sich nicht auf die Organisation des Terrors gegen das eigene Volk, sondern betätigte sich bisweilen auch selbst als Organ der politischen Polizei.
Chruschtschow erinnerte in seiner Polemik gegen Malenkow daran, daß das Haus, in dem sowohl sie beide als auch Bulganin, Timoschenko und Budjonny wohnten, von der Geheimpolizei mit einer Abhöranlage ausgestattet worden war. Alle, ohne Ausnahme, unterlagen der Kontrolle des Geheimdienstes.
Übrigens erregte sich auf dem Plenum niemand sonderlich darüber, daß selbst die führenden Staatsmänner unter polizeilicher Überwachung standen. Das ZK, wo man demagogisch von der Sowjetunion als dem »demokratischsten Land der Welt« sprach, hielt Spionage und Bespitzelung für selbstverständlich in einem Land, das »auf Iljitschs Spuren« wandelte.
Nach dem dramatischen 20. Parteitag, auf dem Chruschtschow

mutig die Verbrechen des Geheimdienstes enthüllt hatte, begann ein neuer Abschnitt in der Geschichte des »leninschen Politbüros«. Von einer prinzipiellen Kritik an den Grundfesten des Leninismus war man jedoch weit entfernt: Nicht die Partei oder das Politbüro waren schuld an der »Verletzung der revolutionären Gesetzlichkeit«, sondern allein Stalin, Berija und der NKWD. Jeder Ansatz, die Entstehung des terroristischen Systems zu erklären, wurde im Keim erstickt. Das bekam auch Chruschtschow selbst zu spüren. Als man ihn schließlich mittels einer Verschwörung entmachtete, kam er zunächst in den Genuß der ersten Früchte seiner mutigen Haltung auf dem 20. Parteitag: Er wurde weder verhaftet noch verbannt oder erschossen, wie es früher üblich war, sondern durfte als freier Mann weiterleben.
Doch dann beschloß Chruschtschow, seine Memoiren zu schreiben. Als der ehemalige Parteiführer, der zwar über keine hohe Bildung, aber dafür über Mut und Zivilcourage verfügte, die ersten Seiten seiner Erinnerungen diktiert hatte, wurde das Politbüro vom KGB über sein Vorhaben in Kenntnis gesetzt.
Im einzelnen heißt es im Bericht des KGB-Vorsitzenden an das Zentralkomittee vom 25. März 1970:

»Vor kurzem begann N. S. Chruschtschow mit der Abfassung seiner Erinnerungen an die Zeit seiner leitenden Partei- und Regierungstätigkeit. In seinen Memoiren ist auch von Staatsgeheimnissen die Rede, die unter anderem folgende Bereiche betreffen: Verteidigungsfähigkeit des Sowjetstaates, Entwicklung von Industrie und Landwirtschaft, wissenschaftlich-technische Errungenschaften, Arbeit der Staatssicherheitsorgane, Außenpolitik, Beziehungen der KPdSU zu den Bruderparteien in den sozialistischen und kapitalistischen Ländern ... Ferner enthüllt er, daß die KPdSU geschlossene Sitzungen durchführte ...«

Allein die Existenz von geschlossenen Sitzungen galt also bereits als Staatsgeheimnis.

»In Anbetracht dieser Umstände [so Andropow weiter] müssen dringend Maßnahmen operativen Charakters in die Wege geleitet werden, um die Tätigkeit N. S. Chruschtschows zu kontrollieren und einer möglichen Preisgabe von Partei- und Staatsgeheimnissen gegenüber dem Ausland vorzubeugen. Wir empfehlen daher die operative, geheime Überwachung N. S. Chruschtschows und seines Sohnes Sergej ... Unseres Erachtens wäre es zudem angebracht, N. S. Chruschtschow nochmals in das ZK der KPdSU zu bestellen, um ihn an seine Verantwortung in bezug auf Partei- und Staatsgeheimnisse zu erinnern und zu den nötigen Konsequenzen zu veranlassen ...« (»Besonderer Aktenordner«, Schreiben des KGB vom 25. 3. 1970, Nr. 745-A/04)

Das Politbüro war außer sich: Da hatte man den ehemaligen Generalsekretär nicht einmal in die Verbannung geschickt, ja, erlaubte ihm sogar, auf seiner Datscha in den Blumenbeeten zu wühlen – und er schrieb seine Memoiren! Das mußte unverzüglich unterbunden werden!
Auf der Sitzung vom 27. März 1970 beauftragte man Kapitanow und Andropow, »gemäß dem Meinungsaustausch auf der Sitzung des Politbüros« mit Chruschtschow zu verhandeln.
Doch diese »Verhandlungen« waren nicht sehr ergiebig. Der ehemalige Parteichef und sein Sohn waren nun gewarnt und agierten vorsichtiger. Dennoch gelang es dem KGB, mehr als 2000 Manuskriptseiten in seinen Besitz zu bringen, bei denen es sich jedoch um Kopien handelte. Durch Chruschtschows Sohn und einen weiteren Verwandten gelangten die Memoiren schließlich – ohne Wissen des Autors – in den Westen. Daraufhin übten die Sicherheitsorgane massiven Druck auf den Ex-Generalsekretär aus, um zu erreichen, daß dieser seine Erinnerungen öffentlich zu »Fälschungen« erklärte. Schließlich unterzeichnete Chruschtschow die folgende Verlautbarung:

»Wie aus Pressemitteilungen der Vereinigten Staaten von Amerika und einiger anderer kapitalistischer Staaten hervorgeht, wird derzeit die Veröffentlichung der sogenannten Memoiren oder Erinnerungen N. S. Chruschtschows vorbereitet. Dabei handelt es sich um Fälschungen, die bei mir große Empörung hervorgerufen haben. Ich habe zu keiner Zeit irgend jemandem meine Memoiren übergeben, weder der ›Time‹ noch anderen ausländischen Zeitschriften ... Bei all diesen Materialien handelt es sich um Fälschungen ...

10/XI-1970 N. Chruschtschow«

(»Besonderer Aktenordner«, Dokumente N. S. Chruschtschows, 1970)

Dieser Erklärung waren erneute Verhandlungen vorausgegangen, mit denen das Politbüro den Vorsitzenden des Komitees für Parteikontrolle, A. Ja. Pelsche, sowie zwei weitere Mitglieder dieses Gremiums, S. O. Postowalow und P. E. Melnikow, beauftragt hatte. Im folgenden nur einige Auszüge aus diesem einstündigen Gespräch:

»Pelsche: Nach Aussage unseres Botschafters, des Genossen Dobrynin, erklärten Vertreter des amerikanischen Zeitschriftenkonzerns ›Time‹ am 6. November in New York, sie seien im Besitz der ›Memoiren N. S. Chruschtschows‹ ... Sagen Sie uns doch ganz offen, wem Sie diese Materialien für die Veröffentlichung im Ausland übergeben haben.

Chruschtschow: Ich protestiere, Genosse Pelsche. Ich protestiere bei meiner Ehre! Ich habe niemandem irgendwelches Material übergeben. Schließlich bin ich genauso Kommunist wie Sie.

Pelsche: Sie müssen uns sagen, wie das Material dort hingelangt ist.

Chruschtschow: Sagen Sie es mir doch. Ich meine, daß gar nichts dort hingelangt ist. Es handelt sich um eine Provokation.

Pelsche: Sie befinden sich im Hause der Partei ...

Chruschtschow: Ich habe niemals irgend jemandem irgendwelche Memoiren übergeben und hätte mir etwas derartiges auch nie erlaubt. Daß ich allerdings meine Erinnerungen diktiert habe, halte ich für mein gutes Recht als Bürger und Parteimitglied.

Pelsche: In unserem Gespräch haben wir uns doch darauf geeinigt, daß es in Ihrem Falle gefährlich ist, einen zu großen Personenkreis an der Abfassung der Memoiren zu beteiligen ...

Chruschtschow: Bitte sehr, verhaften Sie mich doch, erschießen Sie mich! Ich bin des Lebens müde ... Heute kam im Radio die Nachricht von de Gaulles Tod. Ich beneide ihn ...

Pelsche: Was für eine Lösung schlagen Sie vor?
Chruschtschow: Ich weiß es nicht. Sie sind schuld; nicht Sie persönlich, sondern die gesamte Führung ... Ich habe schon verstanden: Bevor man mich vorlädt, schickt man Agenten zu mir ...
Pelsche: Viele Menschen in Moskau wissen bereits, was Sie diktiert haben.
Chruschtschow: Ich bin 77 Jahre alt und im Vollbesitz meiner geistigen Kräfte. Ich übernehme die volle Verantwortung für meine Worte und Taten ...
Pelsche: Was für eine Lösung schlagen Sie also vor?
Chruschtschow: Ich weiß es nicht. Ich bin hier vollkommen isoliert und stehe praktisch unter Hausarrest. Beide Eingänge werden überwacht ... Ich habe genug ... Haben Sie doch Mitleid ... Ich nehme jede Strafe auf mich. Erschießen Sie mich doch!
Pelsche: Das Komitee für Parteikontrolle fällt keine Todesurteile.
Chruschtschow: So war es aber früher. Wie viele tausend Menschen sind umgekommen, wie viele wurden erschossen ... Und nun errichtet man Denkmäler für die ehemaligen ›Volksfeinde‹ ...
Pelsche: Am 23. November, also in 13 Tagen, werden sie [die Memoiren, D. W.] veröffentlicht. Sie befinden sich bereits im Druck ...
Chruschtschow: Ich bin bereit zu erklären, daß ich weder sowjetischen noch ausländischen Verlagen meine Memoiren übergeben habe und auch in Zukunft nicht beabsichtige, dies zu tun. Bitte, schreiben Sie.
Postowalow: Man muß sich genau überlegen – vor allem Sie müssen sich genau überlegen –, welche Erklärungen Sie in dieser Angelegenheit abgeben ...
Chruschtschow: Ich sage nur eines: Alles, was ich diktiert habe, entspricht der Wahrheit, ohne Erfindungen oder Übertreibungen – im Gegenteil, einiges habe ich sogar abgeschwächt ... Außerdem sind Schukows Memoiren doch auch veröffentlicht worden ...
Postowalow: Um Schukow geht es hier nicht.
Chruschtschow: Genosse Pelsche hat mich nicht ausreden lassen. Jemanden zu unterbrechen, das ist stalinistischer Stil.
Pelsche: Das ist doch genau Ihre Angewohnheit ...
Chruschtschow: Ich habe mit Stalin gebrochen und mich von ihm gelöst. Das haben Sie nicht getan ...

Melnikow: Genosse Chruschtschow. Sie könnten wegen der Angelegenheit [der Veröffentlichung der Memoiren, D. W.] öffentlich protestieren und Ihrer Empörung darüber Ausdruck verleihen.
Chruschtschow: Und ich sage Ihnen: Zwingen Sie mich auf meine alten Tage nicht noch, zu lügen . . .«
(»Besonderer Aktenordner«, Materialien über die Memoiren N. S. Chruschtschows).

Man muß dem ehemaligen Generalsekretär Respekt zollen: Schließlich erklärte er doch nur wahrheitsgemäß, seine Memoiren nicht persönlich ins Ausland gebracht zu haben, und distanzierte sich nicht von deren Inhalt.
Jedenfalls verlor das Politbüro nach dem XX. Parteitag nicht an Machtfülle, sondern änderte nur die Methoden seiner Einflußnahme. Der offene, physische Terror wurde ersetzt durch den psychischen. Gleichzeitig »vervollkommnete« man die Manipulation der öffentlichen Meinung und die totale Bürokratisierung der Gesellschaft. Im übrigen behielt das Politbüro jedoch seinen Status einer »Regierung über der Regierung«, bei der alle Fäden der Macht zusammenliefen.
Das oberste Beschlußorgan der Partei stützte sich dabei auf den gigantischen Apparat des Zentralkomitees, der über ungefähr 20 Abteilungen verfügte, die nochmals in 180 bis 190 Sektoren unterteilt waren. Für jeden Bereich in Staat und Gesellschaft gab es einen eigenen Sektor: für die Ukraine und Moldawien, für das Zeitungswesen, für die Mitgliedsausweise, für Philosophie, für die Arbeit unter den ausländischen Studenten, für die Kinematografie, für den Maschinenbau, die Elektroindustrie, die Kolchosen, für den KGB, die Kader der sowjetischen Einrichtungen in den kapitalistischen Staaten, für den Empfang und die Versorgung von Staatsmännern aus sozialistischen Ländern und noch viele mehr.
Wie eine riesige Krake umfaßte der Parteiapparat mit seinen Fangarmen sämtliche Bereiche von Staat und Gesellschaft. Dabei führte das leninistische Einparteisystem faktisch zur Auflösung herkömmlicher Parteistrukturen. Die »Partei neuen Typs« entwickelte sich zu einem straff organisierten Orden, in dem die hierarchi-

schen Strukturen stärker ausgeprägt waren als selbst in der Armee. An der Spitze dieser bürokratischen Pyramide stand das Politbüro – ein Clan von Spitzenfunktionären, die keinerlei demokratischer Kontrolle unterlagen. Nur der erste Mann im Staat besaß die Macht, die Mitglieder des höchsten Parteiorgans innerhalb des hierarchischen Systems wieder herunterzustufen ...

Gleich einem Monolith unterlag das Politbüro keinerlei Veränderungen. Während das Leben seinen Lauf nahm, Menschen und Zeiten, ja die ganze Welt dem Wandel unterworfen waren, verharrte das Politbüro im Prokrustesbett seiner leninistischen Dogmen. Selbst in allgemeinmenschlichen, humanitären Fragen konnte sich dieses Gremium aus seinem dogmatischen Korsett nicht befreien. So hatten am 31. August 1983 sowjetische Kampfflugzeuge eine südkoreanische Passagiermaschine abgeschossen, die den Luftraum der UdSSR verletzt hatte. Am 2. September folgte eine Sitzung des Politbüros, in deren Verlauf der Vorfall auf jede nur erdenkliche Weise gerechtfertigt wurde: »Es handelte sich um eine grobe, antisowjetische Provokation«; »Unsere Piloten haben nur ihre militärische Pflicht erfüllt«; »Wir müssen nüchtern und sachlich an die Sache herangehen«; »Wir müssen uns an die Version halten, die in der Presse verbreitet wurde« ...

Alle Überlegungen waren nur darauf gerichtet, wie man den wahren Sachverhalt am besten verschleiern konnte. Lediglich Solomenzew und Gromyko vertraten die Ansicht, daß man den Familien der Verstorbenen wenigstens »unser Beileid« bekunden sollte. Gorbatschow sah die Sache damals folgendermaßen: »Wir dürfen uns jetzt nicht in Schweigen hüllen, sondern müssen in die Offensive gehen ...« (Protokoll des Politbüros vom 2. September 1983). Während sich die gesamte Weltöffentlichkeit vom Tod der 269 Passagiere erschüttert zeigte, hatten die Oberpriester des Leninismus nichts Eiligeres zu tun, als nach immer neuen Entschuldigungen für den unverzeihlichen Vorfall zu suchen.

Selbst zu Zeiten der Perestrojka befaßte sich das Politbüro in erster Linie mit der Frage, wie man die Fassade des Systems erneuern konnte, ohne es in seinem Wesen zu verändern. Auf der Sitzung vom 15. Oktober 1987 diskutierte man den »Entwurf eines Vortrags für die Festsitzung anläßlich des 70. Jahrestags der Großen

Sozialistischen Oktoberrevolution«. Ich möchte im folgenden nur einige der Beiträge zitieren:

Ryschkow: »Ich meine, dieses Referat ist die richtige Antwort auf den Versuch einer Gruppe von Menschen, die Demokratie zum Schaden von Partei und Staat zu mißbrauchen.«
Gorbatschow: »Wir brauchen keinen bürgerlichen Pluralismus. Bei uns herrscht bereits ein sozialistischer Pluralismus, wir respektieren die unterschiedlichen Interessen und Meinungen der Menschen.«
Ryschkow: »Genau so deutlich muß das auch in dem Referat gesagt werden ... Sonst wird am Ende noch jedes Wort gegen uns verwendet: ›Also doch Pluralismus! – Wir fordern eine weitere Partei, und noch eine dritte!‹«
Ligatschow: »Ich möchte noch einmal unterstreichen, daß wir gerade jetzt dringend eine grundlegende, marxistisch-leninistische Einschätzung des ideologischen Kampfes der Partei gegen den Trotzkismus benötigen ...«
Gromyko: »Eine Frage ist ja besonders umstritten: Was wären wir ohne unsere kollektivierte, sozialistische Landwirtschaft? Wie hätte unser Land vor und nach dem Krieg ohne sie ausgesehen? ... Man muß deutlich machen, daß die Partei nach langem, harten Kampf den Sieg über jene dunklen Mächte errungen hat, die sie zerstören wollten ...«
Gorbatschow: »Lenin stand in seiner Genialität weit über seinen Kampfgefährten ... Bis zu seiner Ankunft in Petrograd hatten sich doch Stalin und all die anderen längst darauf vorbereitet, in die legale Opposition zu gehen ... So war die Stimmung unter den führenden Parteifunktionären, bis Lenin die Losung ausbrachte: ›Es lebe die sozialistische Revolution!‹«
Schewardnadse: »Ein Satz läßt mich noch zweifeln, obwohl er im Prinzip korrekt ist ...: ›Die Linie der Liquidierung des Kulakentums als Klasse erwies sich als richtig‹ ... Vielleicht sollte man statt ›Liquidierung‹ ein anderes Wort wählen ...«

Ähnlich äußerten sich auch die übrigen Mitglieder des Politbüros, und das im dritten Jahr der Perestrojka!

Die leninistische Tradition in diesen Fragen wurde ebenso gewahrt wie die Sorge um das materielle Wohl der Parteispitze. In einer Vielzahl von streng geheimen Beschlüssen bewilligten sich die führenden Parteimitglieder immer neue Vergünstigungen. So wurde auf einer Sondersitzung vom 28. Juli 1966 beschlossen:

»Der Arbeitstag der Mitglieder des Politbüros des ZK der KPdSU, der Sekretäre des ZK der KPdSU sowie der stellvertretenden Vorsitzenden des Ministerrats der UdSSR beginnt um 9 Uhr morgens und endet um 17 Uhr abends. Die Abhaltung einer Mittagspause ist obligatorisch ... Der Sommerurlaub beträgt anderthalb Monate, der Winterurlaub einen Monat ...«
(Protokoll der Sitzung des Politbüros vom 28. Juli 1966, Nr. P12/17)

Auf der Sitzung am 24. März 1983 wurden weitere Arbeitserleichterungen für Mitglieder und Kandidaten des Politbüros beschlossen, die älter als 65 Jahre waren (damals hatten übrigens fast alle Mitglieder diese Altesgrenze bereits überschritten). Die betreffenden Personen durften ihren Arbeitstag eine Stunde später, also erst um 10 Uhr morgens, beginnen ... (Protokoll des Politbüros vom 24. März 1983, Nr. P103/12).
Man vergaß auch nicht, für das Pensionsalter vorzusorgen. 1986 wurde die Rente für die Mitglieder des Politbüros auf 800 Rubel im Monat festgesetzt. Ihre Datscha samt fünfköpfigem Dienstpersonal sowie zwei Autos der Marken »Tschajka« und »Wolga« durften sie behalten (Protokoll des Politbüros vom 2. Oktober 1986, Nr. P30/64-02).
Alle diese Dokumente wurden in einem »besonderen Aktenordner« aufbewahrt, der nur mit Erlaubnis des Generalsekretärs der KPdSU geöffnet werden durfte (ebd.).
Die politische Macht ist zwar generell mit dem Makel des Mißbrauchs behaftet, doch für das bolschewistische System und sein höchstes Beschlußorgan galt dieser Umstand in besonderem Maße.

Sechstes Kapitel

Die totalitäre Gesellschaft

»Lenin negierte die Freiheit innerhalb seiner Partei. Diese Negation der Freiheit wurde auf ganz Rußland übertragen.«
Nikolaj Berdjajew

Mit der Errichtung seiner »neuen Gesellschaft« verwandelte Lenin Rußland in ein Experimentierfeld der Geschichte. Am Anfang stand der Sieg über die demokratische Regierung in Petrograd. Ihm folgten die Abschaffung des Privateigentums, die Zerstörung der traditionellen bäuerlichen Gemeinde (»Obschtschina«), die Plünderung der Kirchen und die Entmachtung des nationalen Klerus. Mit dem Namen Lenin verbanden sich Antikapitalismus, Antidemokratismus, Antiliberalismus, Antireformismus, Antihumanismus und Atheismus. Hatte der heilige Fürst Wladimir von Kiew einst die Rus christianisiert, so begann nun unter Lenin der Antichrist zu wüten.

Keine andere Figur der Weltgeschichte hat je eine Gesellschaft in einem so gigantischen Ausmaß verändert.

Die neue Gesellschaft war von Grund auf totalitär. Die unendliche schöpferische Vielfalt des gesellschaftlichen und kulturellen Lebens wurde kompromißlos den starren Dogmen des Leninismus untergeordnet.

Lenin wurde zu einer universellen Waffe, die jeder seiner Nachfolger auf seine Weise für sich zu nutzen wußte. Es galt nur, das passende Zitat aus dem riesigen publizischen Nachlaß des Parteiführers zu finden.

So beschwor N. S. Chruschtschow am 25. Februar 1956 in seinem Referat »Über den Personenkult und seine Folgen« im Kreml den Schatten Lenins herauf: »Lenin lehrte ...«; »Lenin hob stets die Rolle des Volkes hervor ...«; »Unter Lenin war das Zentralkomitee der Partei ein Musterbeispiel der kollektiven Leitung . . .«; »Lenin forderte einen äußerst behutsamen Umgang der Partei mit dem Volk . . .« Es schien, als sei der Personenkult allein dadurch entstanden, daß Stalin Lenins »Vermächtnis« mißachtet hatte. Nach Chruschtschow war Lenin zwar auch bisweilen grausam vorgegangen, doch hatte seine Grausamkeit eine andere Qualität:

»Kann man etwa behaupten, daß Lenin sich nicht zu den grausamsten Maßnahmen gegen die Feinde entschlossen hat, wenn die Situation dies erforderte? Nein, das kann niemand behaupten. Er forderte stets die grausame Bestrafung der Feinde der Revolution und der Arbeiterklasse und zögerte nicht, derartige Maßnahmen erbarmungslos durchzuführen. Denken Sie nur an Lenins Kampf gegen die Sozialrevolutionäre, die Organisatoren antisowjetischer Aufstände oder gegen das konterrevolutionäre Kulakentum im Jahre 1918 ... Doch Lenin wandte derartige Maßnahmen nur gegen wirkliche Klassenfeinde an ...«
(Iswestija ZK KPSS, 1989, Nr. 3, S. 134)

So war das also: Wenn es »wirklich« um den Klassenfeind ging, war alles erlaubt ...
»Stalin«, so der Generalsekretär weiter, »hat das Vermächtnis Lenins mißachtet. Nicht ohne Grund wurde der Bau des Sowjetpalastes, der als Denkmal für Wladimir Iljitsch geplant war, über einen Zeitraum von mehr als drei Jahrzehnten immer wieder hinausgeschoben. Damit muß es ein Ende haben. Wir müssen Wladimir Iljitsch dieses Denkmal endlich errichten ...« An dieser Stelle wurde Chruschtschows Rede laut Protokoll von »stürmischem, lang anhaltendem Applaus« unterbrochen.
Seine Forderung erhob der Generalsekretär zu einer Zeit, als es im Land ohnehin bereits Hunderttausende von Lenindenkmälern, -büsten und -gedenktafeln gab. Der Handel mit diesen Kultgegenständen ernährte einen ganzen Industriezweig. Noch das hinterwäldlerischste Dorf hatte damals zumindest einen Gipslenin auf seinem Marktplatz vorzuweisen.

1932 schrieb die Sowjetregierung einen Wettbewerb unter den Architekten des Landes aus, bei dem es um den Bau einer 110 Meter hohen Leninstatue ging, die als Leuchtturm für den Leningrader Hafen dienen sollte ... Nach der Zerstörung der Erlöserkirche plante man auf diesem Areal tatsächlich die Errichtung eines Sowjetpalastes, den eine gigantische, 100 Meter hohe Leninstatue krönen sollte ... Auch für Moskau war ein ähnliches Projekt im Gespräch. Glücklicherweise war es leichter, derartige Projekte zu beschließen, als sie auch wirklich in die Tat umzusetzen.

Sieben Jahrzehnte lang war das Land übersät von Leninmuseen, -gedenkstätten und -bibliotheken. Zahlreiche Straßen, Kolchosen, Sowchosen, Siedlungen und Städte trugen seinen Namen.

Allein das riesige Lenin-Zentralmuseum hatte Filialen in Leningrad, Tiflis, Kiew, Uljanowsk, Lwow, Baku, Taschkent, Frunse, Ufa, Krasnojarsk, Kasan, Kujbyschew und Alma-Ata ...

Ganze Orte und Regionen wurden zu Leningedenkstätten erklärt: »Uljanowsk, die Geburtsstadt W. I. Lenins«, »Leninstadt Gorki«, »die sibirischen Verbannungsorte W. I. Lenins« ...

Allein in Leningrad wurden ungefähr zehn Museen eröffnet. Wo immer Lenin oder einer seiner Familienangehörigen sich auch nur für kurze Zeit aufgehalten hatte, wurde sogleich ein Museum errichtet, wie in Gorki, Pskow, Ufa, Kostino, Kaschino und vielen weiteren Städten. Ausländische Städte beglückte man ebenfalls mit Leninmuseen. Derartige Einrichtungen finden sich beispielsweise in Paris, Prag, Leipzig, Helsinki, Wyborg, Krakau und Saßnitz ...

Selbst Städte wie Bratislava und Ulan Bator, die Lenin niemals bereist hatte, erhielten mit unserer Hilfe ihr eigenes Museum.

Keinem einzigen Heiligen, Herrscher oder Feldherrn war je eine so irrationale, an Irrsinn grenzende öffentliche Aufmerksamkeit geschenkt worden.

Die »Perestrojka« war schon lange im Gang, als im ganzen Land der siebzigste Jahrestag der Oktoberrevolution gefeiert wurde. Auf der Sitzung des ZK, wo man mehr als drei Stunden über das Referat diskutierte, das auf der Festsitzung gehalten werden sollte, unterstrich M. S. Gorbatschow nochmals die Genialität Lenins:

»Wir wollen eine Brücke bauen von Lenins Lebensjahren zur heutigen Zeit, indem wir seine Ideen und sein Herangehen an die Ereignisse jener Zeit auf unsere heutigen Verhältnisse übertragen. Denn die Dialektik, mit deren Hilfe Lenin damals die Probleme gelöst hat, ist zugleich der Schlüssel für die Bewältigung unserer gegenwärtigen Aufgaben.«
(Archiv des Präsidenten, Protokoll der Sitzung des Politbüros vom 15. Oktober 1987, S. 156)

Die Parteiführung wandelte stets auf Lenins Spuren. So blieb ihr der Weg verschlossen, der zu Freiheit, Wohlstand und der Verwirklichung der Menschenrechte führte. Unser Land blieb mehr und mehr hinter den zivilisierten Staaten der Welt zurück.
Anfang des Jahrhunderts hatte Lenin erklärt: »Gebt uns eine Armee von Berufsrevolutionären, und wir werden Rußland aus den Angeln heben.«
Dieser Plan geriet für alle gesellschaftlichen Schichten Rußlands zur Tragödie: für die Arbeiter, die der Marxismus zur »obersten sozialen Klasse« erklärte, für die Bauern, die von den Revolutionären zur Verfügungsmasse ihres historischen Experiments gemacht wurden, und für die Intelligenz, die in den Rang einer zweitklassigen »Zwischenschicht« absank.

Der betrogene »Hegemon«

»Genosse Berija
Im Interesse einer zügigen Abwicklung des Bauvorhabens beantrage ich die Errichtung eines weiteren Lagers für 5000 Menschen. Zu diesem Zweck benötigen wir 30 000 Quadratmeter Planenstoff sowie 50 Tonnen Stacheldraht.
22. März 1947 A. Sademidko«

In dem Land, das vorgeblich »die sozialistische Gesellschaft« errichtete, erhielt Stalins Minister diesen routinemäßigen Antrag auf Nachschub von Arbeitssklaven. Millionen von Menschen, die in Lagern zusammengepfercht wurden, bauten die Straßen und Brükken, die Berg- und Wasserkraftwerke jenes Landes, das »auf Lenins Spuren« wandelte.
Der Innenminister war zugleich der »Hauptproduzent« des Landes, denn er konnte über eine vielköpfige, entrechtete Armee von Zwangsarbeitern verfügen. Der oberste Gefängniswärter erstattete seinem Parteiführer regelmäßig Bericht:

»Ich melde, daß die Bauabteilung Magnitogorsk des NKWD der UdSSR am 13. April dieses Jahres um 17 Uhr im Kokereibetrieb von Nischni Tagil die Koksbatterie Nr. 4, bestehend aus 65 Öfen, in Betrieb genommen hat.
Die neue Batterie wird für die sowjetische Industrie jährlich 450 000 Tonnen Metallkoks zusätzlich produzieren.
Nach der Koksbatterie wird der Hochofen Nr. 3 mit einem Volumen von 1050 Kubikmetern und einer Kapazität von 450 000 Tonnen Gußeisen pro Jahr fertiggestellt und in der dritten Aprildekade 1944 in Betrieb genommen.
Der Volkskommissar für Inneres der UdSSR L. Berija« (ZGAOR)

Die Vielzahl derartiger Berichte vermittelt den Eindruck, als sei die gesamte Arbeiterklasse – die »revolutionäre Vorhut der Werktätigen« – auf den Archipel Gulag umgesiedelt worden. Um den Preis von Millionen Menschenleben erzielte dieses Zwangsarbeiterheer beachtliche Erfolge. So bereicherten Hunderttausende von Häftlingen, die in der Goldförderung eingesetzt wurden, allein im Todesjahr Stalins die UdSSR um 2049,8 Tonnen Gold. Stalin befand sich damals auf dem Höhepunkt seiner wirtschaftlichen Erfolge. Kein einziger seiner Nachfolger konnte, nachdem man die tödliche Umklammerung des Repressionssystems ein wenig gelockert hatte, diese Erfolge auch nur annähernd erreichen. Statt dessen zehrte man noch über Jahre hinweg von den Vorräten, die unter Stalin von den Zwangsarbeitern angesammelt wurden.
Lenin hatte als geschickter Politiker begriffen, daß die Chancen für eine Realisierung der bolschewistischen Pläne in dem Maße wuchsen, wie es der Partei gelang, die Arbeiterklasse hinter sich zu sammeln. Seine Rechnung ging auf: Am Vorabend der Oktoberrevolution bestand die Partei der Bolschewiki bereits zu 80 Prozent aus Arbeitern. Das Oktoberabenteuer konnte beginnen.
Die Arbeiterklasse fühlte sich zunächst als »Hegemon der Revolution«. Nach dem Umsturz, so glaubte man, würde die politische Macht, die Fabriken und Betriebe, in die Hände der Arbeiter übergehen. Die Realität sah jedoch anders aus: Nach dem Oktober wurden fast alle Schlüsselpositionen mit Vertretern der Intelligenz besetzt – Menschen, die nie in ihrem Leben in einer Zeche oder Fabrik gearbeitet hatten und die Arbeiterbewegung selbst oft genug nur aus der fernen Emigration kannten. Lenin, Trotzki, Stalin, Swerdlow, Bucharin, Ordschonikidse, Dserschinski, Lunatscharski, Sinowjew, Kamenew, Wolodarski, Uritzki und Radek – sie alle nannten sich zwar »Berufsrevolutionäre«, waren aber alles andere als »Proletarier«. Nach den Ereignissen des Oktobers bestand man bei den Bolschewiki zunächst darauf, daß möglichst viele »echte« Vertreter der Arbeiterklasse in das ZK nachrückten. Wie sich jedoch bald herausstellte, hatte kein »Proletarier« wirklich die Chance, in eine Führungsposition zu gelangen. Die wenigen »echten Arbeiter« wurden rasch durch »Berufsrevolutionäre« ersetzt, welche die Parteischule von der Pieke auf durchlaufen hatten. Es

schien, als habe die Arbeiterklasse die politische Macht für immer an die leninistische Nomenklatura delegiert.

In Hunderten seiner Artikel und Reden vor der Machtübernahme hatte Lenin erklärt, daß die Betriebe und Fabriken sowie die politische Macht in die Verfügungsgewalt der Arbeiter übergehen würden:

»Die Arbeiter werden, nachdem sie die politische Macht erkämpft haben, den alten, bürokratischen Staatsapparat zerschlagen und dabei keinen Stein auf dem anderen lassen. Sodann werden sie ihren eigenen, neuen Staat aufbauen, dessen Umwandlung in ein bürokratisches System sie durch geeignete Maßnahmen zu verhindern wissen . . .«
(PSS, Bd. 33, S. 109)

Welche naive, utopische Träumereien! Die Arbeiter sollten schon bald nach der Revolution in weit größerem Umfang als je zuvor ausgebeutet werden. Das gesamte Privateigentum wurde in Staatseigentum überführt, an dem die »Werktätigen« nur einen Anteil hatten: Arbeit, Arbeit und nochmals Arbeit! Streiks galten von nun an als Sabotage und waren ebenso verboten wie die Erhebung jedweder politischer oder ökonomischer Forderungen. Die Arbeiter wurden von ihren Produktionsmitteln entfremdet, mehr noch, zu deren bloßen Anhängseln degradiert. Der neue bürokratische Apparat übertraf in seiner Grausamkeit und Menschenverachtung den alten bei weitem.

Mit der »Diktatur des Proletariats« versprach Lenin den Arbeitern ein politisches System, in dem ihnen die Führungsrolle bei der Verwaltung von Staat und Gesellschaft vorbehalten war. Diese »revolutionäre Demokratie« definierte der Führer der Bolschewiki als System der »organisierten, systematischen Gewaltanwendung einer gesellschaftlichen Klasse gegen die andere«. In diesem Punkt erwies sich Lenin als Prophet, denn die Arbeiterklasse sollte in der Tat die repressive Gewalt der Nomenklatura zur Genüge zu spüren bekommen. Unter seinem Nachfolger Stalin wurden die Arbeiter für Bummelei oder Verspätung ins Gefängnis geworfen und durften ihren Arbeitsplatz nicht mehr frei wählen. Die Bauern beraubte

man ihres Passes, um zu verhindern, daß sie sich in den Städten ansiedelten ...
Die Arbeiterklasse war für die Bolschewiki nur ein Werkzeug zur Errichtung eines »Sozialismus«, der nach Kautsky diesen Namen überhaupt nicht verdiente:

»Der sowjetische Sozialismus ist im Grunde gar kein Sozialismus, denn er entstand nicht auf der Basis von Reichtum und der ›Entwicklung der Produktivkräfte‹, sondern aus Armut und Rückständigkeit. Der Kriegskommunismus war nicht das Ergebnis einer revolutionären Entwicklung, sondern eines Zerfallsprozesses aufgrund des äußeren und inneren Krieges.«
(Kautsky, Socialdemocracy Versus Communism, New York, 1946)

Die Begriffe »Arbeiter« und »Proletarier« hatten für Lenin eine magische Anziehungskraft. Wer immer aus der »Arbeiterklasse« stammte, konnte mit dem uneingeschränkten Vertrauen des Revolutionsführers rechnen. Nicht selten erlebte der Führer der Bolschewiki aufgrund dieser übertriebenen Einschätzung eine herbe Enttäuschung.
So hatte Lenin bekanntlich zu Roman Malinowski ein freundschaftliches, beinahe herzliches Verhältnis. Der Vorsitzende der Petersburger Metallergewerkschaft genoß das volle Vertrauen des Revolutionsführers. Auf Lenins Empfehlung wurde der begabte Redner und Organisator im Januar 1912 in das ZK gewählt. Gegenüber Sinowjew lobte Lenin das neue Führungsmitglied in den höchsten Tönen.
Was damals niemand wußte: Schon im Mai 1910 war Malinowski von der zaristischen Geheimpolizei angeworben worden, die er seitdem regelmäßig über die Bolschewiki informierte. Auf seinen Hinweis verhaftete man damals Goloschtschekin, Krylenko, Ordschonikidse, Rosmirowitsch, Stalin, die Stasowa und Spandarjan. Als jedoch eine Untersuchungskommission unter Ganetzki, Sinowjew und Lenin den ehemaligen Abgeordneten der Staatlichen Duma unter die Lupe nahm, konnte man an ihm nichts Verdächtiges finden. Nach Lenins Ansicht war Malinowski von einigen »Lumpen« innerhalb der Partei angeschwärzt worden:

»Man glaubt den Schurken, Scheusalen und Stinktieren, die nur Verachtung für die Arbeiterklasse übrig haben! Und wer sind die Richter? ... Die Dummköpfe Sokolow und Krestinski, die insgeheim Martow die Hände reichen!«
(Archiv für neuere Geschichte)

Als Malinowski zu Beginn des Ersten Weltkriegs in deutsche Gefangenschaft geriet, hielt Lenin über einen regelmäßigen Briefwechsel die Verbindung mit ihm aufrecht.
Erst 1918, als zunächst die Provisorische Regierung und später die Bolschewiki in den Besitz von Dokumenten der zaristischen Geheimpolizei gelangten, wurde Malinowski entlarvt und verhaftet. Nachdem Lenin davon erfahen hatte, schäumte er vor Wur: »Dieser Schuft hat uns alle an der Nase herumgeführt! Verräter! Für so einen ist Erschießen noch zu wenig!«
(Iswestija ZK KPSS, 1989, Nr. 6, S. 201)
Der Revolutionsführer mußte am eigenen Leibe erfahren, daß allein die soziale Herkunft noch keine »revolutionäre Reinheit« garantierte ...
Von Anfang an bemühte sich das Politbüro, auf die Arbeitskollektive Einfluß zu nehmen. So wurden zu Beginn der dreißiger Jahre auf Weisung des ZK verstärkt Parteifunktionäre in die Berg- und Wasserkraftwerke sowie zu den Eisenbahnern entsandt (Protokoll des Politbüros vom 10. Mai 1933, Bl. 31–32).
Der Aufbau der industriellen Basis des Sozialismus trug von Beginn an Zwangscharakter. Die meisten Bauvorhaben wurden von Häftlingen bewältigt, an denen es seit Ende der zwanziger Jahre nicht mangelte. Der Weißmeer-Baltikum-Kanal war ein solches Projekt. Nach seiner Fertigstellung beschloß man, auch das gesamte Gebiet um den Kanal industriell zu erschließen.
Am 15. August 1933 beauftragte das Politbüro die GPU mit der Zwangsbesiedelung der neuen Rayons und der Ausbeutung der dortigen Erzvorkommen. Das Material und die finanziellen Mittel für diese Maßnahmen wurden von der Regierung bereitgestellt (Archiv für neuere Geschichte).
Alle Volkskommissare, die mit der »Errichtung der sozialistischen Gesellschaft« beauftragt waren, forderten zunächst von Menschin-

ski, später von Jagoda und schließlich von Berija das Menschenmaterial, das sie für ihre Projekte benötigten. Jede Straße, jede Brücke, jedes Bergwerk und jeder Kanal wurde mit Tausenden von Menschenleben bezahlt. Die genaue Anzahl der Opfer ist nicht bekannt.

Der Volkskommissar für die Schwerindustrie, S. Ordschonikidse, beschwerte sich einmal bei Stalin, daß Jagoda nicht die nötige Anzahl an »Arbeitskräften« für den Bau des Kupferkombinats von Pribalchaschsk zur Verfügung stellte. Seiner Beschwerde wurde umgehend Genüge getan (Archiv für neuere Geschichte).

Wir haben lange behauptet, der Kriegskommunismus sei eine Folge des Bürgerkriegs, mithin nur eine vorübergehende Erscheinung gewesen; später sei er dann von der NÖP abgelöst worden. Dem war jedoch nicht so. Der Kriegskommunismus entsprach voll und ganz dem Wesen von Lenins Politik. Erst als dieses System endgültig zusammengebrochen war, suchte der Revolutionsführer sein Heil in der Neuen Ökonomischen Politik. Doch die wichtigsten Elemente des Kriegskommunismus wurden über Jahrzehnte hinweg, bis zum Ende der achtziger Jahre, beibehalten. Selbst heute noch gibt es Kräfte, die eine Rückkehr zu dieser zentralistischen Kommandowirtschaft befürworten.

Die Herrschaft des Staates über die Gesellschaft, die Lenin – ungeachtet seiner These vom »Absterben der Staatsmaschinerie« – stets betrieben hatte, schuf die Grundlage für die Zählebigkeit des Kriegskommunismus. Lenin ging davon aus, daß das uneingeschränkte Monopol des Staates auf die Produktion, den Handel und die Preise schließlich zum Sozialismus führen würde. In Wirklichkeit brachte uns diese Methode jedoch nur die Kasernenordnung des Kriegskommunismus ein, zu dem Stalin – nach dem kurzen Intermezzo der NÖP – bald wieder zurückkehrte, wobei er sich auf Gedanken berufen konnte, die Lenin entwickelt hatte: Kollektivierung der Landwirtschaft, Militarisierung der Industrie, »Gulagisierung« der Volkswirtschaft, Dirigismus und Zentralismus – all dies hatte Lenin schon lange vorher propagiert.

Der Vater des Kriegskommunismus hieß Lenin. Als die Revolution aus dem Ruder zu laufen drohte, suchte er sein Heil in der gewaltsamen Reglementierung und Kontrolle der Wirtschaft. Damit legte

er zugleich den Grundstein für die Militarisierung des gesamten Lebens im Lande. Der militärische Bereich war vermutlich der einzige, in dem der »Sowjetkommunismus« mit den westlichen Demokratien konkurrieren konnte. Nicht ohne Grund galt die militärische Stärke über Jahrzehnte hinweg als Beweis für die Größe des Sowjetstaates.
Um die Effektivität der Produktion zu steigern, suchte man schon bald nach einem »Ersatz« für das persönliche materielle Interesse der Produzenten und fand ihn schließlich im sogenannten »sozialistischen Wettbewerb«. Solange die »sozialistische Idee« die Bevölkerung noch begeistern konnte, zeigte diese Methode durchaus ihre Wirkung. Millionen von Menschen galt der Aufbau des Sozialismus als »Ehre« und »Heldentat«, als »Erfüllung von Lenins Vermächtnis«. Stalin gelang es in den dreißiger Jahren, die Bevölkerung für den »sozialistischen Wettbewerb«, für die Erfüllung und Übererfüllung der Planvorgaben zu begeistern. Doch die Ausbeutung des Enthusiasmus und des »sowjetischen Patriotismus« der Werktätigen hatte ihre Grenzen. Ökonomische Gesetzmäßigkeiten lassen sich eben auf Dauer ebensowenig übergehen wie die Naturgesetze.
Die »Saat des Kommunismus« ging nicht auf. Obwohl sich Millionen Menschen redlich mühten, erwies sich der Sowjetkommunismus letztendlich als Utopie. Selbst der rationale Kern der kommunistischen Idee, die soziale Gerechtigkeit, kam bei dieser Wirtschaftsweise nicht zur Geltung. Die Arbeiter wurden schließlich zu Sklaven der Parteioligarchie.
Noch übler erging es den Bauern. Auf dem IV. Kongreß der Komintern erklärte Lenin: »Die Bauern verstehen, daß wir die Macht im Namen der Arbeiterklasse ergriffen haben und daß wir mit Hilfe dieser Macht eine sozialistische Ordnung errichten wollen.« (PSS, Bd. 45, S. 289)
Nicht für die Arbeiter und noch weniger für die Bauern hatten die Revolutionäre die Macht ergriffen, sondern einzig und allein im Interesse der bolschewistischen Parteioligarchie.

Die »räuberischen Bauern«

Nach Stalins Tod erlangte der Ankauf von Getreide im Ausland beim Staat höchste Priorität. Dabei war unter dem Diktator gewiß nicht mehr Getreide produziert worden – eher im Gegenteil. Doch Stalin konnte es sich noch erlauben, die gesamte Bevölkerung des riesigen Landes auf Lebensmittelrationierung zu setzen. Millionen von Hungertoten waren für ihn nur die unvermeidbaren Opfer auf seinem großen Feldzug in eine strahlende Zukunft. Seine Nachfolger Chruschtschow und Breschnew, die mit den Auswüchsen des Stalinismus gebrochen hatten, konnten es sich dagegen nicht mehr leisten, den Getreidemangel einfach zu ignorieren. Seit 1957 bezog man den regelmäßigen Import riesiger Getreidemengen aus den USA, Kanada und anderen kapitalistischen Staaten in die Wirtschaftsplanung mit ein.

Am 16. August 1975 studierte Breschnew aufmerksam den Bericht von N. Patolitschew, dem Leiter des Außenhandelsministeriums: »Zusätzlich zu den 15 950 000 Tonnen, von denen wir Ihnen bereits in der letzten Woche berichtet haben, gelang es uns, nochmals 1 950 000 Tonnen Getreide einzukaufen. Insgesamt wurden damit bis zum 16. August dieses Jahres 17 900 000 Tonnen Getreide erworben.« Wie Patolitschew weiter berichtete, stammte das Getreide aus den USA, Kanada, Argentinien, Rumänien und Australien. Über weitere Ankäufe verhandelte man noch mit Frankreich, Westdeutschland, Ungarn, Jugoslawien, Argentinien, Brasilien und Australien:

»Unser Ziel besteht darin, zusätzlich zu den vorhandenen 20 Mio. weitere 10 Mio. Tonnen einzukaufen. Insgesamt benötigen wir 30 Mio. Tonnen.« (Archiv des Präsidenten, »Besonderer Aktenordner«, Nr. 989)

Womit sollte das Getreide bezahlt werden? Auf diese Frage gab ein weiteres Schreiben des Außenhandelsministeriums an das Politbüro Auskunft. Darin hieß es, für den Ankauf benötige man 4 Milliarden 934 Millionen Dollar. Die Autoren des Briefes schlugen vor, zusätzlich zu den bereits beschlossenen Rohstoffexporten weitere 15 Millionen Tonnen Erdöl, 1,6 Millionen Tonnen Dieselöl, Benzin und Masut sowie 397 Tonnen Gold zu verkaufen. Im Vorjahr war man noch mit dem zusätzlichen Verkauf von 265 Tonnen Gold ausgekommen (ebd., Nr. 1246, Bl. 2).

Der Getreidemangel hinderte die sowjetischen Machthaber jedoch erstaunlicherweise nicht daran, ihre Getreideexporte an sozialistische »Bruderstaaten« wie Kuba und Vietnam fortzusetzen. Die leninistische Planwirtschaft verwandelte Rußland von einem der größten Getreideexporteure der Welt in ein Land, das gezwungen war, einen erheblichen Teil seines Getreidebedarfs im Ausland zu decken. Statt die eigene Landwirtschaft weiterzuentwickeln, finanzierte die UdSSR auf diese Weise die Agrarindustrie der USA und anderer kapitalistischer Staaten.

In den Nachkriegsjahren bereicherte Moskau durch seine Getreideeinkäufe westliche Banken um beinahe 9000 Tonnen Gold. Zudem kaufte man auch Fleisch, Butter und einige andere landwirtschaftliche Produkte auf dem Weltmarkt ein. Allein im Jahre 1977 wurden 42 Tonnen Gold für den Kauf von Fleisch ausgegeben (Archiv des Präsidenten, »Besonderer Aktenordner«, Nr. 21, Bl. 1/2).

Mit dem Verkauf von Gold, Öl, Gas, Erz und anderen Rohstoffen beraubte der Sowjetstaat zugleich die kommenden Generationen ihrer Ressourcen. Nicht umsonst unterlagen die Handelsbilanzen der UdSSR auf diesem Gebiet strengster Geheimhaltung, bezeugten sie doch nichts Geringeres als den Bankrott der leninistischen Planwirtschaft.

Als Lenin am 26. Oktober (8. November) 1917 auf dem II. Allrussischen Sowjetkongreß das Dekret über Grund und Boden verkündete, erklärte er öffentlich, daß dieses Problem »nur von der Verfassungsgebenden Versammlung endgültig gelöst« werden könne:

»Bis zu einer großen Bodenreform, die von der Verfassungsgebenden Versammlung beschlossen werden muß, gilt folgender Erlaß, der auf der Grundlage von 242 örtlichen Beschlüssen konzipiert wurde ...: Das Privateigentum an Grund und Boden geht in den Besitz des Volkes über. Das Land wird durch die örtlichen Selbstverwaltungen, in Abhängigkeit vom Bevölkerungswachstum, verteilt ...« (PSS, Bd. 35, S. 24)

Lenins Ausführungen wurden von gelegentlichen Unmutsäußerungen aus dem Plenum begleitet, auf die der Referent wie folgt reagierte:

»Es werden Stimmen laut, die behaupten, das Dekret und der Erlaß seien von den Sozialrevolutionären verfaßt worden. Selbst wenn dem so wäre, können wir uns als demokratische Regierung dem Willen der untersten Volksschichten nicht verschließen ...« (PSS, Bd. 35, S. 27)

Lenin konnte nur mit Mühe seine Unzufriedenheit darüber verhehlen, daß das Programm der Sozialrevolutionäre sein Konzept einer Diktatur des Proletariats umging und das Problem von Grund und Boden im Rahmen der traditionellen bäuerlichen Gemeindestruktur löste. Die Sozialrevolutionäre wiesen dem Staat in ihrem Programm nur eine untergeordnete Rolle zu.
Seine eigene Sichtweise legte Lenin auf dem III. Allrussischen Sowjetkongreß dar. Nachdem er zunächst erklärt hatte, daß das Bündnis der Bolschewiki mit den Linken Sozialrevolutionären »auf einer soliden Basis steht und sich stündlich festigt«, verkündete er: »Es gibt keinen anderen Weg zum Sozialismus als die Diktatur des Proletariats und die erbarmungslose Zerschlagung der Ausbeuterherrschaft.« (ebd., S. 264)
In einer seiner letzten Arbeiten, »Über das Genossenschaftswesen«, entwickelte Lenin sein Konzept der Heranführung der Bauernschaft an den Sozialismus. Der Artikel enthielt einige durchaus richtige Thesen. So deckte sich, nach Lenin, in der NÖP das Privatinteresse mit dem der Allgemeinheit. Die Umstrukturierung der Landwirtschaft nach dem Genossenschaftsmodell sei ein lang-

wieriger Prozeß, der sich über ein bis zwei Jahrzehnte hinziehen könne; Voraussetzung dafür sei eine »kulturelle Revolution«. Doch hinter all diesen Ausführungen verbargen sich die bekannten jakobinischen Motive: »Die Führungsrolle des Proletariats gegenüber der Bauernschaft muß gewährleistet sein«, »das Eigentum an den Produktionsmitteln liegt in den Händen des Staates« und desgleichen mehr. Auf den Klassenkampf konnte und wollte Lenin auch in dieser Frage nicht verzichten:

»Es ist und bleibt ein phantastischer Traum zu glauben, man könne durch eine Kooperation der verschiedenen Bevölkerungsschichten die Klassenfeinde in Klassenbrüder und den Klassenkrieg in einen Klassenfrieden verwandeln ...« (PSS, Bd. 45, S. 369–373)

Selbst die besten Absichten der Revolutionäre wurden entwertet, sobald die Bolschewiki ihr altes Lied vom Klassenkampf und der Diktatur des Proletariats anstimmten. Für politische und ökonomische Freiheit sowie für eine gleichberechtigte, freiwillige Kooperation war in ihren Plänen kein Platz. Den erschütterndsten Beweis für Lenins Einstellung in der Bauernfrage lieferte seine Politik während des Bürgerkrieges, als er die Bauern gegeneinander aufhetzte und systematisch den Bürgerkrieg auf dem Land anheizte. Selbst mit der schwierigen, teilweise katastrophalen Versorgungslage in Rußland läßt sich die Grausamkeit nicht rechtfertigen, die Lenin gegenüber dem produktivsten Teil der Bauernschaft entfesselte. Der Revolutionsführer hegte einen erbitterten Haß gegen die Großbauern, die sogeannnten »Kulaken«. Dabei wäre er selbst – hätte die Familie ihr Anwesen in Alakajewka damals nicht verkauft – eines der ersten Opfer der »Entkulakisierung« geworden ...
Im Mai 1918 forderte Lenin den »erbarmungslosen Terror und Krieg gegen die bäuerliche Bourgeoisie, die ihre Getreideüberschüsse zurückhält ... Eigentümer von Getreide, die über Überschüsse verfügen und diese nicht an den dafür vorgesehenen Sammelstellen abliefern, werden zu Volksfeinden erklärt und mit Gefängnis nicht unter zehn Jahren, der Konfiszierung ihres gesamten Vermögens sowie dem Ausschluß aus ihrer Gemeinde bestraft.« (Leninski sbornik, Bd. 18, S. 82)

Ich habe für dieses Kapitel den Titel »Die ›räuberischen Bauern‹« gewählt, weil darin Lenins Einstellung gegenüber dem produktivsten Teil der Landbevölkerung sehr genau zum Ausdruck kommt. Hätten die Bolschewiki wirklich die Entwicklung der russischen Landwirtschaft im Sinn gehabt, dann hätten ihnen die »Kulaken« und deren Wirtschaftsweise als Vorbild für die ärmeren Schichten der Landbevölkerung dienen müssen. Im Verbund mit einer effektiven Wirtschaftshilfe hätte man so den Lebensstandard schrittweise erhöhen können. Statt dessen wählte man den umgekehrten Weg und betrieb eine Angleichung nach unten: Die Kulaken wurden enteignet, ihrer Existenz beraubt, in die Armut getrieben ...

Für Lenin zählte allein der »Klassenkampf« und die »Diktatur des Proletariats«:

»Man darf sich nicht einbilden, daß die Herren Sozialisten dem Volk den Sozialismus auf einem Silbertablett servieren. Der Klassenkampf wurde im Laufe der Geschichte stets mit Gewalt entschieden. Wenn die werktätigen, ausgebeuteten Massen mit Gewalt gegen die Ausbeuter vorgehen, dann befürworten wir diese Gewalt!« (PSS, Bd. 35, S. 265)

Diese Worte des Revolutionsführers auf dem III. Allrussischen Sowjetkongreß wurden von donnerndem Applaus begleitet ...

Im Kampf gegen die »Volksfeinde«, die »Kulaken«, schreckte Lenin auch vor Geiselnahme nicht zurück, organisierte Sperrtruppen und richtete Konzentrationslager ein. Zu seinem Strafrepertoire gehörten ferner standrechtliche Erschießungen und ein Gesetz, laut dem Dorfangehörige, die Getreideüberschüsse ihrer Mitbewohner anzeigten, diese zum halben Preis aufkaufen durften.

Bis Mitte des Jahres 1918 wurde die russische Bourgeoisie auf Weisung der Bolschewiki vollständig ausgeplündert. Lenins Losung »Expropriiert die Expropriateure« wurde rasch und gründlich in die Tat umgesetzt. Nunmehr rückten die Bauern ins Zentrum des sozialen Experiments der Revolutionäre. Die gesamte Bauernschaft – vor allem deren wohlhabender Teil – wurde zunächst mit einer Naturalsteuer und später zusätzlich mit einer Sondersteuer

für die Industrie belastet. Daraufhin kam es auf dem Land zu Massenprotesten und zahlreichen Aufständen, die erbarmungslos niedergeschlagen wurden. Regelmäßige Überfälle von Spezialtruppen, die mit der Konfiszierung von Lebensmitteln beauftragt waren, führten schließlich zu der grausamen Hungersnot der Jahre 1921/22. Einer der größten Bauernaufstände ereignete sich im August 1920 im Gouvernement Tambow. Auf Weisung des Politbüros unter Lenin wurden die Unruhen schließlich mit Waffengewalt niedergeschlagen und grausame Vergeltungsaktionen gegen die Aufständischen durchgeführt.
Während Lenin gegenüber den Interventionisten, ja sogar gegenüber Koltschak, Denikin und Wrangel Milde walten ließ, bekamen die Bauern und Kosaken seine unerbittliche Härte zu spüren. So verfügte das Allrussische Zentrale Exekutivkomitee (WZIK) am 11. Juni 1921 mit Billigung des Politbüros:

»Die Antonow-Bande wurde durch den entschlossenen Einsatz unserer Truppen zerschlagen ... Um das sozialrevolutionäre Banditentum endgültig auszurotten, befiehlt die bevollmächtigte Kommission des WZIK in Ergänzung zu den bereits verhängten Maßnahmen:
1. Bürger, die sich weigern, ihren Namen zu nennen, werden auf der Stelle und ohne Gerichtsverhandlung erschossen.
2. Es werden Geiseln genommen, die zu erschießen sind, falls die Banditen ihre Waffen nicht herausgeben.
3. Wenn in einem Haushalt Waffen gefunden werden, wird der älteste Arbeiter der Familie erschossen.
4. Familien, bei denen sich Banditen versteckt halten, werden verhaftet und aus dem Gouvernement verbannt. Der älteste Arbeiter einer solchen Familie wird ohne Gerichtsverhandlung erschossen.
5. Der älteste Arbeiter einer Familie, die Angehörige von Banditen oder deren Besitz versteckt hält, wird auf der Stelle erschossen.
6. Wenn ein Bandit mit seiner Familie flüchtet, wird sein Besitz an Bauern verteilt, die der Sowjetmacht treu ergeben sind. Das Haus wird angezündet oder auseinandergenommen.
7. Dieser Befehl ist erbarmungslos auszuführen.

Der Vorsitzende der bevollmächtigten Kommission des WZIK, Antonow-Owsejenko
Der Kommandierende der Truppen, Tuchatschewski
Der Vorsitzende des Exekutivkomitees des Gouvernements, Lawrow
Der Sekretär, Wassiljew
Dieser Befehl ist auf allen Gemeindeversammlungen zu verlesen.«
(Archiv der Sowjetarmee)

Die Verteidiger der Politik Lenins und des Leninismus berufen sich immer wieder auf ein und dasselbe Argument: Lenins Handlungsweise im Bürgerkrieg sei von den extremen Bedingungen des Hungers und des Zerfalls diktiert worden. Falls dem wirklich so war, wie lauten dann die Antworten auf folgende Fragen:
– Kann man Befehle wie die oben angeführten mit dem Verweis auf die »besondere Situation« rechtfertigen?
– Hatte Lenin nicht bereits 1917 zur Abrechnung mit den »Reichen« und zu Erschießungen aufgerufen?
– Hatten die »Reichen«, die Bourgeoisie und die »Kulaken« denn eine andere Wahl als den bewaffneten Widerstand, nachdem Lenin sie faktisch zu Gesetzlosen erklärt hatte?
– Wer war der Urheber von Chaos, Gesetzlosigkeit und Diebstahl in dem riesigen Land?
– Wer trug die Schuld an der russischen Niederlage, nachdem Deutschland schon fast geschlagen schien?
– Wer hatte Lenin und seinen Mitstreitern überhaupt die Vollmacht für ihre blutigen Experimente erteilt?
Man könnte noch Tausende derartiger Fragen stellen, die zu beantworten wohl kaum einer von Lenins Apologeten in der Lage ist ...
Die schrankenlose Grausamkeit gegen die aufständischen Bauern war für die Bolschewiki ein ganz normales, revolutionäres Mittel im Kampf gegen den »Klassenfeind«. Das Politbüro der KP sanktionierte diesen Genozid am eigenen Volk. Nur selten erhoben sich zaghafte Stimmen des Protests. So wandte sich Vera Figner, die Vorsitzende des Moskauer Roten Kreuzes, im September 1921 in einem Brief an das Revolutionstribunal der Republik:

»In den Gefängnissen von Moskau befindet sich derzeit eine große Zahl von Bauern aus dem Gouvernement Tambow, die bis zur Liquidierung der Antonow-Banden als Geiseln festgehalten werden. Im Lager von Nowo-Peskow sitzen 56 Geiseln ein, in Semjonow 13, in Koschuchowo 295, darunter 29 Männer über 60 Jahre, 158 Minderjährige unter 17 Jahre, 47 Kinder unter 10 Jahre und 5 Säuglinge, die noch nicht einmal ein Jahr alt sind. All diese Menschen kamen völlig zerlumpt und halb verhungert in Moskau an. Die Kinder durchwühlten auf der Suche nach etwas Eßbarem sogar die Abfalleimer ...
Aus den angeführten Gründen ersucht das Politische Rote Kreuz das Revolutionstribunal, die oben genannten Personen in ihre Heimatdörfer zurückzuschicken ...« (Archiv der Sowjetarmee)

Doch die Machthaber waren taub gegenüber derartigen Bitten.
Im Mai 1921 waren in Tambow unter Tuchatschewski bereits mehr als 50000 Soldaten im Einsatz, die unter anderem über 3 Panzerzüge, einige hundert Maschinengewehre und 70 schwere Geschütze verfügten. Die Truppen schlugen jeden Widerstand erbarmungslos nieder, zündeten die Dörfer an und nahmen keine Gefangenen.
Antonow setzte auch nach der Zerschlagung des Aufstands seine Aktionen fort und hielt so die Bolschewiki noch einige Monate in Atem. Erst im Mai 1922 wurde er von den Tschekisten aufgespürt, nachdem ihn einige seiner eigenen Leute verraten hatten. Der Rebell konnte sich seinen Häschern zunächst durch Flucht entziehen, bis man ihn am 24. Juni 1924 erneut stellte. Gemeinsam mit seinem Bruder verschanzte er sich in einer Hütte, die von den Soldaten unter Dauerbeschuß genommen wurde. Nach einstündigem verzweifelten Widerstand entschlossen sich die Brüder schließlich zur Flucht in den nahe gelegenen Wald. Sie liefen direkt in den Kugelhagel der Rotarmisten.
Doch damit verstummten die Waffen im Gouvernement Tambow noch lange nicht. Die Machthaber rächten sich an der Bevölkerung, die Antonow unterstützt hatte ...
Außer in Tambow kam es auch in zahlreichen anderen Gouvernements zu Aufständen, unter anderem in Orel, Astrachan, Brjansk,

Pensa, Woronesch, am Don, in Stawropol, an der Wolga und in Westsibirien. So erhoben sich allein im Gouvernement Tobolsk einige Zehntausend Menschen. Im Jahre 1921 verlor die Rote Armee auf diese Weise 17185 Mann, nicht gerechnet die Gefallenen der Tscheka und anderer Spezialtruppen. Insgesamt kam es in den Jahren 1921 und 1922 in 36 Gouvernements zu kriegsähnlichen Kampfhandlungen. (Nowy schurnal, 1967, Nr. 89, S. 211–212)
Die Landwirtschaft war infolge des Bürgerkriegs nicht mehr in der Lage, das riesige Land zu ernähren. In immer mehr Gebieten breiteten sich Hungersnöte aus. Auch die Arbeiter in den Städten bekamen den Hunger zu spüren. Dennoch verkaufte der Staat weiterhin Getreide ins Ausland. So schlug das Volkskommissariat für äußere Angelegenheiten Ende 1920 vor, »eine zweite Partie Getreide nach Italien zu schicken«. Daraufhin beschloß das ZK:

»Das ZK erachtet weitere Getreidelieferungen an Italien als politisch unbedingt erforderlich. Über die genaue Menge und die Modalitäten des Transfers entscheidet der Volkskommissar für Ernährung in Absprache mit dem Volkskommissariat für den Außenhandel.« (Archiv für neuere Geschichte)

Während in Rußland 6 Millionen Menschen hungerten und täglich einige Tausend an Unterernährung zugrunde gingen, faßte das Politbüro unter Lenin am 7. Dezember 1922 einen wahrhaft verbrecherischen Beschluß:

»Im Interesse des Staates ist die Ausfuhr von 50 Millionen Pud Getreide [1 Pud = 16,38 kg] erforderlich. Mit der Abwicklung dieses Geschäfts wird Zjurupa beauftragt.« (ebd.)

Als der Hunger immer weiter um sich griff, beschloß die US-amerikanische Regierung ein umfangreiches Hilfsprogramm, das viele Sowjetbürger vor dem sicheren Tod bewahrte. Die Bolschewiki bedankten sich auf ihre Weise: Während die USA kostenlos Getreide nach Rußland lieferten, scheute das ZK unter Lenin keine Mittel, um auf der ganzen Welt die Revolution zu schüren und immer neue kommunistische Parteien zu gründen.

Unter dem Vorwand, man benötige Geld für den Getreidekauf, konfiszierten die Bolschewiki das Vermögen der russischen Bourgeoisie, plünderten die Kirchen und den zaristischen Goldschatz. In Wirklichkeit gingen die riesigen Geldsummen jedoch an die kommunistischen Verbündeten im Ausland, wie ein Blick in die Archive belegt:

»Ungarische Kommunistische Partei:	
Rudnjanski	– 250 000
Eberlein	– 207 000
Brassler Kalusch	– 194 000
Tschechien	– 288 000
	– 215 000
Deutschland:	
An Reich für Thomas	– 300 500
An Reich für Thomas	– 100 000
An Reich für Thomas	– 3 000
An Reich für Thomas	– 7 500
An Reich für Thomas	– 65 000
(unleserlich)	– 250 000
R. Rothegel	– 639 000
An Rosowski für Reich	– 275 000
Italien:	
An Ljubarski für Carlo	– 15 200
An Ljubarski für Carlo	– 331 800
An Ljubarski für Carlo	– 13 000
An Ljubarski für Carlo	– 300 000
Bersija	– 487 000
Amerika:	
Kotljarow	– 209 000
Hawkins	– 500 000
Anderson	– 1 011 000
John Reed	– 1 008 000 . . .«

Auf die gleiche Weise floß Geld nach England, auf den Balkan, in die Schweiz und nach Schweden . . . (Archiv für neuere Geschichte)

Seiner konspirativen Denkweise gemäß sah Lenin in der Tätigkeit der ausländischen Hilfsorganisationen kein humanitäres Anliegen, sondern eine »Intrige der imperialistischen Bourgeoisie«. Von dieser Sichtweise zeugt ein Schreiben des Revolutionsführers vom 23. August 1921 an Molotow:

»Geheim. An den Genossen Molotow. 23. 8.
Genosse Molotow,
aufgrund des Abkommens mit Hoover steht uns ein Massenansturm von Amerikanern bevor, um deren Überwachung wir uns kümmern müssen.
Ich schlage dem Politbüro vor:
Eine Kommission zu gründen, die sich über die Tscheka und andere Straforgane mit der Verstärkung der Überwachungsmaßnahmen für Ausländer befaßt.
Zusammensetzung der Kommission:
Molotow, Unschlicht, Tschitscherin. Lenin«
(Archiv für neuere Geschichte)

Gleich am darauffolgenden Tag faßte das Politbüro einen entsprechenden Beschluß. Auf Weisung Stalins, Trotzkis und Kamenews wurden den amerikanischen Wohlfahrtsorganisationen zudem zahlreiche Beschränkungen auferlegt. So durften Lebensmittel nur in begrenztem Umfang an Privatpersonen und Vereinigungen abgegeben werden, man verlangte Geld für den Transport der Hilfsgüter auf den russischen Verkehrswegen und für die Benutzung der Lagerhäuser. Den bolschewistischen Führern schienen die eigenen ideologischen Prinzipien wesentlich mehr zu bedeuten als das Leben ihrer russischen Mitbürger.
Die Niederschlagung der Aufstände in den Gouvernements ging einher mit der Liquidierung der Partei der Sozialrevolutionäre, die sich als Vertreterin der bäuerlichen Interesssen hervorgetan hatte. Die Bolschewiki hatten zwar formal das Agrarprogramm der Sozialrevolutionäre übernommen, konnten sich jedoch nie mit dessen Hauptthese abfinden, laut der das Eigentum an Grund und Boden der arbeitenden Landbevölkerung in Gestalt der Bauerngemeinde (Obschtschina) zugewiesen werden sollte. Die Zerschla-

gung der Partei der Sozialrevolutionäre machte den Weg frei für ein bolschewistisches Gesetzwerk über Grund und Boden, laut dem alles Land in Staatseigentum überging.
Damit war das Schicksal der Bauern besiegelt. Sie wurden zum lebenden Anhängsel fremden Eigentums. Mit der ersten russischen Verfassung wurde zudem die gesetzliche Grundlage für die Kollektivierung geschaffen, und die direkten Produzenten wurden von ihrem Produktionsmittel, dem Boden, entfremdet. Der Plan für die Verstaatlichung der Landwirtschaft und die Ablösung der traditionellen bäuerlichen Gemeindestruktur durch einen neuen sozialen Zusammenschluß »auf sozialistischer Grundlage« stammte aus der Feder Lenins. Bevor jedoch die bäuerliche Knechtschaft in den Kolchosen begann, bot die NÖP eine letzte – wenn auch sehr begrenzte – Möglichkeit freien Wirtschaftens.
Die Bolschewiki entfesselten den Bürgerkrieg auf dem Land, indem sie die armen Bevölkerungsschichten, die kein eigenes Land besaßen, gegen die wohlhabenden Bauern aufhetzten. Um den Preis von Millionen Menschenleben führten sie die Landwirtschaft auf jenen »neuen Weg«, den Lenin vorgezeichnet hatte.
Nicht umsonst konnte sich Stalin auf dem Vereinigten Plenum des ZK und des ZKK der WKP(b) am 7. Januar 1933, als die Kollektivierung schon fast beendet war, auf den Revolutionsführer berufen. In seiner Bilanz der ersten vier Jahre des Fünfjahresplans für die Landwirtschaft zitierte der Generalsekretär aus den Werken Lenins:

» ›Wenn wir weiterhin auf althergebrachte Weise in kleinen landwirtschaftlichen Einheiten wirtschaften, ... bedeutet das den unvermeidlichen Untergang.‹ (PSS, Bd. 20, S. 417)
›Nur mit Hilfe der vergesellschafteten, genossenschaftlichen Arbeit können wir uns aus der Sackgasse befreien, in die uns der imperialistische Krieg geführt hat.‹ (ebd., Bd. 24, S. 537)
›Wir müssen unbedingt zur gemeinschaftlichen Bearbeitung des Bodens in großen, mustergültigen landwirtschaftlichen Einheiten übergehen; ohne diese Maßnahme können wir Rußland nicht aus einer desolaten Lage befreien.‹« (ebd., Bd. 20, S. 418) (Stalin, Sotsch., Bd. 13, S. 189)

Voller Stolz verkündete Stalin, der Fünfjahresplan für die Landwirtschaft sei »um das Dreifache« übererfüllt worden.
Mit Hilfe der Kolchosen eignete sich der Sowjetstaat zu einem eher symbolischen Preis das gesamte Getreide des Landes an. Nach den Plänen der Bolschewiki sollten die Bauern die finanzielle Basis für die Industrialisierung des Landes erwirtschaften. Diese Absicht wurde übrigens von Lenins Nachfolgern nie verheimlicht. So erklärte Stalin am 9. Juli 1928 vor dem Plenum des ZK:

»Die Bauern entrichten an den Staat nicht nur die üblichen direkten und indirekten Steuern, sondern zahlen außerdem überhöhte Preise für Industrieprodukte ... Gleichzeitig erzielen sie für ihre landwirtschaftlichen Erzeugnisse unterdurchschnittliche Preise. Aus diesem Gefälle ergibt sich eine Zusatzsteuer für die Bauern, die der Entwicklung unserer Industrie zugute kommt ...« (Stalin, Sotsch., Bd. 2, S. 159)

Wiederum unter Berufung auf Lenin forderte der Generalsekretär zudem »außerordentliche Maßnahmen« auf dem Lande. Von der praktischen Umsetzung dieser Forderung zeugen eine Reihe von Beschlüssen des Politbüros, die Stalins Unterschrift tragen:

»Zum Telegramm von Balitzki.
Der Vorschlag der Genossen Kaganowitsch und Balitzki, 500 Kulakenfamilien aus dem Gebiet Odessa zu verbannen, wird angenommen.« (Archiv des Präsidenten, Protokoll des Politbüros Nr. 128, 16. Januar 1933)
»Zum Telegramm von Kosior.
Der Vorschlag Kosiors, 300 Kulakenfamilien aus dem Gebiet Tschernigow zu verbannen, wird angenommen.« (ebd.)

Ebenfalls im Januar 1933 wurden 700 Familien aus dem Gebiet Dnjepropetrowsk und 400 aus dem Gebiet Charkow verbannt (Archiv des Präsidenten).
Auf Initiative Scheboldajews wurden zusätzlich 30000 verurteilte Kulaken aus dem nördlichen Kaukasus in sibirische Konzentrationslager deportiert. Eine weitere Million Kulaken wurden auf

Beschluß des Politbüros in die nördlichen Rayons von Sibirien zwangsumgesiedelt. Die zuständigen Stellen in diesem Gebiet forderten daraufhin eine Verstärkung der Einheiten der GPU und für ihre Straforgane das Recht, ohne Genehmigung der Zentrale das höchste Strafmaß verhängen zu dürfen (Archiv des Präsidenten).
Der schreckliche bolschewistische Moloch der »Entkulakisierung« arbeitete kaltblütig und gnadenlos. Nach meinen – vermutlich unvollständigen – Berechnungen fielen 8,5 bis 9 Millionen russischer Bauern – einschließlich der Alten, Frauen und Kinder – diesen grausamen Maßnahmen zum Opfer. Rund ein Viertel von ihnen starb bereits in den ersten Monaten der Entkulakisierung, ein weiteres Viertel bis zum Ende des ersten Jahres ...
Die »Leninisten« im Politbüro, die ihre ungeheuerlichen Beschlüsse wie am Fließband produzierten, konnten nicht ahnen, daß ihre Genossen sich ein Vierteljahrhundert später auf endlosen Sitzungen den Kopf darüber zerbrechen würden, wo und mit welchen Mitteln sie den Getreidebedarf des Landes decken sollten.
Die Bolschewiki hatten bereits unter Lenin damit begonnen, die russischen Bauern in die Leibeigenen des 20. Jahrhunderts zu verwandeln. Lenins Erben wollten sich jedoch bis zuletzt nicht eingestehen, daß ihre Vorgänger das Land schon vor langer Zeit in eine historische Sackgasse geführt hatten.
Nur Breschnew ließ einmal eine Statistik über die Getreideernte der UdSSR in den Nachkriegsjahren erstellen. Natürlich wurde sie niemals veröffentlicht, sondern verschwand im »Besonderen Aktenordner« des Politbüros. Über ganze zwei Seiten zogen sich die Zahlenkolonnen hinweg, die einer Bankrotterklärung des Sowjetstaates gleichkamen: In all diesen Jahren mußte das Land – von einigen wenigen Ausnahmen abgesehen – einen erheblichen Getreidemangel verzeichnen (Archiv des Präsidenten, »Besonderer Aktenordner«, Nr. 743, Bl. 1–2).
Breschnew konnte es einfach nicht fassen: Die Kolchosen konnten das Land nicht ernähren? Lenins Vermächtnis war längst erfüllt, die »räuberischen Bauern« waren vernichtet – und das Getreide reichte dennoch nicht aus? In all den Jahren nach dem 20. Parteitag mußte bei den Kapitalisten Getreide gekauft werden? Was war denn mit dem sozialistischen Wettbewerb, der Neulandgewin-

nung, den Millionen Ordensträgern? Eben noch war doch aus Kiew der Vorschlag für die Einführung eines höchsten Ehrentitels – »Held der kommunistischen Arbeit« – gekommen, dessen erster Träger er selbst, Leonid Iljitsch, sein sollte ...
Gewöhnlich verfügte Breschnew, daß derartige Berichte an alle Mitglieder des Politbüros verteilt wurden. In diesem Falle zog er es jedoch vor, das Papier nicht zur Diskussion zu stellen ... Es gab Wichtigeres zu tun: drüben auf dem Schreibtisch lag ein neues, dickes Paket mit Urkunden für die Sieger im sozialistischen Wettbewerb zu Ehren des 60. Jahrestages der Oktoberrevolution. Diese Papiere wollte er noch unterzeichnen. Über den Rest lohnte es nicht, sich den Kopf zu zerbrechen ...
Selbst während der Perestrojka beharrte man in der Bauernfrage auf den alten, leninistischen Positionen. So erklärte M. S. Gorbatschow auf der Sitzung des Politbüros vom 15. Oktober 1987:

»Die Politik der Liquidierung des Kulakentums als Klasse war grundsätzlich richtig. Warum sollte man dafür andere Begriffe wählen? So war es nun einmal. Womit wir jedoch nicht übereinstimmen können, sind die Maßnahmen nach der Entkulakisierung. Unter dem Wettbewerb und der Beschleunigung der Kollektivierung hatte vor allem die bäuerliche Mittelschicht zu leiden. Dabei handelt es sich um zwei völlig verschiedene Dinge. Doch die Politik in bezug auf das Kulakentum war richtig.« (Archiv des Präsidenten, Protokoll des Politbüros vom 15. Oktober 1987)

Das waren bedrückende Worte aus dem Munde eines Reformers, der sich, wie es schien, später als viele andere vom leninistischen Dogmatismus befreite.
Die Bauern hatten sowohl unter dem Bürgerkrieg als auch unter der »sozialistischen Umgestaltung« am meisten zu leiden. Dabei war ihnen der blutige Krieg unbegreiflich, der um die Ideen und Losungen Lenins, die Appelle der Internationale und die Programme der Sozialrevolutionäre ausgebrochen war. Dennoch unterlagen gerade sie den stärksten Repressionen, wurden entrechtet, in die Verbannung geschickt und ihres Besitzes beraubt. Ein schlimmeres Schicksal als das der russischen Bauern ist kaum vorstellbar.

Die Tragödie der Intelligenz

In Rußland wurden nicht nur die Kirchen, sondern auch die Denkmäler fanatisch zerstört – kurz: alles, was das Volk an seine »verfluchte Vergangenheit« erinnern konnte. Die Statuen des Zaren, der Grafen und Fürsten, der Generale und Gouverneure wurden vom Sockel gestürzt und in den Gießereien eingeschmolzen. Das Volk wurde systematisch seiner Vergangenheit beraubt. Niemand ahnte damals, daß sich sieben Jahrzehnte später das gleiche noch einmal wiederholen sollte – freilich unter umgekehrten Vorzeichen ...

Während das Land in Hunger und Agonie lag, hatte Lenin nichts Eiligeres zu tun, als das gepeinigte Volk mit neuen gußeisernen Götzenbildern zu beglücken. Rußlands Geistesleben wurde in den Dienst der Revolution gestellt. Die revolutionäre Agitation und Propaganda erhielt nun höchste Priorität.

Krupskaja erinnert in ihren Memoiren des öfteren an Lenins Vorliebe für das Theater: »Er liebte das Theater sehr. Alle Vorstellungen, die wir besuchten, machten großen Eindruck auf ihn.« (Krupskaja, Wospominanija o Lenine, Moskau 1989, S. 468)

Mit dieser Vorliebe kann es allerdings nicht weit her gewesen sein, denn an anderer Stelle klagte Nadjeschda Konstantinowna: »Einmal gingen wir ins Theater und verließen die Vorstellung bereits nach dem ersten Akt ...«

In Moskau besuchte Lenin selten die Theater. Krupskaja berichtet, daß er einmal während einer Vorstellung von Dickens' »Heimchen am Herd« gelangweilt den Saal verließ.

Seine angebliche »Liebe« für das Theater hinderte den Revolutionsführer nicht daran, die Schließung des Bolschoj-Theaters zu unterstützen, mit der sich das Politbüro mehrfach befaßte (Archiv für neuere Geschichte).

Als Lunatscharski sich für den Erhalt des Theaters einsetzte, wurde Lenin deutlich:

»An den Genossen Molotow.
Nachdem ich von Kamenew erfahren habe, daß der Rat der Volkskommissare Lunatscharskis Vorschlag unterstützt, schlage ich dem Politbüro vor, die folgenden Beschlüsse zu fassen:
1. Das Präsidium des WZIK wird angewiesen, den Beschluß des Rates der Volkskommissare aufzuheben.
2. Das Personal der Oper und des Balletts wird auf etwa 50 Künstler begrenzt, um bei den Vorstellungen in Moskau und Petersburg kostendeckend arbeiten zu können. Größere Ausgaben, z. B. für das Bühnenbild, sind zu vermeiden.
3. Von den auf diese Weise eingesparten Milliarden wird mindestens die Hälfte für die Beseitigung des Analphabetismus bereitgestellt.
4. Lunatscharski wird ... vorgeladen und von den Beschlüssen in Kenntnis gesetzt ...« (PSS, Bd. 54, S. 110)

Niemand wird wohl bestreiten, daß die Beseitigung des Analphabetismus eine vorrangige Aufgabe war. Doch warum sollte dieses Vorhaben auf Kosten des Bolschoj-Theaters und anderer kultureller Zentren Rußlands durchgeführt werden? Lenin betrieb die Anhebung der Volksbildung auf Kosten der geistigen und kulturellen Elite.
Auch dabei ging es dem Revolutionsführer nicht um ein humanitäres Anliegen. Die Massen sollten Lesen und Schreiben lernen, damit die Bolschewiki ihre revolutionäre Propaganda effektiver verbreiten konnten. Im Dezember 1918 verfaßte Lenin seine »Instruktionen für die Zusammenstellung eines Lesebuchs für die Arbeiter und Bauern«:

»Die Aufgabe: Innerhalb von zwei Wochen soll ein Lesebuch für die Arbeiter und Bauern zusammengestellt werden ...
Themen: Der Aufbau der Sowjetmacht, ihre Außen- und Innenpolitik. Zum Beispiel: Was ist die Sowjetmacht? Wie regiert sie das Land? Das Dekret über den Grund und Boden ... Die Verstaat-

lichung der Fabriken. Die Arbeitsdisziplin. Der Imperialismus. Der imperialistische Krieg. Die Geheimverträge. Wie wir den Frieden vorbereiteten. Wofür wir jetzt kämpfen. Was ist Kommunismus? Die Trennung von Kirche und Staat ...« (PSS, Bd. 37, S. 402)

In seinen Ausführungen verlor der Revolutionsführer kein Wort über die russische Geschichte und die Vergangenheit des Landes. Hauptsache, die Arbeiter wußten über den Kommunismus Bescheid ...

Lenin merkte schon bald, daß das Bewußtsein des Volkes einer Festung glich, die nicht so leicht zu schleifen war. Die GPU allein reichte dafür bei weitem nicht aus. Man mußte die ganze Partei mobilisieren und zudem jenen kleinen Teil der Intelligenz, der die bolschewistischen Ideen unterstützte. Ohne die Hilfe der Intellektuellen konnte man das Bewußtsein von Millionen Bauern nicht vom »geistigen Ballast« des alten Regimes befreien. Daher galt es als eine der vordringlichsten Aufgaben, die Intelligenz Sowjetrußlands unter die Kontrolle der Partei zu bringen und für die revolutionäre »Umerziehung« einzuspannen.

So wurde dem »Proletkult« – einer Bewegung, die die Entwicklung einer proletarischen Massenkultur unter Ausschaltung der traditionellen Kultur auf ihre Fahnen geschrieben hatte – von Lenin, Stalin, Kamenew, Krestinski und Bucharin ein Treuebekenntnis zur Partei abverlangt: »Der Kongreß muß eine Resolution verabschieden, in der sich der Proletkult ausdrücklich dem Willen der Partei unterordnet.« (Archiv für neuere Geschichte, Protokoll des Politbüros vom 9. Oktober 1920)

Im November 1923 schrieb A. M. Gorki an W. F. Chodasewitsch:

»Im ›Nakanune‹ wurde eine Nachricht veröffentlicht, die mich schwer erschütterte. Auf Beschluß Nadjeschda Krupskajas und eines gewissen M. Speranski wurde eine Reihe von Autoren in Rußland verboten: Platon, Kant, Schopenhauer, Wladimir Solowjow, ... Nietzsche, Lew Tolstoj, Leskow, Jasinski und einige andere, sogenannte ›Häretiker‹. Ferner wurde beschlossen, daß die Abteilung für Religion nur antireligiöse Bücher in ihren Bestand aufnehmen darf.« (Nowy schurnal, Nr. 30, S. 198)

Für sieben lange Jahrzehnte sollte dem sowjetischen Leser ein bedeutender Teil der nationalen und Weltliteratur verschlossen bleiben.

Die Erziehung einer sowjetischen Intelligenz wurde eine der Hauptaufgaben der Bolschewiki. Als theoretische Grundlage diente ihnen dabei Lenins Artikel »Parteiorganisation und Parteiliteratur«.

Zunächst mußte die Intelligenz von »bürgerlichen Elementen« gesäubert werden. Diese »Säuberung« bezahlte das Land mit dem Tod, der Flucht oder der Verbannung zehntausender Persönlichkeiten des russischen Geisteslebens. Sowjetrußland wurde systematisch geistig ausgeblutet. So hieß es in einem Beschluß des Politbüros zu den »antisowjetischen Gruppierungen« vom Juni 1922:

»Dem WZIK wird vorgeschlagen, die Bildung einer Sonderkommission aus Vertretern des Außen- und des Jusitzkommissariats anzuordnen, die das Recht erhält – falls keine strengere Bestrafung erforderlich ist –, die Verbannung ins Ausland oder in bestimmte Gebiete der RSFSR als Strafmaß zu verhängen.« (Archiv für neuere Geschichte)

Unschlicht, der unter Lenin dieselbe Funktion erfüllte wie Berija unter Stalin, meldete dem Generalsekretär bereits am 2. August 1922:

»Genosse Stalin.

In Erfüllung des Beschlusses des Politbüros sende ich Ihnen das Sitzungsprotokoll der Sonderkommission sowie eine Liste der antisowjetischen Vertreter der Intelligenz von Moskau und Petrograd ... Die Kommission hat beschlossen, alle genannten Personen zu inhaftieren und außer Landes zu weisen. Ferner werden wegen Propagierung antisowjetischer und idealistischer Ideen folgende konterrevolutionäre Redaktionen geschlossen: ›Wjestnik selskogo chosjajstwa‹ [Der Landwirtschaftsbote], ›Mysl‹ [Der Gedanke] und ›Ekonomitscheskoe wosroschdjenie‹ [Ökonomische Wiedergeburt].« (Archiv des Präsidenten)

Auf der Liste der GPU standen die hervorragendsten Vertreter der intellektuellen Elite Rußlands. Bevor jedoch die Verhaftungen durchgeführt wurden, gingen die Namenslisten an Lenin, der sie aufmerksam prüfte und den einen oder anderen Namen hinzufügte, bevor er sie an die GPU, Dserschinski, Stalin und Unschlicht weiterleitete. Selbst als im Herbst 1922 die Verbannung eines bedeutenden Teils der russischen Denker bereits beschlossene Sache war, forderte Lenin von Unschlicht:

»17. 9. Genosse Unschlicht!
Bitte schicken Sie mir sämtliche Unterlagen mit den genauen Angaben, wer verbannt, verhaftet oder wer und warum von der Verbannung begnadigt wurde ... Ihr Lenin«
(Archiv für neuere Geschichte)

Die Anfrage wurde am darauffolgenden Tag gegen Mitternacht von Unschlichts Stellvertreter G. Jagoda beantwortet (Die GPU war Tag und Nacht beschäftigt; eine Menge Leute mußten verhaftet, ausgewiesen oder erschossen werden):

»18. 9. 1922 23.45 Uhr
An den Genossen W. I. Lenin.
Gemäß Ihrer Bitte sende ich Ihnen die Listen mit den entsprechenden Anmerkungen sowie eine gesonderte Aufstellung der Personen, die aus bestimmten Gründen in Moskau oder Petrograd belassen wurden.
Mit kommunistischem Gruß G. Jagoda
P. S. Die ersten Verbannten verlassen Moskau am Freitag, den 22. 9. G. Ja.« (Archiv für neuere Geschichte)

Die umfangreichen Listen waren nach Berufsgruppen gegliedert: »Professoren der 1. Moskauer Universität«, »Professoren der Landwirtschaftlichen Akademie Petrowsk-Rasumowsk«, »Professoren des Instituts für das Verkehrs- und Fernmeldewesen«, »Die Gesellschaft für freie Wirtschaft«, »Liste der antisowjetischen Professoren am Institut für Archäologie«, »Liste der antisowjetischen Redakteure im Verlag ›Bereg‹«, »Liste der Personen, die unter die

Akte Nr. 813 fallen (die Gruppe von Abrikosow)«, »Liste der antisowjetischen Agronomen und Genossenschaftler«, »Liste der Ärzte«, »Liste der antisowjetischen Ingenieure«, »Liste der Schriftsteller«, »Liste der Petrograder Schriftsteller«. Zudem existierte eine gesonderte »Liste der antisowjetischen Intelligenzler Petrograds«.

Das Schicksal der ersten 120 Intellektuellen wurde am 31. Juli 1922 durch die Unterschriften Kamenews, Kurskis und Unschlichts besiegelt. Unter ihnen befanden sich zahlreiche berühmte Vertreter des russischen Geisteslebens.

In Lenins Augen war die Ausweisung ein »humanes« Verfahren (vermutlich dachte er dabei an seine eigene, unbeschwerte Emigrationszeit in der ruhigen, reichen Schweiz).

Mit seinem üblichen argwöhnischen Blick überflog der Revolutionsführer die Liste der Verbannten und Verhafteten, von denen ihm viele persönlich bekannt waren:

»Stratonow, W. W.	Wird ausgewiesen.
Artobolewski, I. A.	Wird an das Revolutionstribunal überwiesen und wegen seiner Agitation gegen die Beschlagnahmung des Kirchenschatzes angeklagt.
Tjapkin, N. D.	Wurde verhaftet.
Welichow, P. A.	Wurde verhaftet.
Korobkow	Wurde freigelassen ... Tuberkulose im Endstadium.
Losski, N. O.	Wird ausgewiesen.
Kondratjew, I. D.	Steht unter Anklage wegen Unterstützung der Sozialrevolutionäre. Wurde verhaftet.
Frank, S. L.	Wird ausgewiesen.
Aichenwald, Ju. I.	Wird ausgewiesen.
Osorgin, M. A.	Wird ausgewiesen.
Stepun, F. A.	Wird gesucht.
Sorokin, P. A.	Wurde verhaftet. Wird ausgewiesen.
Samjatin, E. I.	Die Ausweisung wird aufgeschoben, bis ein gesonderter Befehl ergeht.

Jermolajew, N. I.	Wird nicht ins Ausland verbannt. Wird vor Gericht gestellt.
Wislouch, S. M.	Wurde verhaftet. Wird ausgewiesen.
Berdjajew, N. A.	Wird ausgewiesen.«

(Archiv des Präsidenten)

Auf einer Begleitliste der GPU wurden gesondert die verschiedenen Anklagepunkte aufgeführt. Unter dem Namen Berdjajew hieß es: »Steht dem Verlag ›Bereg‹ nahe. Kontakte zum ›Taktischen Zentrum‹ und zur ›Union der Wiedergeburt‹. Monarchist, Kadett rechter Ausrichtung, Erzreaktionär, religiös, unterstützt die kirchliche Konterrevolution. Für die Ausweisung.« (ebd.)
Natürlich wurde Lenins Brief an Unschlicht vom 17. September in der offiziellen biographischen Chronik unterschlagen. Offenbar hielten es die Autoren für wichtiger, darauf hinzuweisen, daß der Revolutionsführer sich an diesem Tag an den diensthabenden Verwaltungssekretär des Rates der Volkskommisare mit der Bitte wandte, »Briefumschläge und Klebstoff besserer Qualität« zu schicken ... (Biografitscheskaja chronika, Bd. 12, S. 378)
Zwei Tage zuvor, am 15. September 1922, hatte Lenin auf einen Brief Gorkis geantwortet, in dem dieser seine Besorgnis über die Verhaftungen in der Intelligenz zum Ausdruck brachte.
Die Antwort des Revolutionsführers fiel hart und kategorisch aus. Zunächst räumte er zwar ein, daß es bei den Verhaftungen auch zu Fehlern gekommen sei, um dann diese Aktionen doch zu rechtfertigen:

»Klar ist aber auch, daß die Verhaftung der Kadetten und ihrer Sympathisanten im Grunde eine notwendige Maßnahme darstellte ... Man darf die ›intellektuellen Kräfte‹ des Volkes nicht mit denen der Bourgeoisie in einen Topf werfen. Nehmen wir zum Beispiel Korolenko: Erst kürzlich las ich seine Broschüre ›Der Krieg, das Vaterland und die Menschheit‹ vom August 1917. Eigentlich ist Korolenko ja noch einer der gemäßigteren Vertreter aus dem Umfeld der Kadetten. Man könnte ihn sogar fast als Menschewik bezeichnen. Doch was für eine schändliche Rechtfertigung des imperialistischen Krieges hat er da in seine süßlichen

Phrasen verpackt! Er ist nur ein armseliger Kleinbürger, befangen in seinen bürgerlichen Voruteilen! Für solche Herren ist der imperialistische Krieg mit seinen 10 000 000 Toten eine gute Sache, die man verteidigen muß ... Der Tod einiger hunderttausend Menschen in einem gerechten Bürgerkrieg gegen die Gutsbesitzer und Kapitalisten treibt ihn dagegen zur Raserei ...
Die intellektuellen Kräfte der Arbeiter und Bauern wachsen im Kampf gegen die Bourgeoisie und ihre Helfershelfer, die sogenannten Intellektuellen, diese Lakaien des Kapitals, die sich als das Gehirn der Nation wähnen. In Wirklichkeit sind sie doch nur der Unrat der Nation ...«

So zynisch und vulgär beurteilte der Führer der Bolschewiki die geistige Elite seines Vaterlandes. Aus derartigen Phrasen spricht nicht nur eine erstaunliche historische Kurzsichtigkeit, sondern schlicht der blinde Klassenhaß. Nach meinen umfangreichen Studien bin ich fest davon überzeugt, daß Lenin weder Rußland selbst noch die russische Intelligenz jemals wirklich geliebt hat.
Der Revolutionsführer beendete seinen Brief mit einem scharfen Angriff auf Gorki:

»Ich habe Sie sowohl vor als auch nach dem Aufenthalt auf Capri mehrfach gewarnt: Sie verkehren in den übelsten Kreisen der bürgerlichen Intelligenz und lassen sich von deren Klagelied einlullen ... Am Ende werden Sie sich noch dazu hinreißen lassen, die Roten als die gleichen Volksfeinde wie die Weißen hinzustellen (nach dem Motto: Die Kämpfer gegen das Kapital und die Gutsbesitzer sind genauso Feinde des Volkes wie die Kapitalisten und Gutsbesitzer selbst). Passen Sie bloß auf, daß Sie eines Tages nicht noch an den lieben Gott oder an Väterchen Zar glauben ...
Sie werden zugrunde gehen, wenn Sie sich nicht aus dem Milieu der bürgerlichen Intelligenz befreien! Ich wünsche von Herzen, daß Ihnen das möglichst bald gelingt.
Mit besten Grüßen Ihr Lenin«
(Archiv für neuere Geschichte)

Durch einen Beschluß des Politbüros vom August 1922 wurden auf Initiative Lenins auch die Studenten Repressionen unterworfen:

»Der Vorschlag des Genossen Unschlicht, konterrevolutionäre Elemente innerhalb der Studentenschaft ins Ausland zu verbannen, wird angenommen. Verantwortlich für diese Maßnahme ist eine Kommission unter Leitung der Genossen Kamenew, Unschlicht und Preobraschenski.«
(Archiv des Präsidenten)

Die Bolschewiki agierten sehr weitsichtig: Nicht nur die etablierten Intellektuellen, sondern auch der Nachwuchs wurde aus der Heimat vertrieben.
Lenin kannte keine Skrupel. Wenn es um Politik ging, hatte die Moral in seinen Überlegungen keinen Platz. Das bekamen auch seine langjährigen Bekannten und ehemaligen Kampfgefährten zu spüren. So forderte er ohne zu zögern die Ausweisung A. N. Potresows, zu dem er schon seit der Jahrhundertwende persönliche Kontakte gepflegt hatte.
Bereits zu Beginn des Jahrhunderts entwickelte Lenin sein eigenes Bild von den Künstlern seiner Heimat. Selbst den wahrhaft titanischen russischen Denker und Schriftsteller Lew Nikolajewitsch Tolstoj betrachtete er ausschließlich unter dem Aspekt der Revolution. Zu dessen achtzigstem Geburtstag erschien Lenins Artikel »Lew Tolstoj als Spiegel der russischen Revolution«:

»Auf der einen Seite ist er ein genialer Künstler, der nicht nur unvergleichliche Bilder des russischen Lebens zeichnete, sondern auch Meisterwerke der Weltliteratur schuf, auf der anderen geriert er sich als Narr in Christo. Auf der einen Seite haben wir den kraftvollen, aufrichtigen Rebellen gegen die gesellschaftliche Heuchelei und Lüge, auf der anderen den ›Tolstojaner‹, einen armseligen, hysterischen Jammerlappen, einen russischen Intellektuellen, der sich schuldbewußt auf die Brust schlug und lamentierte: ›Ich bin ein schändlicher Mensch und ein Scheusal, doch ich widme mich meiner moralischen Vervollkommnung; ich esse kein Fleisch mehr, sondern ernähre mich nur noch von Reis . . .‹ « (PSS, Bd. 17)

Lenin blickte hochmütig und oberflächlich auf Tolstoj herab. Während der greise Schriftsteller noch in hohem Alter die unbedingte Priorität allgemeinmenschlicher Werte erkannte, blieb der Revolutionsführer sein Leben lang in den dogmatischen Kategorien des Klassenkampfes befangen. Lenin behauptete allen Ernstes, »der Hauptgrund für die Niederlage der ersten russischen Revolution« sei in Tolstojs Lehre vom gewaltlosen Widerstand zu suchen (ebd., S. 213). Der große Tolstoj repräsentierte für den Revolutionsführer nur die Nichtigkeit der russischen Intelligenz.
Viele russische Schriftsteller wollten sich ihrer verzweifelten Lage in der Heimat durch Emigration entziehen. Doch das Politbüro war auf der Hut. In einem Brief an das ZK erklärte Jagoda:

»Eine Reihe von Schriftstellern – darunter Wengerowa, Blok und Sologub – haben bei meinem Ministerium einen Ausreiseantrag eingereicht ... Ich gebe zu bedenken, daß Schriftsteller wie Balmont, Kuprin und Bunin, die sich bereits in der Emigration befinden, im Ausland antisowjetische Hetzkampagnen initiieren und dabei auch vor Greuelmärchen nicht zurückschrecken. Die Tscheka hält es daher nicht für vertretbar, derartigen Anträgen stattzugeben.« (Archiv für neuere Geschichte)

In bezug auf die ukrainische Intelligenz wählte man eine andere Variante. Auf Antrag Unschlichts beschloß das Politbüro: »Die Verbannung ins Ausland wird ersetzt durch die Verbannung in entlegene Gebiete der RSFSR.« (ebd.)
Ich glaube nicht, daß es den ukrainischen Intellektuellen damit besser erging. Nur wenige von ihnen überlebten bis in die unheilbringenden dreißiger Jahre, in denen sie ausnahmslos den stalinistischen Repressionen zum Opfer fielen.
Selbst ganze Künstlerensembles bemühten sich um die Ausreise. Im Mai 1921 beschloß das Politbüro unter Vorsitz Lenins bezüglich der »Ausreise der ersten Theaterschule des Künstlertheaters«:

»Die Entscheidung wird vertagt, bis Lunatscharski genaue Zahlen darüber vorliegen, wie viele der aus Rußland ausgewiesenen Gelehrten und Künstler inzwischen wieder in die Heimat zurückgekehrt sind ...« (Archiv für neuere Geschichte)

Der bolschewistischen Regierung wurde bald bewußt, daß die massenhafte Ausweisung von Spezialisten die russische Wirtschaft in eine zunehmend schwierigere Lage brachte. Am 9. August 1923 erörterte man im Politbüro unter dem Vorsitz von Kamenew einen Lagebericht Dserschinskis:

»Eine Reihe bedeutender russischer Spezialisten, die sich im Ausland in einer schwierigen Lage befinden, äußern den Wunsch, nach Rußland zurückzukehren. Wir brauchen diese Spezialisten, denn unser Land ist arm an qualifizierten Fachkräften ... Man muß ihnen die russische Staatsbürgerschaft zurückgeben ...«

Das oberste Parteigremium beschloß: »Den russischen Spezialisten wird die Rückkehr aus der Emigration gestattet. Sie werden zur Arbeit herangezogen.« (Archiv für neuere Geschichte)
Im Laufe des Bürgerkriegs hatte das Land zahlreiche Fachkräfte verloren. Nur wenige von ihnen kehrten zurück.
Ebenfalls im Jahre 1923 beauftragte das Politbüro die Tscheka mit der »Zersetzung der weißgardistischen Emigration«. Bald darauf wurde eine Auslandsabteilung der GPU gegründet, die sich speziell mit der Spionage unter den russischen Emigranten befaßte und auch vor der Liquidierung »besonders schlimmer Feinde der Sowjetmacht« nicht haltmachte.
Zahlreiche Sonderberichte sowjetischer Agenten aus den westlichen Hauptstädten belegen: Zuerst vertrieben die bolschewistischen Machthaber einen Großteil der heimischen Intellektuellen, um später deren Vereinigungen im Ausland zu »zersetzen«, öffentlich zu diskreditieren, einzelne Vertreter als Agenten anzuwerben und die verschiedenen Gruppierungen gegeneinander aufzuhetzen. Über zahlreiche berühmte Emigranten wurden Akten angelegt, in denen man akribisch jeden ihrer Schritte festhielt. So existieren unter anderem Observationsberichte über Berdjajew, Balmont, Bunin, Hippius, Mereschkowski und Nabokow. Dabei bemühte sich der Geheimdienst besonders um Berdjajew, denn man hoffte, seinen

Namen und seinen Einfluß unter den Emigranten für die Zwecke der Sowjetmacht nutzen zu können. Der zuständige Agent mußte jedoch in seinem Bericht ernüchtert feststellen: »Berdjajew ist für uns nicht von Nutzen, denn er kritisiert den Kommunismus, ist entschiedener Gegner der materialistischen Philosophie und beschäftigt sich fast ausschließlich mit Theologie.« Vermutlich wurde der berühmte russische Philosoph aus diesem Grunde bei der Auslandsabteilung der GPU unter dem Decknamen »Der Geistliche« geführt (Archiv des Verteidigungsministeriums).
Nach einigen vergeblichen Annäherungsversuchen ließen Menschinskis Spione – die ja bekanntermaßen eine alles andere als religiöse Weltanschauung vertraten – schließlich von Berdjajew ab.
Am meisten beunruhigte die sowjetische Führung, daß die Emigranten schon bald damit begannen, eigene Buch- und Zeitungsverlage aufzubauen. So meldete die Auslandsabteilung der GPU der bolschewistischen Führungsspitze:

»In Paris wurden folgende Verlage gegründet: ›Russkaja semlja‹ [Russische Erde], ›Russki otschag‹ [Russische Heimstatt] und ›Bjely archiw‹ [Weißes Archiv]. Periodika: ›Otetschestwo‹ [Vaterland] – Organ der Anhänger Nikolajews, ›Wjestnik krestjanskogo sojusa‹ [Bote der Bauernunion], ›Uchwat‹ [Die Ofengabel] – eine humoristische Zeitschrift, ›Teatr i iskusstwo‹ [Theater und Kunst], ›Djen russkoj kultury‹ [Tag der russischen Kultur] . . .«

Bei diesen Zeitungen und Zeitschriften arbeiteten Berühmtheiten wie Bunin, Kuprin, Mereschkowski, Hippius und Miljukow. Die Kremlführung befürchtete, daß über die Emigrantenverlage weißgardistische Literatur nach Sowjetrußland einsickern könne, und ergriff Präventivmaßnahmen zur Abschottung des Bewußtseins ihrer Bürger vor diesem »schädlichen, bürgerlichen Einfluß«.
Die Bolschewiki beraubten die Intelligenz systematisch ihrer schöpferischen Freiheit. Selbst die letzte Oase der Freiheit, das menschliche Bewußtsein, wurde von Verboten und Repressionen bedroht. Wer die Revolution nicht akzeptierte, aber dennoch gezwungen war, mit der neuen, bitteren Realität auf irgendeine Weise zurechtzukommen, bemühte sich um Veränderungen im

eigenen Land. In diesen Zusammenhang fiel die sogenannte »Sache der Ärzte«, ein heute in Vergessenheit geratener Vorfall aus dem Jahre 1922.
Im Sommer dieses Jahres fand in Moskau der Allrussische Ärztekongreß statt, über dessen Verlauf Semaschko, der Volkskommissar für Gesundheit, dem Politbüro berichtete:

»Auf dem kürzlich zu Ende gegangenen Kongreß der Ärzte traten derart gefährliche Strömungen zutage, daß ich die Mitglieder des Politbüros darüber nicht im unklaren lassen möchte ... Der Kongreß wurde zu einem Feldzug gegen die Sowjetmedizin und für ein Versicherungssystem auf Regionalebene. Man beabsichtigt, die Kadetten und Menschewiki zu unterstützen und ein eigenes Presseorgan zu gründen.
Was die Inhaftierung der ärztlichen Führungsspitze anbelangt: Wenn wir Granowski, Manul, Wigdortschik und Liwin verhaften ... steigern wird dadurch nicht noch deren Popularität?« (Archiv des Präsidenten)

Lenin, der im Nonkonformismus der Ärzte eine ernstzunehmende Gefahr witterte, ließ daraufhin Stalin wissen:

»Genosse Stalin. Ich meine, wir müssen Semaschkos Bericht – natürlich streng geheim und ohne Kopien – auch an Dserschinski und alle anderen Mitglieder des Politbüros weiterleiten, um auf dessen Grundlage eine Direktive auszuarbeiten.« (Archiv des Präsidenten)

Im Ergebnis zweier Sitzungen (24. Mai und 8. Juni 1922) faßte das Politbüro schließlich den Beschluß »Über die antisowjetischen Gruppierungen innerhalb der Intelligenz«, den nur Tomski mit der Begründung ablehnte: »Die Frage des Ärztekongresses erfordert eine andere Vorgehensweise, denn an vielem tragen wir selbst die Schuld.«
Laut der Direktive durften sämtliche Kongresse nur noch mit Genehmigung der GPU durchgeführt werden. Weiter hieß es:

»Die GPU überprüft die Zuverlässigkeit aller Presseorgane; beim Aufnahmeverfahren in die staatlichen Lehranstalten wird die Aussonderung verstärkt, Vorrang haben dabei die Arbeiter; die Gründung von Künstlervereinigungen oder sonstigen berufsspezifischen Zusammenschlüssen ohne vorherige Registrierung durch die GPU ist verboten; es wird eine ständige Kommission für die Ausweisung von Angehörigen der Intelligenz gegründet; die GPU wird mit der aufmerksamen Beobachtung des Verhaltens der Ärzte und anderer Gruppierungen der Intelligenz beauftragt.«

Unmittelbar nach Annahme dieser Direktive legte Unschlicht eine Liste mit unzuverlässigen Ärzten vor, auf der die bekanntesten Mediziner Rußlands zu finden waren: Werchow, Gutkin, Rubzow, Efron, Frank, Entin, Fjodorow, Werchowski, Kanzel, Gregori, Sborski, Litschkus, Teplitz, Lichatschow und Lifschitz ... Über ihre Verhaftung sollte eine von Unschlicht, Kurski und Kamenew geleitete Kommission entscheiden. (Archiv des Präsidenten)

Ideologischen Fragen maßen die Bolschewiki stets eine große strategische Bedeutung bei. So erlaubte man dem weißgardistischen General Slaschtschew die Rückkehr nach Rußland nur unter der Bedingung, daß er »seine Memoiren über die Zeit seines Kampfes gegen Sowjetrußland« verfaßte und darin »die weiße Bewegung« entlarvte (Archiv für neuere Geschichte). Selbst die Stenographen wurden ihm zugeteilt, was die Bolschewiki am Ende jedoch nicht daran hinderte, den General zu »liquidieren«.

Die Intelligenz war ihrem Wesen nach Trägerin liberaler Ideen. Wenn es dem Liberalismus gelungen wäre, seinen politischen Einfluß zu bewahren, hätte eine Diktatur des Proletariats aller Wahrscheinlichkeit nach verhindert werden können. Lenin wußte das besser als alle anderen. Nicht umsonst führte er bereits lange vor dem Oktober wütende Angriffe gegen das liberale Bürgertum. In seinem Artikel »Die Arbeiterdemokratie und die bürgerliche Demokratie« aus dem Jahre 1905 behauptete er kategorisch, in der Sozialdemokratie gebe es zwei Flügel: einen proletarischen und einen intellektuellen. Letzterer sei seinem Wesen nach liberal gesinnt und daher unfähig zu entschlossenem revolutionären Handeln. Der Liberalismus sei eine durch und durch »bürgerliche

Bewegung«. Damit stand für den Revolutionsführer das Urteil fest: Die liberalen Intellektuellen waren »Kompromißler und Lakaien der Bourgeoisie«. (Leninski sbornik, Bd. 16, S. 24–36)

Das Politbüro rief Partei und Geheimdienst gelegentlich das »klassenmäßige« Verhältnis der proletarischen Diktatur zur »liberalen Intelligenz« in Erinnerung, so auch in seiner Direktive vom 2. Januar 1923: »Die GPU wird angewiesen, Personen mit liberaler Gesinnung verstärkt zu überwachen und die Feinde der Sowjetmacht durch geeignete Maßnahmen auszuschalten.«

Verbannung ins Ausland oder in entlegene Gebiete Rußlands, Repressionen bis hin zu Erschießungen – das waren die Methoden Lenins. Doch die Intellektuellen griffen nicht zu den Waffen, zahlten es den Bolschewiki nicht mit gleicher Münze heim. Die Intelligenz machte ihrem Namen trotz aller Widrigkeiten Ehre.

Natürlich waren die Machthaber nach dem 20. Parteitag der KPdSU gezwungen, ihre Unterdrückungsmethoden zu ändern, doch das Bewußtsein der Menschen blieb weiterhin unter der ständigen Kontrolle von Partei und Geheimdienst.

In diesem Zusammenhang möchte ich das Protokoll einer Sitzung des Sekretariats des ZK der KPdSU vom 26. April 1983 zitieren. Es liegt mir fern, die Menschen zu verurteilen, deren Namen ich an dieser Stelle zu nennen gezwungen bin, denn schließlich dachten wir damals fast alle genauso wie sie.

Einen Punkt der Tagesordnung bildete das Theaterstück »Liebe Jelena Sergejewna« von L. Rasumowskaja:

»Gorbatschow: Es handelt sich hier um eine ernste Angelegenheit. Daher bitte ich besonders die Leiter der Abteilungen des ZK sowie die Vertreter des Kultusministeriums der UdSSR und der RSFSR um Aufmerksamkeit. Genosse Barabasch, erklären Sie uns bitte, wie es dazu kommen konnte, daß ein derartiges, ideologisch schädliches Theaterstück monatelang an unseren Theatern gespielt wurde. Warum hat uns das Kultusministerium nicht auf die Notwendigkeit eines Verbots für dieses Stück hingewiesen? Warum wurden wir erst vom KGB mit dieser Frage konfrontiert?

Barabasch [erster Stellvertreter des Kultusministers der UdSSR]:

Daß es überhaupt zur Aufführung des Stückes ›Liebe Jelena Sergejewna‹ kommen konnte, zeugt von einer schwerwiegenden Nachlässigkeit beim Kultusministerium der UdSSR und seinen örtlichen Organen ... Das Kultusministerium der RSFSR hat die zuständigen Stellen inzwischen angewiesen, die Frage einer weiteren Aufführung dieses Stückes zu prüfen ... In seiner jetzigen Form darf es keinesfalls weiter gespielt werden.
Gorbatschow: Warum befassen wir uns überhaupt hier im Sekretariat der KPdSU mit dieser Frage? Das ist doch nicht normal ... Wir können doch im ZK nicht über die Aufführung jedes Theaterstücks entscheiden. Wer derartige Fehler zuläßt, muß streng bestraft werden.
Barabasch: Ich möchte darauf hinweisen, daß das Stück an den meisten Theatern bereits in einer korrigierten, überarbeiteten Fassung läuft.
Ponomarew: Was konnte man an diesem mehr als dürftigen Stück schon groß überarbeiten? War eine solche Bearbeitung überhaupt notwendig?
Gorbatschow: Das Kulturministerium hat sich vor dieser Frage gedrückt. Scheinbar ist ihm die Notwendigkeit der ideologischen Erziehung von Autoren dramatischer Werke nicht bewußt. Wie lange werden wir Kommunisten denn noch davor zurückschrekken, unsere Parteipositionen und die kommunistische Moral offensiv zu verteidigen? ...
Ryschkow: Gab es irgendwelche Rezensionen dieses Stückes in unserer Presse?
Barabasch: Viktor Rosow hat es in der ›Literaturnaja gasjeta‹ verteidigt, und in der ›Sowjetskaja kultura‹ wurde es ähnlich positiv beurteilt.
Simjanin: Das Stück ›Liebe Jelena Sergejewna‹ ist doch kein Einzelfall. Derartige Versuche, unter dem Deckmantel der Kritik an negativen Erscheinungen unseres Lebens Schwarzmalerei zu betreiben, hat es auch schon früher gegeben ... Die Partei bemüht sich, solche Auswüchse schon im Keim zu ersticken, indem sie mit den Schriftstellern und Dramaturgen zusammenarbeitet und nötigenfalls bereits in der Entstehungsphase eines Werkes korrigierend eingreift ... Ist ein Stück fertiggestellt, wird es von unserer Spiel-

plankommission begutachtet. Schließlich gibt es noch die ›Glawlit‹ [die politische Zensur – D. W.], die dafür verantwortlich zeichnet, daß in unserer Presse nichts Antisowjetisches publiziert wird ...
Solomenzew: Die Mitarbeiter des Kultusministeriums wollen ihre guten Beziehungen zu den Dramaturgen und Schriftstellern nicht aufs Spiel setzen. Das überläßt man lieber uns, und das Zentralkomitee steht dann bei den Künstlern als Sündenbock da ...
Gorbatschow: Wie sich zeigt, haben wir auf dem wichtigen Gebiet der ideologischen Arbeit organisatorische Defizite zu verzeichnen ...
Kotschemasow: Natürlich bin auch ich nicht unschuldig an der ganzen Angelegenheit. Wir hätten schon längst unsere Arbeit mit den Kulturschaffenden umgestalten und ihnen ihre große Verantwortung deutlich machen müssen.
Gorbatschow: Wenn Sie das Problem erkannt haben, warum haben Sie dann nicht schon längst mit der Umgestaltung begonnen?
Kotschemasow: In diesem Fall hat einfach unser Kontrollsystem nicht funktioniert.
Gorbatschow: Wie konnte es passieren, daß ein solches ideologisch schädliches Theaterstück in unserer Presse so großen Beifall gefunden hat?
Stukalin [Leiter der Abteilung für Propaganda beim ZK der KPdSU]: In unserer Abteilung wußten wir nichts davon. Auch Rosows Artikel in der ›Literaturnaja gasjeta‹ ist uns entgangen.
Solomenzew: Wenn Viktor Rosow ein Theaterstück verteidigt, muß man immer auf der Hut sein ...
Gorbatschow: Um es offen zu sagen: Wir sind verpflichtet, den Kampf gegen derartige Erscheinungen entschlossen zu führen. Hören Sie doch nur, was eine der Personen des Stückes im Gespräch mit seinem Vater äußert:
›Was gibt es denn heutzutage noch für Ideale, Väterchen? Nenn mir doch nur ein einziges ... Das Volk kann doch nichts dafür. Du sagst, alle sind Lumpen geworden, leben wie die Tiere, ohne Gesetz ... Beruhige dich, sage ich, wir leben nun einmal in so einer Zeit ...‹
Kann man diese Worte etwa übersehen? Ein einziger dieser Aus-

sprüche müßte schon genügen, um jeden Sowjetmenschen hellhörig zu machen. Das gilt um so mehr für die Kulturarbeiter und die Zensoren.«

Von schöpferischer Freiheit konnte in Sowjetrußland wahrlich nicht die Rede sein. Dieser Protokollauszug bezeugt aber auch, daß die Intelligenz trotz ständiger Schikanen den Kampf für künstlerische Individualität und Freiheit nie aufgegeben hat.

Lenin und die Kirche

»Die Elektrizität wird den Bauern ihren Gott ersetzen. Wenn der Bauer erst einmal die Elektrizität anbetet, tritt die Sowjetmacht bald an die Stelle der Himmelsmacht.«

Das waren Lenins Worte, als er mit Miljutin, Krasin und anderen Bolschewiki über die Elektrifizierung Rußlands beriet (»Nowy schurnal«, 1944, Nr. 7, S. 309).

Die Bauern akzeptierten zwar die Elektrizität, doch Gott konnte sie ihnen nicht ersetzen. Zu tief saß der Glaube in ihren Herzen. Der Schöpfer war ihnen von Kindheit an allgegenwärtig in der kunstvollen Schönheit und Feierlichkeit der orthodoxen Liturgie. Vermutlich hätte sich der Glaube an Gott noch stärker in der russischen Seele gehalten, wenn er nicht so eng mit dem Glauben an den Zaren verknüpft gewesen wäre. Auf diese »Zweifaltigkeit« von Religion und Monarchie setzte Lenin seine Hoffnungen: War der Zar erst einmal gefallen, würde auch der Glaube bald erlöschen . . .

In dem Maße, wie die Bolschewiki im Namen eines vergänglichen, irdischen Glücks die Gewalt predigten, verurteilten sie auch die Religion.

Im selben Aufsatz, in dem Lenin die Religion zur Privatsache erklärte, heißt es nur wenige Zeilen später:

»In bezug auf unsere eigene Partei können wir es nicht dulden, daß die Religion zur Privatsache erklärt wird.«

Über der Freiheit des Gewissens stand für ihn die allmächtige kommunistische Partei. Der Revolutionsführer erging sich in Wiederholungen der alten, atheistischen Floskeln: »Das Joch der Religion ist lediglich Produkt und Widerspiegelung des ökonomischen Jochs innerhalb der Gesellschaft.« (PSS, Bd. 12, S. 143–145)

Dabei war doch offensichtlich, daß derartige Formeln überhaupt nichts erklärten, denn schließlich kann man nicht alle geistigen

Prozesse mechanisch aus einem ökonomischen Determinismus ableiten.
In seinen propagandistischen Pamphleten über die Religion gerierte sich Lenin nicht selten wie ein waschechter Liberaler: »Wir fordern die vollständige Trennung von Kirche und Staat. Wir wollen das Trugbild der Religion ausschließlich mit den Waffen unserer Ideologie bekämpfen.«
Die praktische Politik der Bolschewiki sprach freilich eine andere Sprache.
Wie nicht anders zu erwarten war, wurde nach der Machtübernahme der Kommunisten sogleich die Trennung von Kirche und Staat vollzogen, und die bolschewistische Presse fuhr ihre ideologischen Geschütze auf: Begriffe wie »Popentum«, »religiöse Vernebelung« und »Konterrevolutionäre im Priesterrock« gehörten bald zum Standardrepertoire antikirchlicher Propaganda. Eigentlich hätten die Revolutionäre es dabei belassen müssen, hatte doch Lenin persönlich versichert, man wolle den Kampf gegen die Religion auf »ideologische Waffen« beschränken. Natürlich blieb es nicht bei einer solchen Einschränkung. Erstaunlich ist nur, daß der Revolutionsführer erst im Jahre 1922 – also relativ spät – zum entscheidenden Schlag gegen die Kirche ausholte. Ihm fehlte einfach ein unmittelbarer Anlaß, denn die Geistlichkeit hatte sich bis dahin ausgesprochen ruhig verhalten und vermied jegliche Einmischung in die Politik. So erstaunte der Patriarch Tichon die Bolschewiki im Sommer 1918 mit seiner Weigerung, der »weißen Bewegung« seinen Segen zu erteilen. Über die Beweggründe des greisen Kirchenfürsten kann man nur mutmaßen: Vielleicht fürchtete er den roten Terror oder spürte intuitiv, daß die Sache der »Weißen« bereits dem Untergang geweiht war.
Anläßlich der Umwandlung der Troitzko-Sergijewskaja Lawra, eines großen orthodoxen Klosters, in ein atheistisches Museum ersuchte Tichon um eine Unterredung mit Lenin. Doch die Bolschewiki lehnten seine Bitte kategorisch ab, denn sie fürchteten, daß der öffentliche Kontakt mit einem hohen Vertreter der Geistlichkeit sie kompromittieren könnte. Zudem wollte Lenin ein Exempel statuieren, indem er aller Welt demonstrierte, wie die Sowjetmacht zur Kirche auf Distanz ging. Weitere Versuche der Geistlichkeit

(wie des Erzbischofs Wladimir), mit den neuen Machthabern zu verhandeln, wurden ebenfalls abgewiesen.
Allerdings stand Lenin während seiner Emigrationszeit in engem Kontakt zu Georgi Gapon, einem Priester, dessen Name in die Geschichte Rußlands eingegangen ist. (Georgi Apollonowitsch Gapon [1870–1906] organisierte am 9. Januar 1905 – dem »Blutsonntag« – einen Petitionsmarsch der Petersburger Arbeiter zum Winterpalais; die gewaltsame Auflösung dieser Demonstration forderte zahlreiche Opfer.)
Zum ersten Mal trafen die beiden im Februar 1905 in Genf zusammen, wo sie lange Gespräche führten, in deren Verlauf sich der Priester zur Teilnahme an den Vorbereitungen für einen bewaffneten Aufstand in Rußland bereiterklärte. Gapon organisierte die Waffenkäufe in Europa und deren Überführung nach Rußland, berief eine Konferenz aller russischen Parteien sozialistischer Ausrichtung ein und propagierte die Einberufung der Verfassungsgebenden Versammlung. Lenin fand Gefallen an der extremen, radikalen Gesinnung des Priesters und besorgte ihm einen falschen Paß, mit dessen Hilfe er nach Rußland gelangte. Im März 1906 wurde er von Sozialrevolutionären ermordet, die ihn als Provokateur verdächtigten.
Gapon war der einzige Geistliche, der je Lenins Sympathie weckte. Ansonsten war seine Einstellung gegenüber der Kirche stets von tiefer Feindseligkeit geprägt. Der Atheismus galt ihm als einer der Stützpfeiler der Sowjetmacht.
Der Revolutionsführer wartete nur auf einen Vorwand, um Rußlands Kirche den Todesstoß versetzen zu können. Da bot ihm der Patriarch Tichon endlich den lange ersehnten Anlaß. Anläßlich der großen Hungersnot der Jahre 1921/22 wandte er sich mit einem Appell an die russische Bevölkerung:

»Aas ist für die hungernde Bevölkerung zu einer Delikatesse geworden, doch selbst an diese ›Leckerbissen‹ gelangen nur die wenigsten. Das ganze Land ächzt unter der Hungersnot. Vielerorts kommt es sogar zu Kannibalismus. Von 13 Millionen Hungernden erhalten nur 2 Millionen Hilfe.
Reicht den hungernden Brüdern und Schwestern eure helfende

Hand! Mit dem Einverständnis der Gläubigen dürfen Teile des Kirchenschatzes (Ringe, Ketten und Armbänder, die für die Verzierung der Ikonen gestiftet wurden) für die Hungerhilfe herangezogen werden.« (Archiv für neuere Geschichte)

Das Politbüro befürwortete auf seiner Sitzung vom 7. Juli 1921 die Initiative Tichons und gestattete ihm sogar, seinen Aufruf über das Radio zu verbreiten. Doch Lenin beschäftigte bereits die Frage, wie er die Gelegenheit nutzen konnte, die Kirche ihres gesamten Besitzes zu berauben und ihr auf diese Weise die Existenzgrundlage zu entziehen.

Im August 1921 wandte sich Tichon erneut mit einem Appell »An die Völker der Welt und alle rechtgläubigen Christen«, und die russische Kirche gründete ein »Allrussisches Komitee für kirchliche Hungerhilfe«. Abermals wurde dazu aufgerufen, Wertgegenstände zu opfern, die keine liturgische Funktion erfüllten.

Zur selben Zeit gründeten die bürgerlichen Liberalen S. N. Prokopowitsch, E. D. Kuskowa und N. M. Kischkin ihr eigenes »Allrussisches Komitee für die Hungerhilfe«. Lenin reagierte sofort: »Unschlicht wird angewiesen, Prokopowitsch und alle anderen nichtkommunistischen Mitglieder des Hilfskomitees zu verhaften. Die Versammlung um 16 Uhr darf auf keinen Fall stattfinden.« (Archiv für neuere Geschichte)

Der Revolutionsführer duldete keine Eigenmächtigkeiten »bürgerlicher Elemente«, die laut Unschlicht zudem mit den Sozialrevolutionären in Verbindung standen und »antisowjetische Propaganda« betrieben.

Während in ganz Rußland mehr als 25 Millionen Menschen Hunger litten, wurden über das ZK der Bolschewiki riesige Mengen Geld, Gold und Edelsteine an die kommunistischen Parteien im Ausland verteilt. Allein im Jahre 1922 waren es mehr als 19 Millionen Goldrubel, die größtenteils aus dem Kirchenschatz stammten. Das Geld gelangte unter anderem nach China, Indien, Persien, Ungarn, Italien, Frankreich, England und Deutschland.

Am 23. Februar 1922 verabschiedete das WZIK auf Initiative des Politbüros unter Lenin ein Dekret, nach dem sämtliche Wertsachen aus den russischen Kirchen – notfalls mit Gewalt – konfisziert werden sollten. Daraufhin stürmten Parteiorganisationen, GPU-Einheiten und speziell zu diesem Zweck gegründete Sondertruppen die Kirchen des Landes und forderten die Herausgabe aller Wertgegenstände. Als die Priester sich weigerten, den bolschewistischen Schergen auch die heiligen Insignien ihrer Kirche zu übergeben, wurden sie verhaftet und die Gotteshäuser vollständig ausgeplündert. Bei diesen Aktionen handelte es sich um staatlich legitimierten, offenen Diebstahl, an dem die deklassierten Schichten der Gesellschaft in großem Umfang beteiligt waren.

Jeder Widerstand der Gläubigen wurde erbarmungslos unterdrückt. So berichtete die GPU dem Revolutionsführer, daß Mitte März bei einer Beschlagnahmung in dem Städtchen Schuja nahe Iwanowo mehrere Menschen ums Leben gekommen waren. Drei örtliche Kirchen waren schon geplündert, als eine Kommission aus Mitgliedern des städtischen Exekutivkomitees unter Polizeischutz in die Kirche am Kathedralenplatz eindringen wollte. Dort hatte sich bereits eine große Menschenmenge versammelt. Es kam zu Kampfhandlungen, in deren Verlauf die Polizisten Verstärkung von Soldaten des 146. Infanterieregiments erhielten, die mit zwei schweren Maschinengewehren anrückten. Noch am selben Abend übergaben die Gläubigen schließlich freiwillig 3,5 Pud silberne Wertgegenstände an das Exekutivkomitee. Doch die Kommission war damit nicht zufrieden und konfiszierte weitere 10 Pud Silber sowie zahlreiche Edelsteine.

Obwohl es sich bei dem Vorfall ganz offensichtlich um einen spontanen Protest der einfachen Leute handelte, beschuldigten die Tschekisten die »reaktionäre Geistlichkeit« der Vorbereitung des Aufstands.

Lenin war außer sich, beruhigte sich jedoch bald wieder, hatte er doch nun einen großartigen Vorwand, mit dieser Kamarilla ein für allemal aufzuräumen.

Der Patriarch Tichon antwortete auf das Dekret des WZIK mit einem weiteren Aufruf »An alle treuen Kinder der russischen orthodoxen Kirche«, in dem er seine Position zur Requirierung des Kirchenschatzes verdeutlichte:

»Aus der Sicht der Kirche handelte es sich bei dieser Anordnung um ein Sakrileg. Wir halten es daher für Unsere heilige Pflicht, den Blick der Kirche auf diese Greueltat zu richten und alle Unseren getreuen Kinder im Geiste davon in Kenntnis zu setzen.
Angesichts der besonders schwierigen Umstände entschlossen Wir Uns, alle Wertgegenstände zu opfern, die keine liturgische Bedeutung haben ... Wir können jedoch nicht die Beschlagnahmung von Gegenständen billigen, deren Benutzung für außerliturgische Zwecke der Kanon der Weltkirche verbietet und als Gotteslästerung bestraft ...« (Archiv des Präsidenten)

Lenin wertete den Appell des Patriarchen als Aufruf zum organisierten Widerstand der Kirche gegen die Beschlüsse der Sowjetmacht. Der Revolutionsführer befand sich zum damaligen Zeitpunkt gerade auf Urlaub in dem Dorf Korsinkino im Gouvernement Moskau, wo er unter dem Titel »Über die Bedeutung des kämpferischen Materialismus« einen programmatischen Artikel gegen die Religion verfaßte. Krupskaja erinnert sich, daß Lenin damals auf ihren gemeinsamen Spaziergängen häufig über die Bekämpfung der Religion sprach.
Am 19. März 1922 schrieb der Revolutionsführer einen Brief an den Sekretär des ZK, Molotow, den er mit folgendem Vermerk versah: »Ich bitte darum, daß dieser Brief auf keinen Fall kopiert wird. Alle Mitglieder des Politbüros (auch Genosse Kalinin) sollen ihre Anmerkungen direkt auf dem Original notieren.«
Lenin war sich offensichtlich bewußt, daß sein Schreiben selbst durch die »revolutionäre Zweckmäßigkeit« nicht zu rechtfertigen war, und wählte daher die höchste Geheimhaltungsstufe.
Der sechs Seiten umfassende Brief verdeutlicht nicht nur das Verhältnis des Führers der Bolschewiki zur Kirche, sondern gibt darüber hinaus Einblick in seine Einschätzung von Politik und Moral:

»Anläßlich der Ereignisse in Schuja, die ja bereits vom Politbüro eingeschätzt wurden, scheint es mir unerläßlich, einen endgültigen Beschluß im Sinne unseres Kampfplans zu fassen ...
Aus den Ereignissen in Schuja, den Zeitungsberichten bezüglich

der Einstellung der Geistlichkeit zum Dekret über die Beschlagnahmung des Kirchenschatzes sowie aus dem illegalen Aufruf des Patriarchen Tichon geht zweifelsfrei hervor, daß die reaktionäre Geistlichkeit bewußt den Plan verfolgt, uns gerade zum jetzigen Zeitpunkt eine Entscheidungsschlacht zu liefern.«

Nach diesem Lagebericht und einer in bezug auf die wirklichen Absichten der Kirche völlig verfehlten Einschätzung der Situation kam Lenin auf die Maßnahmen zu sprechen, deren Durchführung ihm »unerläßlich« erschien:

»Gerade jetzt bietet sich uns die einmalige Gelegenheit, dem Feind endgültig das Genick zu brechen und unsere Position auf Jahrzehnte hinaus zu festigen. Gerade jetzt – und nur jetzt – zu einem Zeitpunkt, da es in den Hungergebieten zu Kannibalismus kommt und die Straßen von Hunderten, wenn nicht Tausenden von Leichnamen gesäumt sind, können und müssen wir die Beschlagnahmung des Kirchenschatzes mit erbarmungsloser Härte durchführen. Auf diese Weise können wir uns einen Fonds von einigen Hundert Millionen Goldrubeln sichern (denken Sie nur an die gewaltigen Reichtümer einiger Klöster und Lawren). Ohne diesen Fonds können wir weder unseren Staat noch unsere Wirtschaft aufbauen – von der Verteidigung unserer Position auf der Konferenz von Genua ganz zu schweigen. Wir müssen diesen Fonds von einigen Hundert Millionen (vielleicht sind es sogar einige Milliarden) in unseren Besitz bringen, koste es, was es wolle.« (Archiv für neuere Geschichte)

Lenin ging es also gar nicht darum, den Millionen Hungernden zu helfen – im Gegenteil: Er nutzte die Hungersnot in zynischer Weise für die Festigung der Macht seiner Partei und des Sowjetstaates:

»Ein kluger Staatsmann [handelt es sich dabei vielleicht um Machiavelli? – D. W.] schrieb einmal sehr treffend: Wenn man zur Durchsetzung eines bestimmten politischen Ziels gezwungen ist, grausame Maßnahmen zu ergreifen, dann sollte man dies möglichst schnell und entschlossen tun, denn das Volk kann derartige Grausamkeiten nicht lange ertragen ...«

In diesem Punkt irrte der Autor. Das Volk, dem er seinen kommunistischen Weg aufzwang, erduldete über Jahrzehnte hinweg unermeßliches Leid. Allein der Bürgerkrieg kostete Rußland 13 Millionen Menschenleben. Bis zum Beginn der Kollektivierung, in der »glücklichen Zeit der NÖP«, kam in den Lagern eine weitere Million Menschen ums Leben. Die Zeit unter Stalin forderte schließlich 21,5 Millionen Todesopfer. Und das Volk ertrug geduldig all diese Grausamkeiten ...

Lenin kam in seinem Brief »zu der zwingenden Schlußfolgerung, daß wir gerade jetzt eine erbarmungslose Entscheidungsschlacht gegen die reaktionäre Geistlichkeit schlagen müssen. Ihr Widerstand muß so grausam niedergeschlagen werden, daß sie sich noch nach Jahrzehnten daran erinnern werden.«

Die Bolschewiki leisteten ganze Arbeit bei der Zerschlagung der Kirche. Von den ursprünglich 80000 Gotteshäusern überstanden nur 11525 die Pogrome (Archiv des Präsidenten). Die Kirche wurde von kommunistischen Agenten unterwandert und unter die Kontrolle des Staates gebracht. Über 14000 Priester und Kirchenfunktionäre wurden erschossen. Aus Lenins Sicht waren das noch zu wenige, hatte er doch gegenüber dem Politbüro erklärt: »Je mehr Vertreter der reaktionären Geistlichkeit und der Bourgeoisie wir im Laufe der Aktionen erschießen, desto besser.«

Bezüglich des Aufstands in Schuja verfügte er:

»Das Politbüro muß die Direktive erteilen, daß den Aufrührern von Schuja, die sich der Hungerhilfe widersetzt haben, möglichst schnell und gnadenlos der Prozeß gemacht wird. Die einflußreichsten und gefährlichsten Reaktionäre von Schuja – wenn möglich auch von Moskau und anderen geistlichen Zentren – müssen erschossen werden.« (Archiv für neuere Geschichte)

Das Politbüro hielt sich streng an Lenins Direktiven. Am 20. März verabschiedeten Kamenew, Stalin, Trotzki und Molotow ein 17-Punkte-Papier, das Trotzki ausgearbeitet hatte. Man bildete eine

Zentralkommission unter dem Vorsitz Kalinins, in die außerdem Jakowlew, Sapronow (Beloborodow), Unschlicht, Krasikow, Winokurow und Basilewitsch berufen wurden. Derartige Gremien wurden in allen größeren Städten gegründet, wobei man darauf achtete, »daß die Zusammensetzung dieser offiziellen Kommissionen keinen Vorwand für die chauvinistische Agitation« lieferte. Aus diesem Grunde war kein Jude in der Zentralkommission vertreten, obwohl ihre Leitung faktisch Trotzki unterlag.

Man wollte einen Keil in die Kirche treiben, indem man in einer breit angelegten Kampagne gezielt die »Neuerer« unterstützte. Im Anschluß daran sollte die gesamte geistliche Prominenz verhaftet werden. Kommunistische Truppen und Sondereinheiten sollten die Beschlagnahmung vor Ort absichern. (Archiv für neuere Geschichte)

Bald nachdem die Aktionen angelaufen waren, ließ Trotzki Lenin wissen: »Bislang wurde in erster Linie der Besitz von aufgelösten Klöstern, Museen und Gedenkstätten beschlagnahmt. Die Beute ist zwar beträchtlich, doch die Arbeit ist noch lange nicht beendet.« (ebd.)

In Schuja wurde ein Schauprozeß inszeniert. Grundlage war ein Beschluß des Politbüros vom 22. März: »Die Synode und der Patriarch werden ... in 15–25 Tagen verhaftet ... Den schuldigen Popen und Laien von Schuja wird binnen einer Woche der Prozeß gemacht. Die Rädelsführer des Aufstands werden erschossen.« (Archiv des Präsidenten)

Im ganzen Land wurden regelrechte Feldzüge gegen Kirche und Geistlichkeit durchgeführt. Neben den orthodoxen Kathedralen wurden auch jüdische Synagogen, islamische Moscheen und katholische Kirchen geplündert. In den Nächten hörte man Schüsse aus den Kellern der Tscheka und den nahe gelegenen Wäldern. Auf unbebautem Terrain und in Schluchten verscharrte man die Leichen der Priester und Gläubigen, bis das Glockengeläut über Rußland verstummte. Parteifunktionäre, Tschekisten und Mitglieder der örtlichen Kommissionen zählten mit Genugtuung ihre Beute: riesige Körbe voll Gold- und Silberschmuck, unermeßliche Schätze, die über Jahrhunderte hinweg von der Kirche angesammelt worden waren.

Ein erheblicher Teil der erbeuteten Wertgegenstände verschwand direkt in den Taschen der »Spezialisten« in Sachen Enteignung – Diebe und Räuber, ehemalige Häftlinge, die von den Kommissionen angeheuert wurden. Der Rest ging an das Politbüro, den Fonds der Komintern und die GPU. Nur ein geringer Teil wurde für den Ankauf von Lebensmitteln zur Verfügung gestellt.
Das WZIK informierte das Politbüro regelmäßig über die genaue Menge der erbeuteten Wertsachen:

»Bekanntmachung
über die Anzahl von Wertsachen, die bis zum 1. November 1922 in den Kirchen beschlagnahmt wurden:

Gold	– 33 Pud 32 Pfund
Silber	– 23 007 Pud 23 Pfund
Brillanten	– 35 670 Stück
Andere Wertgegenstände	– 71 762 Stück
Perlen	– 14 Pud 32 Pfund
Goldmünzen	– 3115 Rubel
Silbermünzen	– 19 155 Rubel
Verschiedene andere Wertsachen	– 52 Pud 30 Pfund

Außer den aufgeführten Wertgegenständen wurden noch 964 Antiquitäten beschlagnahmt, die einer gesonderten Schätzung unterzogen werden.« (Archiv des Präsidenten)

Man zerstörte nicht nur die Kirchen, sondern vergriff sich auch an deren Heiligtümern. So beantragte P. Krasikow, ein Mitarbeiter des Volkskommissariats für Justiz und enger Vertrauter Lenins, die Beschlagnahmung des »silbernen Grabmals« von Barnabas in Kostroma, dessen Öffnung er außerdem zu einem öffentlichen Spektakel machen wollte. Schon vorher hatten die Bolschewiki die heiligen Reliquien des ehrwürdigen Sergius von Radonesch entweiht, der wie kein anderer den Geist der russisch-orthodoxen Kirche repräsentierte. Wiederum war es Krasikow, der aus der Öffnung des Schreins eine Propagandavorstellung machte. Der Patriarch Tichon flehte die Machthaber verzweifelt an, diese Gotteslästerung zu unterbinden, doch seine Proteste verhallten ungehört. Auf Drängen Lenins veröffentlichte das Volkskommissariat

für Justiz sogar einen gesonderten Erlaß »Über die Liquidierung der Reliquien«. So erwarben sich die Bolschewiki den zweifelhaften Ruf von »Totengräbern«. »Gotteslästerung« war für sie ein Fremdwort.
Der Revolutionsführer drängte darauf, daß den Führern der Geistlichkeit der Prozeß gemacht wurde. Anfang Mai beschloß das Politbüro auf seine Initiative:

»Das Moskauer Tribunal wird angewiesen:
1) Tichon unverzüglich vor Gericht zu stellen;
2) gegenüber den Popen das höchste Strafmaß zu verhängen« (Archiv des Präsidenten).

Daraufhin erhob sich in der Weltöffentlichkeit eine Welle des Protests. Der Papst und der berühmte norwegische Forscher Nansen wandten sich persönlich an die Sowjetführung.
Zahlreiche politische Gruppierungen, darunter die deutschen Sozialisten und die schwedischen Pazifisten, legten ebenfalls Protest ein. Der Prozeß wurde zunächst verschoben.
Die Bolschewiki verfuhren mit Tichon wie mit allen anderen Geistlichen: Man setzte ihn unter Druck, indem man ihn bedrohte und ständigen Verhören unterzog, oder machte ihm Versprechungen. Im Oktober 1922 meldete Tutschkow, der bei der GPU für die Kirche zuständig war, dem ZK:

»Bericht über die Tichon-Bewegung.
Die ›weißen Popen‹ gründeten eine Gruppe namens ›Lebendige Kirche‹. Es gelang uns, Popen und Bischöfe zu entzweien ..., denn ›weiße‹ und ›schwarze‹ Geistlichkeit stehen sich feindlich gegenüber. Wir bemühen uns um den Ausschluß der Anhänger Tichons aus dem Patriarchat und den Kirchengemeinden. Wir gründen christliche Gruppen unter dem Namen ›Förderer der Erneuerung‹. Nach der Rede des Priesters Krasnitzki in der Erlöserkirche wurden 12 Laien Mitglied bei den ›Erneuerern‹.« (Archiv des Präsidenten)
Im Sommer 1923 beschloß das Politbüro:

»1. Das Ermittlungsverfahren gegen Tichon wird unbefristet weitergeführt.
2. Tichon wird mitgeteilt, daß die Zwangsmaßnahmen gegen ihn aufgehoben werden, falls er
a) ein Schuldbekenntnis über seine Verbrechen gegen die Sowjetmacht ablegt;
b) die gerichtlichen Schritte gegen ihn als gerechtfertigt anerkennt;
c) sich von den Weißgardisten und anderen konterrevolutionären Organisationen lossagt;
d) sich von der katholischen Kirche distanziert.«
(Archiv für neuere Geschichte).

Inzwischen hatten Tutschkows »Erneuerer« das Zweite Allrussische Konzil einberufen, auf dem Tichon seines Amtes als Patriarch enthoben wurde. Der greise Kirchenfürst war am Ende seiner Kräfte. Am 16. Juni 1923 unterschrieb er ein Schuldbekenntnis, das ihm ganz offensichtlich die GPU diktiert hatte:

»Vom Patriarchen Tichon (Wasili Iwanowitsch Belawin).
... Da ich in einer monarchistischen Gesellschaft aufgewachsen bin und mich bis zu meiner Verhaftung unter dem Einfluß antisowjetischer Personen befand, entwickelte ich eine feindselige Gesinnung gegenüber der Sowjetmacht ... Diese Feindseligkeit fand mit der Zeit ihren Ausdruck in aktiven Handlungen: Mein Appell anläßlich des Brester Friedens 1918, der Kirchenbann über die Machthaber im gleichen Jahr und schließlich der Aufruf gegen die Beschlagnahmung des Kirchenschatzes von 1922. Diese meine antisowjetischen Aktionen wurden in der Anklageschrift des Obersten Gerichts dargelegt. Die Entscheidung des Gerichts, mich für meine Taten zur Rechenschaft zu ziehen, erkenne ich als rechtmäßig an ... und gebe folgende Erklärung ab:
Ich bereue meine Aktionen gegen die Sowjetmacht und bitte das Oberste Gericht, die Zwangsmaßnahmen gegen mich aufzuheben, d. h., mich aus der Haft zu entlassen. Ich erkläre gegenüber dem Obersten Gericht, daß ich ab heute kein Feind der Sowjetmacht mehr bin. Ich sage mich endgültig und entschieden von der aus-

ländischen sowie der inneren, monarchistischen Konterrevolution los.

16. Juni 1923 Der Patriarch Tichon (Wasili Belawin)«
(Archiv des Präsidenten)

Erst mehrere Monate später, am 18. März 1924 – also nach Lenins Tod – reagierte das Politbüro auf die Erklärung. Im Beschluß des obersten Parteigremiums hieß es lapidar: »Die Akte Tichon wird geschlossen.« (Archiv des Präsidenten).
Bereits im Jahr darauf starb der Patriarch, gebrochen von seiner Haftzeit in den bolschewistischen Kerkern. Wer weiß, ob nicht auch in diesem Falle G. Jagoda, der Folterspezialist der Revolutionäre, seine Finger im Spiel hatte ...
Von Lenins konzertierter Aktion sollte sich die Kirche nie mehr erholen. Sie wurde in ein schmückendes Beiwerk des Staates verwandelt, ihrer Freiheit beraubt und durch kommunistische Agenten vom Schlage Tutschkows unterwandert.
Doch damit waren ihre Leiden nicht beendet. Die Repressionen gegen die Kirche sollten noch Jahrzehnte lang fortgesetzt werden ...
Nicht nur Lenin und die Bolschewiki waren schuld am Untergang der Kirche. Das Schicksal der russischen Orthodoxie war stets eng mit der zaristischen Selbstherrschaft verknüpft. Mit dem Zusammenbruch der Monarchie geriet auch die Kirche in eine schwere Krise, von der sie sich nie mehr erholen sollte.
Wäre die Geistlichkeit damals selbständig und unabhängig gewesen, hätte Rußland vermutlich eher einen kapitalistischen Entwicklungsweg eingeschlagen, und liberal-demokratisches Gedankengut wäre in der kritischen Phase des Jahres 1917 auf fruchtbaren Boden gefallen. Damit konstatiere ich lediglich eine historische Tatsache. Es liegt mir jedoch fern, der orthodoxen Kirche Vorwürfe zu machen, um so mehr, da sie ihrem Wesen nach humanistisch ausgerichtet war. Niemals ist es im Verlauf ihrer Geschichte zu Inquisition, Hexenverbrennungen oder Kreuzzügen gekommen, und Gewalt wurde von ihr stets verurteilt.
Der rasche Zerfall der Kirche führte zu einem riesigen geistigen Vakuum, das bald von den vulgärmaterialistischen Dogmen der

Bolschewiki gefüllt wurde. Der Atheismus bildete den Kern der neuen sowjetischen Religion. Der Bolschewismus zerstörte mit seiner Propaganda des Klassenhasses den Glauben der Menschen an die ewigen Werte, die der russischen Kirche heilig waren. Lenin spielte in dieser Tragödie die Rolle des Antichristen des 20. Jahrhunderts.

Siebtes Kapitel

Der geistige Kosmos

»Der Mensch befand sich in der Gewalt kosmischer Kräfte und wurde gepeinigt von den Geistern und Dämonen der Natur.«
N. Berdjajew

Die Gesellschaft, die nach den Plänen Lenins erbaut wurde, hat eine historische Niederlage erlitten. Schadenfreude ruft diese Tatsache bei uns schon allein deshalb nicht hervor, weil wir alle an ihrem Aufbau beteiligt waren. Doch wie kommt es, daß wir uns auch nach sieben Jahrzehnten noch nicht darüber im klaren sind, was wirklich im Kopf des Revolutionsführers vor sich ging? Warum war er in seinen politischen Entscheidungen so oft auf Improvisation angewiesen? Nachdem er zum Kriegskommunismus übergegangen war, der ganz seinen Überzeugungen entsprach, blies er einige Jahre später zum Rückzug und propagierte die Neue Ökonomische Politik. Warum knüpfte er seine internationalen Hoffnungen vor allem an Deutschland? Wie konnte ein Mensch, der sich für die Musik Beethovens begeisterte, eigenhändig Todesurteile unterzeichnen und einen beispiellosen Terror initiieren?

Die meisten der unzähligen »Erinnerungen« an den Revolutionsführer geben keine Antwort auf diese Fragen. Selbst N. K. Krupskaja durfte nur diejenigen Passagen ihrer Memoiren veröffentlichen, die vom ZK gebilligt wurden. Als 1938 Marietta Schaginjans Buch »Die Familie Uljanow« erschien, reagierte das Politbüro umgehend, indem es das Werk als »schädlich und feindselig« bewertete. Es hatte sich herausgestellt, daß Krupskaja an dem Roman mitgearbeitet hatte. Im entsprechenden Beschluß des obersten Parteigremiums hieß es:

»Das Verhalten von Krupskaja wird verurteilt ... Das Verhalten Krupskajas ist um so unverantwortlicher und taktloser, als die Genossin Krupskaja ohne Wissen und Einverständnis des ZK der WKP(b) gehandelt und auf diese Weise eine Parteiangelegenheit zur Privatsache gemacht hat ...« (Archiv der Russischen Föderation).

So waren die Bolschewiki: Zuerst stellten sie Lenins mumifizierten Leichnam öffentlich zur Schau, um später seiner eigenen Frau den Mund zu verbieten und weite Teile seiner privaten und politischen Biographie zu verheimlichen.
Der große russische Denker Nikolaj Berdjajew zeichnet ein tiefgründiges Charakterbild des Revolutionsführers:

»Lenin war ein typischer Russe. Er hatte ein ausdrucksvolles Gesicht mit leicht mongolischem Einschlag. Sein Charakter wies jene typisch russischen Züge auf, die dem ganzen Volk zu eigen sind: Einfachheit, Integrität, eine gewisse Grobheit, Abneigung gegen Schönfärberei und Rhetorik, praktisches Denken und Neigung zu einem nihilistischen Zynismus auf moralischer Grundlage. In einigen seiner Charakterzüge erinnerte er an jenen russischen Typ, der in Lew Tolstoj seinen genialen Ausdruck fand; allerdings verfügte er nicht über die geistige Komplexität des großen Schriftstellers ... Er vereinigte in sich Charakterzüge von Tschernyschewski, Netschajew, Tkatschew, Scheljabow, den Moskauer Großfürsten, Peter dem Großen und russischen Staatsmännern despotischer Ausrichtung ... In seinen philosophischen und künstlerischen Vorlieben, in seiner gesamten geistigen Kultur war Lenin äußerst rückständig ... Er hatte den Geschmack von Menschen der sechziger und siebziger Jahre des vergangenen Jahrhunderts. In ihm verband sich eine sozialrevolutionäre Gesinnung mit ideologischer Rückständigkeit.«
(Berdjajew, Istoki i smysl russkogo kommunisma, S. 94, 96)

Das scheint zwar paradox, doch genauso verhielt es sich. Die Ära der Revolutionen war zu Ende. Das angehende 20. Jahrhundert bot die große historische Chance zum Übergang von der Revolution zur Evolution. In Europa war die sozialdemokratische Bewegung auf dem Vormarsch, der bürgerliche Parlamentarismus begann sich zu entfalten, und im gesellschaftlichen Leben gewannen liberale Strömungen die Oberhand. Kautsky und teilweise auch Plechanow spürten das mehr als alle anderen. Doch Lenin, den das Schicksal an die Spitze einer kleinen Gruppe russischer Radikaler gestellt hatte, dachte in den Kategorien der Französischen Revolution. In seinem Artikel »Das historische Schicksal der Lehre von Karl Marx«, den er 1913 zum 30. Todestag des deutschen Theoretikers verfaßte, gliederte er die Weltgeschichte nach dem Erscheinen des »Kommunistischen Manifests« in drei Abschnitte:

»1) Von der Revolution 1848 bis zur Pariser Commune (1871).
2) Von der Pariser Commune bis zur russischen Revolution (1905).
3) Nach der russischen Revolution« (PSS, Bd. 23, S. 1).

Lenins Geisteswelt – sein Intellekt, sein Gefühl und sein Wille – war stets beherrscht von der Idee der Revolution. Sie war ihm Abgott, Leidenschaft und alleiniges Ziel. Er war der vollendete Apologet der Revolution.

Geheimnisse des Intellekts

Lenins Intellekt, also der rationale, theoretische Teil seines Bewußtseins, war stark und tiefgründig, aber auch extrem einseitig ausgerichtet. Der Führer der Bolschewiki verfügte über die Fähigkeit, gewaltige Mengen von Informationen zu verarbeiten, das Wesentliche zu selektieren und auf dieser Grundlage Entscheidungen zu treffen. Lunatscharski bescheinigte ihm eine extreme Leistungsfähigkeit (Lenin. Towarischtsch i tschelowjek, Moskau 1987, S. 218). Er konnte sich stundenlang mit Büchern beschäftigen, die ihn interessierten (in der Regel waren das Arbeiten deutscher, englischer und französischer Wissenschaftler). Die dabei entstandenen Konspekte wurden später als seine eigenen Werke herausgegeben, denen man »großen wissenschaftlichen Wert« bescheinigte. So wird ein ganzer Band seiner »Hefte über den Imperialismus« zu seinen Werken gerechnet, obwohl es sich dabei lediglich um umfangreiche Abschriften aus 148 Büchern und 232 Artikeln bürgerlicher Ökonomen handelt. Dabei hatte Lenin schon 1908 seine Ansichten über die bürgerlichen Wissenschaftler deutlich zum Ausdruck gebracht:

»Man darf einem Professor der politischen Ökonomie, der auf einem speziellen Teilgebiet durchaus in der Lage ist, wertvolle Arbeit zu leisten, kein Wort glauben, sobald die Rede auf die allgemeine Theorie der politischen Ökonomie kommt«. (PSS, Bd. 18, S. 363–364)

Bürgerliche Ökonomen und Philosophen waren für ihn nur »wissenschaftliche Zuarbeiter für die Theologen«. In seinen Exzerpten aus einem Buch von Professor Robert Lifman attestierte er dem Wissenschaftler: »Der Autor ist ein Erzesel, der großes Getue um

seine Definitionen macht ... Theoretischer Teil = völliger Blödsinn« (PSS, Bd. 28, S. 349–350).
Lenins Beziehung zu den meisten sozialdemokratischen Autoren war von Geringschätzung und Hochmut geprägt. In seinem Brief an Inessa Armand vom 13. März 1917 hieß es:

»Es drängt mich, Dir meine Eindrücke über Martynows Artikel in der ›Iswestija‹ Nr. 10 mitzuteilen. Was für ein Juwel von einem Artikel! Wahrhaftig, das Schicksal schickt uns diesen Dummkopf immer wieder zu Hilfe ... Er hat uns in jeder Beziehung geholfen (›Und Gott sandte einen Dummkopf‹) ... Dieser Dummkopf hat uns aus der Patsche geholfen ...« (Archiv für neuere Geschichte)

In den wenigen Zeilen dieses unzusammenhängenden Textes gelang es Lenin, immerhin dreimal das Wort »Dummkopf« unterzubringen. Dennoch konnte der Revolutionsführer Stunden über dem »Unsinn« der »Erzesel« zubringen, wobei er die empirischen Erhebungen dieser Autoren, für die er unverhohlene Verachtung hegte, sehr wohl für sich zu nutzen wußte.
Worüber Lenin auch sprach oder schrieb, stets kreisten seine Gedanken dabei um die Politik. Seine Politikbesessenheit nahm nicht selten geradezu monströse Formen an. Der bekannte sowjetische Diplomat Adolf Abramowitsch Joffe erinnert sich, daß Lenin an allen internationalen Angelegenheiten nur die Frage interessierte, ob ein bestimmter politischer Winkelzug die Sache der Revolution voranbrachte: »... Unmittelbar vor der Unterzeichnung eines bestimmten Vertrags ... ließ mir Wladimir Iljitsch eine Botschaft zukommen: ›Falls der Vertrag die Sowjetisierung (des betreffenden Staates) vorantreibt, bin ich mit der Unterzeichnung einverstanden; ist dies nicht der Fall, lehne ich sie ab‹« (Archiv des Präsidenten).
Lenin verfügte nicht nur über einen »politisierten« Intellekt, sondern verstand es zudem, seine politische Linie abzusichern, indem er den Haß gegen seine Feinde auf sein Auditorium übertrug. So beschreibt der Schriftsteller Beresowski in seinen Erinnerungen einen Auftritt des Revolutionsführers vor dem WZIK im April 1918:

»... Lenins Stimme zitterte vor Erregung und Haß gegen diejenigen, die die große Sache der Befreiung der Werktätigen sabotierten ... Da begann auch in den Blicken der Menschen mit den grauen Feldblusen und schwarzen Jacken der Haß zu lodern ... Sein Sarkasmus gegen die Feinde der Arbeiterklasse ... wurde mit einem ansteckenden Lachen aus dem Auditorium quittiert. Es schien, als hätte Lenin seine Gegner bereits vor ihrem Auftritt vernichtet ...

Ich erinnere mich an die dichte Menschenmenge, in deren Strom ich [nach dem Vortrag, D. W.] nach draußen getragen wurde. Die Blicke um mich herum glühten vor Enthusiasmus. Hier und da waren abgehackte Sätze zu vernehmen:

›Das werden die Menschewiki und Sozialrevolutionäre so schnell nicht vergessen ...‹

›... Iljitsch?! Der wird's ihnen zeigen, Bruder!‹

›Mit ihm an der Spitze wird bald alles uns gehören!‹

›Wir werden die ganze Welt erobern!‹«

(W. I. Lenin w wospominanijach pisatelej, S. 153–155).

Lenins politisches Denken zeichnete sich durch Erbarmungslosigkeit aus. Er hatte die Fähigkeit, alle moralischen Bedenken mit dem Verweis auf die »politische Zweckmäßigkeit« in den Wind zu schlagen. Einmal berichteten ihm D. Kurski und L. Kamenew über den Stand des Prozesses gegen Grigorjew:

»In Anbetracht der Tatsache, daß inzwischen alle Angeklagten, mit Ausnahme Grigorjews, auf Beschluß der Moskauer Tscheka erschossen wurden, und unter diesen Bedingungen eine Wiederaufnahme des Verfahrens allein wegen Grigorjew das Tribunal in eine ungünstige Lage versetzen würde ... sollte man ihn außergerichtlich beseitigen, denn eine Freiheitsstrafe würde ihn für seine Anhänger zum Märtyrer machen ...«

Lenins Antwort lautete lapidar: »Ich stimme mit Kurski und Kamenew überein.« (Archiv für neuere Geschichte)

In einem Schreiben an Tschitscherin vom 20. Juli 1920 beschäftigte sich der Revolutionsführer mit der Frage, wie man Kontakt zur Irischen Republik aufnehmen konnte, ohne dadurch die Beziehungen zu England aufs Spiel zu setzen: »Ich befürworte einen

Geheimvertrag mit der Irischen Republik (unter folgenden Bedingungen: Gegenseitige Weitergabe von Informationen, ... wenn möglich Waffenhilfe ...); über die Irische Rupublik treten wir in Kontakt zu den irischen Kommunisten ...« (Archiv für neuere Geschichte)

Als Lenin diesen Geheimvertrag vorschlug, schien er bereits vergessen zu haben, daß er selbst einst Kerenski derartige politische Praktiken zum Vorwurf gemacht hatte. Damals äußerte er in Anspielung auf den Ministerpräsidenten: »Offenheit in der Politik ist die jederzeit nachprüfbare Übereinstimmung zwischen Worten und Taten.« (PSS, Bd. 32, S. 259)

Lenins theoretische Vorstellungen über die politische Ordnung und seine Schlußfolgerungen über die »politische Zweckmäßigkeit« prägten bald auch das reale Leben.

Seine Genialität lag in der Fähigkeit, im kritischen Moment die einzig richtige Entscheidung zu treffen. Zeitweise bewegte er sich buchstäblich am Rande des Abgrunds, doch sein politisches Kalkül und teilweise auch seine Intuition halfen ihm schließlich auch in den schwierigsten Situationen.

Selbst als er bereits schwer erkrankt war, ließ der Revolutionsführer nicht von der Politik, die ihn zeit seines Lebens faszinierte. Im Sommer 1922 äußerte er gegenüber seinem Arzt Koschewnikow: »Die Politik hält mich mehr als alles andere in ihrem Bann. Nur eine noch faszinierendere Sache könnte mich davon abbringen, doch eine solche existiert nicht.« (»Iswestija ZK KPSS«, 1991, Nr. 3, S. 197)

Die totale Politisierung des Denkens mußte sich schließlich auch auf Lenins Rechtsauffassung auswirken. Obwohl gelernter Jurist, interessierte sich der Revolutionsführer kaum für die Probleme seines Fachgebiets. Das Recht war für ihn nur eine Spielart der Politik. Sein Amt als Vorsitzender des Rates der Volkskommissare bot ihm reichlich Gelgenheit, seine Rechtsauffassung in konkrete Beschlüsse umzusetzen. Seine Dekrete zeugten von einseitigem, klassenkämpferischem Denken und einem unbarmherzigen Strafrechtsverständnis.

Unmittelbar nach dem Oktoberumsturz wurde die Todesstrafe für

Soldaten abgeschafft. Trotzki erinnert sich, daß Lenin auf diesen Beschluß mit äußerster Empörung reagierte:

»›So ein Unsinn. Wie kann man denn eine Revolution ohne Erschießungen durchführen? Meinen Sie wirklich, wir können mit unseren Feinden fertig werden, wenn wir uns selbst entwaffnen? Was gibt es denn sonst für wirksame Repressionsmaßnahmen? Etwa die Gefängnisstrafe? Wer läßt sich denn mitten im Bürgerkrieg von so etwas abschrecken?‹
Man versuchte, ihn zu beruhigen, indem man ihm erklärte, die Todesstrafe sei nur für Deserteure abgeschafft worden, doch Lenin war nicht zu halten:
›Das ist ein Fehler, eine unverzeihliche Schwäche und pazifistische Illusion . . .‹
Schließlich einigte man sich darauf, im Notfall auf die Todesstrafe zurückzugreifen, falls es keinen anderen Ausweg gäbe.« (L. D. Trotzki, O Lenine, S. 101)

Der ausgebildete Jurist hielt es für legitim, entgegen dem geltenden Recht Menschen zu erschießen. Mit Lenins Hilfe erhoben die Bolschewiki die Gesetzlosigkeit zum Gesetz.
Der Revolutionsführer hatte eine Schwäche für Schauprozesse und empfahl der Tscheka sowie dem Volkskommissariat für Justiz, die Bevölkerung durch »politische Prozesse« einzuschüchtern. So forderte er A. D. Zjurupa brieflich dazu auf, gegen »falsche Rechnungsführung und sonstige Nachlässigkeiten in Geschäftsdingen eine Reihe von exemplarischen Prozessen« zu organisieren und dabei »die härtesten Strafen« zu verhängen (PSS, Bd. 54, S. 160). Lenin war davon überzeugt, daß die Loyalität des Volkes gegenüber der Regierung in dem Maße wuchs, wie die Öffentlichkeit von den grausamen Strafmaßnahmen Kenntnis erhielt. Gleichzeitig empfahl er jedoch Unschlicht:

»Öffentliche Prozesse sind nicht immer opportun; die Gerichte müssen mit Ihren Leuten verstärkt werden, überhaupt müssen die Tribunale stärker mit der Tscheka zusammenarbeiten; die Gerichtsverfahren müssen beschleunigt werden, wobei auf eine größere repressive Wirkung der Urteile zu achten ist; das ZK muß sich verstärkt mit dieser Frage auseinandersetzen.« (PSS, Bd. 54, S. 144)

Zu Beginn des »roten Terrors« wurden regelmäßig Listen der Erschossenen veröffentlicht, bis die Zahl der Delinquenten ins Unermeßliche wuchs und die Zeitungen mit dem Druck nicht mehr nachkamen. So errichteten die Bolschewiki ihre »gerechte« Gesellschaft.
Mit dem Philosophen Lenin beschäftigte sich W. W. Senkowski, Professor am Theologischen Orthodoxen Institut von Paris, in seinem grundlegenden Werk »Geschichte der russischen Philosophie«:

»Lenins philosophische Interessen konzentrierten sich beinahe ausschließlich auf die Geschichtsphilosophie. Alle anderen Fragen interessierten ihn nur in dem Maße, wie sie die Geschichtsphilosophie tangierten. Innerhalb der Geschichtsphilosophie akzeptierte er wiederum nur die Lehre von Marx, der Rest war ihm gleichgültig. Diese geistige Beschränktheit verlieh seinen Schriften einen – im schlechten Sinne – scholastischen Charakter. Was immer der Position des dialektischen Materialismus entsprach, akzeptierte er bedenkenlos; was dieser nicht entsprach, wurde von ihm ebenso bedenkenlos verworfen.« (W. W. Senkowski, Istorija russkoj filosofii, Bd. 2, Paris 1950, S. 285)

Senkowski hatte mit seinen Ausführungen keinesfalls übertrieben, sondern bestätigte nur Lenins eigene Thesen aus dessen philosophischer Arbeit »Materialismus und Empiriokritizismus«: »In dem Maße, wie wir uns nach der Theorie von Marx richten, werden wir uns der objektiven Wahrheit mehr und mehr annähern (ohne sie freilich jemals vollständig zu erfassen); die Beschäftigung mit allen anderen Theorien führt dagegen nur zu Verwirrung und Lüge« (PSS, Bd. 18, S. 144).
Im Grunde kam dies der Behauptung gleich, daß nur die Anhänger der marxistischen Methodologie wahre Wissenschaftler sind. Lenins Verdienst auf dem Gebiet der Philosophie bestand darin, daß er diese Wissenschaft um eine soziale Komponente bereicherte.

Bedauerlicherweise zielte die leninistische Philosophie jedoch darauf ab, die Philosophen in zwei große Lager zu spalten: auf der einen Seite die »reinen« Materialisten und auf der anderen die »unreinen« Idealisten.
Der Revolutionsführer sprach mit großer Hartnäckigkeit jeder philosophischen Schule ihre Wissenschaftlichkeit ab, die der Religion ein Existenzrecht zubilligte.
Über Lenins allgemeine wissenschaftliche Standpunkte kann man geteilter Meinung sein. Wissenschaftliche Auseinandersetzungen sind ja in der philosophischen Literatur durchaus üblich. Das erklärte Prinzip der Parteilichkeit bei der philosophischen Analyse der Wirklichkeit sprengt jedoch den Rahmen der Wissenschaft und führt direkt in den Bereich des ideologischen Kampfes und seiner bolschewistischen Grundsätze.
Der Ausschließlichkeitsanspruch, den Lenin für die marxistische Philosophie formulierte, zeugt von einer dogmatischen Beschränktheit, wie sie besonders in seinem Hauptwerk »Staat und Revolution« zum Ausdruck kommt.
In seiner politischen Theorie und Praxis suchte der Revolutionsführer stets Zuflucht bei den Werken der marxistischen Klassiker. Ein passender Verweis auf die Gründerväter des Marxismus ist bis heute das Hauptargument von Kommunisten in der politischen Auseinandersetzung. In einer seiner letzten Arbeiten kritisierte Lenin den Menschewik Suchanow mit den folgenden Worten: »Sie behaupten, für den Aufbau des Sozialismus sei ein bestimmtes Maß an Zivilisiertheit erforderlich . . . Wenn dem so ist, warum schaffen wir dann bei uns nicht diese Voraussetzungen, indem wir die russischen Gutsbesitzer und Kapitalisten verjagen? . . . In welchen Büchern steht denn geschrieben, daß derartige Eingriffe in die gewöhnliche historische Abfolge unzulässig oder unmöglich sind?« (PSS, Bd. 45, S. 381)
Nach Lenin war alles erlaubt, was von den marxistischen Klassikern nicht ausdrücklich verboten wurde, sogar die Änderung der »historischen Abfolge«.
Die ästhetische Seite von Lenins Intellekt hatte eine weniger despotische Ausrichtung, vielleicht, weil er sich auf diesem Gebiet nicht als Experte fühlte. Jedenfalls war er gegenüber ästhetischen

»Häretikern« wesentlich nachsichtiger als gegenüber politischen »Abweichlern«. Berdjajew hat vermutlich ein wenig übertrieben, als er Lenin in Kunstdingen »Schlichtheit und Konservatismus« bescheinigte, war jedoch mit dieser Einschätzung nicht weit von der Wirklichkeit entfernt. (Berdjajew, Istoki i smysl russkogo kommunisma, S. 99)

Lenin war ein typischer »Kunstkonsument« mit ausgesprochen konservativem Geschmack. Seine Kenntnis der literarischen Klassiker war jedoch beeindruckend. In seinen Werken zitierte er am häufigsten Tschernyschewski (über 300mal!), dagegen sind nur zwei Dostojewski-Zitate belegt. Sozialkritische Schriftsteller und Satiriker wie Gribojedow, Saltykow-Schtschedrin und Gogol schienen ihn mehr zu interessieren als Puschkin oder Lermontow. Lenin las alle literarischen Werke aus dem Blickwinkel des Politikers und suchte in ihnen Antworten auf seine sozialökonomischen Fragen.

Neben Tschernyschewski und den oben bereits aufgeführten Schriftstellern las er mit Vorliebe Nekrasow, Uspenski, Gorki, Turgenjew, Tolstoj, Gontscharow und Pisarew. Er zog eindeutig die Klassiker den modernen Schriftstellern seiner Zeit vor. Besonders gefielen ihm Tschernyschewskis »Was tun?« und Gorkis »Mutter«: Werke, in denen die sozialen und politischen Probleme Rußlands im Vordergrund standen.

Gorki stand er sehr nahe, obwohl gerade dieser Schriftsteller ihn besonders heftig kritisierte, so in seinem Artikel vom 7. (20.) November 1917:

»Lenin und seine Mitstreiter sind zu jedem Verbrechen fähig. Davon zeugen die Massaker von Petersburg und Moskau, die Beseitigung der Pressefreiheit und die unsinnigen Verhaftungen ... Dahin also treibt der Führer das Proletariat ... Lenin ist kein allmächtiger Wundertäter, sondern ein kaltblütiger Taschenspieler, dem weder die Ehre noch das Leben des Proletariats etwas bedeuten.« (M. Gorki, Neswojewremmenye mysli, S. 102, 103).

Natürlich wurde dieser Artikel nicht in die dreißigbändige Gesamtausgabe der Werke des Schriftstellers aufgenommen, denn

die Bolschewiki konnten nicht zulassen, daß Gorkis Kritik an Lenin in der Sowjetunion publik gemacht wurde.
Gorki änderte jedoch bald seine kategorische Haltung gegenüber dem Revolutionsführer, war er doch in der Folgezeit oft genug auf dessen Hilfe angewiesen. So bat er den Vorsitzenden des Rates der Volkskommissare im April 1919 um die Freilassung von N. A. Schklowskaja, einer Linken Sozialrevolutionärin und Sekretärin Alexander Bloks, die auch tatsächlich ein halbes Jahr später aus der Haft entlassen wurde. Im September 1920 wandte er sich abermals persönlich an Lenin mit der Bitte, dem bekannten Verleger S. A. Grschebin die Ausreise zu genehmigen. Die zahlreichen Gespräche zwischen dem Schriftsteller und dem Revolutionsführer blieben nicht ohne Wirkung: Der charismatische Lenin schlug Gorki bald in seinen Bann.
Als Privatperson betrachtete Lenin Literatur und Kunst aus der Sicht des Konsumenten, vom Standpunkt des Parteiführers sah er in ihnen jedoch ein mächtiges Instrument der politischen Einflußnahme. Aus dieser Einstellung erklärt sich auch seine Ablehnung von Oper und Ballett, die er als »höfische Kunst« abqualifizierte. In einer Resolution, die er für den Kongreß des Proletkult verfaßte, machte Lenin noch einmal seine Kunstauffassung deutlich: »Die Hauptaufgabe der Kunst besteht in der Entfaltung der besten Vorbilder und Traditionen der bestehenden Kultur vom Standpunkt des Marxismus, unter Berücksichtigung der Lebens- und Kampfbedingungen des Proletariats in der Epoche der Diktatur.« (Leninski sbornik, Bd. 35, S. 148)
Lenins machtvoller Geist war eindimensional und beschränkt. Er konzentrierte seine ganze Kraft auf die Politik, den Marxismus, die Diktatur des Proletariats, den Klassenkampf und die Revolution.

Ein »Mann des Schicksals«

Im Oktober 1920 hielt Lenin vor dem dritten Komsomol-Kongreß eine Rede, die unser Land über Generationen hinweg ideologisch prägte. Millionen Sowjetmenschen übernahmen kritiklos Lenins Diktum über die Moral: »Die einzig wahre Moral ist den Interessen des proletarischen Klassenkampfes untergeordnet.«

Damit predigte der Revolutionsführer de facto eine Moral des sozialen Rassismus. In seinen Augen waren die Reichen und Mächtigen die Urheber aller Sünden der Welt. Die Bauernjugend belehrte er: »Wenn ein Bauer sich den Getreideüberschuß aneignet, den er auf seinem Stück Land erwirtschaftet hat, also Getreide, das weder er noch sein Vieh zum Leben benötigen, ... dann hat er sich bereits in einen Ausbeuter verwandelt.«

Jeder Landwirt, der einen Überschuß erwirtschaftete und nicht bereit war, seinen Gewinn an den Staat abzuführen, wurde als Feind der Sowjetmacht gebrandmarkt.

Lenins Kriterien für die Moral orientieren sich ausnahmslos an den Aufgaben des Aufbaus der kommunistischen Gesellschaft (PSS, Bd. 41, S. 298–318).

Der politische Terror, die Beschlagnahmung des Kirchenvermögens, die Konzentrationslager für Andersdenkende – jede noch so grausame Maßnahme wurde moralisch gerechtfertigt, diente sie doch dem »Aufbau des Kommunismus«. D. Schturman bemerkte zu dieser verhängnisvollen Logik: »Die soziale Ethik, die Lenin vor diesen unwissenden Heranwachsenden ... verkündete, entsprach voll und ganz Hitlers unheilvoller Formel: ›Ich befreie euch von der Chimäre eures Gewissens.‹« (Dora Schturman, W. I. Lenin, Paris 1989, S. 75)

Lenin hatte schon wenige Monate nach dem Oktoberumsturz jegliches Gespür für den Unterschied zwischen Gut und Böse

verloren. Sein unbedingter Glaube an die marxistischen Dogmen führte nach der Machtergreifung zu einem hemmungslosen sozialen und moralischen Fanatismus.
»Im Namen der Revolution!«, »Auf Beschluß des Rates der Volkskommissare!« oder »Im Interesse des Proletariats!« lauteten die Parolen, in deren Namen man ungehindert die Kirchen plünderte, die »bürgerliche Intelligenz« zur Zwangsarbeit heranzog und »Faulenzer« an die Wand stellte. Lenin hatte eine neue, intolerante und erbarmungslose Moral geschaffen.
Während der Revolutionsführer dem eigentlichen Träger der kommunistischen Gesellschaft, dem Proletariat, nur das absolute Existenzminimum zubilligte, versorgte er die Parteispitze großzügig mit materiellen Gütern.
Als die Regierung von Petrograd nach Moskau verlegt wurde, begnügte sich die Parteiführung nicht mit den besten Hotels der Hauptstadt, sondern bezog schon bald die historisch bedeutenden Räumlichkeiten des Kreml. Bereits 1918 wurden die Villen der geflüchteten Industriellen und Adeligen in den Vororten Moskaus für die Führungsspitze beschlagnahmt. Während das Verkehrssystem des Landes zusammenzubrechen drohte, beanspruchten die neuen Würdenträger ganze Sonderzüge für ihre ausgedehnten Kuraufenthalte im Ausland.
Lenin erkundigte sich regelmäßig nach dem Befinden seiner Mitstreiter. So informierte ihn Krestinski in zwei Briefen vom 12. und 14. November 1921 detailliert über den Gesundheitszustand von Rosmirowitsch, Rykow und Sokolnikow, wobei er selbst die Hämorrhoiden von Karachan und Zjurupa nicht unerwähnt ließ ... (Archiv für neuere Geschichte)
Die Protokolle des Politbüros quellen über von Urlaubsbewilligungen für Trotzki, Stalin, Bucharin, Kamenew und die übrigen Parteioberen. So genehmigte das oberste Beschlußorgan der Bolschewiki Krestinski am 28. März 1921 einen zweimonatigen Kuraufenthalt in Deutschland (ebd.).
Während in Rußland mehr als 20 Millionen Menschen hungerten, beantragte Lenin die Einrichtung eines Erholungsheims für die »verantwortlichen Mitarbeiter« Petrograds. Als im Wolgagebiet bereits die ersten Fälle von Kannibalismus bekannt wurden, befür-

wortete der Revolutionsführer in einem weiteren Schreiben an Molotow die Berufung von Leibärzten »zur Beobachtung des Gesundheitszustands der verantwortlichen Mitarbeiter«. Die Ärzte sollten dem ZK wöchentlich über das Befinden der Funktionäre Bericht erstatten. (Archiv für neuere Geschichte) Das Ausmaß der bereits damals üblichen Privilegien für die Parteifunktionäre ließ berechtigte Zweifel daran aufkommen, ob die »neue Gesellschaft« wirklich für das gesamte Volk errichtet wurde.

Lenin maß vielen kritischen Situationen für die Sowjetmacht eine existenzielle, beinahe apokalyptische Bedeutung bei. So schrieb er am 10. Mai 1918 an A. D. Zjurupa: »Wenn wir nicht augenblicklich einen erbarmungslosen Feldzug gegen die ländliche Bourgeoisie führen, ist der Untergang der Revolution unvermeidlich.« (Leninski sbornik, Bd. 18, S. 163)

Kurz darauf prophezeite er in einem Telegramm an den Departementssowjet von Kineschma: »Wenn wir die beispiellosen Schwierigkeiten nicht meistern, ist die Sache der Revolution unweigerlich zum Untergang verurteilt.« (ebd., S. 165)

Die Jugend des Landes beschwor er: »Ohne die bewußte Disziplin der Arbeiter und Bauern ist unsere Sache verloren.« (PSS, Bd. 41, S. 306)

Den drohenden Untergang beständig vor Augen, war Lenin dennoch bereit, die Karawane der Revolution um jeden Preis ans Ziel zu führen. Er war von seiner messianischen Bestimmung überzeugt und fühlte sich als »Mann des Schicksals«.

Trotzki erinnert sich an ein Gespräch mit dem Revolutionsführer in einer Situation, als der Zusammenbruch der Sowjetmacht unmittelbar bevorzustehen schien. Auf seine Frage, was geschehen würde, falls die Deutschen bis nach Moskau vorstießen, antwortete Lenin:

»Dann ziehen wir uns weiter nach Osten zurück ... und gründen eine Uralrepublik. Dabei können wir uns auf die Industrie des Uralgebiets, die Kohlevorräte von Kusnezk, das Proletariat im Ural und auf die Moskauer und Petrograder Arbeiter stützen, die mit uns nach Osten ziehen ... Falls nötig, ziehen wir uns bis hinter den Ural, meinetwegen bis nach Kamtschatka zurück. Wir werden unsere Position in jedem Fall behaupten. Wenn sich die internationale Lage dann wendet, rücken wir von der Uralrepublik wieder bis Moskau und Petrograd vor ...« (Trotzki, O Lenine, S. 88–89)

Land und Leute waren Lenin gleichgültig, wenn er nur seine Macht behaupten konnte ...
Dennoch zeigte er gelegentlich Anzeichen von Mitgefühl. So erinnert sich A. M. Gorki an Lenins Vorliebe für die Beethoven-Sonaten in der Interpretation von Isaj Dobrowejn. Darauf angesprochen, gab der Revolutionsführer zu bedenken:

»Ich kann diese Musik nicht oft hören, denn sie versetzt mich in eine Stimmung, in der ich den Menschen den Kopf streicheln möchte, die in einer schmutzigen Hölle leben und dennoch fähig sind, etwas so überwältigend Schönes hervorzubringen. Wenn man jedoch heutzutage jemandem den Kopf streichelt, beißt er einem die Hand ab. Wir müssen zuschlagen, erbarmungslos zuschlagen, obwohl wir Gewalt im Grunde ablehnen ...« (Wospominanija o Wladimire Iljitsche Lenine, Bd. 3, S. 244)

Bisweilen gewinnt man den Eindruck, daß Lenin gerade in den traditionellen Tugenden des russischen Volkes eine Hauptbedrohung für die Revolution sah. In seiner Rede vom 23. April 1924 berichtete Trotzki: »Wladimir Iljitsch sagte: ›Die Hauptgefahr besteht darin, daß der russische Mensch von Grund auf gut ist.‹ Als General Krasnow freigelassen wurde, war nur Iljitsch dagegen, fügte sich aber schließlich dem Willen der anderen ...« (Archiv der Russischen Föderation)
Rein äußerlich stach Lenin kaum aus der Masse hervor. Man hätte ihn ohne weiteres für einen mittleren Gutsbesitzer halten können. Er war ein verschlossener Mensch, der es nicht mochte, wenn »Fenster und Türen ständig offenstanden«. Wenn der Revolutionsführer von seiner Familie sprach, wurde er sentimental. Laut Walentinow liebte er es, ganze Abende lang Fotoalben mit Bildern seiner Verwandten zu betrachten. Er mochte keine Restaurants und aß vorwiegend zu Hause. Während seiner Emigrationszeit versorgte ihn die Mutter mit getrocknetem Stör, Lachs und Kaviar.

Seine Frau und die Schwiegermutter wurden durch Bedienstete von der Hausarbeit entlastet, eine Gewohnheit, die die Familie auch nach dem Oktoberumsturz beibehielt.
Die bürokratische Kleinarbeit für die Partei belastete ihn sehr, wie aus einem Brief an I. Armand vom Mai 1914 hervorgeht: »Wie ich diese Hektik und den ganzen Kleinkram hasse, und doch bin ich untrennbar daran gekettet!! Das ist ein weiteres Anzeichen dafür, daß ich faul und müde geworden bin und mich in einer schlechten Verfassung befinde. Im Grunde liebe ich ja meinen Beruf, doch im Moment hasse ich ihn beinahe . . .« (PSS, Bd. 48, S. 285)
Wie man sieht, ging Lenin bereits davon aus, daß »Revolutionär« ein Beruf wie jeder andere war.
Der Revolutionsführer war sehr penibel. Auf seinem Schreibtisch herrschte Ordnung. Das Bohemienleben einiger russischer Sozialdemokraten in der Emigration war ihm ein Greuel. Er mochte zwar keinen Wein, doch zu einem guten Bier ließ er sich gerne überreden. Schon in seiner Jugend hatte er das Rauchen aufgegeben, und es war ihm zuwider, wenn andere in seiner Gegenwart zur Zigarette griffen.
Persönlichem Streit ging Lenin meist aus dem Weg. Er war ausgesprochen vorsichtig und zeigte sich nach seiner Ankunft in Moskau nur noch in Begleitung seiner Leibwache, die nach dem Attentat noch verstärkt wurde. Lenin war der festen Überzeugung, daß die politischen Führer »unantastbar« sein mußten und sich keinerlei Risiko aussetzen durften.
Auf der einen Seite erwies sich der Revolutionsführer als fürsorglicher Mensch, der sich in zahlreichen Briefen liebevoll nach seiner Familie erkundigte. Als besorgter Parteigenosse empfahl er Stalin, sich häufiger Urlaub zu gönnen, und beantragte beim Politbüro eine Milchdiät für Rykow. Er achtete genau auf seine Eß- und Trinkgewohnheiten, denn seine Gesundheit ging ihm über alles.
Auf der anderen Seite bereitete er sich im stillen beharrlich auf seine Rolle als Partei- und Revolutionsführer vor. Trotzki erinnert sich, daß »Lenin nach dem Sturz der Provisorischen Regierung in allen Dingen wie ein Regierungschef handelte« (L. D. Trotzki, O Lenine, S. 102).
Nach der Machtübernahme kamen sein revolutionärer Maxima-

lismus, seine Erbarmungslosigkeit und Härte erst richtig zum Vorschein.

Lenin fühlte sich von der Vorsehung berufen. In diesem Sinne hatte Berdjajew recht, wenn er ihn als einen »Mann des Schicksals« bezeichnete.

Prophet der Komintern

Lenin, der noch ganz unter dem Eindruck der Sitzung des Kongresses der Komintern stand – der Meldungen aus den Reihen der Teilnehmer, der eigenen Analyse und vor allem des Erfolgs, den die Rote Armee bei ihrem Vormarsch auf Warschau hatte –, schickte am Abend des 23. Juli 1920 ein verschlüsseltes Telegramm nach Charkow an Stalin:

»Die Lage in der Komintern ist glänzend. Sinowjew, Bucharin und auch ich glauben, daß man die Revolution in Italien jetzt unbedingt vorantreiben sollte. Ich persönlich meine, daß hierzu die Sowjetisierung Ungarns, vielleicht sogar Tschechiens und Rumäniens vonnöten ist. Das ist genauestens zu überlegen. Teilen Sie mir in allen Einzelheiten mit, zu welchem Schluß Sie kommen. Die deutschen Kommunisten denken, daß Deutschland in der Lage ist, eine Armee von 300 000 Mann gegen uns aufzustellen. Lenin«
(Archiv für neuere Geschichte)

Zur selben Zeit war laut Trotzki bereits ein anderer Beschluß gefaßt worden: »Wir sind – dieses Mal auf Lenins Initiative – das Risiko eingegangen, dem polnischen Kleinadel und der polnischen Bourgeoisie mit dem Bajonett auf den Zahn zu fühlen« (Trotzki, O Lenine, S. 87). Im gleichen Jahr, im September 1920, wird Lenin sich noch unverhohlener äußern: »Durch den Angriff auf Warschau tragen wir zur Sowjetisierung Litauens und Polens sowie zur Revolutionierung Deutschlands bei.« Als Lenin dies im politischen Bericht auf der 9. Konferenz der RKP(b) bekundete, rief er allerdings in den Saal: »Ich bitte darum, das jetzt nicht zu notieren, da es nicht in die Presse gelangen soll« (Archiv für neuere Geschichte). In seinem Schlußwort sagte Lenin: »Sogar der Mißerfolg in Polen

kann uns nicht aufhalten. Wir werden daraus nur für den Angriffskrieg lernen. Wir werden Ungarn und Italien helfen und auf diese Weise riskieren, daß wir uns bei jedem Schritt daran erinnern werden, wo wir haltmachen müssen« (Archiv für neuere Geschichte).
Der Marsch auf Warschau und weiter bis an die Grenzen Deutschlands wurde auf Lenins persönliche Initiative unternommen. Im Ergebnis der großen Niederlage bei Warschau wurde Rußland dazu gezwungen, dem um so viel kleineren Land eine große Kontribution zu entrichten. Das ehemalige Imperium verlor praktisch seine polnischen Provinzen. Doch selbst in dieser Situation waren die Bolschewiki nicht in der Lage, würdevoll zu handeln. Als die ersten Zahlungen fällig wurden, entschied Moskau, diesen Betrag in Wertsachen zu begleichen, deren realer Wert allerdings um ein Vielfaches zu hoch veranschlagt wurde. Es handelte sich also schlichtweg um Betrug.
Nachdem Tschitscherin von der Reaktion Warschaus erfahren hatte, gab er Lenin und dem Politbüro sogleich Bescheid:

»Wir haben uns Polen gegenüber verpflichtet, also müssen wir uns auch daran halten, am 1. November 10 Millionen Rubel in Gold und Brillanten zu zahlen. Die Brillanten, die wir ihnen bereits übergeben haben, wurden von polnischen Experten auf 2,5 Millionen Rubel in Gold geschätzt. Wir verfügen über keine weiteren Edelsteine mehr, die wir ihnen aushändigen könnten. Der Pole Olszewski hat uns im voraus zu verstehen gegeben, daß die Presse, falls wir einer derart fehlerhaften Schätzung überführt werden würden, dieses Thema weidlich ausschlachten würde ... man wird uns damit ungeheuer kompromittieren.
Ein anderer Ausweg wäre, die Differenz unverzüglich in Gold zu begleichen; doch 7,5 Millionen in Gold zum Fenster hinauszuschmeißen, wäre denn doch kaum erträglich.
Man könnte ferner versuchen, die noch fehlenden Steine sofort zu beschaffen. Wir besitzen viele Edelsteine, die aber weder sortiert noch geschätzt sind ... Es sind keine Leute dafür vorhanden ... Der ehemalige Direktor der Darlehenskasse, Lewitzki, befindet sich im Gefängnis. Alexandrow, der Schätzer, ist ebenfalls inhaftiert. Es ist eine Verfügung des Politbüros erforderlich, damit sie

wieder unter normalen Umständen arbeiten können ...« (Archiv für neuere Geschichte)

Lenin war einverstanden. Allem Anschein nach hatte er wegen des polnischen Abenteuers keinerlei Gewissensbisse. Ihm tat es weder um die mehreren Tausend unnötigen geopferten Menschenleben leid noch um die Millionen Rubel aus dem Volksvermögen, die man aufgrund seiner revolutionären Grillen einbüßte.
Auf diese Weise endete der Versuch Lenins, seine Prophezeiung – das Entfachen eines revolutionären Brandes in Europa – direkt und im Sturm zu verwirklichen.
Vom Untergang des Kapitalismus ist heute schon lange nicht mehr ernsthaft die Rede. Im Gegenteil, viele kapitalistische Länder haben bereits einen »Sozialismus« geschaffen, von dem Lenin nur träumen konnte.
Lenins falsche Prophezeiung kam nicht von ungefähr, denn eine klassenspezifische Wahrheit gibt es nicht und wird es nie geben. Dabei hatte der Revolutionsführer selbst die Möglichkeit, konkrete Voraussagen zu treffen, in Zweifel gezogen: »... Die Versuche, im voraus Chancen mit hundertprozentiger Genauigkeit zu berechnen, waren Scharlatanerie oder hoffnungslose Pedanterie« (Lenin, PSS, Bd. 14, S. 378–379). Gegen dieses nüchterne Urteil ist schwerlich etwas einzuwenden. Doch wie ist diese Aussage mit der Tatsache in Einklang zu bringen, daß Lenin den Zeitpunkt, wann der Kommunismus kommen würde, genau bestimmte?
Am 1. Mai 1919 prophezeite der Revolutionsführer in seiner Rede auf dem Roten Platz: »Die Mehrheit der Anwesenden, die nicht älter als 30 bis 35 Jahre alt sind, wird bereits den Kommunismus erleben« (Lenin, PSS, Bd. 38, S. 325). Diese Überzeugung war auch eineinhalb Jahre später nicht geschwunden, als Lenin seine berühmte Rede auf dem dritten Komsomolkongreß mit folgenden Worten beendete: »... Die Generation der heute Fünfzehnjährigen wird in 10 bis 20 Jahren in einer kommunistischen Gesellschaft leben ...« (Lenin, PSS, Bd. 41, S. 318).
Lenin konnte nicht ahnen, daß seine Prognosen über die »Blüte des Kommunismus« just in die Jahre 1937–1939 fielen – in die Zeit der Apotheose der Unmenschlichkeit.

Lenin pflegte des öfteren auch in allgemeinen Betrachtungen ganz konkrete Prognosen abzugeben:

»... Der Sozialismus wird den Arbeitstag verkürzen, den Massen zu einem neuen Lebensstandard verhelfen und für die Mehrheit der Bevölkerung Bedingungen schaffen, die es allen ohne Ausnahme ermöglichen, ›Staatsämter‹ auszufüllen. Und das wird letztlich zu einem völligen Verschwinden jeglichen Staatsgebildes führen« (Lenin, PSS, Bd. 33, S. 117).

Doch nachdem Lenin ein vollkommen klares und detailliertes Rezept angeführt hatte, behauptete er wenig später wieder etwas völlig anderes: »Wir erheben keinerlei Anspruch darauf, daß Marx oder die Marxisten den Weg zum Sozialismus in aller Konkretheit kennen. Das ist Unsinn ...« (Lenin, PSS, Bd. 34, S. 116)
Im Hinblick auf die »Weltrevolution« erfuhren Lenins prophetische Ambitionen ihren höchsten Ausdruck, ungeachtet des beispiellosen Kraftaufwandes, der zur praktischen Umsetzung dieser Prognose nötig war.
Vor allem brauchte man für die Weltrevolution auch ein entsprechendes Instrument. Vorerst existierte außer der RKP in Europa lediglich die Kommunistische Partei Deutschlands, alle übrigen waren noch im Stadium ihrer Entstehung begriffen. Auf Lenins Anordnung wandte sich Tschitscherin über das Radio an alle Kommunisten Europas und Asiens und forderte sie auf, an der Konferenz in Moskau teilzunehmen. Das Echo auf diesen Aufruf war verschwindend gering. Es war einfach niemand da, dessen Aufmerksamkeit man damit hätte erregen können.
Schließlich gelang es, einige Kriegsgefangene, die sich in Rußland befanden, zur Teilnahme zu bewegen. Aus Deutschland kam nur Eberlein angereist. Eine Woche lang führte dieses nur knapp drei Dutzend umfassende Häuflein, das einer naiven Verschwörerbande glich, kontroverse Debatten: Wie sollte man sich konstituieren? Schließlich wurde ein Beschluß gefaßt, mit dem die »internationale kommunistische Konferenz die Dritte Internationale« aus der Taufe hob. Das Manifest wurde von 17 Delegierten unterzeichnet. Die Hauptaufgabe, die sich laut Lenin für die neugegrün-

dete Komintern stellte, war der Kampf um die weltweite Diktatur des Proletariats.
Vom ersten Tag an diente die ephemere Organisation als Werkzeug und Deckmantel für die Tätigkeit der RKP auf internationaler Ebene. Sinowjew, der als Vorsitzender des Exekutivkomitees der Komintern nominiert wurde (und natürlich auch von den Delegierten der Komintern gewählt wurde), betrieb eine verantwortungslose Demagogie. Unzählige Male verkündete er, daß der Sieg der kommunistischen Revolution in Europa bevorstünde und daß die roten Flaggen der Sowjets schon bald auf allen Kontinenten wehen würden! (Nowij schurnal, 1959, Nr. 54, S. 259–277)
Seine Hauptaufgabe sah Sinowjew zu Anfang darin, die Vorbereitungen für einen bewaffneten Aufstand in den Ländern zu forcieren, wo eine »revolutionäre Situation heranreifte«. Dort, wo dieses Vorhaben gelang, wie 1921 in Deutschland, endete die Verschwörung mit einem Mißerfolg auf der ganzen Linie. Während in Deutschland die Polizei und die Truppen damit beschäftigt waren, die geflüchteten Verschwörer einzufangen, schrie sich Sinowjew in Moskau auf der Tribüne die Seele aus dem Leib: »Greift zu den Waffen, deutsche Proletarier! Greift danach überall, wo ihr ihrer nur habhaft werden könnt! Bildet Räte! Ruft eine Rote Armee ins Leben! Die proletarische Revolution in Deutschland und auf der ganzen Welt – sie lebe hoch!«
Inzwischen bereitete man im ZK der RKP die Programme der neuen Parteien vor, formulierte »21 Bedingungen« für die Aufnahme in die Komintern (Archiv des Präsidenten) und schickte in Sachen Weltrevolution kofferweise Gold und Wertgegenstände nach Deutschland, Italien, Ungarn, Persien, Indien, China und in andere Länder. Wie schon am Vorabend des Oktobers 1917 konzentrierte sich Lenin ganz auf die organisatorischen Fragen, denn nun galt es, die Macht der Bolschewiki über den gesamten Erdball auszubreiten.
Anläßlich des ersten Jahrestages der Gründung der III. Internationale am 6. März 1920 verkündete Lenin auf dem Festakt des Moskauer Sowjets, man könne »sicher sein, daß der Sieg der kommunistischen Revolution in allen Ländern unumgänglich ist«.
Unter tosendem Applaus beendete der Führer der Bolschewiki

seine Rede mit den Worten: »... Der baldige Sieg der kommunistischen Internationale auf der ganzen Welt ist uns gewiß« (Lenin, PSS, Bd. 40, S. 209, 211). Man mußte schon von erstaunlicher Kurzsichtigkeit und Verantwortungslosigkeit sein, um solche Erklärungen abgeben zu können.

Nachdem die Bolschewiki die Komintern gegründet und unter ihre Kontrolle gestellt hatten, kam ihnen der Gedanke, daß man die revolutionäre Situation mit Hilfe dieser Organisation nicht nur ausnutzen, sondern – was viel wichtiger war – auch herbeiführen könne. Zu diesem Zweck sah sich Lenin vom allerersten Moment an dazu gezwungen, die Finanzlast, die für die Arbeit der »kommunistischen Weltpartei« (so wurde sie in der ersten Zeit von vielen Führern genannt) erforderlich war, dem ausgeplünderten, hungernden Sowjetrußland aufzubürden. Am 8. Oktober 1918 – also noch vor dem ersten Kongreß der Komintern, der im März 1919 stattfand – beschloß das ZK, ein »Büro der RKP für die Auslandsarbeit« zu gründen, dem Balabanowa, Worowski, Bucharin und Axelrod angehörten (Archiv des Präsidenten). Daher fühlte sich Lenin dazu berechtigt, im Mai 1919 zu erklären, daß die Dritte Internationale praktisch bereits 1918 gegründet worden sei, als in einer Reihe von Ländern kommunistische Parteien entstanden (Lenin, PSS, Bd. 38, S. 302–303).

Sämtliche finanziellen Mittel zur Unterstützung der erforderlichen Organisationen wurden über dieses Büro abgewickelt, das Anfang 1919 bereits von Sinowjew geleitet wurde. Zu Beginn übte das Volkskommissariat für auswärtige Angelegenheiten noch eine gewisse Kontrolle über die Tätigkeit des Büros aus. Nach Ansicht des bekannten sowjetischen Diplomaten A. A. Joffe bildete »die Hoffnung auf die – wenn auch deutlich verspätete – Weltrevolution zur Zeit der Brester Verhandlungen und auch noch danach den Grundstein für Lenins Taktik« (Archiv des Präsidenten). Schon bald entzog das Politbüro jedoch dem Volkskommissariat für auswärtige Angelegenheiten die Zuständigkeit für die internationalen kommunistischen Aktivitäten. Sinowjew wehrte sich gegen die Bevormundung durch das Volkskommissariat für auswärtige Angelegenheiten und berichtete Lenin von den »Eifersüchteleien« Tschitscherins, bis das Büro schließlich finanzielle Unabhängigkeit erlangte.

Die finanziell und logistisch vom russischen ZK abhängige Komintern wurde zu einem willfährigen Werkzeug der bolschewistischen Pläne. Das Politbüro des ZK der RKP entschied im Grunde genommen alles: wo und wann der Kongreß der Komintern stattfinden sollte, welche Fragen auf ihm erörtert werden würden und welchen Aufruf man auf dieser oder jener Sitzung beschließen sollte.
Von Anfang an unterhielten die Organe der GPU, des sowjetischen Spionagedienstes im Ausland, enge Verbindungen zur Komintern. Man knüpfte Kontakte zu den Sektionen der Komintern, finanzierte konkrete Operationen und rekrutierte die Kader. So warf der Geschäftsführer des EKKI, D. Blake, am 24. November 1920 gegenüber dem Politbüro die Frage auf, ob das »technische Personal und dessen Familien aus den konspirativen Mitteln der Komintern versorgt werden« sollten, und forderte Photopapier und anderes Material für die illegale Arbeit. Nachdem Lenin das Schreiben gelesen hatte, notierte er, bevor er es weitergab, darauf: »Über die Konspiration – ein Bericht von Blake. Geheim« (Archiv für neuere Geschichte).
Die nationalen Sektionen der Komintern kümmerten sich nicht nur um das Wachstum »ihrer« kommunistischen Parteien und die Propagandaarbeit in den eigenen Ländern, sondern auch um die Organisation konkreter politischer Aktionen wie Streiks, Demonstrationen, Proteste und Aufstände. Das Politbüro errichtete unter dem »Dach« der Komintern im Ausland zahlreiche Stützpunkte. So erbat Gopner, der Vertreter des ZK aus Turkestan, vom Politbüro folgende Informationen:

»1. Billigen Sie die Organisation der hinduistischen Basis in Turkestan, die vom Turkestaner Büro des ZK der RKP bereits anerkannt wurde?
2. An welche Adresse soll ich die 2 000 000 Goldrubel schicken?« (Archiv für neuere Geschichte)

Zunächst war Lenin persönlich für die Finanzierung der Komintern verantwortlich. So beantragte Eino Abramowitsch Rachja, einer der Führer der kommunistischen Partei Finnlands, im Namen des ZK der FKP 10 Millionen Finnmark beim Vorsitzenden

des Rates der Volkskommissare. Lenin kam seiner Bitte nach (Archiv für neuere Geschichte).
Der Revolutionsführer erhielt eine Vielzahl solcher Schreiben, sogar aus Bengalen. Ein Sympathisant der Komintern, dessen leidenschaftlicher Wunsch es war, daß Lenins Traum vom revolutionären Weltbrand in Erfüllung gehen möge, bat darum, ihm möglichst rasch Geld und Literatur zukommen zu lassen, damit er die Entmachtung der Engländer vorbereiten könne:

»Ich bitte darum, den mutigen Genossen Lenin, Trotzki und Tschitscherin, die sich so tapfer für die Befreiung der Menschheit einsetzen, meine Grüße zu übermitteln. Wirendranat Tschattopadia«.

Die Ostsektion des ZK fügte dem Dokument einen Zusatz bei: »Wenn wir ernsthaft gedenken, Maßnahmen für eine revolutionäre Entwicklung in Indien zu ergreifen, dann sollte sich unser Zentrum im nichtmuselmanischen Indien befinden ... Was die Geldfonds betrifft, über die Tschattopadia spricht, so ist er, der lange Zeit aus Deutschland Unterhalt bezog, in dieser Hinsicht zweifellos durch das europäische Leben verdorben« (Archiv für neuere Geschichte).
Solche »Revolutionäre«, die es lediglich auf das russische Geld und Gold abgesehen hatten, gab es zur Genüge. Viele konnten davon auch ganz gut leben.
Soweit mir bekannt ist, gab es zur damaligen Zeit im EKKI keine genaue Rechnungsführung über die illegalen Transaktionen. Aufschlüsse darüber geben Briefwechsel zwischen Stalin und Sinowjew sowie Litwinow (Stellvertretender Volkskommissar für auswärtige Angelegenheiten) und Pjatnitzki (Leiter der Devisenkasse des EKKI). Dabei ging es um Geldsummen, die durch die Hände des Bevollmächtigten des Volkskommissariats für auswärtige Angelegenheiten, »Karlo« (Ljubarski) gegangen waren. Wie aus den Aktennotizen hervorgeht, übergab er von 750000 Lire, die er an die italienische kommunistische Partei überweisen sollte, lediglich 288000 an den Adressaten. Von dem Restbetrag verbrauchte er 124487 tschechische Kronen und eine beträchtliche Summe in englischen Pfund für eigene Zwecke. Litwinow schlug vor, Ljubarski

einen Verweis zu erteilen, doch Pjatnitzki war damit nicht zufrieden und befürwortete seine Entlassung (Archiv des Präsidenten).
Man kann davon ausgehen, daß es wohl sehr viele Menschen gab, die den politischen Eifer der bolschewistischen Führer nicht ohne Erfolg für ihre eigenen, weit von den revolutionären Idealen entfernten Ziele ausnutzten. Lenin ließ nicht nur Prophezeiungen verlauten, sondern tat alles, damit sie auch Wirklichkeit wurden. Man versuchte, den Einfluß der Komintern auf die Situation in einigen Ländern, besonders im Osten, zu vergrößern. So unterbreitete Karachan den Vorschlag, die Agitatoren der Komintern regelmäßig in eine Reihe von östlichen Ländern zu entsenden, wobei die Geldprämien für diese »Dienstreisen« nach ganz bestimmten Kriterien festgesetzt werden sollten. Die Abgesandten, die für die kommunistische Idee kämpften, wünschten keine moralische, sondern eine materielle Entlohnung:

»Aktenvorlage darüber, daß dem Volkskommissariat für auswärtige Angelegenheiten 200 000 Rubel zur Unterstützung der Arbeiterorganisationen im Osten bewilligt werden; die Agitatoren werden zu propagandistischen Zwecken im ersten Quartal des Jahres, von Januar bis März 1919 in den Osten entsandt ...
Die Kosten für jeden Agitator samt Prämie werden bei dessen Rückkehr folgendermaßen festgesetzt: Nordchina und Korea – 10 000 Rubel; Südchina – 20 000 Rubel. Entsprechende Geschäftsreisen werden für Persien und Indien veranschlagt ...« (Archiv für neuere Geschichte)

Lenin war von Anfang an darum bemüht, der Komintern rigide organisatorische Formen zu verleihen. Falls es gelang, eine disziplinierte und zentral geleitete internationale Organisation im Weltmaßstab zu schaffen, dann würde, so hoffte der Revolutionsführer, seine Prophezeiung von der »Unausweichlichkeit« der Weltrevolution Wirklichkeit.

Auf Lenins Anordnung verfaßte Trotzki das »Manifest des II. Kongresses der Kommunistischen Internationale«. Das in Trotzkis typischem Stil abgefaßte Papier strotzte von revolutionären Phrasen:

»Der Imperialismus muß aus der Welt geschafft werden, damit das Menschengeschlecht weiter existieren kann.«
»Der rückständige deutsche Parlamentarismus, eine Fehlgeburt der bürgerlichen Revolution, die ihrerseits schon eine Fehlgeburt in der Geschichte ist, steckt noch in den Kinderschuhen, leidet aber schon an allen Krankheiten des Greisenalters.«
»Die Kommunistische Internationale ist die internationale Partei des proletarischen Aufstandes und der proletarischen Diktatur.«
»Das Sowjetsystem ist eine klassenmäßige Organisation, die den Parlamentarismus bekämpfen und seinen Platz einnehmen muß . . .« (Trotzki, Pjat let Kominterna, S. 73–99).

In diesen wenigen Sätzen waren sowohl die Ziele als auch die gesamte Strategie der Bolschewiki in der internationalen Politik enthalten. Der unglaublich leichte Sieg im Oktober 1917 rief eine Euphorie hervor und ließ unter den Revolutionären die Überzeugung wachsen, daß selbst die allerabenteuerlichsten Pläne sie schließlich dem gewünschten Ziel näher bringen würden.
Als im März 1919 der 8. Parteitag der RKP(b) abgehalten wurde, erfuhren die Delegierten aus dem Radio von der Gründung der ungarischen Sowjetrepublik. Jubelschreie und stehende Ovationen ließen den Saal erzittern. Im Auftrag des Parteitages sandte Lenin unverzüglich eine Grußbotschaft nach Budapest: »Unser Parteitag ist davon überzeugt, daß die Zeit nicht mehr fern ist, in der der Kommunismus auf der ganzen Welt siegen wird. Die Arbeiterklasse Rußlands eilt euch mit allen Kräften zu Hilfe . . . Es lebe die internationale kommunistische Republik!« (Lenin, PSS, Bd. 38, S. 186).
Nicht ganz einen Monat später traf noch eine weitere frohe Botschaft ein: In Bayern war eine Regierung an die Macht gelangt, die von dem Kommunisten Eugen Leviné geleitet wurde. Sie machte sich sofort daran, einige dringliche Aufgaben der Diktatur des Proletariats zu lösen: die Nationalisierung der Banken, die Gründung einer Roten Armee, die Einführung des Achtstundentags, die Bewaffnung des Proletariats und die Isolierung der Bourgeoisie. Lenin sandte auch nach München eine Grußbotschaft, die allerdings eher einer Instruktion glich: »Haben Sie . . . die Arbeiter

bewaffnet, die Bourgeoisie entwaffnet ... die Löhne für Landarbeiter und ungelernte Arbeiter verdoppelt, wenn nicht gar verdreifacht, das gesamte Papier und alle Druckereien zum Druck populärer Flugblätter und Zeitungen für die Massen beschlagnahmt ... den Wohnraum der Bourgeoisie in München für die sofortige Einweisung von Arbeitern in die Wohnungen der Reichen beschränkt ... Geiseln aus der Bourgeoisie genommen ... und die Arbeiter ausnahmslos für die Verteidigung als auch die ideologische Propaganda in den umliegenden Dörfern mobilisiert?« (Lenin, PSS, Bd. 38, S. 321)

Lenin war davon überzeugt, daß die europäische Revolution begonnen hatte. Wenn nur in Deutschland die revolutionäre Flamme entzündet würde! Das war das wichtigste! Dann konnte das aus mehreren Revolutionen gespeiste, gleichzeitig auflodernde Feuer von niemandem mehr gelöscht werden. Trotzki erklärte nicht umsonst, daß das »sowjetische Deutschland in Vereinigung mit dem sowjetischen Rußland stärker wäre als alle kapitalistischen Staaten zusammengenommen!« (Trotzki, Pjat let Kominterna, S. 90).

Lenin war voller Energie, tatkräftig und hellwach. Seine Emissäre reisten nach Deutschland, Ungarn und in andere angrenzenden Länder. Sie führten kofferweise Banknoten in ausländischer Währung sowie Gold und Brillanten aus dem Zarenschatz mit sich. Oftmals wurde der Wert der Preziosen nur nach dem Augenmaß bestimmt, denn fast alle »bürgerlichen« Juwelenschätzer saßen entweder im Gefängnis oder waren bereits erschossen worden. Einige hatten Glück und konnten ins Ausland fliehen. Die »Goldspritzen« wurden fortgesetzt. Es galt allein die Losung: Spart ja kein Geld für Propaganda und Waffen!

Angelika Balabanowa, zunächst eine gute Freundin Mussolinis und später Sekretärin der Komintern, erinnert sich an die damaligen Ereignisse. Kurz nach der Revolution wurde sie nach Schweden geschickt, wo sie für die Abwicklung von Geschäften mit den linken Organisationen Europas zuständig war: »Jeden Samstag erreichten Schiffe Stockholm, die mir eine sehr große Menge Geld übermittelten ... Das Ziel dieser Geldtransporte war mir nicht bekannt ... Ich erhielt einen Brief von Lenin, in dem er mir schrieb:

›Liebe Genossin Balabanowa. Ausgezeichnet, ausgezeichnet, Sie sind unsere fähigste und wertvollste Mitarbeiterin. Aber ich flehe Sie an, sparen Sie nicht. Geben Sie Millionen aus, viele Millionen‹« (Balabanoff, Impression of Lenin, p. 29–30). Weiter berichtet Balabanowa: »Man erklärte mir, daß ich das Geld zur Unterstützung linker Organisationen, zur Schädigung oppositioneller Gruppen und zur Diskreditierung ganz konkreter Personen verwenden sollte.«
Lenin war besorgt: er schickte Funktelegramme an alle Orte, die, wie er meinte, von dem Epizentrum der europäischen Revolution erfaßt werden konnten: »An Béla Kun in Budapest: Teilen Sie mir bitte mit, welche tatsächlichen Garantien Sie dafür haben, daß die neue ungarische Regierung auch wirklich kommunistisch sein wird und nicht einfach nur sozialistisch, das heißt sozial-verräterisch?« (Lenin, PSS, Bd. 38, S. 217) Im Mai 1919 veröffentlichte Lenin in der »Prawda« eine Grußbotschaft, »An die ungarischen Arbeiter« zur Unterstützung der Kommunisten in Budapest. Darin brachte er seine Begeisterung unverhohlen zum Ausdruck: »Die Nachrichten, die wir von den ungarischen Rätepolitikern erhalten, erfüllen uns mit Freude und Begeisterung ...« Lenin warnte allerdings auch vor den drohenden Gefahren und appellierte an seine Verbündeten: »Seid hart. Wenn sich unter den Sozialisten, die sich Euch und der Diktatur des Proletariats erst gestern angeschlossen haben, oder unter den Kleinbürgern irgendwelche Schwankungen zeigen sollten, so bekämpft diese Schwankungen schonungslos. Erschießen – das ist das rechtmäßige Los für einen Feigling im Krieg« (Lenin, PSS, Bd. 38, S. 384, 388). Möglicherweise haben diese jakobinischen Aufrufe zum »Erschießen« die Ungarn wie die Bayern weniger angefeuert als vielmehr erschreckt. Doch Lenin ging davon aus, daß diese Praxis der Revolution mehr Nachdruck verleihen würde.
Lenins Erklärung auf dem 8. Parteitag anläßlich der Ereignisse in Ungarn war kein bloßes Lippenbekenntnis. Man schickte Geld und Propagandaliteratur (die erst übersetzt werden mußte) und versuchte, der Bruderpartei Waffen zukommen zu lassen. Podwojski teilte Lenin in einem Telegramm aus Kiew mit, daß er im Mai die Bildung einer »internationalen Division zur Hilfe für Ungarn« in Angriff genommen habe (Archiv der Russischen Föderation). Le-

nin trieb zur Eile an und forderte von Krestinski, daß die Absendung der »Geldsurrogate« für dieses Vorhaben beschleunigt werden solle.
In der Ukraine stellte man Truppen zur Entsendung nach Ungarn bereit, während zahlreiche Aufstände die eigene Armee mehr und mehr destabilisierten. Dazu einige Auszüge aus den »Berichten der Allrussischen Tscheka über die politische Lage in der Ukraine vom 1. Januar bis einschließlich 15. Mai 1919«:

»Berditschew.	Überfall auf die Tscheka. Das Zeughaus wurde ausgeraubt.
Belaja Zerkow.	Aufstand in der Stadt. Niedergeschlagen durch einen gepanzerten Zug und einen Trupp von 300 Mann.
Wassilkow.	Die Stadt wird von Rotarmisten geplündert.
Schpola.	Die örtliche Garnison nimmt Verhaftungen und Durchsuchungen vor und mordet die Bevölkerung.
Kasatin.	Die Rotarmisten des 4. Regiments von Neschinski vertreiben die Tscheka.
Ossjoter:	Aufstand in den Dörfern Nowo-Glybowo und Sworota. Niederschlagung durch einen Trupp der Tscheka. Vier Todesopfer.
Starodub.	Aufstand in dem Dorf Witelin. Niedergeschlagen durch einen Trupp von 400 Mann. 20 Todesopfer.
Krolewetz.	Aufstand in dem Dorf Antonowka. Niedergeschlagen durch den Truppenzug der Tscheka. 10 Rädelsführer wurden erschossen.
Nowosybkow.	Aufstand in Welikaja Topol, Nowo-Robsk und Lakomo-Buda. Niedergeschlagen. 8 Opfer auf unserer Seite. Die Zahl der Todesopfer auf seiten der Aufständischen ist noch nicht bekannt.
Priluki.	Aufstand in der Stadt und in dem Dörfchen Iwanizy. Niedergeschlagen durch die Garnisonstruppen mit Hilfe von Artillerie.

Konstantinograd.	Aufstand in dem Dorf Pereschepino. Niedergeschlagen durch einen Trupp der Tscheka. 10 Opfer.
Alexandrowsk.	Aufstand in dem Dorf Swistunowo. Niedergeschlagen durch einen Trupp der Tscheka. 30 Tote unter den Aufständischen.
Gomel.	Am 26. März wurde die Macht der Sowjets beseitigt . . .«
	(Archiv der Russischen Föderation)

Die Liste der Aufstände in Städten, Dörfern, Ortschaften und Gouvernements scheint endlos. Die Bolschewiki hielten die Macht nur mit Hilfe erbarmungslosen Terrors aufrecht. Während Lenin und das ZK die Unruhen im Innern mit eiserner Faust niederschlugen, überlegten sie, wie man den Bürgerkrieg rascher auf das Gebiet anderer Staaten verlagern konnte. Gewalt und Terror allein sollten die Anhänger der Bolschewiki auch in anderen Ländern an die Macht bringen. In dem »Manifest« des II. Kongresses der Komintern heißt es ganz konkret: »Die Kommunistische Internationale kann in ihren Reihen keine Organisationen dulden, die, nachdem sie sich einmal dem Programm der Diktatur des Proletariats verschrieben haben, weiterhin eine Politik betreiben, welche ganz eindeutig auf eine friedliche Lösung der historischen Krise abzielt« (Trotzki, Pjat let Kominterna, S. 98).
Als sich die Hoffnungen in Ungarn nicht erfüllten, richtete sich die Aufmerksamkeit der Moskauer Führer immer mehr auf den Osten. Trotzki schrieb in diesem Zusammenhang folgendes: ». . . Unsere Rote Armee erweist sich in der Arena der europäischen Politik sowohl im Hinblick auf den Angriff als auch in bezug auf die Verteidigung als ziemlich bescheidene Größe . . . Die Situation sieht schon ganz anders aus, wenn wir uns nach Osten wenden . . . Der Weg nach Indien ist im Moment für uns unter Umständen gangbarer und kürzer als der Weg in das sowjetische Ungarn . . .« (Archiv der Sowjetarmee) Außerdem riet Trotzki, im Ural eine mächtige militärische Basis zu schaffen, um die Revolution nach Osten zu tragen.
Unter diesen Bedingungen, so prognostizierte der Vorsitzende des

Revolutionären Kriegsrates, »kann Asien bald zum Schauplatz von Aufständen werden. Daher muß mit der Vorbereitung des Vorstoßes nach Indien begonnen werden, wobei der Weg dorthin über Afghanistan führt.«
Trotzki erteilte dem Regimentsstabschef Lebedjew den Befehl, die »erforderliche militärische Ausrüstung nach Afghanistan« zu schikken. Doch Persien durfte man ebenfalls nicht außer acht lassen. Zunächst schien es, als ob Persien »rot« werden würde. Raskolnikow erstattete Moskau von dort aus Bericht:

»Ich bin soeben aus Enseli zurückgekehrt, die Stimmung in Persien ist unbeschreiblich. Das gesamte Volk hat uns mit erstaunlichem Enthusiasmus empfangen. Ursprünglich waren nur vereinzelt rote Flaggen zu sehen, und jetzt ist schon die ganze Stadt damit geschmückt. Die persischen Kosaken haben erklärt, daß sie sich auf unsere Seite stellen. Den russischen Offizier, der ihr Anführer war, habe ich verhaften lassen und einen von unseren Genossen an seine Stelle gesetzt ...
Ich bitte um Ihre Anweisungen für das weitere Vorgehen in Persien. Habe ich, was den weiteren Vormarsch in das Innere Persiens betrifft, freie Entscheidungsgewalt, falls es dort zu einem Umsturz kommt und uns die neue Regierung um Hilfe ruft. . .?« (Archiv für neuere Geschichte).

Freilich kam die »Sache« in Persien bald gehörig ins Stocken. Man unternahm Anstrengungen zur Rettung der persischen Revolution. Der Vertreter des ZK der RKP(b), B. Abukow, wies in einem Brief aus Persien auf die Notwendigkeit hin, dem Genossen Mirse Kutschuk baldmöglichst Hilfe zukommen zu lassen: »Vor allem Waffen, Gold und Silber ... Vorerst hat Kutschuk nur zwei Städte in der Hand ... Raskolnikow hat von einer offiziellen Anerkennung gesprochen ... Wir warten auf reale Hilfe ...« (Archiv für neuere Geschichte).
Von allen Seiten wurde vorgeschlagen, revolutionäre Militäraktionen in Korea, China und Indien zu initiieren. Der Vorsitzende des ZIK des kalmückischen werktätigen Volkes, A. Tschaptschajew, unterbreitete im August 1919 den Vorschlag, bewaffnete Truppen

von der »anderen Seite«, also über die Mongolei und Tibet, zu schicken. Doch dafür brauche man Geld und Gold und müsse Waffen mitführen, um sie an die Bevölkerung zu verteilen. Die Einheiten sollten als wissenschaftliche Spezialisten getarnt werden. Die Mongolei und Tibet müßten schneller an den weltrevolutionären Prozeß herangeführt werden. Lenin ordnete unverzüglich an, konkrete Maßnahmen zur Umsetzung dieser Vorschläge zu treffen. (Archiv für neuere Geschichte)
In ihrer revolutionären Umnachtung waren die Moskauer Führer nur allzugerne bereit, das Gewünschte als das Mögliche auszugeben.
In bezug auf die Koreaner war Lenin vorsichtiger. Die Delegation aus Korea ersuchte den Vorsitzenden des Rates der Volkskommissare um einen persönlichen Empfang. Lenin beauftragte den Ungarn M. Rákosi, einen angesehenen Funktionär der Komintern, die Kommunisten aus Korea zu empfangen und ihm von den »Ergebnissen des Gesprächs Mitteilung zu machen«. Die Koreaner baten Lenin um direkte Unterstützung für die koreanischen Partisanen im Kampf gegen Japan. Tschitscherin sprach sich jedoch dagegen aus und erklärte: »Wir werden Japan nicht herausfordern. Natürlich muß der Groll gegen sie weiter gehegt werden; natürlich kann und soll man den koreanischen Partisanen Hilfe leisten. Aber nicht durch offene und schon gar nicht durch demonstrative Aktionen von unserer Seite ...« Lenin äußerte sich dazu folgendermaßen: »Genosse Molotow! Ich bin voll und ganz Tschitscherins Ansicht. Keine offenen und erst recht keine demonstrativen Aktionen. Mehr Geheimhaltung. Dies als Direktive des ZK ausgeben.« (Archiv für neuere Geschichte)
Bisweilen wurde Lenin durch Meldungen oder Entscheidungen des eigenen Politbüros, ja sogar durch seine Träume und Wünsche so erregt, daß es ihm schien, als ob die Weltrevolution jetzt endlich begonnen habe und durch nichts mehr aufgehalten werden könne. Im Oktober 1918 prophezeite er Trotzki und Swerdlow: »Die internationale Revolution ist innerhalb von einer Woche so nah herangerückt, daß man mit ihr wie mit einem Ereignis der nächsten Tage rechnen kann« (Lenin, PSS, Bd. 50, S. 185). Der Prophet war ungeduldig, beharrlich und überzeugt von seiner Prognose. Es

kam ihm vor allem darauf an, mit Menschen, Ideen, Waffen, aber vor allem mit Gold die Revolution voranzutreiben.
Während sich Rußland in Hungerqualen krümmte und verschiedene wohltätige und soziale Organisationen um Hilfe bat, flossen auf Weisung des Politbüros, des Rates der Volkskommissare und des Revolutionsführers persönlich Millionen Rubel in das Projekt der Weltrevolution. Erst im September 1921 wurde auf eine Verfügung des Politbüros ein Haushaltsausschuß des EKKI eingerichtet, in den aus den Reihen der RKP(b) Sinowjew, Solz und Molotow berufen wurden.
Ein Blick in das Sitzungsprotokoll dieses Gremiums vom März 1922 verdeutlicht das ganze Ausmaß der Geldlieferungen:

»Anhörungen:	Beschlüsse:
1. Budget der Komm. Partei Deutschlands	1. Für die Ausgabe von 446 592 Goldrubel (42 872 832 Deutsche Mark) an die Kom. Partei Deutschlands im Jahre 1922 stimmten Brandler, Popow, Humbert-Droz und Pjatnitzki; für 400 000 Goldrubel – Solz und Michajlow.
2. Budget der Komm. Partei Frankreichs	2. Es wurde einstimmig beschlossen, 100 000 Goldrubel (638 000 französische Francs) für publizistische Zwecke auszugeben.
3. Budget der Komm. Partei Italiens	3. 360 842 Goldrubel. Oder 4 306 000 Lire
4. Budget der Komm. Partei der Tschechoslowakei	4. Für 250 000 Goldrubel (7 910 000 tschechische Kronen) stimmten Popow, Brandler und Pjatnitzki (Humbert-Droz hatte die Kommission zu dieser Zeit bereits verlassen), für 200 000 Solz und Michajlow.

5. Budget der Komm. Partei Englands (Archiv des Präsidenten)	5. Für 200 000 Goldrubel stimmten alle einstimmig ...«

Es folgt noch eine lange Liste anderer Parteien, die von der Komintern eine »finanzielle Unterstützung« erhielten.
Alle nationalen Organisationen, die sich mit den Richtlinien der Komintern einverstanden erklärten, wurden von Lenin und seiner Partei gut versorgt. Regelmäßig füllten die kommunistischen Parteien folgender Länder ihre Kasse aus den Moskauer Geldbeständen auf: USA, Polen, Österreich, Schweiz, Schweden, Ungarn, Jugoslawien, Rumänien, Luxemburg, Holland, Griechenland, Türkei, Persien, Indien, das englische Indien (so steht es in den Protokollen), China, Korea, Japan, Deutschland, Belgien, Spanien, Argentinien, Italien, Südafrika, Estland, Lettland, Litauen, Finnland, Norwegen und andere mehr. Erhebliche Summen verteilte der Ausschuß der Komintern zudem an Jugendorganisationen und kommunistische Gewerkschaftsorganisationen, verschiedene Verlage, Büros und Zentren. Großzügiger als alle anderen wurde die Kommunistische Partei Deutschlands unterstützt (Lenin »zahlte« die Hilfe, die seiner Partei von seiten Deutschlands am Vorabend des Umsturzes zuteil geworden war, förmlich »ab«). Die festgesetzten Zuwendungen wurden in der Regel immer »übererfüllt«. Ständig gelangten aus den Kommunistischen Zentren anderer Länder zusätzliche Anfragen nach Moskau, wobei die meisten dieser Bitten auch erfüllt werden konnten.
Allein auf der von mir erwähnten Sitzung wurden 5 536 400 Goldrubel verteilt, während der Rat der Volkskommissare im gleichen Jahr nur etwa ein Drittel dieser Summe für die Lebensmittelhilfe an die Hungernden ausgab.
Bereits unmittelbar nach der Revolution war es unter den sowjetischen Diplomaten sowie den verschiedenen Vertretern und »Bevollmächtigten« gängige Praxis, vom Kreml immer neue Mittel für die Unterstützung revolutionärer Prozesse im Ausland sowie für die Stärkung der Position Sowjetrußlands in den verschiedenen Ländern zu fordern.
So meldete A. A. Joffe im Januar 1920 Tschitscherin: »Die 15 Mil-

lionen, die wir zuviel an Estland gezahlt haben, erstatten wir in Bälde zurück.« Der Diplomat, ein Schüler Lenins, der im Jahre 1919 den Versuch unternahm, den revolutionären Prozeß in Deutschland zu steuern, erinnert sich: »Als uns Koltschak mehr als 800 Millionen [in Gold – D. W.] nahm, haben wir nicht einmal mit der Wimper gezuckt ... In Litauen und Belorußland konnte ich beobachten, wie unsere Agenten Millionen verschleudert haben ...« (Archiv für neuere Geschichte).

Mit seinem Brief bestätigte Joffe nur noch die kommunistische Verschwendungssucht im Namen »revolutionärer Ziele«.

Den Berichten Sokolnikows und Pjatnitzkis zufolge ist das offizielle Budget der Komintern im April 1922 durch einen Sonderbeschluß vom Politbüro gebilligt worden. Der Auszug mit der Unterschrift Stalins wurde an das Volkskommissariat für Finanzen geschickt, das die Summe bereitstellen sollte (Archiv des Präsidenten). Wie ich schon bemerkte, bildete das offizielle Budget nur einen Teil der bewilligten Haushaltszuweisungen. Hinzu kamen Mittel aus dem »Reservefonds«, dem Fonds des Politbüros und dem Budget der GPU, die kommunistischen Organisationen anderer Länder zur Verfügung gestellt wurden. So berichtete Karachan Stalin im April 1922, er habe den Koreanern große Summen (zweimal Gold im Werte von 600 000 Rubel und einmal 4 Millionen in zaristische Banknoten – im östlichen Ausland verschwendete das ZK der RKP [b] einige Jahre lang zaristisches Papiergeld für geheime Zwecke) – ausgehändigt. Sie dienten zur Errichtung zweier Druckereien (in Shanghai und Peking) und für konkrete illegale Aktivitäten in Korea, die gegen Japan gerichtet waren (unter anderem auch für die Organisierung des bewaffneten Widerstandes). (Archiv des Präsidenten)

Lenin wartete ungeduldig auf die Wirkung dieser Geldspritzen, doch sie wollte sich partout nicht einstellen ... Erst nach der Gründung des Haushaltsausschusses wurden nach und nach Fälle von Mißbrauch und Unterschlagung großer Geldsummen der Komintern aktenkundig. Safarow klagte gegenüber Stalin, die finanziellen Mittel und Wertgegenstände würden an vollkommen »verantwortungslose Personen der einzelnen Gruppen« weitergeleitet. So seien einem gewissen Chu Han Gen und einem Ko Tschi

Ir 200 000 Goldrubel zur Unterstützung der nationalen Bewegung in Korea übergeben worden. Wie sich herausstellte, wurde das Geld jedoch für die Fortsetzung der Intrigen in der koreanischen Emigration verwendet. (Archiv des Präsidenten)

Stalin erkundigte sich bei Sinowjew, was es mit dem »Frankfurter Fonds«, der in Deutschland gegründet worden sei, auf sich habe und von wem er finanziert würde. Sinowjew war darüber nicht auf dem laufenden, versprach jedoch, man werde der Sache nachgehen, sobald Pjatnitzki und Stasowa mit ihrer Arbeit begonnen hätten (Archiv des Präsidenten). Wie sich herausstellte, war in Deutschland ein gewisser James Reich mit dem Parteidecknamen »Genosse Thomas« für die finanziellen Kontakte mit der Komintern zuständig. Beträge in Millionenhöhe, die er von Moskau erhielt, gingen durch seine Hände. Allein für die Vorbereitung des bewaffneten Aufstands der KPD im Februar 1921 übergab er dieser 62 Millionen Deutsche Mark (in Devisen und Wertgegenständen). Insgesamt verteilte »Genosse Thomas« in diesem Jahr 122 Millionen Mark, einmal abgesehen von den 50 Millionen, die er in dem »Frankfurter Fonds« unter seiner Kontrolle hielt.

Als Pjatnitzki damit begann, sich ein genaues Bild von den finanziellen Transaktionen der Komintern zu machen, stellte sich heraus, daß der geheimnisvolle »Thomas« über viele Millionen keine Rechenschaft ablegen konnte (Archiv für neuere Geschichte). Eine Mitarbeiterin der Komintern, die im Verwaltungsapparat des »Genossen Thomas« arbeitete, berichtete später: »Das Geld wurde in der Regel in der Wohnung des ›Genossen Thomas‹ aufbewahrt. Es befand sich in Koffern, Taschen, Schränken und manchmal auch in dicken Mappen auf den Bücherreihen oder dahinter. Die Übergabe des Geldes, das in mehreren Pappkartons aufgeschichtet war, von denen jeder circa 10 bis 15 kg wog, erfolgte spät abends in unseren Privatwohnungen« (Archiv für neuere Geschichte).

Eine Kommission des Politbüros, die auf Anordnung Stalins unter der Leitung Krestinskis gegründet worden war, konnte keinerlei Rechenschaftslegung für diese riesigen Summen finden. So wurde beschlossen, »den ›Genossen Thomas‹ in Zukunft mit keinen Geschäften mehr zu beauftragen, die in irgendeiner Weise mit Geldtransaktionen zu tun haben« (Archiv für neuere Geschichte). Später stellte sich sogar heraus, daß ›Genosse Thomas‹ nicht einmal Parteimitglied war, sondern rein zufällig in die finanziellen Transaktionen zur Vorbereitung der »Weltrevolution« involviert worden war. So schmolz das russische Geld auf der Jagd nach den kommunistischen Hirngespinsten dahin ...

Lenin, der ständig Erschießungen als Bestrafung für Sabotage, Spekulationen und Schiebereien forderte, war in seinem Apparat, den er für die Verwirklichung der kommunistischen Idee geschaffen hatte, nicht in der Lage, in Finanzangelegenheiten und Devisenausgaben Ordnung zu halten. Jenseits der Grenzen seines unglücklichen Vaterlandes warf er völlig achtlos mit Geld um sich, in dem naiven Glauben, daß seinen Ideen dadurch Flügel verliehen würden. In seinem Artikel »Über die Bedeutung des Goldes« vom November 1921 gerierte er sich jedoch wie ein kostenbewußter Unternehmer: »In der UdSSR muß mit dem Gold umsichtig gehaushaltet werden. Wir müssen es teuer verkaufen und dafür Waren billiger einkaufen« (Lenin, PSS, Bd. 44, S. 226).

Als offensichtlich wurde, daß die Weltrevolution nicht »spontan« entfacht werden konnte, begann man in Moskau nach neuen Verbündeten Ausschau zu halten. Gänzlich unerwartet ergab sich eine sehr verlockende Situation. Im Januar 1922 machte die Leitung der zentristischen »zweieinhalbten« Internationale den Vorschlag, eine internationale Konferenz der drei Internationalen abzuhalten, die sich mit der Organisation des gemeinsamen Kampfes der Arbeiterklasse gegen die internationale Reaktion befassen sollte.

Nach einer langen Sitzung im Kreml beschlossen Lenin, Trotzki, Sinowjew, Radek und Bucharin, der Konferenz der drei Internationalen die Bildung einer »Einheitsfront« aller revolutionären Kräfte vorzuschlagen. Lenin hoffte, daß es auf diese Weise gelingen würde, einen entscheidenden Einfluß auf die zweite und zweieinhalbte Internationale zu gewinnen. Doch die Führer der zweiten Internationalen begriffen nur zu gut, welche Folgen dies für sie gehabt hätte.

Lenin hielt mit den Zielen, die er verfolgte, nicht hinter dem Berg: »Wenn es auf der Sitzung des erweiterten Exekutivkomitees immer noch Leute gibt, die nicht begriffen haben, daß uns die Taktik der Einheitsfront dazu verhelfen wird, die Führer der II. und II ½. Internationale zu stürzen, dann müssen für diese Leute zusätzliche Vorlesungen und Gesprächsrunden in allgemeinverständlicher Form abgehalten werden.«

Auf der gemeinsamen Konferenz forderten die Führer der nichtbolschewistischen Internationalen die Legalisierung der Menschewiki in Rußland und die Abschaffung der Todesstrafe für die verhafteten Sozialrevolutionäre. Sie gründeten eine Kommission zur Einberufung eines Weltkongresses der Arbeiterorganisationen, die sich allerdings nur ein einziges Mal versammelte.

Lenin kritisierte die »Nachsicht«, welche die Delegation der Komintern unter Radek an den Tag legte, auf das heftigste und bezeichnete die Vereinbarungen als »politische Zugeständnisse an die internationale Bourgeoisie«. Die Sozialdemokraten im Westen waren davon überzeugt, daß für Lenin der Begriff »Zusammenarbeit« nichts anderes bedeutete als ihre Unterwerfung unter die Komintern. So ging die Idee der Vereinigung langsam zugrunde.

In der Stalinzeit wurden die Ausgaben der Komintern einer strengeren Kontrolle unterzogen. Der »große Führer« teilte die finanziellen Mittel äußerst »zielgerichtet« ein. So wurde selbstverständlich der Schriftsteller Henri Barbusse gefördert, der ein Buch über Stalin schreiben wollte. Durch einen Sonderbeschluß des Politbüros erhielt der französische Biograph einen Vorschuß von 40 000 Francs.

Unterdessen war Dimitroff gezwungen, sich bei zusätzlichen Ausgaben persönlich an Stalin zu wenden. Die Komintern wurde in die Rolle eines Anhängsels der sowjetischen Geheimdienste herabgewürdigt.

Inessa Armand

Vor Lenin lag ein Telegramm. Immer wieder las er die schreckliche Meldung und konnte einfach nicht fassen, was da stand:

»Moskau ZEKA der RKP, an Lenin. Es gelang nicht, die an Cholera erkrankte Inessa Armand zu retten Stop Sie starb am 24. September Stop Ihr Leichnam wird nach Moskau überführt Nasarow.« (Archiv für neuere Geschichte)

Draußen dämmerte es schon, jetzt, Ende September 1920, waren die Tage schon deutlich kürzer. Lenin saß lange Zeit unbeweglich an seinem Schreibtisch und starrte mit abwesendem Blick auf das schreckliche Stück Papier mit den aufgeklebten Lettern. Tagsüber hatte er noch mit G. K. Ordschonikidse, der ihm von der Lage in Baku berichtete, gesprochen ... Er sagte, wie man ihm vorgestern berichtet habe, sei mit Inessa alles in Ordnung ... Er hatte nämlich gerade Sergo damit beauftragt, Inessa und ihren Sohn nach ihrer Ankunft im Kaukasus zu betreuen.
Lenin konnte es sich nicht verzeihen, daß ausgerechnet er auf ihrer Erholungsreise in den Kaukasus bestanden hatte. Ursprünglich sollte sie eigentlich nach Frankreich fahren, doch er hatte ihr davon abgeraten. Wie unsinnig das alles war ... wie unsinnig und absurd. Warum konnten die Ärzte nicht helfen? Warum gerade Cholera?
Lenin war erschüttert. Wie A. Kollontaj später versicherte, beschleunigte Inessas Tod seine schicksalhafte Krankheit.
Lenins letzter Brief an Inessa, den er Mitte August 1920 verfaßte, hat folgenden Wortlaut:

»Liebste Freundin! Es hat mich sehr traurig gestimmt zu erfahren, daß Sie überanstrengt und unzufrieden mit Ihrer Arbeit und den

Sie umgebenden Menschen (oder Arbeitskollegen) sind. Wäre es Ihnen eine Hilfe, wenn ich Ihnen einen Platz in einem Sanatorium verschaffen würde? Ich helfe Ihnen mit Vergnügen, wo ich nur kann.
Falls Sie nach Frankreich fahren, bin ich natürlich ebenfalls bereit, Ihnen zu helfen. Ich hätte nur Bedenken, bzw. fürchte sogar, fürchte sehr, daß Ihnen dort etwas zustoßen könnte ... Man wird Sie vielleicht verhaften und längere Zeit nicht wieder auf freien Fuß setzen ... Man muß sehr vorsichtig sein. Wäre es nicht besser, nach Norwegen zu fahren (dort können viele Englisch) oder nach Holland? Oder nach Deutschland, als Französin russischer (oder kanadischer) Staatsangehörigkeit? Lieber nicht nach Frankreich, sonst sperrt man Sie dort ein und wird Sie wohl kaum wieder im Austausch gegen jemanden anderen freilassen. Lieber nicht nach Frankreich.
Ich habe mich herrlich erholt, bin braungebrannt und habe weder eine Zeile noch einen Ton von irgend jemandem zu hören bekommen. Die Jagd war früher einmal gut, doch nun ist alles verödet. Überall hört man Ihren Namen: ›Ja damals, wo sie noch da waren, herrschte Ordnung‹ usw. [Die Rede ist von dem ehemaligen Anwesen der Familie Armand in dem Dorf Jeldigino des Puschkin-Rayons im Moskauer Gebiet. Man fragt sich freilich, welche Jagd – im August! – gemeint sein könnte – D. W.]
Falls es Ihnen im Sanatorium nicht gefällt, könnten Sie ja in den Süden fahren? Zu Sergo in den Kaukasus? Sergo arrangiert für Sie Erholung, Sonne und eine angenehme Arbeit. Sicher wird er das machen. Er ist dort eine Autorität. Denken Sie darüber nach.
Ich drücke Ihre Hand ganz fest. Ihr Lenin«
(Leninski sbornik, Bd. XXXVII, S. 233)

Noch am selben Tag schrieb Lenin auf einem Vordruck des Vorsitzenden des Rates der Volkskommissare folgenden Brief:

»17. August 1920.
Ich bitte darum, der Schriftstellerin und Genossin Inessa Armand und ihrem kranken Sohn auf jede nur erdenkliche Weise die beste Unterkunft und Pflege zukommen zu lassen.

Ich bitte darum, dieser mir persönlich bekannten Parteigenossin volles Vertrauen und jegliche Art von Unterstützung entgegenzubringen« (Leninski sbornik, Bd. XXXV, S. 143).

Er telegraphierte noch einmal an Ordschonikidse, damit sich dieser um die Sicherheit und Unterbringung Inessa Armands in Kislowodsk kümmerte, und beauftragte seine Sekretäre, bei der Abreise in den Kaukasus behilflich zu sein. Es sah so aus, als ob alles in Ordnung käme, obwohl der Bürgerkrieg in Rußland noch nicht beendet war. Wenn Lenin bei allen wohlmeinenden Beweggründen nicht so beharrlich gewesen wäre, vielleicht wäre er dann nicht im Oktober 1920 hinter dem Sarg Armands hergeschritten, und diese schöne, schlanke Frau hätte den Führer der Bolschewiki auf seinem letzten Weg im Jahre 1924 begleiten können.
Zehn Jahre lang nahm Inessa Armand einen bedeutenden Platz im Leben eines Menschen ein, der einer Idee fanatisch anhing und in der Lage war, im Namen der Ziele, an die er glaubte, auf alles zu verzichten. Doch diese Frau vermochte es, in dem Revolutionär, der einen Hang zum Puritanismus besaß, intime Gefühle wachzurufen, die den anderen verborgen blieben. Lenin verspürte ständig das Bedürfnis, mit ihr in Verbindung zu stehen ...
Soviel ich aus den Materialien und Zeugnissen über die Beziehung Lenins und Inessa Armands ersehen konnte, war sie durchdrungen von einem erhabenen, edlen Gefühl und einer großen menschlichen Nähe. Das Allerparadoxeste daran war, daß Nadjeschda Konstantinowna Krupskaja keinen Anstoß an dem Verhältnis ihres Mannes nahm. Wie A. Kollontaj später im Gespräch mit Marcel Y. Body bezeugte, war Krupskaja über alles im Bilde. Sie wußte, daß Lenin Inessa sehr verbunden war, und äußerte mehrmals die Absicht, ihn zu verlassen. Doch Lenin hielt sie zurück.
Ich denke, daß es sich hierbei um einen der seltenen Fälle handelte, bei dem sich alle drei sittlich und edelmütig verhielten, obwohl dieses Verhältnis den bürgerlichen Normen zuwiderlief.
Lenins Privatleben war lange Zeit eintönig, einseitig und mitunter sogar langweilig gewesen. Einem Lichtstreif am Horizont gleich drang diese Frau in die strenge, asketische, von der Politik beherrschte innere Welt des Emigranten.

Ich denke, es ist müßig, Mutmaßungen darüber anzustellen, warum Lenin sich so leidenschaftlich zu dieser Frau hingezogen fühlte. Vielleicht einfach deshalb, weil sie ungewöhnlich schön war. Ferner ist es gut möglich, daß Lenin fasziniert war von ihrer Energie, die in Verbindung mit ihrer seltenen Feinfühligkeit den Charakter jenes Menschen prägte, dem gegenüber der künftige Revolutionsführer nicht gleichgültig bleiben konnte. Vermutlich bezauberte ihn auch ihre große Offenheit und Begeisterung für alles, womit sie sich beschäftigte, ob es sich nun um Kinder, die Revolution oder einen Routineauftrag der Partei handelte. Sie war eine außergewöhnliche, begeisterungsfähige und streitbare Persönlichkeit. Bei aller Antiquiertheit in Fragen, die die Familie betrafen – hier war er ganz dem Denken des 19. Jahrhunderts verhaftet –, gelang es Lenin nicht, mit dem Verstand gegen seine starken Gefühle für diese Frau anzukämpfen.
In den späten Memoiren Krupskajas wird Inessa Armand sehr oft erwähnt, doch meistens nur am Rande, ganz beiläufig in Verbindung mit irgend etwas anderem: »... In dem Haus von Inessa wohnte ihr ganzer Kreis. Wir lebten am anderen Ende des Dorfes und gingen zum Mittagessen in die öffentliche Kantine ...« – »Wladimir Iljitsch schrieb eine Rede, und Inessa übersetzte sie.« – »Unser Pariser Kreis zog es zu der Zeit stark nach Rußland: Inessa, Safarow und andere waren im Begriff, dorthin zu fahren.« – »... auf die Brüsseler Vereinigungskonferenz sollte Inessa fahren. Sie konnte Französisch (Französisch war ihre Muttersprache) und war nicht in Verlegenheit zu bringen, sie hatte einen festen Charakter ...« – »Die Arbeit in Serenburg war sehr angenehm. Nach einiger Zeit kam Inessa zu uns gereist ...« – »Unser ganzes Leben war mit Parteisorgen und Parteiangelegenheiten ausgefüllt, wir führten eher ein Studentenleben als ein Familienleben und waren froh, wenn Inessa zu uns kam« (Krupskaja, Wospominanija o Wladimire Iljitsche Lenine. Bd. 2, M. 1989, S. 144, 148, 153, 175, 179).
Zur Ehre Krupskajas muß man sagen, daß sie an dem einmal gewählten Ton im Umgang mit Inessa Armand – von Parteigenossin zu Parteigenossin – stets festhielt. Sie fügte sich in ihr Schicksal und trug das Unvermeidliche mit Würde.

Gelegentlich allerdings geht Krupskaja in ihren Memoiren nicht so schnell über Inessa hinweg, sondern berichtet ausführlicher über sie: »Wir gingen stundenlang auf Waldwegen spazieren, die von gelben Herbstblättern übersät waren. Meistens gingen wir zu dritt – Wladimir Iljitsch, Inessa und ich ... manchmal saßen wir stundenlang an einem sonnigen, mit Büschen bestandenen Berghang. Iljitsch entwarf Konzepte für seine Reden und Artikel, feilte an seinen Formulierungen, und ich lernte Italienisch. Inessa nähte irgendeinen Rock und genoß vergnügt die Strahlen der Herbstsonne« (ebenda, S. 191).
Möglicherweise erzählte Inessa auf diesen gemeinsamen Spaziergängen zu dritt von ihrer Herkunft, ihren Eltern und von ihrem äußerst dramatischen Schicksal, das so reich an Abenteuern war. Im standesamtlichen Gemeindestammbuch des 18. Bezirks von Paris findet sich folgender Eintrag:

»Am 9. Mai 1874 am Nachmittag um drei Uhr fünfzehn wurde in das standesamtliche Stammbuch die Geburt von Elisa, einem Mädchen eingetragen, das tags zuvor um zwei Uhr mittags in der Rue de la Chapelle 63 als Tochter Theodor Stefans, eines Opernsängers im Alter von vierundzwanzig Jahren, welcher das Kind als seines anerkannte, und der ebenfalls vierundzwanzigjährigen, nicht berufstätigen Natalie Wild zur Welt gekommen war.« (Archiv für neuere Geschichte)

Später heirateten die Eltern in der Marienkirche der englischen Stadt Newington und machten ihre Tochter dadurch zu einem »ehelichen« Kind.
Jelisaweta-Inessa konnte dem Ehepaar Uljanow erzählen, daß ihr Vater ein berühmter Künstler in Paris war. Seine Theaterkarriere war jedoch nur von kurzer Dauer, denn er starb schon früh. Die Mutter, die Gesangslehrerin wurde, blieb völlig mittellos mit drei kleinen Töchtern zurück.
Inessas Ankunft in Moskau bedeutete vermutlich einen entscheidenden Wendepunkt in ihrem Leben. Ihre Großmutter und ihre Tante – eine Lehrerin für Musik und Französisch – vermittelten ihr dort eine solide Ausbildung.

Aus den Archiven geht nur wenig über Inessa Armands Leben hervor, obwohl ihr Biograph Pawel Podljaschuk ein interessantes Buch über sie veröffentlichte (Podljaschuk, Towarischtsch Inessa, Moskau 1987).
Das talentierte Mädchen, das fließend französisch, russisch und englisch sprach und hervorragend Klavier spielte, wurde Hauslehrerin. Sie war wohl ihrem schönen Vater nachgeraten, denn sie zog die Aufmerksamkeit vieler Männer auf sich. Daher ist es auch kein Zufall, daß sie nicht lange »warten mußte« und sich schon im Alter von neunzehn Jahren mit Alexander Jewgenijewitsch Armand, dem Sohn eines Kaufmanns erster Gilde, verheiratete. Die Trauung fand im Oktober 1893 in dem Dorf Puschkino bei Moskau statt, dem Sitz des Textilunternehmens der Familie Armand (Archiv für neuere Geschichte).
Wie es schien, fügte sich im weiteren alles so, wie es in einer reichen und glücklichen Familie auch sein sollte. Ein schöner und liebevoller Mann, Kinder, Reisen in den Süden und ins Ausland. Im Laufe von acht Jahren kamen fünf Kinder zur Welt: drei Söhne und zwei Töchter. Obwohl Inessa durch die Familie sehr in Beschlag genommen war, las sie viel und – was besonders erstaunlich ist – fühlte sich zu politischer und sozialer Literatur hingezogen, zu Lawrow, Michajlowski und Rousseau.
Ich weiß wirklich nicht, ob Inessa Lenin und Krupskaja von dem großen Drama in ihrem Privatleben erzählte, durch das sich ihr Leben völlig veränderte: Sie hatte bereits vier Kinder und lebte mit ihrem Mann Alexander in gutem Einvernehmen, als sie ihn ganz unerwartet verließ. Sie ging, weil in ihr ein heißeres, stärkeres und leidenschaftlicheres Gefühl für einen anderen entflammt war. Dieser andere war der jüngere Bruder Alexanders – Wladimir ...
Dieses Sujet ist allein schon eine literarische Erzählung wert. Doch ich sage dazu nur, daß es bei der Trennung zu keinen spießbürgerlichen Szenen, gegenseitigen Beschuldigungen und zu keinem schmerzhaften Hin- und Hergezerre kam. Alle litten. Es war ein großes Drama für die ganze Familie. Schon damals folgte Inessa konsequent ihren Vorstellungen von der »freien Liebe«. Noch zwei Wochen vor ihrem Tod, während ihres Aufenthaltes im Kaukasus, schrieb sie in ihr Tagebuch: »Bei Romantikern nimmt die Liebe den

ersten Platz im Leben ein, sie steht über allem« (Archiv für neuere Geschichte). Zu diesem Zeitpunkt dachte Inessa freilich schon anders über die Liebe, doch mit diesen Worten meinte sie sich selbst, als sie noch jung war.

Das Leben mit Wladimir, dem Bruder ihres ersten Mannes, währte nicht lange; er war an Tuberkulose erkrankt, und nachdem er Armand in die Verbannung nach Norden gefolgt war, verschlimmerte sich sein Zustand zusehends.

Weder Kuraufenthalte in der Schweiz noch die besten Ärzte konnten ihm helfen. Nachdem Inessa ihm aus der Verbannung ins Ausland nachgeeilt war, starb Wladimir Anfang 1909 innerhalb von zwei Wochen.

Inessa Armand war schon über dreißig und hatte fünf Kinder – um die sich hauptsächlich ihr erster Mann kümmerte –, als sie an der Universität in Brüssel ihr Examen ablegte und nunmehr diplomierte Volkswirtschaftlerin war.

Im selben Jahr, als ihr zweiter Mann starb, machte Inessa Armand in Paris die Bekanntschaft von W. I. Lenin. Seit jener Zeit spielte diese Frau eine bedeutende Rolle im Leben des Revolutionsführers. Der Umfang ihres Briefwechsels ist beeindruckend, obwohl längst nicht die gesamte Korrespondenz erhalten blieb. In der offiziellen sowjetischen Geschichtsschreibung wurde stets betont, daß es sich zwar um eine persönliche Beziehung, aber dennoch hauptsächlich um eine »Parteifreundschaft« ohne jeglichen intimen Charakter gehandelt habe. Ich denke jedoch, daß Inessa Armand gerade aufgrund ihrer Bekanntschaft mit Lenin einen nicht wegzudenkenden Platz in der Geschichte eingenommen hat.

Natürlich gelangte ein Teil des erhaltenen Briefwechsels zwischen Lenin und Inessa Armand niemals an die Öffentlichkeit. Die intimen Briefe des Revolutionsführers an die Französin sind nicht erhalten – vermutlich auch aus ganz konkreten Gründen. In einem Brief Lenins, vom Juli 1914, fallen folgende Zeilen ins Auge: »Bring bitte alle unsere Briefe mit (bring sie persönlich mit; sie als Einschreiben hierher zu schicken ist nicht so günstig: Das Einschreiben könnte sehr leicht von irgendwelchen Freunden geöffnet werden. Oder ähnliches ...). Bitte nimm alle Briefe mit, und wenn Du kommst, reden wir über alles.« (Archiv für neuere Geschichte)

Lenin hatte vermutlich die Absicht, alle seine Briefe an Armand aus den Jahren 1912/1913, in denen sie sich am nächsten standen, zu vernichten, denn er bat sie wohl nicht nur der »Bestandsaufnahme« halber ausdrücklich darum, »alle unsere Briefe« mitzubringen.

I. Ehrenburg behauptete einmal: »Man braucht nur einen Blick auf Krupskaja zu werfen, um zu erkennen, wie wenig Lenin an Frauen interessiert war.« Das entsprach wohl kaum der Wirklichkeit. Liebe, Ergebenheit und Sympathie sind so individuelle Gefühle, daß genau das, was Ehrenburg nicht gefallen haben mag, für Lenin Wärme und Geborgenheit bedeutet haben dürfte. Seit Beginn seiner Bekanntschaft mit Armand stand Lenin ständig in Kontakt zu dieser Frau. Sie reiste der Familie Uljanow hinterher, wohnte immer in der Nähe, traf sich häufig mit Lenin und Krupskaja und wurde deren engste Vertraute. Ob in Paris, in Polen oder in der Schweiz – stets suchte die »russische Französin« die Nähe der Uljanows. A. I. Solschenizyn schrieb über dieses Verhältnis:

»Nadjeschda Konstantinowna erzog sich zu Konsequenz: es galt, Wolodja auch nicht um eine Haaresbreite von seinem Weg abzubringen – also auch wirklich nicht um eine Haaresbreite. Wo sie nur konnte, versuchte sie ihm das Leben zu erleichtern und ihm niemals lästig zu fallen, immer da zu sein, und sich dennoch, wenn sie nicht gebraucht wurde, so zu verhalten, als wäre sie nicht da ... Was ihre Nebenbuhlerin betraf, so erlaubte sie sich kein böses Wort gegen sie, auch wenn es einmal etwas zu sagen gegeben hätte. Sie mußte ihr freudig entgegentreten wie einer Freundin, um weder die Stimmung Wolodjas zu trüben noch seine Stellung unter den Genossen zu gefährden« (A. Solschenizyn, Lenin in Zürich, Paris 1975, S. 24).

Mit seiner Beschreibung hatte der große Schriftsteller die tatsächliche Situation recht genau erfaßt.

Vom Oktober 1913 an wohnten die Uljanows in Krakau. Lenin schrieb viele Briefe an die verschiedensten Adressen: an Huysmans in Brüssel, Schklowski in Bern, Nakorjakow in New York, Gorki auf Capri, an seine Verwandten, an verschiedene Redaktionen und natürlich – wie aus den Briefen Armands hervorgeht – besonders an seine französische Freundin. Er selbst erhielt von ihr noch wesentlich mehr Briefe und, allem Anschein nach, nicht nur nach Krakau in die Ljubomirski-Straße 51. In einem langen Brief aus Paris heißt es:

»Samstag morgen.
Lieber, jetzt bin ich also in der ›Ville de Lumières‹, und der erste Eindruck ist widerlich. Alles geht mir hier auf die Nerven – die graue Farbe der Straße, die aufgedonnerten Frauen, die zufällig aufgeschnappten Gespräche und sogar das Französische ... Ich war traurig, weil Arosa nur eine vorübergehende Übergangslösung war. Dabei lag Arosa noch ganz nah bei Krakau, aber Paris – das hat schon etwas Endgültiges. Wir sind so weit auseinander, Lieber, sind getrennt voneinander! Und das tut so weh. Ich weiß, ich fühle es, Du wirst niemals hierherkommen! Als ich auf die ach so bekannten Plätze blickte, kam es mir wie nie zuvor zu Bewußtsein, wieviel Platz Du doch schon hier in Paris in meinem Leben eingenommen hast, so daß beinahe meine gesamte Tätigkeit hier in meinen Gedanken durch tausend Fäden mit Dir verbunden war. Ich war damals überhaupt nicht in Dich verliebt, sondern liebte Dich vom ersten Augenblick an so wie heute. Ich würde auch jetzt ohne Küsse auskommen, wenn ich Dich nur sehen könnte. Ab und zu mit Dir reden zu können, wäre eine große Freude – und das würde auch niemandem weh tun. Warum mußte ich das entbehren? Du fragst, ob ich böse bin, weil Du die Trennung ›durchgeführt‹ hast. Nein, denn ich denke, daß Du dabei nicht an Dich gedacht hast.
In Paris war auch die Beziehung zu N. K. recht gut. In einem unserer letzten Gespräche sagte sie mir, daß ich ihr erst kürzlich lieb und teuer geworden wäre ... Ich habe mich ein bißchen an Dich gewöhnt. Ich habe es so geliebt, Dir zuzuhören und Dich anzusehen, wenn Du gesprochen hast. Erstens, weil Dein Gesicht beim Sprechen so lebendig wird, und zweitens war es angenehm, Dich anzuschauen, weil Du es in diesem Augenblick nicht bemerktest ...«

Es folgen noch einige Seiten, die sie am Abend jenes Samstags niederschrieb und die dem Leben und dem Tod ihrer Freundin Tamara gewidmet sind. Tamara war laut Inessas Worten »so etwas wie eine große Tochter oder eine jüngere, liebe Schwester ... Sie war sehr einsam und liebte es, wenn ich zärtlich zu ihr war. Ich erinnere mich, daß sie mich sogar des öfteren darum bat, zärtlich zu ihr zu sein, und ich liebkoste sie genauso, wie ich meine Kinder liebkoste ...«

Im letzten Teil des mehrere Seiten umfassenden Briefes, der mit der Überschrift »Sonntag, abends« beginnt, ging sie vor allem auf ein Referat ein, welches sie halten sollte, und bat bei dieser Gelegenheit:

»Wenn Du mir dienstlich schreibst, dann gib mir bitte irgendwie zu verstehen, worüber ich vor dem KSO [Komitee der Auslandsorganisationen der SDAPR. – D. W.] sprechen darf und worüber nicht ... Also, Lieber, für heute ist's genug – ich möchte den Brief abschicken. Gestern habe ich keinen Brief von Dir bekommen! Ich habe solche Angst, daß meine Briefe nicht bei Dir ankommen – Ich habe Dir drei Briefe geschrieben (das ist der vierte) und ein Telegramm. Hast Du sie womöglich nicht erhalten? Bei dieser Frage kommen einem die unwahrscheinlichsten Gedanken. Ich habe auch N. K. geschrieben, meinem Bruder, und Sina [S. I. Lilina – die Frau Sinowjews. – D. W.]. Es ist doch nicht möglich, daß niemand meine Briefe erhalten hat. Ich küsse Dich innig. Deine Inessa« (Archiv für neuere Geschichte)

Diesen Brief braucht man wohl nicht erst zu kommentieren. Nicht zufällig erfolgte die Anspielung Inessas darauf, daß sie »auch ohne Küsse auskommen würde«, wenn sie ihn nur »sehen könnte«, und »das würde auch niemandem weh tun«. Offensichtlich stieß die zwar häufig nur aus der Ferne wirkende, doch unterschwellig stets spürbare, machtvolle Präsenz Inessas anfangs auf den ganz natürlichen Widerstand von Nadjeschda Konstantinowna.

Daß das »Dreiecksverhältnis« nicht gerade einfach war, bezeugen insbesondere auch die vielsagenden Zeilen in Lenins Briefen an Inessa. Wie wir in Erfahrung bringen konnten, sind viele dieser Briefe einfach verschwunden (im Namen der Heiligkeit des Führers), und bei anderen wurden Kürzungen vorgenommen.

So wurden in Lenins Brief an Armand vom 13. Januar 1917, der im Band 49 seiner »Sämtlichen Werke« (PSS) veröffentlicht wurde, einige Passagen gestrichen. Nach den Worten »Liebe Freundin!« wurde folgender Satz weggelassen: »Ihre letzten Briefe waren so voller Traurigkeit und riefen bei mir so traurige Gedanken hervor und solche wahnsinnigen Gewissensbisse, daß ich überhaupt nicht mehr zur Besinnung komme ...« Und in diesem Ton geht es weiter. (Archiv für neuere Geschichte) Für Lenin, der in familiären Dingen von Natur aus puritanisch eingestellt war, war diese Verbindung, die weit über den Rahmen einer normalen Freundschaft hinausging, offensichtlich alles andere als einfach. Und für Armand, die es gewohnt war, sich unbedingt und uneingeschränkt zu ihren Gefühlen zu bekennen, war die Rolle der heimlichen »Freundin« Lenins unerträglich.
Eine Woche später, am 23. Januar 1917, schrieb Lenin (selbstverständlich wurden auch hier bei der Wiedergabe in Band 49 Kürzungen vorgenommen):

»Liebe Freundin! ... Die Tatsache, daß Sie auf einige meiner letzten Briefe nicht antworteten, weist offenbar auf eine etwas veränderte Stimmung oder Entscheidung oder Lage bei Ihnen hin. Ihr letzter Brief enthielt am Ende zweimal hintereinander dasselbe Wort – Ich ging los, um zu erfahren, was passiert ist, habe aber nichts in Erfahrung bringen können. Ich weiß schon nicht mehr, was ich denken soll. Sind Sie wegen irgend etwas beleidigt, sind Sie von dem Umzug zu sehr in Anspruch genommen oder sonst irgend etwas ...? Ich scheue mich, Sie auszufragen, denn am Ende sind Ihnen die Fragen unangenehm, und deshalb habe ich mich entschlossen, Ihr Schweigen in diesem Punkt eben dahingehend zu verstehen, daß es Ihnen unangenehm ist, ausgefragt zu werden, und damit basta. Dann entschuldige ich mich dafür und werde es nicht wieder tun« (Archiv für neuere Geschichte).

Dieses ganze Gestammel konnte nur zwei Menschen verständlich sein, die sich sehr nahestanden. Sie mußten immer darauf Rücksicht nehmen, daß es auch noch Nadjeschda Krupskaja gab.
Lenins Aufenthalt in Krakau endete bekanntlich am Vorabend des

Ersten Weltkrieges damit, daß er aufgrund eines »Spionageverdachts« vom 26. Juli bis zum 8. August in Nowy Targ inhaftiert wurde. Sogleich wandten sich die Sozialdemokraten S. Marek, F. Kon, J. Ganetzki und V. Adler an die österreichische Regierung mit dem Ersuchen, Lenin freizugeben, da er ein erklärter »Feind des Zarismus« sei. Für die österreichischen Behörden war das, was sie damals über Lenin wußten, Grund genug, dem Gericht von Nowy Targ ein Telegramm folgenden Inhalts zukommen zu lassen: »Wladimir Uljanow ist unverzüglich zu entlassen« (Leninski sbornik, Bd. II, S. 180).

Einige Wochen später befand sich Lenin zusammen mit Krupskaja schon wieder in der Schweiz. Sie blieben zunächst eine Weile in Zürich und reisten anschließend weiter nach Bern. Natürlich traf sich der Revolutionsführer dort sehr bald mit Armand. Wie in der biographischen Chronik berichtet wird, schlug er ihr vor, Referate zu halten und »auf den Zusammenschluß der linken Sozialisten verschiedener Länder hinzuarbeiten«. Er half ihr dabei, eine Publikation für die Arbeiterinnen vorzubereiten, übte sogar »Kritik am Entwurf ihrer Broschüre«, bevollmächtigte die junge Bolschewistin, an der Internationalen Sozialistischen Jugendkonferenz teilzunehmen, und vertraute ihr noch viele weitere Parteiaufgaben an. Es wird jedoch verschwiegen, daß die Französin sehr häufig bei den Uljanows zu Besuch war, viele Spaziergänge mit ihnen unternahm, für Lenin musizierte und nach Serenburg fuhr, wo sich das Ehepaar zur Erholung aufhielt.

Im März starb die Mutter Krupskajas. Wie aus den Erinnerungen Nadjeschda Konstantinownas hervorgeht, »sehnte sich die alte Frau nach Rußland zurückzukehren, aber dort gab es niemanden, der sich um sie gekümmert hätte«. Sie hatte sehr oft Streit mit Lenin gehabt, doch insgesamt war ihr Verhältnis friedlich. Sie starb leise und still. »Man verbrannte sie im Berner Krematorium«, erinnert sich Krupskaja. »Ich saß mit Wladimir Iljitsch auf dem Friedhof, als uns der Friedhofswächter nach ungefähr zwei Stunden eine Blechurne mit noch warmer Asche brachte und uns zeigte, wo wir ihre Asche in der Erde vergraben sollten.« (Krupskaja, Wospominanija o Lenine, Moskau 1968, S. 260) Am Ende gelangte die Vertriebene doch noch in die Heimat. Auf Beschluß des Sekretariats des ZK der KPdSU vom 21. Februar 1969 wurden J. W. Krupskajas sterbliche Überreste von Bern nach Leningrad überführt.

Zu jener Zeit pflegte sich Inessa immer öfter bei den Uljanows aufzuhalten.

Als Lenins Freundin nach Paris fuhr, kam es abermals zu einem regen Briefwechsel. Der Revolutionsführer unterschrieb mit »Ihr Iwan«, »Ihr Basil« und manchmal ganz offen mit »Ihr Lenin«. Zu diesem Zeitpunkt konnte Lenin schon nicht mehr ohne diese bezaubernde Frau leben.

Der Führer der Bolschewiki vertraute Inessa bedingungslos. Im Januar 1917 befand Lenin, es sei wahrscheinlich, daß die »Schweiz in den Krieg hineingezogen werde«. »In diesem Fall«, schrieb er Armand, »werden die Franzosen sofort Genf einnehmen. Aus diesem Grund gedenke ich, die Parteigelder Ihnen zu übergeben (damit Sie sie in einem kleinen, extra dafür angefertigten Geldbeutel bei sich tragen, denn in Kriegszeiten geben die Banken kein Geld heraus) ...« (Lenin, PSS, Bd. 49, S. 367)

In den Jahren 1916/17 erhielt Inessa bis zur Abreise des Revolutionsführers nach Rußland die meisten Briefe Lenins. Als er von dem Sieg der Februarrevolution in Rußland erfuhr, ging der allererste Brief mit der Mitteilung dieser Neuigkeit an Inessa Fjodorowna.

Natürlich befand sich Inessa auch unter den Sozialisten, die zusammen mit Lenin und Krupskaja über Deutschland nach Rußland ausreisten. Sie hatte ja Kinder in Rußland. Und als die »bolschewistischen Landetruppen« ihren letzten »Vorstoß« von Stockholm nach Petrograd vorgenommen hatten, war Inessa, die sich zusammen mit Lenin und Krupskaja in einem Coupé befand, im Geiste schon bei ihren Kindern, die durch die revolutionäre Arbeit so weit von ihr fortgerückt waren.

Die Revolution hatte bald Inessas Kräfte aufgezehrt. Sie war harte Arbeit nicht gewohnt. Sie bekleidete sowohl in Petrograd als auch in Moskau wichtige Posten im ZK der Partei sowie im Volkswirtschaftsrat des Moskauer Gouvernements und arbeitete, ohne sich zu schonen. Sie fuhr nach Frankreich, um die russischen Soldaten, die es durch den Krieg dorthin verschlagen hatte, freizubekommen,

und betätigte sich als Journalistin. Lenin sah sie nur noch selten, denn der Revolutionsführer befand sich nun im Epizentrum der schrecklichen Ereignisse, die ganz Rußland erschütterten. Manchmal gelang es ihr immerhin, mit ihm am Telephon zu sprechen. Eines von Lenins Notizbüchlein enthält Inessas Moskauer Adresse, wo sie der Revolutionsführer allerdings nur ein oder zwei Male besuchte: »Arbat, Ecke Djeneschski, Glasowski, Haus 3/14, Wohnung 12. Telephon 3 14 36 (vorübergehend)« (Leninski sbornik, Bd. XXI, S. 83).
Wie aus einigen Briefen hervorgeht, war Lenin nach wie vor sehr um seine französische Freundin besorgt:

»Liebe Freundin!
Ich wollte Sie anrufen, als ich hörte, daß Sie krank sind, aber das Telephon funktionierte nicht. Geben Sie mir die entsprechende Telefonnummer, und ich ordne an, daß der Apparat gerichtet wird. Was ist mit Ihnen? Schreiben Sie mir ein paar Worte zu Ihrer Gesundheit und was es sonst gibt.
Gruß! Lenin« (Leninski sbornik, Bd. XXXV, S. 108)

»Schreiben Sie mir bitte nur ganz kurz, was mit Ihnen ist. Es sind schlechte Zeiten: Flecktyphus, Influenza, Gruppe, Cholera.
Ich bin gerade erst aufgestanden und werde heute das Haus nicht verlassen. Nadja hat 39 Grad Fieber und hat den Wunsch geäußert, Sie zu sehen.
Wie steht es mit Ihrer Temperatur?
Brauchen Sie vielleicht irgendwelche Medikamente? Ich bitte Sie inständig, es offen zu sagen. Werden Sie gesund!
Ihr Lenin« (Leninski sbornik, Bd. XXXV, S. 108)

Nach diesem Schreiben telephonierte Lenin mit dem Sekretariat des Rates der Volkskommissare und ordnete an, unverzüglich einen Arzt zu I. Armand zu schicken. Kurz darauf erkundigte sich der Revolutionführer erneut nach ihrem Gesundheitszustand:

»Liebe Freundin!
Schreiben Sie mir, ob der Doktor bei Ihnen war. Seine Anordnungen sind genau zu befolgen.

Das Telephon ist abermals kaputt. Ich habe angeordnet, es zu richten, und werde Ihre Töchter darum bitten, mir telephonisch von Ihrem Gesundheitszustand zu berichten.
Sie müssen sich genau an die Anweisungen des Doktors halten. (Nadja hatte am Morgen 37,3 und jetzt 38 Grad Celsius).

Ihr Lenin«

Neben I. Armand und Krupskaja gab es noch andere Frauen in Lenins Leben, die jedoch im Herzen des Revolutionsführers offensichtlich nur eine flüchtige Spur hinterließen: Die Freundin Krupskajas, Jakubowa, um die er in Petersburg geworben hatte, die Pianistin Jekaterina K., die ihn mit Beethovens »Appassionata« bezauberte, und eine französische Unbekannte, die dank ihrer Bekanntschaft mit Lenin eine Altersrente erhielt und die sich so gar nicht dazu entschließen konnte, die Briefe, die ihr Wladimir Iljitsch geschrieben hatte, veröffentlichen zu lassen, »solange Krupskaja noch lebte«.
Die Revolution hatte Armand unfreiwillig von Lenin entfernt, doch ihre gegenseitigen Gefühle blieben bestehen. Inessa wurde von den Entbehrungen und Belastungen sowie durch die offenkundige Aussichtslosigkeit des Kampfes zugrunde gerichtet. Nein, es waren nicht die revolutionären Ideale, an denen sie so verzweifelte, und sie bereute auch das Vergangene nicht. Sie war einfach am Ende ihrer Kräfte. Hin und wieder kümmerte sich Lenin um sie, er rief sie an, schrieb ihr, half ihren Kindern, doch sie spürte, daß das alles nur noch mechanisch geschah. Der Führer der Bolschewiki gehörte nunmehr weder sich selbst noch Krupskaja, und schon gar nicht seiner französischen Freundin. Er befand sich voll und ganz in den teuflischen Fängen der Revolution. Dennoch rief sich Lenin gelegentlich mit einer für einen russischen Jakobiner seltsam anmutenden zärtlichen Sorge bei Armand in Erinnerung:

»Genossin Inessa!
Ich habe bei Ihnen angerufen, weil ich Ihre Schuhgröße für Gummistiefel erfahren wollte. Ich hoffe, daß ich welche für Sie bekomme. Schreiben Sie mir, wie es um Ihre Gesundheit steht. Was ist mit Ihnen? War der Doktor da?

Gruß! Lenin« (Archiv für neuere Geschichte)

Für Bosch, Kollontaj oder Fotijewa versuchte er keine »Gummistiefel« zu bekommen. Seiner französischen Freundin sandte er jedoch englische Zeitungen und schickte mehrmals verschiedene Ärzte zu ihr. In jenem schicksalhaften Herbst hatte Inessa Armand den äußersten Grad der Erschöpfung erreicht. Die Last der Revolution erwies sich als zu schwer für ihre zarten Schultern. Zwischen ihr und Lenin erhob sich die Revolution mit ihrem schrecklichen Antlitz, den Erschießungen, dem Hunger und der Cholera:

»Lieber Freund!
... Bei uns ist alles wie gehabt, wie Sie es auch selbst gesehen haben, und noch kein Ende der Erschöpfung absehbar. Meine Kräfte schwinden, ich schlafe dreimal soviel wie die anderen usw ...«
(Archiv für neuere Geschichte)

Die letzten zusammenhanglosen Tagebucheintragungen Armands, die wie durch ein Wunder nach ihrem Tod erhalten blieben, sind zum Verständnis ihrer inneren, geistigen Verfassung von unschätzbarem Wert. Sie sind jedoch nicht sehr umfangreich. Ich führe nur einige Fragmente der Eintragungen an, die sie hastig aufs Papier warf, in einer Handschrift, die so schön war wie sie selbst. Sie sagen mehr über ihr Verhältnis zu Lenin aus als tausend Seiten der offiziellen, viele Bände umfassenden biographischen Chronik über den Revolutionsführer:

»1. IX. 1920
Jetzt habe ich Zeit und werde jeden Tag schreiben, obwohl mein Kopf schwer ist und mir scheint, daß ich mich hier in einen einzigen Magen verwandelt habe, den es unentwegt nach Essen verlangt ... Außerdem habe ich ein wahnsinniges Bedürfnis danach, allein zu sein. Es strengt mich sogar an, wenn neben mir gesprochen wird, ganz zu schweigen davon, daß mir selbst das Sprechen unendlich schwerfällt.
Ob dieses Gefühl des innerlichen Todes wohl jemals wieder vergehen wird? ... Ich lache jetzt fast nie mehr, und wenn ich lächle, dann nicht deshalb, weil mir ein inneres, frohes Gefühl dazu treibt, sondern weil es einfach nötig ist, von Zeit zu Zeit ein wenig zu

lächeln. Auch erstaunt mich meine gegenwärtige Gleichgültigkeit gegenüber der Natur. Wo sie mich doch früher so ergriffen hat! Und wie wenig ich jetzt die Menschen liebe! Früher kam es vor, daß ich jedem Menschen gegenüber ein warmes Gefühl aufbringen konnte. Jetzt stehe ich allen gleichgültig gegenüber. Und was das wichtigste ist – ich langweile mich mit fast allen. Wirkliche Gefühle habe ich nur gegenüber meinen Kindern und W. I. bewahrt. In allen übrigen Beziehungen fühlt sich mein Herz wie tot an. Als wären in ihm alle Quellen der Liebe und alles Mitleid mit den Menschen, woran es früher so reich war, versiegt, nachdem es all seine Kraft und all seine Leidenschaft für W. I. und die Sache verausgabt hat. Außer zu W. I. und meinen Kindern habe ich keine persönlichen Beziehungen mehr zu Menschen, nur noch sachliche. Die Menschen spüren diese Leblosigkeit in mir, und sie zahlen es mir mit der gleichen Münze der Gleichgültigkeit und sogar der Antipathie heim (früher haben mich die Menschen geliebt) ... Ich bin eine lebende Leiche, und das ist schrecklich!«

Die einem Bekenntnis gleichende Eintragung ist erschütternd in ihrer Aufrichtigkeit und der Tiefe ihrer Selbstanalyse. Es ist, als ob sie gefühlt hätte, daß ihr nur noch drei Wochen zu leben bleiben. Die Revolution lebte und nährte sich von Millionen Opfern. Eines dieser Opfer war Inessa Fjodorowna Armand.
In dem kleinen Tagebuch, das Inessa im letzten Monat ihres Lebens im Nordkaukasus führte, gibt es außer dieser Eintragung noch insgesamt vier weitere.
So äußert sie sich am 3. September sehr besorgt um ihre Kinder:

»In dieser Beziehung bin ich ziemlich schwach, ganz und gar nicht wie eine römische Matrone, die ihre Kinder mit Leichtigkeit für die Interessen der Republik opfert. Das kann ich nicht ... Der Krieg kann ja noch lange dauern, und irgendwann erheben sich unsere ausländischen Genossen ...
Derzeit ist unser Leben ein einziges Opfer. Es gibt kein Privatleben mehr, weil alle Kraft und alle Zeit der gemeinsamen Sache geopfert wird ...«

Am 9. September kam Armand wieder auf das Thema der ersten Eintragung zu sprechen:

»Wenn ich unter Leuten bin, kommt es mir so vor, als ob ich vor ihnen mein Geheimnis verborgen hielte – daß ich eine Tote unter Lebenden bin; daß ich eine lebende Leiche bin . . . Mein Herz ist tot, meine Seele ist stumm, und es gelingt mir nicht völlig, mein trauriges Geheimnis vor den Leuten zu verbergen . . . Weil ich keine Wärme mehr aufbringen kann und weil ich diese Wärme auch nicht mehr ausstrahle, kann ich niemanden mehr glücklich machen . . .«

Die letzte Eintragung erfolgte am 11. September (bis zu ihrem Tod blieben noch etwas weniger als zwei Wochen). In dieser letzten Eintragung kommt Inessa auf das ihr teuerste und das wohl ewige Thema zu sprechen – die Liebe.

Der Einfluß Lenins wird hier ganz offensichtlich. Sie liebten sich, doch der Führer der Bolschewiki machte dem sanften und zärtlichen Geschöpf klar, daß die »proletarischen Interessen« gegenüber den persönlichen Vorrang hätten:

»Die Liebe hat im Verhalten zu den öffentlichen Dingen einen ganz geringen Stellenwert und kann im Vergleich mit öffentlichen Belangen nicht bestehen. In meinem Leben nimmt die Liebe freilich auch jetzt einen großen Platz ein, macht mich fürchterlich leiden und beherrscht weitgehend meine Gedanken. Und dennoch bin ich mir in jeder Minute bewußt, wie sehr ich auch leiden möge, daß Liebe und persönliche Sympathie nichtig sind im Vergleich mit den Erfordernissen des Kampfes.« (Archiv für neuere Geschichte)

Es ist gut möglich, daß es noch andere Tagebucheintragungen gab, die nach Inessas Tod verlorengegangen sind. Man sieht jedoch deutlich, daß der Zensor, der ihren Nachlaß begutachtete, strenge Hand walten ließ – einige Seiten fehlen und wurden offensichtlich herausgerissen.

Der Leichnam Inessas konnte lange nicht nach Moskau überführt werden. Es existiert ein ganzer Stoß an Telegrammen aus der Hauptstadt nach Wladikawkas. Das ZK schaltete sich in die Angelegenheit ein, und Lenin persönlich verlangte mit Nachdruck, die Überführung des Leichnams in die Hauptstadt zu beschleunigen. Es gab keinen beheizbaren Güterwagen. An Todesfälle war man gewohnt. Man begrub die Toten sogar häufig ohne Sarg. Doch in diesem Fall verlangte Moskau einen Waggon und einen Sarg. Erst als man den örtlichen Behörden mit gewaltsamen Sanktionen drohte, wurde ein Waggon bereitgestellt. Inessa war bereits am 24. September 1920 an Cholera gestorben, doch ihr Leichnam wurde erst am 11. Oktober nach Moskau überführt.

Lenin war auf dem Begräbnis am 12. Oktober völlig außer sich. Augenzeugen erinnerten sich, daß sie beim Anblick des Revolutionsführers, der hinter dem Sarg herschritt, befürchteten, er könne zusammenbrechen. Seine Augen, die voller Trauer waren, nahmen nichts um ihn herum wahr. Ein Ausdruck unsagbarer Sehnsucht legte sich scheinbar für immer auf sein Gesicht. Angelika Balabanowa, die auch auf dem Begräbnis war, erinnert sich: »Ich sah Lenin von der Seite an. Er schien verzweifelt. Seine Schirmmütze war ihm über die Augen gerutscht. Er war schon immer klein gewesen, doch jetzt schien es, als sei er geschrumpft und noch kleiner geworden. Er sah verzagt und bemitleidenswert aus. Niemals zuvor habe ich ihn so gesehen. Es war mehr als nur der Verlust einer ›guten Genossin und lieben Freundin‹. Es entstand der Eindruck, als hätte er etwas verloren, was ihm sehr lieb und sehr nahe war, und er machte auch gar nicht erst den Versuch, das zu verbergen.«

Der große, bleierne Sarg, der verschlossen blieb, wurde im Kleinen Saal des Gewerkschaftshauses aufgestellt. Es waren nur wenige Leute anwesend. Zu Füßen des Sarges lagen einige Kränze. Einer von ihnen war aus weißen Hyazinthen geflochten, und auf einem Band stand geschrieben: »Der Genossin Inessa von W. I. Lenin« (Archiv für neuere Geschichte).

Sie wurde bei der Kremlmauer beigesetzt. Lenin tat seine Schuldigkeit und kümmerte sich persönlich um die Kinder Inessas. Als er wegen seiner Krankheit nicht mehr dazu in der Lage war, übernahm Krupskaja diese Aufgabe. Lenin setzte sich dafür ein,

daß Armand ein kleines, bescheidenes Denkmal gesetzt wurde, und half ihren Kindern dabei, einen Studienplatz und Arbeit zu finden. Im Dezember 1921 schickte er ein Telegramm an Rotstein: »Ich bitte Sie darum, sich Wara Armands anzunehmen [die jüngste Tochter Inessas. – D. W.] und sie, falls nötig, in Begleitung hierher zu schicken, nicht ohne sie vorher mit warmer Kleidung auszustatten ...« (Lenin, PSS, Bd. 54, S. 67)
Inessa Fjodorowna Armand starb viel zu früh, obwohl sie stets bereit war, sich für »die Sache« zu opfern. Als sie Anfang Februar 1919 mit der Delegation der Russischen Gesellschaft des Roten Kreuzes nach Frankreich reiste, um dort im Expeditionskorps zu arbeiten, schrieb sie ihrer Tochter von unterwegs:

»Meine liebe Inusja.
So, jetzt bin ich also in Piter [Petrograd] ... Heute haben wir in Piter übernachtet und werden weiterfahren ... Ich lege dem Brief an Dich noch weitere Briefe bei: Der erste Brief ist für Sascha, der zweite für Fedja [die Söhne I. Armands. – D. W.] und der dritte für Iljitsch. Von letzterem sollst nur Du wissen. Den ersten und zweiten Brief übergib sofort, aber den dritten behalte vorerst bei Dir. Wenn wir zurückkehren, werde ich ihn zerreißen. Sollte mir aber irgend etwas zustoßen (ich sage das nicht deshalb, weil ich denke, daß es auf meiner Reise irgendeine besondere Gefahr gäbe, aber unterwegs kann natürlich allerhand passieren, kurz und gut, für alle Fälle), dann übergib diesen Brief W. I. persönlich. Du kannst den Brief folgendermaßen übergaben: Geh zur »Prawda«, dort sitzt Maria Iljinitschna, ihr gibst Du den Brief und sagst, daß er von mir ist und persönlich für W. I. bestimmt ist. Aber behalte den Brief vorerst bei Dir ... Der Brief an W. I. ist am Kuvert versiegelt.« (Archiv für neuere Geschichte)

Damals kehrte Inessa im Mai 1919 nach Rußland zurück. Daher bleibt der Inhalt jenes Briefes ein ewiges Geheimnis der Geschichte, obwohl wir, wie mir scheint, inzwischen einige Berechtigung zu der Annahme haben, daß die Beziehung zwischen dem Revolutionsführer und der »russischen Französin« kein Geheimnis mehr ist.

Achtes Kapitel

Das Mausoleum des Leninismus

> *»Der Leninismus verkörpert ein neues Herrschaftssystem: an seiner Spitze steht ein mit diktatorischen Vollmachten ausgestatteter Führer der Massen.«*
> N. Berdjajew

Bald nach Lenins Tod fand am 23. April 1924 ein »Abend der Erinnerungen« statt, an dem Kamenew, Trotzki und Radek auftraten. Zu dieser Zeit existierte noch kein Kult um den Revolutionsführer, und ein Großteil der Reden klingt heutzutage wie eine Offenbarung. Doch eben diese »Offenbarung« enthüllte das wahre Gesicht Lenins.

Radek, eine besonders originelle und amüsante Persönlichkeit unter den Bolschewiki, meinte, daß Lenin »der erste Mensch war, der das, woran wir gearbeitet haben, nicht für ein Abstraktum hielt, welches erst in 100 Jahren realisierbar sei, sondern für etwas, das durchaus jetzt konkret werden könne . . .«. Die Größe Lenins manifestiere sich in dessen Fähigkeit, »die Schwankungen der Partei zu überwinden und diese in den Kampf um die Macht zu führen«. Als Beweis für Lenins »Größe« führte Radek ein Beispiel an: »Bei einem seiner Referate im Jahre 1921 bezeichnete Uljanow den Kriegskommunismus als Fehler. Ich rief ihn an und teilte ihm mit, daß ich mit dieser Beurteilung nicht einverstanden sein könne. Daraufhin lud er mich zu sich ein und meinte: ›. . . wer hat Ihnen denn gesagt, daß ein Historiker immer bei der Wahrheit bleiben muß; die Partei hat drei Jahre lang eine bestimmte politische Linie verfolgt, und nun hält sie die NÖP für eine Sünde. Sie können hundert theoretische Artikel darüber schreiben, daß es sich dabei um keine Verfehlung handelt, doch im Herzen fühlen Sie genau umgekehrt. Heute behaupten Sie, daß man auf die NÖP pfeifen könne und daß sie ein Fehler sei, doch schon im nächsten Jahr schreiben Sie historische Broschüren, in denen Sie den Beweis für ihre Genialität erbringen werden . . .‹« (ZGAOR).

Eine zynischere Äußerung zur Politik als diese ist kaum vorstellbar. Hier schon von einer »Offenbarung« zu sprechen, wäre verfehlt, denn all das war bereits vor den Oktoberereignissen bekannt. Interessant ist vielmehr, daß Lenins Mitstreiter diesen zynischen und vulgären Pragmatismus vorbehaltlos als Beweis seiner »Größe« werteten.

Ich glaube, daß A. N. Potresow genau jenen Charakterzug Uljanows meinte, als er vom »verbrecherisch-genialen Lenin« sprach. (Potresow, W plenu u illjusij, Paris 1927, S. 99) Der bekannte Historiker M. Geller charakterisierte auf einer internationalen Konferenz in Neapel im November 1990 sehr anschaulich jenen unbedingten Machtwillen, von dem der Revolutionsführer besessen war: »Lenin war ein Mensch, der nur eine Idee, ein Buch, eine Zeitung und eine Partei gelten ließ. Natürlich meinte er damit seine Idee, sein Buch, seine Zeitung und seine Partei. Das, was Lenin Tag und Nacht beherrschte, läßt sich am besten mit dem Wort ›Macht‹ wiedergeben.« (»Russkaja mysl«, 21. Dezember 1990)

Die »Phantastereien« Uljanows wurden allen widrigen Umständen zum Trotz Realität, sie etablierten sich im Sowjetstaat in Form von veränderten Lebensformen und ideologischen Institutionen. Darüber hinaus erwies sich der Leninismus, wie der russische Marxismus nun genannt wurde, als erstaunlich lebenstüchtig und übte bisweilen sogar eine gewisse Anziehungskraft aus. Die Idee der sozialen Gerechtigkeit, die Lenin unverhohlen für seine Zwecke benutzte, ist unsterblich. Allerdings werden die mittelalterlichen Methoden, mit deren Hilfe dieses Ziel erreicht werden sollte, kaum dazu geeignet sein, Millionen Menschen jemals wieder für dieses Ideal zu begeistern. Der Leninismus in seiner klassischen Form ging nicht deswegen zugrunde, weil Gorbatschow dies so »geplant« hatte. Die historische Mission Gorbatschows bestand vielmehr darin, den Zerfall des leninistischen Systems nicht aufzuhalten. Dieser Umstand wird häufig unklar herausgestellt. Dabei

hatte Michail Sergejewitsch die ganze Zeit dazu aufgerufen, von Lenin die Fähigkeit zu radikalen Veränderungen zu erlernen.
Das monolithische System Lenins wurde nicht durch seine Unvollkommenheit ausgehöhlt, sondern durch sein Unvermögen, im Wettbewerb mit der kapitalistischen Welt auf menschlicher und ökonomischer Ebene zu bestehen. Die gesamte zivilisierte Welt kam nach den Oktoberereignissen von 1917 mit der Zeit zu der Erkenntnis, daß dies kein gangbarer Weg für die Zukunft war. In diesem Sinne profitierten die westlichen Demokratien vom Oktoberumsturz, was man allerdings keineswegs von den Völkern Rußlands behaupten kann.

Macht und Krankheit

Im Dezember 1935 entdeckte Chodorowski, der Leiter der Krankenstation des Kreml, in einem geheimen Archiv Aufzeichnungen des verstorbenen Neuropathologen Professor W. Kramer, bei dem Lenin in Behandlung war. Natürlich setzte er umgehend die Mächtigen des Kreml davon in Kenntnis. Die Aufzeichnungen Kramers wurden im Geheimarchiv des ZK eingelagert, wo sie mehr als ein halbes Jahrhundert verblieben.

Der Professor schrieb, daß Lenin unter der Krankheit, an der er sterben sollte, »etwa zweieinhalb Jahre litt, wobei das Krankheitsbild derartig ungewöhnliche Symptome aufwies, daß sowohl russische als auch ausländische Neuropathologen keine Anzeichen für eine herkömmliche Erkrankung des Nervensystems ausmachen konnten.« (Archiv des Präsidenten) Bereits im zweiten Halbjahr 1921 war der Vorsitzende des Rates der Volkskommissare ernsthaft erkrankt, obwohl er weiterhin sehr viel und konzentriert arbeitete. Zur Illustration soll hier der normale Tagesablauf des 21. Juli 1921 dienen.

Um 11 Uhr kam Lenin mit dem Auto aus Gorki und fuhr sofort zu einer Sitzung des Politbüros. Dort gab es einen ganzen »Wust« von Fragen zu behandeln: Es ging um die Säuberung der Partei, den Kampf gegen den Hunger, den III. Kongreß der Komintern, die Steuern, die Ankunft des amerikanischen Senators D. France, die bevorstehende Parteikonferenz des Gouvernements Moskau, die Akkreditierung eines britischen Diplomaten in Petrograd, die Bestätigung W. L. Kopps als bevollmächtigten Vertreter der RSFSR in Deutschland, eine Vielzahl von Kaderfragen ...

Bis zur abendlichen Regierungssitzung, die an diesem Tag auf 18 Uhr angesetzt war, beschäftigte sich Lenin mit Schreiben und Diktieren, Arbeiten, denen er sehr gerne nachging. Folgende Per-

sonen wurden dabei diesmal von ihm mit einem Brief bedacht: der Bevollmächtigte des Volkskommissars für Produktion im Nordkaukasus, M. N. Frumkin; der Vertreter des Volkskommissars für Außenhandel, A. M. Leschaw; sein eigener Vertreter im Rat der Volkskommissare, A. I. Rykow; der Vertreter des Volkskomissars für Ernährung, N. P. Brjuchanow; die Kollegiumsmitglieder des Volkskommissariats für Außenhandel, Wojkow und Chintschuk; der Sekretär des WZIK, A. S. Enukidse; das Volkskommissariat für Landwirtschaft, vertreten durch I. O. Teodorowitsch; die Sekretärin Fotijewa; der Bibliothekar Manutscharjanz; der Vertreter des Volkskommissars für Bildung, E. A. Litkens. Darüber hinaus las Lenin Briefe und Telegramme, zeichnete Finanzdokumente und Mandate ab, sah Petitionen durch, führte Telephongespräche und befaßte sich mit einem Brief des japanischen Korrespondenten P. Sawajama, dem er die Einreise nach Rußland verweigerte ...
Abends leitete Uljanow eine Sitzung des Rates der Volkskommissare, die sich mit einer Vielzahl von Fragen beschäftigte. Währenddessen verfaßte der Regierungschef immer wieder Notizen, unterschrieb Dokumente, fuhr Schwätzern über den Mund, mahnte zur Ruhe und reagierte gereizt, wenn jemand den Raum betrat oder verließ.

So reichhaltig gestaltete sich also ein ganz gewöhnlicher Arbeitstag Lenins. (Lenin, Biografitscheskaja chronika, Bd. 10, S. 573–578) Unentwegt hatte er dem Wechselspiel von wirtschaftlichen und politischen Themen, Problemen des Parteilebens und der Diplomatie zu folgen. Eine Unmenge von unbedeutenden laufenden Angelegenheiten, damals mit dem Ausdruck »Fadennudeln« bezeichnet, nahm ihn in Anspruch, und er sprach mit einer Vielzahl von Menschen. Das ohnehin labile Nervenkostüm Lenins war einer andauernden Überlastung ausgesetzt. Es ist bekannt, daß er rasch in Erregung geriet, erblaßte und die Fassung verlor, wenn er von dramatischen, unheilvollen Ereignissen in Kenntnis gesetzt wurde. So berichtet K. Radek über Lenins Reaktion bei einem Gespräch, welches er im April 1917 bei der Rückreise nach Rußland im Zug mit Soldaten geführt hatte, die an der schwedischen Grenze zugestiegen waren: »Iljitsch begann mit ihnen über den Krieg zu sprechen und wurde kalkweiß.«

Er konnte den Alltagslärm genauso wenig vertragen wie Unruhe oder Gespräche während der Sitzungen. Bisweilen reizte ihn sogar Violinenmusik. Laut Lydia Alexandrowna Fotijewa verlangte Lenin, als im Juli 1921 seine Wohnung im Kreml renoviert wurde, daß die Trennwände zwischen den Zimmern »absolut schallisoliert sein sollten und die Böden nicht knarren durften«.

Seine Nerven gaben Lenin mehrfach Anlaß zur Klage. So schrieb er im Februar 1917 an seine Schwester Maria Iljinitschna: »Die Fähigkeit zur Konzentration auf die Arbeit ist wegen der kranken Nerven äußerst eingeschränkt.« (Lenin, PSS, Bd. 55, S. 368) In seinen früheren Aufzeichnungen entdeckte man Adressen von Spezialisten für Erkrankungen der Psyche und des Nervensystems, die um die Jahrhundertwende in Leipzig praktizierten. (Archiv für neuere Geschichte)

Wenn Lenin in Erregung geriet, wenn er sich ereiferte, dann war er stets bereit, äußerst harte und auch grausame Maßnahmen zu ergreifen: Während der Revolution von 1905 gab er den Aufständischen in seiner Aufregung Empfehlungen, die als anomal und erschreckend zu bewerten sind.

Für den Kampf gegen Kosaken und Gendarmen riet Lenin beispielsweise, konsequent Messer, Schlagringe, Stöcke, benzingetränkte Lappen, Nägel, Pyroxilinsprengkörper, kochendes Wasser, Steine und Säure einzusetzen. Er forderte unter anderem dazu auf, die Schwarzhunderter niederzumachen, sie zu töten und über versprengte Kosaken herzufallen. (Lenin, PSS, Bd. 11, S. 339–343)

Es ist schier unvorstellbar, wie ein Mensch, der sich selbst für intelligent und sowohl journalistisch als auch literarisch begabt hielt, ein derart reichhaltiges und ausgeklügeltes Sortiment an sadistischen Methoden entwerfen konnte.

Ratschläge dieser Art formulierte Lenin gewöhnlich in den Minuten und Stunden psychischer Anspannung, nervlicher Gereiztheit oder auch in seelischen Extremsituationen.

Die durch die Dramatik der revolutionären Ereignisse gekennzeichneten Jahre nach dem Oktoberumsturz beschleunigten den Krankheitsverlauf. Besonders deutlich wurde dies seit dem Herbst 1922. Professor W. Kramer war bereits damals klar, daß »seine Krankheit offensichtlich nicht allein auf eine Überanstrengung, sondern auch auf eine schwere Gefäßerkrankung des Gehirns zurückzuführen ist.« (Archiv des Präsidenten)

Nicht zufällig handelte es sich bei einem Großteil jener Ärzte, die Lenin in den Jahren 1922 und 1923 behandelten, um Psychologen und Neuropathologen. In der medizinischen Literatur heißt es, daß sich psychische Erkrankungen infolge einer Artereosklerose in Form von regelmäßigen Kopfschmerzen, Gereiztheit, Aufregung, lang anhaltenden Depressionen und Zwangsvorstellungen äußern. Diese Symptome konnten auch beim kranken Lenin festgestellt werden. Zum Beispiel behauptete Jewgeni Danilow, übrigens auch im Einklang mit meinen Recherchen, daß Lenin im Verlauf seiner Krankheit immer gereizter wurde, die Ärzte wegjagte und häufig sogar Krupskaja nicht sehen wollte. (»Prolog«, Nr. 5 [56])

Trotzdem stand der Revolutionsführer weiter an der Spitze von Partei und Staat. Manisch zwanghafte Ideen quälten ihn in der Regel so lange, bis er für sie eine praktische Lösung fand. Im Herbst 1922 zum Beispiel glaubte Lenin, daß nach der Niederlage der konterrevolutionären Kräfte im Bürgerkrieg nun die Kirche an der Spitze der geheimen, antisowjetischen Opposition stünde.

Vermutlich werden wir niemals genau erfahren, in welchem Ausmaß die Krankheit die Entscheidungen Lenins beeinflußte. Bekanntlich war er auch schon früher in der Lage, grausame Entschlüsse zu treffen. Man erinnere sich in diesem Zusammenhang nur an seine Direktiven und Anweisungen von 1918, in denen er sich zu Hinrichtungen äußerte. Bei einer aufmerksamen Analyse der Situationen, in denen diese Entscheidungen gefällt wurden, fällt folgendes auf: Je höher die nervliche Belastung des Führers der Bolschewiki war, desto radikaler und erbarmungsloser fielen seine Entscheidungen aus. Durch die unermeßliche und unkontrollierte Macht, über die Lenin verfügte, verschlimmerte sich seine psychische Erkrankung zusehends.

Im August und September 1922 initiierte der Revolutionsführer die Verbannung der russischen Intelligenz ins Ausland. Zu jener Zeit, nach dem Schlaganfall vom Mai, häuften sich bei Lenin Gedächtnisschwächen, er wirkte zerstreut, und seine Fähigkeit, auf Ereignisse adäquat zu reagieren, ließ spürbar nach. Wie Professor

Kramer diagnostizierte, »kann er selbst die einfachsten arithmetischen Aufgaben nicht lösen und verliert – während das Denkvermögen vollständig erhalten bleibt – die Fähigkeit, sich etwas einzuprägen, selbst wenn es sich nur um einige kurze Sätze handelt.« (Archiv des Präsidenten)

Daß »das Denkvermögen vollständig erhalten« blieb, muß man selbstverständlich bezweifeln. M. I. Uljanowa erinnert sich beispielsweise, daß Lenin, »als die Ärzte ihn aufforderten, zwölf mit sieben zu multiplizieren, dazu nicht in der Lage war. Was ihn sehr deprimierte. Doch genau hier kam seine bekannte Hartnäckigkeit zum Ausdruck. Nachdem nämlich die Ärzte gegangen waren, mühte er sich drei Stunden mit der Aufgabe ab und löste sie schließlich durch Addition (12 + 12 = 24, 24 + 12 = 36 usw.).« (Iswestija ZK KPSS, 1991, Nr. 3, S. 189)

Nur zwei Monate später ordnete der Revolutionsführer die Verbannung der Intelligenz ins Ausland an, bewilligte den Antrag des WZIK, »zur Ermächtigung der GPU, außergerichtliche Urteile fällen und vollstrecken zu dürfen« (Archiv für neuere Geschichte) und konkretisierte strategische und taktische Fragen der III. Internationale. Dabei ging es um den Übergang vom direkten Angriff auf die »bürgerliche Festung« zu deren systematischen Belagerung.

Lenin war so schwer erkrankt, daß das Politbüro ausländische Ärzte zu Hilfe rufen mußte. Diesbezüglich gab Stalin Krestinski in Berlin folgende Instruktionen:

»Mit allen verfügbaren Mitteln muß auf die deutsche Regierung dahingehend eingewirkt werden, daß die Ärzte Förster und Klemperer im Sommer nach Moskau kommen dürfen ... Geben Sie Förster fünfzigtausend Goldrubel (Klemperer wird in Moskau bezahlt). Sie dürfen ihre Familien mit sich nehmen; in Moskau wird für die allerbesten Bedingungen gesorgt werden.« (Archiv des Präsidenten)

Lenin wurden die Ärzte und ihre Behandlungsmethoden bald zuwider. Er schrieb an Stalin: »Bitte ergebenst darum, mich von diesem Klemperer zu befreien ... Ich wünsche dringend, von

Förster erlöst zu werden. Meine Ärzte Kramer und Koschewnikow reichen mir vollkommen.« (Archiv des Präsidenten)
In der Korrespondenz, die seine Gesinnungsgenossen untereinander führten, fand das Anliegen des Kranken jedoch kaum Beachtung. So schlug Sinowjew vor: »Die Deutschen müssen bleiben; Iljitsch soll zur Beruhigung mitgeteilt werden, daß sich alle 80 Genossen, die von den Deutschen bereits vorher untersucht wurden, nochmals einer Kontrolle unterziehen müssen.« Die Mitglieder des Politbüros waren damit einverstanden.
Lenin bestand hartnäckig darauf, über die laufenden politischen Angelegenheiten informiert zu werden:

»Genosse Stalin!
Die Ärzte weben ganz offensichtlich eine Legende, die nicht ohne Dementi bleiben darf. Ein schwerer Anfall am Freitag brachte sie aus der Fassung, worauf sie eine ausgesprochene Dummheit begannen: sie versuchten, mir ›politische‹ Besprechungen zu verbieten (dabei verstehen sie selbst kaum, was damit gemeint ist). Ich war außerordentlich erzürnt und wimmelte sie ab. Am Donnerstag war Kamenew bei mir. Wir führten eine lebhafte politische Diskussion. Ich habe danach hervorragend geschlafen und fühlte mich wunderbar. Am Freitag setzte die Lähmung ein. Ich bitte Sie inständig, mir alles rechtzeitig mitzuteilen, falls sich die Krankheit verschlimmern sollte. Nur Dummköpfe können alles auf politische Gespräche schieben. Wenn ich mich dann und wann aufrege, dann liegt dies gerade an einem Mangel an aktuellen und kompetenten Gesprächen. Ich hoffe, Sie verstehen das und schicken diesen Dummkopf von einem deutschen Professor weg. Suchen Sie mich unbedingt auf, oder schicken Sie mir statt dessen ein Mitglied des ZK, das mir vom Plenum des Zentralkomitees berichtet . . .« (Archiv des Präsidenten)

Der kranke Lenin sah den Sinn des Lebens allein in der Politik. Freilich sprach er im Sommer 1922 einige Male davon, daß er sich in der Landwirtschaft versuchen wolle, wenn er sich nicht mehr mit der Politik beschäftigen könne. M. I. Uljanowa erinnert sich sogar, daß er erwog, Champignons und Kaninchen zu züchten.

Doch wie nicht anders zu erwarten, waren diese »ökonomischen« Gespräche nicht ernst gemeint und wurden offenbar nur durch die ländliche Umgebung des Hofes in Gorki inspiriert.

Die Verdammung zur Tatenlosigkeit bedrückte den Revolutionsführer, und er bemerkte, daß ihn die Mitstreiter aus Sorge um seine Gesundheit immer weiter vom Steuerrad des russischen Revolutionsschiffes abdrängten. Den Unwillen der meisten Politbüromitglieder, Lenins letzte Artikel zu veröffentlichen, kann man nicht allein auf das Ränkespiel des Generalsekretärs zurückführen. In ihrem dahinsiechenden Führer sahen sie bereits keine vollwertige Persönlichkeit mehr. Lenin war sich dessen bewußt, und ich glaube, daß dies seine Leiden in besonderem Maße verschlimmerte.

Die immer wiederkehrenden Gefäßkrämpfe bedrückten Lenin, und er äußerte sich des öfteren pessimistisch über seine Genesungsaussichten. Zu Beginn des Winters 1923 bemerkte Wladimir Iljitsch nach einem Krampf, der sich über einige Minuten hinzog, zu den anwesenden Ärzten Kramer und Koschewnikow: »Irgendwann einmal werde ich einen Schlaganfall bekommen, denn ein Bauer hat mir vor vielen Jahren geweissagt: Du, Iljitsch, wirst an einem Schlaganfall sterben. Auf meine Frage, warum er dieser Meinung sei, antwortete er: Weil bei dir der Hals krankhaft kurz ist.« Obwohl Lenin zu scherzen versuchte, konnte man spüren, daß er die Meinung des Bauern teilte. (Istwestija ZK KPSS, 199, Nr. 3, S. 185)

Die Ärzte, die Lenin nach 1921 in großer Zahl um sich hatte, begannen ab dem 29. Mai 1922, seine Krankheitsgeschichte aufzuzeichnen. Fast ein ganzes Jahr lang betreute der überaus aufmerksame Neurologe A. M. Koschewnikow diesen Bericht. Vom 6. Mai bis zum 4. Juli 1923 übernahm Professor W. W. Kramer diese Aufgabe, und über die letzte schicksalhafte Phase der Krankheit berichtete Professor W. P. Osipow. Dieser war vormals Leiter des Lehrstuhls für Psychiatrie an der militär-medizinischen Akademie Sankt Petersburg gewesen und galt als einer der bedeutendsten Spezialisten seines Fachgebietes. Im folgenden zitiere ich einige Auszüge aus der Krankheitsgeschichte W. I. Lenins vom 3. Oktober 1922 (einem Zeitpunkt relativer Erholung) bis zum zweiten Schlaganfall im Dezember desselben Jahres:

10. Oktober. Koschewnikow und Kramer unterhielten sich mit Lenin nach der Abendsitzung im Rat der Volkskommissare. »... Wegen der früheren Erkrankung sind die Nerven ein wenig gereizt, und von Zeit zu Zeit steht ihm der Wunsch zu weinen ins Gesicht geschrieben; man erwartete, daß die Tränen im nächsten Augenblick aus den Augen schießen werden, doch Wladimir Iljitsch gelingt es, sie zu unterdrücken; er hat kein einziges Mal geweint.«
31. Oktober. Um 12 Uhr hielt Wladimir Iljitsch eine Rede vor dem WZIK (es war sein erster öffentlicher Auftritt nach dem Schlaganfall vom Mai, D. W.). »Er sprach energisch, mit lauter Stimme, war konzentriert und kam kein einziges Mal aus dem Konzept ... Zu Hause hörte er Musik; das Klavier stimmte ihn zwar nicht mißmutig, doch die Violine konnte er nicht hören, weil ihr Klang zu stark auf ihn einwirkte.«
Am Sonntag, dem 29. Oktober, hatten die Ärzte Kamenew aufgesucht. Bei der Unterredung waren auch Stalin und Sinowjew zugegen. »Kamenew erklärte, daß Wladimir Iljitsch auf der letzten Sitzung des Rates der Volkskommissare einen der Punkte aus dem geplanten Gesetzeswerk kritisiert hatte. Dabei war ihm entgangen, daß er die Seite umgeblättert und bereits einen anderen Absatz zu lesen begonnen hatte. Erneut setzte er mit seiner Kritik an, ohne zu merken, daß der Inhalt dieses Abschnitts ein völlig anderer war.«
13. November. »Wladimir Iljitsch hielt vor dem Plenum des Kongresses der Komintern eine einstündige Rede in deutscher Sprache. Er sprach frei, ohne Notizen und kam nicht aus dem Konzept ... Nach dem Vortrag bekannte Wladimir Iljitsch gegenüber Doktor Koschewnikow, daß er an einer Stelle vergessen habe, worüber er bereits gesprochen hatte und was noch zu sagen sei ...« Er berichtete, daß er am Vorabend ›eine kurzzeitige Lähmung im rechten Bein verspürt hatte‹.«
Auf dem IV. Kongreß der Komintern, der unter dem Motto »Fünf Jahre russische Revolution und die Perspektiven der Weltrevolution« stand, hielt Lenin eine Rede zur Neuen Ökonomischen Politik und legte darin ein aufrichtiges Bekenntnis ab: »Wir haben eine ungeheure Menge an Dummheiten begangen und tun dies noch immer. Keiner kann das besser beurteilen und deutlicher erkennen als ich.« Nach einer Reihe internationaler Niederlagen hegte Lenin

erhebliche Zweifel an den Aussichten der Weltrevolution. Der Revolutionsführer bezeichnete ihre Perspektiven zwar als »günstig«, ging jedoch nur kurz darauf ein. Gegen Ende der Rede äußerte er sich zwar vorsichtig, doch bestimmt zum italienischen Faschismus, dessen Erfolg auf den unzulänglichen Bildungsstand der Menschen zurückzuführen sei. Darüber hinaus zeige jener Faschismus, daß das Land seiner Entstehung »noch nicht vor den Schwarzhundertern gefeit ist«. (Lenin, PSS, Bd. 45, S. 278–294)
Es handelte sich um eine ganz normale Rede Lenins, in der man schwerlich Symptome einer Geisteskrankheit finden wird. Trotzdem kostete der Auftritt den Revolutionsführer enorme Anstrengung. Er ging bis an die Grenze seiner Belastbarkeit und war nach seinem Schlußwort schweißüberströmt.
25. November. Als Lenin einen Korridor entlang ging, verspürte er plötzlich so starke Krämpfe in den Beinen, daß er stürzte. Nur mit Mühe konnte er sich wieder aufrappeln. Nach Konsultation der Ärzte entschied man, daß er nicht an den routinemäßigen Sitzungen teilnehmen dürfe und sich eine ganze Woche erholen müsse.
Am 12. Dezember 1922 arbeitete Lenin in seinem Büro im Kreml, wo er A. I. Rykow, L. B. Kamenew, A. D. Zjurupa, F. E. Dserschinski und B. S. Stomonjakow empfing. Telephonisch gab er sein Einverständnis zur Verbannung »antisowjetischer Elemente« ins Ausland. Kurz gesagt, es handelte sich um einen ganz normalen Tag.
Noch ahnte niemand, daß es Lenins letzter Arbeitstag in seinen Amtszimmer sein sollte.
13. Dezember. »Doktor Koschewnikow und Professor Kramer waren bei Wladimir Iljitsch ... Die Krämpfe treten nun schon täglich auf. Heute morgen wurde er im Bett und beim Sitzbad von Krämpfen geschüttelt ... Wladimir Iljitsch ist verwirrt und besorgt über die Verschlechterung seines Zustandes.«
16. Dezember. »Sein Befinden hat sich weiter verschlechtert.« Lenin kann nur noch mit Mühe schreiben, doch der Text ist unleserlich, weil sich die Buchstaben gegenseitig überlagern. 35 Minuten lang konnte er weder den rechten Arm noch das rechte Bein bewegen. Es gelingt ihm nicht, mit der Fingerspitze die Nasenspitze zu berühren.« (Archiv für neuere Geschichte)

Fast jeden Tag notierten die Ärzte: »Gegen Abend begann er nervös zu werden« oder »seine Laune wurde schlechter« usw.
Lenin ertrug nur unter Qualen seine erzwungene Isolierung vom politischen Leben. Er war kaum mehr in der Lage zu schreiben. Dokumente und Akten zur Unterschrift wurden ihm nur noch selten vorgelegt. Immer weniger wurde der Revolutionsführer in die Arbeit des Rates der Volkskommissare und des Politbüros einbezogen.
Bereits auf einer Politbürositzung vom 20. Juli 1922 hatte man entschieden: »Begegnungen mit dem Genossen Lenin dürfen nur noch mit Erlaubnis des Politbüros stattfinden.« (Archiv des Präsidenten) Mit der Umsetzung dieses Beschlusses betraute man den Generalsekretär. Als sich jedoch im Oktober der Gesundheitszustand Lenins besserte, ließ man Milde walten. Nach und nach durften ihn Kamenew, Sinowjew, Molotow, Losowski, Swiderski, Smilga, Unschlicht und einige andere besuchen. Es schien, als sei Lenin wieder in den stürmischen Strom des Lebens eingetaucht. Dennoch war er sehr beunruhigt, da er die Symptome einer Verschlechterung seines Gesundheitszustandes herannahen spürte.
Lenin merkte, daß ihm nur noch wenig Zeit blieb. Der schwer kranke Revolutionsführer begann, jene Materialien zu diktieren, die als »Letzte Briefe und Artikel von W. I. Lenin« (23. Dezember 1922–2. März 1923) in die Geschichte eingingen.
Am 23. Dezember diktierte er tagsüber der diensthabenden Sekretärin M. A. Woloditschewa Teile eines dramatischen Dokuments. Wie er später der Stenographin mitteilte, handelte es sich dabei um einen »Brief an den Parteitag«. Der erste Satz war erschütternd: »Ich würde sehr empfehlen, auf diesem Parteitag eine Reihe von Änderungen in unserer politischen Struktur vorzunehmen . . .« Im folgenden begann sich jedoch abzuzeichnen, daß Lenin in erster Linie um die Einheit der Partei besorgt war, daß er eine Spaltung des Zentralkomitees und eine übermäßige Bürokratisierung des existierenden Machtapparats befürchtete. Die Wurzeln dieser bürokratischen Gefahr erkannte er allerdings nicht. Lenin war nur von einer Idee überzeugt: Mehr Arbeiter und Bauern sollten in das ZK und in den Parteiapparat. Er glaubte, daß »Arbeiter, die in allen Sitzungen des ZK, in allen Sitzungen des Politbüros anwesend sind

und alle Dokumente des ZK lesen, einen Stamm ergebener Anhänger der Sowjetordnung bilden können.« (Lenin, PSS, Bd. 45, S. 348) Er strebte ausschließlich Änderungen operativer und taktischer Natur an: Die Zahl der Mitglieder des ZK sollte durch eine verstärkte Aufnahme von Arbeitern angehoben werden. All dies sollte am Vorabend der Verschärfung des Kampfes mit den »feindlichen Staaten« geschehen. Von einer wirklichen Änderung der »politischen Ordnung« konnte jedoch keine Rede sein.

Wir alle waren naive Menschen, und viele von uns blieben es, denn wir glaubten, man bräuchte nur die Menschen, also die »Mannschaft« auszuwechseln, und schon würde sich alles zum Besseren wenden. Chruschtschow, Breschnew, Andropow, Tschernenko und Gorbatschow stammten alle »von Arbeitern und Bauern« ab, ebenso fast alle Mitglieder des Politbüros und des ZK. Und dennoch besiegelte das eiserne Korsett der Bürokratie schon bald das Schicksal des leninistischen Systems. Diese Tatsache läßt sich nicht einfach mit dem Charakter einzelner Menschen und deren sozialer Herkunft erklären.

In seinem »Brief an den Parteitag« analysierte Lenin zwar sein personelles Umfeld, vermied dabei allerdings, seinen Nachfolger direkt zu benennen. Er zählte vielmehr jene Personen auf, die seiner Meinung nach nicht dazu geeignet waren. Das Schriftstück, das auch als »Testament« Lenins bezeichnet wird, sollte nach dem Willen des Autors absolut geheim bleiben. Uljanow bat darum, fünf Exemplare des Dokuments in versiegelten Umschlägen aufzubewahren, welche nach seinem Tod nur Nadjeschda Konstantinowna öffnen dürfe. Woloditschewa machte sich nicht die Mühe, den Umschlag zu beschriften. Nicht nur seine Mitarbeiter nahmen kaum noch Rücksicht auf Lenin, sondern auch die Sekretäre. Fotijewa, die Bürovorsteherin des Rates der Volkskommissare, informierte Stalin und einige andere Mitglieder des Politbüros über den Inhalt von Lenins Diktaten. So erhielt Stalin die Möglichkeit, Maßnahmen für eine Neutralisierung von Lenins Wünschen vorzubereiten und sich den Beistand der Gefährten am Vorabend des 13. Parteitages zu sichern. (Zum Zeitpunkt des 12. Parteitages war Lenin noch am Leben, weshalb der Brief »geheim« bleiben mußte.)

Ich glaube, daß der Brief an den Parteitag, der den Politbüromitgliedern vorab bekannt wurde, für die Entfachung des Machtkampfes eine verhängnisvolle Rolle spielte. Wie man den Inhalt des Schreibens auch drehen und wenden mag, so geht doch aus ihm hervor, daß Trotzki zwar ein übertriebenes Selbstbewußtsein besaß und administrativen Maßnahmen zu großes Gewicht beimaß, aber dennoch »der fähigste Mann im heutigen ZK« war, weil er über herausragende Begabungen verfügte. Über Stalin wird gesagt, daß er »zu grob« sei und von der ihm zur Verfügung stehenden Macht kaum »vorsichtig genug« Gebrauch machen werde. (Lenin, PSS, Bd. 45, S. 345, 346) So kam es, daß Lenin mit seinem Versuch, den Kampf und die Spaltung aufgrund persönlicher Differenzen zwischen Stalin und Trotzki zu verhindern, in Wirklichkeit die Auseinandersetzung zwischen den beiden nur noch verschärfte.

Das Schicksal des »Briefes an den Parteitag« ist dramatisch. Das Politbüro legte den Delegierten eine abgeänderte Fassung des Dokuments vor, in welcher Lenins Kritik an Stalin verschwiegen wurde, und empfahl, Stalin im Amt des Generalsekretärs zu bestätigen. Danach verschwand der Brief jahrzehntelang in den Parteiarchiven. Es wäre verfehlt, allein die Person Stalin dafür verantwortlich zu machen. Das von Lenin geschaffene System hätte auf jeden Fall seinen »Stalin« gefunden, und die »Diktatur des Proletariats« mit ihrem Einparteisystem hätte sich unausweichlich in ein autoritäres Regime verwandelt.

Bis Anfang März diktierte Lenin einige Briefe und Aufsätze über die gesetzgebenden Funktionen der Staatlichen Plankommission, über die Nationalitätenfrage, das Genossenschaftswesen, die Besonderheiten der Revolution und über die Arbeiter- und Bauerninspektion.

Man darf den letzten Diktaten Lenins nicht ihre politische und praktische Bedeutung absprechen. Unvergänglich blieb seine Idee von der Bedeutung »der Union sozialistischer Republiken« und der Rolle des Genossenschaftswesens. In diesen Fragen ging Lenin so weit, zu erklären, »daß sich unsere ganze Auffassung vom Sozialismus grundlegend geändert hat.« (Lenin, PSS, Bd. 45, S. 376) Viele richtige Leitsätze wurden jedoch durch das alte politische Anliegen entwertet: Verschiedene Ansichten sollten geändert wer-

den, weil »bereits heute die ganze Welt in eine Bewegung eingetreten ist, die zu einer internationalen sozialistischen Revolution führen muß.« (Lenin, PSS, Bd. 45, S. 403)
Am erstaunlichsten ist wohl, daß Lenin Ende Dezember und im Januar überhaupt noch in der Verfassung war, dieses sehr umfangreiche Material zu diktieren. Es war, als hätte ihm das Schicksal noch einmal die Chance gegeben, sich und seine Bedeutung zu erklären. Lenin ließ diese Gelegenheit nicht ungenutzt. Daher lag sein ehemaliger scharfsinniger Gegner Wiktor Michajlowitsch Tschernow wohl falsch, als er behauptete, daß Uljanow »geistig und politisch schon mindestens ein Jahr zuvor gestorben ist«. (»Wolja Rossii«, Nr. 3, 1924)
Während seiner Krankheit las der Revolutionsführer wiederholt Gorkis Artikel »Wladimir Iljitsch Lenin«, verlangte nach Trotzkis Aufsatz »Das Nationale an Lenin« und nach Werken von Bucharin und anderen Gesinnungsgenossen. Schließlich ließ er sich Briefe und Telegramme mit Genesungswünschen und Lobliedern aus verschiedenen Teilen Rußlands vorlesen. Lenin ging nun häufig in sich: Wie würden ihn die Menschen in Erinnerung behalten, was hatte er ihnen gegeben, und was hatte er erreicht?
Er befand sich nun in einer Phase, in der er sein ganzes Leben Revue passieren ließ und philosophisch bewertete. Doch in seinen letzten Gesprächen, Notizen und Artikeln gibt es kein einziges Anzeichen dafür, daß er je irgendeinen seiner Schritte bereut hätte.

Die lange Agonie

Lenin war bereits nicht mehr Herr seines Schicksals. Professor Kramer erwähnt in seinen Erinnerungen, daß bis März 1923 Hoffnung auf eine Genesung bestand, obwohl sich im Februar erneut »zunächst unbedeutende, später dann schwerwiegendere Sprachstörungen, die allerdings immer nur von kurzer Dauer waren«, bemerkbar machten. »Gelegentlich fiel es Wladimir Iljitsch schwer, sich an ein Wort, das er gerade benötigte, zu erinnern, und bisweilen äußerten sich diese Störungen darin, daß er nicht in der Lage war, das zu lesen, was er der Sekretärin diktiert hatte. Schließlich begann er, Gedanken zu artikulieren, die völlig unverständlich waren.« (Archiv des Präsidenten)

Als seine beste »Übersetzerin« erwies sich Nadjeschda Konstantinowna, die mit stoischer Gelassenheit ihr qualvolles Kreuz trug. Nach jenem denkwürdigen Telephongespräch hatte Stalin sie nicht mehr belästigt, er ignorierte Krupskaja einfach. Der Generalsekretär war der Verpflichtung überdrüssig, sich um die Behandlung des Revolutionsführers kümmern zu müssen, da er für dessen Genesung wenig Hoffnung sah. Auf der Sitzung des Politbüros am ersten Februar 1923 verlas er eine Erklärung, in der er darum bat, von den Befugnissen entlastet zu werden, die »die Umsetzung der ärztlichen Verordnungen für den Genossen Lenin betreffen«. Das Gremium lehnte diesen Antrag einstimmig ab. (Archiv des Präsidenten)

Anfang März 1923 war Lenin über die sogenannte »georgische Angelegenheit« besorgt. Der Konflikt zwischen der Mdiwani-Gruppe und dem transkaukasischen Gebietskomitee der RKP erschütterte die eben erst geschaffene Union der Republiken. Lenin war zwar mit der Haltung Mdiwanis nicht einverstanden, sah jedoch zum gegenwärtigen Zeitpunkt die größere Gefahr nicht in einem örtlichen Nationalismus, sondern in einem Großmacht-

chauvinismus, wie ihn G. K. Ordschonikidse, F. E. Dserschinski und J. W. Stalin vertraten.
Da Lenin der Nationalitätenfrage eine besondere Bedeutung beimaß, diktierte er ein Schreiben an Trotzki mit der Bitte, er möge »die Sache der Georgier im ZK der Partei ... verteidigen. Die Sache wird zur Zeit von Stalin und Dserschinski ›verfolgt‹, und ich kann mich nicht darauf verlassen, daß sie hier unvoreingenommen reagieren.« (Lenin, PSS, Bd. 54, S. 329)
Trotzki jedoch schützte eine Krankheit vor und entzog sich auf diese Weise dem letzten Wunsch des Revolutionsführers. Der »zweite Mann« der russischen Revolution begriff, daß er, wenn er sich der »georgischen Angelegenheit« annahm, einen direkten, offenen Konflikt mit dem Generalsekretär heraufbeschwören würde. Trotzki zog es daher vor, einfach abzuwarten.
Nachdem Lenin von Trotzkis Absage erfahren hatte, diktierte er am darauffolgenden Tag den letzten Brief seines Lebens an P. G. Mdiwani, F. E. Macharadse und andere: »Aus ganzem Herzen sorge ich mich um Ihre Sache. Ich bin über die Grobheit Ordschonikidses und über die allzu große Nachsicht Stalins und Dserschinskis bestürzt. Ich bereite für Ihre Sache einige Schreiben und eine Rede vor.« (Lenin, PSS, Bd. 54, S. 330) Doch er konnte sein Vorhaben nicht mehr in die Tat umsetzen.
Der Revolutionsführer diskutierte gewöhnlich die ihn bewegenden Fragen mit Krupskaja. Er hatte seinen »geheimen Brief«, in dem er sich mit seinen Mitstreitern und insbesondere Stalin auseinandersetzte, nicht vergessen und war willens, das georgische Problem zu lösen. Dieser russifizierte Nationalist konnte ernsthaft die Situation verderben. Krupskaja hielt es nicht länger aus und gestand, daß Stalin sie zweieinhalb Monate zuvor, im Dezember 1922, am Telephon beleidigt hatte.
Am nächsten Tag, dem 6. März, schrieb W. Kramer, der eine ständige Sprachstörung und eine Lähmung der Gliedmaßen feststellte, »daß ohne erkennbare Ursache ein zweistündiger Anfall eintrat, der sich in einem völligen Verlust der Sprache und einer totalen Lähmung der rechten Extremitäten äußerte.« (Archiv des Präsidenten) Natürlich konnten die Ärzte den wahren Grund für diese plötzliche Krise nicht ahnen.

Am 8. und 9. März schien es, als habe es sich, wie früher, nur um einen vorübergehenden Anfall gehandelt. Am Abend des 9. März gab Lenin Krupskaja zu verstehen, daß es ihm besser ginge. (Archiv für neuere Geschichte) Doch am 10. März ereignete sich laut den Aufzeichnungen von Professor Kramer ein weiterer Anfall, der zu »dauerhaften Veränderungen im Bereich der Sprache sowie bei den rechten Extremitäten« führte. (Archiv des Präsidenten)
Krupskaja vollendete am 3. Februar 1924 ihre Erinnerungen mit dem Titel »Das letzte halbe Jahr im Leben von Wladimir Iljitsch«, die erstmals 1989 veröffentlicht wurden. Die Lebensgefährtin des Revolutionsführers bekräftigte, daß »die letzte Krankheit« von Wladimir Iljitsch »in zwei Abschnitte zerfällt. Die erste Phase, die bis Juli andauerte, ging mit einer steten Verschlechterung einher. Dieser Zeitraum war von schweren physischen Leiden und heftiger nervöser Gereiztheit gekennzeichnet ...« (Iswestija ZK KPSS, 1989, Nr. 4, S. 169)
Lenin wurde von vielen Ärzten aufgesucht. Zunächst konsultierte man noch einheimische Experten, doch schon bald gingen Telegramme an Krestinski nach Berlin, der bessere Therapeuten, Neuropathologen und Psychiater hinzuziehen sollte. Am 15. März beschloß das Politbüro, den Ärztestab zu erweitern und »alle medizinischen Kräfte heranzuziehen, die, in welchem Maße auch immer, zur Erstellung einer Diagnose und zur Heilung des Genossen Lenin beitragen könnten«. Stalin, Sinowjew und Rykow wurden beauftragt, die entsprechenden Maßnahmen in die Wege zu leiten. (Archiv des Präsidenten)
Damit wurde eine weitere Parteitradition begründet: Für die medizinische Versorgung der Führungsspitze wurden weder Kosten noch Mühen gescheut. Die besten Ärzte waren gerade gut genug. N. Krestinski meldete aus Berlin, daß die Professoren Minkowski, Strümpel, Bumke und Nonne anreisen würden. Mit anderen Ärzten werde noch verhandelt. Man klärte schließlich die Frage, ob die Ärzte in Pfund, Dollar oder Mark gezahlt werden sollten. (Archiv des Präsidenten) Stalin beauftragte S. Simanowski, den bekannten Spezialisten Genschen aus Schweden kommen zu lassen. Dessen Honorarforderung von 25 000 schwedischen Kronen wurde von Moskau widerspruchslos akzeptiert. (Archiv des Präsidenten)

Man entschloß sich also, zu Lenins Behandlung internationale Spezialisten einzuschalten. Der Personenkreis, der im Lauf der Zeit zur Behandlung herangezogen wurde, war beeindruckend. Es handelte sich um die Therapeuten P. I. Elistratow, G. Klemperer, L. G. Lewin, O. Minkowski, A. von Strümpel, die Neuropathologen und Psychiater W. M. Bechterew, O. Bumke, S. M. Dobrogajew, A. M. Koschewnikow, W. W. Kramer, M. B. Krol, M. Nonne, W. P. Osipow, O. Förster, S. E. Genschen und einige andere.
M. I. Uljanowa erinnert sich in ihren Memoiren, die erst im Dezember 1989 erschienen:

»Im Winter der Jahre 1920/21 und 1921/22 fühlte sich Wladimir Iljitsch schlecht. Kopfschmerzen und Arbeitsunfähigkeit beunruhigten ihn stark. Ich weiß nicht genau, wann, aber irgendwann in diesem Zeitraum sagte Wladimir Iljitsch zu Stalin, daß er wahrscheinlich an der Lähmung sterben werde, und nahm Stalin das Versprechen ab, ihm in diesem Falle dabei zu helfen, Zyankali aufzutreiben und zu verabreichen. Stalin versprach es.
Warum wandte sich Wladimir Iljitsch mit dieser Bitte an Stalin? Weil er ihn als harten, stählernen Menschen kannte, dem jedwede Sentimentalität fremd war. Eine geeignetere Person hätte Lenin nicht finden können.«

Maria Iljinitschna kehrt in ihren achtseitigen Aufzeichnungen nochmals zu diesem Thema zurück:

»Wladimir Iljitsch richtete sich mit eben jener Bitte nach dem ersten Anfall im Mai 1922 an Stalin. Wladimir Iljitsch glaubte damals, daß es mit ihm zu Ende gehe, und forderte daher, so schnell wie möglich Stalin kommen zu lassen. Diese Bitte war so eindringlich, daß man es nicht über sich brachte, sie abzuschlagen. Stalin blieb nicht länger als fünf Minuten bei Wladimir Iljitsch. Als er Iljitsch verlassen hatte, erklärte er gegenüber Bucharin und mir, Wladimir Iljitsch habe ihn gebeten, Gift zu beschaffen, weil, so behauptete Stalin, die Zeit gekommen sei, das früher gegebene Versprechen einzulösen. Stalin habe auch jetzt seine Zusage gegeben. Sie hätten sich verabschiedet, und Stalin sei gegangen. Doch

nachdem wir darüber gesprochen hatten, entschieden wir, daß man Wladimir Iljitsch aufmuntern müsse, und Stalin ging erneut zu Wladimir Iljitsch. Er sagte ihm, nach Rücksprache mit den Ärzten sei er zu der Überzeugung gelangt, daß noch nicht alles verloren sei ... Wladimir Iljitsch lebte merklich auf und stimmte zu, obwohl er Stalin fragte:
›Sagen Sie auch die Wahrheit?‹
›Wann haben Sie jemals erlebt, daß ich Ihnen nicht die Wahrheit gesagt habe? ...‹« (Archiv für neuere Geschichte)

Wenngleich es in den Erinnerungen von M. I. Uljanowa gewisse Ungenauigkeiten gibt, belegen sie dennoch, daß Lenin der Gedanke an Selbstmord seit dem Beginn dieser schicksalhaften Krankheit nicht mehr losließ.
Charakteristisch für Stalin ist, daß er in beiden Fällen versprach, den Willen des Vorsitzenden des Rates der Volkskommissare auszuführen. Ich glaube, dies lag im persönlichen Interesse Stalins, der eine Annäherung Lenins an Trotzki fürchtete und schon seit langem weitreichende, ehrgeizige Pläne hegte.
Ein Dokument aus den Archiven der Partei gibt hierzu genaueren Aufschluß. Aufgrund seiner Wichtigkeit werde ich es hier vollständig wiedergeben:

»Streng geheim.

An die Mitglieder des Politbüros
Am Samstag, dem 17. März, sprach mich Genossin Uljanowa (N. K.) im Zusammenhang mit der streng geheimen ›Bitte von Wladimir Iljitsch an Stalin‹ darauf an, daß ich, Stalin, mich verpflichtet hätte, Wladimir Iljitsch eine Dosis Zyankali zu beschaffen und auszuhändigen. Im Verlaufe des Gesprächs sagte N. K., daß ›Wladimir Iljitsch unvorstellbare Qualen durchleidet‹, daß ›ein Weiterleben auf diese Art undenkbar ist‹, und bestand beharrlich darauf, ›Iljitsch seine Bitte nicht abzuschlagen‹. Angesichts der besonderen Hartnäckigkeit von N. K. und angesichts dessen, daß Wladimir Iljitsch meine Einwilligung forderte (während meines Gesprächs mit ihr in Lenins Arbeitszimmer rief Wladimir Iljitsch zweimal N. K. zu sich und forderte aufgeregt die

›Einwilligung Stalins‹; daher waren wir beide Male gezwungen, das Gespräch zu unterbrechen), hielt ich es nicht für möglich, dies abzuschlagen, und erklärte: ›Ich bitte darum, Wladimir Iljitsch zu beruhigen und mir zu glauben, daß ich, falls nötig, ohne Bedenken seine Forderung erfüllen werde.‹ Wladimir Iljitsch beruhigte sich tatsächlich.

Ich muß jedoch leider zugeben, daß ich nicht über die Kraft verfüge, die Bitte Wladimir Iljitschs zu erfüllen, und gezwungen bin, von dieser Mission, wie human und notwendig sie auch sein möge, Abstand zu nehmen, wovon ich nun das Politbüro des ZK in Kenntnis setze.

21. März 1923 I. Stalin«.

Das nächste Zitat zeigt die Reaktion der Mitglieder des Politbüros auf Stalins Mitteilung:

»Ich habe sie zur Kenntnis genommen. Ich glaube, daß die ›Unentschlossenheit‹ Stalins verständlich ist. Es wäre ratsam, im engen Kreis der Politbüromitglieder darüber einen Meinungsaustausch durchzuführen, jedoch ohne technische Sekretäre.

Tomski

Gelesen von: G. Sinowjew
Molotow
N. Bucharin
Trotzki
L. Kamenew« (Archiv des Präsidenten)

Es existiert noch eine weitere Mitteilung Stalins, die zwar undatiert ist, aber offensichtlich vom 17. März 1923 stammt:

»Streng geheim

An Simowjew und Kamenew

Eben ließ mich Nadjeschda Konstantinowna zu sich rufen und erklärte mir im Vertrauen, daß sich Iljitsch in einem ›schrecklichen‹ Zustand befinde, von Anfällen gequält werde, auf diese Art nicht weiter leben wolle und könne und daher unbedingt Zyankali verlange. Sie informierte mich davon, daß sie versucht habe, ihm das Zyankali zu geben, aber ihre Standhaftigkeit dazu nicht ausreichte, weshalb es der ›Unterstützung Stalins‹ bedürfe.

Stalin.

Das darf auf *keinen Fall* geschehen. Förster macht uns Hoffnungen, wie kann man dann an so etwas denken? Ja, wenn keine Hoffnung bestünde, aber so. Nein, nein und nochmals nein!

G. Sinowjew
L. Kamenew« (Archiv des Präsidenten)

Die Dokumente belegen, daß die Selbstmordgedanken in Lenins Gehirn fest verankert waren.

Doch bislang ist nicht völlig geklärt, wie Lenin, der sein Sprachvermögen verloren hatte, um die »Zyankalikapsel« bitten konnte. Möglicherweise hat er diesen Wunsch mit Gesten zum Ausdruck gebracht. Es ist auch nicht auszuschließen, daß Krupskaja, die durch den Zustand ihres Gatten bis an den Rand der Verzweiflung getrieben wurde und ihre eigene Schwäche so lange unterdrücken mußte, kurz davor stand, Lenins Wunsch zu erfüllen. Aber woher hätte sie das Zyankali bekommen können? Schließlich handelt es sich dabei nicht einfach um ein Präparat, das neben den Hustenpastillen liegt. Vielleicht hat Stalin es ihr gegeben? Doch dies wird ein Geheimnis der Geschichte bleiben.

Nicht weniger wichtig ist auch ein weiterer Umstand: Stalin erklärte jedesmal sein Einverständnis, das Gift »ohne Bedenken« verabreichen zu wollen. Darüber hinaus hielt er diese »Mission« für »human und notwendig«. Diese Bereitschaft wirft nicht nur ein bezeichnendes Licht auf die »Moral« Stalins, in ihr äußert sich auch der kaum verhohlene Wunsch, die Entscheidung zu beschleunigen. Während sich die Ärzte noch mit dem schwerkranken Lenin abmühten, entbrannte im Politbüro der Kampf um das Erbe. Man sparte nicht an Geld und Kräften für Lenins Behandlung, doch damit sollte eher der »rechte Glaube« an den Leninismus, an die Idee und die Sache des Revolutionsführers demonstriert werden. Die täglichen Bulletins über Lenins Gesundheitszustand waren so vage gehalten, daß es fast unmöglich schien, ihnen etwas über den wirklichen Zustand des Kranken zu entnehmen. Das ZK der Partei hatte bereits gelernt, Informationen zu manipulieren. Es wurde nur das mitgeteilt, was man für absolut notwendig hielt, um die politische Ruhe zu gewährleisten:

»Bulletin Nr. 3

Zum Gesundheitszustand von Wladimir Iljitsch

Die Sprachschwierigkeiten sowie die Schwäche des rechten Armes und des rechten Beines sind weiter unverändert. Der allgemeine Gesundheitszustand hat sich gebessert, die Temperatur beträgt 37,0 Grad, der regelmäßige und völlig normale Puls liegt bei 90 in der Minute.

14. März 1923, 14 Uhr, Professor Minkowski, Professor Förster, Professor Kramer, Privatdozent Koschewnikow, Volkskommissar für Gesundheit Semaschko.«

»Bulletin Nr. 6

Fortschritte im Artikulationsvermögen und eine gesteigerte Motorik des rechten Armes und Beines konnten festgestellt werden. Der allgemeine Gesundheitszustand ist weiterhin gut.

17. März 1923, 13 Uhr« (Archiv des Präsidenten)

Nach dem 10. März 1923, an dem sich der Schlaganfall ereignete, finden sich im »Tagebuch des diensthabenden Arztes« Ausführungen, die ein recht anschauliches Bild von Lenins Zustand vermitteln.

11. März. »... Doktor Koschewnikow ging um Viertel nach elf zu Wladimir Iljitsch. Dessen Gesichtsfarbe war bleich, aschfahl, auf dem Gesicht und in den Augen lagen Traurigkeit ... Die ganze Zeit über versuchte er, etwas zu sagen, aber er brachte nur leise, unartikulierte Laute zustande ... Heute verstand Wladimir Iljitsch vor allem gegen Abend immer weniger von dem, was man ihm sagte. Manchmal erwiderte er ›nein‹, wenn er eigentlich mit ›ja‹ hätte antworten müssen.«

12. März. »Heute kamen die Professoren Minkowski und Förster an. Vom Bahnhof fuhr Doktor Koschewnikow mit ihnen direkt auf eine Sitzung des Politbüros und von dort zu Wladimir Iljitsch ... In Hinblick auf das Nervensystem ist er (offensichtlich) bei vollem

Bewußtsein, er leidet unter einer fast vollständigen motorischen Aphasie. Heute konnte Wladimir Iljitsch nichts sagen ... Wladimir Iljitsch versteht kaum, worum man ihn bittet. Man gab ihm einen Füllfederhalter, seine Brille und ein Messer. Auf die Aufforderung, die Brille zu reichen, händigte sie Wladimir Iljitsch aus; auf die Bitte nach dem Stift reichte Wladimir Iljitsch erneut die Brille (sie lag für ihn von allem am nächsten) ... Nach der Visite bei Wladimir Iljitsch fuhren die Ärzte wieder ins Politbüro ...« (Archiv für neuere Geschichte)
17. März. »Nach der ärztlichen Visite hat Wladimir Iljitsch gut zu Mittag gegessen. Nach einiger Zeit wollte er irgendeinen Gedanken oder Wunsch zum Ausdruck bringen. Doch als weder die Krankenschwester noch Marija Iljinitschna oder Nadjeschda Konstantinowna Wladimir Iljitsch folgen konnten, geriet er in furchtbare Erregung, worauf man ihm Brom gab und Marija Iljinitschna mit Doktor Koschewnikow telephonierte, der schließlich auch kam ...« (Archiv für neuere Geschichte)

Im Mai begann sich der Gesundheitszustand wider Erwarten langsam zu bessern. Man trug Lenin auf die Veranda der Kremlwohnung, und am 15. Mai brachte man ihn unter strengsten Sicherheitsmaßnahmen in Begleitung einer Gruppe von Ärzten nach Gorki. Die Reise dorthin ging ohne großes Aufsehen und langsam vonstatten. Die ganze Operation erinnerte an die Aktion der Pioniere nach dem Zweiten Weltkrieg, die Blindgänger aus bevölkerungsreichen Gebieten abtransportierten, um sie auf freiem Feld zur Detonation zu bringen.
Koschewnikow schrieb, daß Lenin »zu Kräften gekommen war und anfing, Interesse gegenüber seinem Zustand und seiner Umgebung zu bekunden. Er erholte sich von den sogenannten sensorischen Anzeichen der Aphasie und begann, sprechen zu lernen« (Archiv des Präsidenten). Zunächst bemühte sich der hinzugezogene Arzt und Logopäde S. M. Dobrogajew zusammen mit Krupskaja um die Wiederherstellung des Sprachvermögens bei Lenin. Später dann wurde die Therapie ausschließlich seiner Ehefrau überlassen. (Archiv für neuere Geschichte)
Wie aus den medizinischen Unterlagen und aus der wichtigen For-

schungsarbeit von B. Rawdin hervorgeht, war der Wortschatz Lenins nach dem 10. März äußerst begrenzt: »da«, »führe!«, »gehe!«, »geht!« und »olala«. Als multiplexen Ausdruck begann er »eben« zu gebrauchen, ein Wort, mit dessen Hilfe er Zustimmung andeutete, Einwand erhob, Forderungen aufstellte, Entrüstung ausdrückte, Bitten formulierte und ein Gespräch vorantrieb. Gewöhnlich verwendete er einzelne Wörter rein zufällig, und wenn sie bisweilen auch mehrmals in verschiedenen Kontexten vorkamen, so doch durchweg in sinnentstellender Form.
Nach langer Übung gelang es Lenin, Nadjeschda Konstantinowna einzelne Wörter wie »Versammlung«, »Zelle«, »Bauer«, »Arbeiter«, »Volk«, »Revolution« oder »Menschen« nachzusprechen. In ihrem Lernprogramm benutzte Krupskaja ein verkürztes Alphabet, grundlegende didaktische Übungen und die einfachsten Mittel zur Spracherlernung. Doch das gesamte Wortmaterial blieb nicht in Lenins Gedächtnis gespeichert, und ohne die Vorgaben der Gattin hätte er selbständig kein einziges Wort äußern können. Das mächtige Gehirn trug durch die Krankheit einen irreversiblen Schaden davon. Nach und nach starb Lenins Denkvermögen ab; er entwickelte sich fast zu einem Säugling zurück. Interessant sind in diesem Zusammenhang die Aufzeichnungen des Künstlers Ju. Annenkow:

»Im Dezember 1923 brachte mich L. B. Kamenew nach Gorki, wo ich ein Porträt, eine genaue Skizze des kranken Lenin anfertigen sollte. Wir trafen Krupskaja. Sie sagte, daß man an ein Porträt nicht einmal denken dürfe. Tatsächlich konnte Lenin, wie er halb in eine Decke eingewickelt in seinem Liegestuhl lag und mit dem hilflosen, verzerrten Lächeln eines Menschen, der in die Kindheit zurückgefallen war, an uns vorbei blickte, nur noch als Anschauungsmaterial für seine furchtbare Krankheit, nicht aber für ein Porträt dienen.« (»Nowy schurnal«, 1961, Nr. 65, S. 149, 141, und 142)

Nach dem Tode Lenins wollten die offiziellen Geschichtsschreiber unbedingt die »Größe des kranken Revolutionsführers« hervorheben. So erzählte S. P. Sokolow, der zu Lenins Wachmannschaft gehört hatte, daß Lenin im Herbst 1923 in Gorki ein Sessel als Ge-

schenk der kommunistischen Partei Großbritanniens überreicht worden sei. Der Revolutionsführer habe daraufhin überlegt und angeblich den Namen eines Kommissars genannt, der an der Front beide Beine verloren hatte: »Ihm werden wir diesen Sessel schikken. Denn er wird nie wieder gehen können, und bei mir geht es bislang auch noch ohne.« (»Snanie – sila«, 1990, Nr. 4, S. 24)
Mythen und Legenden waren schon immer feste Bestandteile der bolschewistischen Geschichtsschreibung.
Krupskaja bemühte sich selbstlos, Lenin wenigstens ein elementares Kommunikationsvermögen zu vermitteln. Sie versuchte nicht nur, seine Sprachfähigkeit wiederherzustellen, sondern unterrichtete ihn auch in Rechtschreibung. Die ersten Worte, die die Hand Lenins mit Unterstützung der Gattin zustande brachten, lauteten »Mama« und »Papa«.
Dank der Fürsorge der Ärzte und Krupskajas ließ sich im zweiten Halbjahr 1923 eine gewisse Verbesserung in Lenins Allgemeinbefinden feststellen. Er konnte nun mit Hilfe eines Stockes langsam im Zimmer umhergehen. Durch Zeichen, einzelne Worte und Gesten gelang es ihm, eine elementare Kommunikation mit seiner Umgebung herzustellen. Der Arzt W. Kramer kommentierte diesen Prozeß wie folgt: »Im November und besonders im Dezember war er in der Lage, bereits einige Worte selbständig zu formulieren, er lernte, mit der linken Hand noch besser zu schreiben, konnte sogar lesen, und wenn er die Zeitung durchsah, so wies er durchweg auf das hin, was ihn am meisten interessierte.« (Archiv des Präsidenten)
Mit dem Bulletin Nr. 35, das am 16. Mai 1923 veröffentlicht wurde, stellte man die Mitteilungen über Lenins Gesundheitszustand ein. In der Bevölkerung kam der Eindruck auf, daß es ihm besser gehe und die völlige Genesung des Vorsitzenden des Rates der Volkskommissare nicht mehr allzu lange auf sich warten lassen würde. Lenin wollte unbedingt nach Moskau fahren. Am 18. Oktober 1923 machte man sich schließlich bei Einbruch der Dämmerung auf den Weg. Krupskaja schrieb dazu: »Eines schönen Tages ging er in die Garage, setzte sich in das Auto und bestand darauf, umgehend nach Moskau zu fahren.« Auf seiner Reise begleiteten ihn N. K. Krupskaja, M. I. Uljanowa, die Professoren W. P. Osipow

und W. N. Rosanow sowie einige Mitarbeiter der Wachmannschaft. Im Kreml wurde er bereits von den Bediensteten erwartet. Mit Mühe stieg er die Stufen in seine Wohnung hinauf, wo er neugierig die Einrichtung, die Bücher und verschiedene private Dinge betrachtete. Doch schon bald mußte er sich niederlegen, um auszuruhen. Dem ohnehin schwer angegriffenen Organismus hatte die eineinhalbstündige Reise stark zugesetzt.
Am darauffolgenden Tag suchte Lenin zum letztenmal in seinem Leben sein Arbeitszimmer im Kreml auf, ging in den leeren Sitzungssaal des Rates der Volkskommissare und trat in den Hof hinaus. Der Revolutionsführer hatte sich eine Reihe von Büchern aus seiner Bibliothek ausgesucht und äußerte schließlich den Wunsch, eine Fahrt durch Moskau zu unternehmen. Die »Expedition« führte zur Allrussischen Ausstellung der landwirtschaftlichen und industriellen Produktion, doch starker Regen störte die Besichtigung. Man kehrte in den Kreml zurück, um die Bücher zu holen, und machte sich dann auf den Weg nach Gorki, das zu Lenins letzter Zufluchtsstätte werden sollte. (Archiv für neuere Geschichte)
Ein hochgeschätzter Professor äußerte einmal, Lenin sei damals gekommen, um sich von Moskau zu verabschieden. Ich weiß nicht, ob das zutrifft. Ich glaube allerdings, daß Lenin zu jener Zeit kaum in der Lage gewesen sein dürfte, so komplizierte intellektuelle Entscheidungen zu treffen. Wie eine spätere Autopsie zeigte, war sein Gehirn durch die Krankheit bereits in solchem Maße geschädigt, daß viele Fachärzte selbst über sein elementares Kommunikationsvermögen erstaunt waren. Laut Aussage von Semaschko, dem Volkskommissar für Gesundheit, war die Verhärtung der Gefäße schon so weit fortgeschritten, daß die Arterien wie versteinert waren, als man sie bei der Autopsie mit einer Metallpinzette abgeklopft hatte. Viele Gefäßwände waren so angeschwollen und die Gefäße selbst so verengt, daß nicht einmal ein Haar mehr hindurchgepaßt hätte. (Louis Fischer, Das Leben Lenins) Lenin war ein schwerkranker Mann, der nur noch dank der beispiellosen Fürsorge der Ärzte und des großen Freundeskreises weiterlebte.
Der Künstler Ju. Annenkow, der nach Lenins Tod zur Auswahl von

Photographien und Zeichnungen für Bücher herangezogen wurde, welche dem Revolutionsführer im Wladimir-Iljitsch-Lenin-Institut gewidmet waren, entdeckte dabei einen Glasbehälter, in »dem das in Alkohol konservierte Gehirn Lenins lag... Die eine Halbkugel wirkte gesund, makellos und wies klar erkennbare Windungen auf, die andere dagegen ... war zusammengeschrumpft, verschrumpelt, zerdrückt und nicht größer als eine Walnuß.« (»Nowyj schurnal«, 1961, Nr. 65, S. 144)
Als man versuchsweise O. A. Pjatnizki und I. I. Skworzow-Stepanow zu Lenin schickte, um ihm über die Arbeit der Komintern und des Moskauer Sowjets zu berichten, reagierte er auf ihre Informationen völlig teilnahmslos, auch wenn er bisweilen in Erregung geriet und an mehr oder weniger passenden Stellen sein »eben« einwarf. Sämtliche Versuche der offiziellen Geschichtsschreibung, Lenin in den letzten elf Monaten seines Lebens als einen Menschen darzustellen, der sich lebhaft für die Probleme der Partei und des Landes interessierte, zeugen lediglich von einem Mangel an Achtung gegenüber einem kranken Menschen.
Nur wenige sprachen bei Lenin vor. So erhielt er im Juli Besuch von seinem Bruder D. I. Uljanow. Im selben Monat verweilte Lenin, nachdem er im nördlichen Gebäudeflügel zufällig mit dem Leiter der Gorki-Sowchose zusammengetroffen war, ganze drei Tage bei diesem und versetzte dadurch Ärzte wie Freunde in helle Aufregung. Im November kam erneut Professor W. M. Bechterew. Der Kranke traf zudem mit O. A. Pjatnizki, dem Sekretär des Exekutivkomitees der Komintern, und mit I. I. Skworzow-Stepanow, einem der Leiter des Staatsverlages, zusammen. Später besuchten ihn N. I. Krestinski, der Botschafter der RSFSR in Deutschland, und A. K. Woroneski, der Redakteur der Zeitschrift »Krasnaja now«. Man könnte noch zwei oder drei weitere Personen aufzählen, die – außer den Ärzten und dem Bedienungspersonal – den kranken Revolutionsführer aufgesucht hatten. »Jedes Treffen erregte Wladimir Iljitsch«, erinnerte sich Krupskaja. »Man konnte dies daran erkennen, wie er nach einem solchen Besuch den Stuhl hin- und herschob, wie er verkrampft die Tafel zu sich heranzog und nach der Kreide griff.« (Archiv des Präsidenten)
Einige Mitglieder des Politbüros und des Rates der Volkskommis-

sare, die sich in der zweiten Hälfte des Jahres 1923 gerade in Gorki aufhielten, konnten Lenin von ferne beobachten, wenn er im Wagen ausfuhr oder sich im Haus entspannte. Weder Stalin noch Trotzki oder andere Gesinnungsgenossen wünschten den Revolutionsführer in einer Zeit zu sehen, in der eine normale Begegnung unmöglich schien. Fragen, die Lenin »stellte«, konnten häufig nur erraten werden. Nadjeschda Konstantinowna berichtet darüber: »Es war nur möglich, das Rätsel zu lösen, weil man weiß, welche Assoziationen bei einem Menschen geweckt werden, mit dem man sein ganzes Leben verbracht hat. Wenn wir zum Beispiel über Kalmykowaja sprachen, dann konnte ich an der fragenden Intonation des Wortes ›was‹ erkennen, daß er nun Auskunft über Potresow und seine derzeitige politische Position zu erhalten wünschte. Nach und nach entwickelte sich so zwischen uns eine besondere Art der Gesprächsführung.« (Archiv des Präsidenten)
In der biographischen Chronik wird diese Episode anders erzählt. Danach hatte Krupskaja es nicht nötig, »Rätsel zu lösen«, da sich der Revolutionsführer deutlich artikulieren konnte: »Lenin hörte N. K. Krupskaja interessiert zu, als sie ihm vom Leben und der Arbeit A. M. Kalmykowajas erzählte, die in Rußland als bekannte Persönlichkeit galt; er erkundigte sich nach der derzeitigen politischen Einstellung von A. N. Potresow.« (Wladimir Iljitsch Lenin, Biochronika, Bd. 12, S. 653)
Krupskajas Gefühle schwankten zwischen Hoffnung auf Gesundung und Resignation, zwischen neuer Hoffnung und abermaliger Enttäuschung. Davon zeugen eher die Briefe an die Töchter von Inessa Armand als ihre Memoiren »Das letzte halbe Jahr im Leben von Wladimir Iljitsch«. Im folgenden zitiere ich einige Auszüge aus verschiedenen Briefen, die nach dem März 1923 geschrieben wurden. In ihnen liegt so viel Persönliches, Weibliches, Verborgenes und Kummervolles ...
6. Mai 1923: »... Ich lebe nur dafür, daß Wolodja mich morgens glücklich macht, daß er meine Hand nimmt, daß wir manchmal wortlos über verschiedene Dinge sprechen, für die es ohnehin keine Bezeichnung gibt ...«
2. September 1923: »... Ich verbringe jetzt ganze Tage mit Wolodja, der auf dem Wege der Besserung ist, trotzdem verfalle ich

abends in einen Zustand der Verwirrung und bin nicht einmal in der Lage, Briefe zu schreiben . . .«
28. Oktober 1923: »Jeden Tag macht er Fortschritte, doch sie sind mikroskopisch klein, und wir stehen weiterhin an der Schwelle zwischen Leben und Tod. Die Ärzte sagen, daß alles vorbei sei, daß er genesen würde, aber ich weiß nun bestimmt, daß sie davon keine Ahnung haben, daß sie sie auch nicht haben können.« (Archiv für neuere Geschichte)
Es schien, als sei im Krankheitsverlauf eine Art Stagnation eingetreten, die noch lange anhalten könne. Im Politbüro war man inoffiziell der Ansicht, daß zwar eine Genesung wenig wahrscheinlich sei, aber ein Ende aufgrund des stabilen Krankheitszustandes auch nicht in Sicht sei.
Mitte Januar 1924 wurde die 13. Parteikonferenz eröffnet. Man wählte Lenin in Abwesenheit zum Mitglied des Präsidiums. Krupskaja las dem Kranken sämtliche Unterlagen der Versammlung vor.
Während der Konferenz stand I. I. Skworzow-Stepanow auf Anordnung L. B. Kamenews mit N. K. Krupskaja in telephonischer Verbindung. Am 18. Januar 1924, als die Konferenz zu Ende ging, reichte er im Präsidium Kamenew eine Notiz: »Lew Borisowitsch, ich glaube, daß es am günstigsten wäre, wenn Sie beim Schlußwort ein paar Worte zum Gesundheitszustand von W. I. sagen würden, wobei Sie aber auf diese Frage nicht besonders eingehen sollten.« Skworzow-Stepanow bestand darauf, daß diese Aussagen nicht mitstenographiert und keine Informationen zu Lenins Gesundheitszustand an die Zeitungen weitergegeben werden sollten.
Was durfte nun von den Berichten Krupskajas an die Delegierten weitergegeben werden?
Zunächst einmal, daß sie selbst nicht auf der Konferenz erscheinen und somit keine Erklärung abgeben konnte. Skworzow-Stepanow schrieb für Kamenew:

»Der Genesungsprozeß verläuft zufriedenstellend. Am Stock geht er recht sicher, doch ohne fremde Hilfe kann er nicht stehen . . . Er formuliert einzelne Worte und kann alle Worte wiederholen, wobei er eindeutig deren Inhalt versteht . . . Er hat begonnen, sich mit

der Parteidiskussion zu beschäftigen. So las er die Rede Rykows und einen Brief Trotzkis.
Laut den Worten von Nadjeschda Konstantinowna kann man an einigen Anzeichen erkennen, wie Wladimir Iljitsch zu den Streitfragen steht, aber sie will in dieser Hinsicht nichts über ihre Schlußfolgerungen sagen.« (Archiv des Präsidenten)

Krupskaja wiederholte nur das, was die Mitglieder des Politbüros bereits wußten. Was die möglichen »Schlußfolgerungen« betraf, so handelte es sich hier nur um Mutmaßungen. Es schien, als sei eine Stabilisierung des Gesundheitszustandes mit Aussicht auf Besserung eingetreten. Wenn man jedoch erneut ihre Memoiren »Das letzte halbe Jahr im Leben von Wladimir Iljitsch« zu Rate zieht, dann erfährt man, daß sie ihrer Mitteilung »der Genesungsprozeß verläuft zufriedenstellend« an Skworzow-Stepanow folgendes hinzufügte: »Seit Donnerstag ist eine Veränderung eingetreten: Wladimir Iljitsch schien schrecklich müde und erschöpft zu sein. Er schloß häufig die Augen, erbleichte, und was das wichtigste ist, sein Gesichtsausdruck änderte sich, er bekam einen anderen Blick, so als sei er blind.«
Aufgrund von Beschwerden kontrollierte Professor M. I. Awerbach am Abend des 20. Januar die Augen, konnte aber nichts Pathologisches feststellen. Am folgenden Tag, dem 21. Januar, untersuchten nach dem Mittagessen die Professoren O. Förster und W. P. Osipow den Kranken. Die ganze Zeit davor wirkte Lenin überaus kraftlos; zweimal bat er um Hilfe beim Aufstehen, legte sich aber gleich darauf wieder ins Bett. Eine Viertelstunde nachdem sich hinter Professor Osipow die Tür geschlossen hatte, setzte Lenins letzter Anfall ein.
Man reichte ihm eine Bouillon und Kaffee; »er trank begierig, beruhigte sich dann ein wenig, doch schon bald begann es in seiner Brust zu brodeln«, erinnert sich Krupskaja und fügt zugleich an, daß sie angesichts der Ereignisse jegliches Zeitgefühl verloren habe.
Die geheimnisvolle Krankheit brach endgültig jeglichen Überlebenswillen und machte die letzten Hoffnungen auf eine Genesung zunichte:

»Immer stärker und stärker brodelte es in seiner Brust. Immer verschwommener wurde sein Blick, Wladimir Alexandrowitsch und Petr Petrowitsch [der Sanitäter und der Chef der Wache, D. W.] hielten ihn in ihren Händen, von Zeit zu Zeit stöhnte er gedämpft, sein Körper wurde von Krämpfen geschüttelt. Ich hielt zunächst seine heiße, feuchte Hand, dann sah ich nur noch, wie sich das Taschentuch mit Blut färbte, wie sich das Siegel des Todes auf das sterbensbleiche Gesicht legte. Professor Förster und Doktor Elistratow injizierten Kampfer und bemühten sich, ihn künstlich zu beatmen, doch es war alles umsonst, man konnte ihn nicht retten.« (Archiv des Präsidenten)

Die Mumie
und die »Einbalsamierung« der Ideen

Es gibt viele Versionen der Todesursache. Die offizielle, die am 23. Januar durch die Unterschrift von sechs Professoren und dem Volkskommissar Semaschko besiegelt wurde, lautet: »Die Obduktion hat ergeben, daß Wladimir Iljitsch an einer unheilbaren Gefäßerkrankung litt, die trotz aller unternommenen Anstrengungen unvermeidlich zu einem tödlichen Ende führen mußte.« (Prawda, 24. Januar 1924) Ich werde mich nicht mit jener Version aufhalten, die behauptet, Lenins Tod sei durch eine »Syphilis der Gehirngefäße« verursacht worden. Die Analyse der gesamten mir zur Verfügung stehenden Literatur legt den Schluß nahe, daß diese Annahme wenig wahrscheinlich ist.

Meiner Meinung nach resultierte der Tod des Führers der russischen Bolschewiki aus dem schicksalhaften Zusammenspiel einer Reihe negativer Faktoren, insbesondere einer erblich bedingten Neigung zur Arteriosklerose und einer mangelhaften Vorbereitung des Organismus auf die enorme Belastung, der er seit 1917 ausgesetzt war.

Der Tod von Lenins Vater, I. N. Uljanow, der Schwestern A. I. Uljanowa-Elisarowa und M. I. Uljanowa sowie des Bruders D. I. Uljanow läßt keinen Zweifel an einer vererbten Gefäßerkrankung.

Am Tag nach dem Tod des Revolutionsführers tagte das Plenum des ZK der RKP (b). In einer Resolution wurde unter anderem beschlossen, eine Trauersitzung des Sowjetkongresses abzuhalten, Meetings anzusetzen und den Tag der Beisetzung auf Samstag festzulegen. Der Körper des Verstorbenen sollte in Begleitung von 200 Menschen (Konferenzdelegierte und Parteiführung) nach Moskau überführt werden. Zudem beschloß man Maßnahmen zur Vorbeugung gegenüber einer Panik im Lande. Als Beisetzungsort wurde einstimmig der Rote Platz gewählt. Für

den letzten Abschied wählte man das Haus der Sowjets. (Archiv des Präsidenten)
Noch am selben Tag gründete das Präsidium des ZIK der UdSSR eine Kommission zur Organisation der Beisetzung von W. I. Uljanow-Lenin, die aus folgenden Personen bestand: Dserschinski (als Vorsitzender), Muralow, Laschewitsch, Bontsch-Brujewitsch, Woroschilow, Molotow, Selenski und Enukidse. (Archiv des Präsidenten) Stalin verschickte an alle Zentralkomitees der Republiken, Gouvernements- und Gebietskomitees Telegramme mit der Nachricht vom Tode des Revolutionsführers. Zu den besonders dringlichen Maßnahmen gehörten »Vorkehrungen ... zur Vermeidung des kleinsten Anzeichens von Panik« (Archiv des Präsidenten). Unter den zahlreichen Anordnungen ging auch ein verschlüsseltes Telegramm nach Tiflis:

»Dem Genossen Trotzki auszuhändigen. Am 21. Januar um 6 Uhr und 50 Minuten trat der plötzliche Tod des Genossen Lenin ein. Die Todesursache ist auf eine Lähmung des Atemzentrums zurückzuführen. Die Beisetzung findet am Samstag, den 24. Januar 1924, statt. Stalin« (Archiv der Sowjetarmee)

Inzwischen war jedoch die Beisetzung von Samstag auf Sonntag verlegt worden. Trotzki, der dies nicht wußte, nahm an, daß er absichtlich von der Beerdigung ferngehalten werden sollte.
Die Tage vor der Bestattung waren geprägt von wiederholten Sitzungen des Politbüros, der Zentralen Kontrollkommission und der Kommission zur Organisation der Beisetzung. Man beschloß die »flächendeckende Verbreitung ausgewählter Reden und der Biographie von Wladimir Iljitsch« und ordnete an, Leninbüsten in großer Zahl zu gießen. Das Politbüro unterbreitete dem ZIK der UdSSR auf Initiative der Petrograder Kommunisten den Vorschlag, Petrograd in Leningrad umzubenennen. Das Szenarium für den Sowjetkongreß, der dem Andenken des Revolutionsführers gewidmet war, erhielt seinen letzten Schliff. (Archiv des Präsidenten)
Anfangs dachte niemand daran, den Leichnam des Revolutionsführers zu mumifizieren. Auch die »Prawda« sprach in einem Artikel zunächst noch vom »Grab des Genossen Lenin«. Man

begann, eine letzte Ruhestätte für den Revolutionsführer auf dem Roten Platz vorzubereiten. Doch die Kommission zur Organisation der Beisetzung schlug vor, den öffentlichen Abschied von Uljanow-Lenin zu verlängern und die Bestattungszeremonie um einige Zeit zu verschieben. Dabei wurde die Idee der Mumifizierung geboren. Zu diesem Zweck balsamierte A. I. Abrikosow Lenins Leichnam mit den üblichen Mitteln ein, um ihn noch für 6 oder 7 Tage zu konservieren.
Doch bereits am 24. Januar begann man im Politbüro nach Möglichkeiten zu suchen, mit deren Hilfe man Lenins Körper für »einen gewissen Zeitraum« in der Gruft an der Kremlmauer konservieren konnte. Doch selbst einer zeitlich begrenzten Konservierung wollten weder Krupskaja noch Lenins Geschwister zustimmen. Das Politbüro beauftragte daraufhin Sinowjew und Bucharin, mit Nadjeschda Konstantinowna Rücksprache zu halten. Man versuchte sie dafür zu gewinnen, nicht mehr auf der unmittelbaren Erfüllung ihrer Forderung zu bestehen, und versprach ihr im Gegenzug, diese Frage in einem Monat nochmals zu erörtern. (Archiv des Präsidenten) Der Leichnam Lenins wurde nun zu einem Objekt politischer und ideologischer Manipulation.
Stalin äußerte sich anfangs nicht konkret zur Frage einer Mumifizierung des Körpers. Nachdem er jedoch darüber nachgedacht hatte, erkannte er den ungeheuren propagandistischen Nutzen, den man aus dieser bolschewistischen Reliquie ziehen konnte. Bereits am 24. Januar beschloß das ZIK der UdSSR auf Weisung des Politbüros:
1.) den Sarg mit dem Körper von W. I. Lenin in der Gruft zu konservieren und ihn Besuchern zugänglich zu machen;
2.) auf dem Roten Platz eine Grabstätte nahe der Kremlmauer an jener Stelle zu errichten, wo sich auch die Gräber der Kampfgefährten der Oktoberrevolution befanden.
Noch am selben Tag wurde eine spezielle Kommission ins Leben gerufen, die für den Bau eines Mausoleums verantwortlich war. Man beauftragte das Akademiemitglied A. W. Schusew, die Baupläne für ein Mausoleum zu entwerfen, das, um es nochmals zu betonen, zunächst nur für einen bestimmten Zeitraum existieren sollte. (Biochronika, Bd. 12, S. 672–673)

Am 26. Januar wurde um 11 Uhr vormittags die Trauersitzung des II. Allunionskongresses der Sowjets eröffnet. In der »Biochronika« heißt es, daß auf dieser Sitzung J. W. Stalin, C. Zetkin, N. Narimanow, A. N. Sergejew, A. B. Krajuschkin, K. E. Woroschilow, P. I. Smorodin, S. F. Oldenburg und »andere« referierten (ebd., S. 675). Bei den »anderen« handelte es sich um G. E. Sinowjew, N. I. Bucharin und L. B. Kamenew.
Stalins Rede klang wie der Schwur eines Führers an einen Führer: »Wir geloben Dir, Genosse Lenin, den ehrenvollen Titel eines Parteimitgliedes hochzuhalten, die Einheit der Partei zu bewahren, die Diktatur des Proletariats und das Bündnis von Arbeitern und Bauern zu stärken, die Union der Republiken zu festigen und zu erweitern, die Kommunistische Internationale als weltweite Vereinigung der Arbeiter zu etablieren und zu stärken.« (J. Stalin, Sotsch., Bd. 6, S. 46–51)
Sinowjew betonte in seiner einstündigen Rede besonders, daß »wir, die wir nicht nur ein oder zwei Jahre unter dem genialen Führer Wladimir Iljitsch gearbeitet haben« und in der Partei »zwei Kriege und drei Revolutionen« überstanden haben, morgen Wladimir Iljitsch »zu Grabe tragen werden«. Sinowjew glaubte, daß die Existenz der allgemein zugänglichen Grabstätte nur auf einen bestimmten Zeitraum begrenzt sei.
Einige Ausschnitte aus Kamenews Rede erscheinen recht zweideutig, wenn man sie aus der historischen Retrospektive betrachtet. So sprach er von einer »Blutspur«, die zu Lenins Kabinett führe. Sicherlich meinte er damit das Blut des Revolutionsführers, das dieser »für die Sache des Proletariats« vergossen hatte. Allerdings läßt sich dieser Ausdruck aus heutiger Sicht auch im eigentlichen Sinne des Wortes interpretieren.
In dem Artikel »Genosse«, der am 24. Januar veröffentlicht wurde, schrieb Bucharin voll Bitterkeit: »Wir werden niemals mehr diese kolossale Stirn sehen, diesen wunderbaren Kopf, aus dem so viel revolutionäre Energie in alle Richtungen verströmte.« Bucharin bekräftigte, daß Lenin ein »Diktator im positiven Sinne des Wortes war«, der »über einen mächtigen Denkapparat, eine eiserne Faust« und ein »überschäumendes Temperament« verfügte.
Kamenew bezeichnete den verstorbenen Revolutionsführer als

»großen Rebellen«. Sinowjew beschrieb Lenin als »den Rebellen der Rebellen, den Denker der Denker«. Trotzki, der sich im Kaukasus befand, rief dazu auf, die »Fackel des Leninismus« zu ergreifen.

Auch der Metropolit Ewdokim mußte in der Zeitung zu Lenins Tod Stellung nehmen. Er prophezeite, daß »dieses Grab noch Millionen neuer Lenins gebären und alle in einer brüderlichen, durch nichts und niemanden besiegbaren Familie vereinen wird«. Dieses Grab werde »über Generationen hinweg zu einer nie verstummenden Rednertribüne«.

Sinowjews Artikel waren fast täglich in der »Prawda« zu lesen. So schrieb er über die »Bestattung« (falls man davon sprechen kann) am 27. Januar:

»Bei winterlichem Frost – als sei es Absicht, sank die Temperatur plötzlich auf 26 Grad unter Null – erschienen Millionen von Menschen auf dem Roten Platz ... Wie gut, daß man sich dazu entschied, Iljitsch in einer Gruft beizusetzen! Wie gut, daß wir rechtzeitig darauf gekommen sind, dies zu tun! Iljitschs Körper in der Erde zu begraben, wäre doch unerträglich gewesen ... An der Gruft befindet sich die knappe, jedoch völlig ausreichende Inschrift: ›Lenin‹. Der Pilgerstrom des Volkes an diesen Ort wird nie versiegen. Hier wird Lenins Museum stehen. Nach und nach wird sich der ganze Platz in eine Gedenkstätte zu Ehren Lenins verwandeln ... Um 16 Uhr übergeben wir, von Salutschüssen begleitet, den Sarg der Gruft ... Lenin ist tot, doch der Leninismus lebt. Wenn die proletarische Revolution auf der ganzen Welt siegen wird, so wird dies vor allem der Sieg des Leninismus sein.« (»Prawda«, 30. Januar 1924)

Wenn man die Bilder des einzigartigen Dokumentarfilms über Lenins Bestattung betrachtet, dann fällt einem etwas in die Augen, das es nur in Rußland gibt. Tausende und Abertausende kamen in der Januarkälte, um den sowjetischen Zaren beizusetzen. Das Volk glaubte an ihn, es hielt ihn für einen guten Menschen. Verstärkt wurde diese Empfindung durch den Umstand, daß auf ihn geschossen worden war und daß er lange an einer Krankheit gelitten hatte. Das russische Mitgefühl und der Glaube daran, daß der

Revolutionsführer das Gute wollte, machten das Beisetzungsritual zu einem Ereignis, das zur Schaffung des Mythos von einem neuen, weltlichen Heiligen erheblich beitrug.
In dem Schwarzweißfilm sind Tausende von Menschen zu sehen, die aufrichtig ihr Leid bekundeten und ihre Trauer offenbarten. Doch mich versetzen einige Losungen in Erstaunen, die über der in eisige Kälte gehüllten Menge wogten. Die Schöpfer dieser Losungen waren sich wahrscheinlich nicht bewußt, daß sie prophetische Worte verkündeten: »Lenins Grab ist die Wiege der Revolution . . .« Jahrzehnte sind vergangen, und heute symbolisiert das Leninmausoleum die leidvolle »Wiege« einer schicksalhaften Revolution.
Den Revolutionsführer selbst machte man zu einer Reliquie, die jedermann zugänglich war und ist. Bald begann auch die »Einbalsamierung« seiner Ideen, die wohl traurigste Folge seines Todes. In der »Prawda« wurde am 30. Januar ein kurzer Brief Krupskajas veröffentlicht, mit dem sie auf die Gründung eines Fonds zur Errichtung von »Lenindenkmäler« reagierte.

»Ich habe eine große Bitte an Sie: Verschwenden Sie Ihre Trauer über Iljitsch nicht in einer rein äußerlichen Verehrung seiner Person. Errichten Sie ihm keine Denkmäler und Paläste, die seinen Namen tragen, veranstalten Sie keine pompösen Gedenkfeiern usw. All dem maß er zu Lebzeiten so wenig Bedeutung bei – ganz im Gegenteil, all das belastete ihn eher . . .«

Diese Worte Krupskajas dienten in der sowjetischen Öffentlichkeit immer wieder dazu, die Bescheidenheit und Einfachheit Lenins hervorzuheben. Lenin selbst trug in der Tat keine Schuld an der »Einbalsamierung« seiner Idee, auch wenn noch zu seinen Lebzeiten das alte Moskauer Stadttor Rogoschskaja seinen Namen erhielt. Zudem gab es bereits damals in Moskau eine Uljanowstraße, einen Agitationszug »Wladimir Iljitsch« und einen Amtsbezirk im Petrograder Gouvernement, der ebenfalls seinen Namen trug . . . Lenin schuf ein System, das ohne einen vergötterten Führer nicht existieren konnte.
Das Mausoleum, das zunächst nur für eine befristete Zeit vorgesehen war, aber schon bald zu einer dauerhaften Einrichtung wurde,

verwandelte sich in einen Ort, zu dem nicht nur die rechtgläubigen Kommunisten, sondern vor allem Schaulustige pilgerten. Mit der Zeit stellte der Besuch des Mausoleums und die Kranzniederlegung für viele staatliche Delegationen und bekannte Persönlichkeiten ein Ereignis dar, das aus dem offiziellen Protokoll für Gäste der bolschewistischen Hauptstadt kaum mehr wegzudenken war. Es ist nicht schwer, sich vorzustellen, welchen Eindruck der mumifizierte Lenin auf seine Verwandten und Bekannten hinterlassen haben mußte.

Krupskaja und D. I. Uljanow besuchten die Totengruft zum erstenmal am 26. Mai 1924. Nadjeschda Konstantinowna mied das Mausoleum nach Möglichkeit, denn die »Begegnung« mit dem Lebensgefährten versetzte ihr jedesmal einen schweren Schock. B. I. Sborski, der Wächter der Mumie, erinnert sich, daß Krupskaja die Reliquie des Ehegatten zum letztenmal einige Monate vor ihrem Tod im Jahre 1938 aufsuchte. Es heißt, daß sie, als sie vor dem Sarkophag stand, leise gesagt haben soll: »Er hat sich kein bißchen verändert, und ich bin so alt geworden . . .«

Mit der Schaffung einer Reliquie vollzogen die Bolschewiki den entscheidenden Schritt zur Umwandlung der Ideen Lenins in eine weltliche Religion. Den keinen Widerspruch duldenden Kult um den Leninismus, der nun schon rituellen Charakter zu tragen begann, kann man nur noch mit dem Glaubenskult von fanatischen Fundamentalisten vergleichen. Winston Churchill äußerte sich zu Geburt und Tod von Uljanow-Lenin sehr scharfsinnig: »Seine Geburt bedeutete ein sehr großes Unglück [für das russische Volk, D. W.], doch nicht minder schwer wog sein Tod.« (Winston Churchill, The World Crisis, Vol. IV, London 1928)

Der Tod befreite Rußland nicht von Lenin. Von nun an waren die russischen Bürger jahrzehntelang gezwungen, »sein Vermächtnis in die Praxis umzusetzen«.

Zu Beginn dieser langjährigen Gehirnwäsche einer ganzen Nation waren die Führer selbst noch aufrichtiger. Als sich das Lenininstitut Ende Dezember 1924 unter anderem an Stalin und Sinowjew mit der Bitte wandte, vor einer Instruktionsversammlung Stellung zu nehmen, was und wie man über Lenin sprechen dürfe, klagte der Generalsekretär gegenüber Sinowjew:

»Um die Wahrheit zu sagen: ich kann und will mich nicht darauf vorbereiten, und ich würde lieber zum Teufel gehen, als mich auf diesen Vortrag vorzubereiten. Mir hängt das alles zum Hals heraus.
Stalin«

Sinowjew antwortete Stalin im gleichen Ton:

»Ich glaube auch, daß uns das jetzt nicht gelingen wird. Wir sollten uns verstellen. Ich bin des Ganzen überdrüssig.
G. S.« (Archiv für neuere Geschichte)

Schon die ersten Handlungen des ZK der RKP (b) nach Lenins Tod bekräftigten, daß die Parteiführung von nun an in ihrem Kampf zum »Aufbau des Kommunismus« die Mumie und all das, was mit ihr verbunden war, zur wichtigsten Waffe machen würde, um ihre Ziele zu erreichen. Einer ihrer ersten diesbezüglichen Schritte war die Aufstockung der Partei durch »Arbeiter von der Werkbank« (ca. eine Viertelmillion), womit man Lenins Forderung Rechnung trug. Fortan gab es ein neues Thema in der RKP (b): der »Kampf um die Reinheit des Leninismus« und dessen ideologische »Weiterentwicklung«. Der gesamte innerparteiliche Kampf in den zwanziger Jahren war von dem Streben beherrscht, das Erbe Lenins zu monopolisieren. Letztendlich war Stalin damit erfolgreich.
Anfangs versuchte man noch, die Mumifizierung des Revolutionsführers mit rationalen Motiven zu begründen. So erklärte der Sekretär des Präsidiums der ZIK der UdSSR, A. E. Enukidse, im Juli 1924 auf einer Sitzung der Kommission zur Verewigung des Andenkens von W. I. Uljanow-Lenin: »Wir wollten aus den sterblichen Überresten Wladimir Iljitschs nicht irgendeine ›Reliquie‹ schaffen, um durch populistische Effekthascherei sein Andenken zu bewahren ... Wir ... maßen und messen dem Erhalt des Abbildes unseres Parteiführers eine überaus große Bedeutung bei. Wir tun dies für die heranwachsende Generation und die zukünftigen Generationen ebenso, wie für jene Hunderttausende, vielleicht sogar Millionen von Menschen, die überglücklich sein werden, in das Antlitz dieses Menschen blicken zu dürfen.« (»Prawda«, 27. Juli 1924) Ich glaube, daß jene 150 Millionen Menschen, die

im Laufe der Jahrzehnte Lenins Sarkophag besuchten, nicht einmal im Traum daran dachten, daß sie dabei »überglücklich« zu sein hatten.
Parallel zu der massenhaften Veröffentlichung von Lenins Werken und der Errichtung zahlreicher Denkmäler begann das Politbüro, das Erbe des Revolutionsführers zu selektieren. Viele Reden, Artikel, Hunderte von Briefen und Aufzeichnungen und einige Resolutionen des Vorsitzenden des Rates der Volkskommissare verschwanden für beinahe sieben Jahrzehnte in den Archiven. Unter anderem wurden auch Informationen über seinen Krankheitszustand zurückgehalten. So machte man aus den Honorarforderungen der ausländischen Ärzte, die Lenin behandelten, ein großes Geheimnis. In den Geheimarchiven findet sich eine Vielzahl von Unterlagen, die darüber Auskunft geben.
Aus einem nicht näher bekannten Grund verlangte ein Kollegiumsmitglied der GPU namens Gleb Iwanowitsch Boki einmal Informationen über die Summen, die die deutschen Ärzte erhalten hatten. Aus der sowjetischen Botschaft in Berlin teilte ihm Brodowski diesbezüglich mit:

»1) Auf Anordnung des ZK der RKP vom 24. 4. 22 wurden Professor Borchard 220 000 Deutsche Mark ausgehändigt.
2) Gemäß dem Schreiben der Genossen Karachan und Stalin vom 3. 6. 24 wurden Professor Förster 500 Pfund (für die erste Reise) ausgehändigt.
3) Auf Beschluß des ZK und gemäß dem Telegramm vom 20. 9. 22 erhielt Professor Förster 2500 Pfund (für die zweite Reise).
4) Auf Anordnung des Genossen Karachan (chiffriertes Telegramm vom 29. 3. 23) wurden Professor Minkowski 4400 Pfund Sterling ausbezahlt.
5) Entsprechend demselben Telegramm wurden den Professoren Bumke und Strümpel jeweils 9500 Dollar ausgehändigt.
6) Gemäß dem Schreiben des Genossen Karachan vom 30. 4. 23 erhielt Professor Bumke 19 500 Dollar.
7) Gemäß demselben Schreiben des Genossen Karachan vom 30. 4. 23 wurden Professor Förster 4400 Pfund Sterling übergeben ...« (Archiv des Präsidenten)

Ferner existieren noch Auszahlungsbelege an Professor Genschen in Höhe von 25 000 schwedischen Kronen und viele weitere Dokumente, die bezeugen, daß die Ärzte bei ihrer Ankunft in Moskau ausbezahlt wurden.
Diese Dokumente weisen zudem auf eine rege Korrespondenz zwischen Moskau und seinen Botschaften in den westlichen Hauptstädten hin; es wurde angeordnet, sämtliche Bedingungen und Forderungen der Ärzte zu akzeptieren. Die sowjetischen Botschafter gaben ihrerseits Empfehlungen ab, in welchem Umfang und welcher Art die von den Ärzten erbrachten Leistungen zu vergüten sei. So schrieb der Botschafter in Deutschland, N. N. Krestinski, an Stalin, Trotzki und Molotow: »Förster hat von uns bereits zweimal ein gutes Honorar erhalten; er zweifelt natürlich nicht daran, daß auch die folgenden drei Reisen gut bezahlt werden ... Ich glaube, daß Minkowski mit weniger zufriedengestellt werden kann, als Sie Förster zahlen.« (Archiv des Präsidenten)
Wären diese Dokumente nicht in den Archiven wie ein Staatsgeheimnis gehütet worden, würden sie heute gewiß kein besonderes Interesse erregen.
Nach der ungewöhnlichen Bestattungszeremonie (der Beisetzung von Lenins Körper in einer Gruft) begannen das Politbüro sowie F. E. Dserschinski und L. B. Krasin persönlich, gemeinsam mit Wissenschaftlern nach Möglichkeiten zu suchen, den Leichnam des verstorbenen Revolutionsführers zu konservieren. (vgl. B. I. Sbarski, Mawsolej Lenina, Moskau 1944) Das Politbüro setzte sich sogar konkret mit technischen Fragen auseinander. So entschied man auf der Sitzung vom 13. März 1924 nach Vorträgen von Molotow und Krasin: »Angesichts des Fehlens anderer Methoden zur Konservierung des Körpers von W. I. wird der Kommission befohlen, alle Maßnahmen zu dessen Erhaltung mit Hilfe niedriger Temperaturen in die Wege zu leiten.« (Archiv des Präsidenten) Schon bald darauf entschied sich das Parteigremium jedoch für die Methode der aus Charkow stammenden W. P. Worobewa. Am 24. Juli 1924 wurde diese offiziell akzeptiert, und man schlug vor, die Wissenschaftlerin für ihre Einbalsamierungsmethode mit dem »Titel einer Verdienten Professorin« auszuzeichnen. (Archiv des Präsidenten)

Nach der Einbalsamierung, die sich über vier Monate hinzog, stellte sich heraus, daß die Mumie über einen langen Zeitraum konserviert werden konnte.
Das Politbüro behandelte die Frage der Konservierung der Leiche als ein Problem von besonderer Wichtigkeit. Der Architekt A. W. Schusew stützte sich bei seinen Plänen für ein Mausoleum auf eine Idee L. B. Krasins: »Das Grabmal soll nach Art einer Volkstribüne errichtet werden.« Alle drei Entwürfe Schusews (Kiefer [temporär], Eiche [beständig], Granit [unbegrenzt]) trugen diesem Konzept Rechnung.
Das Politbüro organisierte sogar einen Wettbewerb um den besten Entwurf für das Mausoleum. In diesem Zusammenhang erscheint ein Detail als besonders interessant: In einem Beschluß des Politbüros vom 4. Januar 1925 wurden vier Preise für die Sieger des Wettbewerbs ausgeschrieben. Der erste Preis war mit 1000, der zweite mit 750, der dritte mit 600 und der vierte mit 500 Rubeln dotiert. (Archiv des Präsidenten) Vergleichen Sie einmal, wie hoch das Politbüro die Leistungen der ausländischen Ärzte entlohnte, die Lenin behandelt hatten, und wie billig es seine Landsleute für jenes Bauvorhaben abspeisen wollte, das, wie man später verlauten ließ, über Jahrhunderte hinweg Bestand haben sollte.
Erst am 4. Juli 1929 verfügte das Politbüro den Beginn der Bauarbeiten: »Es erscheint zweckdienlich, noch in diesem Jahr mit dem Bau eines Mausoleums für Lenin zu beginnen.« (Archiv des Präsidenten) Faktisch wurde zu dieser Zeit die Verwaltung der Reliquie der politischen Geheimpolizei, der GPU, anvertraut. Jede Kritik an der Konservierungsidee wurde sofort unterbunden. Kaum hatte Schatzkins Artikel »Über das Spießbürgertum in der Partei«, der im Juli 1929 in der »Komsomolskaja Prawda« erschienen war, die Idee des Mausoleums in Zweifel gezogen, da bezeichnete das Politbüro diese Veröffentlichung auch schon als »schweren politischen Fehler«, der nicht ohne entsprechende personelle Konsequenzen bleiben dürfe. (Archiv des Präsidenten)
Die Leiter des NKWD informierten Stalin in den dreißiger Jahren und auch später regelmäßig über den Zustand der Mumie, über prophylaktisch im Mausoleum durchgeführte Arbeiten und über die Evakuierung von Sarkophag und Mumie nach Tjumen in den

Jahren des Großen Vaterländischen Krieges im Juni 1941, wo beide bis zum Herbst 1945 bleiben sollten. Der Geheimdienst war gegenüber dem Politbüro für die Mumie verantwortlich. Besonders intensiv kümmerte sich Professor Boris Iljitsch Sbarski (seit 1944 Mitglied der Akademie) um die Konservierung des Körpers. Seine Bemühungen bewahrten ihn jedoch nicht vor der Verhaftung in den Jahren des stalinistischen Terrors.

Übrigens wurde im November 1939 auf Initiative von L. P. Berkin, dem Volkskommissar für innere Angelegenheiten, eigens ein Laboratorium für die Konservierung von Lenins Körper geschaffen, das eben jener Professor B. I. Sbarski leitete. (Archiv des Präsidenten) Anfang der siebziger Jahre arbeiteten in diesem Laboratorium bereits 27 wissenschaftliche Mitarbeiter und 33 wissenschaftliche Hilfskräfte, unter ihnen 3 Mitglieder der Akademie, 1 Korrespondent der Akademie, 3 Doktoren und 12 Kandidaten der Wissenschaft. Jeder kleine Fleck auf der Haut der Mumie, jede »Veränderung der Nase«, »Verdunkelung oder Deformation der Haut«, wurde von den Einbalsamierungsspezialisten wachsam beobachtet. Die Obrigkeit schenkte dem Laboratorium wesentlich mehr Aufmerksamkeit als dem jämmerlichen Zustand des sowjetischen Medizinwesens. Auf Beschluß der Regierung wurde 1972 sogar ein fünfundzwanzigprozentiger Gehaltszuschlag für die Mitarbeiter des Laboratoriums bewilligt. (Archiv des Präsidenten)

Auf Initiative Berijas faßte das Politbüro des ZK im März 1940 folgenden Beschluß:

»Der folgende Resolutionsentwurf des Rates der Volkskommissare der UdSSR wird hiermit bestätigt:
›1. Zum 20. Oktober 1940 wird für den Körper Lenins ein neuer Sarkophag erstellt. Professor Sbarski wird beauftragt, dem Rat der Volkskommissare der UdSSR bis zum 15. 4. 1940 Skizzen und Modelle für die künstlerische Gestaltung eines neuen Sarkophags vorzulegen.‹« (Archiv des Präsidenten)

Es sollte jedoch nicht der letzte Sarkophag bleiben. In den siebziger Jahren konstruierte man einen noch vollkommeneren. Für seine Anfertigung erhielten 96 Personen Orden, und Dutzende andere wurden mit hohen Belohnungen ausgezeichnet. Das Mausoleum wurde häufig renoviert. So bewilligte man 1974 für Reparaturarbeiten zusätzlich 5,5 Millionen Rubel und zeichnete 400 Personen mit Orden und Medaillen aus. Aus verschiedenen Orten wurden neue Marmorblöcke, spezielle Gerätschaften und bessere Baumaterialien herangeschafft.

Zum zehnten Todestag Lenins würdigte das Politbüro die Leistungen der Professoren W. P. Borobew und B. I. Sbarski, die sich um die Konservierung des Körpers verdient gemacht hatten. Man zeichnete sie mit dem Leninorden aus und empfahl dem Rat der Volkskommissare, ihnen einen Personenkraftwagen zur persönlichen Nutzung zur Verfügung zu stellen. (Archiv des Präsidenten) Dies war zu jener Zeit eine ausgesprochene Seltenheit. Für die sterblichen Überreste Lenins war den kommunistischen Staatsführern nichts zu teuer, denn schließlich verkörperte der einbalsamierte Revolutionsführer die Anfänge der Sowjetmacht. Lenins Mumie wurde zum leibhaftigen Beweis für die »Ewigkeit« von Lenins Ideen.

Unabhängig davon, welches Schicksal die Mumie ereilen wird (sie befindet sich auch 1993 in der Granitgruft und ist zur Besichtigung freigegeben), war sie für die ständige psychologische Beeinflussung von Millionen Menschen von einmaligem Nutzen. Nun, an der Schwelle zum 21. Jahrhundert, ist die Mumie eher Zeugnis für die große historische Niederlage eines Landes, das jahrzehntelang auf Lenins Spuren in eine ungewisse Zukunft steuerte.

Über mehrere Jahrzehnte hinweg wurden Hunderte Millionen Rubel zur Konservierung dieser Reliquie ausgegeben. Dagegen kümmerte es die Sowjetführung wenig, daß die sterblichen Überreste von mehreren tausend Kämpfern nach dem Zweiten Weltkrieg nicht beerdigt wurden, daß das Schicksal der meisten Verschollenen bis heute nicht bekannt ist und daß die Kriegs- und Arbeitsinvaliden auf seiten der Sieger um ein Vielfaches schlechter lebten als die Besiegten. Tausende verletzte und verstümmelte Afghanistankämpfer konnten keine ausreichende medizinische Versorgung in Anspruch nehmen und erhielten weder Unterkünfte noch Rollstühle ... Für die Erhaltung der Mumie des

Revolutionsführers, des Mausoleums und des Laboratoriums standen jedoch stets genügend Mittel zur Verfügung.
Allerdings wurden hin und wieder Versuche unternommen, auf die Absurdität des Mausoleums hinzuweisen. Bereits in der Nachkriegszeit wurden auf dem Roten Platz gelegentlich Flugblätter verteilt, die gegen den Verbleib des »größten russischen Gotteslästerers« am heiligen Kreml protestierten. Daneben gab es auch radikalere Aktionen: am 20. März 1959 warf einer der Museumsbesucher einen Hammer auf den Sarkophag, wobei das Glas zerbrach. Man weiß nicht, welches Schicksal ihn nach seiner Verhaftung ereilte, doch es ist nicht auszuschließen, daß er in einer psychiatrischen Anstalt zugrundeging. Ein anderer Fall: Am 1. September 1973 brachte einer der Besucher im Trauersaal einen unter seiner Kleidung befestigten Sprengsatz zur Explosion. Er überlebte das Attentat auf den toten Lenin nicht.
Diese Zwischenfälle erscheinen anomal, weil man die sowjetische Gesellschaft über Jahrzehnte hinweg dazu erzogen hatte, in der Mumie Lenins ein ideologisches Heiligtum zu sehen.
Bereits 1925 wurde auf Geheiß des Politbüros ein Speziallabor zur Erforschung des Gehirns von W. I. Lenin errichtet. Die bolschewistischen Führer wollten der Welt beweisen, daß die »großen Ideen« des Revolutionsführers einem »außergewöhnlichen Gehirn« entstammten. Man suchte nach einem Beweis für die Einzigartigkeit und absolute Richtigkeit der Ideen Lenins. 1927 wurde das Labor in das Gehirninstitut umgewandelt. Zunächst ernannte man den bekannten deutschen Professor O. Vogt zum Direktor des Instituts. Ihm folgten Professor S. A. Sarkisow und weitere bekannte Gelehrte.
Im Mai 1936 berichtete Sarkisow Stalin in einem geheimen Schreiben über den Verlauf der Forschung an Lenins Gehirn. Ich zitiere hier nur einige Auszüge:
Der Direktor teilte mit, eine ganze Reihe von Symptomen (die Beschaffenheit der Gehirnwindungen usw.) wiesen darauf hin, daß »das Gehirn von W. I. Lenin außerordentlich hoch entwickelt« war. Das Gehirn des Revolutionsführers habe in etwa die Kapazität von 10 Großhirnhemisphären bei »Durchschnittsmenschen« und sei mit den Gehirnen von Skworzow-Stepanow, Majakowski und

des bekannten Philosophen Bogdanow vergleichbar. In dem Bericht heißt es weiter, daß Lenins Gehirn »in Formalin und Alkohol eingelegt, in Blöcke zerlegt und mit Paraffin übergossen wurde. Die einzelnen Blöcke wurden nochmals in 30 963 Schnittpräparate zerteilt, welche alle im Institut lagern.« Der Autor des Berichts bekräftigte, daß Lenins Gehirn prozentual über mehr Gehirnlappenfurchen verfügte als die Gehirne von Kujbyschew, Lunatscharski, Menschinski, Mitschurin, Majakowski, dem Akademiemitglied Pawlow, Clara Zetkin, dem Akademiemitglied Lulewitsch und Ziolkowski.
Möglicherweise hat dies alles seinen wissenschaftlichen Wert. Davon abgesehen muß jedoch gegen diese Art der Sezierung entschieden protestiert werden, weil sämtliche Anstrengungen (dies wird aus den Archivdokumenten deutlich) nur darauf ausgerichtet waren, die Überlegenheit von Lenins Gehirn gegenüber dem der übrigen Menschen hervorzuheben. Vielleicht benötigte der Poet Majakowski ganz einfach andere »Gehirnwindungen« als der Politiker Uljanow. In künstlerischer Hinsicht war er dem Revolutionsführer jedenfalls deutlich überlegen.
Ich würde dieses Bestreben, mit allen Mitteln herausragende Besonderheiten von Lenins Gehirn zu entdecken, als befremdlichen »physiologischen« Rassismus bezeichnen. Die gelehrten Spezialisten mögen es mir nicht übelnehmen, doch das Gehirn jedes beliebigen normalen Menschen ist einzigartig und daher durch einmalige Besonderheiten gekennzeichnet, über die andere nicht verfügen.
Es ist zum Beispiel bekannt, daß das durchschnittliche Gewicht eines normalen menschlichen Gehirns zwischen 1300 und 1400 Gramm beträgt. Lenins Gehirn lag mit 1340 Gramm gerade innerhalb dieser Norm. In Sarkisows Bericht bleiben jene Anomalien im Gehirn des Revolutionsführers völlig außen vor, die durch die lange Krankheit hervorgerufen worden waren. Bei der Lektüre dieses umfangreichen Berichts sollte man nie seine politische Tragweite und Bestimmung vergessen.
Ich weiß nicht, wie es anderen Menschen ging, doch ich persönlich empfand einen inneren Widerwillen angesichts der Mitteilung des Wissenschaftlers, daß im Institut »ein äußerst umfangreiches ana-

tomisches Material angesammelt wurde«. Außer den bereits oben erwähnten Gehirnen befinden sich dort noch jene von Sen Katajama, Barbusse, Andrej Bely, Bagritzki, Sobinow, Ippolitow-Iwanow und anderen bekannten Persönlichkeiten. Wenn man mit Genehmigung der früheren »Machthaber« an den Gehirnen herumexperimentierte, so ist dies eine Sache. Vollkommen anders verhält es sich dagegen, wenn man dieses »Material« nur benötigte, um es mit den genialen grauen Zellen des Revolutionsführers zu vergleichen.

Wäre es Lenin möglich gewesen, die Entwicklung nach seinem Tode weiter zu verfolgen, dann hätte er mit Genugtuung festgestellt, daß die Idee, die er in seinem allerletzten Aufsatz zu Papier gebracht hatte, Wirklichkeit geworden war. Damals hatte Lenin geschrieben, daß die Verbindung von Partei und Rätesystem »eine außerordentliche Kraftquelle für unsere Politik« darstelle. Darüber hinaus hielt er es für unumgänglich, »das Kontrollsystem der Partei mit dem der Räte zu verschmelzen.« (Lenin, PSS, Bd. 45, S. 399) Im Grunde propagierte Lenin damit die Diktatur seiner Partei, ein Prinzip, das nach seinem Tode eine weitere Steigerung erfuhr. Eine Diktatur ohne Führer ergibt jedoch keinen Sinn. So wurde Lenin selbst zum ersten Führer dieser Einparteidiktatur. Aus diesem Grund erscheint seine postume Vergötterung durchaus nicht als »Überspitzung«, »Perversion« oder subjektive Verabsolutierung der Führerrolle. Es handelte sich hierbei vielmehr um eine gesetzmäßige Folge des von Lenin selbst entwickelten Herrschaftssystems. Somit hatte der Revolutionsführer seine abnormale Verewigung in einem Mausoleum selbst herbeigeführt, obwohl dies ohne seinen ausdrücklichen Wunsch geschah.

Es ist nicht auszuschließen, daß die Idee der Mumifizierung ganz spontan aufkam. Die Verwandlung des Führers der Einparteidiktatur in ein ideologisches Idol konnte jedoch kein Zufall mehr sein, sondern war bereits Ausdruck einer totalitären Gesetzmäßigkeit. »Lenin ist lebendiger als alle Lebenden« – diese propagandistische Losung kann man durchaus auch in ihrem Wortsinn begreifen. Urteilen Sie selbst. Auf der Politbürositzung vom 16. Februar 1973 stand der »Umtausch der Mitgliedsbücher« zur Diskussion. Es scheint, als sei diese »Frage« nur deshalb auf die Tagesordnung gesetzt worden, um den folgenden Beschluß fassen zu können:

»Das Parteibuch mit der Nr. 00 000 001 für das Jahr 1973 wird auf den Namen des Gründers der Kommunistischen Partei der Sowjetunion und des Sowjetstaates W. I. Lenin ausgestellt.
Mit der Unterschrift des Parteibuchs wird der Generalsekretär des ZK der KPdSU, Genosse L. I. Breschnew, beauftragt. An der Unterzeichnung werden die Mitglieder des Politbüros des ZK der KPdSU, die Kandidaten des Politbüros des ZK der KPdSU und die Sekretäre des ZK der KPdSU teilnehmen . . .« (Archiv des Präsidenten)

Das war schon keine symbolische Zeremonie mehr, sondern bereits eine rituelle Handlung. Natürlich war das Parteibuch mit der Nummer 00 000 002 für einen anderen Iljitsch, nämlich für Breschnew, vorgesehen.

Das Vermächtnis und die Erben

Der Absolutheitsanspruch der Marxisten war erschütternd. Selbst der herausragende Denker Karl Marx ließ sich zu der äußerst oberflächlichen Äußerung, die Vorgeschichte der menschlichen Gesellschaft ende mit der bürgerlichen Gesellschaftsformation, hinreißen. Diese Behauptung wurde so interpretiert, daß die »wirkliche« Geschichte erst im April 1917 begann, als Lenin einen Panzerspähwagen am Finnischen Bahnhof erklomm.

Dank Lenins theoretischer Vorarbeit konnten die Bolschewiki dem Volk einschärfen, daß die Wege zu Glück, Gleichheit und Wohlstand über Gesetzlosigkeit, Willkür und Gewalt führten. Diese Aussage bildete für viele Jahre den Grundtenor in Lenins Reden.

Man könnte vielleicht einwenden, daß Lenin den Begriff der Diktatur erweiterte, indem er sie als »eine neue, im Vergleich zum Kapitalismus höhere Form der gesellschaftlichen Arbeitsorganisation« definierte. (Lenin, PSS, Bd. 39, S. 13) Doch davon sollte man sich nicht in die Irre führen lassen, denn bei dieser »gesellschaftlichen Arbeitsorganisation« handelte es sich einzig und allein um Zwang, Kontrolle, Pflicht und Reglementierungen.

Wie hatte Lenin doch in seinem grundlegenden Werk »Staat und Revolution« bemerkt: »Eine Abweichung von dieser allgemeinen Erfassung und Kontrolle durch das Volk wird dann unvergleichlich schwerer. In den seltenen Fällen, wo es dennoch dazu kommt, werden die betreffenden Personen sehr bald von den Arbeitern, die ja praktisch denkende Menschen sind und keine sentimentalen Intellektuellen, drakonisch bestraft . . .« (Lenin, PSS, Bd. 33, S. 102)

Auf ebendieser methodologischen Grundlage schufen die Bolschewiki ihre neue Gesellschaft. Namenloses Leid, ungeheure Entbehrungen und Opfer waren der Preis für die Errichtung eines mächtigen, militarisierten Polizeistaates.

Laut Lenin benötigte der proletarische Staat ein Maximum an Gewalt bei einem Minimum an Freiheit.
Die Verteidiger des Bolschewismus zitierten mit Vorliebe die Worte Churchills, laut denen Stalin von Lenin ein rückständiges Agrarland übernommen hatte und es zu einem mächtigen Staat erblühen ließ, der sogar über die Atombombe verfügte. Nicht zu Ende gesponnen wurde jedoch der Gedanke, wie eine mögliche Zukunft des Staates ohne die Machtübernahme der Bolschewiki im Oktober 1917 ausgesehen hätte. Ich persönlich bin der Ansicht, daß sich dann in diesem großen Staat die Demokratie durchgesetzt hätte. Vor allem wäre Rußland niemals, wie unlängst die UdSSR, zerfallen. Schließlich hatten Lenin und die Bolschewiki damals die Aufteilung des Landes in Gouvernements abgeschafft und durch Nationalstaaten ersetzt.
Was die Atombombe anbelangt, so kann sie wohl kaum als Indikator für einen zivilisierten und fortschrittlichen Staat gelten. Dem Irak ist es beinahe gelungen, sich dieses nukleare Monster zu sichern, während die Bundesrepublik Deutschland kein Interesse an einer Atombombe hegt. Sind etwa diese beiden Staaten, wenn man den Maßstab der Demokratie anlegt, miteinander vergleichbar?
Auf Grundlage der leninistischen Prinzipien wurde der Prototyp eines totalitären Staates geschaffen. Obgleich die sowjetische Gesellschaft nach dem 20. Parteitag der KPdSU mit der Zeit etwas liberalisiert wurde, war sie niemals wirklich demokratisch.
In dem als Volksstaat proklamierten Land bildeten die gesellschaftlichen Organisationen (Gewerkschaften, Komsomol, Genossenschaften), die Räte der Volksdeputierten und die Arbeitskollektive das politische System. Sie waren gleichermaßen Organe der leninistischen Diktatur und der Partei, aber nicht mehr die des Proletariats.
Die letzte Verfassung der UdSSR betonte immer wieder die »Machtfülle« des Volkes. Eine einzige Frage genügt jedoch, um die kommunistischen Propagandisten in die Enge zu treiben: Warum waren bei der Wahl der Machtorgane immer schon von vornherein alle Alternativen ausgeschlossen? Damit wird deutlich, daß die sowjetischen Wahlen nur das demokratische Feigenblatt für ein diktatorisches System darstellten. Kein einziges Regierungsober-

haupt wurde in den vergangenen 74 Jahren vom Volk gewählt. Dies gilt auch für Lenin und seine bolschewistischen Freunde. Seine Erben reichten die 1917 errungene Machtposition sozusagen von Hand zu Hand weiter. Das Monopol auf die ungesetzliche Machtergreifung ist eine Tradition des Leninismus, an der alle seine Nachfolger festhielten. Sie hegten jedoch keinerlei Zweifel an der Rechtmäßigkeit ihres Vorgehens. L. I. Breschnew erklärte auf einem Treffen mit den Stimmberechtigten des Moskauer Baumanschen Wahlbezirks am 10. Juni 1966: »Es liegt nun fast schon ein halbes Jahrhundert zurück, daß die Werktätigen der leninistischen Partei die Führung des Landes anvertraut haben.« (Breschnew, O kommunistitscheskom wospitanii trudjaschtschichsja, Moskau 1974, S. 58)

Das klingt beinahe so, als ob allgemeine Wahlen durchgeführt worden wären, bei denen die kommunistische Partei einen Sieg errungen hätte und somit der Volkswille bestätigt worden wäre. Die rechtswidrige Machtaneignung wurde gewohnheitsmäßig als »Volkswille« betrachtet.

Sämtliche Staatsorgane, angefangen bei der Regierung, fungierten einzig und allein als Erfüllungsgehilfen des »Politbüros«. In diesen engen Clan nahm man nur selten jemanden auf, und wenn, dann nur nach eingehender Überprüfung. Für den Fall, daß man ein beliebiges Mitglied möglichst rasch loswerden wollte, gab es beim Generalsekretär und dem obersten Führungsgremium ein geheimes Dossier mit kompromittierendem Material über jedes Politbüromitglied. Diese Aktenbündel befanden sich in »besonderen Aktenordnern«, die nur durch den ersten Mann der Parteioligarchie, den Generalsekretär, geöffnet werden durften. Sogar über M. A. Suslow, eines der orthodoxesten Mitglieder des Politbüros, den alle ein wenig fürchteten, existierten einige für ihn äußerst unangenehme Dokumente. Darin heißt es unter anderem, daß der Sekretär des Stawropoler Gebietskomitees der Partei, M. A. Suslow, während des Krieges verwundete Kämpfer ihrem Schicksal überließ, aus der Stadt flüchtete und für seinen Eigenbedarf mehrere Fahrzeuge requirierte. Ein anderes Dokument berichtet über seine geheimen Geschäfte in Moskau, mit deren Hilfe er und seine Familie Mangelware zu symbolischen Preisen erhielten.

Ähnliche Akten existierten über alle Mitglieder des Politbüros. Der eine stammte von »Popen« ab, der andere hatte sich zu unvorsichtigen Äußerungen gegenüber seinen Bediensteten hinreißen lassen, ein dritter hatte gegen die »kommunistische Moral« verstoßen und sich mit Frauen aus seinem Amtsbezirk herumgetrieben. Jedes Politbüromitglied war belastet und konnte jederzeit beseitigt werden, wenn es in irgendeiner Angelegenheit das Mißfallen des ersten Mannes im Staate erregte. Auf diese Art und Weise entfernte man Scheljepin, der nach den Worten des Generalsekretärs einen »verlogenen Demokratismus« an den Tag legte. Scheljepin war zur Erholung nicht auf seine Luxusdatscha, sondern in ein gewöhnliches Sanatorium gefahren und besuchte regelmäßig eine öffentliche Kantine, um dort zu essen. Sein Verhalten hatte zwar tiefliegende Ursachen, doch für die Partei diente es nur als Vorwand für seinen Ausschluß aus dem Politbüro.

Die Protokolle des Politbüros dokumentieren die Geschichte des großen Staates, den die Bolschewiki an sich gerissen hatten. Was kann man dort nicht alles finden!

So beriet man nach dem Test der Atombombe RDS-1 im Politbüro »über praktische Vorbereitungen zur Verteidigung gegen Angriffe mit atomaren und biologischen Waffen«. Der Bau der Baikal-Amur-Eisenbahn-Magistrale sollte vorangetrieben werden, der atheistischen Erziehung wurde ein größeres Gewicht beigemessen, die Arbeit der Sicherheitsorgane wurde verbessert, die Frage des Erdöl- und Erdgasverkaufs wurde auf die Tagesordnung gesetzt ... Vor allem befaßte man sich jedoch mit den Vorbereitungen zu den verschiedenen Leninjubiläen.

Der Parteiareopag verstand es hervorragend, jedes Jahr über viele Stunden hinweg das Thema Lenin zu erörtern. L. I. Breschnew erklärte am 20. Juni 1968 auf einer Sitzung des Politbüros: »Die Hauptaufgabe besteht darin, den Leninismus jederzeit gegenüber Attacken und Angriffen zu schützen ... Der Leninismus muß verteidigt werden, und wir werden ihn ständig und unnachgiebig verteidigen ... Bekanntlich organisieren wir unser gesamtes Leben, unsere ganze Arbeit im Sinne Lenins. Das ist keine leere Phrase, das ist tatsächlich unser Leben, unsere Arbeit.« (Archiv des Präsidenten)

Lenins Nachlaß umfaßte einen totalitären Staat, eine bürokratische Gesellschaft, das Einparteisystem, die Herrschaft einer einzigen Ideologie, einen militanten Atheismus, totalitäre Bespitzelung, die Planwirtschaft, die Ausbeutung der Arbeiter, die endlose Militarisierung des Landes und die rastlose Suche nach Klassenfeinden. Der einfache Bürger gewöhnte sich an ein Leben, in dem das Existenzminimum durch den Staat gesichert wurde, jeder seine kärgliche Bleibe erhielt und ein paar soziale Güter wie Bildung, medizinische Versorgung und Urlaub gewährleistet waren. Das war jedoch nur das Nötigste in dem märchenhaft reichen Land. Diese Leistungen standen in keinem Verhältnis zu den eigentlichen Reichtümern des Landes. Das Volk wiederum gewöhnte sich daran und war zu einer alternativen Lebensweise kaum mehr fähig. Das Denken und Handeln wurde ihm abgenommen. Vom Kindergarten an sollten die Kleinsten eifrig von »Väterchen Lenin« und bis 1953 auch von »Väterchen Stalin« plappern. Man betrieb eine kolossale Massenverdummung. Die leninistische Gesellschaft schuf einen neuen Menschentyp.
Alle Nachfolger Lenins, vielleicht mit Ausnahme Gorbatschows, waren mit seinen Ideen nicht wirklich vertraut und wesentlich schwächere Persönlichkeiten. Lenin hingegen war fähig zu selbständigem Denken. Bis auf Gorbatschow hatte keiner seiner Nachfolger seine Werke aufmerksam studiert und sich mit ihnen vertraut gemacht. Dennoch beriefen sie sich alle gern in ihren Referaten, die ihre Helfer verfaßt hatten, auf den Revolutionsführer. Ein Leninzitat barg immer eine mystische Bedeutung in sich und machte den Redner automatisch über jede Kritik erhaben.
Am 7. September 1953 wählte das Plenum des ZK Chruschtschow zum Ersten Sekretär des ZK der Partei.
Der unbeherrschte, impulsive, inkonsequente, aber mutige Politiker ging vor allem dadurch in die Geschichte ein, daß er dem Stalinismus einen ersten und zugleich vernichtenden Schlag versetzte. Da er jedoch selbst ein »Produkt« der stalinistischen Epoche war, verurteilte er lediglich die Erscheinungsformen des Stalinismus, ohne dessen Entstehungsgeschichte und Grundlagen zu berücksichtigen. Das große Problem dabei war, daß er den wahren Lenin nicht kannte. Bei seiner Argumentation auf dem 20. Partei-

tag der KPdSU stützte sich Chruschtschow in erster Linie auf Lenin.
So behauptete er in seinem Bericht »Über den Personenkult und seine Folgen«, Lenin habe »niemals den Parteigenossen gewaltsam seine eigenen Ansichten aufgezwungen«. Er wußte damals nicht, daß Lenin dies sogar des öfteren getan hatte.
Chruschtschow war ferner der Ansicht, Stalin habe den Begriff des »Volksfeindes« geprägt. Lenin hatte jedoch schon viel früher, kurz nach dem Oktoberumsturz, diesen Terminus gebraucht; genauer gesagt, bezeichnete er die »Partei der Kadetten« damals als »Partei der Volksfeinde«.
Außerdem erinnerte Chruschtschow daran, daß Lenin »im Januar 1920 . . . eine Verordnung über die Abschaffung des Massenterrors und der Todesstrafe« erlassen hatte. (Iswestija ZK KPSS, 1989, Nr. 3, S. 128–171)
Wie aber soll man dann folgende Aussage Lenins vom März 1922 werten: »Je mehr Großbürger und Klostergeistliche wir erschießen, desto besser . . .«? (Lenin, PSS, Bd. 35, S. 126)
Chruschtschow entlarvte zwar Stalin, war jedoch keineswegs gewillt, den Personenkult um Lenin in Frage zu stellen, auf den er selbst einst Lobeshymnen gesungen hatte (etwa auf den Wahlversammlungen 1936 in Moskau, als er die Lobpreisung des Führers zu seinem Leitmotiv machte).
Chruschtschows Gespräche mit Mao Tse-tung vom 2. Oktober 1959 in Peking enthüllen sein wahres Wesen. Die folgenden Zitate sollen den »Leninismus« Chruschtschows etwas näher beleuchten. Im Laufe der Diskussion über die Beilegung der Territorialstreitigkeiten zwischen China und Indien erklärte Chruschtschow:

»Der Streit um 5 km Land mehr oder weniger ist völlig unwichtig. Lenin hat damals der Türkei Kars, Ardahan und den Ararat überlassen. Noch heute existieren deshalb in den entsprechenden Regionen Unstimmigkeiten unter den Menschen, die mit Lenins Maßnahmen nicht einverstanden waren . . .«
»Was die Ausreise des Dalai Lama aus Tibet angeht, so würden wir ihm an eurer Stelle nicht die Möglichkeit des Abzuges bieten. Er sollte eigentlich längst im Sarg liegen. Derzeit befindet er sich in

Indien, und wahrscheinlich reist er weiter in die USA. Das kann für die sozialistischen Staaten ja wohl kaum von Vorteil sein . . .«
Die politischen Verhandlungen verliefen schleppend und drohten sogar zu scheitern. Chruschtschow erwiderte ohne diplomatische Umschweife, also nach dem Vorbild Lenins, auf einen Einwand der Chinesen: »Was Ungarn anbelangt . . . Sie verstehen schon, unsere Armee hat dort den Dummkopf Rákosi unterstützt. Das war einzig und allein unser Fehler und kein Fehler der USA . . .«
»Als in unserem Land die Fenster der US-amerikanischen und westdeutschen Botschaften eingeschlagen wurden, waren wir selbst die Drahtzieher.«
Im Laufe der Verhandlungen kam es zu einer hitzigen Debatte zwischen Chruschtschow und Marschall Tschen Ji:

»Chruschtschow:	Wenn Sie uns für Konjunkturpolitiker halten, Genosse Tschen Ji, dann brauchen Sie mir gar nicht erst Ihre Hand entgegenzustrecken, ich werde nicht einschlagen.
Tschen Ji:	Mir geht es ebenso, und ich muß Ihnen ehrlich sagen, daß mich Ihre Wutanfälle nicht im geringsten einschüchtern.
Chruschtschow:	Geben Sie sich nur keine Mühe, von oben auf uns herabzuspucken. Ihre Spucke reicht dazu sowieso nicht . . . Wir haben nicht ein einziges amerikanisches Flugzeug vernichtet, sondern immer behauptet, daß es sich um einen Unfall handelte. Das können Sie ja wohl kaum als Opportunismus bezeichnen . . .« (Archiv des Präsidenten)

Nach diesem Muster führten Chruschtschow und die Mehrzahl der Leninisten ihre Verhandlungen: geradlinig, schroff, primitiv und taktlos. Ihre Vorgehensweise begründeten Chruschtschows Vorgänger, er selbst und seine Nachfolger gern mit folgendem Argument: »So hat es Lenin gelehrt.«
Mit Lenins Hilfe war es Chruschtschow gelungen, Stalin zu stür-

zen. Allerdings gab es am 14. Oktober 1964 auch einen »Auftritt« Lenins gegen Chruschtschow, der dazu führte, daß das Plenum des ZK den ersten »Antistalinisten« seiner Funktionen in Partei und Staat als Präsidiumsmitglied des ZK und Vorsitzender des Ministerrates der UdSSR entband.

Der siebzig Seiten umfassende Bericht auf dem Plenum, das Chruschtschows Amtszeit beendete, strotz erneut von Leninzitaten. Das »Vermächtnis« des Revolutionsführers, der »Brief an den Parteitag«, wurde zu einem ewig gültigen Argument gegen »neue Kandidaten für einen Personenkult«. Man fand Zitate des Revolutionsführers über die Schädlichkeit von »Verfechtern einer Umgestaltung um jeden Preis«, über die Notwendigkeit der »Staatsraison«, über die Wichtigkeit der »persönlichen Eigenschaften der Führer«, über die »Rolle der Sowjets« und vieles mehr.

Chruschtschows ehemalige Kampfgenossen stützten sich wiederum auf Lenin, als sie ihm alle möglichen Fehlentwicklungen im Lande zur Last legten: daß die wirtschaftlichen Zuwachsraten in der Zeit zwischen Stalins Tod und dem Jahr 1964 um das Doppelte zurückgegangen waren, daß es eine Verlangsamung im Bereich des wissenschaftlich-technischen Fortschritts und Schwierigkeiten in der Landwirtschaft gab ...

All jene, die an Chruschtschow nun kein gutes Haar mehr ließen, hatten offenbar vergessen, daß sie den ungebildeten, aber mutigen Mann einst selbst auf diesen Posten berufen hatten.

Sie behaupteten, daß einem »... von seinen unflätigen Reden die Ohren abfallen ...« »Dummkopf, Faulpelz, Tagedieb, von üblem Gestank, Schmeißfliege, Waschlappen, die blanke Scheiße« – das waren noch die harmlosesten Schimpfwörter, derer er sich mit Vorliebe bediente.

Chruschtschows ehemalige Weggefährten hatten seine Kritik am Personenkult um Stalin nicht vergessen. Der Diktator wurde von ihnen mit einigen Vorbehalten verteidigt. »Man kann doch Stalin nicht als Politiker darstellen, der nur mit Beil und Richtblock hantierte. In welches Licht würden denn dann Partei und Volk gerückt werden, die für so lange Zeit seine Herrschaft geduldet haben? ... Man darf seine Verdienste weder verherrlichen noch totschweigen ...« (Archiv des Präsidenten)

Chruschtschows Beseitigung erfolgte nicht aufgrund seiner vielen Fehler und Mißgriffe, sie war ein Racheakt, die Vergeltung für sein Auftreten auf dem 20. Parteitag, als er dem Stalinismus den entscheidenden Schlag versetzt hatte. Obgleich sie die Auswüchse des Stalinismus verurteilten, sehnten sich alle ehemaligen »Leninisten« an der Spitze des Landes nach der stalinistischen Ordnung zurück. Chruschtschows Sturz machte deutlich, daß der Stalinismus noch existierte und erheblichen Einfluß ausübte. Der Erste Sekretär hatte zwar auf dem 20. Parteitag an den Grundfesten dieser Form des leninistischen Bolschewismus gerüttelt, doch dessen Wurzeln lagen tiefer, als er damals ahnte.

L. I. Breschnew, seit dem 8. August 1966 Generalsekretär des ZK, tat ohne Lenins »Ratschläge« keinen einzigen Schritt. In bezug auf die Wiederbelebung der Grundidee der Kommunistischen Internationale und die Verbreitung des Kommunismus in der ganzen Welt ging Breschnew weiter als alle anderen Nachfolger Lenins. Am 16. April 1970 erklärte er bei der Einweihung der Lenin-Gedenkstätte in Uljanowsk, daß er fest »vom weltweiten Triumph des Sozialismus« überzeugt sei. »Große Anstrengungen werden notwendig sein, um diesen vollständigen und endgültigen Sieg zu erringen. Wir schauen jedoch siegesgewiß in die Zukunft.« Ein »Erfolg auf der ganzen Linie ist gewiß, da wir uns auf Lenin stützen können«. (Breschnew, O kommunistitscheskom wospitanii trudjaschtschichsja, Moskau 1974, S. 286 f.)

Die massive Unterstützung der nationalen und antiimperialistischen Bewegungen durch Breschnew kosteten die UdSSR enorme Summen. Sehr viele Länder wie Ägypten, Äthiopien, Jemen, Angola, Afghanistan, Nicaragua, Libyen, Irak und Syrien erhielten nur aufgrund ihrer antiamerikanischen Haltung sowjetische Unterstützung. Eine derartige Strategie ließ natürlich auch keinerlei »Eigenmächtigkeiten« von seiten der ČSSR, Ungarns und Polens zu.

Dieses alte Denkmuster war überaus gefährlich und hatte zudem keine Perspektive.

Breschnew und seine Anhänger zeigten sich unfähig, realistisch in die Zukunft zu blicken. Obgleich sie sich auf breitester Ebene einer Rhetorik des Friedens bedienten, beteiligten sie sich aktiv an dem sinnlosen Wettrüsten.

Während der Breschnew-Ära wurde es im Politbüro zur Tradition, am Ende jedes Jahres eine Bilanz über die Arbeit zu ziehen. So setzte Breschnew im Dezember 1973 seine Kollegen davon in Kenntnis, daß auf den 53 Politbüroversammlungen des zurückliegenden Jahres 615 Fragen eingehend behandelt worden seien, auf dem Wege der »operativen Fernabstimmung« sogar 3256. 2062 Fragen betrafen die Außenpolitik und den Außenhandel, 165 die Landwirtschaft, 163 die Industrie und 70 den materiellen Wohlstand. Der Generalsekretär berichtete weiter, daß es um die Ideologie »weitaus schlechter steht«: Es wurden lediglich 64 ideologische Probleme diskutiert.

Breschnew langweilte mit seinen Ziffern über Versammlungen, Beratungen und angenommene Beschlüsse, verlor jedoch kein Wort über die konkreten Ergebnisse all dieser Besprechungen. Der Referent meinte, daß »wir natürlich oft ermüden und uns überanstrengen, aber all dies, Genossen, tun wir zum Wohle unseres Landes, im Dienste unserer großen, leninistischen Partei ...«

Natürlich gingen die Erörterungen nie ohne ideologische Beschwörung vonstatten: »Liebe Genossen, wir arbeiten mit Ihrem Einverständnis im Geiste von Lenins Vermächtnis ... Zu seiner Zeit gab es in unserer Partei oppositionelle Gruppierungen, gegen die Lenin ankämpfte. Jetzt herrscht in der Partei völliges Einvernehmen ... Beispielsweise unterzeichne ich eine Reihe von Beschlüssen, mit denen ich persönlich eigentlich nicht so recht übereinstimme ... Ich handle einzig und allein aus dem Grunde so, weil die Mehrzahl der Politbüromitglieder dafür gestimmt hat.« (Archiv des Präsidenten)

Nur selten gewährte man uns Einblick in die Tagebücher von Nikolaj II., dessen intellektuelles Niveau angeblich so niedrig war. Lassen Sie mich ganz wahllos eine beliebige Seite der Aufzeichnungen des letzten russischen Zaren aufschlagen:

»Habe bis 10 Uhr geschlafen. Es war ein heißer Tag. Ich hielt zwei Vorträge ... Bin viel spazierengegangen. Um 6 Uhr Fjodorow empfangen. Gelesen. Stana hat bei uns gegessen, ist mit uns spazierengefahren und über Nacht geblieben.« (Dnewniki imperatora Nikolaja II. S. 309)

Er hatte scheinbar wenig zu tun. Die Probleme des Landes kom-

men in seinen Aufzeichnungen gar nicht vor. Doch wenigstens las er – und das in mehreren Fremdsprachen.
Auch Breschnew führte Tagebuch. Hier sind einige Auszüge aus dem Jahre 1977:

»*14. April – Donnerstag*
War zu Hause und habe Toljas Kopf gewaschen
Gewicht 86,7 kg
Gespräche mit Podgorny über die Aushändigung des Komsomolbilletts an mich
Aushändigung des Komsomolbilletts Nr. 1
Tjaschelnikows Rede
Mein Auftritt
Galja liest aus der Prawda über die Begrenzung der strategischen Rüstung vor.
Wer sind die Autoren dieses Materials?
Mittagessen und Erholung 14.30 Uhr bis 16.10 Uhr.
15. April – Freitag
Sawidowo – Enten – 1 Wildschwein . . .«

Was das alles bedeuten könnte, weiß heute wahrscheinlich kein Mensch mehr.

»*22. April – Freitag 86,4 kg*
Um 17 Uhr Versammlung anläßlich seines Geburtstages
Gespräch mit Grischin
Gromyko –
Tschernenko
Doroschina
23.–24. Urlaub«

Breschnews Eintrag über eine »Versammlung anläßlich seines Geburtstages« klingt sehr familiär. Dem Datum nach zu urteilen, scheint es sich um Lenin zu handeln.

»3. *Mai* Gewicht – 85,3 kg
Unterhaltung mit Rjabenko.

Telefongespräch mit Storoschew? Wichtige Frage.
Gespräch mit Tschernenko, K. U. –? Zur Tagesordnung des Politbüros
Schneider – Gab einen Anzug ab und nahm ein Freizeitjackett in Empfang
Habe J. W. Andropow angerufen, er kam, und wir unterhielten uns. Arbeitete mit Doroschina.«
»*3. Juni*
Habe Tschernenko empfangen – unterschrieb ein Protokoll, arbeitete mit Galja Doroschina.
Erholung – bin nach Sawidowo geflogen – 5 Wildschweine.«

Man könnte die Aneinanderreihung derartiger Ausführungen endlos fortsetzen. Zumeist geht es darin um die Erholung, das Körpergewicht, um Tätigkeiten im Haushalt ... Wenn man Breschnew für irgend etwas auszeichnete oder würdigte, merkte er das besonders an:

»... Ich sprach mit dem Genossen A. N. Kopenkin – er sagte: ›Zuerst hörte ich die Befehle eines Offiziers, später die eines Generals, und nun bin ich froh, einem Marschall dienen zu dürfen.‹«
»Ich sprach mit dem Genossen Medunow auf dem Land – gut – ich gratuliere zur Beförderung ...«
»Bin nicht weggefahren – niemand hat angerufen – am Morgen Haare gewaschen und geschnitten, rasiert.
Tagsüber bin ich ein bißchen spazierengegangen – Post.
Ich habe gesehen, wie der ZSK verloren hat, die Spieler von Spartak sind Prachtkerle, sie spielen gut«.
»Wettschwimmen. Eine Stunde in einem 30-Meter-Becken. Rasur. ... Nach der Unterhaltung mit Ceauşescu sprach ich mit Scharwanadse.« (Der Generalsekretär schrieb den Namen dieses Politikers nicht ein einziges Mal richtig, D. W.)
»War am Abend in Astrachan auf der Jagd ... habe 34 Gänse erlegt ... habe eine angenehme Dusche genommen ...«
»Gespräch mit Podgorny über Fußball, Hockey und auch ein bißchen über die Verfassung« (Archiv des Präsidenten)

Ich möchte noch einmal betonen, daß ich Stil und Orthographie dieser Tagebuchauszüge wie im Original belassen habe.
Aufgrund des von Lenin begründeten Machtmonopols der Partei gelangten immer wieder unbedeutende und ungebildete Menschen, die kaum des Lesens und Schreibens mächtig waren, an die Spitze des Staates. Das war kein Geheimnis, im Gegenteil, den meisten war es sogar recht.
Bei der Lektüre dieser armseligen Aufzeichnungen empfand ich keinerlei Schadenfreude. Breschnew tat mir einfach nur leid. Mehr noch aber bemitleidete ich unser Land.
Eine Woche vor seinem Tod sah ich Breschnew zum letztenmal. Ustinow und ein Dutzend Männer führten ihn in den Swerdlowsker Saal des Kremls, in dem sich die gesamte militärische Führungsspitze des Landes versammelt hatte. Man führte ihn zum Präsidiumstisch, denn er war nicht mehr in der Lage, ohne Hilfe zu gehen. Nachdem man ihm Aufzeichnungen gereicht hatte, hielt er sich krampfhaft am Rednerpult fest und mühte sich ab, irgend etwas vorzulesen. Die im Saal versammelten Generäle senkten ihre Köpfe, so etwas war für ihr Land peinlich und für den kranken Mann eine Quälerei. Zwanzig Minuten lang waren nur undeutliche Worte zu vernehmen. Ich selbst habe seinen schmatzenden Lauten kaum Beachtung geschenkt, sondern mich nur eines gefragt: Wozu das alles? Neben dem Redner stand ein junger Mann, der ihm von Zeit zu Zeit ein Glas Tee reichte.
Wie konnte ein Mann wie Breschnew dieses große Land und die ganze sozialistische Staatengemeinschaft führen? All seine Resolutionen waren voller Fehler und bisweilen sogar komisch.
Jedermann machte sich über Breschnews Leidenschaft für Orden lustig. Die Sache ging so weit, daß man den Generalsekretär des öfteren direkt im Politbüro auszeichnete und erst im nachhinein der entsprechende Erlaß des Präsidiums des Obersten Sowjets der UdSSR aufgesetzt wurde.
Gemäß der leninistischen Tradition mußte ein Führer auch nach seinem Tode noch geehrt werden.
Nach Breschnews Tod erörterte das Politbüro im November 1982 die Frage, wie die Rolle des »großen Leninisten« in der Geschichte stärker zu würdigen sei. Man wollte die Stadt Saporoshje in

»Breschnew« umbenennen. Doch Andropow protestierte: »Diese Stadt ist untrennbar mit der Schlacht von Saporoshje und den Kosakenunruhen verbunden. Vielleicht sollten wir besser Naberschnye Tschelny Breschnews Namen geben? . . .«
Als dann die Raketenstartbasis den Namen des Generalsekretärs erhalten sollte, erhob Andropow erneut Einspruch: War es tatsächlich angebracht, Breschnews Namen in Verbindung mit Raketen zu bringen? Es sei doch besser, »dem Sternenstädtchen im Schtschelkowski-Rayon im Gebiet Moskau Leonid Iljitschs Namen zu verleihen«. Tichonow schlug daraufhin vor, den »Raspadskaja«-Schacht im Gebiet Kemerowo oder das Wasserkraftwerk in Nurek nach dem Generalsekretär zu benennen. Aber KGB-Chef Andropow hatte auch hier Bedenken:
»Im ›Raspadskaja‹-Schacht ist es unlängst zu einer verheerenden Katastrophe gekommen, bei der viele Menschen ihr Leben verloren haben . . .«
Tichonow mußte sich diesem Einwand beugen, unterbreitete jedoch gleich darauf den Vorschlag, dem Eisbrecher »Arktika« Leonid Iljitschs Namen zu verleihen. Schließlich entschied man, eine ganze Reihe von Plätzen in den Großstädten umzubenennen, sogar die Stadt Kiew war im Gespräch.
Aus welchen Gründen auch immer plädierte Ustinow dafür, »sich vorerst damit zu begnügen, verschiedene Passagierschiffe umzubenennen«. Andropow erkannte bald, daß man mit seinem Einfallsreichtum am Ende war, und schlug vor, »etwas später noch eine Reihe von Betrieben nach Breschnew zu benennen«. So wurde die Sache letztendlich auch gehandhabt. (Archiv des Präsidenten)
Juri Wladimirowitsch Andropow wurde Breschnews Nachfolger. Im Gegensatz zu seinen Vorgängern verfügte er über eine außergewöhnliche Intelligenz. Den größten Teil seines Lebens hatte er der Tscheka gewidmet, und sein Wirken dort hatte unübersehbare Spuren hinterlassen: Er ging unbeirrbar gegen die politische Diversion, gegen Dissidenten und gegen die subversive Tätigkeit des Imperialismus vor. (Archiv des Präsidenten)
Auf der Sitzung des Politbüros vom 7. Januar 1974 beispielsweise waren sich alle Anwesenden darüber einig, welche Maßnahmen

gegen A. I. Solschenizyn zu ergreifen seien. J. W. Andropow erwies sich dabei als konsequenter Schüler Lenins:

»Breschnew: Man muß immerhin berücksichtigen, daß Solschenizyn zur Verleihung des Nobelpreises nicht ins Ausland gefahren ist.
Andropow: Als man ihm den Vorschlag unterbreitete, zur Nobelpreisverleihung ins Ausland zu reisen, erkundigte er sich, ob man ihm gestatten würde, in die UdSSR zurückzukehren. Genossen, seit 1965 weise ich permanent auf Solschenizyn hin. Gegenwärtig erreichen seine feindseligen Aktionen eine neue Qualität. Er ist im Begriff, eine Organisation aus ehemaligen Häftlingen innerhalb der Sowjetunion zu schaffen. Unverhohlen wendet er sich gegen Lenin, die Oktoberrevolution, ja sogar gegen die Errichtung des Sozialismus ... In unserem Land gibt es Zehntausende von Staatsfeinden, die Solschenizyn zu gegebenem Zeitpunkt tatkräftig unterstützen werden ... Ich persönlich bin der Ansicht, man sollte Solschenizyn nach sowjetischem Gesetz verurteilen ... Im Gegensatz zu den feindlichen Untergrundorganisationen, die vom KGB immer wieder aufgespürt werden, agiert Solschenizyn auf unverschämte Art und Weise, völlig unverblümt ... aus diesem Grund sollte man ihn meines Erachtens nach des Landes verweisen ...«
Sämtliche Mitglieder des Politbüros unterstützten diesen Vorschlag. (Archiv des Präsidenten)
In Lenins Aufruf zur Ausweisung von Angehörigen der Intelligenz hieß es damals: »Wir werden Rußland auf lange Zeit säubern!« Das war jedoch noch nicht geschehen.
Der KGB zog Bilanz über den Stand des Kampfes gegen den Antileninismus:

»An das ZK der KPdSU
Über die Ergebnisse bei der Suche nach Verfassern von anonymem antisowjetischen Material im Jahre 1982 ... Im Laufe des Jahres gab es 1688 Autoren im Land, die 10407 anonyme Dokumente sowie 770 Parolen mit antisowjetischem, nationalistischem und staatsfeindlichem Inhalt verbreiteten.
Eine große Anzahl der antisowjetischen Äußerungen wurde an-

onym und äußerst trickreich veröffentlicht: Man benutzte Sprühfarbe, ... Schablonen und photokopierte Reproduktionen ... Unter den aufgespürten Autoren befinden sich 118 Mitglieder und Kandidaten der KPdSU sowie 204 Komsomolzen.«

Weiter wird einiges über die Motive der antisowjetischen Aktionen ausgesagt: 498 Menschen »stehen unter dem Einfluß der ideologischen Diversion des Gegners«, »228 leiden unter ›psychischen Krankheiten‹, bei 220 der Aufrührer handelt es sich um bloßes Rowdytum, 37 von ihnen befinden sich in materiellen Schwierigkeiten ...«

Der Vorsitzende des Staatlichen Komitees für Staatssicherheit berichtete weiterhin über die Anzahl der Menschen, die »vorbeugend« inhaftiert wurden oder einer »medizinischen Behandlung« unterzogen wurden. (Archiv des Präsidenten)

Sämtliche Mitglieder des Politbüros unterschrieben dieses Dokument, denn sie waren seit langem an derartige Polizeiinformationen gewöhnt.

Ich bin der Ansicht, daß Andropow unter all den Staats- und Parteichefs der UdSSR Lenin geistig am nächsten stand. Er war ein bedeutender Kopf und ein Literaturkenner, der in seiner Freizeit sogar selbst einige Gedichte verfaßte. Andropow verfügte über Kampfgeist, dachte »klassenmäßig«, hegte eine Vorliebe für Konspiratives und handelte uneigennützig. All das machte ihn zu einem typischen Leninisten.

Bevor Andropow selbst zum Generalsekretär ernannt wurde, stand er in regelmäßigem Briefkontakt mit seinen Vorgesetzten. Seine schriftlichen Äußerungen zeichnen sich oft durch einen ungemein originellen Stil aus.

In einem seiner Schreiben an L. I. Breschnew erregte er sich darüber, daß die Amerikaner geschickt die Aufmerksamkeit der ganzen Welt auf den Nahen Osten und Israel lenkten:

»Damit versuchen sie, die Sowjetunion kleinzukriegen und die Aufmerksamkeit von ihren eigenen Angelegenheiten abzulenken. Dadurch sind Sie gezwungen, sich von morgens bis abends mit diesen Fragen zu beschäftigen und alle anderen dringenden Ange-

legenheiten aufzuschieben ... Ich selbst betrachte das als eine Art von Diversion, die uns künstlich auf den arabisch-israelischen Konflikt fixiert, um uns alle und insbesondere Sie persönlich damit zu überlasten.
Dadurch sind Sie gezwungen, die Beschäftigung mit vielen anderen, nicht minder wichtigen Fragen, zum Beispiel der Vorbereitung Ihres Staatsbesuchs in Indien, zu verschieben ...« (Archiv des Präsidenten)
Der zukünftige Generalsekretär witterte überall feindliche Intrigen, Ablenkungsmanöver und Fallen. Auch das zeugte von einer typisch leninistischen Denkweise. Es ist gut möglich, daß Andropow von Lenins »streng geheimem« Brief an Tschitscherin wußte, in dem es darum ging, die Konferenz von Genua öffentlich zu unterstützen, insgeheim jedoch zu hintertreiben. (Archiv für neuere Geschichte)
Der Vorsitzende des Komitees für Staatssicherheit hatte versucht, aus dem Hintergrund das Verhalten des beschränkten Breschnew zu lenken. Nachdem er am 12. November 1982 Generalsekretär geworden war, mühte sich Andropow während seiner kurzen Amtszeit, die Situation der Partei im Lande zu verbessern. Mehr als jedem anderen Mitglied der Führungsspitze war ihm bewußt, daß sich Staat und Gesellschaft in einer tiefen Stagnation befanden.
Die Wirtschaft hielt sich noch gerade so »über Wasser«, denn durch den Verkauf von Erdöl, Erdgas und anderen Rohstoffen waren Milliarden von Dollar ins Land geflossen.
Afghanistan hatte sich als militärpolitische Falle erwiesen. (Andropow selbst war einer der energischsten Befürworter der Invasion der sowjetischen Streitkräfte gewesen.)
Die Partei- und Staatsführung versank besonders in den Republiken im Sumpf der Korruption.
In den Köpfen von Millionen Menschen herrschte Mißtrauen. Die Bürger des Landes scharten sich um ihre Rundfunkgeräte, um trotz des schlechten Empfangs über die ausländischen Sender die Wahrheit über die Ereignisse im eigenen Land und in der restlichen Welt zu erfahren.
Andropow ordnete eine verschärfte Ausreisekontrolle, die Unter-

bindung »unnötiger« Auslandskontakte, die Verstärkung der »vorbeugenden« Maßnahmen und eine erhöhte Wachsamkeit an.
Auf diese Weise versuchte er, dem Verfall und der Stagnation im Land Einhalt zu gebieten. Andropow wollte den alten Idealen neues Leben einhauchen.
Bei seinen Anstrengungen orientierte er sich jedoch an traditionellen leninistischen Kategorien, so etwa bei seinem Versuch, »Ordnung zu schaffen«. Bereits kurz nach Andropows Ernennung zum Generalsekretär suchten Patrouillen die Straßen nach untätigen Herumtreibern ab. Bei diesen Treibjagden gingen ihnen Tausende obdachloser Landstreicher ins Netz.
Die Verwaltung verschärfte die Arbeitsbedingungen in den Betrieben und staatlichen Einrichtungen ... Die Arbeiter begrüßten zunächst diese Maßnahmen, denn sie hatten noch nicht begriffen, daß die Krankheit des Systems in seinen Wurzeln lag.
Wie zu erwarten war, brachten diese verschärften Ordnungsmaßnahmen nur zeitweilige Erfolge. Die Stagnation des Systems schritt unaufhaltsam voran und vertiefte sich sogar weiter.
Aufgrund seiner schweren Krankheit zeigte sich Andropow selten auf Politbürositzungen und in der Öffentlichkeit. Er versuchte, mit Hilfe von »Memoranden« zu regieren. So diskutierte das Politbüro am 4. August 1983 eine Notiz Andropows zur Stationierung amerikanischer Raketen in Europa. Natürlich war in den Ausführungen des Generalsekretärs nicht die Rede davon, daß die Stationierung der sowjetischen Mittelstreckenraketen vom Typ SS-20 die USA und die NATO zu entsprechenden Schritten veranlaßt haben könnte. Andropow schlug vor, alle Hebel in Bewegung zu setzen, um die Regierungen und Parlamente der NATO-Staaten dazu zu bewegen, die Stationierung der US-Raketen in Europa zu unterbinden. (Archiv des Präsidenten)
Nachdem die Parteiführung mehrere Milliarden Rubel aufgewandt hatte, um durch Mittelstreckenraketen eine militärische Überlegenheit zu erreichen und auf diese Weise das Land in den Ruin trieb, mußte sie am Ende der Vernichtung dieser Waffen zustimmen.
Als Andropow aufgrund seiner Krankheit nicht mehr fähig war, seine »Memoranden« selbst zu verfassen, diktierte er sie seinen Sekretären.

Im Oktober 1983 wurde eine Reihe von ihnen begutachtet. Tschernenko, Alijew, Gorbatschow, Grischin, Gromyko, Romanow, Demitschew, Kusnezow und andere Mitglieder des Politbüros werteten sie als »programmatisch«.

Wie schon zu Lenins Zeiten setzte Andropow erneut die Frage des Kampfes gegen »Ressortgeist und Bürokratismus« auf die Tagesordnung. Er schlug vor, das Land »von Grund auf« zu erneuern. Diese Aufgabe sollte nunmehr die Hauptarbeit des Zentralkomitees der Partei ausmachen. M. S. Gorbatschow stand an der Spitze einer Kommission, die sich verstärkt mit diesen Fragen auseinandersetzte. (Archiv des Präsidenten)

Andropows Nachfolger, der »wahre Leninist« Konstantin Ustinowitsch Tschernenko, huschte nahezu unbemerkt am politischen Horizont vorbei.

Als er auf einer Sitzung des Politbüros zum Generalsekretär gewählt werden sollte, waren die Rollen bereits im voraus verteilt. Alle beschäftigte nur eine einzige Frage: Wer tritt als erster auf und schlägt die Kandidatur des neuen Generalsekretärs vor? Die Sitzung wurde am 10. Februar 1984 von Tschernenko persönlich eröffnet.

»Tschernenko: Welche Vorschläge gibt es? Ich bitte die Genossen, sich zu äußern.« – Dabei richtete er seinen Blick auf Tichonow.

»Tichonow: Liebe Genossen, wir alle durchleben bittere Stunden. Der herausragende Staats- und Parteifunktionär der KPdSU, der Vorsitzende des Präsidiums des Obersten Sowjets, Juri Wladimirowitsch Andropow ist aus dem Leben geschieden ... Unsere Partei verfügt jedoch über eine ganze Reihe gut ausgebildeter Kader. Ich bin der Ansicht, daß bei uns im Politbüro des ZK nicht minder befähigte Genossen sitzen. Deshalb möchte ich dem nächsten Plenum des ZK der KPdSU den Vorschlag unterbreiten, den Genossen Tschernenko, Konstantin Ustinowitsch, zum Generalsekretär des ZK zu wählen.« (Archiv des Präsidenten)

Jeder, der einen anderen Kandidaten vorgeschlagen hätte, wäre automatisch als »Schismatiker« gebrandmarkt worden, der eine Spaltung in der Führungsspitze anstrebte. Die Vorgehensweise war denkbar einfach: Solch eine Sitzung wurde vom Vorsitzenden der Kommission für die Beisetzungsfeierlichkeiten eröffnet. Für

ihn war es einzig und allein wichtig zu wissen, wem er als erstem das Wort erteilen mußte. Die leninistische Tradition der Einheit der Partei wurde nahtlos fortgesetzt.
Nach Tichonow, der Tschernenko von allen am nächsten stand, ergriffen Gromyko, Ustinow, Grischin und Gorbatschow das Wort. Gorbatschow meinte:

»Die gegenwärtige Lage erfordert wie niemals zuvor in der Geschichte den unbedingten Zusammenhalt unserer Partei und der führenden Organe wie Politbüro und Sekretariat. Man kann ohne Bedenken sagen, daß wir alle, die Mitglieder und Kandidaten des Politbüros und des ZK-Sekretariats, uns darüber einig sind, daß mit der Annahme des Vorschlags zur Wahl Konstantin Ustinowitsch Tschernenkos zum Generalsekretär des ZK der KPdSU das Prinzip der Kontinuität, über das hier schon gesprochen wurde, gewahrt bleibt ... Die Einmütigkeit, mit der wir heute die Kandidatur des Generalsekretärs erörterten und Konstantin Ustinowitsch unser Vertrauen aussprachen, zeugt von der völligen Übereinstimmung innerhalb unseres Politbüros.«

Gorbatschow spielte also die Rolle, die innerhalb des Parteirituals für ihn vorgesehen war. Nach ihm meldeten sich Romanow, Alijew, Solomenzew, Worotnikow, Kusnezow, Demitschew, Ponomarjow, Dolgich, Simjanin, Ligatschow und Tschebrikow zu Wort. Sie alle rangen verzweifelt nach Worten, um sich in bezug auf Tichonows Rede nicht zu wiederholen.
Während seiner Amtszeit als Vorsitzender des Sekretariats des Präsidiums des Obersten Sowjets und als Leiter der allgemeinen Abteilung des ZK der KPdSU hatte Tschernenko regelmäßigen Umgang mit den höchsten Staats- und Parteifunktionären gepflegt. Nachdem er Breschnews Liebling geworden war, erklomm der alte und kranke Beamte am Ende seines Lebens mit großer Beharrlichkeit die höchste Stufe einer schwindelerregenden Karriere. Für viele kam es unerwartet, daß ein Mann, der erst 1977 Kandidat des Politbüros geworden war, am 13. Februar 1984 bereits Generalsekretär und dreifacher Held der sozialistischen Arbeit war. Man überschüttete ihn mit Orden und Titeln

und machte ihn sogar zum Leninpreisträger. (Archiv des Präsidenten)
Ein Parteibürokrat wurde zum Oberhaupt von Staat und Partei. Damit hatte der Zerfall des leninistischen Systems seinen Höhepunkt erreicht.
Als einzige Errungenschaft von Tschernenkos Regierungszeit könnte man die Neuverteilung der Pflichten unter den Mitgliedern des Politbüros betrachten. Gemäß der Tradition im ZK übernahm er selbst die Klärung von Fragen der Verteidigung, Staatssicherheit und der Parteikader. Er konnte jedoch nicht widerstehen und übernahm nach alter Gewohnheit auch noch die Aufgaben in bezug auf die allgemeine Leitung der ZK-Angelegenheiten.
In seinem Innern blieb er stets ein Beamter.
Tschernenkos Referenten wußten um seine Leidenschaft für bürokratische Arbeit und durchwühlten Lenins Manuskripte nach einem neuen Ansatzpunkt im Kampf gegen diese chronische Krankheit des Bolschewismus. In dem Artikel »Über die wachsende Bedeutung der Führungsrolle der KPdSU«, der in der Zeitschrift »Woprosy istorii KPSS« (Fragen der Geschichte der KPdSU) Nr. 4 1980 veröffentlicht wurde, zitierten die pedantischen Parteitheoretiker einen kaum bekannten Brief Lenins, den er im September 1921 an Stomonjanow geschrieben hatte: »Die Arbeit erschlägt Sie ... Das darf nicht geschehen. Das ist ein Fehler, der sich verhängnisvoll auswirken kann. Man kann nicht an einer großen Sache arbeiten, wenn man es nicht versteht, nebensächliche Fragen an andere zu delegieren ... Organisieren Sie Ihre Arbeit so, daß Sie lediglich leiten und überprüfen. Sonst werden Sie scheitern.« (Archiv des Präsidenten)
Seit Lenins Zeit suchte das bürokratische System nach Rezepten für seine Heilung.
Dann kam die Ära Gorbatschow, mit der sich große Hoffnungen und Euphorie verbanden. Es schien, als wäre letztendlich doch noch ein würdiger Führer an die Macht gekommen. Zu Beginn waren alle davon beeindruckt, daß Gorbatschow seine Reden frei hielt. Er sprach ohne schriftliche Vorlage, flüssig und gescheit. Etwas Vergleichbares hatte es in der Sowjetunion schon lange nicht mehr gegeben. Tatsächlich wurde jedoch bereits damals,

1985, von den Scharfsichtigsten bemerkt, daß Gorbatschow in seinen unterschiedlichen Reden zu verschiedenen Themen immer wieder über ein und dasselbe sprach. Ich erinnere mich, wie ich damals den Skeptikern entgegenhielt, er sei von seiner Reformidee besessen und wolle erreichen, daß jeder im Land sie verstand und unterstützte.
Es ist schwer, über Gorbatschow, den letzten »offiziellen« Leninisten in der Plejade der Generalsekretäre zu sprechen. Im Westen werden unzählige apologetische Bücher über ihn geschrieben, in seinem eigenen Land existieren jedoch nur zweifelhafte Artikel oder schmutzige Pamphlete wie »Fürst der Finsternis« von B. Olejnik. Sofern mir das Schicksal gewogen ist und mir noch etwas Zeit läßt, werde ich über Gorbatschow schreiben. Ich hatte bei verschiedenen Anlässen die Möglichkeit, diesen Mann zu treffen: In der Vorbereitungsphase des Unionsvertrags, auf Versammlungen und während seines Treffens mit Jelzin. Ich war einer seiner glühendsten Verehrer und bin inzwischen zu dem Schluß gekommen, daß seine Rolle erst an der Schwelle zum 21. Jahrhundert richtig bewertet werden kann. Ich war jedoch einer der ersten, der ihn im Parlament wegen seiner »kontemplativen« Einstellung zu den Reformen, seiner Passivität im Konflikt um Karabach und vielem mehr kritisierte. Am darauffolgenden Tag wurde ich ins Verteidigungsministerium zitiert, wo man mir meinen Rücktritt nahelegte ...
Zu Anfang verhielt sich Gorbatschow wie alle anderen Generalsekretäre vor ihm und führte treu den leninistischen Kurs weiter. Anders konnte er auch gar nicht handeln, um seine Pläne zu verwirklichen.
Gorbatschow war weder mit Breschnew oder Tschernenko und erst recht nicht mit Andropow vergleichbar. Stärker als alle anderen hatte er ein Gespür dafür, daß im Land große Veränderungen vonnöten waren. Ihm war jedoch auch bewußt, daß ein sofortiger jäher Umschwung gefährlich sein würde. Ich bin der Ansicht, daß Gorbatschow niemals die Absicht hatte, das alte System völlig zu zerstören, sondern es reformieren wollte. Doch selbst das war für die damaligen Verhältnisse eine ungewöhnliche und kühne Aufgabe. Schon seine ersten zaghaften Schritte waren revolutionär. So hielt er am Ende der Politbürositzung vom 4. April 1985 eine für

alle unerwartete Rede, die nicht auf der Tagesordnung stand und in der er sich gegen falsches Pathos, Großspurigkeit, Lobhudelei und Speichelleckerei wandte.
Um sich die Sache zu erleichtern, verlas er einfach einen umfangreichen Brief des alten Kommunisten W. A. Sawjalow aus Leningrad, in dem dieser sich über die unzähligen goldenen Sternchen an Breschnews Brust, die Ehrenpräsidien und die Lobeshymnen auf den Generalsekretär lustig machte.
Mit seinen Äußerungen machte sich Gorbatschow zum Sprachrohr des Volkes: »Lenin sprach über die Autorität der Führer ... Man darf das jedoch keineswegs mit der Parteiautorität verwechseln ... Es ist kein Geheimnis, daß Chruschtschow sich in seiner Kritik zu sehr auf die Persönlichkeit Stalins konzentrierte. Das brachte Schaden, und noch heute kehren wir ... diesen Scherbenhaufen zusammen ...« (Archiv des Präsidenten)
Gorbatschow erwies sich als Leninist, der zwar den Stalinismus ablehnte, bei der Aufarbeitung der Geschichte jedoch für eine maßvolle Herangehensweise plädierte. Vom heutigen Standpunkt aus betrachtet, bezog er damit eine zögerliche und zweideutige Position. Zum damaligen Zeitpunkt war es jedoch für Gorbatschow einfach nicht möglich, eine andere Position einzunehmen, und offensichtlich hatte er auch gar nicht diese Absicht.
Seine Beziehung zu Lenin und dem Leninismus war gelassen und ohne ideologische Überspanntheit. Er unternahm jedoch nicht den geringsten Versuch einer kritischen Auseinandersetzung mit den augenscheinlich falschen politischen Prophezeiungen des Parteiführers. Tatsächlich äußerte er sich über Lenin in der Phase der Perestrojka bisweilen auf traditionelle und apologetische Weise. So bezeichnete er auf der Politbürositzung vom 15. Oktober 1987 Lenins Entscheidung für die sozialistische Revolution als »genial«. (Archiv des Präsidenten)
Gorbatschow tat damals also einen Schritt nach vorn, aber auch vorsichtig einen halben zurück. Er war ein Mensch, der die drängende Notwendigkeit politischer Veränderungen erkannt hatte, die meisten seiner Maßnahmen blieben jedoch unentschlossen und bisweilen doppeldeutig. Ich bin der Ansicht, daß dies nicht an seinem Verstand, sondern vielmehr an seinem Charakter lag.

Nur in wenigen Situationen zeigte er Willensstärke und Entschlossenheit, wie beim Abzug der Truppen aus Afghanistan oder bei der Aufhebung von Sacharows Verbannung.
Bisweilen wirkte sich seine Entschlossenheit etwas zweifelhaft aus. Als sich der Erste Stellvertreter des Finanzministers, W. W. Demenzew, auf einer Politbürositzung gegen die Einschränkung des Alkoholverkaufs wandte, entgegnete Gorbatschow scharf: »Was Sie da sagen, ist nichts Neues. Jeder von uns weiß, daß wir den Leuten nicht vorschreiben können, wofür sie ihr Geld ausgeben sollen. Sie haben jedoch keinen anderen Vorschlag, wie man das Volk zusammenschweißen könnte. Fassen Sie sich also bitte kürzer, Sie sind nicht im Finanzministerium, sondern auf einer Politbürositzung.« (Archiv des Präsidenten)
Pseudopatrioten, Bolschewiki und Nationalisten brachten den Namen Gorbatschow stets in Zusammenhang mit dem Zerfall der UdSSR, dabei versuchte gerade er, die Union zu retten.
Es ist unendlich zu bedauern, daß die Sowjetunion auseinandergebrochen ist. Eine lebensfähige Staatenkonföderation hätte durchaus erhalten werden können. Ich bin der Ansicht, daß es für einen solchen politischen Zusammenschluß auch jetzt noch nicht zu spät ist. Weder Gorbatschow noch Jelzin »sprengten« die UdSSR. Schon in den zwanziger Jahren, unter Lenin, als das Politbüro die Gouvernements zu liquidieren begann und nationale Formationen schuf, wurde die Grundlage für den Zerfall der Union geschaffen. Die Diktatur konnte den Zerfall des Landes noch aufhalten, doch mit Beginn des Demokratisierungsprozesses wurden auch die zentrifugalen Kräfte wirksam.
Die Logik der Geschichte hatte eine neue Beziehung zwischen den Republiken, vielleicht sogar eine Demokratische Konföderation, auf die Tagesordnung gesetzt. Doch die Kräfte der alten, kommunistischen Vergangenheit taten am 19. August 1991 einen irreversiblen Schritt, der, ungeachtet der ursprünglichen Absichten, zum Zerfall des großen Landes führte.
Die Rolle des letzten offiziellen »Leninisten« Gorbatschow bestand darin, das totalitäre System zu zerstören. Er hat es jedoch nicht selbst zerstört, sondern lediglich nicht an seiner Selbstzerstörung gehindert.

Die Reformperiode unter Gorbatschow glich der Zeit nach dem 10. März 1923. Der Leninismus war zwar noch lebendig, hatte aber nicht mehr die Kraft, innovative Ideen hervorzubringen. Zu Beginn des Prozesses, den Gorbatschow als »Perestrojka« bezeichnete, trat der Leninismus in eine lange Periode der Agonie ein. Damals, nach 1985, hatten wir das Wichtigste nicht begriffen: Der Leninismus ist grundsätzlich nicht reformierbar. Entweder er existiert weiter, wie bereits etliche Jahrzehnte, oder er verschwindet völlig von der historischen Bildfläche.

Der historische Lenin

Ich wage zu behaupten, daß Lenin noch nicht in vollem Maße zu einer Figur der Geschichte geworden ist, da seine Taten, Gedanken, Programme und Prinzipien weiter fortexistieren. Sie beschäftigen viele Menschen und sind Gegenstand der ideologischen Auseinandersetzung. Lenin ist immer noch Bestandteil unseres Alltags: Kolchosen, entwertete Geldscheine und Ordensspangen tragen seinen Namen, neue kommunistische Führer berufen sich auf Lenin. Lenin ist tief in uns und unserem Bewußtsein verankert. Viele von uns sind noch immer seine »Gefangenen«.

Lenin wird erst zu dem Zeitpunkt Geschichte, wenn wir uns ihm gegenüber so gelassen verhalten können, wie wir uns derzeit gegenüber Stepan Rasin, Iwan Bolotnikow, Thomas Müntzer und Jan Žižka verhalten. Bislang können wir noch nicht auf diese Art und Weise auf Lenin zurückblicken, und daran wird sich vielleicht auch in der nahen Zukunft nichts ändern.

Der historische Lenin weist eine Reihe von Charakterzügen auf, die sich, meines Erachtens, zu einem einheitlichen Bild fügen. Er war nicht der Januskopf, als den man ihn häufig darstellte. Die Einheit und Homogenität seines Charakters ist unbestreitbar.

Lenin war ein bis zur Ekstase besessener Revolutionär. Es genügt, noch einmal an die letzten Tage vor dem Oktoberumsturz zu erinnern, als der Führer der Bolschewiki das Schicksal auf seiner Seite wähnte, so unbegrenzt war seine Gewißheit, daß der einmalige Augenblick gekommen war.

Er wandelte stets am Rande des Abgrunds und brach alle Brücken hinter sich ab, bis ihm sämtliche Rückzugswege versperrt waren. Wiktor Tschernow bemerkte dazu äußerst treffend:

»Oft gelang es Lenin lediglich aufgrund der Mißerfolge seiner Feinde, am Leben zu bleiben. Häufig hatte er nur das Glück, das eigentlich immer demjenigen zuteil wird, der auch in der Lage ist, Pechsträhnen zu überstehen ...
Es gibt einen gewissen gesunden Menschenverstand, der nichts unversucht läßt, ungeachtet der Tatsache, daß alles gegen ihn spricht – Logik, Schicksal und Umstände. Lenin war im Übermaß mit diesem ›gesunden Menschenverstand‹ gesegnet. Dank dieser Hartnäckigkeit konnte er so manches Mal die Partei aus Situationen retten, die bereits hoffnungslos schienen.« (»Wolja Rossii«, 1924, Nr. 3)

Im entscheidenden Moment verfügte Kerenski über keine einzige zuverlässige Division; Denikin glaubte zu früh, daß Moskau sich bereits in seinen Händen befände; die weißen Generäle waren nicht in der Lage, sich über die elementarsten Fragen zu einigen, wie etwa über die Verteilung der Kräfte an den unterschiedlichen Fronten. Das Schicksal kam Lenin mehr als einmal zu Hilfe.
Es scheint, als ob diese blinden Zufälle Lenin und die Bolschewiki gerettet hätten. Man mußte jedoch auch in der Lage sein, diese Chancen zu nutzen. Lenins Besessenheit, die bisweilen sogar in Hysterie ausartete, wie auch seine Bereitschaft, halb Rußland zu opfern, retteten schließlich seine unrechtmäßige Sache.
Hinter seinem gutmütigen und sanften äußeren Erscheinungsbild verbarg sich die Bereitschaft zu schrecklichen Grausamkeiten im Namen der Revolution.
Lenin war ein Diktator besonderen Typs – er war der Prototyp des revolutionären Diktators. Im Gegensatz zu Stalin, der einen Menschen häufig wegen persönlicher Differenzen vernichtete, wandte Lenin seine grausamen Maßnahmen mit der Überzeugung an, nur so die Diktatur des Proletariats verwirklichen zu können. Er war von Natur aus nicht rachsüchtig, sondern lediglich der Ansicht, daß die Revolution durch eine Schwächung der Diktatur zugrunde gehen würde. Diese jakobinische Denkweise war allerdings nicht minder gefährlich als die stalinistische Grausamkeit. Lenin »veredelte« lediglich seine Gewalttaten und verlieh ihnen einen revolutionären Heiligenschein.

Wenn es um die Partei oder die Revolution ging, kannte Lenin keine Skrupel. Die Politik hatte bei ihm stets Vorrang vor der Moral. So befürwortete Lenin Brautwerbung und Hochzeit des Bolschewisten Wiktor Taratuta, weil damit die Parteikasse durch das Geld des Fabrikanten Schmitt aufgebessert wurde.

»Was ist dieser Wiktor (Taratuta) bloß für ein Mensch? Welch eine Niedertracht gegenüber dem Mädchen«, bemerkte damals Professor Roschkow.

Lächelnd antwortete der Revolutionsführer: »Weder Sie noch ich könnten eine reiche Kaufmannstochter des Geldes wegen heiraten. Wiktor hat es getan, das bedeutet, er ist ein nützliches Mitglied der Partei.« Lenin opferte die Moral für sein Lebenswerk. Sein Standpunkt war folgender: »Moralisch ist alles, was dem Sieg des Kommunismus dient.« Wenn tatsächlich alle Menschen bezüglich ihrer politischen Überzeugung nach diesem Prinzip des moralischen Relativismus handeln würden, dann wäre unser Leben ein einziger Alptraum. Es ist gut möglich, daß unsere Zivilisation im 21. Jahrhundert durch allgemeine moralische Normen, eine Art planetarischem Bewußtsein, vor einer ökologischen Katastrophe, vor militärischen Konfrontationen sowie Rassen- und Nationalitätskonflikten doch noch gerettet wird. Die Bolschewiki waren jedoch lediglich an der Weltrevolution interessiert.

Lenin zog die Strategie des Augenblicks einer weitsichtigen historischen Strategie vor. Oft genug handelte er ohne klaren Plan und hatte nur allgemeine Ziele im Blick. Des öfteren berief er sich auf die Worte Napoleons: »Zuerst stürzt man sich ins Gefecht – das weitere wird sich finden.« Er war bereit, seine politische Linie um hundertachtzig Grad zu ändern, wenn er erkannte, daß er damit rascher ans Ziel gelangen würde.

Nachdem er lange Zeit die Verfassungsgebende Versammlung befürwortet hatte, wandte er sich entschlossen von ihr ab, als er zu der Überzeugung gelangt war, daß die Bolschewiki sich dort in der Minderheit befinden würden.

Vor der Revolution hatte er erklärt, daß ein Separatfrieden mit Deutschland unvorteilhaft sei, nach seiner Machtübernahme suchte er jedoch sofort nach Wegen für einen Separatfrieden mit den Deutschen. Bereits 1920 hatte das auf vollständiger Requirierung des Getreides basierende System des Kriegskommunismus das Land in die Sackgasse der Hungersnot geführt. Das hatte sogar der radikale Trotzki begriffen. Doch Lenin setzte hartnäckig seinen Kurs des Kriegskommunismus fort. Erst als bereits einige hunderttausend Menschen durch Erschießungen, Rebellionen und Hunger ums Leben gekommen waren, gab er auf. Dann kam die Wirtschaftsreform. Lenin wurde zum »Vater der Neuen Ökonomischen Politik« und verkündete: »Wir sollten nicht auf einen unmittelbaren Übergang zum Kommunismus setzen ...« (Lenin, PSS, Bd. 44, S. 164)

Lenins Ideen zur Vollendung einer großangelegten wirtschaftlichen und sozialen Umgestaltung Rußlands sowie seine Vorstellungen von der Schaffung einer gerechten kommunistischen Gesellschaft waren wahnwitzig und töricht. Entsprechend charakterisierte auch Plechanow die theoretischen Ansätze des Revolutionsführers, und Gorki bezeichnete ihn gar als »verrückt«.

Nichtsdestoweniger besaß Lenins Wahnsinn seine eigene, eiserne Logik. In dem von ihm inszenierten russischen Abenteuer sah er erst den Anfang. Rußland sollte als Zünder, als Detonator für die Weltrevolution dienen. Unter den Bedingungen der tiefen weltweiten Krise, hervorgerufen durch den Krieg, den Untergang zahlreicher Monarchien und die allgemeine Orientierungslosigkeit, gab es gewisse – wenn auch nur zeitweilige – Chancen zur Entfachung eines Weltbrandes. Lenin war bereit, Rußland zu opfern, um diesen Weltbrand zu initiieren.

Der Führer der Bolschewiki war eine Verkörperung historischer Verantwortungslosigkeit. Die Idee, den Planeten »rot« zu färben, basierte auf dem Lügenpaket eines Schreibtischmenschen, der über viele Jahre hinweg verschiedene Pläne für die kommunistische Weltrevolution entwarf und dabei eine Vielzahl von ethnischen, nationalen, religiösen, geographischen und kulturellen Faktoren außer acht ließ. Für ihn gab es nur einen Wert, den er um jeden Preis verteidigte: die Macht. Mit Hilfe ebendieser Macht hoffte der Führer früher oder später die russische Revolution auf die ganze Welt ausweiten zu können.

Lenin verspürte niemals Gewissensbisse wegen seiner unverantwortlichen und nicht selten verbrecherischen Taten. Dabei hatte er die erste demokratische Regierung in der Geschichte Rußlands gestürzt, die Verfassungsgebende Versammlung auseinandergejagt, die Bürger ihrer Rechte und Freiheiten beraubt, die Wirtschaft des Landes ruiniert, die Räte zu Anhängseln der Parteikomitees degradiert, die Intelligenz aus dem Vaterland verbannt, die russische Sozialdemokratie vernichtet, die Zarenfamilie liquidiert, die Volksaufstände in Tambow, Kronstadt, am Don, in Jaroslawl und anderen Städten blutig niedergeschlagen, durch Terror, Hunger und Bürgerkrieg 13 Millionen Menschen aus Rußland vertrieben und ins Verderben gestürzt ...

Lenin verfügte über keinerlei persönlichen Ehrgeiz. Er gehörte zu dem seltenen Typ Mensch, der sich aufrichtig mit der Idee identifizierte, an die er glaubt und der er dient. Obgleich seine Sache schließlich eine politische Niederlage erlitt, vermochte Lenin Unmögliches zu erreichen: Sein politischer Wahnwitz wurde für Millionen Menschen über viele Jahrzehnte hinweg zum Programm, denn es gelang ihm, seine epochalen, weltumspannenden, historischen Pläne eng mit der unsterblichen christlichen Idee der sozialen Gerechtigkeit zu verbinden ...

Der berühmte italienische Gelehrte Vittorio Strada bemerkte: »Das Joch der kommunistischen Revolution ist beseitigt. Die geschichtliche Realität zeigt uns aber auch, daß dessen Folgen noch deutlich zu spüren sind.« (Vittorio Strada, Lenin: Traiettoria di una revoluzione. Venezia 1991, S. 95)

Der Leninismus lebt und hat noch immer viele Verfechter. Selbst jene, die viele Jahre diesen Ideen gedient haben und an deren bitterer Niederlage fast verzweifelten, haben keine Eile, sich vom Leninismus zu lösen. Sie alle fürchten sich verständlicherweise vor einem geistigen Vakuum.

Ich wiederhole es noch einmal: In meinem Kopf fiel die Bastion des Leninismus erst, nachdem mir Einblick in viele Dokumente Lenins gewährt wurde, die langsam, viel zu langsam, dem kritischen Blick der Öffentlichkeit freigegeben werden.

Statt eines Schlußwortes

Die Niederlage im Sieg

»Lenin glaubte nicht an den Menschen, aber ihn leitete ein grenzenloser Glauben an die gesellschaftliche Dressur des Menschen.«
Nikolaj Berdajew

Wenn man das äußere Chaos der Geschichte genauer betrachtet, erkennt man eine umfassende Ordnung, die sich aus Notwendigkeiten, Zufälligkeiten und Gesetzmäßigkeiten ergibt. Lenin hat 1917 seinen politischen Sieg nur um den Preis einer bedingungslosen und endgültigen historischen Niederlage errungen. Sein rebellischer Geist ließ sich nicht durch nationale Grenzen einschränken und kannte weder Moral noch Religion. Lenin war bereit, ganz Rußland in Brand zu setzen, damit die Überlebenden am Feuersturm der Weltrevolution teilhaben konnten. Lenin war nicht nur überzeugter Bolschewist, sondern sah sich auch als Reformator im Weltmaßstab. Zum Glück für die Menschheit konnte er jedoch sein historisches Experiment nur auf einem Teil der Erde verwirklichen.

Der Revolutionsführer konnte nicht verstehen, daß die deutsche Revolution nicht etwa aufgrund des »Verrats« durch den »Renegaten Kautsky« und die deutsche Sozialdemokratie gescheitert war, sondern weil die Arbeiter nicht an sie glaubten, die Intelligenz sie ablehnte und die Bauern ihr gleichgültig gegenüberstanden.

Dem Sieg und der Machtübernahme im Oktober 1917 folgte schon bald eine Reihe von Niederlagen. Nachdem sich die bolschewistische Hoffnung auf eine baldige Revolution im Weltmaßstab als Illusion erwiesen hatte, ging man gezwungenermaßen zu einer Politik der friedlichen Koexistenz über, ohne jedoch das revolutionäre Ziel aus den Augen zu verlieren. A. A. Joffe, ein großer Diplomat der Leninschen Schule, schrieb in seinen unveröffentlichten Erinnerungen:

»Die Weltrevolution schien so nahe zu sein (und war es tatsächlich), daß ein Einvernehmen mit der Bourgeoisie nur von kurzer Dauer schien und somit völlig einerlei war. Es war nicht wichtig, was bei den Gesprächen mit der Bourgeoisie herauskam, sondern vielmehr, daß die Verhandlungen und das Abkommen selbst eine revolutionäre Wirkung auf die breiten Massen ausübte ... Als ich nach Beendigung der Verhandlungen Wladimir Iljitsch ein gebundenes Exemplar des Vertrages überreichte, kniff er listig die Augen zusammen, klopfte auf den Einband des Vertrages und fragte: ›Nun, was ist, haben Sie eine Menge Zoten aufgeschrieben?‹« (Archiv des Präsidenten)

Nach Joffe hatte lediglich die Verzögerung des Tempos der Revolution den Übergang zu einer Politik der »friedlichen Offensive« als notwendige, zeitweilige Taktik bewirkt.
Lenin war niemals von seiner Idee der Weltrevolution abgerückt: »Als mich das ZK 1921 zur Arbeit nach Turkestan schickte, betonte Wladimir Iljitsch vor meiner Abreise mir gegenüber: ›Turkestan – das ist unsere Weltpolitik. Turkestan, das ist Indien ...‹« (Archiv des Präsidenten)
Die bolschewistischen Ideen mußten eine außenpolitische Niederlage nach der anderen hinnehmen: in Deutschland, Ungarn, Persien, Indien, China, Polen und anderen Ländern. Die »verräterischen Arbeiterführer« wurden bald als Hauptschuldige an der »Verzögerung der Weltrevolution« ausgemacht.
Auch in der Innenpolitik ließen die Niederlagen nicht auf sich warten, wie die Haltlosigkeit der Politik des Kriegskommunismus, die unbezwingbare Machtstellung der neuen Bürokratie, die stumme Opposition der ganzen Gesellschaft gegen den Bolschewismus und die Zwietracht in der Partei zeigten ... Aufgrund dieser Tatsachen wäre es falsch zu sagen, daß der Leninismus erst 70 Jahre nach der Oktoberrevolution eine Niederlage erlitten hat, vielmehr zeichneten sich bereits zu Lenins Lebzeiten verhängnisvolle Entwicklungen ab.

Der Logik der Geschichte kann man nicht entrinnen. Das bekam auch Lenin zu spüren. Nachdem er die Selbstherrschaft des Zaren und die Diktatur der Bourgeoisie beseitigt hatte, begann er, die Diktatur der bolschewistischen Partei zu errichten. Den russischen Jakobinern gelang es nicht, sich von den geschichtlichen Traditionen zu lösen. Sie waren zu keiner positiven Evolution fähig, sondern ersetzten eine Form der Unterdrückung durch eine noch grausamere.

Das Ideal der Freiheit hatte für Lenin niemals Priorität. Nachdem er die Menschewiki, Kadetten und Linken Sozialrevolutionäre besiegt hatte, steuerte er geradewegs auf eine historische Niederlage zu.

Ich habe oft mit angehört, wie ehrliche Menschen, die unter dem Sowjetsystem aufwuchsen, voller Überzeugung meinten: »Wenn Lenin noch ein Jahrzehnt länger gelebt hätte, wäre alles anders gekommen.« Aus ihren Stimmen klangen Trauer und Enttäuschung über das Scheitern all ihrer Hoffnungen.

Tatsächlich kann man mit großer Wahrscheinlichkeit davon ausgehen, daß Lenin – ganz im Gegensatz zu Stalin – niemals seine Kampfgenossen im Politbüro beseitigt oder die Kollektivierung um den Preis von Millionen Menschenleben durchgeführt hätte. Auch die Beseitigung von Andersdenkenden hätte wohl kaum die gleichen Ausmaße wie in den dreißiger Jahren angenommen.

Doch selbst ein »gemäßigterer« Kommunismus unter Lenin wäre kaum denkbar ohne Terror, Kollektivierung und Jagd auf »staatsfeindliche Elemente«. Das von Lenin geschaffene System konnte gar nicht anders handeln, lediglich im Ausmaß der Repressionen gab es Nuancen. Lenin hätte sich niemals von der Diktatur lossagen können, soviel ist sicher. Berdjajew bemerkte dazu treffend: »Lenin ist sowohl Antihumanist als auch Antidemokrat.« (Berdjajew, Istoki i smysl russkogo kommunisma, S. 102) Ich füge dem nur noch das Wort »absolut« hinzu.

Jede Art von Diktatur führt früher oder später zum totalen Verlust von Freiheit und Moral.

Sicherlich kann man Lenin nicht persönlich für alle Verbrechen verantwortlich machen, die von seinen Nachfolgern begangen wurden.

Lenin trägt beispielsweise keine Verantwortung für das Verbrechen von Katyn. Ein alter Bolschewik sagte mir, daß Stalin Polen den für Rußland erniedrigenden Frieden von Riga (1921) nie verziehen hat. Der Mord an den polnischen Offizieren sei demnach nur die Rache für die Niederlage von 1920 gewesen. Nachdem man die Unglücklichen in Katyn vernichtet hatte, machte man die Faschisten dafür verantwortlich.

Lenin trägt auch keinerlei Verantwortung für die Vorbereitung und Organisation des Attentats auf Tito durch den illegalen Agenten »Max«. Die Aufgabe war sehr klar formuliert worden: »Erteilen Sie ›Max‹ den Auftrag, um eine persönliche Audienz bei Tito nachzusuchen, während der er diesen und alle im Gebäude befindlichen Personen mit Tuberkulosebakterien verseuchen soll, die aus einem speziellen Behältnis freigesetzt werden, das er bei sich trägt. ›Max‹ selbst wird nichts von der Existenz des Präparates erfahren. Um sein Leben zu retten, wird ihm vorbeugend ein Gegenmittel gespritzt.« (Archiv des Präsidenten)

Auch die Pläne des Politbüros unter Breschnew für eine Intervention in Polen im Jahre 1980 können Lenin nicht persönlich angelastet werden. In dem Dokument, das von M. A. Suslow, A. A. Gromyko, Ju. W. Andropow, D. F. Ustinow und K. U. Tschernenko unterzeichnet wurde, empfahl das oberste Parteigremium dem ZK die Mobilmachung einiger Truppenverbände sowie zusätzlich 100 000 Wehrpflichtiger. (Archiv des Präsidenten)

Allerdings marschierten auf Befehl des Führers der Bolschewiki seinerzeit Truppen in Georgien ein; außerdem diskutierte man über die Unterstützung revolutionärer Aufstände in China, Indien, Ungarn, Deutschland, Persien und anderen Ländern. Bisweilen schlug Lenin auch kleinere Aktionen vor. So empfahl er eine militärische Strafexpedition nach Litauen und Estland: »... Die Grenze an irgendeiner Stelle mindestens ein Werst überschreiten und dort 100 bis 1000 Beamte und Reiche aufhängen ...« (Archiv für neuere Geschichte)

Es bleibt noch die Frage, ob Lenin auch für die im Sowjetstaat weitverbreitete Korruption die Verantwortung trägt. Dem ist natürlich nicht so. Derartige Erscheinungen waren zwar allen bekannt, dennoch gab es darüber nie öffentliche Diskussionen. Den

betreffenden Personen wurden einfach andere Arbeitsbereiche zugewiesen. Diese Posten waren jedoch nicht minder verantwortungsvoll als jene, aus denen sie entlassen wurden.
Aber auch Lenin hatte die Angewohnheit, Parteifunktionäre zu decken und zu verteidigen:

»Geheim. An den Genossen Ordschonikidse. Genosse Sergo, ich erhielt eine Mitteilung, daß Sie ... sich eine Woche lang dem Trunk ergeben und mit Weibsbildern herumgetrieben haben. Das ist ein ... Skandal und eine Schande. Dabei habe ich Sie überall gelobt ... Erstatten Sie mir umgehend Bericht. Es ist besser, wenn wir Sie für einige Zeit beurlauben. Sie müssen sich bessern. Sie geben ein schlechtes Beispiel.
Gruß. Ihr Lenin« (Archiv für neuere Geschichte)

Lenins Maximalismus und Radikalismus in Verbindung mit seiner Willensstärke und Besessenheit spielten eine entscheidende Rolle bei der Formierung des diktatorischen Systems, das über viele Jahre hinweg nach den ihm eigenen leninistischen Gesetzen fortexistierte. Selbst die im Jahre 1956 einsetzende Tauwetterperiode nach dem 20. Parteitag änderte nicht viel am Wesen des Systems: Die Einparteidiktatur verzichtete forthin auf physische Gewalt, die geistige Unterdrückung blieb jedoch erhalten.
Das von Niederlagen heimgesuchte leninistische System konnte sich dennoch am Leben halten. Diese Tatsache erklärt sich nicht nur durch die soziale Trägheit und das Machtmonopol der Partei, sondern auch durch bestimmte, äußerst ansprechende Prinzipien des leninistischen »Sozialismus«: kostenlose Schulbildung, unentgeltliche medizinische Versorgung, symbolische Miete für den Wohnraum und die Erholung der Kinder und Erwachsenen. Vermeidung von Arbeitslosigkeit, Sicherstellung des Existenzminimums und anderes mehr. Es versteht sich von selbst, daß all dies nur auf Kosten einer übermäßigen Ausbeutung der Arbeitskräfte und durch die staatliche Umverteilung der vorhandenen Ressourcen des Landes möglich war.
Einige dieser sozialen Errungenschaften sind dennoch durchaus erhaltenswert.

Was die sowjetischen Menschen in sieben langen Jahrzehnten durchlebten, war gewiß kein Sozialismus. Die Bolschewiki konnten ihre Macht nur mit Hilfe der Diktatur behaupten. Der Parlamentarismus wurde von ihnen unwiderruflich und von Anfang an abgelehnt. Ohne zu zögern, ging Lenin mit seinen diktatorischen Grausamkeiten bis zum äußersten. Für sein Regime bedeutete diese Linie die einzige Überlebenschance.
Lenin lehrte uns Unnachgiebigkeit gegenüber allem, was nicht sozialistisch, nicht sowjetisch, nicht marxistisch ist. Bis zum heutigen Zeitpunkt tragen wir noch diesen militanten Geist in uns. Als sich nach dem August 1991 die Chance zur Errichtung einer neuen, demokratischen Gesellschaft bot, kamen wir zu keiner Übereinkunft. Zu tief war die alte, leninistische Denkweise in unserem Bewußtsein verankert.
Lenin lebt noch in uns und wird wohl kaum so bald aus unseren Köpfen verschwinden. Die Niederlage des Leninismus wurde beschleunigt durch die Veränderung des internationalen Klimas. In dem Maße, wie durch die Politik Gorbatschows das Vertrauen zwischen den langjährigen Gegnern wuchs (in dieser Frage hat die Geschichte seinen Beitrag noch nicht entsprechend gewürdigt), wurde auch die Erosion des Leninismus beschleunigt. Das kommunistische System konnte nur unter den Bedingungen einer permanenten – realen oder eingebildeten – Bedrohung durch innere und äußere Feinde gedeihen. A. N. Potresow charakterisierte bereits Ende der zwanziger Jahre diese Besonderheit folgendermaßen: »Die tödliche Welle des Kommunismus erhob sich aus der Sturmflut des Ersten Weltkriegs. Diese Welle wird verebben, ungeachtet aller künstlichen Versuche, sie weiter in Bewegung zu halten.«
Die Niederlage des Leninismus war durch die Geschichte vorprogrammiert. Lenin hätte nur eine Chance gehabt, wenn er den politischen Pluralismus nach dem Oktober 1917 erhalten und den sozialdemokratischen Strömungen und Traditionen Raum gelassen hätte.
Das Experiment, das im epochalen und erdumfassenden Maßstab geplant war, endete mit einer historischen Niederlage. Einmal mehr wurde die traurige Wahrheit bestätigt: Das Los Rußlands ist es, zu leiden, zu hoffen und erneut zu leiden ...

All das, was in diesem Buch geschrieben steht, wird die Zahl meiner Feinde noch vergrößern, von denen es ohnehin schon genügend gibt ... In den letzten Jahren erhielt ich Briefe mit Schuldzuweisungen und Drohungen sowie anonyme und boshafte Anrufe. Zudem wurden hinter meinem Rücken schmutzige Reden über mich geführt ... Die Lenin-Apologetik zieht in unserem Lande so weite Kreise, daß auf viele Menschen nicht einmal unanfechtbare, dokumentierte Fakten wirken. Das Schicksal unseres Volkes scheint untrennbar mit Lenin und seiner Lehre verbunden. Nur die Zeit kann die Menschen endgültig vom Leninismus heilen.

Es ist gut möglich, daß wir auf Lenin als historische Persönlichkeit erst im nächsten Jahrhundert völlig gelassen zurückblicken können. Zur Zeit ist Lenin in Rußland jedoch noch lebendig und ruft bei den Menschen blinde Ergebenheit, Haß oder – in jüngster Zeit – einfach nur Gleichgültigkeit hervor.

Louis Fischer (russische Ausgabe) und Robert Clark haben ehrliche Bücher über den Führer der Bolschewiki geschrieben. Leider starben beide noch vor deren Veröffentlichung. Auch ich weiß nicht, ob ich die Veröffentlichung dieses Buches noch erleben werde. Doch es ist mir gelungen, meine wesentliche Erkenntnis zu formulieren: Die »Ära Lenin« ist zwar für immer vorüber, dennoch werden wir noch lange ihrem Einfluß unterliegen.

Literaturverzeichnis

Anin, D., Rewoljuziaja 1917 goda glasami jejo rukowoditljej (Die Revolution 1917 in den Augen ihrer Führer), Rom 1971

Antonow-Owsejenko, W., Im Jahre siebzehn. Erinnerungen an die Oktoberrevolution, Berlin 1958

Aranson, G., Rossija nakanune rewoljuzii (Rußland am Vorabend der Revolution), New York 1962

Balabanoff, A., Lenin. Psychologische Beobachtungen und Betrachtungen, Hannover 1961

Berdjajew, N., Istoki i smyslrusskogo kommunisma (Ursprünge und Sinn des russischen Kommunismus), Paris 1955

Breschnew, L. I., O kommunistscheskom wospitaniii trudjaschtschichsja (Über die kommunistische Erziehung der Werktätigen), Moskau 1974

Bucharin, N. I., Isbrannye proiswedenija (Ausgewählte Werke), Moskau 1974

Buonarotti, F., Grakch Babjow i sagowor rawynch (Gracchus Babeuf und die Verschwörung der Gleichen), Moskau/Petrograd 1923

Dan, T., Der Ursprung des Bolschewismus, Hannover 1968

Deborin, A., Lenin, der kämpfende Materialist, Wien 1924

Dekrety Sowjetskoj wlasti (Dekrete der Sowjetmacht) 13 Bde., Moskau 1957–1989

Deutscher, I., Lenins Kindheit, Frankfurt/M. 1973

Fischer, L., Das Leben Lenins, Köln/Berlin 1965

Fotijewa, L. A., Pages from Lenins Life, Moskau 1960

Ganetzki, Ja., O Lenineo Otryvki wospominanji (Über Lenin. Fragmente von Erinnerungen), Moskau 1933

Gautschi, W., Lenin als Emigrant in der Schweiz, Köln 1973

Geyer, D., Kautskys russisches Dossier. Deutsche Sozialdemokraten als Treuhänder des russischen Parteivermögens 1910–1915, Frankfurt a. M./New York 1981

Geyer, D., Lenin in der russischen Sozialdemokratie. Die Arbeiterbewegung im Zarenreich als Organisationsproblem der revolutionären Intelligenz 1890–1903, Köln/Graz 1962

Gorbunow, N. P., Erinnerungen eines Sekretärs des Rates der Volkskommissare, Moskau/Leningrad 1934
Gorki, M., Nesowremnennye mysli (Unzeitgemäße Gedanken), Paris 1971
Grille, D., Lenins Rivale. Bogdanow und seine Philosophie, Köln 1966
Guilbeaux, H., Wladimir Iljitsch Lenin. Ein treues Bild seines Wesens, Berlin 1923
Hahlweg, W., Lenins Rückkehr nach Rußland 1917. Die deutschen Akten, Leiden 1957
Hammond, Th. T., Lenin on Trade Unions and Revolution 1893–1917, New York 1957
Hitzer, F., Lenin in München. Dokumentation und Bericht, München 1977
Humbert-Droz, J., Der Krieg und die Internationale. Die Konferenzen von Zimmerwald und Kienthal, Wien 1964
Kamenew, L. B., Lenins literarisches Erbe, Hamburg 1924
Kautsky, K., Die Diktatur des Proletariats, Wien 1918
Kerenski, A. F., Isdaleka. Sbornik statjej (Aus der Ferne. Aufsatzsammlung), Paris 1922
Kerschenzew, P., Das Leben Lenins, Strasbourg 1937
Kraus, R., Die Imperialismusdebatte zwischen Lenin und Karl Kautsky, Frankfurt/M. 1978
Krschischanowski, G. M., Weliki Lenin (Der große Lenin), Moskau 1982
Krupskaja, N. K., Erinnerungen an Lenin, Berlin 1960
Krylenko, N. W., Sudoustrojstvo RSFSR (Das Gerichtssystem der RSFSR), Moskau 1923
Lazitch, B. und M. M. Drachkovitch, Lenin and the Comintern, Vol. I., Stanford (Cal.) 1972
Lenin i Simbirsk, Uljanowsk 1968
Lenin i Tscheka (Lenin und die Tscheka), Moskau 1975
Lenin in den ersten Tagen der Sowjetmacht. Nach Erinnerungen von Teilnehmern jener Tage, Moskau/Leningrad 1934
Lenin und Gorki. Eine Freundschaft in Dokumenten, Berlin/Weimar 1964
Lenin, W. I., Biografitscheskaja chronica, Bände I–XII, Moskau 1970–1982
Lenin, W. I., Biographie, Berlin 1964
Lenin, W. I., Briefe. Herausgegeben vom Institut für Marxismus-Leninismus beim ZK der SED. Bände I–X, Berlin 1967–1976
Lenin, W. I., Polnoe sobranie sotschinenij (Vollständige Sammlung der Werke PSS) 55 Bände, Moskau 1960 ff.
Lenin, W. I., w wospominanijach pisatellej (Lenin in den Erinnerungen von Schriftstellern), Moskau 1980

Lenin, W. I., Werke. Herausgegeben vom Institut für Marxismus-Leninismus beim ZK der SED. 40 Bände, 2 Registerbände und 2 Ergänzungsbände, Berlin 1955–1971
Lenin, W. I., Woennaja perepiska (1917–1920 gg.) (Militärischer Briefwechsel 1917–1920), Moskau 1956
Lenin-Chronik. Daten zu Leben und Werk, zusammengestellt von G. und H. Weber, München 1983
Lenin. Aus den Schriften 1895–1923, hrsg. von H. Weber, 2. Aufl., München 1980
Lenin. Hrsg. von L. Schapiro und P. Reddaway, Stuttgart 1970
Lenin. Leben und Werk. Mit Beiträgen von Bucharin, Kamenew, Lepeschinski, Radek, Rykow, Sinowjew, Stalin, Trotzki, Uljanowa u. a., Wien 1924
Lenin. Towarischtsch i tschelowek (Lenin. Genosse und Mensch), Moskau 1987
Lenin. Zu seinem 50. Geburtstag, Wien 1920
Leninskij sbornik (Lenin-Sammelband), Bd. I–XXXIX, Moskau 1924–1980
Lewin, M., Lenins letzter Kampf, Hamburg 1970
Losowski, A., Lenin und die Gewerkschaftsbewegung, Berlin 1924
Lübbe, P., (Hrsg.) Katsky gegen Lenin, Berlin/Bonn 1981
Ludendorff, E., Meine Kriegserinnerungen 1914–1918, Berlin 1919
Lukács, G., Lenin. Eine Studie über den Zusammenhang seiner Gedanken, Berlin 1924
Luppol, J., Lenin und die Philosophie, Wien 1929
Martow, J., und T. Dan, Die Geschichte der russischen Sozialdemokratie, Berlin 1926
Medwedjew, R. A., Oktober 1917, Hamburg 1979
Melgunow, S. P., Solotoj nemetzkij kljutsch bolschewikow (Der goldene deutsche Schlüssel der Bolschewiki), New York 1989
Mereschkowski, D. S., Grippius, S. N. u. a., Zarstwo Antichrista (Das Reich des Antichrist), München 1921
Nikitin, B., Rokowye gody (Verhängnisvolle Jahre), Paris 1937
Nikolajewski, B., A. N. Potresow, Paris 1987
Otscherki istorii Leningradskoj organisazii KPSS (Skizzen zur Geschichte der Leningrader Organisation der KPDSU), Leningrad 1962
Page, S. W., Lenin and World Revolution, London 1972
Pannekoek, A., Lenin als Philosoph, Frankfurt a. M./Wien 1969
Payne, R., Lenin. Sein Leben und sein Tod, München 1965
Pisma Lenina Gorkomu (Lenins Briefe an Gorki), Moskau 1936

Pisma W. I. Lenina materi (Lenins Briefe an die Mutter), Moskau 1967
Pisma Wladimira Iljitscha Lenina krodnym (Lenins Briefe an die Verwandten), Moskau 1985
Pjatnitzki, O., Aufzeichnungen eines Bolschewiks, Berlin 1930
Platten, F., Die Reise Lenins durch Deutschland, Berlin 1924
Plechanow, G. W., God na redine (Ein Jahr in der Heimat), 2 Bände, Paris 1921
Plechanow, G. W., Sotschinenija (Werke), 24 Bände, Moskau/Petrograd 1923–1927
Podljaschuk, P., Towarischtsch Inessa (Genossin Inessa), Moskau 1987
Possony, S. T., Lenin. Biographie, Köln 1965
Potresow, A. N., Otscherki (Studien), Paris 1927
Rabotschaja rewoljuzia na Urale (Die Arbeiterrevolution im Ural), Jekaterinenburg 1921
Radek, K., Lenin, Berlin 1924
Ransome, A., Russia in 1919, New York 1919
Ransome, A., The Crisis in Russia, New York 1921
Reed, J., Zehn Tage, die die Welt erschütterten, Hamburg 1966
Reisberg, A., Lenin. Dokumente seines Lebens, 2 Bände, Leipzig 1977
Reisberg, A., Lenin und die Zimmerwalder Bewegung, Berlin 1966
Reisberg, A., Lenins Beziehungen zur deutschen Arbeiterbewegung, Berlin 1970
Rodsjanko, M. W., Gosudarstwennaja duma i fewralskaja rewoljuzia 1917 g. (Die Staatsduma und die Februarrevolution 1917), Rostow n. D. 1919
Sbarski, V., Mawsolej Lenina (Das Lenin-Mausoleum), Moskau 1944
Schaginjan, M., Die Familie Uljanow, Berlin 1959
Schapowalow, A., Mit Lenin in Sibirien, Berlin 1931
Scharlau, W. B., und Z. A. Zeman, Freibeuter der Revolution. Parvus-Helphand, eine politische Biographie, Köln 1964
Serge, V., From Lenin to Stalin, New York 1937
Service, R., Lenin: A Political Life. Vol. 1, London 1985
Shub, D., Lenin, Wiesbaden 1952
Shukman, H., Lenin and the Russian Revolution, London 1977
Sinowjew, G., Lenin. Sein Leben und seine Tätigkeit, Berlin 1920
Solomon, G., Sredi krasnych woschdej (Unter den roten Führern), Paris 1930
Solschenizyn, A., Lenin in Zürich, Bern 1977
Stalin, J. W., Werke, Berlin 1953 ff.
Strada, V., Lenin: Traiettoria di una revoluzione, Venedig 1991
Stretzki, A., W. I. Lenin, Moskau/Leningrad 1934

Suchanow, N., 1917: Tagebuch der russischen Revolution, München 1967
Tagebuch der Sekretäre Lenins. 21. November 1922–6. März 1923, Berlin 1965
Trotzki, L. D., Der junge Lenin, Wien u. a. 1969
Trotzki, L. D., Dnewniki i pisma (Tagebücher und Briefe), New York 1986
Trotzki, L. D., O Lenine (Über Lenin), Moskau 1924
Trotzki, L. D., Pjat let Kominterna (Fünf Jahre Komintern), Moskau/Leningrad 1925
Trotzki, L. D., Portrety rewoljuzionerow (Porträts von Revolutionären), Moskau 1988
Trotzki, L. D., Über Lenin. Material für einen Biographen, Berlin 1924
Ulam, A. B., Die Bolschewiki. Vorgeschichte und Verlauf der kommunistischen Revolution in Rußland, Köln/Berlin 1967
Uljanow-Lenin W., Die ersten Dekrete der Sowjetmacht, Berlin 1970
Uljanowa, M. I., O W. I. Lenine i semje Uljanowych (Über Lenin und die Familie der Uljanows), Moskau 1989
Valentinow, N., Encounters with Lenin, London u. a. 1968
Vom Alltag der Uljanows. Eine Briefauswahl, Berlin 1973
Walentinow, N., Molosnakomyj Lenin (Der wenig bekannte Lenin), Paris 1972
Walentinow, N., Wstretschi s Leninym (Begegnungen mit Lenin), New York 1981
Welikaja Oktjabrskaja sozialistitscheskaja revoljuzija. Enziklopedija (Die Große Sozialistische Oktoberrevolution. Enzyklopädie), Moskau 1987
Wolfe, B. D., Lenin, Trotzki, Stalin. Drei, die eine Revolution machten, Frankfurt/M. 1965
Wolkogonow, D., Stalin. Triumph und Tragödie, Düsseldorf u. a. 1989
Wolkogonow, D., Trotzki. Das Janusgesicht der Revolution, Düsseldorf u. a. 1992
Wolodja Unser Bruder und Genosse. Erinnerungen der Geschwister W. I. Lenins, Berlin 1971
Wospominanija o Lenine (Erinnerungen an Lenin), Moskau 1972
Wospominanija o Wladimire Iljitsche Lenine (Erinnerungen an Lenin), Moskau 1990
Zeman, Z. A. B., Germany and the Revolution in Russia 1915–1918. Documents from the Archives of German Foreign Ministry, London/New York 1958
Zereteli, I. G., Wospominanija o fevralskoj rewoljuzii (Erinnerungen an die Februarrevolution), Paris 1964
Zetkin, C., Erinnerungen an Lenin, Wien/Berlin 1929

Personenregister

der Partei und wurde zum stellvertretenden Direktor des Revolutionsmuseums in Moskau ernannt. Nach dem 20. Parteitag (1965) war er ein wichtiger Kronzeuge gegen den Stalinismus.
174, 184, 217

Pjatakow, Georgij (Juri) Leonidowitsch (1890–1937; erschossen), bolschewistischer Politiker. Seit 1910 Mitglied der SDAPR(B). Während der Februarrevolution Vorsitzender der Kiewer Parteiorganisation. Gemeinsam mit Bucharin Herausgeber der Zeitschrift »Kommunist«. Organisator der Oktoberrevolution in der Ukraine. 1918 Vorsitzender der ukrainischen Sowjetregierung. 1921 Stellvertretender Vorsitzender des Obersten Volkswirtschaftsrats. 1923–1928 Angehöriger der Linken Opposition. Auf dem 15. Parteitag (1927) ausgeschlossen. Deportation nach Sibirien. 1937 in den Moskauer Schauprozessen zum Tode verurteilt.
102, 173, 306, 310, 329

Pjatnizki, Josef Aronowitsch – Tarschis (1882–1938; erschossen), bolschewistischer Politiker. Vertrauensmann der »Iskra«. Leitete den Transport illegaler bolschewistischer Literatur nach Rußland. Seit 1923 Sekretär des Ekki. Seit 1927 Mitglied des ZK. 1935 Delegierter der KPdSU(B) auf dem 7. Weltkongreß der Kommunistischen Internationale.
430 f., 441 f., 493

Platon 375

Platten, Fritz (1883–1942; erschossen), Schweizer Linkspolitiker. Seit 1904 Mitglied des Arbeiterbildungsvereins »Eintracht« und der Organisation der Internationalen Sozialisten. Teilnehmer der ersten russischen Revolution in Lettland. Seit 1911 Mitglied der Sozialdemokratischen Partei der Schweiz. 1912–1918 Sekretär des Vorstands. 1915/16 Mitglied der Zimmerwalder Linken. Nach der Februarrevolution Organisator der Übersiedlung russischer Revolutionäre unter Lenins Führung aus dem Schweizer Exil nach Rußland. 1918 Präsidiumsmitglied des 1. Kongresses der Kommunistischen Internationale. 1919 Mitglied des Büros der Komintern. 1921 Mitbegründer der KP der Schweiz und bis 1923 deren Sekretär. 1923 Umsiedlung nach Sowjetrußland und Aufnahme einer Lehrtätigkeit. Opfer der stalinistischen Säuberung.
121, 245

Plechanow, Georgij Walentinowitsch (1856–1918), marxistischer Theoretiker und Politiker. Zunächst Anhänger der Narodniki. 1880 Emigration in die Schweiz. 1883 Gründung der ersten russischen marxistischen Gruppe »Befreiung der Arbeit«. 1889–1904 Mitglied der